一次完全读懂佛经

慧明 编著

武汉出版社
WUHAN PUBLISHING HOUSE

（鄂）新登字08号

图书在版编目（CIP）数据

一次完全读懂佛经／慧明编著.—武汉：武汉出版社，2010.7
ISBN 978-7-5430-5085-3

Ⅰ.①一⋯ Ⅱ.①慧⋯ Ⅲ.①佛经–通俗读物
Ⅳ.①B94-49

中国版本图书馆CIP数据核字（2010）第100551号

书　　名	一次完全读懂佛经
编　　著	慧明
责任编辑	曹汝珉
特约策划	王英
特约编辑	杜雪莹
装帧设计	含章行文｜装帧
出　　版	武汉出版社
社　　址	武汉市江汉区新华下路103号
邮　　编	430015
电　　话	（027）85606403　85600625
http	://www.whcbs.com　　E-mail：wuhanpress@126.com
印　　刷	北京华戈印务有限公司
经　　销	新华书店
开　　本	787mm×1092mm　1/16
印　　张	32.5　　　　　　　　字　　数：566千字
版　　次	2010年7月第1版　2010年7月第1次印刷
定　　价	48.00元

版权所有·翻印必究
如有质量问题，由承印厂负责调换。

前言

佛教是指佛的言教。所谓"佛",意思是"觉者"或者"觉悟的人",一般而言,佛指的是佛教的创始人乔达摩·悉达多,由于他是释迦族,所以人们称其为"释迦牟尼",意思是"释迦族的圣者"。

公元前600多年,悉达多王子出生在古印度。作为迦毗罗卫国的王子,他地位尊贵,享尽了人间的荣华富贵。但是在一次出游中,悉达多王子见到了老人、病人、去世的人,由此感悟到人生的短暂和空虚,于是他脱下华服,决心出家,并于35岁时在伽耶村的菩提树下觉悟成道,证得佛果,被尊称为"佛",他所建立的宗教因此被称为"佛教"。释迦牟尼得道后,一直致力于佛教的传播,由于他的说法不立文字,简单易懂,且释迦牟尼一向主张众生平等,对于女性和奴隶也一视同仁,佛教因而受到了广大底层百姓的欢迎,佛教的僧团也日益壮大,并分裂为诸多派别。除了在印度传播,佛教更流传于其他国家,成为了印度外销全亚洲及世界各地最大宗的输出品。

公元1世纪,佛教传入中国,在之后的1000多年里,佛教以顽强的生命力克服了中国本土文化的排斥,逐渐在中国落地生根,成为了中国传统文化不可分割的一部分,并影响了中国的政治文化、哲学思想、文学艺术等诸多层面。特别是汉文的佛教经典,经过200多位译师10个世纪的不懈努力,已经达到了1690余部、6420余卷,佛教的声闻乘、性、相、显、密各部学说都被系统地介绍到中国,不仅使国人了解到佛教的教义,还对中国文化和中国人的生活产生了深远的影响。比如汉译《金刚经》不仅是佛教的重要经典,更是一部优秀的文学作品,不仅影响了中国佛教的发展历程,还受到了无数中国人的欢迎,与儒家《论语》、道家《道德经》并称为宗经宝典,成为现代人了解中国传统文化的经典著作。

虽然佛教已经有2000多年的历史,但是在现代社会,佛教仍然可以发挥积极的作用。由于它在宇宙和人生方面都有着深刻独到的见解,可以给予世人新的启迪，将人们的精神推向新的层面。特别在生活节奏日益加快、人们心灵日益纷扰的当下，佛教就如同一股清泉，能使人摆脱周边的纷扰，在青灯古佛的陪伴下找到自我、认识自我，得到身心的安逸和宁静。

虽然佛教最初以简单易懂来作为宣传的口号，但是经过2000多年的沉淀，佛教的理论和教法日益厚重，在普通人看来更是高深莫测，其繁复的教义和浩瀚的经典不禁让人望而生畏。因此，为了众多想要了解佛教的读者，本书特别整理了佛教的要旨与脉络，以使读者能够轻松愉快地了解佛教的历史，读懂佛教的精髓。

本书首先讲述了佛教的起源、发展和传播的历程，并阐述了佛教的基本教义，使读者对佛教有一个基本的认知。其次，本书对佛教经典的历史和翻译过程进行了介绍，还对佛教经典的结构进行了解释。最后，本书精选了十一部佛经，并加以分析和解读。

作为一本佛教的入门书，本书不仅全面介绍了佛教的历史和基本教义，使读者可以了解佛教，还精心挑选了佛教经典进行了精读，使读者可以轻松读懂佛经。另外，本书还插入了大量的图解和诸多佛、菩萨的图片，使读者在增长知识的同时可以得到艺术的享受。

如果你在读完此书之后，能对佛教的基本知识和佛教经典有所了解，或者能对佛教的菩提智慧和博大精深有所感悟，那么我们的任务也就完成了。但是由于佛教的教义和经典可谓是识如烟海，以编者的能力尚不能完全驾驭，所以难免会出现疏漏。在此我们也希望读者能够提出宝贵意见，以便我们在今后的工作中改正。

编者
2010年5月

目录

前言 /3

佛教基础知识

1. 佛教：释迦牟尼的教育 /10

2. 佛教的发展：佛教在印度发展的四个时期 /15

3. 佛教的传播：佛教在亚洲的兴盛 /20

4. 佛教在中国的传播：汉传佛教与藏传佛教 /24

5. 佛教的世界观：佛教对世界的认识 /32

6. 佛教的基本教义：佛教对人生的思考 /40

7. 佛教的修行：一切为了解脱 /44

8. 佛教的戒律：佛信众要遵循的守则 /47

怎样读佛经

1. 佛经：释迦牟尼的教法教义 /52

2. 佛经的形成过程 /54

3. 佛经在中国的传播：佛经的翻译过程 /57

4. 佛经的基本结构：佛经分为哪几个部分 /63

5. 三分科经：佛经正文是怎么划分的 /68

6. 佛经的因缘：序分 /70

7. 佛经的正文：正宗分 /72

8. 佛经的结语：流通分 /76

9. 研读佛经的基础工具书 /77

第三章
般若智慧——《心经》

1. 释《心经》：《心经》的经题与翻译 /80

2. 成佛宝典：《心经》的主要内容 /82

3. 诸法皆空：佛弟子必读的经典 /84

第四章
空的智慧——《金刚经》

1. 释《金刚经》：《金刚经》的经题与翻译 /96

2. 众生空与法空：《金刚经》的主要内容 /98

3. 佛法入门：人怎样破除自己的烦恼心 /102

第五章
破魔大全——《楞严经》

1. 释《楞严经》：《楞严经》的经题与翻译 /142

2. 圆满法门：《楞严经》的主要内容 /144

3. 心的本性：我们的心到底在哪里 /146

4. 颠倒妄想：我们的观见到底在哪里 /177

第六章
根本法轮——《华严经》

1. 释《华严经》：《华严经》的经题与翻译 /214

2. 佛家富贵：《华严经》的主要内容 /216

3. 华藏世界：佛家的庄严净土 /218

4. 欢喜地：菩萨应该怎样修行 /241

第七章

经中之王——《法华经》

1. 释《法华经》：《法华经》的经题与翻译 /274
2. 众生皆能成佛：《法华经》的主要内容 /276
3. 方便法门：《法华经》的譬喻说法 /278
4. 三乘教法：佛用火宅开示众生 /280
5. 大乘佛法：佛用穷子开示众生 /303

第八章

禅宗圣经——《六祖坛经》

1. 释《六祖坛经》：《六祖坛经》的经题与版本 /316
2. 见性成佛：《六祖坛经》的主要内容 /318
3. 大梵寺说法：六祖是怎样得道的 /320
4. 一念成佛：般若智慧和般若行 /337

第九章

佛的寓言——《百喻经》

1. 譬喻说法：佛法与故事的完美结合 /354
2. 佛家故事：众生修行的误区 /356

第十章

往生净土——《无量寿经》

1. 释《无量寿经》：《无量寿经》的经题与翻译 /374
2. 西方极乐世界：《无量寿经》的主要内容 /376
3. 本经缘起：诸佛在王舍城的集会 /378

4.菩萨神通：普贤菩萨和诸菩萨的功德 /379

5.至心精进：法藏比丘的大誓愿 /385

第十二章
法身玄堂——《大般涅槃经》

1.释《大般涅槃经》：《大般涅槃经》的经题与翻译 /406

2.法身常住：《大般涅槃经》的主要内容 /408

3.如来性品：什么是大般涅槃 /410

第十二章
慈悲誓愿——《地藏经》

1.释《地藏经》：《地藏经》的经题与翻译 /444

2.佛门孝经：《地藏经》的主要内容 /446

3.忉利天宫神通：婆罗门女周游地狱 /448

4.分身集会：佛陀对地藏菩萨的赞叹 /462

5.观众生业缘：无间地狱的情况 /467

6.阎浮众生业感：地藏菩萨的神通 /474

第十三章
琉璃世界——《药师经》

1.释《药师经》：《药师经》的经题与翻译 /488

2.药师法门：《药师经》的主要内容 /490

3.慈悲誓愿：药师佛的十二大愿 /492

第一章

佛教基础知识

佛教在公元前五百多年由释迦牟尼所创。公元一世纪,佛教传入中国,并逐渐成为中国传统文化的组成部分,宋明理学因佛教刺激而产生,汉文佛教经典是研究中国历史文化的宝贵资料,佛教哲学陶冶了中国人的情操,佛教艺术更是直接推动了中国艺术的发展。

在两千年后的今天,佛教已成为世界三大宗教之一,它究竟在讲些什么,它到底有什么魅力?这就是本章要为你介绍的内容。

佛教
释迦牟尼的教育

 什么是佛教

所谓"佛教",是指佛的言教。佛是梵语音译,意思是"觉者"或者"一个觉悟的人"。佛指的是佛教的创始人释迦牟尼,名字是乔达摩·悉达多,因为他是古印度的释迦族人,所以人们称他为"释迦牟尼",意思是"释迦族的圣人"。

作为世界三大宗教之一,佛教与其他宗教相比,有着自己的特色:

首先,佛教不承认有创造万物的神。佛教认为宇宙的万事万物,都是依据某种条件暂时聚合而生成的,没有任何事物是可以永恒不变的,这就从根本否定了"神创造万物"的假设。此外,佛教中的"佛"只是对觉悟者的通称而已,"佛"与我们的区别,不是人格与地位的不同,而只是觉悟的时间不同罢了。

其次,佛教主张众生生而平等,没有高下之分。佛教认为宇宙间的众生都是依靠因缘而生,所以任何生命都是生而平等的,不仅我们人与人是平等的,人与动物也是平等的。

最后,佛教认为众生能通过自己的努力来得到最终解脱,只要每个人肯脚踏实地去修心养性,则人人可以成佛,处处可以有佛。

 佛教产生的时代背景

根据佛教历史,佛教的创始人是古印度人释迦牟尼,他生活的年代大约是在公元前566~前486年,那时正值中国的春秋时期。为了更好地了解释迦牟尼,我们有必要对当时印度的情况做一个简单的介绍。

公元前500多年,是古印度的经济空前发展的时期。由于铁器和新的生产技术开始普及,古印度的农业高速发展,特别是在恒河中下游地区,农业的发展格外显著。随着农业的发展,古印度的手工业也发达起来,出现了许多分工细致的专业。尤其是商业往来,不仅商品交换比较频繁，对外贸易也十分活跃。

商业和手工业的兴盛，促进了城市的形成和繁荣，国王以城市为中心进行统治，王权日益巩固和扩大，国王被认为是"人中最上者"，具有很大权势，地位也得到空前提高。这时，随着社会财富的增长与各国王权的上升，争霸战争在各国之间不断发生，人民承担着沉重的负担，许多人为了躲避战乱和国王的残暴统治，或者逃亡到边远山区，或者出家修行。

在这种动荡的社会环境下，思想文化界相应出现了"百家争鸣"的局面。

早在公元前2000年左右，有一支名叫雅利安人的游牧民族从高加索、中亚一带侵入印度西北部，带来了以吠陀为代表的雅利安文化，后来，随着雅利安人与当地的土著居民的混合同化，雅利安文化也与西北印度的土著文化相结合，形成一种新的文化形态——婆罗门教。根据婆罗门教教义，古印度人被分成四个地位不同的种姓，即婆罗门、刹帝利、吠舍、首陀罗。通过四种姓制度，雅利安人将社会各等级的社会职责明确规定下来，从而维持了社会的稳定与婆罗门的特权地位。

公元前6世纪，由于恒河中下游地区经济的急速发展和列国之间的兼并战争，古印度的社会阶级结构产生了激烈的变动，这在思想文化领域得到敏感的反响，一股新的思潮——沙门思潮兴起了，并与婆罗门教合称为两大思潮。沙门思潮的组成比较复杂，观点繁多，归纳起来，可分六大流派，佛教称之为

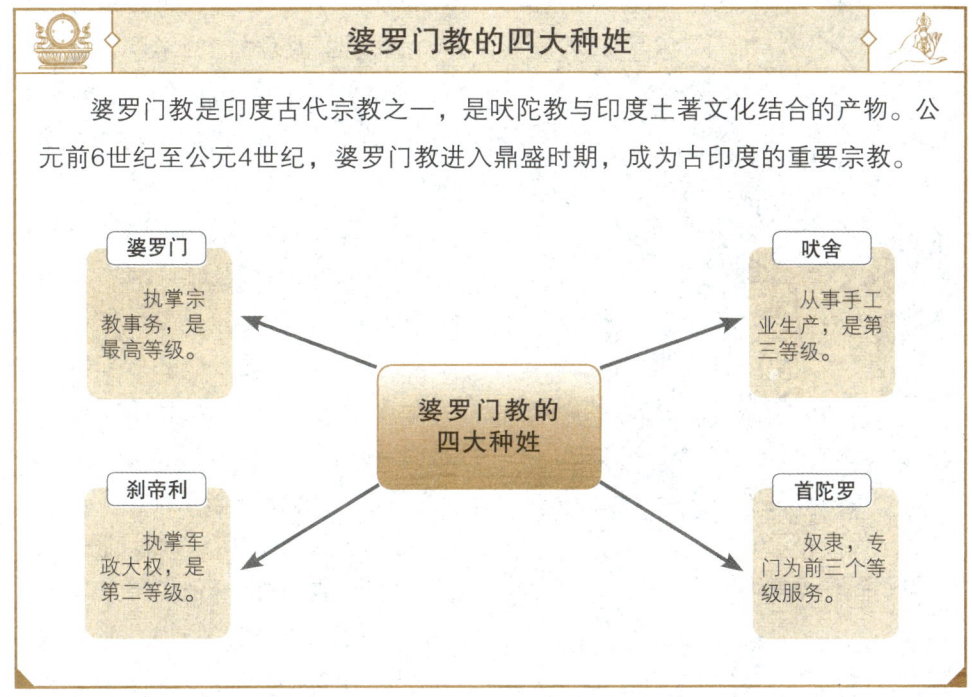

婆罗门教的四大种姓

婆罗门教是印度古代宗教之一，是吠陀教与印度土著文化结合的产物。公元前6世纪至公元4世纪，婆罗门教进入鼎盛时期，成为古印度的重要宗教。

婆罗门：执掌宗教事务，是最高等级。

吠舍：从事手工业生产，是第三等级。

刹帝利：执掌军政大权，是第二等级。

首陀罗：奴隶，专门为前三个等级服务。

"六师外道"。这六大派别基本观点是：世界的基础是物质，一切事物的产生、发展和消亡都是偶然的，世界上不存在天堂，也没有来世。就在沙门思潮形成的基础上，佛教产生了，从某种意义上来讲，佛教的教义本身其实也属于沙门思潮的一支。

在我们简单了解公元前6世纪的印度以后，我们会发现这些情况与中国的春秋时期的情况是如此地相似，在孔子生活的年代，佛教的历史也逐渐展开。

释迦牟尼的一生

大约在公元前567年的一天夜晚，古印度迦毗罗卫国（今尼泊尔）净饭王的王妃摩耶夫人梦见了一头六牙白象驮着一位男子从天而降，不久，年过四十的摩耶夫人意外地怀有了身孕。就在第二年5月的一个月圆之夜，摩耶夫人正依照印度当时的习俗返回娘家待产。路过鲜花盛开的蓝毗尼花园时，摩耶夫人下车游玩，当她来到了一棵枝叶繁茂的无忧树下，不觉动了胎气，于是她攀着无忧树的树枝，生下了一位王子。这个王子的降生令他的父亲十分欣喜，并被命名为"乔达摩·悉达多"，意为"梦想成真"。当时，印度盛行为婴儿预测未来，一位婆罗门学者就为悉达多预言道："如果在家，他将会成为一位仁厚的君王；如果出家，他一定会成为伟大的圣者。"

在悉达多出生7天后，他的母亲摩耶夫人便去世了，悉达多遂由姨母摩诃波阇波提夫人精心照料和养育。在悉达多幼年时，净饭王为他请来最好的教师，教授他印度最高的学问，不久以后，悉达多的学识已超过所有的老师，他不但精通文学和数学，还擅长军事和谋略。

因为担心悉达多出家的预言，净饭王不让他接触到世间任何苦难，尽力把人间的富贵送到他的身边。17岁（一说19岁）时，悉达多娶表妹耶输陀罗为妃。净饭王特别为他们修建了三座宫殿，分别用来防寒、避暑、防潮。无论悉达多想要什么，净饭王都全力满足。

虽然王族的生活优裕而舒适，但悉达多开始觉得空虚。当他三次出游时，分别见到了白发及膝的老人、肢体残障的病人和出殡的死人。回到王宫，悉达

这是释迦牟尼苦行图。图中的释迦牟尼瘦骨嶙峋，已经濒临死亡。他在苦行林修行期间，严格遵守饮食规律，每天只吃一麻一粟，坚持不懈地进行艰苦的修行。

多感到无比困惑,他看到百姓的生活是这样的辛苦与艰辛,人生是如此的短暂与空虚,并产生种种疑惑。为此,净饭王无比担忧,他只好以物质享受来安抚儿子,但悉达多对此已经熟视无睹了。

当悉达多第四次出游时,他遇见了一位出家修行的沙门。沙门告诉悉达多:"自从你见到人间的苦难以来,在你心中的问题就有了答案。但只要你仍旧沉溺在声色犬马之中,就永远不会找到答案。"悉达多听到这里,开始产生了出家修行的念头。

就在悉达多29岁(也有19岁的说法)时,他的妻子生下了一个男孩,他为儿子取名为罗睺罗,意思是"束缚"。在庆祝罗睺罗诞生的宴会上,悉达多趁机溜出王宫,自脱衣冠成为了沙门。净饭王见儿子志向坚决,在多次劝阻无效后,便派出憍陈如、跋提、十力迦叶、摩诃男、阿说示五位侍者随他出家。

悉达多出家之后,先后拜当时印度的宗教大师阿罗逻迦蓝和郁陀罗摩子为师,并到毗舍离国、王舍城求道,但都没有得到解脱之道。后来,他到了摩揭陀国伽耶南方的尼连禅河边,开始六年的苦行生活。在此期间,他每天只吃一麻或一麦,直到濒临死亡之时,却始终未能悟道。

就在这时,一位牧女喂悉达多喝下了乳糜,在悉达多恢复体力后,他放弃

佛陀的十大弟子

在佛陀的众多弟子中,有十位弟子最为著名,他们道行出众,各有千秋,不但得到了佛陀的赞叹,还获得了僧众的拥护。

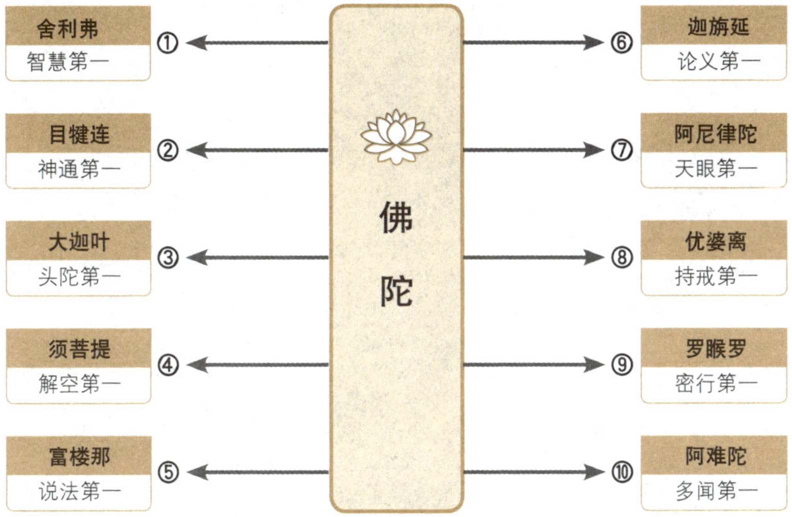

舍利弗 智慧第一	①	迦旃延 论义第一	⑥
目犍连 神通第一	②	阿尼律陀 天眼第一	⑦
大迦叶 头陀第一	③	优婆离 持戒第一	⑧
须菩提 解空第一	④	罗睺罗 密行第一	⑨
富楼那 说法第一	⑤	阿难陀 多闻第一	⑩

中央:佛陀

第一章 佛教基础知识

了苦行。他已经认识到：即使他的心智得到解脱，但如果没有健康的身体，就无法将真理用于实践，所以，无论是修行还是做事，都不能太过极端，过犹不及。就在他恢复健康的同时，一直陪伴他的五位侍者认为他放弃了自己的修行，于是失望地离他而去。悉达多恢复健康后，独自继续前行。到了伽耶村，他坐在树下，并立下誓言："如果我不能悟到人类苦难的解脱之道，那么我宁可粉身碎骨，也不会离开我的座位。"在49天后，即12月8日破晓时分，释迦牟尼豁然大悟，最终彻悟了生命的真谛，成就了正上正觉的智慧，被世人尊称为"佛陀"，这时他35岁。

悉达多得道后，便返回鹿野苑寻找憍陈如等五位侍者，并为他们开示说法，这在佛教史上被称为"初转法轮"。悉达多在这次说法中，向五人宣讲了"四圣谛"和"八正道"的教义，五人听后皈依了佛陀，成为了最初的比丘，悉达多与这五比丘共同修行，开始了僧伽的生活。这时，佛教三宝"佛"（领袖）、"法"（教义）、"僧"（参加人员）都已具备，佛教正式成立了。

在悉达多传法不久后，随佛出家的弟子已有100余人。第二年，他们游化到王舍城，国王频婆娑罗王皈依佛祖。之后，佛的两大弟子舍利弗、目犍连也舍弃外道，信奉佛祖，这时佛陀的出家弟子已达1200多人。

此后的十多年内，悉达多一直在恒河两岸奔走，传播佛教。50多岁后，他主要是在舍卫城度化传教。

悉达多80岁时，因为吃了不新鲜的食物，最终病倒了，在最后的日子，他仍坚持前往拘尸那迦城，最终涅槃于希拉尼耶伐底河（拘尸那迦城外）边的两株娑罗树间。遗体火化后，他的骨殖舍利为摩揭陀的阿阇世王等八国君主分去，造塔供养。

佛教的发展
佛教在印度发展的四个时期

原始佛教时期

佛教自创立以来,就在古印度广泛传播。与婆罗门教艰涩的教义相比,释迦牟尼的说法不立文字,简单易懂,且他一向主张众生平等,对于女性和奴隶也一视同仁,因此,佛教受到了社会底层百姓的欢迎。另外,由于许多僧院接近城市,一些商人和贵族与佛教多有接触,虽然他们不能成为全职的僧人,但他们在金钱和土地方面对佛教也有所扶植,甚至于一些王国的君王也成为了佛教的信徒。

总的说来,佛教在印度的发展主要分为四个阶段,这四个阶段分别是原始佛教时期、部派佛教时期、大乘佛教时期、后期佛教时期。

原始佛教是指释迦牟尼创教及其弟子相继传承时期的佛教。

在释迦牟尼传法的50余年里,佛法已传播到中印度的7个国家,范围已超过12.95万平方公里,如果我们考虑到释迦牟尼及其弟子都是以步行传法,这已是一个了不起的记录,也证明了释迦牟尼及其弟子传教的成功。

部派佛教时期

释迦牟尼入灭后,随着佛教向古印度各地的传播,各地的佛教僧团纷纷兴起,由于各地僧团对戒律和教义的理解各有不同,最终形成了诸多派别,随着这些派别矛盾的激化,在释迦牟尼入灭百年之后,佛教发生了第一次大分裂,史称"根本分裂"。

根本分裂是佛教史上第一次也是最根本的一次分裂,关于这次分裂的直接原因的说法有两种,分别是"十事说"和"五事说"。

"十事说"是指在释迦牟尼入灭百年后,东印度毗舍离的比丘违犯了原始佛教的戒律,出现了向人收取钱币的现象。当时,西印度的耶舍长老来到毗舍离,见到这种情况,并就此与毗舍离的比丘发生了争执。以此为契机,耶舍长老在毗舍离举行了七百比丘参加的佛教

集会，召集僧众就原始佛教的戒律进行讨论，并判定毗舍离比丘提出的十条戒律为非法。对于这次结集的决定，毗舍离比丘很不信服，于是他们举行了约有万人参加的集结，并判定上述十事为合法。自此，认同"十事"的毗舍离比丘组成了大众部，而反对"十事"的耶舍长老等组成了上座部。

"五事说"认为根本分裂是因为佛教徒对一位叫大天的比丘所提出的"五事"看法不同才产生的，其中赞成大天观点的僧徒形成了大众部，而反对大天观点的长老形成了上座部。

之后，在根本分裂的基础上，佛教又发生更多小的分裂，并形成了许多部派，史称"枝末分裂"。这些分裂从公元前4世纪一直持续到公元2世纪，这一时期的佛教就被称为"部派佛教"。据南传佛教史料记载，部派佛教共分出十八部（包括大众部和上座

十事说与五事说

释迦牟尼入灭百年后，佛教产生了第一次大分裂，这是佛教史上最根本的一次分裂。关于这次分裂的原因，主要有两种说法，分别是十事说和五事说。

十事说

1. **角盐净**：可将盐等调味料贮存在角器内，以备他日使用。
2. **二指净**：中午日影推移至西二指宽间，仍可进食。
3. **他聚落净**：一聚落食后，得更入他聚落摄食。
4. **住处净**：同一界内之比丘，可随意于他处行布萨。
5. **赞同净**：众人举行会议时，如果僧数未齐，可以先做决议而后再征求其他人的意见。
6. **所习净**：可以按惯例行事。
7. **不搅摇净**：吃完饭后可以饮用未去脂的牛奶。
8. **饮阇楼伽酒净**：可以喝未发酵的椰子汁。
9. **无缘坐具净**：可以使用不贴边、大小随意的坐具。
10. **金银净**：可以接受金银并加以储蓄。

五事说

1. 阿罗汉（原始佛教修行的最高境界）仍不能抵挡天魔的扰乱诱惑。
2. 阿罗汉仍有无知之处。
3. 阿罗汉对佛法还未完全理解，仍有疑惑之处。
4. 阿罗汉解脱时，必须需要他人见证。
5. 阿罗汉必须至诚唱念"苦哉"，才能见识圣道。

部）。而据北传佛教史料记载，则认为部派佛教共分出二十部（包括大众部和上座部）。

部派佛教时期是佛教史上比较混乱的阶段，这一时期不但派系众多，而且互相对立，但这些派系并不是不同的宗教，而是佛教的不同道路，他们有着共通的基本教理，只是修行的方法不同罢了。

大乘佛教时期

公元1世纪左右，在当时印度的佛教团体中，开始出现一群不急于自我解脱，而以利益众生为宗旨的修行者，他们认为修行的目的不只是获得自我解脱，更重要的是要救度众生，使众生都达到觉悟。于是，他们根据《大般若经》、《维摩诘经》、《妙法莲华经》等佛教经典来进行修持和传教，大乘佛教自此在印度兴起。所谓"大乘"，就是大的交通工具，即"获得真知、达到解脱的大的途径与方法"。在大乘佛教兴起后，大乘修行者将以前的原始佛教及部派佛教中的一些流派贬称为"小乘"，意思是小的交通工具，小的途径与方法。

总而言之，大乘佛教和小乘佛教虽然有着诸多不同，但最根本的区别则在于修行的目的。大乘佛教的修行是为了普度众生，而小乘佛教的修行是为了寻求自我解脱。直到现在，人们仍在使用大乘和小乘的名称，这只是为了区别佛教发展过程中的不同思想和流派，一般没有褒贬之意。

大乘佛教的发展主要经历了中观派和瑜伽派两个阶段。

中观派：代表人物是龙树（约公元2～3世纪）和提婆（约公元3世纪）。这一教派主要认为世界上的一切事物以及人们的认识甚至佛法都是一种相对的、互相依存的关系，它们本身没有不变的实体或自性，一切事物都是虚幻的。此外，中观派指出不应该用极端的思维来认识事物，而是应该具体问题具体分析，世间不仅有绝对真理，还有相对真理。另外，关于对涅槃的认识，中观派提出涅槃和现实世界在本性上是没有区别的，如果消灭了人的无知，就能达到涅槃境界。

瑜伽派：代表人物是弥勒（约公元4世纪）、无著和世亲（约公元4～5世纪）。这一学派主张依据瑜伽修行来得到解脱。所谓"瑜伽"是梵语音译，一般在中国被译为道、禅，在西方则被译为沉思、静坐，主要是指佛教徒按照调息等方法来平定心神的方法。在教义方面，瑜伽教派认为人生是痛苦的，人性和神性的结合是一切痛苦产生的根源，如果能舍弃人的无知，就能脱离物质的束缚。此外，瑜伽派认为心是自性发展中的最有力因素，只有抑制心的作用，心的本性才能自然显现。

后期佛教时期

公元7世纪中叶，印度的婆罗门教与其他宗派互相融合，诞生了一个新的

大乘佛教的中观派和瑜伽派

公元1世纪,印度出现了菩萨行的修行者,大乘佛教因之兴起,并先后形成了中观派和瑜伽派两个派别。

中观派

- **龙树**:大乘佛教中观派的创始人,被后人尊为龙树菩萨。著有《中论颂》、《十二门论》、《大智度论》等论典。
- **提婆**:龙树最杰出的弟子,著有《百论》、《四百论》等论典。

瑜伽派

- **弥勒**:大乘佛教瑜伽派的始祖,被后人尊为弥勒佛。在大乘佛教中,弥勒被认定为释迦牟尼的继承人,享有极高的地位。
- **无著**:瑜伽学派的真正创始人,著有《顺中论》、《显扬圣教论》,是为瑜伽教派的根本经典。
- **世亲**:无著之弟,瑜伽行派理论体系建立者之一。著有《俱舍论》、《唯识二十论》、《佛性论》等论典。

宗派——印度教。随着印度教的复兴,大乘佛教修行者吸收了印度教的修行方式,形成了密宗,这是印度佛教的最后一种重要形态。

作为大乘佛教的一种,密宗是在师徒之间秘密传授,具有神秘内容的特性,因而又被称为密教,也称秘密教、瑜伽密教、金刚乘。密宗是以大日如来为信仰,以《大日经》和《金刚顶经》为根本经典,在教理上以大乘佛教中观派和瑜伽行派的思想为理论前提,在实践上以高度组织化的咒术、礼仪、本尊信仰崇拜为特征，在修行上则重视导师的引导和秘密的仪式。与大乘佛教其他宗派的修行方法不同，密宗主张修习口诵真言咒语（语密）、手结契印（身密）、心作观想（意密），这三密具备就可以立地成佛，比起大乘佛教的修行更有成效。

最初，密教主要流传于印度的西南部和德干高原一带，后来逐渐向印度南部和东北部传播。但随着印度教的兴盛，佛教僧团日益衰败，内部派系争斗不已，佛教日益式微。直至公元13世纪，伊斯兰教将领巴克提亚·契吉率军入侵印度，并焚毁了印度佛教最高学府那烂陀寺，僧团也随之被摧毁殆尽，佛教就此衰败，印度教最终成为了印度的主流宗教。

19世纪末，印度佛教兴起了复兴运动。1891年，斯里兰卡的达摩波罗在印度创立了摩诃菩提会，一些佛教寺院也得以重新兴建。1947年，在印度独立后，佛教在印度有了进一步发展。1956年，印度政府举办了纪念释迦牟尼涅槃2500年的国际集会。同年10月，印度首任司法部长安培多伽尔在印度的那格浦尔组织了一次改信佛教运动，50万印度"贱民"由信仰印度教改信了佛教，自此之后，印度共有几百万"贱民"皈依了佛教。现在，印度的佛教徒约占总人口的15%，佛教在印度重新焕发了生机。

印度密宗的传承

公元7世纪，印度密宗兴起，这是印度佛教的最后一种形态。关于印度密宗的传承，一般以大日如来为祖师，经金刚萨埵、龙树菩萨、龙智菩萨而传至金刚智。

大日如来：密宗的根本佛，密宗所有的佛和菩萨都是自他所出。

金刚萨埵：蒙大日如来传法，结集了密宗的根本经典《大日经》和《金刚顶经》。

龙树菩萨：他从南天铁塔中得到两部大经，是密宗的关键人物。

龙智菩萨：龙树菩萨嫡传弟子，广弘密宗大法。

金刚智：相传龙智菩萨700岁传法给金刚智，金刚智于唐代开元年间来到中国传法。

3 佛教的传播
佛教在亚洲的兴盛

 ## 北传佛教

随着教义的成熟，佛教不仅在印度各地广泛传播，还流传到了中亚、南亚、东南亚，根据佛教传播路线的不同，我们将亚洲各国的佛教分为北传佛教和南传佛教。

北传佛教，又称北方佛教，是指由西北印度途经中亚地区往东传入中国、朝鲜、日本等地的佛教，也包括由尼泊尔传入西藏、蒙古地区的佛教。由于这类佛教是由印度向北传播，所以被称为北传佛教。从教义而言，北传佛教多以大乘佛教为主，流行梵文及汉藏文经典。

中亚是指印度西北、里海以东直至中国新疆的广大地区，通常称西域三十六国。阿育王统治时，曾有摩诃勒弃多及末阐提前往这一带传法。公元2～4世纪是中亚佛教的鼎盛期，当时的佛教中心在犍陀罗（今阿富汗和巴基斯坦北部）及罽宾〔卡菲尔斯坦（阿富汗乌鲁兹甘省旧称）至喀布尔河〕。此外，丝绸北路上的龟兹和南道上的于阗都是重要的佛教国家，出现了安世高、康僧会、鸠摩罗什等高僧。随着伊斯兰教在中亚的兴起，中亚佛教在公元11世纪之后逐渐消灭，留下了大量的佛塔、石窟、雕刻、壁画艺术。

佛教正式传入日本始于公元538年朝鲜百济王向钦明天皇献佛像经论。后因得到圣德太子的倡导，在大化革新后，佛教盛行一时。公元9世纪之前，中国佛教中的三论宗、法相宗、华严宗、律宗等传入日本，合称奈良六宗。在平安时代（公元794～1192年）初期，日僧最澄入唐求法，归国后建立天台宗；空海从中国归国后建立了真言宗。平安后期，净土信仰流行开来。直至镰仓时代（公元1192～1333年），日本民族化的佛教逐步形成，出现了日本净土宗、净土真宗、时宗、日莲宗等宗派。公元16世纪后半期，日本发生战乱，削弱了佛教各宗派集团的势力，迫使佛教世俗化。明治维新以后，佛教一度受到打击。1945年之后，日本佛教在宪法保护下得以发展并向海外传教。目前势力最强大的是净土宗、禅宗、日莲宗，其他的尚有天台宗、真言宗等。

佛教传入朝鲜始于公元372年，前秦使臣向高句丽赠送佛教经像。公元384年，东晋胡僧到百济。公元6世纪，中国三论、成实之学已传到朝鲜。新罗统一朝鲜半岛时正值中国盛唐，佛教输入新罗并获得长足发展。公元8世纪中叶，密宗与净土宗也在朝鲜流传起来。直至公元13世纪之后，高丽王朝的佛教进入成熟期，史有"五教二宗"之说，即戒律宗、法相宗、法性宗（三论宗）、华严宗、天台宗、寂宗（禅宗）和曹溪宗（知讷所创的朝鲜化的佛教派别）。虽然佛教至李朝（公元1392～1910年）而渐入式微，但曹溪宗仍为势力最大的宗派并传承至今。

南传佛教

南传佛教，又称南方佛教，是指从印度传往斯里兰卡、缅甸、泰国、柬埔

北传佛教

北传佛教是指由印度往北部传播的佛教，包括了中国、朝鲜、日本等地的佛教，以及中国西藏、蒙古地区的佛教。公元19世纪，欧洲学者将流行巴利语系统佛典的缅甸、泰国等国的佛教称为南方佛教，并将流行梵语佛典及其翻译作品的中国等国的佛教称为北传佛教。

中亚	公元前3世纪传入	公元2～4世纪为鼎盛期	公元11世纪之后逐渐消亡
中国汉地	公元1世纪，汉明帝派遣使者到西域求得佛像、佛经等。	隋唐时期达到鼎盛，出现了具有中国特色的佛教宗派。	自宋以后，与中国传统文化逐渐融合，成为中国文化的组成部分。
中国西藏	公元7世纪传入，进入前弘期。	公元9世纪，因朗达玛禁佛而中断百余年。	公元10世纪晚期，佛教重新传入西藏。
日本	公元6世纪，朝鲜百济王向钦明天皇献佛像经论。	奈良时期，日本出现了奈良六宗。	镰仓时期，日本民族化的佛教逐步形成。	江户时期，日本发生战乱，迫使佛教世俗化。
朝鲜	公元4世纪，前秦使臣向高句丽送佛教经像。	公元13世纪之后，高丽王朝的佛教进入成熟期，出现了五教二宗。	佛教至李朝而逐渐衰败，渐入式微。

寨、老挝及我国云南省傣族聚居区的佛教。由于它是从印度往南传播，所以被称为南传佛教。从教义而言，南传佛教属于上座部一系，又称上座部佛教。此外，又因南传佛教从公元前1世纪便用巴利文翻译、传播佛教，故又称巴利语佛教。在近代，关于南传佛教的研究发展很快，有许多佛学家致力于南传佛教典籍及学说的研究。

斯里兰卡是佛教最早传入的国家。早在公元前247年，佛教就传入斯里兰卡，当时的锡兰王和诸贵族成为了最初的信徒，这也是印度佛教向外传播的最早记录。之后200余年，佛教因南印度泰米尔人的入侵而备受打击，南传佛教在斯里兰卡岛上始终经历着与印度教、大乘佛教和密教的斗争。公元3～12世纪，斯里兰卡的佛教先后产生了大寺派、无畏山派。直至公元12世纪，当时的国王波洛罗摩婆诃将无畏山派都归入大寺派门下。近代，斯里兰卡先后沦为葡萄牙、荷兰、英国的殖民地，佛教随着社会凋敝而衰落。斯里兰卡独立后，佛教开始复兴，主要分为三派：暹罗派、缅族派、孟族派。

缅甸佛教始于公元5～6世纪，自斯里兰卡传入，当时流传的是上座部佛教。公元8世纪，密宗传入缅甸的蒲甘地区，在其与当地本土宗教融合后，阿利教得以形成，并对佛教的势力有所影响。直至公元11世纪中期，蒲甘王朝将上座部佛教定为国教，佛教重新占据了主导地位。公元12世纪，缅甸佛教分为前部派和后部派。公元17世纪，又分裂为全缠派和偏袒派。公元19世纪，缅甸沦为英国殖民地，但佛教还是有所发展。现代缅甸佛教主要分为哆达磨派、瑞景派和达婆罗派三派，它们的区别主要体现在戒律上。

公元前300多年，佛教传入泰国，当时流行的是上座部佛教。公元7～11世纪，大乘佛教自印尼和柬埔寨传入。公元13世纪中叶，素可泰王朝的国王兰摩甘亨派人请斯里兰卡的僧侣前来泰国传播上座部佛教，在他的支持下，上座部佛教最终成为了主导的佛教派别。现代泰国佛教主要分为法相应部派和大部派，它们的区别主要在于人员的构成和戒律要求上。

公元2世纪，佛教传入越南。直至公元13世纪，佛教成为国教。陈朝时，一些越南的禅宗派别开始创立，主要有灭喜派、无言通派、竹林派。公元17世纪末，一些新的禅派如莲宗派、绍禅派、观禅派和宝山奇香派开始产生。越南是东南亚唯一的大乘佛教和南传佛教并行的国家，其中大乘佛教比较流行。

南传佛教

南传佛教是指由印度往南亚、东南亚地区传播的佛教，包括斯里兰卡、缅甸、泰国、柬埔寨、老挝及我国云南省傣族聚居区的佛教。

斯里兰卡
- 公元前300多年，阿育王派遣摩哂陀到斯里兰卡传播佛教，当地国王皈依佛教。
- 公元3~12世纪，斯里兰卡佛教先后产生了大寺派和无畏山派。
- 斯里兰卡独立后，佛教开始复兴，分为暹罗派、缅族派、孟族派三派。

缅甸
- 公元5世纪，东印度和南印度的传教师将佛法传播到了缅甸一带。
- 公元11世纪中期，蒲甘王朝将上座部佛教定为国教。
- 缅甸独立后，现代佛教主要分为哆达磨派、瑞景派和达婆罗派三派。

泰国
- 公元前300多年，阿育王派遣须那与郁多罗到泰国佛统等地传播佛教。
- 公元13世纪中叶，上座部佛教最终成为了在泰国占据主导地位的佛教派别。
- 现代泰国佛教主要分为法相应部派和大部派两派。

老挝
- 公元14世纪，柬埔寨僧侣到老挝传播上座部佛教，佛教成为老挝的国教。
- 现代老挝佛教主要分为法相应部派和大部派两派。

柬埔寨
- 公元1世纪，柬埔寨国家形成，印度教和大乘佛教并行于柬埔寨国。
- 公元14~19世纪，泰国的上座部佛教开始在柬埔寨传播开来，并占据了主导地位。
- 独立后，柬埔寨佛教受到泰国很大影响，分为法相应部派和大部派两派。

越南
- 公元2世纪，佛教自中国传入越南。
- 公元13世纪，佛教成为越南国教。
- 现在主要流行大乘佛教。

4 佛教在中国的传播
汉传佛教与藏传佛教

 汉传佛教的发展历程

汉传佛教，又称汉语经典系佛教或汉地佛教，是指在中国汉地用汉语传教的佛教体系，属于大乘佛教。公元1世纪，佛教通过丝绸之路传入中国。在随后的十多个世纪中，佛教克服了中印两国语言、文化的差异，消弭了中国本土宗教的排斥，形成了具有中国特色的佛教派系。

为了更好地了解汉传佛教的发展历程，我们将分四个阶段加以介绍：

初传时期

关于佛教何时传入中国，历来说法不一。据《魏书·释老志》记载："汉哀帝元寿元年，博士弟子秦景宪受大月氏（今中亚南部）王伊存口授《浮屠经》。"意思是说，汉哀帝年间，秦景宪在大月氏时，蒙国王伊存亲授《浮屠经》，有人认为这是佛教传入中国之始。但更多的人则倾向于佛教于东汉年间传入的说法。据《后汉书》记载：东汉永平七年（公元64年）的一天晚上，汉明帝做梦梦见了一个金光闪闪的人在殿前飞翔，第二天，汉明帝询问群臣，太史傅毅告诉汉明帝：我听说西方天竺（印度）有一位得道的神，号称佛，能够飞身于虚空中，全身环绕着日光，您梦见的大概就是佛吧！汉明帝对傅毅的话很感兴趣，于是便派羽林郎中秦景、蔡愔、博士弟子王遵等13人出使西域。三年后，使团从西域请来了摄摩腾和竺法兰两位僧人，并带回了佛像和经书，汉明帝随即在洛阳建立了白马寺，将佛像、经书放置寺中，这是中国第一座寺庙的由来。此后，摄摩腾和竺法兰又将他们带来的佛教经书翻译为汉文，中国第一部佛经《四十二章经》就此成书。当时，人们大多认为佛教属于神仙方术，佛教主要传播的地区只局限在长安、洛阳、徐州一带。

三国两晋南北朝

三国时期，天竺、安息（今伊朗的呼罗珊地区）、康居（今巴尔喀什湖和咸海之间）的沙门如昙柯迦罗、昙谛、康僧铠等先后来到洛阳，从事译经工作。月氏后裔支谦和康居人康僧会前往建业（今江苏南京）弘法。当时的译经和佛教教义的宣传工作，为两晋南北朝时期佛教的发展奠定了思想基础。

两晋南北朝时期，社会动荡不安，更多人开始在宗教中寻找精神安慰。在统治阶级的推动下，佛教逐渐传播到了中国各地。尤其在南朝，历代帝王大都崇信佛教，梁武帝更是自称"三宝奴"，不仅建立了大批寺庙，亲自讲经说法，举行盛大斋会，还曾四次舍身入寺，皆由国家出钱赎回。北朝虽然在北魏太武帝和北周武帝时发生过禁佛事件，但总的说来，历代帝王对佛教还是比较扶植的。比如北魏文成帝在大同开凿了云冈石窟，孝文帝营造了龙门石窟。

三国两晋南北朝时期，有大批外国僧人到中国弘法，其中以求那跋摩、求那跋陀罗、真谛、菩提流支、勒那摩提比较著名。此时，中国也有一批佛教信徒去印度游学，如法显、智猛、宋云、惠生都曾去北印度巡礼，带回了大批佛经，并进行翻译，许多重要的佛教著述先后问世，研究佛教的风气成为一时之盛。

隋唐时期

隋文帝统一南北朝后，改变了北周武帝灭佛的政策，下令修复了在北周禁佛时期被破坏的寺院，允许百姓出家，

 初传时期的中国佛教

公元64年，佛教传入中国。在佛教初传时期，因为得到统治者的支持，佛教寺院得以建立，僧众也逐渐增加。

中国第一座佛寺——洛阳白马寺

我国佛教的发源地，因中国历代高僧都曾前来此寺览经求法，被尊为"祖庭"和"释源"。

中国第一部佛经——《四十二章经》

最早的汉译佛经，共有四十二篇。经书的主要内容是提出了佛教修行的基本纲领。

中国第一个僧人——朱士行

公元250年，印度律学比丘昙诃迦罗在白马寺设立了戒坛，朱士行最先登坛受戒。

中国第一位取经回国的大师——法显

公元399年，法显去印度"取经"，412年回国时带回了《长阿含》、《杂阿含》、《杂藏》等多部佛教经典。

并在首都长安选聘著名学者从事佛学研究与宣讲。隋炀帝即位之前，就在扬州建立了慧日、法云二佛寺和玉清、金洞二道观四大道场。他即位后，又在全国广建佛寺，并在洛阳上林苑设立译经馆，从事佛经的翻译工作。

唐代是中国佛教的鼎盛时期。唐朝帝王虽然自称是道教教祖老子的后裔，尊崇道教，但实际上是采取道佛并行的政策。唐太宗贞观十五年（公元645年），玄奘自印度求法回国，朝廷为他设立了大型译场，让他主持进行译经、宣化工作，培养出了大批高僧、学者。武则天统治时期，在全国各州建造了大云寺。唐玄宗天宝十四年（公元755年），安禄山、史思明起兵反唐，百姓多逃至寺院避难，寺院也趁机扩张势力，逐渐形成了独立的寺院经济。直至会昌五年（公元845年），唐武宗发起了大规模的禁佛运动，给佛教以很大打击。

隋唐两代，译经工作大多由国家主持，译经的数量和规模都远超前代。不仅有大批外国僧侣、学者来我国从事传教和译经事业，中国也有不少僧人如玄奘、义净前往印度游学。这一时期，中国名僧辈出，对佛学义理的阐发无论在深度和广度上都超过以往，当时印度大乘佛教的精华基本都已经传入中国，这为建立中国民族特色的佛教宗派奠定了理论基础。在此基础上，八个佛教宗派先后建立，分别是天台宗、三论宗、唯识宗、华严宗、净土宗、禅宗、律宗、密宗，后人称之为"八大宗派"，它们的建立标志着中国佛教理论日益成熟，

已经脱胎于印度佛教而自成一体。随着中国对外交通的开拓，中国佛教开始传入朝鲜、日本、越南和印度尼西亚，加强了中国与亚洲其他国家在宗教、文化上的联系。

除了佛教宗派的成立，隋唐的佛教艺术更是繁荣昌盛。佛教在建筑、雕刻、绘画、音乐等方面，达到了很高的成就，丰富了中国民族文化艺术的宝库。

宋代以后

北宋初期，改变了五代后周排斥佛教的态度，对佛教采取保护政策。这时，西域、印度僧人携经赴华者络绎不绝，译经规模超过了唐代，但成就稍逊。在佛教宗派中，以禅宗中的临济、云门两派最盛。宋徽宗时（公元1101~1125年），由于他笃信道教，曾一度下令佛道合流，改寺院为道观，使佛教一度受到打击。

南宋时期，江南佛教虽仍保持一定盛况，但由于官方的限制，佛教除禅宗、净土宗两宗外，其他各宗已日益衰微。由于禅宗提倡不立文字，不重经论，因而在会昌禁佛和五代兵乱时所受影响较小，而净土宗强调一心专念阿弥陀佛名号，简单易行，故能绵延相续，长远流传。

佛教中国本土化在隋唐时期已初步完成，而儒、释、道三教的合流则在两宋时期。宋代中叶，一些儒家学者以中国传统的伦理观念为武器，纷纷著书立说对佛教进行评判，欧阳修的《本论》、石介的《怪说》、孙复的《儒

汉传佛教八大宗派

　　隋末唐初，中国佛教进入鼎盛时期。此时，中国佛门高僧辈出，人才济济，而且形成了各具特色的修证方法，开创了诸多不同的佛教宗派，其中对后世影响较大的有八个宗派，合称为八大宗派。

八大宗派

天台宗
　　隋代智𫖮（智者大师）创立，由于其教义主要依据《妙法莲华经》，故又名法华宗，其教义的最大特色就是"教观双美"，即教义理论和实践修行都发挥到极致并融为一体。

三论宗
　　隋代吉藏创立，因为此宗依据龙树的《中论》、《十二门论》和提婆的《百论》三论立宗，故名三论宗，主要学说是"诸法空性"和"中道实相论"。

唯识宗
　　唐代玄奘创立，又称为法相宗、瑜伽宗、慈恩宗，主要学说是"三性说"、"五重观法"及"因明学说"。

华严宗
　　唐代法藏（号贤首）创立，因为此学派依据《华严经》立宗，故名华严宗，主要学说是"法界缘起说"。

净土宗
　　唐代善导创立，其主要宗旨是以修行者的念佛行业为内因，以阿弥陀佛的愿力为外缘，内外相应，最终往生于极乐净土。由于该宗修行方法简便易行，故自中唐以后广泛流行，成为中国最有影响的佛教宗派之一。

禅　宗
　　唐代慧能创立，因为该宗主张以参究的方法彻见心性，又名佛心宗，其宗旨是提倡众生都有佛性，只要修行禅定，就可以见性成佛。

律　宗
　　唐代道宣创立，因为该学派依据五部律中的《四分律》建宗，也称四分律宗，主要学说是"戒体论"。

密　宗
　　唐代由善无畏、金刚智、不空等祖师传入中国，其主要宗旨是众生依法修习"三密加持"就能使身、口、意三业清净，即能成佛。

辱》就是其中的代表。面对儒家学者的排斥，佛教则主张三教合一，其中的代表人物是契嵩，他在著作《辅教篇》中指出儒、佛二道都是教人为善，并没有本质的不同，而且，佛教不只在理论接近儒家，在僧人的修养和生活中对儒学也有所借鉴。此时，经过几次灭佛的打击，中国佛教僧人为了生存与复兴，逐渐抛弃了印度原始佛教的烙印，而开始向中国传统儒家文化靠拢，竭力变出世为入世，努力向朝廷与帝王示好，在生活作风上则开始学习士大夫的生活方式与作风，以求儒家学者的接纳。经过僧众的诸多努力，儒家学者加深了对佛教的接触与理解，并在吸收佛教思想的基础上形成了宋代的新儒学——程朱理学。

元代的统治者崇尚藏传佛教，对汉地佛教则加以排挤，汉传佛教各大宗派的发展因而受到限制，各宗派在元代继续融合，逐渐走向世俗。

明朝建立后，废除了藏传佛教在内地的特权，致力于对汉传佛教的整肃工作。明太祖时期，制定了严密的僧官、考试等制度，主要内容是将僧官分为中央与地方两大系统，并将全国的僧尼编录成"周知板册"，借此来净化僧尼队伍。对于僧尼管理，朝廷则每三年举行一次考试，成绩合格者才能被授予僧人资格。明代末年，社会动荡，大量难民流往寺院，佛教开始出现复兴的气象。这时，禅宗临济宗的云栖袾宏、紫柏真可、憨山德清和天台宗的藕益智旭四僧，进一步融合各宗思想，主张三教合一，所以深受士大夫的欢迎和平民的信仰，号称为"明末四大高僧"。

清代初年，政府为了笼络蒙古和西

 ## 明末四大高僧

明末四大高僧指的是明代晚期出现的四位高僧，他们在佛学思想、实践方面都提出新的见解，对中国佛教的发展做出了卓越的贡献。

云栖袾宏

提倡净土法门，被后人尊称为净土第八祖。其佛教思想涉及到律、经、教、禅、净等各个方面，强调三教融合，重视禅净合一，有《云栖法汇》等书传世。

紫柏真可

主张复兴禅宗，对佛教各宗派思想采取调和态度。他一生重兴梵刹十五所，除大藏经外，凡古尊宿语录及经论文集，皆搜出流通，编辑成《紫柏尊者全集》。

憨山德清

主张禅教一致、禅净合一，将禅完全地纳入念佛之中。他以禅师的身份大修净土，晚年时更昼夜念佛六万声，深得时人崇奉。

藕益智旭

佛学思想丰富全面，融合了禅学、天台教理、律宗教法以及儒家的重要学说。他主张禅、净与律学三者统一，提倡思想理论的融会贯通。

三武一宗之厄

三武一宗之厄是指中国佛教史上的四次禁佛运动,因为这四次法难分别是北魏太武帝、北周武帝、唐武宗、后周世宗兴起的,所以称为"三武一宗之厄"。

法难	时间	过程	影响
太武法难	太平真君五年、六年(公元444~445年)	北魏太武帝下令诛杀沙门,焚烧寺院经像。	北魏僧人多逃匿,而寺院塔庙无一幸免于难。
周武法难	北周建德三年至六年(公元574~577年)	北周武帝下诏破毁寺塔,焚烧经像,勒令沙门还俗。	关陇一带及北方的佛法被破坏殆尽。
会昌法难	唐会昌二年至六年(公元842~846年)	唐武宗下令僧尼还俗,摧毁一切寺庙,所有废寺的铜像、钟磬都被销熔。	共拆毁寺庙4600余所,还俗僧尼26万多人,给佛教以沉重打击。
世宗法难	后周显德二年至北宋初年(公元955~960年)	后周世宗下诏禁止私自出家,不许创建寺院,废毁没有敕额的寺院。	共废除无敕额之寺院3万余所。

藏,颇为尊崇藏传佛教,对汉地佛教则沿袭明代制度进行管理,对僧人和寺庙的管理更为严格,佛教日益衰败。尤其在鸦片战争以后,中国国力衰微,佛教更是一蹶不振。直至近代以后,佛教在家弟子的势力逐渐崛起,居士佛教逐渐成为佛教的主力。如彭绍声、杨文会等人在日本和西欧佛学研究的推动下,创办了刻经处、佛学院、佛学会等,为佛教义学的研究开辟了新的方向。此外,一批名僧如月霞、谛闲、圆瑛、太虚、弘一等也开始从事振兴、弘扬佛教的工作,使佛教产生了新的气象。

藏传佛教的发展历程

藏传佛教,又名藏语系佛教,俗称喇嘛教,是指我国西藏、内蒙古等地区流行的佛教宗派,也属于大乘佛教。

公元7世纪中叶,当时的吐蕃国王松赞干布,在他的两个妻子,唐文成公

主和尼泊尔尺尊公主的影响下皈依了佛教，他派遣大臣端美三菩提等16人到印度学习梵文，并依据梵文创造了藏文。

公元8世纪中叶，藏王赤松德赞迎请印度高僧莲花生入藏，佛教得以弘扬。莲花生入藏之后，建立了桑耶寺，成立了僧伽制度，并组织翻译了大批佛典。但在公元9世纪中叶，藏传佛教曾一度遭到破坏，即所谓的"朗达玛灭法"，西藏佛教史上则称朗达玛灭法之前的佛教为前弘期，之后重兴的佛教为后弘期。

公元10世纪，佛教逐渐由西康、青海、阿里等地重新传回卫藏地区，同时有一些人去印度求法，其中最有成绩的是仁钦桑波，他翻译出以密宗为主的不少显密经典。公元1042年，印度最有知识的法师阿底峡被迎请入藏，向西藏僧俗传授了显宗及密宗的教理。自此之后，佛教逐渐在西藏复兴，并形成了独具高原民族特色的藏传佛教。自公元11世纪至15世纪，藏传佛教成立了宁玛派、噶当派、萨迦派、噶举派和后期的格鲁派五大宗派，藏传佛教的派别分支最终定型。

藏传佛教教义的特征是大小乘兼学，显密双修，兼行并重。另外，藏传佛教传承各异、仪轨复杂，这是藏传佛教有别于汉地佛教的一个显著特点。

莲花生，乌仗那国（即今之斯瓦特）人，以神通力著称。公元752年，莲花生到达西藏，相传他以密宗法术收服了西藏凶神，使藏民信服佛教，被认为是藏传佛教建立的功臣。因为莲花生的卓越贡献，莲花生被藏传佛教尊奉为根本上师，受到了西藏僧俗的敬仰。

藏传佛教五大宗派

自从佛教传入西藏，经过长时间的发展，直至公元15世纪中叶，相继形成具有西藏特色的佛教宗派，其中对后世影响较大的有5个宗派，即为藏传佛教的五大宗派。

藏传佛教的宗派

宁玛派

由于该派的僧人都戴红色僧帽，所以也被称为红教。公元11世纪，该派僧人运用印度佛教和西藏本土宗教苯教的教义教规，开展集体活动，形成了宁玛派，是藏传佛教中历史最悠久的宗派。宁玛派的特点是没有独立的寺院，也没有系统的教义和僧伽制度。

噶当派

公元1042年，阿底峡尊者入藏，他对西藏原有的佛教进行了整顿，系统整理了藏传佛教的教理和规范。公元1056年，他的弟子仲敦巴在藏北建立了热振寺，是噶当派创派之始。由于阿底峡的传承，此派对藏传佛教其他宗派都有重大影响。噶当派共有教典、教授、教诫三个主要支派。

萨迦派

公元1073年，西藏昆氏家族的昆·贡却杰布在波布日山脚兴建了萨迦寺，向以昆氏家族为主的信徒教授以道果法为密法传承的新的教法系统，是萨迦派创派之始。1260年，萨迦派五祖八思巴被元朝政府册封为国师，自此之后，萨迦派的历代领袖，都受到元朝政府的册封和扶持，在西藏第一次确立了"政教合一"的地方政权。

噶举派

由玛尔巴译师开创，经米拉日巴瑜伽师的传承，直到达波拉杰大师时，才正式建立并成为正式的宗派。噶举派的教法分为两大系统：分别为玛尔巴并经米拉日巴传承下来的达波噶举和由琼波南觉开创的香巴噶举。其中达波噶举又发展为四大支、八小支等众多派别。在达波噶举众多支派中，噶玛噶举派是势力最强、影响最大的一支派别，也是藏传佛教中第一个采取活佛转世制度的宗派，在藏传佛教中占有极其重要的地位。

格鲁派

由于该派僧人戴黄色僧帽，所以又称黄教。格鲁派创教人宗喀巴，原为噶当派僧人，所以该派又被称为新噶当派。公元15世纪，格鲁派兴起，是藏传佛教各大教派中最晚兴起的一派。到了清代，该派的达赖与班禅两大转世系统都由清朝政府正式确认。格鲁派一举成为了西藏地方政权的执政宗派，也是藏传佛教后期最有影响力的宗派。

5 佛教的世界观
佛教对世界的认识

 三界

佛教产生之时,是印度思想界派系林立、各派争辩不休的时期。针对各派的论战,释迦牟尼提出了中道和无记的理论。中道是指对待问题要具体问题具体分析,而不能走极端,而无记是指对待一些难以回答的问题不作确定的回答而是先搁置到一边。通过中道与无记的方法,释迦牟尼解决了大多数问题,但是对于有些问题,比如世界的起源和人的生死等一些重要的理论问题,释迦牟尼却无法回避,而正是这些问题形成了佛教的世界观和人生观。

"世界"的概念出自佛教。《楞严经》解释"世界"一词说:"世"是迁流的意思,指时间。因为时间就像流水从过去流到现在,又从现在流到未来。"界"是空间的意思,指方位,方位有东、西、南、北、东南、东北、西南、西北,还有上下,共10个方位。所以,世界的含义不外乎时间和空间,这和中国文化中"宇宙"的概念大致相同。

在世界的结构方面,释迦牟尼描绘出了一个以须弥山为中心,有太阳、有月亮,还有其他星球的世界。在这个世界里,佛教又根据有情生命所居住的层次,把它们分为三界,即欲界、色界、无色界。所谓有情生命是指世间一切有情众生,除了我们人类之外,还包括畜生、饿鬼以及阿修罗。

三界的第一界为欲界,也就是说居住在这一层的众生基本上都是生活在欲望之中。佛教把欲望归为五欲:财欲、色欲、名欲、食欲、睡欲。另外,根据人的感官,佛教又有另一种五欲:色欲,眼睛喜欢看漂亮的东西;声欲,耳朵喜欢听悦耳的声音;香欲,鼻子喜欢闻美妙的香气;味欲,舌头喜欢品尝可口的味道;触欲,身体喜欢接触舒适的环境。欲界众生的快乐就是建立在欲望的追求上,以欲望的满足为快乐,以欲望不能满足为痛苦。

三界的第二界为色界。色界的"色"不是指颜色,也不是指女色,而是指物质。在色界,众生已经没有男女饮食的欲望,但却还没有摆脱物质的束缚。如果我们人类要想升到色界天,就要修禅定,修到一定层次的禅定,将来就可以升到色界天。根据所修禅定的不同层次,色界天又分为四重天:初禅天、二禅天、三禅天、四禅天。初禅天的天人,已经脱离了欲界淫欲等杂恶诸趣,而得生在寂静清净无染的色地,所以叫做离生喜乐地;二禅天的天人,内心清净,但心中还有喜乐的波动,不能避开劫末的水灾;三禅天的天人,已没有喜乐的情感,只有静妙之乐;四禅天的天人已没有三禅诸天的情感,只忆念清净修行的功德。四禅天中自无烦天以上,

三界

三界是指众生所居之欲界、色界、无色界。世间一切有情都在生死中流转,依照他们的境界可以分为三个层次,即为三界。

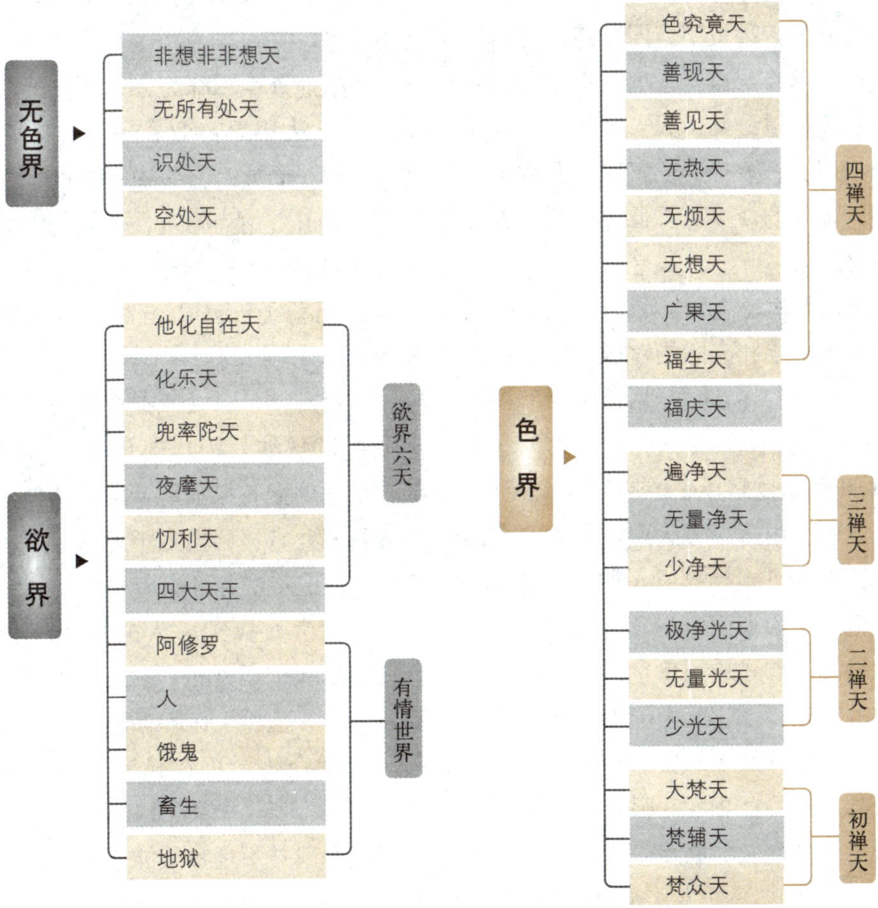

无色界
- 非想非非想天
- 无所有处天
- 识处天
- 空处天

欲界
- 他化自在天 ┐
- 化乐天   │
- 兜率陀天   │ 欲界六天
- 夜摩天   │
- 忉利天   │
- 四大天王   ┘
- 阿修罗 ┐
- 人   │
- 饿鬼   │ 有情世界
- 畜生   │
- 地狱   ┘

色界
- 色究竟天 ┐
- 善现天   │
- 善见天   │
- 无热天   │ 四禅天
- 无烦天   │
- 无想天   │
- 广果天   │
- 福生天   │
- 福庆天   ┘
- 遍净天   ┐
- 无量净天 │ 三禅天
- 少净天   ┘
- 极净光天 ┐
- 无量光天 │ 二禅天
- 少光天   ┘
- 大梵天   ┐
- 梵辅天   │ 初禅天
- 梵众天   ┘

已是圣者的境界，不再进入轮回之中。

三界的最高层为无色界。无色界的众生不但摆脱了欲望的束缚，同时也摆脱了物质的束缚。根据所修禅定的不同层次，无色界也分为四重天：空处天、识处天、无所有处天、非想非非想天，前三处天的众生还有心识存在，非想非非想天的众生则完全没有心识了。

六道

在三界中，生命以各种各样的形态存在，根据其生理条件和外部条件，佛教将其分为六种类型，即六道。这六道是天道、阿修罗道、人道、畜生道、饿鬼道、地狱道。其中天、阿修罗、人属于高级层次，被称为三善道；而畜生、饿鬼、地狱的众生属于低级层次，被称为三恶道。

天道是六道之首。天道众生生活在拥有无数珠宝和光明的宫殿之中，没有生、老、病的痛苦，是六道中最幸福的一道。天道分为六重天，这六重天众生的欲望程度也是不一样的。以情欲为例，六重天中四天王天和忉利天的人们满足情欲的方式与我们人类是一样的。而其他层次的人们，生命层次越高，其满足欲望的方式越简单。比如夜摩天的人只要拥抱一下，兜率陀天的人只要手拉手，化乐天的人只要笑一笑，他化自在天的人只要互相看一眼，他们的欲望也就能得到很大的满足。虽然天界众生生活幸福，寿命极长，但还是难免一死，而且因为在天界投生时，他们已经用尽了以前的善业福报，所以下一生多投生于三恶道中。

阿修罗道众生福报很大，与天界众生没有太大的差别，又名"非天"。但由于此道众生妒忌心极重，常常与天界众生作战，每次都被打到遍体鳞伤，因而不能得到真正的幸福快乐。

人道众生在三善道中福报最少，一生中要受到生、老、病、死的痛苦，却是适宜修持佛法之道。此道有苦有乐，不至于像天道一样有乐无苦而忘记修行，也不至于像三恶道一样苦难众多而不能修行，所以佛教说六道之中以人道最为难得。

畜生道众生愚昧无知，不大能明白佛法，无法积累善业，一旦跌入畜牲道，就要忍受被追逐和驱使的痛苦。

饿鬼道众生为胎生，一般是大肚子和小脑袋的形象，要忍受饥渴不堪的痛苦，但智力比畜生道高，足以理解佛法。

在六道之中，以地狱道最为痛苦。地狱道可被细分为八热地狱、八寒地狱、游增地狱及孤独地狱四大部分。造作最重恶业者，会投生于地狱道中，经历几十万亿年才有可能离开此道。

根据佛教教义，人的形体终会消亡，但灵魂是不灭的，它在六道中不断反复流转，这种生命的循环反复就是轮回。世间众生无不在轮回之中，只有佛、菩萨、罗汉才能不入六道轮回，而轮回到哪里并不是我们能自主选择的，更不是由天上的主宰来决定的，唯一能决定我们的死后去向的只有我们过往的业力。所谓业力是指个人过去、现在或将来的行为所引发的结果的集合，当我们播种善因就会结善果，一旦善业因缘成熟时，就会转生到三善道；而当我们播种恶因时就会结恶果，一旦恶业因缘成熟时，就会转生到三恶道。

 ## 三千大千世界

在三界中，欲界与色界的初禅天合为一个小世界，而一千个小世界合起来为一个小千世界，一千个小千世界合起来为一个中千世界，一千个中千世界合

六道轮回图

六道轮回图是佛教解释六道轮回的图画，图中转轮圣王手抱六趣轮，从上顺时针分别为天道、人道、饿鬼道、地狱道、畜生道、阿修罗道。根据佛教教义，除了佛、菩萨、罗汉外，一切众生都要在六道中生死流转，轮回不止。

天道
众生生活在拥有无数珠宝和光明的宫殿之中，没有生、老、病的痛苦，是六道中最幸福的一道。但由于享乐的诱惑太大，天道众生很难静心修行，下生多投生于三恶道中。

阿修罗道
与天道福报相去不远，但此道众生因心中有妒恨之心，不思修行，常与天界作战，死后多堕落于三恶道。

人道
六道中最难得的一道，众生虽无天道的好福报，但有苦也有乐，最适宜修持佛法，可借此机缘修行达到觉悟，超脱轮回。

畜生道
因杀生而投入此道，要承受自然与人类的奴役之苦。因天生愚痴，大多缺乏修行的机缘。

饿鬼道
多因不肯施舍、偷盗、见难不救的业因投入此道，饿鬼们大多承受着饥渴不堪的痛苦，因整日受苦，而无心修行。

地狱道
最重恶业者会投生于此道，历经几十万亿年才可能离开，地狱中的众生要承受极大的痛苦，无暇修持佛法。

起来就是一个大千世界，也称三千大千世界。所谓三千大千世界，即一个大千世界里面涵括着小、中、大三千世界的意思。如果我们把一个小世界看做是一个太阳系，那么一个中千世界就是一百万个太阳系，一个大千世界就是十亿个太阳系，所以说三千大千世界的范围是非常广大的。

根据佛教理论，一个三千大千世界就是一位佛陀所教化的区域，比如我们现在居住的世界叫做娑婆世界，是由释迦牟尼佛教化的，而西方极乐世界是由阿弥陀佛教化，东方琉璃世界则是由药师佛教化。

另外，佛教认为三千大千世界中的每个世界都不是固定不变的，而是要经历小劫、中劫、大劫的演变。"劫"是古印度时间单位的通称，可以是长时间，也可以是短时间，并没有固定的数量。

小劫：依我们地球的人寿计算，从人类八万四千岁的长寿，每一百年减短一岁，减至人类的寿命仅有十岁时，称为减劫；再从十岁，每一百年增加一岁，又增加到人寿八万四千岁，称为增劫。如此一减一增的时间过程，总称为一小劫。

中劫：二十个小劫为一个中劫，佛教认为我们所处的地球，共分为成、住、坏、空四大阶段，即四个中劫。

成、住、坏、空这四个中劫，不但是我们这个世界所要遵循的必然规律，也是整个宇宙每个世界都要遵循的必然规律。但是每个世界的成、住、坏、空并不是都是同时进行的，而是此起彼伏

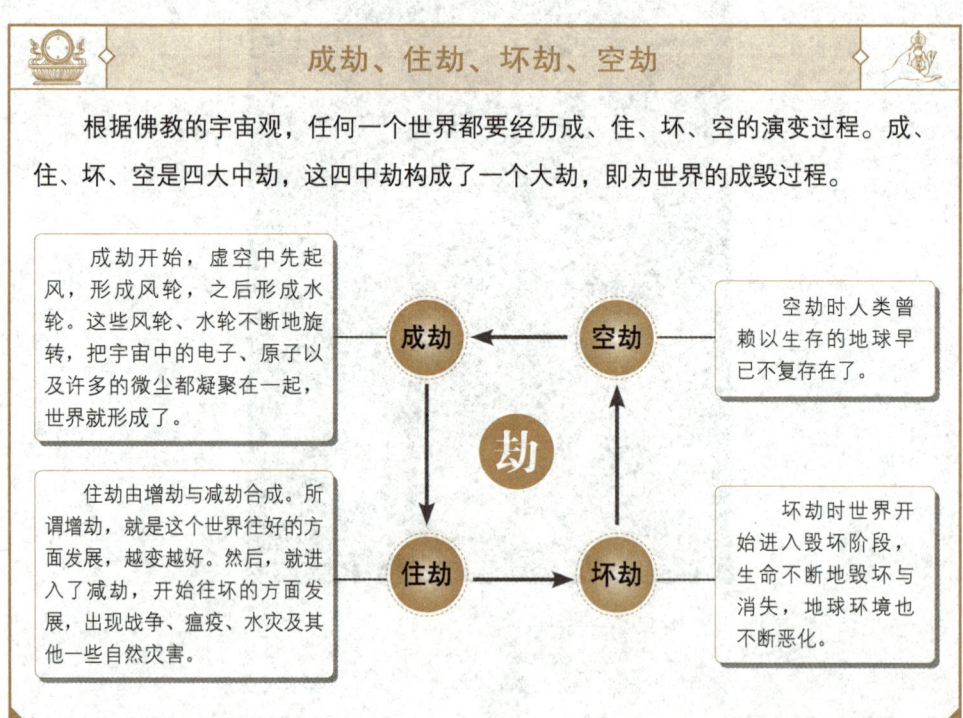

成劫、住劫、坏劫、空劫

根据佛教的宇宙观，任何一个世界都要经历成、住、坏、空的演变过程。成、住、坏、空是四大中劫，这四中劫构成了一个大劫，即为世界的成毁过程。

成劫开始，虚空中先起风，形成风轮，之后形成水轮。这些风轮、水轮不断地旋转，把宇宙中的电子、原子以及许多的微尘都凝聚在一起，世界就形成了。

空劫时人类曾赖以生存的地球早已不复存在了。

住劫由增劫与减劫合成。所谓增劫，就是这个世界往好的方面发展，越变越好。然后，就进入了减劫，开始往坏的方面发展，出现战争、瘟疫、水灾及其他一些自然灾害。

坏劫时世界开始进入毁坏阶段，生命不断地毁坏与消失，地球环境也不断恶化。

的。当这个世界正在形成的过程中,那个世界却是在住的阶段,而另一个世界却正在毁灭,整个宇宙就是按照这种无常的规律无限循环着。

大劫:经过成、住、坏、空的四个中劫,便是一个大劫,换句话说,世界的一生一灭,便是一个大劫。

缘起论

关于世界的起源,一直是人类最感兴趣的话题之一,哲学的唯物论认为物质是产生世界的根源,唯心论则认为精神是产生世界的根源,而绝大多数宗教则认为世界是神创造的,对于这个问题,佛教产生了自己的学说——缘起论。

缘起论是指世界上的一切事物或现象,包括物质和精神都是缘起的结果,即因缘集合而生、因缘散失而灭。在佛教原始经典《阿含经》中有"诸法因缘生,诸法因缘灭,我师大沙门,常作如是说"的语句,就是对缘起论的解释。其中的"诸法",是指宇宙人生的一切现象;"缘",是指事物存在的原因或条件,也就是说宇宙人生一切现象的产生与消失都是条件作用的结果,世界上所有事物都处在一种相互依存的关系之中。

释迦牟尼在菩提树下悟道,就是参悟缘起论的道理,他指出缘起是事物的本身的相状,是世界万事万物存在的规

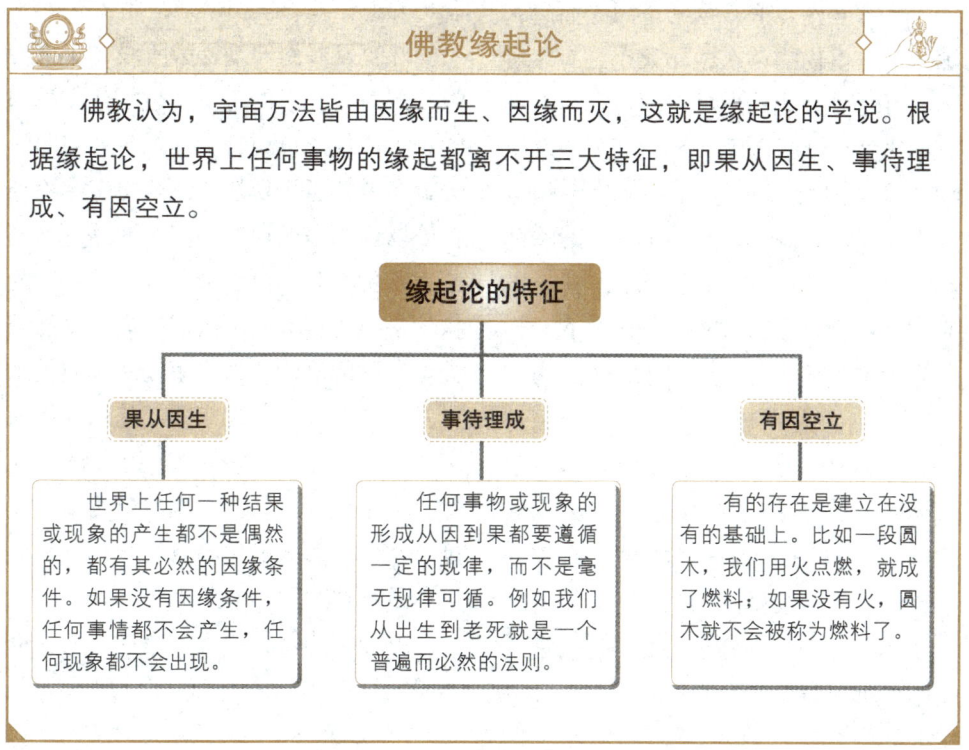

佛教缘起论

佛教认为,宇宙万法皆由因缘而生、因缘而灭,这就是缘起论的学说。根据缘起论,世界上任何事物的缘起都离不开三大特征,即果从因生、事待理成、有因空立。

缘起论的特征

- **果从因生**:世界上任何一种结果或现象的产生都不是偶然的,都有其必然的因缘条件。如果没有因缘条件,任何事情都不会产生,任何现象都不会出现。
- **事待理成**:任何事物或现象的形成从因到果都要遵循一定的规律,而不是毫无规律可循。例如我们从出生到老死就是一个普遍而必然的法则。
- **有因空立**:有的存在是建立在没有的基础上。比如一段圆木,我们用火点燃,就成了燃料;如果没有火,圆木就不会被称为燃料了。

律，而他只是用自己的无上智慧洞察到了这个规律，并用语言表述出来，使众生都能开悟。此后，在释迦牟尼传法的过程中，他始终以缘起论作为立教之本，并指出如果佛法中没有缘起论，就不成佛法了。从这个角度而言，缘起论是佛法的最根本的教义和理念，是佛教所有理论的源流，例如大乘佛教说修行有八万四千法门，这些法门实际上都是对缘起论的解释和延伸。

此外，缘起论更是佛教独有的思想，也是佛教区别于其他宗教、哲学的根本特征。因为缘起论圆满地解释了世界万法与人类自身的问题，所以相比之下，古印度的其他宗教哲学都显现出了各自理论的不足，这也是佛教得以在印度兴起的根本原因之一。

既然世界万事万物都是因缘而起，那么这些事物的存在或坏灭也是有因可循、有理可据的，这种有因可循、有理可据的关系就是因果关系。任何一个事物，都会对其他事物有一定的影响，其带来的影响就是果，而产生影响的就是因。例如把火当做原因，就会有光和热的果，以此类推，世界上一切的事物和现象都是处在因果结成的网中，我们的人生自然也是无时无刻都在因果网中。在这个因果网中，我们所做的任何事都带来一定的结果，有这样的因就会产生这样的果，有那样的因就会产生那样的果，无论如何，造了因就会产生相应的果，这就是所谓的"种瓜得瓜、种豆得豆"。

"空"的观念

依据缘起论，人和事物都是依因缘而产生和消亡的，人要经历生、老、病、死，要在六道中轮回，事物则要因为缘而变化，连世界本身也在运动和变化之中，所以原始佛教把这种世间所有人和事物都不会永恒存在的状态称为"空"，"空"的观念在佛教理论体系中占有非常重要的地位。

佛教之所以特别强调空的观念，一方面是因为佛教中认为空是一切事物的实相，另一方面则是佛教要用空的观念用与外道思想作战。正是通过空的观念，佛教尽情驳斥了外道提出的一切事物都是独立存在、长久不变的思想。例如大乘佛教的中观学派，正是用空的观念与外道论战，横扫中外，战无不胜。

佛教发展到部派佛教阶段，小乘佛教各派对"空"的观念产生了诸多不同的意见，但总体而言，他们对"空"的理解多是侧重于现在的东西将来会不存在或以前的东西现在不存在的角度。到了大乘佛教时期，大乘佛教对"空"的认识产生了很大的不同。他们主要强调"体空"的观念，认为事物从本质上来讲就是"空"，一切事物都是由因缘而产生，没有什么"不空"的事物。此外，大乘佛教还认为，既然事物本身就是"空"，那人们对事物的观感从本质上也是不真实的，也是"空"的。

关于空的观念，我们往往陷入这样的误区：

提到佛教空的观念，我们经常听到"四大皆空"的说法，许多人或是把它理解为酒、色、财、气皆空，或是解释为人生到头就是一场空的意思，但事实上，这些理解并不正确。所谓"四大"在佛教中指的是地、水、火、风四种元素。在古印度的诸多学派的理论中，这四大元素被认为是组成世界的基本元素，其中"地"指的是坚性的元素，"水"指的是湿性的元素，"火"指的是暖性的元素，"风"指的是流动性的元素。大乘佛教形成后，沿用了印度原有的思想而加以深刻化，提出了地、水、火、风这四种组成世界的元素都是空虚的，进而指出了这个世界也是空虚的。而在中国，许多人误解了四大皆空的意思，并用四大皆空来作及时行乐或消极处世的依据，这更是完全扭曲了"四大皆空"的本意。

6 佛教的基本教义

佛教对人生的思考

 四圣谛

除了对世界的看法外,释迦牟尼对于人生的本质等问题更是形成了完整的理论体系,其主要内容是四圣谛、十二缘起、五蕴论的教义,这也是佛教最原始、最基本的教义。

谛是古印度梵文的音译,意思是真实不虚,四谛就是指四条真理。又因为这四条真理为圣人所知见,故称四圣谛。四谛是释迦牟尼最初在鹿野苑对五比丘所说的佛法,是佛教一切教义的理论基础。

所谓四谛,分别是指苦谛、集谛、灭谛和道谛。

苦谛,是指人生存在的本质是痛苦的,这包括肉体的痛苦、精神的痛苦和对永恒生命追求而不得的痛苦,这是佛教对人生现象的基本看法。

佛教将人生的这些苦痛总结为八苦,分别为生苦(出生的痛苦)、老苦(衰老的痛苦)、病苦(生病的痛苦)、死苦(死亡的痛苦)、怨憎苦(碰到自己憎恨的人和事的痛苦)、爱别离苦(与自己心爱的人或事物离别的痛苦)、求不得苦(自己的追求、欲望、爱好不得满足的痛苦)、五蕴盛苦(人对永恒生命追求不得的痛苦,这是人生一切苦的综合,上面七苦由此而生)。

集谛,又称习谛,是指造成人生痛苦的根源是渴爱,这是造就一切欲望的根本。因为有渴望,所以有种种欲望,当这些欲望不能被满足时,就产生了痛苦。

灭谛中的"灭"是寂灭之意,是指世间诸种痛苦是可以被消除的,在灭除烦恼和生死之累后,人就可以摆脱六道轮回,达到解脱的境界,从而得到永恒的幸福。

道谛,是指消灭痛苦的具体方法,主要分为八种,即"八正道",分别是正见、正思、正语、正业、正命、正精进、正念、正定。

这四条真理是释迦牟尼对人生的基本看法,是佛法的基本教理。如果以因果关系来看，集谛说明了人生痛苦的根源，应该是因；苦谛说明了人生痛苦的本质，应该是果；而道谛说明消灭痛苦的方法，应该是因；灭谛说明了摆脱痛苦的结果，应该是果，所以说，四谛应该是集、苦、道、灭的顺序。但事实上我们所看到的四谛并不是这个顺序，这是因为释迦牟尼为顺应众生的根性，刻意这样排序。他告诉众生：你们的人生是痛苦的，这些痛苦的产生主要是源于人的贪念和执著，但是你不必感到绝望，因为你还是有希望摆脱这些痛苦的，他为你找到了解脱之道。通过四谛，释迦牟尼为我们解释了众生生死流转的道理，因而四谛也成为"根本佛法"之一。

十二因缘

关于世界的由来，释迦牟尼提出了缘起论，而在人生过程的形成和变化的具体问题上，释迦牟尼在缘起论的基础上提出了十二因缘的学说。

十二因缘是按照缘起论来对人生进行分析，它将人生过程分为十二个彼此成为互为条件或因果的环节：

无明，指心的无知，包括不明善恶因果，不明佛法教义，这是一切痛苦产生的根源。

行，因为无明而做出善或恶的行为。

识，因为我们过去的行为累积了一定的因果，从而投生于今世，成为了新的生命。

名色，因为转生而感受生命的身心现象。识入胎后，身体和精神逐渐长成，慢慢产生了知觉。

六入，人在胚胎发育时，产生眼、耳、鼻、舌、身、意的感知能力。因为我们从这六处了解外界，所以称为"六入"。

触，人在出生后，对外界事物有所

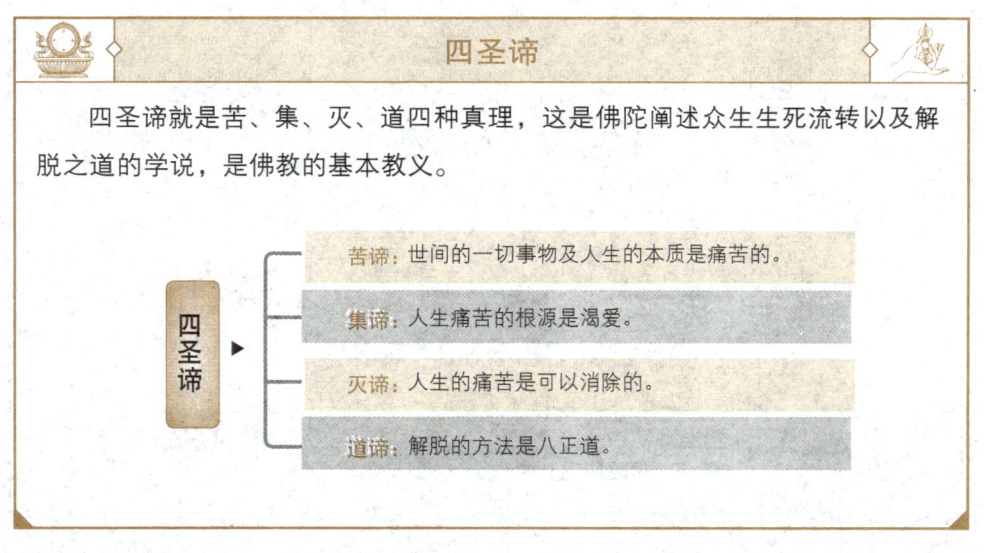

四圣谛

四圣谛就是苦、集、灭、道四种真理，这是佛陀阐述众生生死流转以及解脱之道的学说，是佛教的基本教义。

四圣谛 → 苦谛：世间的一切事物及人生的本质是痛苦的。
集谛：人生痛苦的根源是渴爱。
灭谛：人生的痛苦是可以消除的。
道谛：解脱的方法是八正道。

接触。

受，由于与外界事物的接触而产生苦、乐、忧、喜的感觉。

爱，对苦有强烈的憎恨，对乐有热烈的渴望，这些强烈的欲求或渴望，就是爱。

取，为爱努力地追求。

有，今生为爱产生诸多行为，成为下一世的果报。

生，有了今生的业因，而受来生的生命。

老死，有生必有死。

释迦牟尼认为这十二个环节是互为因果的，构成了人生因果循环的总链条。因为人的无明，所以造就了过去的行，产生了惑和业，招致了现在的识、名色、六入、触、受的苦果，人因受到爱的诱惑而去索取，产生了今生的惑和业，招致了未来的生、老、死的苦果。这个链条一直循环反复，使我们在生死之间流转，在六道中轮回而不得解脱，因而佛教将这种由无明到老死的循环称为"流转门"。

因为十二因缘流传不止，所以释迦

十二因缘与三世因果

十二因缘是将人生过程分为十二个彼此互为条件或因果的环节，这是佛陀对人生的基本认识。由于这十二个环节因果相随，绵延三世而不间断，是为三世因果。

十二因缘与三世因果：

- 无明：过去世的无知
- 行：过去世的行为

——过去二因

- 识：今世的转生
- 名色：今世的知觉
- 六入：今世的感知能力
- 触：今生的触觉
- 受：今世的感受

——现在五果

- 爱：今世的欲望
- 取：今世的追求
- 有：今世的行为

——现在三因

- 生：来世的转生
- 老死：来世的衰老、病死

——未来二果

牟尼将其比喻为众生颈上的一副无形枷锁，众生长期被这副枷锁所束缚，承受了无尽的烦恼和痛苦。但是这些痛苦并不是无法摆脱的，如果我们从流转门的老死往上推溯，这种反向推究十二因缘循环的推算也被称为"还灭门"。通过"还灭门"的推究，无明被看做是人生一切痛苦的根源，只要我们破除无明，就可以不再被十二因缘所束缚，就可以跳出六道轮回，摆脱无休止的生死循环，这也是我们参悟十二因缘的目的。

五蕴论

所谓"五蕴"的"蕴"是积聚的意思，"五蕴"就是指五种聚合，这是佛教对于人体及其身心现象构成问题的理论。

五蕴分别是指色蕴、受蕴、想蕴、行蕴、识蕴，其中除了色蕴属于物质性的事物现象，其余都是精神现象。

色蕴，色是指一切物质的活动现象，主要是地、水、火、风四大物质，佛教认为人体也是由这四大物质聚合而成。

受蕴，是指人体的感觉器官在接触外界时产生的感受或情感，它会对顺境和逆境产生三种不同的感受，分别是苦、乐、舍（不苦不乐）受，称为三受。

想蕴，是指因接受外界刺激产生感觉后，对这种刺激所持有的感性的认识。

行蕴，是指在产生对事物的认识后，主动去行动的意志。

识蕴，是指对外界事物的理性认识。

佛教认为，人是没有实在本体的，而是由五蕴构成的，所以说世间的"我"实际上是不存在的，这也是佛教对人生基本的认识。

虽然说世间的"我"是不存在的，但是五蕴聚合在一起，我们的身心就此形成。随着身心的变化活动，我们的心执著在五蕴之中，没有自由，而且这五蕴组成的五蕴身，能够造就善业或恶业，从而使我们在六道中轮回，不但要忍受诸多人生的痛苦，还要忍受生死流转的大苦，所以说佛教的人生八苦将五蕴盛苦列为人生一切苦的综合，正因为人生的七苦都要靠五蕴身来承受，五蕴盛苦也被认为是众生之苦的根本。

7 佛教的修行
一切为了解脱

 ## 修行的目标

佛教在告诉我们世界和生命的本质之后，提出了众生追求的目标和最高理想，佛教徒把这些为了达到目标而进行实践的过程称为修行。具体来说，修行主要包括行为方面的规范、言语方面的约束、意识品行方面的提升和智慧方面的觉悟，这一切修行都是为了最高目标——涅槃。

涅槃，是梵语音译，意为不生不灭，主要指超越生死和痛苦，断尽一切烦恼的境界。释迦牟尼告诉我们：世间一切事物和现象的产生都是依据条件而生，但事实上我们却不明白这样的道理，我们不仅认为世间有一个真实的自我，并因为爱对事物产生了贪（执著的欲望）、嗔（排斥）、痴（对真相的无知，且导致恐惧）的欲望，也称为"三毒"。这"三毒"不断恶性循环，使我们烦恼不已。但这些苦难不是不可避免，如果我们认识到这一点，并通过个人的修行来破

这是释迦牟尼涅槃图。图中释迦牟尼侧卧于娑罗双树下，呈圆寂之状。在他的周围，众多佛门弟子、道家神仙及凡间男女纷纷前来吊唁。根据佛教教义，释迦牟尼的圆寂就表示他已得到真正的解脱，进入了不生不灭的涅槃境界。

除一切错误的知见和行为，消灭贪、嗔、痴，这样就能看到事物的真相，就能达到解脱，这就是涅槃的境界。

关于涅槃，我们常常陷入以下的误区：

我们经常把涅槃误认为是死亡，其实不然，因为按照十二缘起论中业力的牵引，人的死亡往往是新生命的开始，而且众生是完全不能自主选择轮回去处的，所以死亡并不等于真正的解脱。实际上，除了释迦牟尼的死亡是不生不灭的涅槃境界，众生的死亡都算不得涅槃。

关于人生的欲望，释迦牟尼从未说过人应该停止对欲望的渴求。相反，他说的是：不要执著于欲望，不要被欲望所束缚，而是应该努力发现自己重要的事物，顺其自然地生活。

八正道

在为我们指出修行的目标后，释迦牟尼也告诉了我们修行的基本方法，这就是八正道，即达到最终解脱的八种方法和途径。

八正道最初是释迦牟尼佛针对婆罗门教、耆那教的苦行主义和六师的享乐主义而提出的修行方法。在他看来，苦行主义是对自我施加折磨，不会带来什么收效，而享乐主义沉迷于寻欢作乐的生活，更会通向毁灭之路。就此，他提出了不苦不乐的中道，就是八正道。原始佛教十分重视这种不苦不乐的修行方法，并将其列为道谛的具体内容。

在佛教教义中，八正道就好像是盘旋直上的八个阶梯，沿着阶梯我们就可以达到佛教的最高境界。具体说来，八正道分别是：

正见：正确的见解，就是对缘起论、四圣谛等佛教教义理解信服，并坚定不移地信奉。这是八正道中最根本的方法，因为有了正见，才能对事理有正确的认识，才能破除外道的邪见，只有将正见作为基础，才能精进不懈地修行。

正思惟：正确的意识或观念，断除邪恶的欲念，生起正当的欲念。正思惟主要有三方面的内容：舍弃执著或自私之心、慈善仁爱、无害，这些是修行的意志决心。

正语：纯正清净的语言，合乎佛法的言论，也就是不说谎、不谩骂、不诽谤、不恶语、不暴语，而使用友善纯洁的词句。

正业：正当的活动、行为及工作，也就是不杀生、不偷盗、不邪淫，不作一切恶行。正语、正业这两个阶梯是很难攀登的，一旦登上这个高度，就已取得了相当了不起的自制能力，修行的前景就会变得清晰、宽阔。

正命：正当的谋生手段，就是按照佛教的标准来谋求生存的必需品，远离一切不正当的职业。

正精进：正确的修行，使自己的身心臻于完善。到达这一阶段的人将完全理解自己行为的目的，无论衣食住行、工作休息，都能毫不松懈地按照佛法行动，从而达到了至善至美的境界。

正念：正确的思维，也就是牢记佛法，念念不忘佛教真理。到达这一阶段的人已完全抛弃了"我"的念头，只考虑世界的真相，不再执著于不如实不如理的妄想。

正定：对佛法有坚定不疑的定见，专心一志精进佛法的修行。到达这一阶

段的人经由以上阶段的修习，抛弃了无根据的信仰和妄想，不再混乱与恐惧，身心寂静地修行。

八正道是通往佛道的八个层面，每个层面都是依次递增的，也是不可或缺的，如果要达到解脱的目标，八个层面缺一不可。

戒、定、慧三学

佛教徒在修行过程后，为了便于记忆，将八正道按照内容进行了分类，这种分类后来被总结为戒、定、慧三学。这三学是一个依次上升的过程，即通过"戒"来达到"定"，再达到"慧"。

戒：包括正语、正业、正命、正精进，在这一阶段，主要是对修行者身体进行约束，还未涉及修行者的思想意识，这时，修行者还是一种被动的状态。

定：包括正定，在这一阶段，主要是对修行者精神状态进行严格控制，当修行者经过戒的阶段后，就会化被动为主动，积极地研究佛法。在印度早期佛教时期，定的内容比较具体，很容易把握，但随着佛教的发展，定的内容日益增长，越来越复杂了。

慧：包括正见、正思、正念，在这一阶段，主要是对人的认识进行正确引导，在定的状态下，修行者已领悟了佛法的真谛，获得了最终解脱，这是修行的终点。

八正道

八正道是指获得最终解脱的八种方法和途径，这是四圣谛中道谛的具体内容。佛教认为，通过八正道的修行，就能通往成佛之路。

正定：正确控制自己的精神状态。

正念：保持对事物的正确观察和思维。

正精进：专心致志地朝着正确的方向而努力。

正命：采用正当的职业谋生，不做不道德的职业。

正业：正确的行为，一切行为都要符合佛陀的教导。

正语：正确的言语，如不撒谎、不骂人、不两舌等。

正思：正确的思考，即根据四谛的真理进行思维与分别。

正见：正确的认识，即坚信佛教四谛、八正道、十二因缘等教义。

佛教的戒律
佛信众要遵循的守则

七众

自五侍者在鹿野苑皈依佛教以来，佛教信众不断增加，佛教的僧团逐渐形成。根据这些信众的年龄、性别及遵守的佛教戒律内容的不同，他们被划分为七种人，即所谓的"七众"，分别是：

比丘：年满二十岁的正式出家的男性佛教徒。关于比丘的含义，有一种说法认为，比的意思是破，丘的意思是烦恼，比丘就是破除烦恼的意思。

比丘尼：年满二十岁的正式出家的女性佛教徒，相传佛教中最早的比丘尼是释迦牟尼的姨母摩诃波阇波提夫人。

沙弥：初期僧团中原没有沙弥，直到佛陀之子罗睺罗出家时，才开始有沙弥的设置。佛教将沙弥列入僧团，是为了增添新生力量，所以沙弥主要以年龄已满十四岁但未满二十岁的少年出家者为主。但是，年龄已满二十岁的人，初入僧团，或因为师资不足，或因为衣钵未备，或因其他事故而未能受持比丘戒的，仍然属于沙弥。另有六十岁以上的老人要求出家，佛教是准许的，但却不许他们受比丘戒了，所以也被列入沙弥之中。

沙弥尼：年龄已满十四岁但未满二十岁的少女出家者。最初的女性出家者，是可以直接受戒成为比丘尼的，后来出家的女性日益增多，为了防止伪滥，佛教便增加了沙弥尼、式叉摩尼两个阶段。

式叉摩尼：年龄已满十八岁但未满二十岁的沙弥尼。为了防止比丘尼怀孕，避免招致人们的讥讽，佛教便为女子出家增加了式叉摩尼阶段。这个阶段为两年，主要是用这两年的时间来磨炼女子的性情，并观察其是否受孕。

优婆塞：在家修行的男性佛教信众，即皈依三宝的在家弟子。皈依是身心归向、依靠之意，三宝是指佛、法、僧，皈依三宝是成为佛教徒的仪式。

优婆夷：在家修行的女性佛教信众。

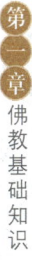

五戒、十戒、具足戒

僧团最初成立时，并没有约制团体的戒律，后来随着问题不断地发生，佛教为了有效地对僧团进行管理，逐渐开始随机制定戒律，这些戒律主要分五戒、十戒、具足戒三个等级，要求七众遵守的戒律等级也各不相同，分别为：

比丘与比丘尼，要受具足戒。具足戒，又称近具戒、大戒，略称具戒。出家人只有受过此戒才能成为比丘、比丘尼。关于具足戒的条目，释迦牟尼入灭前，为比丘制定的戒律已达200多条。随着佛教戒律的完善，现在南方国家所传比丘戒是227条，西藏是253条，汉地为250条，各地戒律的内容大体相同，只有条目和分类有所区别。另外，比丘尼所受的具足戒条数是多于比丘的，如汉地比丘尼的具足戒是348条。

沙弥和沙弥尼，他们虽然不受具足戒的约束，但也要受十戒，即不杀生、不偷盗、不邪淫、不妄语、不饮酒、不涂饰、不歌舞及旁听、不坐高广大床、不非时食、不畜金银财宝。另外，沙弥日常还要遵守十四事和七十二威仪。

式叉摩尼，她们专修四根本戒和六法。四根本戒是指不杀、不盗、不淫、不妄语。六法是指身体不得与成年男子相触、不得盗一针一草、不得故意杀害异类众生、不得说谎、不得在中午之后进食、不饮酒。

优婆塞、优婆夷是在家弟子，他们要受五戒，即不杀生、不偷盗、不邪淫、不饮酒、不妄语。五戒是佛教的基本戒律，其根本精神是不侵犯。例如不

七众

七众是佛教对佛弟子的分类，共有比丘、比丘尼、沙弥、沙弥尼、式叉摩尼、优婆塞、优婆夷七种分类。

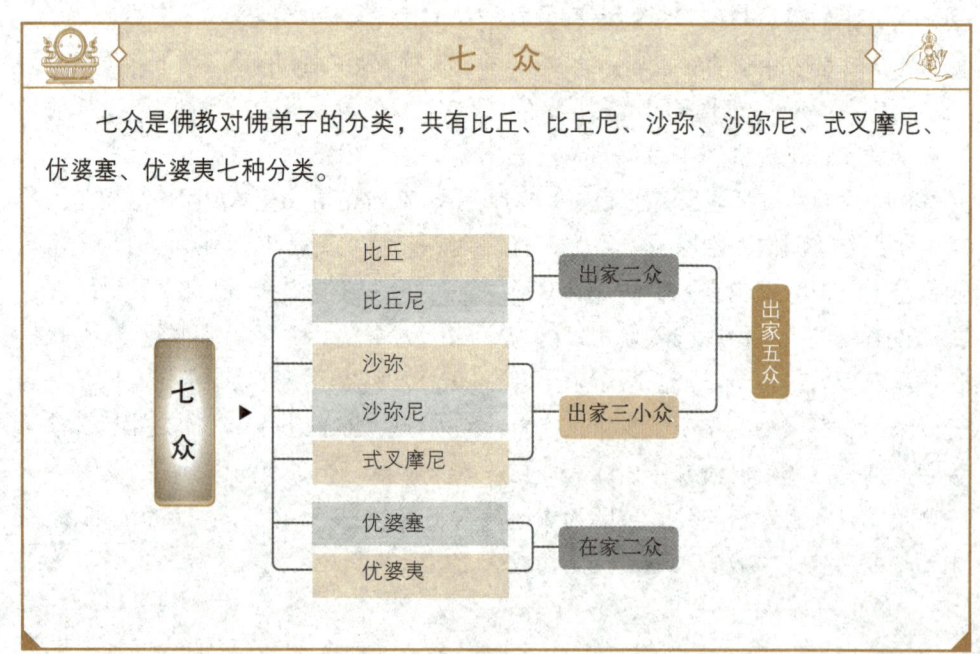

具足戒的分类

具足戒是比丘、比丘尼受持的戒律，因为这些戒律与十戒相比，戒品具足，所以称具足戒。关于具足戒的条目，虽然各地都有不同，但大致内容是相同的，都具足八种分类。

具足戒

- **波罗夷**：戒律中的根本戒，即杀生、偷盗、邪淫、妄语四罪，一旦触犯，就会被赶出僧团，死后也会堕入地狱。

- **僧伽婆师沙**：僧众犯了此戒，就如同残废一样。如随便诬赖别人、毁谤别人，就属犯戒。

- **不定**：是否犯戒及犯何戒还没有查明，还在怀疑判断之中，为比丘独有。

- **舍堕**：由于贪心而积蓄无用的物品，如要悔过就应舍弃多余的财物。如收藏多余的钵或衣服，就属犯戒。

- **单堕**：犯戒后不用舍弃财物，只要向他人忏悔就可以得到原谅。如恶口辱骂、打人伤害，就属犯戒。

- **波罗提提舍尼**：轻罪的一种，必须向其他比丘忏悔。如饮食不当，就属犯戒。

- **众学**：关于比丘、比丘尼的生活礼仪等细则，在《四分律》中，将众学总结为百戒，所以又称百众学法。如比丘或比丘尼衣食住行的威仪不端正，就犯了此戒。

- **灭诤**：当佛弟子生起争执时，要面对面地互相表白，解除彼此的误解，事后也不可再进行议论或搬弄是非。

杀生，就是不侵犯别人的生命；不偷盗，就是不侵犯别人的财产；不邪淫，就是不侵犯别人的名节；不妄语，就是不侵犯别人的名誉，所以说，守五戒也就是守法，不侵犯别人自然可以免除恐怖而获得身心的自由与平安。

由上所述，佛教对于七众的要求是不同的：对于出家的比丘和比丘尼，要求他们受具足戒；而对于在家的弟子，则只要求遵守五戒，这些因人而异的戒律充分考虑到了修行者的实际情况，既有法可依，又实际易行。

五戒

五戒是在家居士受持的戒律，属于佛教的根本戒律。

五戒

- **不杀生**：禁止杀人，也不能伤害畜生、虫蚁等。不但戒直接杀害，而且也戒杀因和杀缘，如卖猎枪的人则是间接助杀者。
- **不偷盗**：禁止窃取有主之物，无论是直接形式，还是间接形式，凡是以不正当的手段获取不应得的财物，都被称为偷盗。
- **不邪淫**：禁止与正式配偶之外人的交合，以及非时、非处的交合，也不能涉足有邪淫因缘的娼寮妓院。
- **不妄语**：禁止说谎、搬弄是非，也不能出口伤人、胡言乱语、花言巧语。凡是虚伪夸张，虚言掩饰，都属于妄语。
- **不饮酒**：禁止饮酒，因为饮酒会使人心神不清醒，自律性下降，从而引发其他罪恶，触犯以上四戒。

在家居士可根据自己的实际情况，先受持五戒的一戒、二戒，然后精进受持，逐渐达到五戒圆满。

第二章 怎样读佛经

在了解佛教的一些基础知识后,如果我们要深入地学习佛教知识,我们必须阅读佛教经典,佛教的教义贯穿于佛教经典之中,只有阅读佛教经典,我们才能真正理解佛教的教义。但是,对于大多数人来说,佛教经典不仅难读,而且也并不易懂,这是由于佛教经典传入中国以来,中印两国语言的差异及古今汉语的区别,原来通俗易懂的佛教经典日益变得艰涩难懂,所以,本章将帮助你解决这个问题,等你看完这一章后,你会发现佛经其实并不难懂。

佛经
释迦牟尼的教法教义

佛经是佛教经典的简称，主要是指释迦牟尼佛所说的教法教义。在释迦牟尼入灭后，他的弟子为了不让他的佛法失传，于是召集僧众举行聚会，这些僧众依靠自己对释迦牟尼言教的回忆，将其以文字记录下来，由此形成文字版的佛经。

佛经依照不同的标准，可以分为以下的类别：

按照佛经内容分类，可以分为经、律、论，合称为三藏。经是指释迦牟尼所说的教法，被认为是佛教教义的基本依据，不过现存的佛经中，有很大一部分是后人根据佛教的基本思想所编写的。律是指佛教僧团的行为准则及道德规范。论是指佛弟子对经、律的解释，最初论藏只是对佛教一些特定名词的解释，后逐渐成为佛教各个派别对经、律的解释，并形成了深奥的佛教思辨哲学。

按照佛教派别分类，可以分为小乘佛教三藏、大乘佛教三藏和密宗三藏。

按照佛经文字语言来分，可以分为汉文大藏经、蒙文大藏经、藏文大藏经、日文大藏经、巴利文大藏经等。大藏经，是将一切佛教典籍汇集起来编成的全集。起初称为一切经，后来定名为大藏经，又称藏经。因为大藏经的内容主要由经、律、论三部分组成，所以又称为三藏经。目前，佛教大藏经中有三大系统，分别是汉文大藏经、藏文大藏经、巴利文大藏经。其中汉文大藏经和藏文大藏经都是诞生于中国，这也是中国佛教对世界佛教的巨大贡献。

在佛经的诸多分类中，按照佛教典籍的内容分为经、律、论三藏是最常用的分类，也是最基本的一种分类方法。正因为三藏包含了佛教的一切典籍，所以我们也称那些精通经、律、论的高僧为三藏法师，除了我们熟知的唐三藏玄奘法师外，中国佛教史上还有许多的高僧被尊称为三藏法师，鸠摩罗什就是其中比较著名的一位。

三藏十二部经

根据佛陀说法的方式、内容及体裁的不同，佛弟子将经、律、论三藏分为十二部，统称为三藏十二部经。

三藏十二部经
- 修多罗：直说教义的长行经文，又称长行经。
- 祇夜：以偈颂体裁赞颂前面的长行经文的佛经，又称重颂经。
- 伽陀：直接以偈颂体裁显示法义的佛经，又称讽诵经。
- 和伽罗那：佛向菩萨传授成佛的教义及六道众生所受果报的佛经，又称授记经。
- 优陀那：没有佛弟子的请教而是佛直接宣说的佛经，又称自说经。
- 尼陀那：解释佛说法的本末因缘的佛经，又称因缘经。
- 阿波陀那：用譬喻显示法义的佛经，又称譬喻经。
- 伊帝目多伽：讲述佛弟子或菩萨过去事迹的佛经，又称本事经。
- 阇陀伽：讲述修行及苦度众生的因缘的佛经，又称本生经。
- 毗佛略：一切大乘佛经，又称方广经。
- 阿浮陀达摩：述说诸佛不可思议的法力的佛经，又称未曾有经。
- 优波提舍：以议论问答显示法义的佛经，又称论议经。

第二章　怎样读佛经

佛经的形成过程

小乘佛教三藏

佛经的形成过程是与佛教的发展相始终的，按照佛教发展的时间顺序，最早成型的是小乘佛教三藏，之后是大乘佛教三藏，最后是密宗三藏。

根据小乘佛教典籍的记载，印度佛教史上共举行过四次有名的结集。所谓结集，是指释迦牟尼入灭之后，由佛教徒所举行的回忆释迦牟尼在世时的言论，并加以谈论、核实的会议。经过这四次结集，小乘佛教三藏逐渐形成了一个完整的系统。

小乘佛经的第一次结集

释迦牟尼去世90天后，为了防止僧团中出现更多的比丘破坏戒律，大迦叶尊者召集500位阿罗汉在七叶窟举行佛经的第一次结集。

结集首先由优波离尊者背诵了佛家戒律，编成《律藏》，全名为《八十诵律大毗尼藏》，由于书中每条戒律都是经过大众的询问和解答而确定的，所以被视为佛陀所亲制的戒律，为一切戒律的根本。之后由阿难回忆佛陀的教法，集成《阿含经》，这是释迦牟尼成道后，最初对五比丘所授之法，其中包含了四圣谛、八正道、十二因缘等佛教最根本的教义，被认为是最接近原始佛学的佛典。

第二次结集

释迦牟尼圆寂110年后，以耶舍长老为首的700名僧众，在毗舍离进行第二次结集。此次结集就毗舍离比丘提出的十条戒律（即十事）展开讨论，集会上少数有地位的长老判定十事为非法。对于这次结集的决定，毗舍离的僧侣颇不信服，于是另举行约有万人参加的会议，并判定上述十事为合法，就此形成了大众部和上座部。

第三次结集

释迦牟尼圆寂226年后，在阿育王统治时期，由于阿育王推崇佛教，每天在鸡园寺中供养上万名出家人，其中也有许多外道，因而经常引起争端。于是，目犍连子帝须召集1000名僧众，在华氏城（即波多厘子城）进行了第三次结集，重新整理了《阿含经》。会后，目犍连子帝须将各派不同的论点整理出来，编辑了《论事》，这是佛教史上第一部论著，对佛教文献的丰富起了重要作用。

第四次结集

释迦牟尼圆寂674年后，在迦腻色迦王统治时期，500名比丘以世友尊者为上座，在迦湿弥罗（今克什米尔）举行了第四次结集，会上对以前所有的经、律、论三藏进行了总结，并对三藏作了注释。现在前两种注释已经失传，只有后一种注释保存下来，被称为《大毗婆沙论》，至此小乘佛教的三藏基本成型。

大乘佛教三藏

在印度佛教史上，相传大乘佛教经典的出现与龙树菩萨有关。根据龙树菩萨的传记，龙树在出家受戒后，不到三个月就已经读完了小乘佛教全部典籍。后来，当他有一次路过雪山，在雪山的塔中遇见了一位老比丘，并从比丘那里得到了《摩诃衍经》。虽然他仔细阅读了《摩诃衍经》，仍未参悟佛法的奥义，因此他就在水晶房中静坐深思，冥想佛法的玄妙。这时大龙菩萨怜悯他的处境，就带他到海中的龙宫，并将诸部深奥的方等经典传授给他。后来，龙树菩萨在参悟了《摩诃衍经》和诸部方等经典后，创建了中观学派，大乘佛教理论完全建立。

现在，我们将大乘佛教经典根据时间划分为早期大乘经和续出的大乘经，早期大乘经主要是由方等经发展出的《般若经》、《华严经》、《法华经》等佛教经典，而续出的大乘经主要是公元4～5世纪左右出现的《涅槃经》、

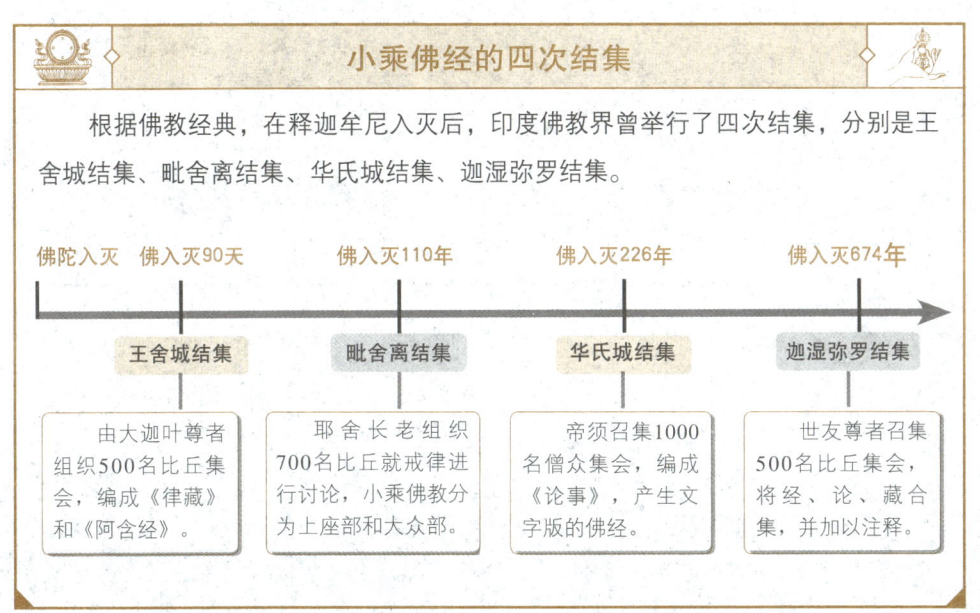

小乘佛经的四次结集

根据佛教经典，在释迦牟尼入灭后，印度佛教界曾举行了四次结集，分别是王舍城结集、毗舍离结集、华氏城结集、迦湿弥罗结集。

佛陀入灭	佛入灭90天	佛入灭110年	佛入灭226年	佛入灭674年
	王舍城结集	毗舍离结集	华氏城结集	迦湿弥罗结集
	由大迦叶尊者组织500名比丘集会，编成《律藏》和《阿含经》。	耶舍长老组织700名比丘就戒律进行讨论，小乘佛教分为上座部和大众部。	帝须召集1000名僧众集会，编成《论事》，产生文字版的佛经。	世友尊者召集500名比丘集会，将经、论、藏合集，并加以注释。

《胜鬘经》、《解深密经》、《楞伽经》佛教经典等。

密宗三藏

密宗是印度佛教的最后形态，以《大日经》和《金刚顶经》为主要经藏。

《大日经》形成于公元7世纪的中印度，相传是大日如来在金刚法界宫为金刚手秘密宣说的佛经。此经主要为众生开示了本有本觉曼荼罗，即众生本有的净菩提心，并宣讲了身、语、意三密方便等密宗基本教义，另外还介绍了曼荼罗、灌顶、护摩、印契、真言等密宗修行方法。

《金刚顶经》是密宗金刚界的根本大经，相传共有10万颂。此经阐述了大圣释迦牟尼佛祖的终极善性理念，显示了宇宙真实的密法和密宗修行者的粗、细、微、精、妙诸脉，也阐明了即身成就、生命永恒的密宗要义。

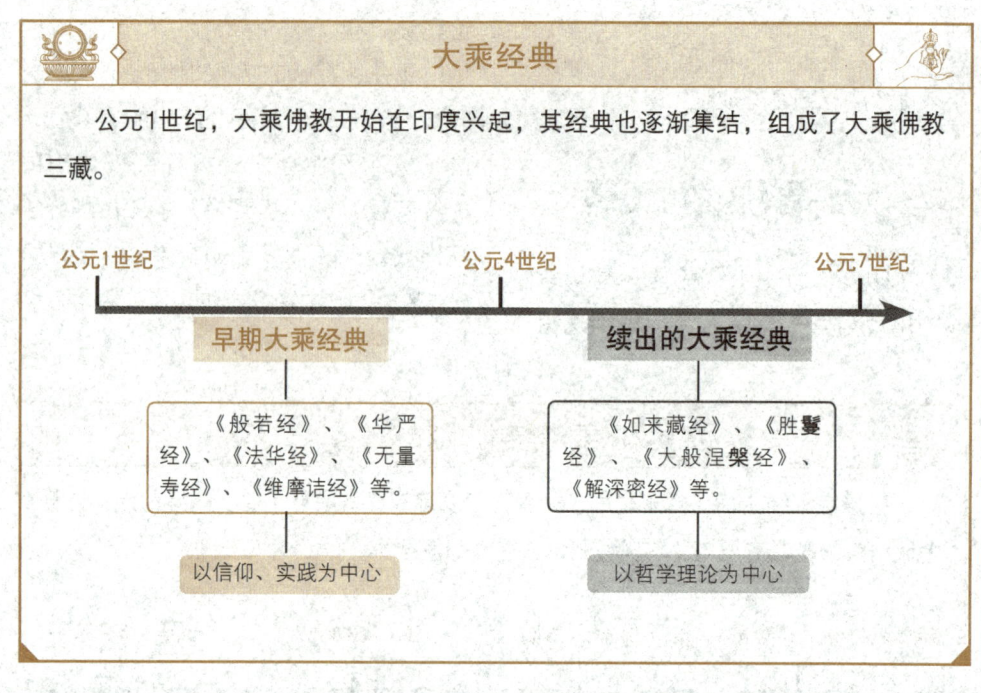

3 佛经在中国的传播

佛经的翻译过程

 汉文佛经的翻译

东汉明帝年间，朝廷派遣使者从西域请来了摄摩腾和竺法兰两位僧人，这两位僧人不仅从西域带来了佛像，还带来了佛经。由于这些佛经是从印度传入的梵文经书，为了便于传教，摄摩腾和竺法兰将佛经译成了汉文。自此以后，中印两国的僧人来往不断，更多的佛经传入中国，经过200多位译师10个世纪的辛勤努力，由梵文翻译过来的汉文三藏达到了1690余部、6420余卷，佛教的声闻乘、性、相、显、密各部学说都系统地介绍到中国，从而形成了中国佛教的巨大宝藏。

根据汉文佛经翻译的历程，我们可以将其分为四个阶段。

第一阶段：东汉初创时期

我国最早的汉译佛经是《四十二章经》，相传为摄摩腾和竺法兰所译，这是我国翻译梵文佛经的开始。

东汉时期，大多数译经僧来自西域，其中以来自安息的安世高王子和来自西域大月氏的支娄迦谶最为著名。这个时期，我国的佛经翻译事业还处于初创时期，还不能进行有计划有系统的翻译，所译的经书很少是全译本，翻译的经书也有很多问题，这时所译的经书大小乘并行，佛教在中国思想界已占据了一席之地。

第二阶段：东晋至隋代 官译时期

从东晋至隋代，梵文佛经大量传入中国。这一时期，佛教得到了统治者的信奉，佛教翻译也得到了官方的支持，由私人译经转为官方译经。前秦初年，开始了官方组织的集体翻译工作，由僧人道安主持译场翻译佛经，据说这是中国最早的大型译场。20多年后，西域人鸠摩罗什在长安组织了官方译场，集中了800名高僧共译佛经。继鸠摩罗什之后，外国译师来者相继，主要经论不断译出，形成了中国佛教的第一个译经高潮。

第三阶段：唐代 全盛时期

在唐代，梵文佛经得以全面系统地

翻译，由官方组织的译经场规模更加宏大，组织更为完备。这时，以玄奘组织的译场最为著名，他系统的翻译规模、严谨的翻译作风和丰富的翻译成果，在中国翻译史上都留下了光辉的典范。

这个时期，中国佛教形成八大宗派，标志着中国佛教理论的成熟，不但各大宗派都有自己的经典和著述，而且还产生中国唯一一部被称为"经"的佛典，即禅宗的《坛经》，汉文佛经的数量日益增加。

第四阶段：宋以后 刻本时代

北宋太平兴国七年（公元982年），宋太宗重新组织译场，恢复了自唐元和六年（公元811年）中断了100余年的佛经翻译事业。

自宋以后，佛经翻译逐渐减少，但由于雕版印刷技术的广泛应用，佛经的印刷和流通速度得以加快。北宋开宝年间，宋朝官方主持完成了《开宝藏》，这是中国第一部刻本佛教大藏经。

唐代译场的编制

根据《宋高僧传》记载，在唐代，佛经的译场编制已经十分完善，不仅人员齐备，而且分工也很明确。

- **译主**：主持译经事务，一般由带来佛经的三藏法师担任。
- **笔授**：负责译经文字，一般由精通梵、汉两种文字者担任。
- **度语**：将梵文音译为汉文。
- **证梵本**：检查译文的翻译是否准确。
- **润文**：对译经文字加以润色。
- **证文**：检查译文的义理是否准确。
- **梵呗**：将译文用梵音唱念，以求音律、节奏协调。
- **校勘**：将译文与梵本进行校勘。
- **监护大使**：由官方委派人员监督译经诸多事宜。

中国四大译经家

在长达10个世纪的佛经翻译过程中,有4位大师在译经方面做出了卓越的贡献,他们被尊称为中国四大译经家,分别是:

鸠摩罗什(公元344~413年):西域龟兹国(今新疆库车县)人。他幼年随母出家,初学小乘,后遍习大乘,尤善般若。后秦弘始三年(公元401年),姚兴派人将其迎至长安(今陕西西安西北),尊为国师,成为我国一大译经家。在长安期间,鸠摩罗什率弟子僧肇等800多人,译出《摩诃般若经》、《妙法莲华经》、《维摩诘经》、《阿弥陀经》、《金刚经》等经和《中论》、《百论》、《十二门论》和《大智度论》等论典,共计74部、384卷。就佛经翻译而言,鸠摩罗什最重要的贡献在于对由龙树创立的中观系统典籍的介绍;其次,他还翻译了《成实论》,之后成实逐渐形成独立学派,在南北朝时盛极一时,后人称之为成实师。鸠摩罗什的译经标志着中国佛教的理论水平已经达到了一个新的境界。

真谛(公元499~569年):西天竺(印度)人。他少时博访众师,学通内外,尤精于大乘之说。大同元年(公元546年),他应梁武帝之邀来华,译出无著的《摄大乘论》、世亲的《释论》和《俱舍论》。真谛在中国的20余年虽历经战乱,但他仍于颠簸流离中译出100多卷重要经论,形成了中国佛教的重要义学派别,是鸠摩罗什之后、玄奘之前的200年中贡献最大的译师。

玄奘(公元602~664年):俗姓陈,中国洛州缑氏(今河南偃师)人。他10岁出家,20岁受具足戒。贞观三年(公元629年)他自长安出发,前往印度求法。贞观五年,他到达印度摩揭陀国,留学于印度最高学府那烂陀寺,学习大乘瑜伽佛法。贞观十六年,玄奘成为那烂陀寺的讲席,主持曲女城辩论大会,他以一人之力舌战群僧,被印度大乘学者尊为"大乘天",意为"大乘的神",为祖国赢得了当时两大文明古国学术上的最高荣耀。贞观十七年,他回到长安,组织了官方译场,译出经论1315卷。他不仅比较全面地系统地翻译了大乘瑜伽有宗一派和空宗的根本大经《大般若经》,还把小乘说一切有部的重要经典几乎全译过来。另外,他又独得印度一位天才大师的秘传,翻译了融合空有两宗的《广百论释》和编入《成唯识论》的护法正义,这两本佛经连印度都无传本,他实际上已成为代表印度佛学最高峰的首屈一指的集大成者。

不空(公元705~774年):狮子国(今斯里兰卡)人。他幼年出家,14岁随同师傅金刚智来华。20岁时,他在洛阳广福寺受具足戒。开元三十年(公元742年),他以大唐使者的身份回到了斯里兰卡,在佛牙寺学习密宗。天宝五年(公元746年),不空回到长安,在净影寺从事佛经的翻译和开坛灌顶事宜。安史之乱后,不空得到了朝廷的供奉,广译显密经教,名声极盛。他死后,更获赠"司空"、"大辩正"的谥号。

藏文佛经的翻译

在吐蕃王朝松赞干布统治时期，由于文成公主和金城公主的下嫁，佛教开始传入西藏。在赤松德赞（公元741~792年）统治时期，迎请了当时印度最著名的显教学者寂护、莲花戒和密宗大师莲花生，开始对梵文佛经进行系统翻译。赤热巴巾（公元815~838年）在位时，又下令迎请印度大德多人和西

四例五不翻

在梵文佛经的翻译方面，玄奘法师提出了"四例五不翻"的原则，成为了后世译者遵守的准则。

四例
- 翻字不翻音 —— 如佛经的真言咒语。
- 翻音不翻字 —— 如佛胸前的"卍"字，字体仍是梵文，只翻译为中国的语音。
- 音字俱翻 —— 字音都译为汉文。
- 音字俱不翻 —— 如梵文佛经，其梵字和梵音都保存不翻。

五不翻
- 多含不翻 —— 有多种含义所以不翻译，如比丘有乞士、乞士男、除士、薰士、破烦恼、除馑、怖魔等意，所以不翻译。
- 秘密不翻 —— 如佛经中的一切陀罗尼神咒，是诸佛菩萨的秘密咒语，中文没有可以表达含义的语句。
- 尊重不翻 —— 为了表示尊重，所以不翻译。比如"般若"，虽然可以翻译为智慧，但是这种智慧能得知诸法的实相，极为尊贵，所以只翻译梵音。
- 顺古不翻 —— 顺着前人的翻译不再重新翻译。如"阿耨多罗三藐三菩提"是前人早已翻译，就一直沿用。
- 此方无不翻 —— 中国没有的事物不再翻译。如阎浮树是印度的一种落叶植物，是传说中的神木，中国本土没有此树，所以不翻译。

藏学者一起厘定藏译佛经的译名，并校正、补译了诸多经论。公元10世纪以后，西藏开始了佛法后弘期，在之后的300年间，印度和西藏两地求法僧人往来不断。其中最著名的僧人，是孟加拉的阿底峡尊者。作为印度当时最有知识的法师，他于1042年被迎请入藏，创立了迦当派，其学说后被宗喀巴所继承而创立了格鲁派。又有西藏的玛尔巴三度赴印求学，创立了迦举派。通过这些高僧的努力，自公元8世纪中叶至公元13世纪中叶，西藏共译出藏文三藏经籍5900余部，分量约合汉译10000卷。

在藏文佛教典籍中，集大成者应属藏文大藏经。藏文大藏经主要包括《甘珠尔》和《丹珠尔》两部分，其中《甘珠尔》是释迦牟尼的言教，涵盖了经、律、论三藏和四续部，大致分为律、般若、华严、宝积、经部、续部、总目录七大类；而《丹珠尔》是印度、西藏佛教大师、学者对《甘珠尔》的注疏和论著的合集，包含了哲学、文学、逻辑、天文、历算等各方面的典籍，大致分为赞颂、续部、般若、中观等十八类。

公元13世纪之前，藏文佛教主要靠抄写本流传。元皇庆二年（公元1313年）至延祐七年（公元1320年），江河尕布组织众人搜集了各地经、律、密咒，将其整理刊刻，这也是西藏的第一部木刻本的大藏经。自此之后，明清两朝都开始刊刻藏文佛经，形成了诸多版本的藏文大藏经，为藏文佛经的保存和流传做出了贡献。

与汉文大藏经相比，藏文大藏经重译很少，所以实际内容大大超过了汉译佛经，其中空有两宗的论典以及因明、医方、声明的著作和印度晚期流行的密教经论，更为汉译佛经所未有。此外，由于藏文佛经翻译照顾到了梵语语法的词尾变化和句法结构，所以极易还原为梵语原文，因此受到了佛学研究者的高度重视。

· 名词解释 ·

阿底峡：孟加拉国人，出身王族。11岁时，阿底峡前往那烂陀寺求学，先后师从事香蒂巴、那洛巴等印度著名大师，成为印度知名学者，并先后出任印度18座寺院的住持。公元1042年，阿底峡应西藏古格王朝智光王的邀请到达西藏，在托林寺驻锡讲经和翻译经典。3年后，阿底峡来到卫藏传法，标志着佛教复兴势力由阿里进入卫藏，史称"上路宏法"。在藏传佛教后弘期，阿底峡是贡献最大的印度高僧，被后人推崇为"佛尊"。

汉文大藏经和藏文大藏经

汉文大藏经和藏文大藏经都是佛教典籍中非常重要的组成部分，为了更好地认识佛经的发展历程，我们有必要简要介绍一下汉文大藏经和藏文大藏经的重要版本。

汉文大藏经

时期	版本	说明
北宋	开宝藏	太祖、太宗朝刊刻，是中国的第一部大藏经，也是首部官刻大藏经卷轴装丛书，开创了中国大型典籍汇编的先河，刻工精良，影响后世甚巨。
	崇宁藏	神宗、徽宗朝刊刻，是中国首部私刻大藏经，其行款、版式、开本、装帧等都成为了以后大藏经的楷模。
金	赵城金藏	太宗、世宗朝刊刻，基本上是《开元藏》的复刻本，在版本和校勘方面有较高的价值。
南宋	碛砂藏	南宋理宗至元英宗年间刊刻，是寺院私刻本，是现知大藏经中扉画最多的一部，表现出西藏及尼泊尔的图像风格。
明	永乐北藏	成祖、英宗朝刊刻，是明代官刻大藏经，刻工精美，分赐全国各大寺院，传世不多。
	嘉兴藏	明神宗至清康熙年间刊刻，收录了大批藏外的著述。
清	龙藏	雍正、乾隆年间刊刻于北京贤良寺，是清代唯一的官刻汉文大藏经，刷印100部，是大藏经诸版片保存最为完整的一部。
近代	大正藏	日本大正、昭和年间由日本大正一切经刊行会刊刻，目前是汉文大藏经中流传最广、使用最广泛的一部。
1984年	中华大藏经	由北京中华书局出版，是目前世界上收录佛经最多的大藏经，以《赵城金藏》编次的目录影印，广收历代一切藏经、孤本与相关佛典。

藏文大藏经

时期	版本	说明
明	永乐版	永乐年间在南京据奈塘古版复刻，只刊刻《甘珠尔》，又称赤字版。
清	北京嵩祝寺版	康熙年间据西藏霞卢寺写本在北京嵩祝寺刊刻，是清王室刻本，刻制精良，画卷精美，后毁于战火。
	德格版	雍正、乾隆年间在四川德格刊刻，现藏德格寺。
	奈塘新版	雍正、乾隆年间由七世达赖喇嘛刊刻，因刻工精良、校勘精良，被誉为藏文大藏经的最佳版本，版本已毁损无存。

4 佛经的基本结构
佛经分为哪几个部分

佛经的构成

佛教经典虽然按内容来说有经、律、论之分，按派别有大乘、小乘、密宗之别，但这些典籍的基本结构是相同的，都是分为经题、翻译者、正文、文体等几个部分。

其中，经题、翻译者、正文是佛经的组成部分，文体是佛经的体裁，它们是组成佛经的基本元素。

经题

经题是佛经的题目，一般由"人"（人名）、"法"（教法）、"喻"（譬喻）三个元素组成。这三个元素经过排列组合，共有七种命名方式：如以人名为佛经名的《维摩诘经》；以教法为名的《大般涅槃经》；以譬喻为名的《梵网经》；以人名和教法为名的《佛说人王般若经》；以教法和譬喻为名的《妙法莲华经》；以人名和譬喻为名的《如来师子吼经》；同时用三者命名的《大方广佛华严经》。

通过经题，我们可以大致了解佛经的内容，也可以初步判断它是属于经、律、藏的哪一部。

经：经题形式一般为《○○○经》，如《阿含经》。

律：经题形式一般为《○○○律》、《○○○戒本》，如《四分律》。

论：经题形式一般为《○○○论》、《○○○疏》、《○○○释》，如《大智度论》。

另外，从经题我们还能大概判断佛经的派别，可以看出它是显教还是密教。

显教佛经：大多能从经题文字看出教法的佛教经典，经题形式一般为《○○○经》、《○○○律》、《○○○论》。

密教佛经：无法从经题文字上看出内涵的佛教经典，经题形式一般为《○○○教王经》、《○○○陀罗尼》、《○○○仪轨》。

虽然我们通过经题可以大致了解佛经的分类，但更重要的是我们要从经题了解佛经的内涵。相传天台宗的智者大师在讲解《妙法莲华经》时，光解释五个字的经题，就花费了三个月的时间，这是因为经题是经文的纲领，如果要解说经文，必须先要了解经题的含义，所以高僧大德解说佛经时，都是先从经题说起，这也是解经的第一步。

翻译者

当初释迦牟尼说法时，主要使用印度的方言俗语，不立文字，尽量做到简单易懂。在释迦牟尼入灭后，他的弟子将他的言教写成巴利文的佛经。公元4世纪，印度普遍使用梵文，佛教徒就将巴利文佛经用梵文重新编写，是为梵文佛经。

佛经传入中国后，中国的僧众所用的汉文佛经一般是由印度梵文翻译而来，由巴利文到汉文，佛经的翻译几经周转，再加上中印两国语言和文化的差异，汉文佛经的翻译绝非一件易事。现在，我们读到的佛经大多文字优美、不可增删，这个结果是经过中外200余位译师的10个世纪的努力方才完成。在梵

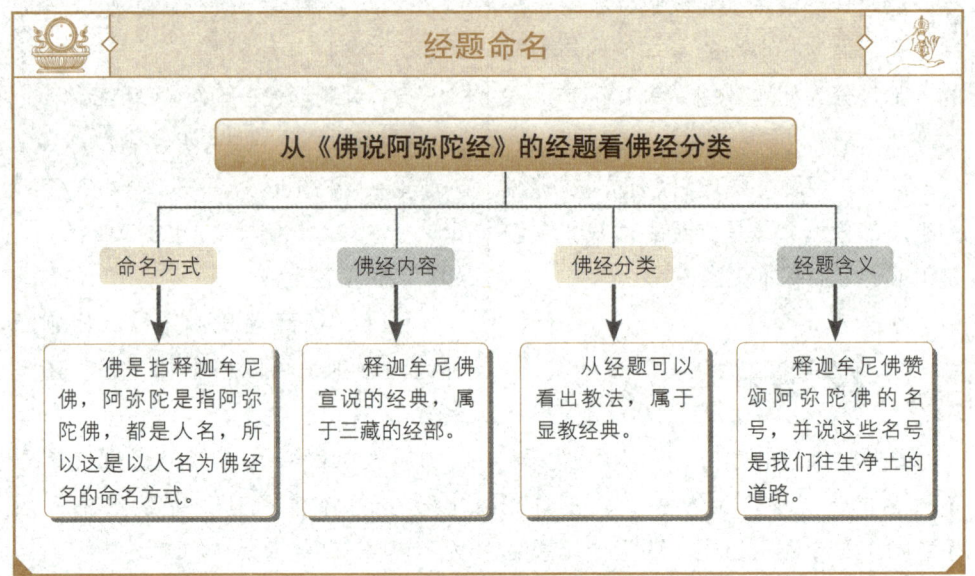

经题命名

从《佛说阿弥陀经》的经题看佛经分类

命名方式	佛经内容	佛经分类	经题含义
佛是指释迦牟尼佛，阿弥陀是指阿弥陀佛，都是人名，所以这是以人名为佛经名的命名方式。	释迦牟尼佛宣说的经典，属于三藏的经部。	从经题可以看出教法，属于显教经典。	释迦牟尼佛赞颂阿弥陀佛的名号，并说这些名号是我们往生净土的道路。

· 名词解释 ·

显教、密教：显教是指释迦牟尼的说教，因为浅显易懂，所以称显教，如大乘佛教和小乘佛教都属于显教；密教是指大日如来的说教，很难理解，所以称密教。密教与显教都是佛法中的重要组成部分，只是有入道之门的区别。显教是通过可思议的讲经言说而使人信奉佛教，因为力微功缓，所以很难成佛；而密教是从不可思议处入手，教人真言咒语，虽然深奥难懂，但是力伟功速，可以立地成佛。

文佛经的翻译中,主要以鸠摩罗什和玄奘所翻译的佛经流传最广。

鸠摩罗什,他一生翻译了300多卷、近300万字佛经,影响深远。在语言和文风上,鸠摩罗什和他的译经团队一改以往佛经翻译过于朴实的不足,不仅充分地传达原文的旨意,而且文笔流畅优美,甚至成为文学名篇。如现在我们看到的《金刚经》、《维摩诘经》、《法华经》、《阿弥陀经》等佛经,最为流传的还是鸠摩罗什的译本。以鸠摩罗什为界,中国的佛教翻译被分为两个时期,在他之前翻译的佛经被称为旧译,自他之后翻译的佛经被称为新译。

唐代初期,因为汉语言的变化,魏晋南北朝时期所翻译的佛经已经难以阅读了,这让当时的僧众倍感困惑。于是玄奘前往印度求法,并带回了印度佛教鼎盛时期的佛学精华,在他回到长安后,他组织了译场对这些佛经进行翻译。由于玄奘通晓中印两国语言,他和他的团队所翻译的佛经更接近梵文经书的旨意,译场所设立的润文一职也保证了经书的可读性。

正因为佛经的翻译者人数众多,水平各异,所以我们在阅读佛经时一定要注意翻译者,如果翻译者不同,同一本经书的内容就很可能会有很大的差别,进而影响到我们的理解。比如在中国文化中影响最大的《金刚经》,从后秦到

金刚经译本

《金刚经》是对释迦牟尼与长老须菩提等众弟子对话的记录。自从它传入中国以来,共有6个主要译本。

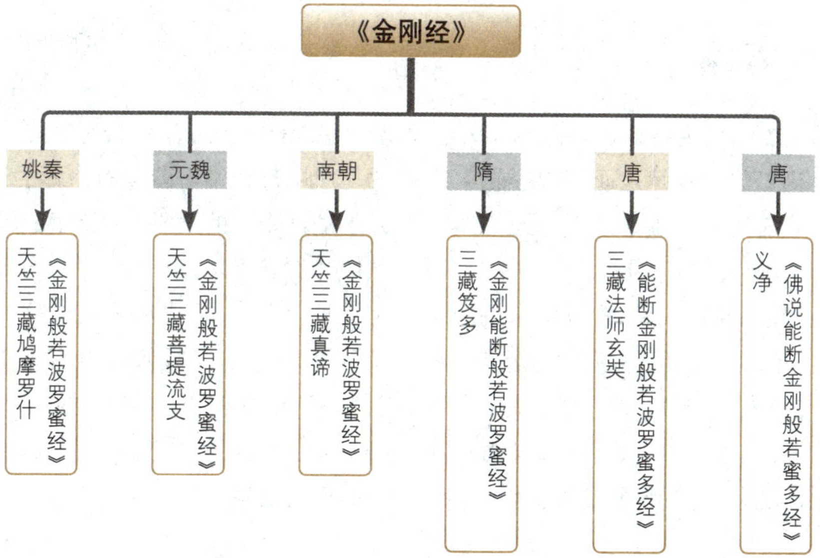

```
                    《金刚经》
  ┌──────┬──────┬──────┬──────┬──────┬──────┐
 姚秦    元魏    南朝    隋      唐      唐
  │      │      │      │      │      │
 天竺    天竺    天竺    三藏    三藏    义净
 三藏    三藏    三藏    笈多    法师
 鸠摩    菩提    真谛            玄奘
 罗什    流支
《金刚  《金刚  《金刚  《金刚  《能断  《佛说
 般若    般若    般若    能断    金刚    能断
 波罗    波罗    波罗    般若    般若    金刚
 蜜经》  蜜经》  蜜经》  波罗    波罗    般若
                        蜜经》  蜜多经》蜜多经》
```

唐代，就有6种译本，其中，我们最常用的是鸠摩罗什的译本，其他版本就有些默默无闻了。

此外，从佛经的翻译者我们还能看到佛经传入和翻译的历史。如《大方广圆觉修罗了义经》是佛为12位菩萨宣讲圆觉的妙法和修行方法的经书，它的翻译者是唐时罽宾沙门佛陀多罗，由此我们可以看到如下信息：本经是在唐代，由"罽宾"〔卡菲尔斯坦（阿富汗乌鲁兹甘省旧称）至喀布尔河中下游之间的河谷平原一带〕来的沙门"佛陀多罗"翻译而成的。

正文

正文是佛经最重要的组成部分，通过正文，佛经的教义得以阐明，因此佛经的正文也是佛经结构中最重要的部分，我们将在下文加以重点解说。

文体

佛经的教义主要通过佛经的正文表现，而佛经的体裁就是通过佛经的文体表现。一般来说，佛经的文体通常分为长行、偈颂和密咒三种形式。

长行，是指直说佛教教义的长行散文。由于佛教的创始人释迦牟尼极有文学底蕴，为了便于传教，他广泛利用了古印度的神话、传说、格言等多种文学形式宣说教义，因此，他的传教说法没有一个固定的格式，大都是天马行空、挥洒自如的说教。在释迦牟尼涅槃后，他的弟子在整理佛经时，为了方便解说佛教教义，也采取了不限字数、文句的散文形式，这也是佛经中最重要的文体。

偈颂，是指与长行相对的韵文，主要分为应颂和讽颂。应颂是以韵文形式赞颂前面的长行诗文，重复前文的教义；而讽颂则是直接以偈颂体裁显示教义，并不重复长行诗文的内容。一般来说，佛经中有二者混用的情况，并没有过于明确地区分。此外，由于偈颂属于诗歌形式，句式整齐，但并不十分重视平仄和押韵，一般分为三言、四言、五言、六言、七言、九言不等。佛经传入中国后，为了适应中国文化，译师们依据汉语言文学的传统，将印度佛经翻译为适合中国佛教徒阅读、念诵的文体，于是许多佛经中的偈颂部分也由古印度的四言、五言的韵文转变为五言、七言的韵文了。

密咒，又名真言，是佛教诸圣的密语。因为密咒是凡人无法了解的大智慧，汉语中也没有能表达其含义的词语，所以佛经中一般只有密咒的音译，并不翻译密咒的含义。在佛门密咒中，一般人最熟悉的应该是"观音菩萨六字大明咒"，即"唵嘛呢叭咪吽"，大致意思就是"皈依观世音菩萨！希望您的大力加持，使我显现清净无染、随意变现的自性功德，到达我想去的任何境界！"

佛经的基本结构

佛经主要由经题、翻译者、正文、文体四个部分组成,其中,经题、翻译者、正文是佛经的主体,文体是佛经的体裁,它们是组成佛经的基本元素。

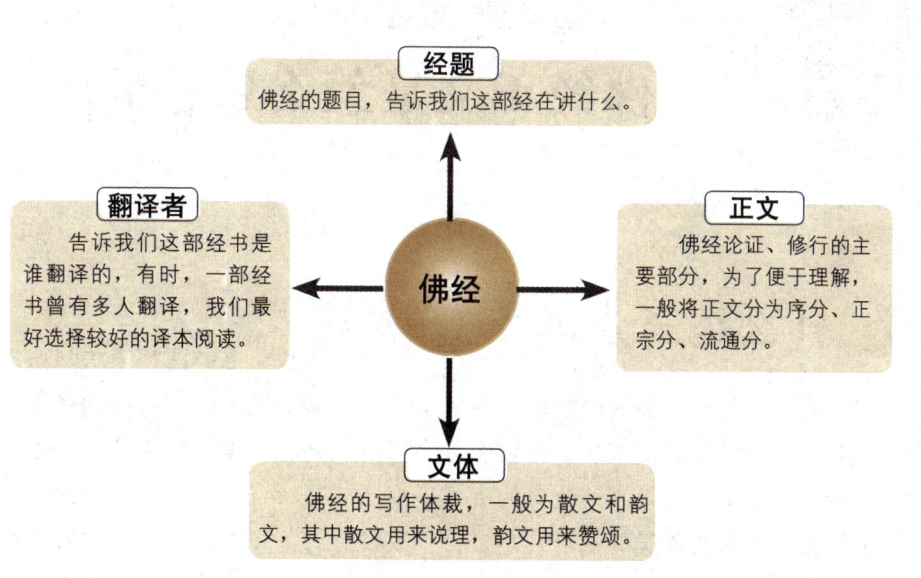

经题
佛经的题目,告诉我们这部经在讲什么。

翻译者
告诉我们这部经书是谁翻译的,有时,一部经书曾有多人翻译,我们最好选择较好的译本阅读。

佛经

正文
佛经论证、修行的主要部分,为了便于理解,一般将正文分为序分、正宗分、流通分。

文体
佛经的写作体裁,一般为散文和韵文,其中散文用来说理,韵文用来赞颂。

5 三分科经

佛经正文是怎么划分的

什么是三分科经

佛经的正文部分是佛经的主体，由于许多佛经卷帙浩繁，阅读起来比较困难，因此，为了更清楚地了解佛经的主旨，让百姓容易接受深奥的佛理，东晋时期，道安法师将佛经的内容分为三个部分，即序分、正宗分、流通分，每一部分再细分下去，就像生物学中纲、目、种、属的分类，这种将经文的内容分为序分、正宗分、流通分的划分方法就是所谓的三分科经。自道安法师以后，三分科经的方法遂被僧众所沿用，迄今不衰。

到了唐代，玄奘法师学法归来，翻译了《佛地经论》，书中将佛经正文分为教起因缘分、圣教所说分、依教奉行分三个部分，这与道安法师使用的序分、正宗文、流通分的分类内容大致相同，可见当时印度在佛经分类方面也有三分科经的传统。

通过三分科经，我们大致将佛经正文分为三个部分进行研读，这样可以辨明佛经的文体，并且有助于我们对佛经进行提纲挈领的分析，井然有序而不混乱。

· 名词解释 ·

道安（公元312～385年）：俗姓卫，常山扶柳（今河北冀县）人，中国佛教史上著名高僧。他出身士族，12岁出家，20岁受具足戒，开始他的游学生涯。东晋兴宁三年（公元365年），道安到达襄阳，在随后的15年，他讲经传教，制定了僧规，是我国佛教寺院立律定规之始。前秦建元十四年（公元378年），苻坚攻打襄阳，将道安迎请到长安，在苻坚的支持下，道安组织道场，翻译了小乘佛教一切有部经典，直至前秦建元二十一年（公元385年）圆寂。道安在佛教史上是以译经家和理论家的形象出现的，他组织国家译场，总结翻译经验，整理所译经典，研究佛学理论，制定僧团戒律，对佛教的中国化进行了积极而又有益的探索。

古代三分科经

古代三分科经的划分主要有代表字式和目录式两种。

代表字式，是指将佛经分为三个部分，然后以十天干的甲、乙、丙、丁、戊、己、庚、辛、壬、癸十字为符号，来为经文划分层次。如果天干字数不足，就拿十二地支的子、丑、寅、卯、辰、巳、午、未、申、酉、戌、亥十二个字补足的划分佛经的方法。

目录式，是指将三分科经编为目录，然后放在佛经的卷首，以便前后对照的划分佛经的方法。

古代三分科经以代表字式和目录式为佛经分门别类地划分层次，随着时变境迁，古代三分科经的方法已不适用于现在，在大多数人看来，这些划分方法过于烦琐，也很难理解，反而为佛经的研读增添了难度，所以，现在我们三分科经只分到序分、正宗分、流通分这一分类，并未过于细分了。

佛经正文

佛经正文是佛经的主体，一般分为序分、正宗分和流通分。

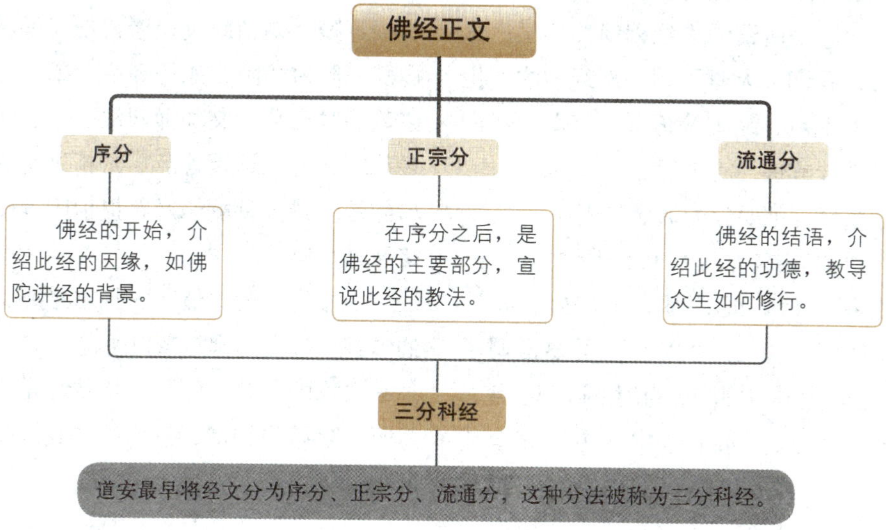

佛经正文

- **序分**：佛经的开始，介绍此经的因缘，如佛陀讲经的背景。
- **正宗分**：在序分之后，是佛经的主要部分，宣说此经的教法。
- **流通分**：佛经的结语，介绍此经的功德，教导众生如何修行。

三分科经：道安最早将经文分为序分、正宗分、流通分，这种分法被称为三分科经。

6 佛经的因缘

序分

 通序

序分是指佛经中叙述本经产生由来的部分，一般位于佛经正文的开头部分。佛经的序分部分，就是为读经的人说明这部经文是因为什么事情或什么人而说，就是所谓的本经因缘。读了序分部分，我们会大概了解一部经书的产生时间、地点、缘由等情况，有助于我们更好地理解佛经的主旨。

序分，主要分为通序和别序。

通序基本为每部佛经所共有，一般包括"信、闻、时、主、处、众"六部分内容。这"六事"主要说明了释迦牟尼讲说此经的时间、地点、听众等信息，如果这"六事"完全具备，则表明本经是真实可信，符合佛法的，所以通序又称为"六成就"、"证信序"。此外，有的佛经为了传诵方便，有时也省略通序部分，如《心经》就是典型的例子。

为了更清楚地了解通序的内容，我们以鸠摩罗什所译的《佛说阿弥陀经》为例加以说明。它的通序部分是："如是我闻。一时佛在舍卫国祇树给孤独园，与大比丘僧千二百五十人俱，皆是大阿罗汉，众所知识：长老舍利弗、摩诃目犍连、摩诃迦叶、摩诃迦旃延、摩诃俱希罗、离婆多、周利槃陀伽、难陀、阿难陀、罗睺罗、憍梵波提、宾头卢颇罗堕、迦留陀夷、摩诃劫宾那、薄拘罗、阿㝹楼陀，如是等诸大弟子。并诸菩萨摩诃萨：文殊师利法王子、阿逸多菩萨、乾陀诃提菩萨、常精进菩萨，与如是等诸大菩萨。及释提桓因等无量诸天大众俱。"

"如是"为"信"，指本经所记述的内容，确实为佛陀亲口所说。

"我闻"为"闻"，指本经是我亲耳听见佛陀讲说的，这里的"我"是指阿难。

"一时"为"时"，指佛陀讲说此《阿弥陀经》之时。

"佛"为"主"，指说法之人，即释迦牟尼。

"在舍卫国祇树给孤独园"为"处"，说法的地点，今尼泊尔南境。

"与大比丘僧……无量诸天大众

俱"为"众",听法的弟子。

别序

所谓别序,为每部佛经的序分部分中所独有的内容,是指一部佛经发起的因缘。由于不同的佛经,是释尊在不同的时间与地点,对不同的人讲说的,所以每部经的发起因缘都不相同,所以,别序又称为"发起序"。

《金刚经》的序分

佛经的序分一般分为通序和别序,绝大部分佛经都具备两者,下面将以《金刚经》为例看一下它的通序和别序。

序分
- 通序：一时,佛在舍卫国祇树给孤独园,与大比丘众千二百五十人俱。
  - 佛在舍卫国给孤独园与众集会,信、闻、时、主、处、众六事具备。
- 别序：尔时,世尊食时,着衣持钵,入舍卫大城乞食。于其城中次第乞已,还至本处。饭食讫,收衣钵,洗足已,敷座而坐。
  - 释迦牟尼在舍卫大城乞食,之后,他回到给孤独园,并端坐于座位之上,然后讲说了《金刚般若波罗蜜经》,这就是《金刚经》发起的因缘,是经文的别序部分。

7 佛经的正文
正宗分

 "佛答问题"解

正宗分是佛经的正文，所谓"正宗"，是佛的说法一定是正说，而且也是能证明经书的要义的意思。佛经的正宗分部分，一般包括了佛法教义的阐明、论证及修行法门，是一部佛经中最重要的部分。因为正宗分的重要性，所以历代高僧都对正宗分非常重视，不惜花费诸多精力来进行分析，一般来说，佛经的正宗分的解法主要分为"佛答问题"解及"信、愿、行"解。

佛经的正宗分一般都采取问答的体例，先是佛弟子提出问题，然后释迦牟尼对这些问题进行回答，在问答的过程中，佛法义理得以阐述和论证，修行的法门也能有所体现，因此，我们可以通过对正宗分部分的佛与诸弟子的答问过程进行分析，进而对佛经进行解读。

关于佛弟子的发问，佛经中一般分为以下五类：

不解故问，道理不明而发问。

试验故问，为了考验老师或长者而发问。

疑惑故问，见到问题有所疑惑而发问。

轻触故问，突然想起，随便提问。

利乐众生故问，提问者没有疑惑，只是为了众生而发问。

对于佛弟子的这些发问，释迦牟尼通常会予以赞叹，一般以"善哉善哉"表示，有的佛经会解释赞叹的原因，有的则就此带过。

在赞叹后，更重要的是释迦牟尼的回答。在他传法的45年内，他一直本着因人制宜的精神，对不同的人采取不同的教化方式，而对于众生提出的各种的问题，释迦牟尼的回答方式是各不相同的。在佛与诸弟子答问的过程中，佛法的教理得以阐发，我们不仅可以看到释迦牟尼富含技巧的答案，更能看到他圆满无碍、直达人心的智慧。

释迦牟尼回答问题一般分为四种形式：

一向记，对问题予以肯定的回答而不踌躇。例如对于人最终会不会死的问题，给以明确的回答，说人一定会死。

分别记，如果一个问题中含有几个

不同方面的问题,对于不同的问题,采取不同的回答。

反诘记,对问题不做正面或反面的回答,而是采用反问的方法来回答问题。

舍置记,对一些与修行无关的问题置之不理、保持沉默。

从《金刚经》看佛经问答

《金刚经》是佛陀弟子须菩提向佛请教众生如何安住的佛经,是典型的问答形式。

一问:"世尊!善男子、善女人,发阿耨多罗三藐三菩提心,应云何住,云何降伏其心?"

如来赞叹:"善哉,善哉。须菩提!如汝所说,如来善护念诸菩萨,善付嘱诸菩萨。"

一答:"善男子、善女人,发阿耨多罗三藐三菩提心,应如是住,如是降伏其心。"

二问:须菩提白佛言:"世尊!颇有众生,得闻如是言说章句,生实信不?"

二答:"莫作是说。如来灭后,后五百岁,有持戒修福者,于此章句能生信心,以此为实。"

三问:尔时,须菩提白佛言:"世尊!当何名此经,我等云何奉持?"

佛经的问答形式

一般而言,佛经的问答都有固定形式,这对我们了解佛经的结构很有好处。

启请,弟子提问
↓
释迦牟尼赞允,对提问者表示赞赏
↓
释迦牟尼解答
↓
弟子再次启请
↓
释迦牟尼再次解答
↓
释迦牟尼总结

三答:"是经名为《金刚般若波罗蜜》,以是名字,汝当奉持。"

四问:尔时,须菩提白佛言:"世尊!善男子、善女人,发阿耨多罗三藐三菩提心,云何应住?云何降伏其心?"

四答:佛告须菩提:"善男子、善女人,发阿耨多罗三藐三菩提者,当生如是心,我应灭度一切众生。灭度一切众生已,而无有一众生实灭度者。"

五问:尔时,惠命须菩提白佛言:"世尊!颇有众生,于未来世,闻说是法,生信心不?"

五答:佛言:"须菩提!彼非众生,非不众生。"

六问:须菩提白佛言:"世尊!云何菩萨不受福德?"

六答:"须菩提!菩萨所受福德,不应贪著,是故说不受福德。"

如上所述,《金刚经》通过须菩提的发问和佛陀的回答,解释了空的智慧,须菩提的提问逐层深入,佛陀的回答富含哲理,我们通过分析须菩提和佛陀的问答,本经的佛理也逐渐明了。

正宗分的"信、愿、行"解法

信、愿、行解法是净土宗独有的解经方法,所谓"信",是指起信;所谓"愿",是指发愿;所谓"行",是指立行。信、愿、行,也称"三资粮",是往生净土必备的条件,也是净土法门修行的宗要。

起信是要深信按照佛经念佛一定能前往西方极乐世界。

发愿是在相信佛法的奥妙后,发愿要前往往生净土。

立行是告诉众生要怎样修行,是修行的法门。

信、愿、行出自净土宗祖师藕益大师的"念佛法门别无奇特,只是深信、切愿、力行为要耳"一语,对修行净土宗的人来讲,信、愿、行三者是缺一不可的,这三者也是净土宗典籍中必备的三个部分,所以,当我们研读净土宗的佛经时,就要按照"信、愿、行"的分类来解读佛经。

从《佛说阿弥陀经》看正宗分的"信、愿、行"

《佛说阿弥陀经》是净土三经之一,也是佛经中极少数的不是由佛陀弟子提问,而是佛陀不问自说的经典。本经的起信部分主要宣讲了西方极乐世界的种种庄严以及阿弥陀佛佛号的由来与意义;发愿部分则劝导众生要立愿往生西方极乐世界;立行部分告诉众生修行的法门,即诵念阿弥陀佛的名号。

《佛说阿弥陀经》的正宗分

```
        《佛说阿弥陀经》的正宗分
                    ▼
    ┌───────────────┼───────────────┐
```

尔时，佛告长老舍利弗："从是西方，过十万亿佛土有世界名曰极乐，其土有佛，号阿弥陀，今现在说法。舍利弗，彼土何故名为极乐？其国众生，无有众苦，但受诸乐，故名极乐。又舍利弗。极乐国土，七重栏楯，七重罗网，七重行树，皆是四宝，周匝围绕，是故彼国名为极乐。……舍利弗。彼佛国土，成就如是功德庄严。"	又舍利弗。极乐国土，众生生者，皆是阿鞞跋致，其中多有一生补处，其数甚多，非是算数所能知之，但可以无量无边阿僧祇说。舍利弗。众生闻者，应当发愿，愿生彼国，所以者何？得与如是诸上善人俱会一处。	舍利弗。不可以少善根福德因缘，得生彼国。舍利弗。若有善男子善女人，闻说阿弥陀佛，执持名号，若一日，若二日，若三日，若四日，若五日，若六日，若七日，一心不乱，其人临命终时，阿弥陀佛，与诸圣众，现在其前。是人终时，心不颠倒，即得往生阿弥陀佛极乐国土。舍利弗。我见是利，故说此言。若有众生，闻是说者，应当发愿，生彼国土。
起信部分，介绍了极乐世界的庄严情境。	发愿部分，发愿前往极乐世界。	立行部分，怎样才能到达极乐世界。

· 名词解释 ·

蕅益（公元1599～1655年）：法名智旭，号西有，别号八不道人，是明末四大高僧之一，也是中国净土宗的第九代祖师。他24岁出家，26岁受菩萨戒，31岁前往南京参学，研究禅宗教理，32岁后又专注于天台宗教义，35岁修建西湖寺，之后的20多年间主要在江西、安徽等地讲学传教。蕅益的佛学思想无比丰富，他不仅精通禅学、律学、天台宗教义，还熟知儒家学说，他融合天台宗和禅、律教理归于净土宗，使净土宗重新得以振兴。蕅益的一生，完成了许多佛教著作，在净土宗师中无人能及。他曾花费了5年时间去注释《佛说阿弥陀经》，编成《弥陀要解》，还著有《灵峰宗论》、《唯识心要》、《毗记事义集要》等诸多注疏。

8 佛经的结语
流通分

流通分的基本形式

流通分是佛经正文的结尾，在佛经教义陈述完结后，还要让佛经在世间流传，进而传于后世，以便利益众生，所以，佛经的结语一般被称为流通分。所谓"流通"，是指佛法像水一样往四处流动。譬如佛法从印度传入中国，就叫流通到中国。总而言之，佛法传到某地，就叫流通到某地。在许多寺院，都有供僧众交流佛经的地方，这些地方一般也被命名为佛经流通处。

在佛经中，流通分大多是赞颂佛法的功德，说明修行的利益，也有的是与其他法门进行比较，赞叹佛经的独一无二，从而引起信众的兴趣。

流通分的基本形式大多是"大众闻佛所说，皆大欢喜，信受奉行"，意思是大家在听了佛陀的说法后，内心无比欢喜，恭敬地接受了佛陀的教诲，并发愿依照佛陀的教导而修行。

比如《金刚经》的流通分部分："佛说是经已，长老须菩提及诸比丘、比丘尼、优婆塞、优婆夷，一切世间天、人、阿修罗，闻佛所说，皆大欢喜，信受奉行。"意思就是佛陀讲经完毕后，须菩提长老和众比丘、比丘尼、优婆塞、优婆夷及天、人、阿修罗等，因为听了佛陀的法义，无不欢欣鼓舞，诚心信仰并恭敬奉行着佛陀的教诲。

对于一些篇幅较小的佛经，我们可以比较容易判断流通分，但对于一些篇幅较大的佛经，我们就不能简单分析判断了。藕益大师在讲解《佛说阿弥陀经》时说道："经文稍涉义理，便判入正宗。致序及流通，仅存故套，安所称初语亦善、后语亦善也哉？"意思就是三分科经时，一旦经文稍微涉及教义，就立刻将其划入正宗分。这样一来，序分和流通分就成了套路，变成了前面说好、后面也说好的形式。因为对这个模式不满，藕益大师提出应该按照经文的功用来分科：如果是序分的功能，就应该判为序分；如果是流通分的功能，就判为流通分。序分、正宗分、流通分应该是同等重要，各有各的作用。

研读佛经的基础工具书

白话本

在了解了佛经的大概结构之后，为了更深入地掌握佛经的意旨，我们有必要准备一些实用的工具书来帮助我们阅读佛经。

由于佛经都是文言文的形式，这对于已经习惯白话文的现代人而言，阅读起来还是很费力的，所以，为了了解佛经的内容，我们可以先阅读一些白话文的佛经。现在大多数佛经已经有了白话文的译本，阅读起来十分方便。

佛学辞典

虽然现在大多数佛经已经有了白话本，但如果要完全把握佛经的教义，我们有必要准备一些佛学辞典，以便随时查找佛教的专门术语与名相。毕竟，佛经中的一些特定词汇，如人名、地名、术语等，如果不查阅辞典，普通人是很难理解的，下面我们将介绍几部比较有用的佛学辞典。

《佛学大辞典》：为近代丁福保先生转译日本僧人织田得能所著的《织田佛学大辞典》而成，于1922年正式出版。辞典共计360多万字，收辞目3万余条，基本上囊括了佛教各种专门名词、术语、典故、典籍、专著、名僧、史迹等。辞典对于每条辞目先是注明词性，然后再解释其辞义及出处。此外，全书还编有详细的辞条索引，检索起来十分方便。

《佛学汉语辞典》：收录汉字11348个，共能检索常诵经文206部（689卷）、佛学词语5000余条，并收录2000余个只在古汉语和《大藏经》中使用的异体字、繁体字，这些异体字、繁体字在现有的字词工具书是无法查询的。此外，《佛学汉语字典》用语简单易懂，十分实用，是许多知识界与佛教界人士必备的工具书之一。

《佛经音义与汉语词汇研究》：是一部对汉文大藏经中的一些难懂的字词进行解释的音义类训诂学著作。该书从词汇、文字、音韵、古籍整理等方面对佛经的音义进行了综合研究，在文献

第二章 怎样读佛经

学、语言学、辞书史、辞书编纂等方面都有重要的学术价值。

 佛经注疏

为了让众生更好地了解佛经，许多高僧大德都针对一些比较经典的佛经进行了解释，留下了许多的佛经注疏。例如《金刚经》的注疏就有隋代智者所著的《金刚般若经疏》、隋代吉藏所著的《金刚般若疏》、唐代窥基所著的《金刚般若经赞述》及唐代宗密所著的《金刚般若经疏论纂要》四种，这些注疏都对《金刚经》一书提出自己的见解，如果我们要深入研究《金刚经》的教义，阅读这些注疏不但能对经文加深理解，还能跨越历史的长河而了解高僧大德的般若智慧。

第三章

般若智慧——《心经》

《心经》是佛教经典中字数最少的一部著作，只有两百六十个字，却包含了佛教的基本教义，被视为般若智慧的集大成者。它文字简练，内涵丰富，在中国有着很大的影响力。

释《心经》

《心经》的经题与翻译

　　《心经》全称《般若波罗蜜多心经》。所谓"般若",就是指智慧,但是这种智慧不同于普通人的智慧,而是能显示世间一切实相的无上智慧,为了显示对般若智慧的尊重,所以古代译师并没有翻译,而是选择了音译。在佛经中,"般若"又称真性、实相、首楞严、中道、毕竟空等,但都是指了知一切法、通达一切法无有障碍的境界。一般而言,佛教的般若有三种,分别为实相般若、观照般若、文字般若,而佛经是诠释佛陀的言教,属于文字般若。

　　"波罗蜜多"原意是完成目标、达到彼岸,后被佛教沿用,将佛教修行的完成称为波罗蜜多。在《般若波罗蜜多心经》中,"波罗蜜多"指的是达到佛教修行的最高目标,也就是涅槃。根据古人对《心经》的注解,佛教把生死比作此岸,把涅槃比作彼岸,只有通过般若的智慧才能离开生死的此岸,证得大涅槃的彼岸。佛陀常说凡夫修行成佛须经三大阿僧祇劫（佛教的计时单位,是当世界历经三次成、住、坏、空所用的时间,大约为12亿8千万年）,当凡夫修行至初果,历一个阿僧祇劫,这时道力低微,被烦恼所扰,称为远波罗蜜;从初地至七地,历第二个阿僧祇劫,可以降伏烦恼,称为近波罗蜜;从八地至十地,历第三个阿僧祇劫,可以尽伏烦恼,称为大波罗蜜。

　　"心"字则有两层意思,既是强调本经的中心,也是说明调心的重要性。佛陀在成佛的刹那曾说到:"奇哉!奇哉!一切众生皆具如来智慧德相。"就是说众生都具备如来智慧德相的本心,因此佛教的所有经典都是帮助众生恢复自己的妙明真心,《心经》的"心"就是扫除妄见、恢复众生初心的意思。

　　简而言之,"般若波罗蜜多心经"的意思就是通过无上智慧,找到通往涅槃的道路。

　　在佛教诸多经典中,《心经》是翻译次数最多,最常被人念诵的佛经,光是从姚秦到宋代的600年间,就有8种译本,分别是姚秦天竺三藏鸠摩罗什翻译的《摩诃般若波罗蜜大明咒经》;唐三藏法师玄奘翻译的《般若波罗蜜多心经》；唐三藏沙门义净翻译的《佛说般若波罗蜜多心经》；唐摩揭提国三藏沙门法月翻译的《普遍智藏般若波罗蜜多心经》；唐罽宾国三藏般若共利言翻译的《般若波罗蜜多心经》；唐三藏沙门智慧轮翻译的《般若波罗蜜多心经》；唐三藏沙门法成翻译的《般若波罗蜜多心经》；宋西天译经三藏施护翻译的《佛说圣佛母般若波罗蜜多经》。

在《心经》的众多版本中，以玄奘的译本最为流行，他省去了原经的序分、流通分，使经文变得简短精粹，十分容易持诵，因而广为流传。

《心经》的主要内容

《心经》是大乘佛教的重要经典之一，经文虽然短小，却囊括了大乘佛教的基本义理，是佛教徒早晚必诵的佛教经典。

翻译者	**玄奘** 玄奘10岁出家，20岁受具足戒。到了27岁，他自长安出发，前往印度求法。在经历了2年的艰苦跋涉后，他到达印度。在印度期间，玄奘以一人之力舌战群僧，被印度学者尊称为"大乘的神"。回国后，他组织了译场，系统地翻译了大乘佛教经典《大般若经》和小乘佛教说一切有部的重要经典，成为一代翻译大师。
翻译时间	唐贞观二十三年（公元649年）
卷　　数	1卷
主要内容	概括了整部《大般若经》的义理，体现了"诸法皆空"的大乘佛教精神。此外，《心经》还包含了五蕴、四谛、十二因缘等佛教的基本教理，在佛教经典中占有十分重要的地位。

第三章　般若智慧——《心经》

成佛宝典

《心经》的主要内容

《心经》的缘起是佛陀在灵鹫山中部，为诸菩萨声闻弟子所围绕，当时观自在菩萨正在修行般若波罗蜜多，舍利子就空性的问题对观自在菩萨提出疑问，观自在菩萨一一予以解答，佛陀对观自在菩萨的回答非常赞同，并欢喜赞叹。

观自在菩萨是玄奘法师对观世音菩萨的翻译名称。观世音菩萨是中国四大菩萨之一，相传她大慈大悲，能观照万法，救助众生的苦难，随众生的机缘拔苦与乐，自由自在，无所障碍，所以又称观自在。

《心经》经文只有260个字，却阐述了佛教的基本教理，指出了般若智慧能度一切苦、得究竟涅槃的奥义，因而被誉为600卷《大般若经》的精髓。所谓《大般若经》，是宣说诸法皆空的大乘般若类经典的汇编。在此经中，提出了大乘即是般若，般若即是大乘的思想，并说明了诸法"性空幻有"的道理，即世间的万事万物都是因缘和合，并没有真正的自性，只有通过"般若"对世俗认识的否定，才能把握佛教真理，达到解脱的境界，这也是大乘佛教的基础理论。由于《大般若经》指出了大乘性空的理论，所以被认为是大乘佛教中甚深的妙法，被称为是"诸佛之智母，菩萨之慧父"。

此外，《大般若经》是专为已发菩提心的菩萨宣说的法门，经中提出菩萨应以空性智慧觉悟一切事物的名相，不应急于涅槃，要以慈悲之心平等地救护一切众生的要求，体现了大乘佛教普度众生的精神，这也是《大般若经》开悟菩萨的主旨所在。

相传释迦牟尼在说法的40多年中，般若部的佛经最能体现他的教义，在藏传佛教的经论中也经常提到："佛说八万四千法门中，般若法门最为殊胜。"在大乘佛法中，般若更是核心所在，古代高僧甚至有"佛法即般若，般若即佛法"的说法。

关于《心经》的构成，有学者指出经文的绝大部分出自《大般若经》第二会观照品第三之二，而"般若波罗蜜多是大神咒……真实不虚"一段出自《大般若经》第二会功德品第三十二，密咒部分则出自《佛说陀罗尼集经》第三卷。正因为《心经》集合了《大般若经》的精华，所以被认为是般若部的心要、《大般若经》的心髓。

《心经》虽然篇幅极短，却包含了佛教的基本教义，如五蕴、十八界、四谛等理论，并囊括了大乘佛教的般若法门和缘起性空的精义，为众生指出了成佛的道路，因此在佛教界有着举足轻重的地位，被认为是成佛的宝典。此外，《心经》的简短精粹、便于持诵的特性，也使其在中国僧众中广为流传，被列为佛门必读的经典之一。

《心经》的结构

在《心经》的诸多译本中，玄奘的译本省去了原经的序分、流通分，只余下正宗分，不仅短小精练，而且便于持诵。

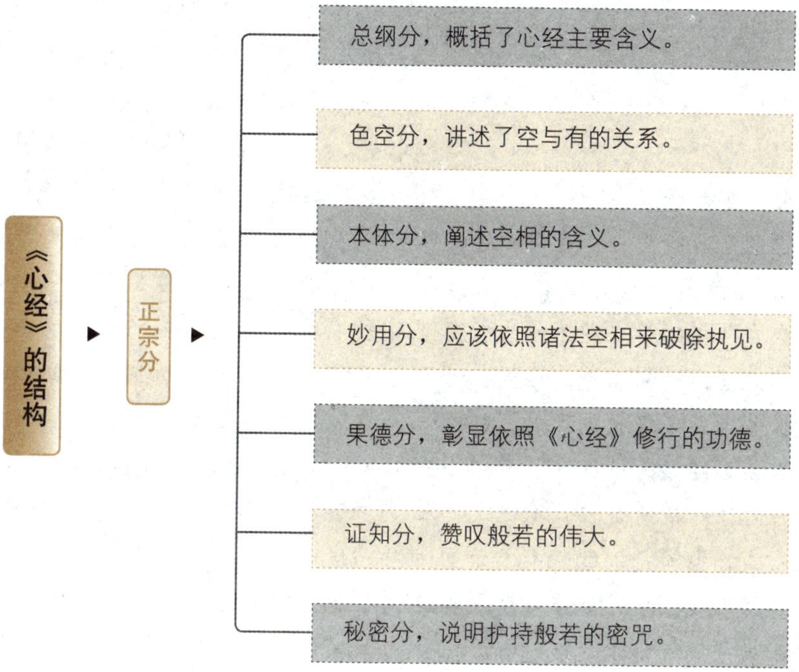

《心经》的结构 → 正宗分 →
- 总纲分，概括了心经主要含义。
- 色空分，讲述了空与有的关系。
- 本体分，阐述空相的含义。
- 妙用分，应该依照诸法空相来破除执见。
- 果德分，彰显依照《心经》修行的功德。
- 证知分，赞叹般若的伟大。
- 秘密分，说明护持般若的密咒。

诸法皆空

佛弟子必读的经典

 观世音菩萨的修行

观自在菩萨①，行深般若波罗蜜多时②，照见五蕴皆空③，度一切苦厄④。

【注释】

①观自在菩萨："观"，不是我们平时所说的用眼睛看，而是用心灵去感知身心以及世界，不会执著于任何事物。"自在"指的是一种洒脱的态度，心里无牵无挂，一切随缘，这样，对于身外之境和身外之缘也就可以做到随心而动、自由自在了。"菩萨"是"菩提萨埵"的简称，指的是求大觉之人、求道之大心人，也就是以智慧上求无上佛道，以慈悲下化众生，勤修普度众生之道，并于未来成就佛果的修行者。综合而言，观自在菩萨的意思就是，能够平心静气感知身心，不为外界事物所动，能耐得住寂寞，能用自己的智慧悲悯众生，在自身已经得到解脱无碍的同时，还能助众生解脱无碍的觉有情。从菩萨的名号来说，观自在菩萨，也就是我们平时所说的观世音菩萨。观世音菩萨的本愿是以慈悲之心救济众生，只要听到众生悲苦的声音，就会赶来救其脱离苦海。正因为观世音菩萨与众生特别有缘，随类现身，闻声救苦，所以观世音菩萨的圣号被经常提及，这也说明了观世音菩萨的慈悲之心及利生事业已经深入人心了。由于观世音菩萨有大智，明晓一切事理，所以称之为观自在；又因为其有一颗慈悲之心，能够听闻众生的悲苦，并及时救助，所以又称之为观世音。

②般若波罗蜜多：又译作般罗若波罗蜜、般若波罗蜜，是六波罗蜜之一。"般若"的意思是智慧，这种智慧不同于普通的智慧，而是可以明了一切事物及其所含道理的深层次智慧。"波罗蜜多"的意思是度至彼岸或者到达彼岸，也就是菩萨通过自行化他之事，由生死之此岸到达涅槃之彼岸。综合而言，"般若波罗蜜"的意思就是到达涅槃彼岸的智慧，是菩萨六种修行中最基本的、最重

要的一种，被称为"诸佛之母"。

③照见："照"就是观照的意思，"见"就是彻见，综合而言，是用般若的智慧洞察世间万象都是因缘和合的。五蕴又被称作五众、五聚等。蕴是积累的意思，佛教中的五蕴指的是世间万物及其精神的五种聚合，分别是色蕴、受蕴、想蕴、行蕴和识蕴。色蕴就是物质的聚集，包含内色和外色，内色是眼、耳、鼻、舌、身，外色是声、色、味、香、触。受蕴，即领受纳取的意思，也就是从身体和精神上对外界的感知作用。想蕴指的是人在看到、听到、接触到外界事物时，在自己的心中所产生的对其外观相貌的认知作用。行蕴是心驱使人造作诸业，也即是心与意志的作用。识蕴的意思就是了别与识知所感知的事物。"照见五蕴皆空"的意思就是，无论是物质世界，还是精神世界，都是因缘和合，没有固定不变的，即使它的名字也不过是个代号而已。

④苦厄："苦"是人心中的苦恼，"厄"就是人遇到的种种艰难祸患，综合而言，就是说只要能照见五蕴皆空，就能达到彼岸，人世间的烦恼困苦都不存在了。

【译文】

观世音菩萨，在修般若行到了一个很深的高度时，能够照见五蕴均是因缘和合的，没有真正的实体，于是就在顿悟空门之后得到解脱，不但没有烦恼，进而也脱离了所有的苦难和生死的折磨。

这是观世音菩萨图。观世音菩萨是世人熟知的四大菩萨之首，她大慈大悲，救苦救难，当人们遇到灾难时，只要称颂她的名号，她便前往救度，所以称为观世音。上文提到的观自在菩萨就是观世音菩萨。

万法皆空

舍利子①，色不异空，空不异色，色即是空，空即是色，受想行识，亦复如是。

【注释】

①舍利子：是人名，也被译作舍利弗多、舍利弗罗、奢利富多罗、奢利弗多罗、奢唎补怛罗、舍利弗怛罗、舍利弗多罗、设利弗哩罗等。作为佛陀的十大弟子之一，当佛陀讲授《心经》的时候，他就在一旁。他的母亲是摩伽陀国

王舍城婆罗门论师的女儿,因为出生的时候眼睛像舍利鸟,所以取名为舍利,而舍利弗因为是舍利的儿子,所以别人也叫他"舍利子"。舍利弗相貌端正,从小就勤习多种技艺,并且通读婆罗门的四部圣典《四吠陀》。16岁就能在与众人的辩论中胜出,他的族弟们都唯他马首是瞻。在他年幼时,与邻村的目犍连交情很好。有一次,他去参加只离渠呵山的祭奠,看到众人杂沓不堪的样子,心里顿时生出世事无常的感觉,于是就和目犍连相约投奔颇具盛名的删阇夜毗罗胝子,删阇夜毗罗胝子也早就听说了他们两个人的名声,于是就全心全意地教授他们,两人只用了七天七夜的时间就通晓了删阇夜毗罗胝子传授的教旨。没过多久,删阇夜毗罗胝子就去世了。这时,佛陀刚刚得道,住在王舍城内的竹林精舍里。一天,他遣弟子马胜比丘到王舍城内化缘,正好遇见舍利子。舍利子看到马胜比丘非同寻常的气质,心里暗自吃惊,于是就向马胜比丘请教了几个问题。马胜比丘用佛陀教授给他的教旨做了回答,舍利子听完十分佩服,于是便询问他师从何人,马胜比丘一一做了回答。于是,舍利子和目犍连就率领五百位弟子前去竹林精舍皈依了佛陀。后来常随同佛陀传经布道、主持事务、赞美佛陀,很快就在众弟子中脱颖而出。在佛陀的诸弟子中,舍利子被称作"智慧第一"。舍利子一生对佛陀很是崇敬,多次受到佛陀的称赞,后来先于佛陀圆寂,遗骨葬于祇园。

【译文】

舍利子!世间万物万象与空是相互关联、不可分离的,而作为万物本性的空也是以世间万象表现出来的。这样说来,世间万物万象的实质就是空,空的表象就是

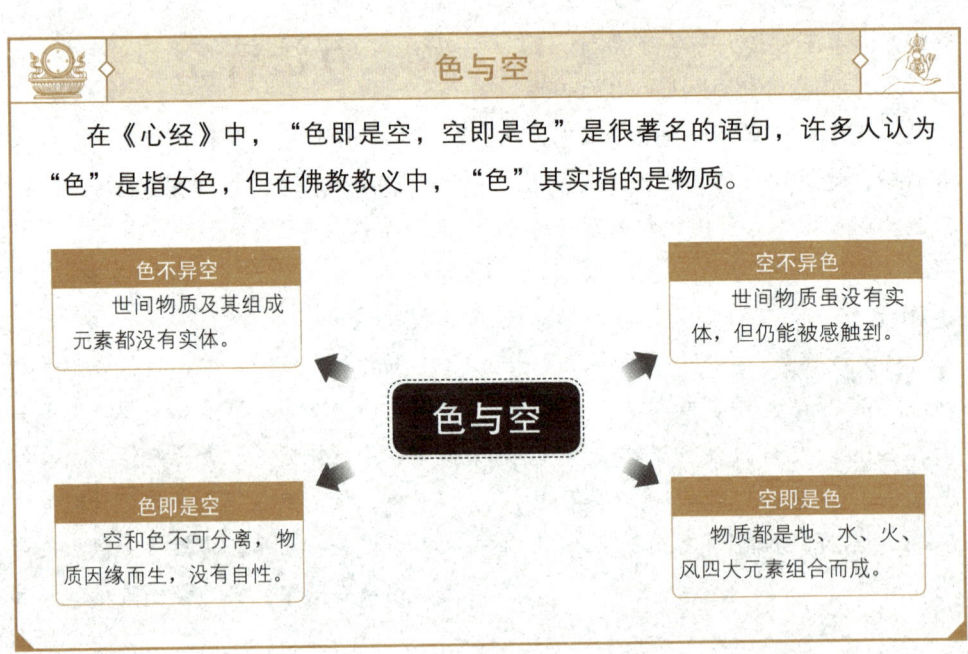

色与空

在《心经》中,"色即是空,空即是色"是很著名的语句,许多人认为"色"是指女色,但在佛教教义中,"色"其实指的是物质。

色不异空
世间物质及其组成元素都没有实体。

空不异色
世间物质虽没有实体,但仍能被感触到。

色即是空
空和色不可分离,物质因缘而生,没有自性。

空即是色
物质都是地、水、火、风四大元素组合而成。

图为舍利弗。舍利弗出生于婆罗门，他初从六师外道的删阇那毗罗胝子出家，后改学佛法，因为他敏捷智慧，善于说法，所以深受佛陀信任，在佛陀十大弟子中号称"智慧第一"。

世间万物。人的"受、想、行、识"也与色一样，是空的表象而已。

舍利子，是诸法空相①，不生不灭，不垢不净，不增不减②。

【注释】

①诸法空相："诸法"是指存在、现象，也称为万法。这里的"诸法"主要是五蕴诸法。"空相"的意思是万事万物因缘而生、没有实相。这里是指五蕴诸法都没有自性，都是空相。

②不生不灭，不垢不净，不增不减：是指事物不生、不灭、不垢、不净、不增、不减的状态。世间万物万象，实相自性固定不变，既不能使其生，也不能使其灭；即使以般若智慧来观察，也不能改变万事万物的生或灭，所以说"不生不灭"。其次，世间万物万象，本就是空相，既不能染之使之垢，也不能洁之使之净；既不能被恶的因缘所染而变为垢，也不能被善的因缘所熏习而变为净，所以说"不垢不净"。再次，世间万物万象，实相自性生来圆满，既不能加之使其增，也不能损之使其减，所以说"不增不减"。当我们了解世间万物万象这种不生不灭、不垢不净、不增不减的本性时，我们内心也就不再分别生、灭、垢、净、增、减了，自然也不会执著而不能自拔了。

【译文】

舍利子！五蕴诸法都是因缘聚合而成的，本就是空相，既不能使其生，也不能使其灭；既不能被恶的因缘染上污垢，也不能被善的因缘变得洁净；既不能加之使其增，也不能损之使其减。

是故，空中无色，无受、想、行、识；无眼、耳、鼻、舌、身、意①；无色、声、香、味、触、法②；无眼界，乃至无意识界；无无明，亦无无明尽，乃至无老死，亦无老死尽③；无苦、集、灭、道④，无智亦无得⑤。

【注释】

①眼、耳、鼻、舌、身、意：统称为"六根"、"六情"，指的是人的六种感官。"眼"指眼根，也就是视觉；"耳"指耳根，也就是听觉；"鼻"指

鼻根，也就是嗅觉；"舌"指舌根，也就是味觉；"身"指身根，也就是触觉；"意"指意根，也就是人的思维。前五根属于"色根"，因其是能够被感触到的表象。意根是人的心理作用，是无色根。

②色、声、香、味、触、法：统称为"六尘"。"色"即色尘，也就是眼睛看到的景象，这些景象可以污染人的眼根，所以又称之为"色贼"。"声"即声尘，也就是耳朵可以听到的声音，这些声音可以污染人的耳根，所以又称之为"声贼"。"香"即香尘，也就是鼻子可以嗅到的气味，这些气味可以污染人的鼻根，所以又称之为"香贼"。

"味"即味尘，也就是舌头能够尝到的味道，这些味道能够污染人的舌根，所以又称之为"味贼"。"触"即触尘，也就是身体能够感受的触觉，这些触觉能够污染人的身根，所以又称之为"触贼"。"法"即法尘，也就是意志感知的对象，它们能污染人的意根，所以又称之为"法贼"。因为这六尘剥夺人的善知，致使众生造出种种业障，所以也称为六贼。六根和六尘互相作用，使人造就恶业，进而得到种种报应。

③无无明，亦无无明尽，乃至无老死，亦无老死尽：这四句话是对十二因缘的概括，十二因缘包括：无明、行、识、名色、六入、触、受、爱、取、

十八界

十八界是人类以认识为中心，对世界一切现象和事物所作的分类，是每一人每一身都具备的。《心经》中的"眼、耳、鼻、舌、身、意、色、声、香、味、触、法"就属于十八界的分类。

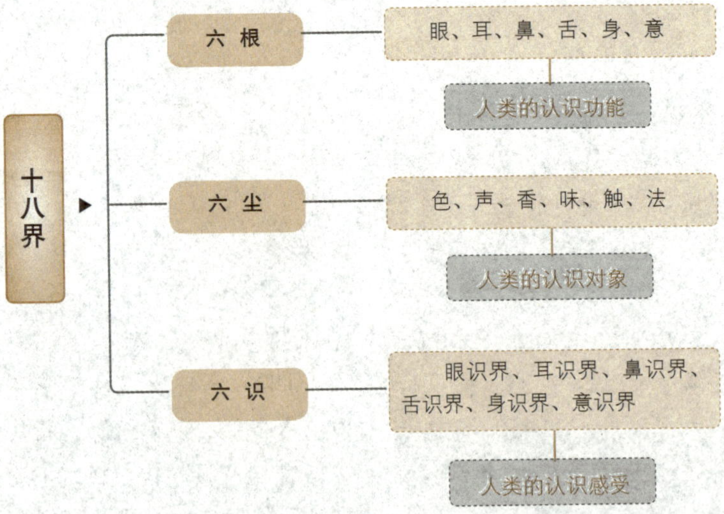

```
              ┌─ 六根 ── 眼、耳、鼻、舌、身、意
              │              │
              │         人类的认识功能
              │
   十八界 ────┼─ 六尘 ── 色、声、香、味、触、法
              │              │
              │         人类的认识对象
              │
              └─ 六识 ── 眼识界、耳识界、鼻识界、
                         舌识界、身识界、意识界
                              │
                         人类的认识感受
```

有、生和老死。这句话只列出了十二因缘中的"无明"和"老死",省去了其他的十种因缘。

④无苦、集、灭、道:是指四谛,谛就是真实不虚之意,圣是圣人之意,因为这四个真实不虚的道理是圣人宣说的,所以称之为四圣谛。四谛是佛陀在鹿野苑向五比丘的说法,也是佛陀的第一次说法,主要包括了苦谛、集谛、灭谛、道谛。苦谛指出了人生的本质是痛苦的,除了生苦、老苦、病苦、死苦这四种苦果之外,还有爱怨憎苦、爱别离苦、求不得苦、五蕴盛苦,这就是佛家所说的八苦。集谛就是集合众生遭受种种苦果的原因和理由。众生痛苦的根源是渴爱,渴爱的核心是由无明产生的妄想,进而也就有了生死轮回的苦难。灭谛指的就是永远断绝人世之苦,从种种苦难中得到解脱,也就是佛家所说的涅槃。道谛指的是消除人生之苦的途径,主要分为八种,即八正道。八正道具体是指正见、正思惟、正语、正业、正命、正精进、正念、正定。小乘佛教认为,修行要先明了人生的种种苦难,然

十二因缘

十二因缘是佛教的基本教义,是指人生的十二个环节,其中无明是众生生死轮回的根本原因,所以《心经》说断除根本的无明,也就断除之后的老死等因缘了。

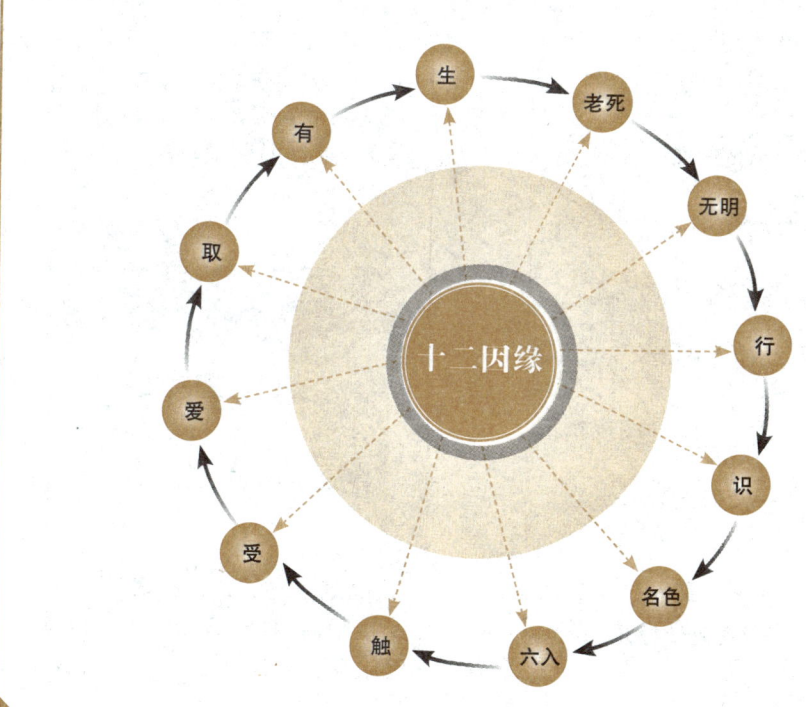

后再消除造成苦难的原因，进而修行八种圣道来让烦恼灭除，这就是四谛的意义。但是大乘菩萨已经明晓无无明之道，自然也就没有了烦恼，更不会有所谓的苦，所以说是无苦、集、灭、道。

⑤无智亦无得："智"即般若，也就是修行的深层次智慧。菩萨修行成佛就是把八识转化为四智的过程，即成所作智、妙观察智、平等性智和大圆镜智。但是菩萨在成佛之后，就会达到无智的境界，也就是不为智所束缚，也就是"无智"。"得"就是得到"阿耨多罗三藐三菩提"，即至高无上的境界。"无智亦无得"就是说以般若来观照，是没有修行之事的，这样也就无所谓证得。如果一定要以得到什么的心态去修行，那已经脱离了佛家真空的境界。

【译文】

所以，从根本上来看，空中并没有物质的种种表象、感受、想象、意志和

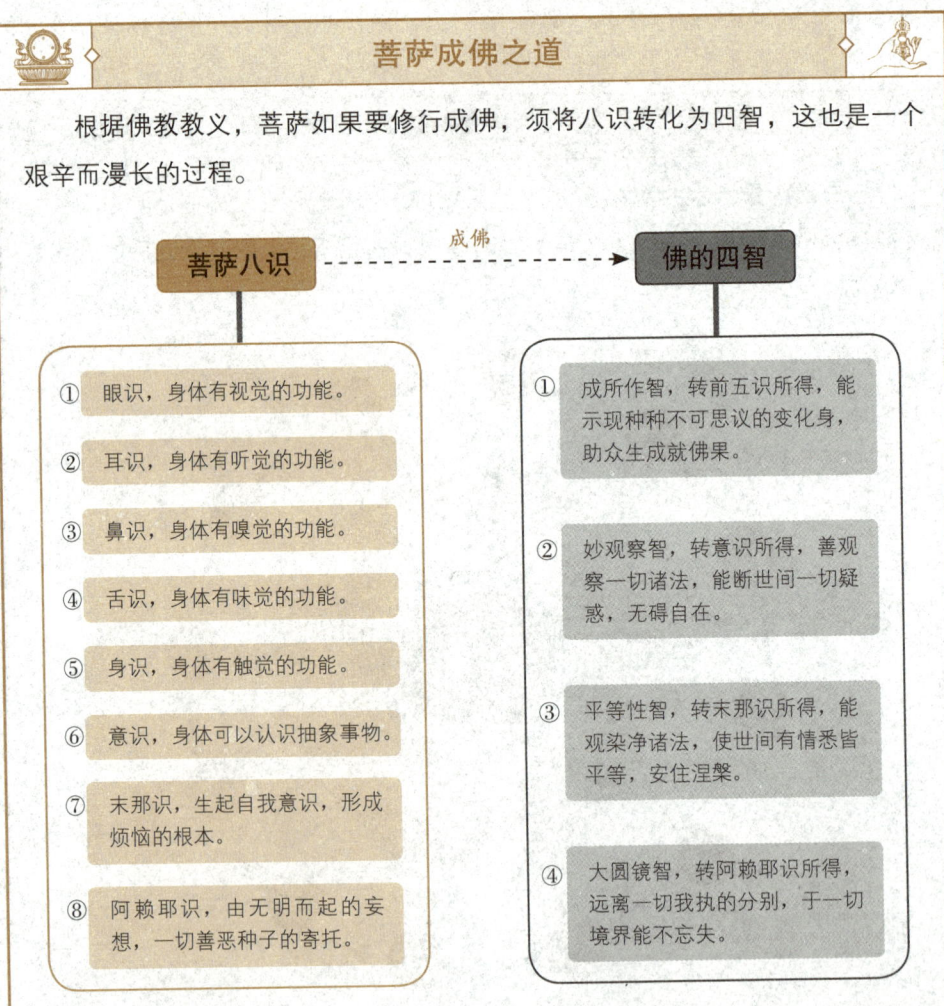

菩萨成佛之道

根据佛教教义，菩萨如果要修行成佛，须将八识转化为四智，这也是一个艰辛而漫长的过程。

菩萨八识 ——成佛——> 佛的四智

① 眼识，身体有视觉的功能。
② 耳识，身体有听觉的功能。
③ 鼻识，身体有嗅觉的功能。
④ 舌识，身体有味觉的功能。
⑤ 身识，身体有触觉的功能。
⑥ 意识，身体可以认识抽象事物。
⑦ 末那识，生起自我意识，形成烦恼的根本。
⑧ 阿赖耶识，由无明而起的妄想，一切善恶种子的寄托。

① 成所作智，转前五识所得，能示现种种不可思议的变化身，助众生成就佛果。
② 妙观察智，转意识所得，善观察一切诸法，能断世间一切疑惑，无碍自在。
③ 平等性智，转末那识所得，能观染净诸法，使世间有情悉皆平等，安住涅槃。
④ 大圆镜智，转阿赖耶识所得，远离一切我执的分别，于一切境界能不忘失。

意识；没有眼、耳、鼻、舌、身、意六种官能；没有作为眼、耳、鼻、舌、身、意认识对象的色、声、香、味、触、法；没有眼界，乃至于没有意识界；没有无明，也就没有灭除的无明，乃至于没有老死，也没有空了的老死。也没有知苦、断集、修道、证灭的四圣谛；没有根本的智慧，也没有所求的至高境界。

般若波罗蜜多的功德

以无所得故，菩提萨埵①，依般若波罗蜜多故，心无挂碍②。无挂碍故，无有恐怖。远离颠倒梦想，究竟涅槃③。三世诸佛，依般若波罗蜜多故，得阿耨多罗三藐三菩提④。

【注释】

①菩提萨埵：简称为菩萨，又称菩提索多或菩提索埵，也有译作大士、开士、高士的。"菩提"是顿悟的智慧的意思；"萨埵"是有众生、有情的意思。"菩萨萨埵"指的是解救众生、自觉觉他之人，也是上求无上菩提、下化众生、修行般若智慧之人。

②挂碍："挂"是牵挂或者被牵绊之意，也就是被俗世的种种烦恼所牵绊，真心被蒙蔽，得不到自由；"碍"就是妨碍或者被阻碍之意，因为执著于某一事物找不到正道以至于不能前进。"挂碍"之意就是因为执著于欲望等因素，所以得不到自由。

③涅槃：又译作泥洹、涅槃那、涅隶盘那、抳缚南等，是幻灭、无生之意。在古代印度，"涅槃"原指被风吹散或者灯烛灭掉，但是自从这个词语出

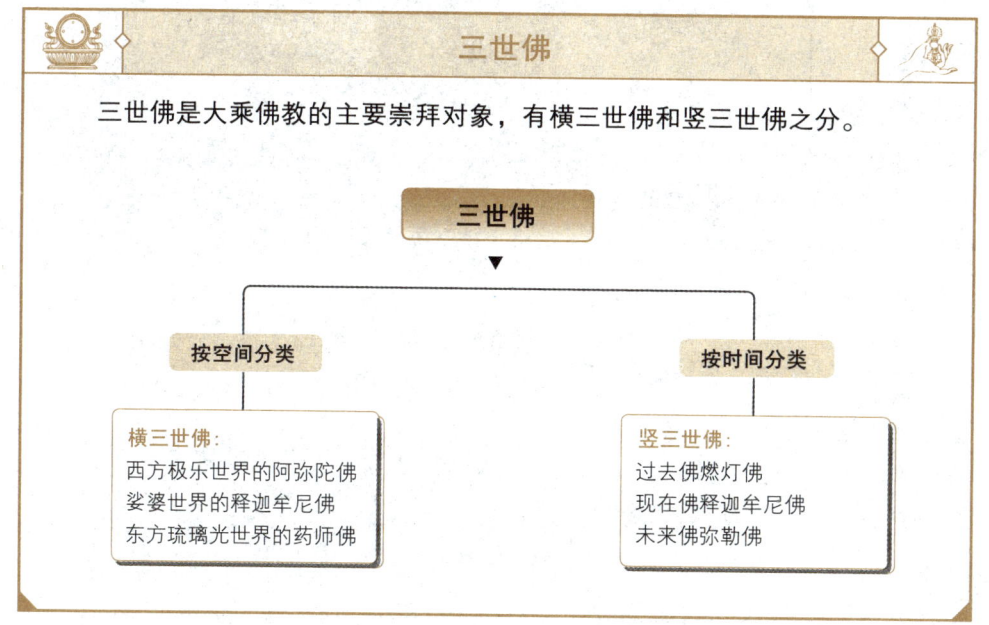

三世佛

三世佛是大乘佛教的主要崇拜对象，有横三世佛和竖三世佛之分。

三世佛

按空间分类
横三世佛：
西方极乐世界的阿弥陀佛
娑婆世界的释迦牟尼佛
东方琉璃光世界的药师佛

按时间分类
竖三世佛：
过去佛燃灯佛
现在佛释迦牟尼佛
未来佛弥勒佛

现在佛教书籍上之后,又被赋予了新的意义,成为佛教特有且庄严的词汇。在佛教中,涅槃的含义是消除灾患烦恼,继而达到寂静、安乐的境界。在中文佛经中,涅槃被翻译为圆寂,圆是指具有一切福德智慧;寂是指寂静,远离尘世的灾患烦恼。总而言之,就是智慧福德达到圆满的境界,脱离了尘世间所有的烦恼灾患,也超脱了生死的境界,这样也就得到了至善至美的解脱。

④阿耨多罗三藐三菩提:简称为阿耨菩提或者阿耨三菩提。"阿耨"是最高之意,就是说所领悟之道是至高无上的;"三藐"是正德之意;"三菩提"为正觉之意。合起来,"阿耨多罗三藐三菩提"就是指佛的境界达到至高无上正等正觉的地步,领悟出来的道理是包含了宇宙之万象的。佛从一切虚妄执著之间得到解脱,明了圆满的无上智慧,遍悟所有最根本的真理,并使众生得到开悟,进而达到了涅槃的境界。此外,也可音译作"阿耨多罗三藐三佛陀",来尊称得阿耨多罗三藐三菩提的佛陀。

【译文】

因为没有所求的至高境界,所以菩萨依照般若波罗蜜多修行,身心不复有

涅 槃

涅槃是佛教修行的最高目标。根据小乘佛教与大乘佛教的教义,涅槃可以分为四种。

小乘佛教涅槃	有余涅槃	小乘佛教佛教徒破除自我的执著,能够达到的最高境界是阿罗汉境界。这些成为阿罗汉的修行者还有五蕴色身存在于人间,还是要承受风吹雨打、严寒日晒等痛苦,所证的境界称为"有余依涅槃"。
	无余涅槃	成为阿罗汉的小乘佛法修行者如果死亡,因为抛弃五蕴色身的缘故,所证的境界则称为"无余依涅槃"。
大乘佛教涅槃	性净涅槃	一切事物的实相(本性、本体)是不可染、不可净、不生不灭的状态。
	方便净涅槃	以智慧观察众生的不同情况,随机化身以度众生,这种化身并不是真实的相貌,不算在世,也并非死亡,这种不生不灭的状态称为"方便净涅槃"。

任何的牵挂阻碍。因为没有了牵挂阻碍，自然也就没有了任何恐惧，并且远离了颠倒和幻想的事物，最终达到了涅槃的境界。世间所有的佛，也都是依照般若波罗蜜多修行，进而达到了至高无上正等正觉的境界。

《心经》密咒

故知般若波罗蜜多，是大神咒，是大明咒，是无上咒，是无等等咒①，能除一切苦，真实不虚。

【注释】

①故知般若波罗蜜多，是大神咒，是大明咒，是无上咒，是无等等咒："故知"，起承前启后的作用，意思是从上面所说的可以知道，意在引起下面所说的般若利益。就是说修行般若波罗蜜多可以超脱生死困苦、解除一切烦恼灾患，所以说般若波罗蜜多"是大神咒，是大明咒，是无上咒，是无等等咒"。在古代印度，咒语原是向神明祈祷，使敌患遭受灾难或者驱逐自身所受到的种种困苦灾祸、祈求好运福利时所念的咒语。佛教中所说的咒语则是指真言密咒，简称密咒或咒文。之所以称之为密咒，是因为它的奥妙不是一般人的思维能理解，也不能用言语来说明的咒语。咒也被译作总持，指的是能总持一切善法并且不会使其丢失，总持一切恶法使其不会生存。总而言之，咒是具有魔力的语言，具有除恶生善的能力。佛陀禁止佛教徒以咒语谋生，但是可以用来治病或者护身。正因般若智慧有很大力量，可以助人灭去烦恼，超脱生死苦难，所以称之为"大神咒"；般若智慧又有智光普照之相，无所遮蔽，所以称之为"大明咒"；因般若智慧是以实相为本，能令人直至涅槃境界，没有任何一种佛法能够超越它，故称之为"无上咒"；因般若智慧是佛修行最重要的部分，修行般若能达到无牵挂、见心性、证佛果的地步，没有什么能够与其等同，所以称之为"无等等咒"。所以说，修行般若，可以消除一切苦难困

这是释迦牟尼佛。在大乘佛教中，有横三世佛和竖三世佛之分。横三世佛是指阿弥陀佛、释迦牟尼佛、药师佛，竖三世佛是指燃灯佛、释迦牟尼佛、弥勒佛。上文的三世诸佛包括了横三世佛和竖三世佛等一切佛。

厄，给修行者带来切实之利，这是真实不虚的事实。

【译文】

所以说，般若波罗蜜多是一种具有巨大神力的咒语，是一种智光普照的咒语，是一种不能超越的咒语，是一种绝世无双的咒语，它可以消除一切苦难困厄，这是真实不虚的事实。

故说般若波罗蜜多咒，即说咒曰：揭谛，揭谛，波罗揭谛，波罗僧揭谛，菩提萨婆诃！①

【注释】

①揭谛，揭谛，波罗揭谛，波罗僧揭谛，菩提萨婆诃：此句之前的经文是明说，此处为密咒。"揭谛"有度的意思；两个"揭谛"包含了自度和度人两重意思。"波罗"是彼岸之意；"波罗揭谛"是度到彼岸之意；"僧"为众之意；"波罗僧揭谛"是度众人到彼岸。"菩提"有智、觉之意，指的是无上佛果。"萨婆诃"有迅速、飞快之意。此句大意为依照心经便可得大智，进而证得佛果。根据密咒不译的原则，所以此句咒语并不翻译。

【译文】

所以，这里宣说的般若波罗蜜多的修持方法，就是念诵下面的咒语：

揭谛，揭谛，波罗揭谛，波罗僧揭谛，菩提萨婆诃！

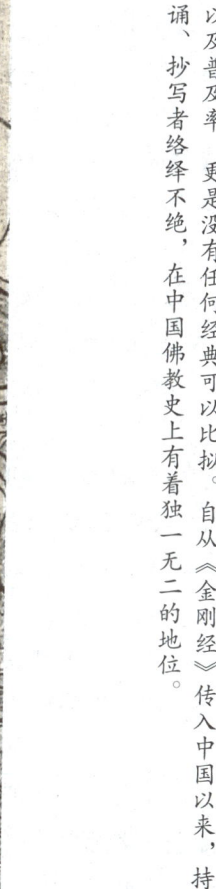

第四章

空的智慧——《金刚经》

在大乘佛教经典中，《金刚经》是地位最高的一部佛经，它所受到的重视以及普及率，更是没有任何经典可以比拟。自从《金刚经》传入中国以来，持诵、抄写者络绎不绝，在中国佛教史上有着独一无二的地位。

释《金刚经》

《金刚经》的经题与翻译

《金刚经》全称《金刚般若波罗蜜经》。所谓"金刚",既指世界上最坚硬、最珍贵的宝贝,又有威力广大之意,在佛教中一般被用来比喻佛教教法的坚固,不但不会被外道所破坏,还能破斥外道。此外,《金刚般若波罗蜜经》中的"般若波罗蜜"与《般若波罗蜜多心经》中的"般若波罗蜜"的意思是相同的,都是通过无上智慧,找到通往涅槃的道路。所以,"金刚般若波罗蜜经"的全意就是靠着无上智慧的指引,成就金刚不坏的法身,超越三界,到达涅槃的彼岸。

据今人估算,《金刚经》约于公元前994年间(约当中国周穆王时期)在古印度成书,是阿难记载释迦牟尼与长老须菩提等众弟子的对话而成。

魏晋南北朝时期,《金刚经》传入中国。当时,在中国文化界,玄学十分流行,这种老庄、虚无的学说与"缘起性空"的大乘般若学说颇为相似,于是玄学家纷纷开始研究般若学说,而一些僧人为了迎合时势,也开始用老庄学说来诠释般若思想,形成了般若学研究的浪潮。在这种浪潮的影响下,一些般若经论逐渐被译为汉文,《金刚经》就是其中之一。

在中国佛教史上,《金刚经》有多个译本,而最早的译本是由鸠摩罗什翻译。后秦年间,鸠摩罗什率弟子僧肇等800多人在长安翻译了许多般若经典,《金刚经》、《妙法莲华经》、《中论》、《百论》等经典都被翻译出来。除了鸠摩罗什翻译的《金刚经》外,《金刚经》还有多种译本,现存就有元魏菩提流支翻译的《金刚般若波罗蜜经》、陈真谛翻译的《金刚般若波罗蜜经》、隋笈多翻译的《金刚能断般若波罗蜜经》、唐玄奘翻译的《大般若波罗蜜经·第九会能断金刚分》、唐义净翻译的《佛说能断金刚般若波罗蜜多经》。

在现存的六种译本中,以鸠摩罗什翻译的《金刚经》流传最广,无论在语言的简练方面,还是义理的忠实方面,其他译本都不能与之媲美,文人或喜欢经文的优美文字,或钟爱经文的丰富哲理，而修行者则将《金刚经》视为修心的宝典、念诵的功课。

自从《金刚经》译出以后，有许多高僧为《金刚经》注疏，如三论宗吉藏的《金刚般若疏》、天台宗智者的《金刚般若经疏》、华严宗智俨的《佛说金刚般若波罗蜜经略疏》、唯识宗窥基的《金刚般若经赞述》等。在近现代，太虚、慈舟、印顺、圆瑛等高僧也很重视此经，各有相关的论述和讲记。

《金刚经》的主要内容

在中国佛教史上，《金刚经》是一部非常重要的佛经，它不仅是大乘佛教的重要佛经之一，还是在中国流通最多最广的佛教典籍。

《金刚经》

- **翻译者** ▶ **天竺三藏鸠摩罗什**
  西域龟兹国（今新疆库车县）人。他幼年随母出家，通达佛法。东晋后秦弘始三年（公元401年），他到达长安，被尊为国师。在长安期间，鸠摩罗什率弟子僧肇等800余人，译出《摩诃般若经》、《妙法莲华经》、《维摩诘经》、《阿弥陀经》、《金刚经》等经和《中论》、《百论》、《十二门论经》和《大智度论》等论，共74部，384卷，对中国佛教有很大的贡献。

- **翻译时间** ▶ 姚秦弘始四年（公元402年）

- **卷　　数** ▶ 1卷

- **主要内容** ▶ 围绕着佛陀弟子须菩提和佛陀的问答展开，主要探讨了空的智慧。在中国佛教界，《金刚经》流传很广，被誉为是彻底解脱烦恼的大智慧。

众生空与法空

《金刚经》的主要内容

《金刚经》的缘起是佛陀弟子须菩提向佛陀请教如何发心？如何调整与掌控学佛的心？如何才能克服错误的认识和患得患失的心理？围绕这些问题，释迦牟尼进行了解答，《金刚经》也由此展开。

通过须菩提和佛陀的问答，《金刚经》提出了"凡所有相，皆是虚妄；若见诸相非相，即见如来"的理论，意思是事物的本来面目都是虚而不实的，都没有实在的本体，如果众生在意识中执著于肉身的表相、七情六欲的表相、团体的表相、因缘假合的表相等相状，就会背离万物的真实，只有对诸种名相采取不住、不执、不取的态度，才能见到如来，得到佛果，这种"虚幻"的学说也就是大乘佛教"性空幻有"的精神，《金刚经》也因此被认为是对空的智慧的介绍。

另外，在《金刚经》中，佛陀指出"一切贤圣，皆以无为法而有差别"，意思是说古今的一切圣贤，都已经得道，并没有本质的区别，只有个人程度、传化方式的不同。根据这一点，《金刚经》也被称为"彻底破除了一切宗教的界限"，被认为是跨越了宗教界限的大智慧。

在修行实践上，《金刚经》则提出应无所住而生其心的法门，即以空灵自在的心态应对世间的万事万物。如在布施方面，《金刚经》指出"三轮体空"的布施精神，意思是将能布施的我，受布施的人，所布施的财物这三轮（要素）都视为虚妄，如果对这三者心存分别，凡布施一物，就在心中算计积累的功德，就不是平等的布施。

此外，释迦牟尼佛在《金刚经》指出尽虚空、遍法界的一切佛，以及他们证得的佛果，都可以自这部经获得，甚至说理解、受持此经的四句偈诗并为他人解释的福德非常多，不仅远胜于布施恒河沙粒般三千大千世界的七宝，还胜于每天布施三恒河沙那么多身体和生命的福德。如果修行者书写、受持、读诵、为人解说此经，更会获得无比多的福德。由于此经的广大福德，所以很受修行者的重视，被视为极为殊胜的经典。

作为翻译最早、流传最广、影响最深的佛经，《金刚经》虽然篇幅不长，但却阐述了大乘佛教的重要理论，在佛教中属于"不可说境界"，其文字结构不仅晦涩复杂，还在只言片语中蕴涵了佛教至深的教义。正因为《金刚经》博大精深，所以世人将它与儒家的《论语》、道家的《道德经》、《南华经》合称为释儒道三家的宗经宝典。

《金刚经》自翻译以来，就对中国宗教产生了非常大的影响，寺院僧尼日常的课诵和讲经说法仍在使用此经。特别在中国禅宗的历史上，六祖慧能就是经由《金刚经》而悟道，金刚经》因此享有了崇高的地位，有着源远流长的影响。

在中国文化史上，《金刚经》的影响更是随处可见，即使是目不识丁的妇孺也知道《金刚经》，甚至有人能随口背诵其中的一句或一段经文，各种各样的《金刚经》的感应和应验的传说更是成为众人口耳相传的故事。在现代社会，《金刚经》更是受到众人的推崇，它不仅指出了安定心灵的重要性，也对现代人的生活与工作都有所启迪，被称为"彻底解放烦恼心灵的大智慧"。

随着《金刚经》的传播，中国古代的印刷、雕刻、绘画等艺术也都在不同程度上受到了它的影响。公元1900年，敦煌莫高窟出土了一部《金刚经》，此经印刷于唐咸通九年（公元868年），全经由7个印张粘接而成，长约1丈6尺，印刷墨色清晰，雕刻刀法纯熟，是世界上现存的最早的雕版印刷品，也被称为"世界上最早的书籍"，现藏于大英图书馆。

《金刚经》的结构

自《金刚经》翻译为汉文以来，科判者众多，其中以南朝昭明太子萧统的三十二分则最为著名。所谓三十二分则，是将《金刚经》分为容易传诵理解的三十二个分则，这也是后人解读《金刚经》时最常用的分类方法。

```
                    ┌─ 序 分 ──── ① 法会因由分，即"如是我闻：一时，佛在舍卫国祇树给孤独园，与大比丘众千二百五十……"
                    │
                    │           ② 善现启请分，须菩提向佛陀请教如何保持清净、至善的心，因此得到了佛陀的赞叹，并为之说法。
                    │
                    │           ③ 大乘正宗分，为菩萨指明降伏其心的方法，即度化世间一切众生，不能执著于我相、人相、众生相、寿者相。
                    │
                    │           ④ 妙行无住分，指出菩萨不能执著于世间万事万物的表面相状，应以无所执著的平等态度进行佛法的布施。
                    │
                    │           ⑤ 如理实见分，介绍菩萨无住相布施的功德，指出世间所有的相状都是虚幻的，更不能以身体相状来认识如来。
    《金刚经》 ─────┤ 正宗分 ──
                    │           ⑥ 正信希有分，指出在末法时代，也会有众生因本经而开悟，因为这些众生不再执著于四相，所以能获得不可限量的福德。
                    │
                    │           ⑦ 无得无说分，提出无上正等正觉不是真实存在的，如来宣说的法义实际上也是不存在的。
                    │
                    │           ⑧ 依法出生分，宣说奉持本经及经中四句偈的无量福德，即使是将整个宇宙的七宝用来布施也是无法比拟。
                    │
                    │           ⑨ 一相无相分，阐述须陀洹、斯陀含、阿那含、阿罗汉这四大果位只是虚名，如果修行人执著于这些虚名，就不能证得佛果。
                    │
                    └─ 流通分 ── 本经的流通分，即"说是经已，长老须菩提及诸比丘、比丘尼、优婆塞、优婆夷、一切世间……"
```

人俱。尔时，世尊食时，着衣持钵，入舍卫大城乞食。于其城中，次第乞已，还至本处。饭食讫，收衣钵。洗足已，敷座而坐"部分，这是介绍本经的缘起，即佛陀在舍卫国给孤独园与众比丘集会。

10 庄严净土分，为菩萨的修行指明道路，即不存有庄严佛土之心、不执著于事物的相状，应无所住而生清净心。

11 无为福胜分，宣说奉持本经及经中四句偈的无量福德，即使是用充满恒河沙数三千大千世界的七宝用来布施也无法比拟。

12 尊重正教分，宣说本经的无量功德，凡是受持、读诵此经者，都能成就最上希有之法，都应受到供养。

13 如法受持分，指出奉持本经的方法，即按照"空观"、"假观"、"中观"三观的方法受持此经。

14 离相寂灭分，指出修菩萨行不能执著于四相，否则就会生嗔恨之心，不能平等布施，更不能成就佛果。

15 持经功德分，宣说受持、读诵本经的不可思议的功德，即使用与恒河沙子相等的身命来布施也无法比拟。

16 能净业障分，宣说奉持本经的果报，不但扫除净尽前生的业障，更能证得无上正等正觉的佛果。

17 究竟无我分，指出菩萨、佛法都不存在，都是假名。只有不执著于四相，才是真的菩萨、真的佛法。

18 一体同观分，介绍如来的五眼，指出如来用这五眼照见诸法实相，用智慧觉知众生妄心。

19 法界通化分，解说真正的福德，众生如果执著于有相的布施，就不能得到真正的福报。

20 离色离相分，指出众生如果见到真正的法身如来，必须远离一切色相，从无身中见一切身。

21 非说所说分，指出佛所说的一切法都是空的、皆无实体，只有"无法可说"、"非说所说"才是真正的佛法。

22 无法可得分，指出佛法是无法可说、无法可得的，众生的自性和菩提心是本性固有的，无所失也无所得。

23 净心行善分，解释真正的善法，认为只有不抱持行善之念、没有希求福德之心，才是真正的"净心行善"。

24 福智无比分，宣说领受、奉持此经的福报，即不但能教化别人，还能成就自身的智慧，获得远胜财物布施的功德。

25 化无所化分，指出众生因"我执"和妄念掩盖了自性，一旦驱除妄念，就能自度成佛，并不需要如来的度化。

26 法身非相分，指出如果想以色相、音声观见如来，是永远见不到如来的法身之体的，更不能达到真正的觉悟境界。

27 无断无灭分，指出真正发心、欲证菩提的人是不说常法，也不说断法的，只有无断无灭，不落断灭，才合乎佛法。

28 不受不贪分，宣说菩萨的福德，指出不贪不受世间的一切福德，就能得到世间无可比拟的福报。

29 威仪寂静分，阐述如来的法身威仪，指出如来的法身常住寂灭，遍满一切处，不但不生不死，而且不坐不卧。

30 一合理相分，对一合相进行解释，指出这是物质世界的现象，是虚妄、空无的幻想，不能对此有所执著。

31 知见不生分，指出发愿求无上菩提心的人应远离世间的妄见，于一切佛法都不能执著于"知见"。

32 应化非真分，宣说受持、读诵本经的功德，并指出不能执著于诵经、讲经，更不能以此妄求福报。

天、人、阿修罗，闻佛所说，皆大欢喜，信受奉行"部分，这是本经的结语，讲述了佛陀说法后，须菩提及诸比丘、比丘尼等众生因为闻听佛法，内心欣喜，并发愿依法奉持的情况。

第四章 空的智慧——《金刚经》

3 佛法入门

人怎样破除自己的烦恼心

 本经缘起

如是我闻①：

一时②，佛在舍卫国③祇树给孤独园④，与大比丘众⑤千二百五十人俱。

尔时，世尊⑥食时⑦，著衣持钵⑧，入舍卫大城乞食。于其城中，次第乞已⑨，还至本处。饭食讫⑩，收衣钵。洗足已，敷座而坐⑪。

【注释】

①如是我闻：一般佛经都是这样开头。"如是"就是这样说的意思；"我闻"表示著述经书的人自己曾亲耳听佛祖这样说过。

②一时：代表某一个不确定的时间。

③舍卫国：古印度境内乔萨罗国的首都，是当时一个很大的城市。

④祇树给孤独园：又称祇园精舍或给孤独园，最初是舍卫国王太子祇陀的花园，后来卖给了给孤独长者，给孤独长者又把它施给了佛陀。给孤独长者的原名是须达多，原本不信佛教，后来因一个偶然的机会听佛说法而开启心智，后来就给佛陀建造了祇园精舍。

⑤大比丘众：大比丘是指很有德行的和尚，大比丘众就是许多有德行的和尚组成的团队。

⑥世尊：又译作薄伽梵、婆伽婆，就是为天下人敬仰的尊者，是佛陀的十大尊号之一。

⑦食时："食"，吃饭；"食时"即吃饭的时候。

⑧持钵："钵"，又译作波多罗、钵和罗，佛教徒多以钵来进食，每餐固定一定的饭量。"持"，手里拿着；"持钵"就是手里拿着饭钵的意思。

⑨次第乞已：逐门逐户地乞讨过饭食以后。

⑩饭食讫："讫"，结束、完毕之意。"饭食讫"就是吃完了饭的意思。

⑪敷座而坐："敷"，展开铺好；"坐"，坐下。"敷座而坐"即铺好座位坐下来之意。

【译文】

我曾亲耳听佛陀这样说过：

某时，佛陀住在舍卫国给孤独长者

施舍给的祇树给孤独园中，还有1250个有德行的和尚与他住在一起。

有一天，快到中午吃饭的时候，佛陀穿戴整齐，手拿饭钵，到舍卫城中去乞食。在逐门逐户地乞讨完饭食后，世尊就回到了住处。吃完了饭，世尊又收起袈裟，洗好饭钵，然后用清水洗净双脚，铺展开坐具，重新坐了下来。

时长老①须菩提②在大众中，即从座起，偏袒右肩③，右膝著地④，合掌⑤恭敬而白佛言：

"希有⑥世尊！如来善护念⑦诸菩萨，善付嘱诸菩萨。"

【注释】

①长老：指出家时间较长、德行较高的和尚，也可以用来代指有知识智慧或者德行较深的和尚，这类人又被称作高僧。

②须菩提：舍卫国人，又名善现、妙生等。他是释迦牟尼的十大弟子之一，被称作"解空第一"。

③偏袒右肩："偏袒右肩"指的是斜披着衣服，露出右肩，这是古代印度一种很常用的礼仪，表示对人的尊重，现在多为信佛者所用。

④右膝著地：右膝点地而跪，多为有德行的和尚在行较为庄重之礼时所用。

⑤合掌：又作"合十"，是佛教礼节之一。行礼的时候，两手心相对，十指伸开，相对合拢，贴合在一起放置胸前，表示对对方的恭敬和虔诚。

⑥希有：不常见的、珍贵罕有且难以遇到。

⑦护念："护"，护持；"念"，眷念。"护持"在此处意指诸佛对众生的保佑，使得信徒不受侵害。

【译文】

这时候，一个叫须菩提的长老从围绕世尊的众僧人中站起来，他斜披着袈裟，坦露右肩，右膝跪地，双手合十，向佛陀致敬并说道："稀世难求的世尊啊！您总是善于护持诸位菩萨，善于嘱咐诸位菩萨。"

这是佛陀持钵图。钵是比丘乞食所用的食具，也是供养佛陀的器具，有治疗众生饥苦、受无上法味的寓意。上文中佛陀就是持钵乞食。

如何安心

"世尊！善男子、善女人发阿耨多罗三藐三菩提心，云何应住？云何降服其心？"

【译文】

"世尊啊!如果有善男子、善女人立下誓愿,一心要追求无上正等正觉的佛道,那么应该用什么样的方法原则来使心中的誓愿落实而不消退,又应该用什么办法来降服其无明妄心呢?"

佛言:"善哉!善哉!须菩提!如汝所说,如来善护念诸菩萨,善付嘱诸菩萨。汝今谛听,当为汝说。善男子、善女人发阿耨多罗三藐三菩提心,应如是住,如是降服其心。"

【译文】

佛陀听完须菩提的话,说道:"善哉!善哉!正如你所说的那样,如来是善于护持惦念诸菩萨的,也是善于叮咛嘱咐诸菩萨的。你现在认真听我说,我会给你详细地解说,如果有善男子、善女人一心要追求无上正等正觉的佛道,那么他们应该按照我所说的原则来使心中的誓愿落实而不消退,并按照我所说的来降服无明妄心。"

"唯然①,世尊!愿乐欲闻。"

佛告须菩提:"诸菩萨摩诃萨应如是降服其心。所有一切众生之类——若卵生、若胎生、若湿生、若化生、若有色、若无色、若有想、若无想、若非有想非无想,我皆令入无余涅槃而灭度②之。"

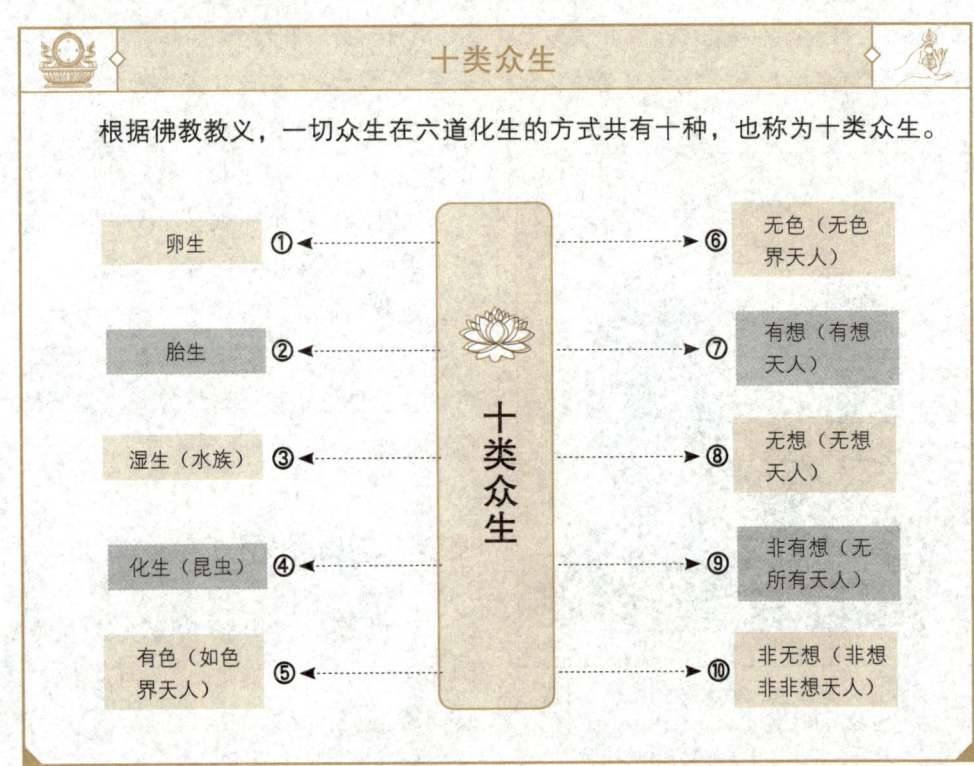

十类众生

根据佛教教义,一切众生在六道化生的方式共有十种,也称为十类众生。

- 卵生 ①
- 胎生 ②
- 湿生(水族) ③
- 化生(昆虫) ④
- 有色(如色界天人) ⑤
- ⑥ 无色(无色界天人)
- ⑦ 有想(有想天人)
- ⑧ 无想(无想天人)
- ⑨ 非有想(无所有天人)
- ⑩ 非无想(非想非非想天人)

十类众生

【注释】

①唯然：表示同意、乐于如此的语气词。

②灭度："灭"，灭尽；"度"，到彼岸。"灭度"就是灭尽一切烦恼，超越生死轮回，达到涅槃的境界。

【译文】

"好的，世尊，我非常乐于倾听您的教诲！"

佛陀对须菩提说，"诸位普度众生的大菩萨，应该像我所说的这样来降服无明妄心：对一切众生，无论是从卵壳中孵化出来的生命，还是从母胎中孕育而出的生命；无论是从水和湿气中孕育而来的生命，还是仅仅依托业力凝结而成的生命；无论是欲界和色界之中由物质所形成的生命，还是无色界中没有物质形体的生命；无论是有心识活动的众生，还是没有心识活动的众生，还有那些不知道是不是有心识活动的众生，我都会尽力使他们消除一切烦恼，超脱生死轮回，进而达到涅槃的境界。"

菩萨的标准

"如是灭度无量无数无边众生，实无众生灭度者。何以故？须菩提，若菩萨有我相、人相、众生相、寿者相，即非菩萨。"

【译文】

"虽然像我这样灭度了无量、无数、无边的众生，使他们消除了烦恼，达到了涅槃的境界，实际上他们并没有被我灭度，这是什么原因呢？须菩提，如果菩萨有了自我的相状、他人的相状、众生的相状或者长寿的相状，那么菩萨也就不能称为菩萨了！"

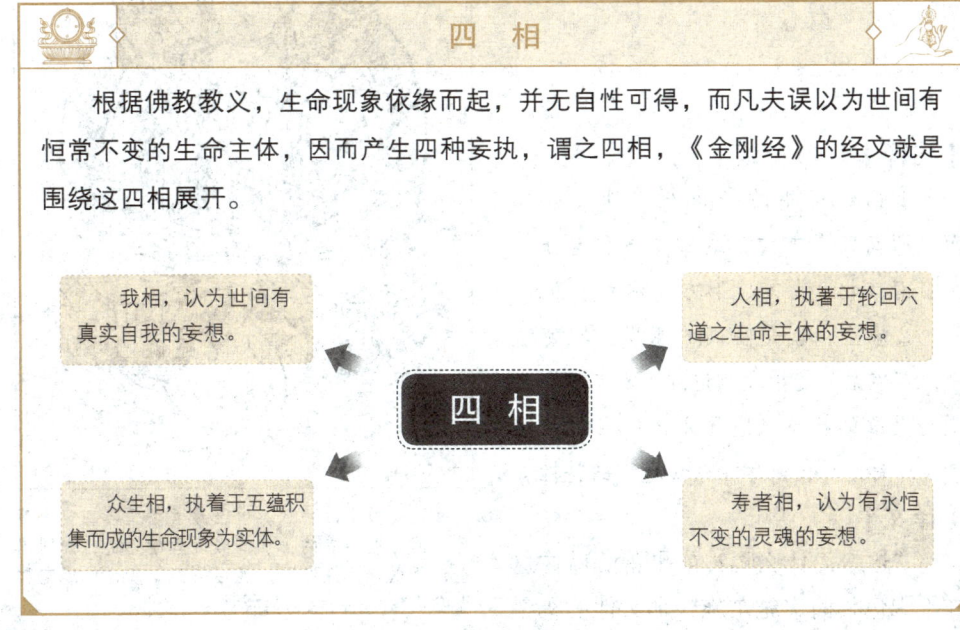

四相

根据佛教教义，生命现象依缘而起，并无自性可得，而凡夫误以为世间有恒常不变的生命主体，因而产生四种妄执，谓之四相，《金刚经》的经文就是围绕这四相展开。

- 我相，认为世间有真实自我的妄想。
- 人相，执著于轮回六道之生命主体的妄想。
- 众生相，执着于五蕴积集而成的生命现象为实体。
- 寿者相，认为有永恒不变的灵魂的妄想。

"复次,须菩提,菩萨于法应无所住,行于布施。所谓不住色布施,不住声、香、味、触、法布施。须菩提,菩萨应如是布施,不住于相。"

【译文】

"其次,须菩提,菩萨对于佛法应该是没有执著的,更要以不执著和平等的态度来对所有事物进行布施,而不应以色相、声音、气味、味道、触觉、意识的不同而实行不同的布施。须菩提,菩萨就应当如此,不宜执著于事物的相状表象而进行布施。"

"何以故?若菩萨不住相布施,其福量不可思量。

"须菩提,于意云何?东方虚空可思量不?"

"不也,世尊!"

"须菩提,南西北方,四维①上下,虚空②可思量不?"

"不也,世尊!"

【注释】

①四维:指的是东北、西北、东南、西南四个方位,这四个方位与东、西、南、北、上方、下方合称为十方。

②虚空:就是空间的意思。在佛教中,"虚空"是指没有边际、没有穷尽且不会更改的状态,它显示出一种虚无缥缈、没有挂碍、充斥在一切地方的特性。

【译文】

"这是为什么呢?如果菩萨就像这样不因色相而实施布施,那么他的福量

就是没有限量的。

"须菩提,你意下如何呢?整个东方的虚空可以丈量吗?"

"世尊,我认为不可以!"

"须菩提,那么南方、西方、北方以及东北方、西北方、东南方、西南方、上方和下方的虚空是可以丈量的吗?"

"那也是不可以的,世尊!"

"须菩提,菩萨无住相布施,福德亦复如是不可思量。

"须菩提,菩萨但应如所教住。

"须菩提,于意云何?可以以身相见如来不?"

这是虚空藏菩萨。虚空藏菩萨又名虚空孕菩萨,因为他具有的福智二藏,无量无边,如同虚空,所以称为虚空藏。《金刚经》所说的虚空和虚空藏菩萨都有共同的特性。

【译文】

"须菩提,菩萨如果能不执著于事物的表面色相而进行布施,才能得到像南方、西方、北方、东北方、西北方、东南方、西南方、上方和下方的虚空一样不可思量的福德!

"须菩提,菩萨应该按照我所说的,不执著于色相也无所分别地进行布施!

"须菩提,你觉得怎么样呢?可以依照如来的相状来认识如来的真实体性吗?"

奉持功德

"不也,世尊!不可以身相得见如来。何以故?如来所说身相,即非身相。"

佛告须菩提:"凡所有相,皆是虚妄。若见诸相非相,则见如来。"

须菩提白佛言:"世尊,颇有众生得闻如是言说章句,生实信不?"

【译文】

"不可以,世尊!不可以依照如来的相状来认知如来的真实体性。这是为什么呢?因为我们所说的如来的身体相状并不是实际上的身体相状。"

佛祖于是对须菩提说:"世界所有的相状,都是虚妄不真实的,如果能认识到世间相状皆不是其真实的相状,那么也就能够了解到如来的真实相状了。"

须菩提又问佛祖:"世尊,如果有众生听说了今天我们所说的这些话语章句,能够产生坚定不移的敬仰之心吗?"

佛告须菩提:"莫作是说。如来灭后,后五百岁①,有持戒修福者,于此章句能生信心,以此为实。当知是人,不于一佛、二佛、三四五佛而种善根,已于无量千万佛所②种诸善根。闻是章句,乃至一念生净信者③。须菩提,如来悉知悉见,是诸众生得无量福德。"

【注释】

①后五百岁:这是大致的时间,表示佛法进入衰微的第一个五百年。

②佛所:就是佛居住的国土和感召的世界,又称佛国、佛刹等。

③一念生净信:"一念"就是一念之间,形容时间非常的短暂;"生净心"就是产生清净的信佛之心。综合而言是在极短的时间内就可以产生出清净的信心。

· 名词解释 ·

诸相非相:所谓"非相"就是没有相状的意思,正因为世间事物都是没有相状,所以也就不会因相而产生区别的对待。佛陀认为如果做到了这一点,就是理解如来的佛法了。

【译文】

佛祖对须菩提说："你不要这么说。如来圆寂之后进入佛道衰微的第一个五百年,就会有修持戒律、修集福德的人,他们会从今日我们这些言语章句中产生坚定不移的敬仰之心,并且坚信佛道为真实的教法。要知道,这些人不单单在一佛、二佛、三四五佛处种下了行善之根,还在不可计量的千万佛国种下所有的善根。只要听到我们所讲述的这些章句,就会在极短暂的时间内产生清净的信心。须菩提,如来完全可以预知并且坚信,这些众生会在将来得到不可思量的福德。"

众生的福德

"何以故?是诸众生无复我相、人相、众生相、寿者相,无法相,亦无非法相①。何以故?是诸众生若心取相,即为著我、人、众生、寿者;若取法相,即著我、人、众生、寿者。"

【注释】

①非法相:没有法相,也就是否定了法相的存在。

【译文】

"这是为什么呢?是因为这些众生心中已不会再执著于自我的相状、他人的相状、众生的相状或者长寿的相状,也不再执著于事物表面的相状,甚至不再执著事物没有真实相状的诸多见解了。

"这是为什么呢?因为如果这些众生心里还执著于事物表面的相状,那么他们一定会对自我的相状、他人的相状、众生的相状或者长寿的相状更为执著。"

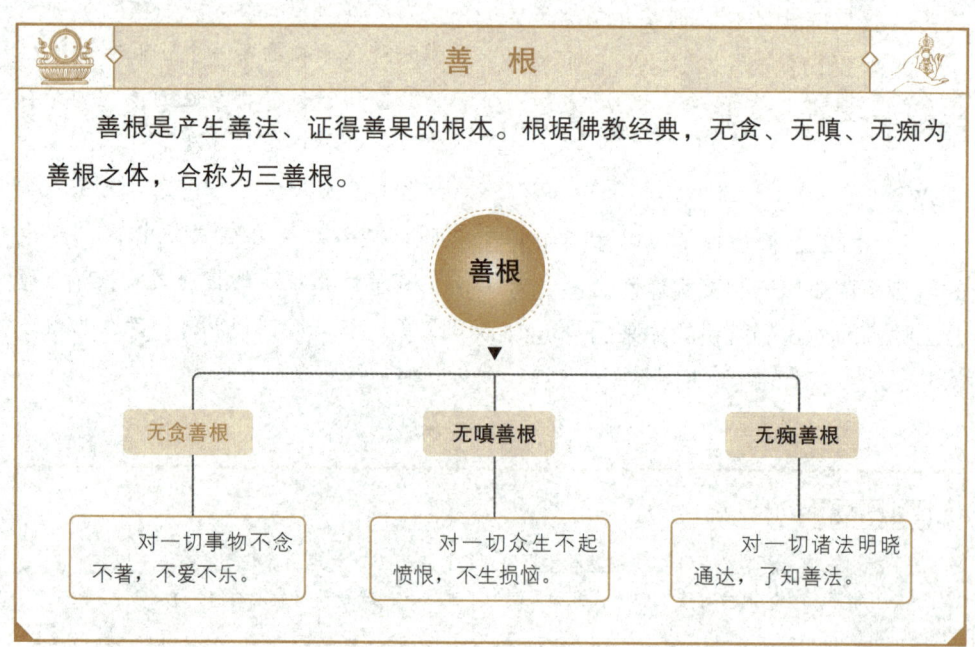

善 根

善根是产生善法、证得善果的根本。根据佛教经典,无贪、无嗔、无痴为善根之体,合称为三善根。

善根

无贪善根	无嗔善根	无痴善根
对一切事物不念不著,不爱不乐。	对一切众生不起愤恨,不生损恼。	对一切诸法明晓通达,了知善法。

"何以故？若取非法相，即取我、人、众生、寿者。是故，不应取法，不应取非法。"

【译文】

"这是为什么呢？因为这些众生如果还执著于事物的相状，那么就等于还执著于自我的相状、他人的相状、众生的相状或者长寿的相状。因此，如果众生能认识到事物本身并没有真正的相状，那么就不会执著于事物的表面相状。"

佛法皆空

"以是义故，如来常说：汝等比丘知我说法，如筏喻者。法尚应舍，何况非法？

"须菩提，于意云何？如来得阿耨多罗三藐三菩提耶？如来有所说法耶？"

【译文】

"正是因为这样，如来才常常告诫比丘说：诸位比丘，你们应该了解我所宣讲的一切佛法，就像是用船筏过河一样，过了河就要把船筏遗弃。佛法也是一样，它只是度化众生的手段和方法，并不是目的本身。如来所讲的佛法尚且如此，更何况是那些不是佛法的事物呢？

"须菩提，你觉得怎么样呢？如来真的得到无上正等正觉了吗？如来是不是真正宣讲过佛法呢？"

须菩提言："如我解佛所说义，无有定法名阿耨多罗三藐三菩提，亦无有定法如来可说。何以故？如来所说法皆不可取、不可说，非法非非法。所以者何？一切圣贤①皆以无为法②而有差别。"

【注释】

①圣贤：也就是佛教之中的贤者和圣者，狭义指的是佛与菩萨，广义上包括大力菩萨和声闻缘觉二乘，还有佛本身。

②无为法：与有为法相对而言，不是由因缘引起的，也没有生死变易的存在。

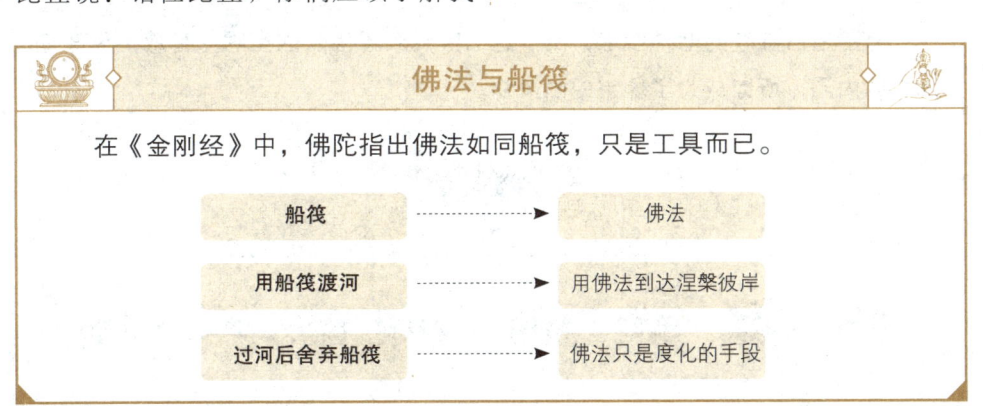

佛法与船筏

在《金刚经》中，佛陀指出佛法如同船筏，只是工具而已。

船筏	佛法
用船筏渡河	用佛法到达涅槃彼岸
过河后舍弃船筏	佛法只是度化的手段

【译文】

须菩提回答道:"根据我对佛陀所讲佛法的认识,实际上是没有一种叫阿耨多罗三藐三菩提的东西,也没有佛祖所讲授的固定佛法。这是什么缘故呢?因为如来所讲授的佛法从根本上来说是不可执著的,同时也是不能用话语和章句能够表达出来的,它既不是法,又不能说它不是法,这是为什么呢?这是因为所有的圣贤都是因无为法而证得正果,只有明了无为法的实质是无生无灭、清净平等之后,才从随俗的角度看出差别来。如果从根本上看佛法的本质,是没有所谓的差别的。"

"须菩提,于意云何?若人满三千大千世界七宝以用布施,是人所得福德宁为多不?"

须菩提言:"甚多!世尊!何以故?是福德①,即非复福德性。是故,如来说福德多。"

"若复有人于此经中受持,乃至四句偈②等,为他人说,其福胜彼。"

【注释】

①福德:指的是修行中行善而所得的利益福泽,一般用来指所造善行。

②偈:又译作"颂"、"歌谣",是梵文佛经中的韵文,可分为通偈和别偈两种。

【译文】

"须菩提,依你看来,如果有人用可以装满三千大千世界的七宝来进行布施,这个人所得的福德是不是很多呢?"

须菩提答道:"世尊,很多呢!为什么这么说呢?因为这种福德本身并无自性,所以如来从世俗的角度来说福德很多。"

"但是如果有人能信奉并受持此经,即使是给别人讲解一句四句偈,那么他所得的福德也要比施舍七宝的人多得多。"

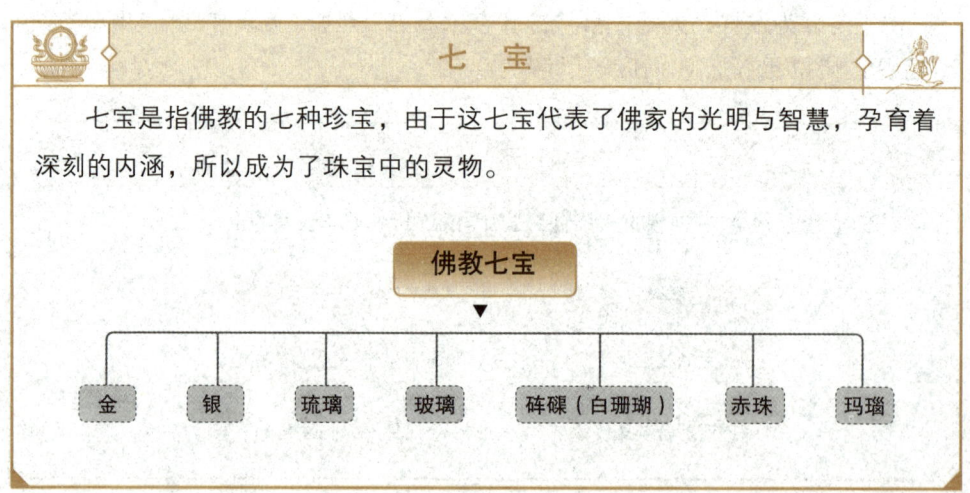

七 宝

七宝是指佛教的七种珍宝,由于这七宝代表了佛家的光明与智慧,孕育着深刻的内涵,所以成为了珠宝中的灵物。

佛教七宝
▼
金 | 银 | 琉璃 | 玻璃 | 砗磲(白珊瑚) | 赤珠 | 玛瑙

小乘修行的四个阶段

"何以故？须菩提，一切诸佛及诸佛阿耨多罗三藐三菩提法，皆从此经出。须菩提，所谓佛法者，即非佛法。

"须菩提，于意云何？须陀洹能作是念'我得须陀洹果'不？"

【译文】

"为什么这么说呢？须菩提，十方三世的一切诸佛和他们具有的叫做阿耨多罗三藐三菩提的无上正等正觉，都是来自于这部经书啊！须菩提，你还应该知道，所谓的佛法，也不过是手段，不能执著于佛法，所以说佛法也就不是佛法！

"须菩提，在你看来，修行得到须陀洹的人会不会有'我证得须陀洹'的想法呢？"

须菩提言："不也，世尊。何以故？须陀洹名为入流，而无所入。不入色、声、香、味、触、法，是名须陀洹。"

"须菩提，于意云何？斯陀含能作是念'我得斯陀含果'不？"

【译文】

须菩提说："不会有这样的想法，世尊，为什么这么说呢？须陀洹的意思是'入流'，也就是刚刚进入圣者之流的意思，但是，实际上他根本是无流可入，他不入色、声、香、味、触、法等外尘境界，这样才是真正的须陀洹。"

"须菩提，在你看来，达到斯陀含果位的修行者会不会有'我证得斯陀含果位'的想法呢？"

须菩提言："不也！世尊。何以故？斯陀含名一往来，而实无往来，是名斯陀含。"

"须菩提，于意云何？阿那含能作是念'我得阿那含果'不？"

【译文】

须菩提说："不会有这样的想法，世尊，为什么这么说呢？斯陀含的意思是一往来，也就是得到斯陀含果位的人还要再升天一次、生人间一次，但是实际上他心中无所执著，是根本没有什么往来之相，这样才是真正的斯陀含。"

"须菩提，在你看来，达到阿那含果位的修行者会不会有'我证得阿那含果位'的想法呢？"

须菩提言："不也！世尊。何以故？阿那含名为不来，而实无不

· 名词解释 ·

一切诸佛： 佛教认为，在东方、南方、西方、北方、东北方、西北方、东南方、西南方、上方和下方的空间之内，还有前世、今生、来世之中有很多的、不可以计量的佛。

来，是故名阿那含。"

"须菩提，于意云何？阿罗汉能作是念'我得阿罗汉道'不？"

【译文】

须菩提说："不会有这样的想法，世尊，为什么这么说呢？阿那含的意思是不来，也就是说得到此果位的修行者已经断绝了欲望，不会再生于世间，但是实际上他的心中根本没有不来之相，这样才是真正的阿那含！"

"须菩提，在你看来，达到阿罗汉果位的修行者会不会有'我证得阿罗汉果位'的想法呢？"

须菩提言："不也！世尊。何以故？实无有法名阿罗汉。世尊，若阿罗汉作是念'我得阿罗汉道'，即为著我、人、众生、寿者。世尊，佛说我得无诤三昧，人中最为第一，是第一离欲阿罗汉。"

【译文】

须菩提说："不会有这样的想法，世尊，为什么这么说呢？因为实际上根本没有'阿罗汉'这种东西，如果阿罗汉有'我证得阿罗汉果位'的想法，那就等于他还在执著于自我的相状、他人的相状、众生的相状或者长寿的相状。

小乘佛教的四果位

小乘佛教认为，人修行达到一定的程度就会有所得，这种所得就是"果位"。根据小乘佛教的教义，修行主要有四个果位。

须陀洹：初果，意译为"入流"，凡夫初入"圣道"，断尽三界见惑。

斯陀含：二果，意译为"一往来"，证得此果位者明悟四谛之道，在脱离烦恼之后再升天一次，生人间一次，这样一往来才可以真正得到此佛果。

阿那含：三果，意译为"不还"、"不来"，就是说证得此果位者不会再重生世间。

阿罗汉：四果，意译为"杀贼"、"应供"、"不生"，也就是"杀尽烦恼之贼，令烦恼不生，以至达到涅槃的境界"之意，是小乘佛教中最高的果位。

世尊,您说我已经证得了无诤三昧,是您的第一弟子,也是彻底断绝欲念的阿罗汉。"

"世尊,我不作是念'我是离欲阿罗汉',世尊,我若作是念'我得阿罗汉道',世尊则不说须菩提是乐阿兰那行者①。以须菩提实无所行,而名须菩提,是乐阿兰那行。"

【注释】

①阿兰那行者:"阿兰那",是梵文的音译词,又译作"阿兰若"、"阿兰若迦"等,中文意思为"树林",指的是清净处、远离喧嚣处、无诤处,泛指适合佛教徒修行居住的地方。"阿兰那行者"的意思就是修清净行者、修无诤行者。

【译文】

"世尊,我心中从来没有'我是彻底断绝欲望的阿罗汉'的想法。世尊,如果我心中有'我是彻底断绝欲望的阿罗汉'这样的想法,那就等于我的心中升起了妄念,那您也就不会说我是修清净行者了。正是因为我的心中断绝了执念,所以您才称须菩提是修清净行者啊!"

菩萨的清净之心

佛告须菩提:"于意云何?如来昔在然灯佛①所,于法有所得不?"

"不也!世尊。如来在然灯佛所,于法实无所得。"

"须菩提。于意云何?如来庄严佛土②不?"

【注释】

①然灯佛:又译作"锭光佛",因为他出生的时候身边光明无限,就像明灯一样,所以称之为燃灯佛。

②庄严佛土:"庄严"就是"使……庄严"的意思,有装点、美化

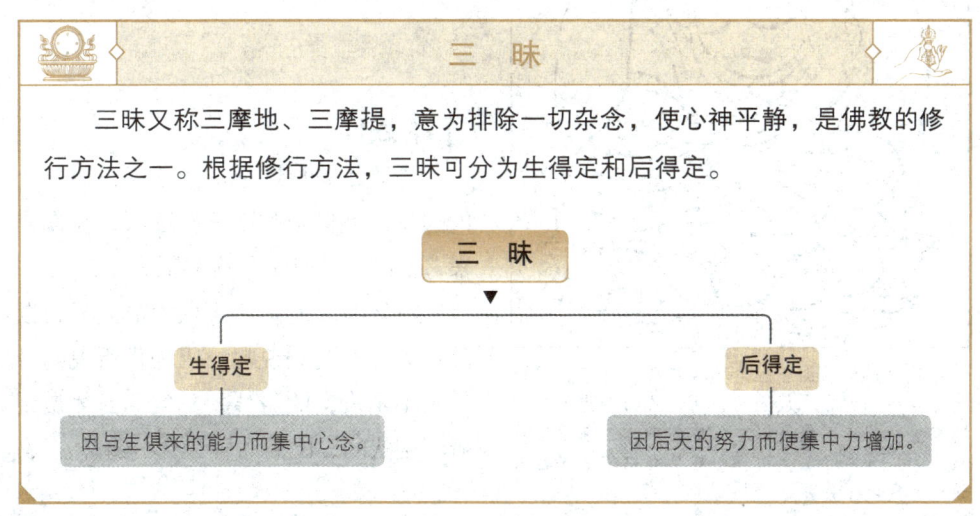

三 昧

三昧又称三摩地、三摩提,意为排除一切杂念,使心神平静,是佛教的修行方法之一。根据修行方法,三昧可分为生得定和后得定。

```
        三 昧
         ▼
   ┌─────┴─────┐
 生得定           后得定
因与生俱来的    因后天的努力而使
能力而集中心念。  集中力增加。
```

之意；"佛土"，就是佛所居住和教化的地方。"庄严佛土"即为装点美化，使佛土庄严的意思。

【译文】

佛对须菩提说："在你看来，如来原先在燃灯佛处修行时，有没有得到什么佛法？"

"没有，世尊！您在燃灯佛处修行时实质上并没有得到什么佛法。"

"须菩提，在你看来，如来真的是广修福德来使佛土更加庄严吗？"

"不也！世尊。何以故？庄严佛土者，即非庄严，是名庄严。"

这是燃灯佛图。燃灯佛又名锭光如来，据说他出生时，四方大放光明，所以称为普光如来。在佛教经典中，经常以燃灯佛为中心，前后出现诸佛。《金刚经》上用佛陀在燃灯佛前的修行来论证并没什么佛法。

"是故，须菩提，诸菩萨摩诃萨应如是生清净心——不应住色生心，不应住声、香、味、触、法生心，应无所住而生其心。"

【译文】

"我认为不能啊，世尊！为什么这么说呢？您所说的广修福德使佛土庄严，实际上就是在执著于一个境界相，只有不执著于庄严佛土，才是真正地在庄严佛土啊！"

"须菩提，由此看来，这些大菩萨应该都能够像这样生起清净之心——不应执著于事物的表面相状，不应该因声、色、香、味、触、法六尘而生起心念，应该生起对一切的有为之相皆不执著的清净之心。"

修持本经的功德

"须菩提，譬如有人，身如须弥山王，于意云何？是身为大不？"

须菩提言："甚大，世尊！何以故？佛说非身？是名大身。"

【译文】

"须菩提啊！举个例子来说，有个人的身体就像须弥山一样巨大，在你看来，他的身子是不是真的很大呢？"

须菩提答道："我认为很大了，世尊！为什么这么说呢？因为佛所说的身体并不是真实的身体，真实的身体是无所谓相状的，因此才称为大的身体。"

"须菩提，如恒河中所有沙数，如是沙等恒河。于意云何？是诸恒河沙宁为多不？"

须菩提言："甚多，世尊。但诸恒河沙尚多无数，何况其沙！"

【译文】

"须菩提，再比如说有像现在恒河中的沙粒数量的新恒河，那么在你看来，这些恒河中所有沙粒的数量是不是很多呢？"

须菩提回答道："我认为已经很多了，世尊！单是一条恒河中的沙粒数目就已经多得数不清了，更何况是像恒河中的沙粒数量的新恒河呢？"

"须菩提，我今实告汝，若有善男子善女人，以七宝满尔所恒河沙数三千大千世界，用以布施，得福多不？"

须菩提言："甚多，世尊！"

【译文】

"须菩提，现在我实实在在地问你一句，如果有善男子和善女人，用能装满你居住的像恒河沙数目一样的三千大千世界的七宝来进行布施，那么他们所得到的福德是不是很多呢？"

须菩提答说道："我认为已经很多了，世尊！"

佛告须菩提："若善男子、善女人于此经中，乃至受持四句偈等，为他人说，而此福德胜前福德。"

【译文】

佛于是又告诉须菩提："如果有善男子和善女人能够领受信奉此经，即使是向别人讲解其中的一句四句偈，那么他由此可以得到的福德比能以七宝布施的福德还要多呢！"

"复次，须菩提，随说是经，乃至四句偈等，当知此处，一切世间①天、人、阿修罗②皆应供养③，如佛塔庙。何况有人尽能受持、读诵。须菩提，当知是人，成就最上第一希有之法。若是经典所在之处，即为有佛，若尊重弟子。"

【注释】

①一切世间："世"是"迁流、破坏"的意思；"间"是"中间、间隔"的意思。"一切世间"泛指世俗世界及

· 名词解释 ·

四句偈：指由四句所成之偈颂。在佛教经典中，无论字数多寡，凡由四句组成的颂言都可称为四句偈。一般而言，四句偈往往能涵盖佛法的要义，以四句偈教人，或持受四句偈，都有很大的功德。

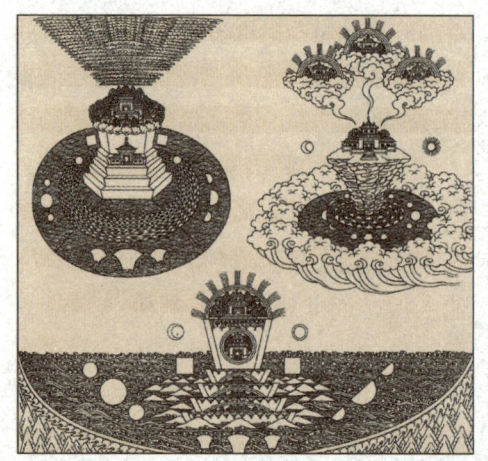

这是须弥山图。须弥山又名妙高山,原是印度神话中的山名,后来佛教宇宙观中把此山当做宇宙的中央,相传此山周围环绕着七山七海,东胜神洲、西牛贺洲、北俱芦洲、南瞻部洲分布在周围。在《金刚经》中,佛陀用须弥山来比喻人的身材高大。

生活在其中的有情众生。

②天、人、阿修罗:是六道众生较有福报的三者,合称为"三善道"。

③供养:又称"施舍"或者"布施",指众生以香、花、灯盏、衣食等物品供给菩萨或者僧尼等。

【译文】

"此外,须菩提,如果众生之中有人能够观机随缘地讲解经书,哪怕只是讲解经书中一个简单的四句偈,那么他讲解此经的地方,所有的善道众生,包括天、人、阿修罗都应该恭敬地奉养他,就像是在奉养佛塔庙宇一样。更何况是能够完全领受、信奉、读诵这部经书的人呢?须菩提,你应该知道像这样的人已经成就了至高无上的、稀世难有的佛法,只要是这部经书所在的地方,就有佛的存在,也就有尊重佛的弟子的存在。"

尔时,须菩提白佛言:"世尊!当何名此经?我等云何奉持①?"

佛告须菩提:"是经名为《金刚般若波罗蜜》,以是名字,汝当奉持。所以者何?须菩提,佛说般若波罗蜜,则非般若波罗蜜,是名般若波罗蜜。"

【注释】

①奉持:信奉持受。

【译文】

这时候须菩提对佛祖说:"世尊!我们该给这部经书起什么名字吗?我们应该如何信奉持受这本经书呢?"

佛对须菩提说:"我们给这部经书取名叫做《金刚般若波罗蜜》,这是经书的名字,你们就应该信守奉行这部经书。这是为什么呢?须菩提,因为佛陀所说的般若波罗蜜,并不是真正的般若波罗蜜,所以称之为般若波罗蜜。"

"须菩提,于意云何?如来有所说法不?"

须菩提白佛言:"世尊,如来无所说。"

"须菩提,于意云何?三千大千世界所有微尘是为多不?"

须菩提言:"甚多,世尊!"

【注释】

①微尘:极其微小的尘埃。

【译文】

"须菩提,你觉得怎么样呢?如来讲说了什么佛法了吗?"

须菩提答道:"世尊!如来并没有讲说什么佛法。"

"须菩提,在你看来,三千大千世界里的微尘称不称得上多呢?"

须菩提答道:"那就非常多了,世尊!"

三十二相

"须菩提,诸微尘,如来说非微尘;如来说世界非世界,是名世界。须菩提,于意云何?可以三十二相见如来不?"

"不也!世尊。不可以三十二相得见如来。何以故?如来说三十二相,即是非相,是名三十二相。"

这是阿修罗图。阿修罗又名阿须罗,又译为非天,是六道之一,也是八部众之一。在古印度,阿修罗原是印度古老的恶神,常与帝释天率领的天众争斗,后被佛教收服为护法神,拥护正法。《金刚经》中阿修罗随侍在佛陀身边,聆听佛陀的说法。

【译文】

"须菩提,所有的这些微尘,在如来看来,并不是微尘,因为它们没有自性,所以才称之为微尘;所有世界上也并不是真正的世界,所以才称之为世界。须菩提,在你看来,可不可以依照三十二相来认识如来的真实相状呢?"

"不可以,世尊!不可以凭借三十二相来认识如来的真实相状。为什么这么说呢?因为如来所说的三十二相并不是如来的真实相状,所以才称之为三十二相。"

"须菩提,若有善男子、善女人,以恒河沙等身命布施;若复有人于此经中,乃至受持四句偈等,为他人说,其福甚多。"

【译文】

"须菩提,如果有善男子、善女人用像恒河沙的数量一样多的生命和身体来做布施;还有人能够领受信奉此经,即使是为他人解说经书中短短的一个四句偈等,相比而言,后者的福报比前者的福报要多得多。"

本经的殊胜

尔时,须菩提闻说是经,深解义趣①,涕泪悲泣而白佛言:"希有世尊!佛说如是甚深经典。我从昔来,所得慧眼②,未曾得闻如是之经。

【注释】

①义趣：义理，包含的思想。

②慧眼：智慧之眼，指的是得道以后所觉悟的诸法平等、性空之智慧，此智慧能度化众生。

【译文】

这时候，须菩提听了这部《金刚般若波罗蜜多经》，明白了其中的义理，忍不住激动得泪流满面。他对佛说："稀世罕有的世尊啊，你讲解的经典是多么的深刻透彻啊！自我得到慧眼以来，从没听到过如此深刻透彻的经义啊！"

"世尊，若复有人得闻是经，信心清净，即生实相①，当知是人，成就第一希有功德。世尊，是实相者，即是非相，是故如来说名实相。

【注释】

①实相：又译作"无相"、"真相"等，意为真虚不虚的体相。

【译文】

"世尊啊！如果有人听到这样的经义，并生出清净之心，那么他就会对世界万事万物的真相有所了解，像这样的人就已经成就了至高无上、世间罕有的功德了。世尊啊，一切佛法的实相，其实并不是真实的佛法的实相，所以才称之为实相。"

"世尊，我今得闻如是经典。信解①受持，不足为难。若当来世后五百岁，其有众生得是经，信解受持，是人即为第一希有。何以故？"

【注释】

①信解：信奉并理解。

【译文】

"世尊，我现在听您讲解经义，是可以完全信奉、理解、接受并且奉持的，这一点也不困难。但是如果等五百年之后，佛法进入末世，众生中还有人够完全信奉、理解、接受并且奉持这部经典的，那么这个人就可以称为是稀世难求的第一等人了，为什么这么说呢？"

"此人无我相、无人相、无众生相、无寿者相。所以者何？我相即是非相；人相、众生相、寿者相，即是非相。何以故？离一切诸相，即名诸佛。"

【译文】

"这是因为这个人的心中已经完全领悟了般若的智慧，没有了对于自我的相状、他人的相状、众生的相状或者长寿的相状的执著。这是什么原因呢？因为他已经明了自我的相状、他人的相状、众生的相状或者长寿的相状都不是真正的实相。这是为什么呢？正是因为这个人已经明晓了诸相非相的道理，也就可以称之为佛了。"

佛告须菩提："如是，如是。若复有人得闻是经，不惊、不怖、

三十二相

根据佛教经典，佛陀相貌不同反响，共有三十二个显著的特征，故称三十二相，但这三十二相并非佛陀专有，菩萨、转轮圣王也具足三十二相。

三十二相

- 顶髻相，即顶上有肉，隆起如髻形之相，象征教人受持十善法。
- 白毛相，即两眉之间有白毛，见众生修三学而称扬赞叹。
- 真青眼相，即佛眼绀青如青莲花，以慈心慈眼及欢喜心施与乞者。
- 牛眼睫相，指睫毛整齐而不杂乱，如父母观一切众生。
- 狮颊相，即两颊隆满如狮子颊，见此相者得灭百劫生死之罪。
- 四十齿相，即具有四十齿，整齐平满如白雪，象征制止众生恶口业。
- 齿齐相，即牙齿齿间密接而不容一毫，象征清净和顺之德。
- 齿白如雪相，即齿色鲜白光洁，锐利如锋，象征摧破一切众生强盛坚固之三毒。
- 大舌相，即舌头广长薄软，伸展可复至发际，象征可灭百亿八万四千劫生死罪。
- 常得上味相，指佛口常得诸味中最上味，象征佛之妙法能满足众生之愿。
- 梵声相，即佛清净之梵音，洪声圆满，如天鼓响。
- 身广长相，指佛身长与双手的广度相等，象征法王尊贵自在之德。
- 两腋下隆满相，即佛两腋下之骨肉圆满不虚，象征给予众生医药、饭食。
- 上身如狮子相，指佛上半身广大，行走坐卧威容端严，象征威容高贵之德。
- 大直身相，即身体广大，无比端直，能使见闻之众生得正念。
- 两肩平整相，即两肩圆满丰腴，象征灭惑除业等无量功德。
- 手指长相，即两手、两足皆纤长端直，象征寿命长远、令众生爱乐之德。
- 垂手过膝相，即立正站立时手可过膝，象征降伏一切恶魔之德。
- 膊如鹿王相，指股骨如鹿王之纤圆，象征罪障消灭之德。
- 阴藏相，即男根密隐于体内如马阴之相，象征寿命长远，得多弟子之德。
- 足下平满相，即脚底平直柔软，能与地面平稳接触。
- 足下二轮相，即足心现千辐宝轮之肉纹相，象征照破愚痴与无明之德。
- 足跟广平相，指足圆满广平，象征化益未来一切众生之德。
- 手足指缦网相，即手足指间皆有缦网交互连接，象征离烦恼恶业之德。
- 手足柔软相，即手足极柔软，象征以慈悲柔软之手摄取亲疏之德。
- 足趺高满相，即足背隆起圆满，象征利益众生之内德。
- 毛上向相，即一切毛发皆向上右旋，能令瞻仰之众生心生欢喜。
- 一孔一毛不相杂乱相，即每一毛孔各生一毛，为青琉璃色，毛孔皆出微妙香气。
- 金色相，即佛身及手足都为金色，令瞻仰之众生厌舍爱乐。
- 大光相，指佛身光明，四面各有一丈光辉，象征满足一切志愿。
- 细薄皮相，即皮肤细薄润泽，一切尘垢不染，象征平等无垢之德。
- 七处隆满相，即两手、两足下、两肩、颈项等七处之内皆隆满柔软，象征一切众生得以灭罪生善之德。

不畏，当知是人甚为希有。何以故？须菩提，如来说第一波罗蜜，即非第一波罗蜜，是名第一波罗蜜。"

【译文】

佛祖对须菩提说："的确如此，的确如此。如果有人听到此经，能够做到不惊恐、不害怕、不畏惧，那么就可以推断出这人是稀世罕见的了。这是为什么呢？须菩提，如来所宣讲的第一波罗蜜，并不是实质上的第一波罗蜜，所以才称之为第一波罗蜜。"

远离法相执著

"须菩提，忍辱波罗蜜，如来说非忍辱波罗蜜，是名忍辱波罗蜜。何以故？如我昔为歌利王截割身体，我于尔时，无我相、无人相、无众生相、无寿者相。何以故？我于往昔节节支解时，若有我相、人相、众生相、寿者相，应生嗔恨。"

【译文】

"须菩提，佛陀所说的忍辱波罗蜜并不是实质上的忍辱波罗蜜，所以才称之为忍辱波罗蜜。为什么这么说呢？须菩提，就像我未成佛时被歌利王截割身体，当时我并未执著于自我的相状、他人的相状、众生的相状或者长寿的相状。如果我执著于这些相状，那么我就会生出嗔恨，进而造出恶果。"

"须菩提，又念过去作忍辱仙人，于尔所世无我相、无人相、无众生相、无寿者相。是故，须菩提，菩萨应离一切相发阿耨多罗三藐三菩提心。"

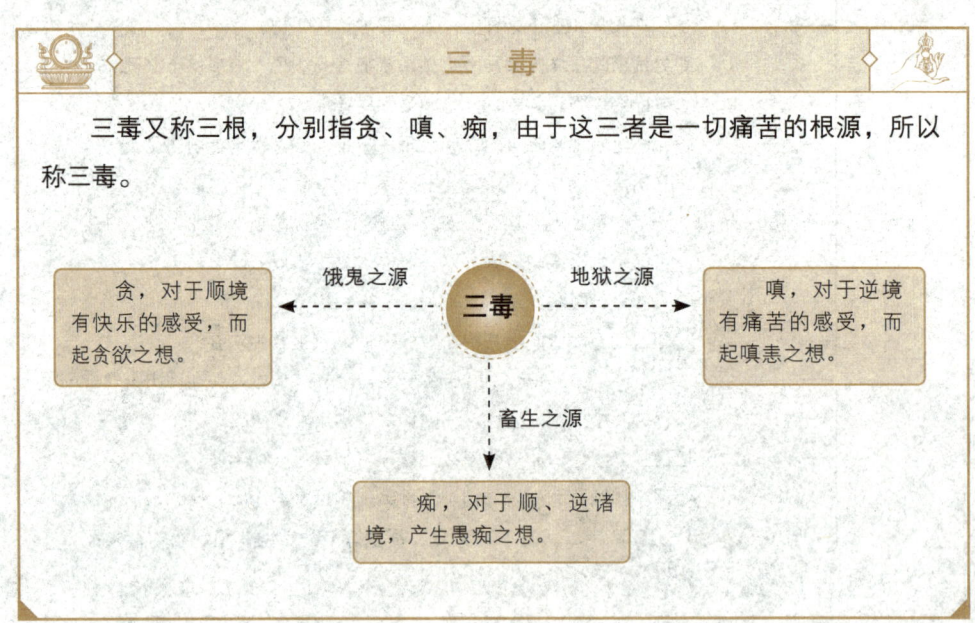

三毒

三毒又称三根，分别指贪、嗔、痴，由于这三者是一切痛苦的根源，所以称三毒。

贪，对于顺境有快乐的感受，而起贪欲之想。 ←饿鬼之源— 三毒 —地狱之源→ 嗔，对于逆境有痛苦的感受，而起嗔恚之想。

↓畜生之源

痴，对于顺、逆诸境，产生愚痴之想。

【译文】

"须菩提,再回顾五百年前,当我是忍辱仙人之时,我也并未执著于自我的相状、他人的相状、众生的相状或者长寿的相状,否则我也是会生出嗔恨的。因为这个缘故,须菩提,菩萨是应该远离对一切法相的执著,进而生发出无上正等正觉的智慧之心。"

"不应住色生心,不应住声、香、味、触、法生心,立生无所住心。"

【译文】

"这也就是说,不应该执著于事物的表面相状,也不应该执著于事物的声音、气味、味道、触感、念头等外在的性征,应当生起对一切相状无所执著的清净之心。"

"若心有住,即为非住,是故,佛说菩萨心不应住色布施。须菩提,菩萨为利益一切众生故,应如是布施。如来说'一切诸相,即是非相';又说'一切众生,即非众生'。"

【译文】

"如果心中有所执著,那么也就是被外相束缚的执著心了,所以,佛说菩萨不应执著于事物的表面相状来布施。须菩提!菩萨为了让一切众生得到大利益,布施的时候应当是这样的。而如来所说的一切诸法相状也都不是诸法的真

六波罗蜜

六波罗蜜是菩萨修行的六种法门,又称六度。这六种修行很难达到,一旦圆满就能成佛。

檀波罗蜜	毗梨耶波罗蜜
即布施,分为财施、无畏施、法施。	即精进,分为披甲精进、摄善法精进、饶益有情精进。

尸罗波罗蜜	禅波罗蜜
即持戒,分为律仪戒、摄善法戒、饶益有情戒。	即禅定,分为安住静虑、引发静虑、办事静虑。

羼提波罗蜜	般若波罗蜜
即忍辱,分为生忍、法忍、无生法忍。	即智慧,分为世间智慧、出世间智慧。

第四章 空的智慧——《金刚经》

实相状；如来所说的一切众生也都不是众生的真实相状。"

"须菩提，如来是真语者、实语者、如语者、不诳语者、不异语者。须菩提，如来所得法，此法无实无虚。须菩提，若菩萨心住于法而行布施，如人入暗，即无所见；若菩萨心不住法而行布施，如人有目，日光明照，见种种色。"

【译文】

"须菩提，如来所讲解的义理都是真实不虚的、实在不浮夸的、如实合理的、不欺诳人的，前后相符的。须菩提，如来所讲解的佛法，是无法说明是实有还是虚无的。须菩提，如果菩萨心中执著于事物的表面相状而进行布施，那么就像是人走在黑暗之中，什么都不能看见；如果菩萨心中并不执著于事物的表面相状而进行布施，那么就像是人走在光天化日之下，目光明亮，形形色色都能清清楚楚地看到。"

❁ 本经的功德

"须菩提，当来之世，若有善男子、善女人能于此经受持读诵，即为如来以佛智慧，悉知是人、悉见是人，皆得成就无边功德。"

【译文】

"须菩提，将来进入末法时代后，如果众生之中有善男子和善女人能够接受、奉持、读诵此经，那么如来就能以智慧和法力来知晓这些人的存在，这些人更会成就不可计量的功德。"

"须菩提。若有善男子、善女人，初日分以恒河沙等身布施，中日分复以恒河沙等身布施，后日分以恒河沙等身布施，如是无量百千万亿劫以身布施。"

【译文】

"须菩提，如果有善男子和善女人每天早上、中午、晚上都用恒河沙那么多的身体来进行布施，甚至能持续千万亿个大劫之久的时间，那么他们就应该得到无量的福报。"

"若复有人，闻此经典，信心不逆，其福胜彼，何况书写、受持、读诵、为人解说。须菩提，以要言之，是经有不可思议、不可称量无边功德。"

• 名词解释 •

当来之世：也就是未来的世界。佛经中预言，佛入灭后的头一千年，为正法时代；次一千年，为像法时代；之后一万年，为末法时代。再之后，佛法消亡，直到56亿年后弥勒佛降世，再次传法，普度众生。

【译文】

"如果还有人，在听到这部经典以后，深信不疑，并且能够信守而不起违逆之心，那么他应该得到比以恒河沙等身布施的众生更多的福报。更何况是那些能够书写、接受、奉持、读诵且为他人解说的人呢？他的福报更是无量无边。须菩提，总而言之，此经有着不可思议、不可衡量的功德。"

"须菩提，如来为发大乘者说，为发最上乘者说。若有人能受持、读诵、广为人说，如来悉为是人，悉见是人皆得成就不可量、不可称、无有边、不可思议功德。如是人等，即为荷担如来阿耨多罗三藐三菩提。"

【译文】

"须菩提，如来本来是为启发那些立志修行大乘者解说此经的，是为那些立志修行最上乘之佛法的人解说此经的。如果有人能够领受、奉持、读诵且能广泛地为人解说此经，那么如来就可以知道并洞悉此人将来的不可计量、不可估计、没有边际、不可思议的功德。像这样的人，正是可以承担无上正等正觉智慧的传播责任的人。"

"何以故？须菩提，若乐小法者，著我见、人见、众生见、寿者见，则于此经，不能受持、读诵、为人解说。"

【译文】

"这是为什么呢？须菩提，那些只乐于修行小乘之道之人，执著于自己的见解、别人的见解、众生的见解，还有永恒不变的见解，这样就使得自己的见解有所滞碍，更不能领受、奉持、读诵、为他人解说此经了。"

末法时代

根据佛教经典，在释迦牟尼佛灭度后，佛法住于世间有三个阶段，分别是正法时代、像法时代和末法时代。

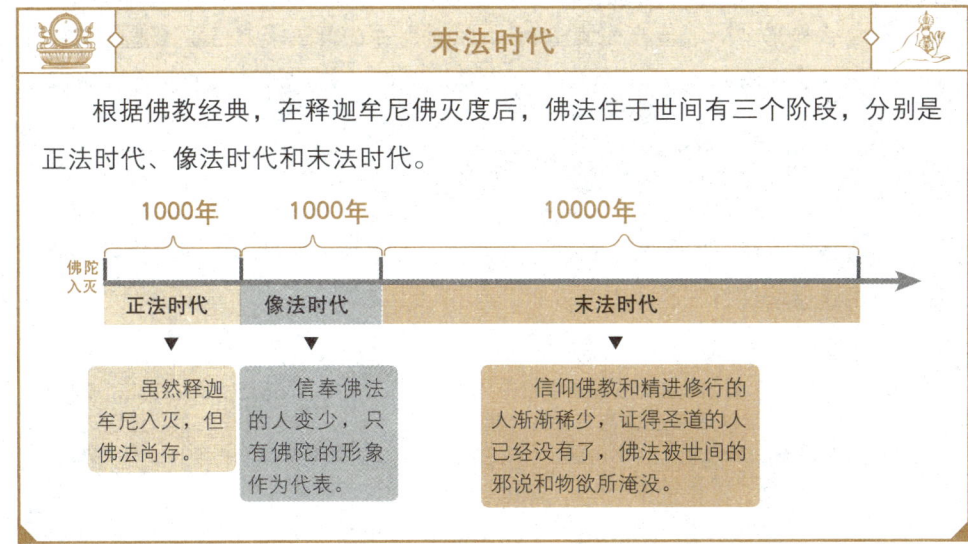

第四章 空的智慧——《金刚经》

"须菩提，在在处处，若有此经，一切世间天、人、阿修罗所应供养。当知此处，则为是塔，皆应恭敬，作礼围绕，以诸花香而散其处。"

【译文】

"须菩提，无论在任何时间、任何地点，只要有此经存在，那么都应该得到世间所有的天、人、阿修罗等善道众生的供养。应该知道，在此经存在的地方，就相当于佛陀所在的佛塔，所有善道众生都应该恭恭敬敬地环绕着行礼，用花、香供养。"

"复次，须菩提，若善男子、善女人受持读诵此经，若为人轻贱，是人先世罪业①，应堕恶道；以今世人轻贱故。先世罪业则为消灭，当得阿耨多罗三藐三菩提。"

【注释】

①罪业：即恶业，众生所造业分两种，一为善业，一为恶业。

【译文】

"此外，须菩提，如果有人领受、奉持、读诵此经，但是却被众人轻视，那是因为此人前世所造恶业太多，如果按照此人的业报，原本应当堕入地狱，但是因为领受、奉持、读诵此经，所以才只遭受了众人的轻视，而他今生所受的轻视会抵消前世所造的恶业，因此也可以得到无上正等正觉。"

"须菩提，我念过去无量阿僧祇劫，于然灯佛前，得值八百四千万亿那由他诸佛，悉皆供养承事，无空过者。若复有人于后末世，能受持读诵此经，所得功德，于我所供养诸佛功德，百分不及一，千万亿分乃至算数、譬喻所不能及。"

【译文】

"须菩提，回忆往昔，我在无量久远的阿僧祇劫中，在燃灯佛住世之前，我遇到过八百四千万亿那由他的诸佛，他们的每一位我都是尽心尽力地奉养，

佛 塔

佛塔是佛教建筑的代表。在古印度，佛教弟子为表示恭敬，遇到佛塔，要顺时针围绕佛塔绕行三匝或者更多匝。

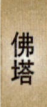 佛塔 ▶ 最初是指为了安置佛陀舍利等物而以砖砌成的建筑物，如释迦牟尼圆寂后，火化得到一石六斗舍利，由八国造塔供奉。 ▶ 后来泛指佛陀生处、成道处、转法轮、涅槃、经行处及安置诸佛菩萨像、祖师高僧遗骨的建筑物。

从来不会错过任何佛的供养。如果有人在佛法末世的时候能够领受、奉持、读诵此经，那么他所得的功德，是比我供奉诸佛的功德要大得多，甚至我供奉诸佛的功德还及不上他的百分之一、千分之一、万分之一甚至亿分之一，这其中的差别是不能够用数字或者譬喻表达的。"

"须菩提，若善男子、善女人于后末世，有受持读诵此经，所得功德，我若具说者，或有人闻，心即狂乱，狐疑不信。须菩提，当知是经义不可思议，果报亦不可思议。"

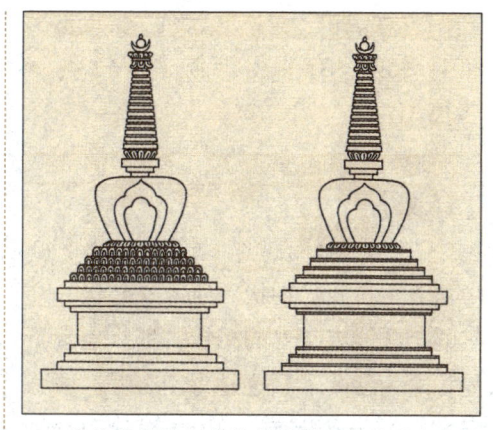

这是佛塔图。佛塔是佛教建筑的代表，最初是指为了安置佛陀舍利等物而以砖砌成的建筑物，后来泛指佛陀生处、成道处、转法轮、涅槃、经行处及安置诸佛菩萨像、祖师高僧遗骨的建筑物，佛陀把《金刚经》的地位与佛塔相提并论。

【译文】

"须菩提，假如善男子、善女人在末法时代能够领受、奉持、读诵此经，那么他所能得到的功德如要一一列明的话，别人听到一定会神经错乱，心有疑虑。

"须菩提，要知道此经的义理是不可思议的，当然领受、奉持、读诵此经所能得到的功德也是不可思议的。"

阿耨多罗三藐三菩提心

尔时，须菩提白佛言："世尊，善男子、善女人发阿耨多罗三藐三菩提心，云何应住？云何降伏其心？"

佛告须菩提："善男子、善女人发阿耨多罗三藐三菩提心者，当生如是心：'我应灭度一切众生，灭度一切众生已，而无有一众生实灭度者。'"

【译文】

这时，须菩提又对佛说："世尊，如有善男子、善女人发心苦求无上正等正觉，那么又该依照什么原则使自己的誓愿常住不退呢？又应该如何排除心中的杂乱烦恼呢？"

佛告诉须菩提："如有善男子、善女人发心苦求无上正等正觉，那么他应该先有这样的信念：我要立志救度一切众生，使他们脱离烦恼；即使救度众生脱离了烦恼，实际上没有什么可以救度的众生，也没有什么可以灭除的烦恼。"

"何以故？须菩提，若菩萨有我相、人相、众生相、寿者相，则非菩萨。所以者何？须菩提，实无有发阿耨多罗三藐三菩提心者。

"须菩提，于意云何？如来于然灯佛所，有法得阿耨多罗三藐三菩提不？"

【译文】

"这是为什么呢？须菩提，菩萨心中执著于自我的相状、他人的相状、众生的相状或者长寿的相状，那么也就不能称之为菩萨了。这是为什么呢？须菩提，实质上也没有所谓无上正等正觉的东西。

"须菩提，在你看来，如来在燃灯佛那里开悟的时候，是真的得到了无上正等正觉的佛法了吗？"

"不也！世尊。如我解佛所说义，佛于然灯佛所，无有法得阿耨多罗三藐三菩提。"

佛言："如是，如是。须菩提，实无有法如来得阿耨多罗三藐三菩提。须菩提，若有法如来得阿耨多罗三藐三菩提，然灯佛即不与我授记：'汝于来世，当得作佛，号释迦牟尼。'"

【译文】

"我认为不是的，世尊。按照我对您所讲授的佛法的理解，佛在燃灯佛那里开悟的时候，并没有真的得到无上正等正觉的佛法。"

佛说："的确如此！的确如此！须菩提，其实真正的佛法都是不固定的，也没有得到一个叫阿耨多罗三藐三菩提的东西。如果如来悟道的时候真的得到了无上正等正觉的佛法，那么燃灯佛也不会预言：'你会在未来成佛，佛号为释迦牟尼了。'"

"以实无有法得阿耨多罗三藐三菩提，是故，然灯佛与我授记，作是言：'汝于来世，当得作佛，号释迦牟尼。'何以故？如来者，即诸法如义，若有人言如来得阿耨多罗三藐三菩提。须菩提，实无有法佛得阿耨多罗三藐三菩提。"

【译文】

"实际上是没有方法来得到无上正等正觉的，因此，燃灯佛为我授记说：'你会在来世成佛，佛号为释迦牟尼。'这是为什么呢？因为如来这个词的意思，

这是燃灯佛授记图。相传燃灯佛游历世界时，有一修持梵行的童子为了避免燃灯佛的双足被泥道所污，就把自己的头发放在泥道之上让燃灯佛踏过，燃灯佛被童子的善心感动，预言他在来世成佛，这个童子就是释迦牟尼佛的前世。《金刚经》用燃灯佛为释迦牟尼佛授记来说明世上并无无上正等正觉。

就是真如，就是得知诸法的实相而无偏离之意。如果有人说如来得无上正等正觉，那么须菩提啊！你应该明白实际上是没有无上正等正觉这种东西的。"

菩萨并不存在

"须菩提，如来所得阿耨多罗三藐三菩提，于中无实无虚。是故，如来说一切法皆是佛法。须菩提，所言一切法者，即非一切法，是故名一切法。须菩提，譬如人身长大。"

须菩提言："世尊，如来说人身长大，即为非大身，是名大身。"

【译文】

"须菩提，如来所证得的无上正等正觉，本质上是不能说它是真实存在的，也不能说它是虚假不实的。所以，如来才说一切法都是佛法。须菩提，这里所说的一切法，实质上也并不是一切法，只不过是称它为一切法罢了。须菩提，这就好比说是人的身形高大。"

须菩提说："世尊，如来说人的身形高大，并不是实质上的身形高大，只不过是称之为身形高大而已。"

"须菩提，菩萨亦如是。若作是言'我当灭度无量众生'，即不名菩萨。何以故？须菩提，实无有法名为菩萨。是故，佛说一切法无我、无人、无众生、无寿者。"

【译文】

"须菩提，菩萨也是这样。如果有菩萨这样说：'我自当灭度无量众生的所有烦恼，不遗余力地救度他们'，那么他也就不能称之为菩萨了。为什么这么说呢？须菩提，实质上并不存在菩萨这种东西。所以，佛说一切法是没有自我的相状、他人的相状、众生的相状或者长寿的相状。"

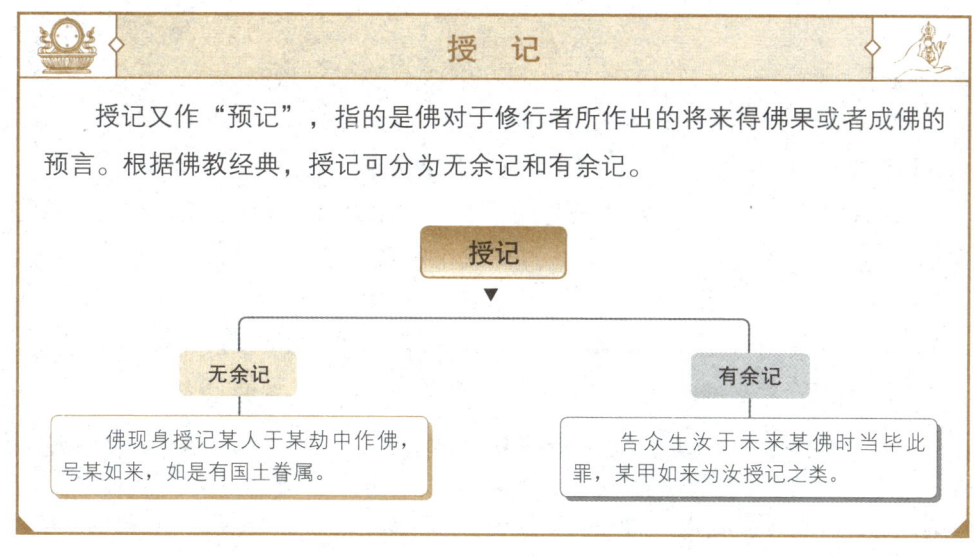

授 记

授记又作"预记"，指的是佛对于修行者所作出的将来得佛果或者成佛的预言。根据佛教经典，授记可分为无余记和有余记。

授记

无余记：佛现身授记某人于某劫中作佛，号某如来，如是有国土眷属。

有余记：告众生汝于未来某佛时当毕此罪，某甲如来为汝授记之类。

"须菩提，若菩萨作是言'我当庄严佛土'，是不名菩萨。何以故？如来说庄严佛土者，即非庄严，是名庄严。须菩提，若菩萨通达无我法者，如来说名真是菩萨。"

【译文】

"须菩提，如果有菩萨说：'我应当使佛土庄严'，那么他也就不能称之为菩萨了。为什么这么说呢？须菩提，如果菩萨说使佛土庄严，那么便不是真的庄严佛土了，所以才称为庄严佛土。须菩提，如果菩萨彻悟无我法的法义，那么才能成为如来所说的真菩萨。"

如来的相状

"须菩提，于意云何？如来有肉眼不？"

"如是，世尊。如来有肉眼。"

"须菩提，于意云何？如来有天眼不？"

【译文】

"须菩提，在你看来，如来是不是有肉眼呢？"

"的确如此，世尊，如来是有肉眼的。"

"须菩提，在你看来，如来是不是有天眼呢？"

"如是，世尊。如来有天眼。"

"须菩提，于意云何？如来有慧眼不？"

"如是，世尊。如来有慧眼。"

【译文】

"的确如此，世尊，如来是有天眼的。"

"须菩提，在你看来，如来是不是有慧眼呢？"

"的确如此，世尊，如来是有慧眼的。"

"须菩提，于意云何？如来有法眼不？"

"如是，世尊。如来有法眼。"

"须菩提，于意云何？如来有佛眼不？"

"如是，世尊。如来有佛眼。"

"须菩提，于意云何？如恒河中所有沙，佛说是沙不？"

【译文】

"须菩提，在你看来，如来是不是有法眼呢？"

·名词解释·

佛土：又称佛界、佛国等，指佛所住之处，或佛教化之国土。一般而言，佛土不仅指净土，即使是凡夫居住之现实世界（秽土），因其为佛教化之世界，亦称佛土。

"的确如此，世尊，如来是有法眼的。"

"须菩提，在你看来，如来是不是有佛眼呢？"

"的确如此，世尊，如来是有佛眼的。"

"须菩提，在你看来，恒河中的沙粒，佛陀说它们是沙粒吗？"

"如是，世尊。如来说是沙。"

"须菩提，于意云何？如一恒河中所有沙，有如是沙等恒河。是诸恒河所有沙数佛世界，如是宁为多不？"

"甚多，世尊。"

【译文】

"的确如此，世尊，如来的确说它们是沙粒。"

"须菩提，在你看来，就像是恒河中沙粒的数目一样多的恒河，那么如果有这些恒河中的沙粒总数一样多的佛土，它们的数目是不是很大呢？"

"的确很大，世尊。"

佛告须菩提："尔所国土中所有众生若干种心，如来悉知。何以故？如来说诸心，皆为非心。是名为心。所以者何？须菩提，过去心不可得，现在心不可得，未来心不可得。"

【译文】

佛于是对须菩提说："在如此众多的佛土中的众生，他们有着各种各样的心意，如来却能完全洞悉，这是什么缘故呢？如来所说的各种各样的心意，并不是实质上的各种各样的心意，只不过是这么称呼它而已。为什么这么说呢？须菩提，过去的心意是没办法把握的，现在的心意是没办法把握的，将来的心意也是没办法把握的。"

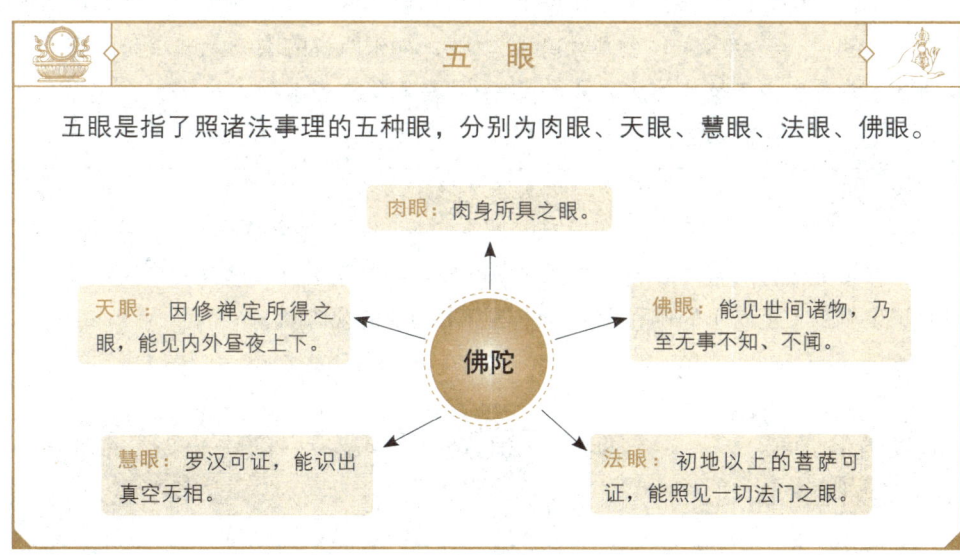

五眼

五眼是指了照诸法事理的五种眼，分别为肉眼、天眼、慧眼、法眼、佛眼。

肉眼：肉身所具之眼。

天眼：因修禅定所得之眼，能见内外昼夜上下。

佛眼：能见世间诸物，乃至无事不知、不闻。

慧眼：罗汉可证，能识出真空无相。

法眼：初地以上的菩萨可证，能照见一切法门之眼。

"须菩提，于意云何？若有人满三千大千世界七宝以用布施，是人以是因缘得福多不？"

"如是。世尊。是人以是因缘得福甚多。"

【译文】

"须菩提，在你看来，如果有人用足以装满三千大千世界那样多的七宝来布施，那么此人因布施所得到的福报是不是很多呢？"

"的确如此，世尊，此人因布施所得的福德的确是很多。"

"须菩提，若福德有实，如来不说得福德多；以福德无故，如来说得福德多。

"须菩提，于意云何？佛可以具足色身①见不？"

【注释】

①具足色身："具"，具备；"足"，满足；"色身"，物质之身。综合而言就是圆满无缺的物质之身。

【译文】

"须菩提，如果福德是确实存在，那么如来就不会说他得到的福德很多了；正因为福德并不是确实存在，所以如来才说他得到很多的福德。

"须菩提，在你看来，可以依照如来圆满无缺、身形完美的外在相状认识如来的真实相状吗？"

"不也！世尊。如来不应以具足色身见。何以故？如来说具足色身，即非具足色身，是名具足色身。"

"须菩提，于意云何？如来可以具足诸相①见不？"

【注释】

①诸相：指的是如来所具有的三十二种大人相和八十种细微美好之相。

【译文】

"我认为是不行的，世尊！不可以依照如来圆满无缺、身形完美的外在相状认识如来的真实相状，为什么这么说呢？如来所说的圆满无缺、身形完美的外在相状实质上并不是实实在在存在的

 色 身

释迦牟尼入灭后，其弟子出于对他的怀念，开始了佛陀崇拜的历史，并产生了现实身（色身）的佛和永远身（法身）的佛的观念。

圆满无缺、身形完美的外在相状，只不过这样称呼罢了。"

"须菩提，在你看来，可以依照如来的相貌特征来认识如来的真实相状吗？"

"不也！世尊。如来不应以具足诸相见。何以故？如来说诸相具足，即非诸相具足，是名诸相具足。"

【译文】

"我认为是不行的，世尊！不可以依照如来的相貌特征来认识如来的真实相状。为什么这么说呢？如来所说的相貌特征，实质上并不是相貌特征，只不过是假称之为相貌特征而已。"

"须菩提。汝勿谓如来作是念'我当有所说法'。莫作是念！何以故？若人言如来有所说法，即为谤佛，不能解我所说故。须菩提，说法者无法可说，是名说法。"

【译文】

"须菩提，你不能想着如来有'我应当讲解佛法'的念头，千万不要这么想！为什么这么说呢？如果有人这么说了，那么就是对佛的诽谤，因为这个人并没有真正地理解佛所说的法的真实意义。须菩提，所谓讲解佛法，实质上并没有可以讲解的佛法，只不过是假称之为讲解佛法罢了。"

尔时。慧命须菩提白佛言："世尊！颇有众生于未来世闻说是法，生信心不？"

佛言："须菩提，彼非众生，非不众生。何以故？须菩提，众生众生者，如来说非众生，是名众生。"

【译文】

就在这时，视智慧为生命的须菩提对佛说："世尊啊！在末法时代，如果众生中有人听到今日佛所讲授的佛法，是不是会实实在在地产生信心呢？"

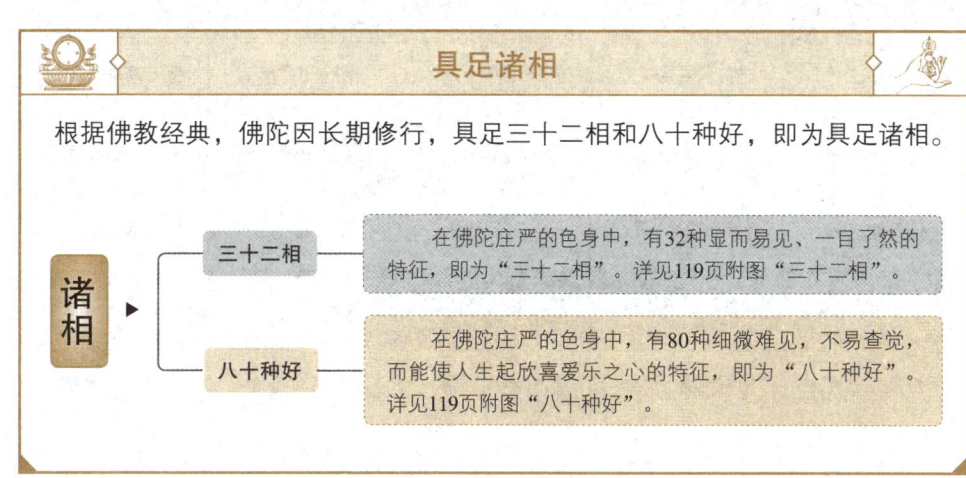

具足诸相

根据佛教经典，佛陀因长期修行，具足三十二相和八十种好，即为具足诸相。

诸相
- 三十二相：在佛陀庄严的色身中，有32种显而易见、一目了然的特征，即为"三十二相"。详见119页附图"三十二相"。
- 八十种好：在佛陀庄严的色身中，有80种细微难见，不易查觉，而能使人生起欣喜爱乐之心的特征，即为"八十种好"。详见119页附图"八十种好"。

八十种好

八十种好是佛菩萨所具足的80种微美好之相，为佛、菩萨所独有。《金刚经》中说如来的"具足诸相"包括了32相和80种好。

身威严具足。	身体坚固充实。	身体长大端直。	诸窍清净圆好。	身力殊胜无与等者。
身相众所乐观。	面门不长不短。	发修绀青，密而不白。	发香洁细润。	发齐不交杂。
发不断落。	发光滑殊妙，尘垢不著。	面如秋满月。	颜貌舒泰。	面貌光泽无有颦蹙。
额广平正。	双眉长而细软。	双眉呈绀琉璃色。	眉高显形如初月。	眼净青白分明。
眼相修广。	眼睫齐整稠密。	耳厚广大修长。	两耳齐平，离众过失。	鼻高且直，其孔不现。
唇色光润丹晖。	舌相软薄广长。	齿方整鲜白。	牙圆白光洁锋利。	声音威远清澈。
音韵美妙如深谷响。	容仪令见者皆生爱敬。	身肢润滑洁净。	身容敦肃无畏。	身肢健壮。
身体安康圆满。	身相犹如仙王。	身之周匝圆光。	指爪狭长，薄润光洁。	手足之指圆而纤长、柔软。
手足各等无差。	手足光泽红润。	手掌柔软，足下安平。	手纹深长明直。	筋骨隐而不现。
两踝俱隐。	步行威仪如龙象王。	威容齐肃如狮王。	行步如牛王。	进止如鹅王。
回顾如龙象王。	肤节均匀圆妙。	骨节交结犹若龙盘。	膝轮圆满。	隐处之纹妙好清净。
腹形方正庄严。	脐深右旋。	脐厚不凸不凹。	皮肤无疥癣。	身皮清净无垢。
毛孔常出妙香。	面门常出香。	相周圆妙好。	身毛绀清净。	法音应理无差。
顶相无能见者。	手足指网分明。	行时其足离地。	自持不待他卫。	威德摄一切众。
音声不卑不亢。	随诸有情为说法。	一音演说正法。	说法依次第。	赞善毁恶无爱憎。
所为具足轨范。	相好无能观尽。	项骨坚实圆满。	颜容常少不老。	手足有吉祥相。

佛于是说："须菩提，这里我们所说的众生，并不是众生，也并非不是众生，为什么这么说呢？须菩提，之所以称众生为众生，是因为如来所说的众生实质上并不是众生，只不过是假称为众生罢了。"

诸法平等

须菩提白佛言："世尊，佛得阿耨多罗三藐三菩提为无所得耶？"

佛言："如是，如是。须菩提，我于阿耨多罗三藐三菩提，乃至无有少法可得，是名阿耨多罗三藐三菩提。"

【译文】

须菩提对佛说道："世尊，这样说来，佛陀证得无上正等正觉之时，实际上是没有得到无上正等正觉这种东西吧？"

佛说道："的确如此！的确如此！须菩提，我心中完全没有证得无上正等正觉的想法，甚至觉得自己没有证得丝毫佛法，所以才称为阿耨多罗三藐三菩提。"

"复次，须菩提，是法平等，无有高下，是名阿耨多罗三藐三菩提。以无我、无人、无众生、无寿者，修一切善法，则得阿耨多罗三藐三菩提。须菩提，所言善法者，如来说即非善法，是名善法。"

【译文】

"其次，须菩提，这里所说的无上正等正觉，是平等无碍的，没有什么高低的区别，所以才称之为阿耨多罗三藐三菩提。如果心中不再执著于自我的相状、他人的相状、众生的相状或者长寿的相状，来修习一切善法，那么就可以证得无上正等正觉。须菩提，这里所说的善法，并不是实质上的善法，只不过是称之为善法罢了。"

"须菩提，若三千大千世界中所有诸须弥山王，如是等七宝聚，有人持用布施；若人以此《般若波罗蜜经》，乃至四句偈等，受持、读诵、为他人说，于前福德，百分不及一，百千万亿分，乃至算数、譬喻所不能及。"

【译文】

"须菩提，如果众生之中有人拿出如同世界中所有的须弥山那么多的七宝来进行布施；又有人领受、奉持、诵读此《般若波罗蜜经》，并且能为他人讲述此经，即使只是讲解经书中的一句四句偈，那么后者的福报要远远地超过前者，甚至于布施七宝的人所得到的福报还比不上领受、奉持、诵读此《般若波罗蜜经》者的百分之一、千分之一、万分之一、亿分之一，任何数字和譬喻都不能说明他们之间差别之巨大。"

世间无我

"须菩提,于意云何?汝等勿谓如来作是念'我当度众生'。须菩提,莫作是念!何以故?实无有众生如来度者。若有众生如来度者,如来则有我、人、众生、寿者。"

【译文】

"须菩提,你认为怎样呢?你们不要以为如来有'我应当救度众生'的念头。须菩提,千万不要这么想!为什么这么说呢?因为并没有什么需要如来救度的众生。如果如来有救度众生的想法,那么如来就有对于自我的相状、他人的相状、众生的相状或者长寿的相状的执著心了。"

"须菩提,如来说有我者,则非有我,而凡夫之人①以为有我。须菩提,凡夫者,如来说则非凡夫,是名凡夫。"

【注释】

①凡夫之人:指的是对色相有所执著、尚未觉悟之人。

【译文】

"须菩提,如来所说的自我,实质上也就是没有自我,但是凡夫之人却认识不到这一点,他们会认为存在真实的自我。须菩提,这里所说的凡夫,在如来看来,也并不是真实的凡夫,只不过是这样称呼而已。"

不能见如来

"须菩提,于意云何?可以三十二相观如来不?"

须菩提言:"如是,如是。以三十二相观如来。"

佛言:"须菩提,若以三十二相观如来者,转轮圣王则是如来。"

【译文】

"须菩提,在你看来,可以凭借三十二种大人相来认识如来的真实相

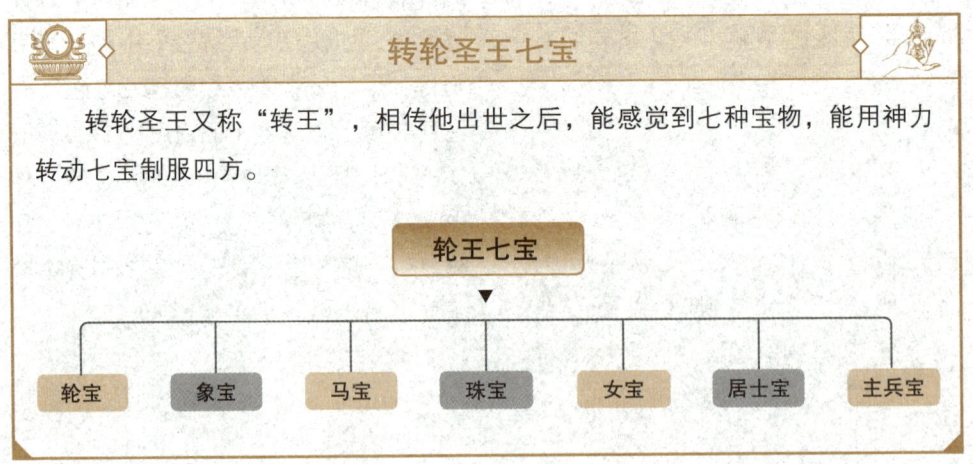

转轮圣王七宝

转轮圣王又称"转王",相传他出世之后,能感觉到七种宝物,能用神力转动七宝制服四方。

轮王七宝
▼
| 轮宝 | 象宝 | 马宝 | 珠宝 | 女宝 | 居士宝 | 主兵宝 |

状吗？"

须菩提答道："的确如此！的确如此，可以凭借三十二种大人相来认识如来的真实相状。"

佛又说："须菩提，如果可以凭借三十二种大人相来认识如来的真实相状，那么转轮法王也就是如来了。"

须菩提白佛言："世尊，如我解佛所说义，不应以三十二相观如来。"

尔时，世尊而说偈言：
"若以色见我，以音声求我；
是人行邪道，不能见如来。"

【译文】

须菩提立刻更正自己刚刚所说的话："世尊！按照我对佛所讲授经典的理解，是不可以凭借三十二种大人相来认识如来的真实相状的。"

就在此时，佛祖又开口说出了下面的四句偈：
"如果有人凭借外貌来认识我，
或者有人根据音色来寻求我，
那么这个人就是不正确的，
更不能见到如来的真实相状。"

"须菩提，汝若作是念'如来不以具足相故，得阿耨多罗三藐三菩提'。须菩提，莫作是念'如来不以具足相故，得阿耨多罗三藐三菩提'。须菩提，汝若作是念'发阿耨多罗三藐三菩提心者说诸法断灭①'，莫作是念！何以故？发阿耨多罗三藐三菩提心者，于法不说断灭相。"

【注释】

①断灭：对性空理论执著，进而也就断然否定了因果系列。

【译文】

"须菩提，如果你的心中有'如来并不是因为三十二相或者其他完美的诸相而证得了无上正等正觉'这样的想法，须菩提啊！那么现在就应该断绝这样的想法。须菩提，如果你的心中有'发心求取无上正等正觉者灭除法相'这样的想法，那么现在也应该断绝这种想法。为什么这么说呢？因为证得无上正等正觉者追求的是超越诸相，破除对诸相的执著心，而不是灭除一切法相。"

这是轮宝图。相传在转轮圣王出现时，会有七宝出现，帮助转轮圣王教化百姓，《金刚经》用转轮圣王证明不能以三十二相来观看如来。

"须菩提,若菩萨以满恒河沙等世界七宝,持用布施。若复有人知一切法无我,得成于忍①,此菩萨胜前菩萨所得功德。何以故?须菩提,以诸菩萨不受福德故。"

【注释】

①忍:忍辱、忍受的意思,指的是即使别人欺辱也不会产生恼怒之心。

【译文】

"须菩提,如果有菩萨能以恒河沙那么多的大千世界的七宝来进行布施;又如果有人能了悟一切佛法无自性的道理,进而达到无生无灭的境界,那么后者所得的功德要远远地胜过前者,为什么这么说呢?须菩提,是因为一切菩萨都不会领受福德的啊!"

菩萨不受福德

须菩提白佛言:"世尊,云何菩萨不受福德?"

"须菩提,菩萨所作福德,不应贪著①,是故说不受福德。

"须菩提,若有人言'如来若来若去、若坐若卧',是人不解我所说义。"

【注释】

①贪:是贪爱执著的简称,佛家认为烦恼的根源在于贪著。

【译文】

须菩提对佛说:"世尊,为什么菩萨不能领受福德呢?"

"须菩提,菩萨行善不是为了领受

这是卧佛像。卧佛是横卧的尊像,是释迦牟尼佛逝世时的形象,一般见于寺院、壁画中,多为泥塑、金属材质。《金刚经》中用如来"若坐若卧"来形容不解佛法之人。

福德，更不能贪爱执著，所以说菩萨不会领受福德。

"须菩提，如果有人说'如来时来时去，时坐时卧'，那么这个人就没有真正理解我所讲的佛法。"

"何以故？如来者，无所从来，亦无所去，故名如来。须菩提，若善男子、善女人以三千大千世界碎为微尘，于意云何？是微尘众宁为多不？"

【译文】

"这是为什么呢？因为如来的含义就是无所从来，亦无所去，就是因为这样，才能称为如来。须菩提，如果有善男子、善女人将三千大千世界都碾碎成碎末细尘，那么在你看来，这碎末细尘多不多呢？"

须菩提言："甚多，世尊。何以故？若是微尘众实有者，佛即不说是微尘众。所以者何？佛说微尘众，则非微尘众，是名微尘众。世尊，如来所说三千大千世界，则非世界，是名世界。"

【译文】

须菩提回答道："我认为很多了，世尊。为什么这么说呢？如果这些碎末细尘是真实存在着，那么佛也就不会说碎末细尘很多了，为什么这么说呢？佛说碎末细尘多，并不是真的碎末细尘众多，只不过是假称为碎末细尘众多罢了。世尊，如来所说的三千大千世界，并不是实质上的世界，只不过是假称为世界罢了。"

佛陀的教义

"何以故？若世界实有者，则是一合相①，如来说一合相，则非一合相，是名一合相。"

【注释】

①一合相：指的是众生因缘和合而形成的一种相状。

【译文】

"为什么这么说呢？如果真有人把世界看做是真实存在的，那么世界实质上也只不过是由众多的碎末细尘聚集而来的一种相状。如来所说的众多碎末细尘聚集而成的相状，也不是聚集的相状，也只不过是假称为相状罢了。"

• 名词解释 •

如来：佛陀十号之一。"如"在佛经中又称真如，指的是绝对真理；"如来"，指佛是掌握着绝对真理来到世上说法以普度众生的圣者。在《金刚经》中，佛陀是用"无所从来，亦无所去"来诠释如来的名号。

"须菩提，一合相者，则是不可说，但凡人之贪著其事。须菩提，若人言'佛说我见、人见、众生见、寿者见'，须菩提，于意云何？是人解我所说义不？"

【译文】

"须菩提，这个聚集而来的相状实际上也是不能用语言说明的，但是凡夫俗子却不明白这样的道理，所以才执著于相状。须菩提，如果有人说：'佛陀讲到了自己的见解、他人的见解、众生的见解、持久恒远的见解'，须菩提，在你看来，这个人理解了我讲授的教义吗？"

"不也！世尊！是人不解如来所说义。何以故？世尊说我见、人见、众生见、寿者见，即非我见、人见、众生见、寿者见，是名我见、人见、众生见、寿者见。"

【译文】

"我认为没有，世尊！这个人并没有了悟如来所讲授的教义。为什么这么说呢？世尊所说的自己的见解、他人的见解、众生的见解、持久恒远的见解，并不是真实的自己的见解、他人的见解、众生的见解、持久恒远的见解，只不过假称为自己的见解、他人的见解、众生的见解、持久恒远的见解罢了。"

一合相

在《金刚经》中，释迦牟尼佛提出"一合相"的说法。所谓"一合相"，是指众生认为众尘和合而组成了一个实际存在的世界，针对此种观点，释迦牟尼则指出世间没有实际存在的世界，即"非一合相"。

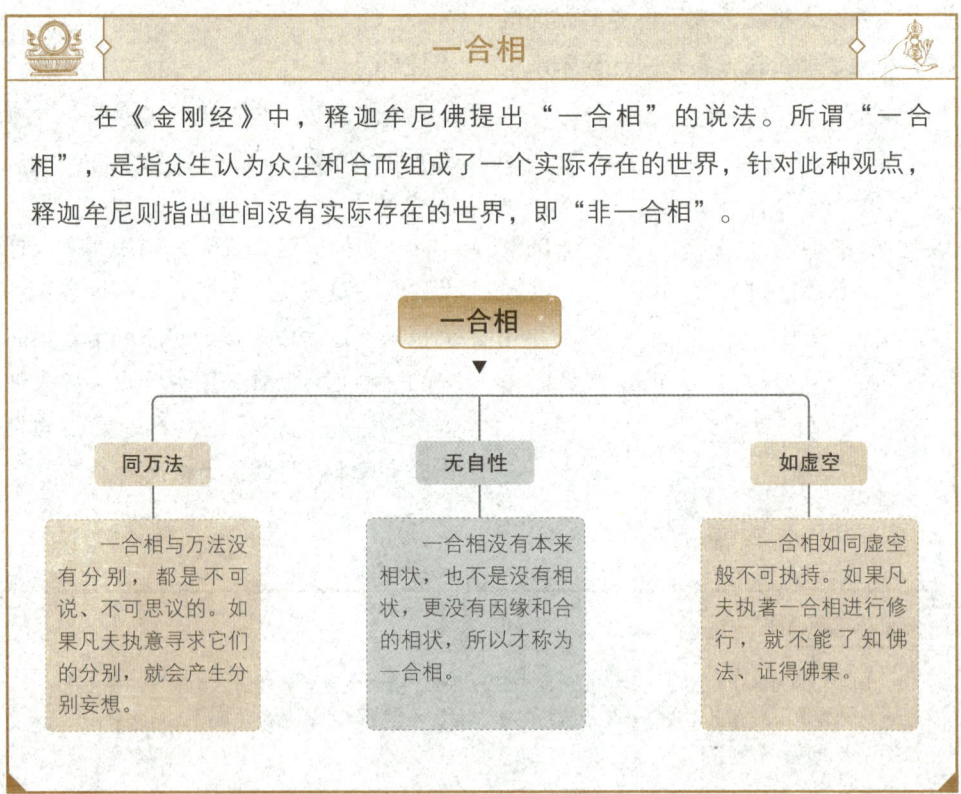

一合相

- **同万法**：一合相与万法没有分别，都是不可说、不可思议的。如果凡夫执意寻求它们的分别，就会产生分别妄想。
- **无自性**：一合相没有本来相状，也不是没有相状，更没有因缘和合的相状，所以才称为一合相。
- **如虚空**：一合相如同虚空般不可执持。如果凡夫执著一合相进行修行，就不能了知佛法、证得佛果。

"须菩提，发阿耨多罗三藐三菩提心者，于一切法，应如是知，如是见，如是信解，不生法相。须菩提，所言法相者，如来说即非法相，是名法相。"

【译文】

"须菩提，凡是发心求取无上正等正觉者，对于一切法，都应该这样去认识、去判断、去了解、去信奉，而不应该执著于法相。须菩提，这里所说的法相，在如来看来并不是真实的法相，只不过是这样称呼罢了。"

本经的讲解

"须菩提，若有人以满无量阿僧祇世界七宝持用布施；若有善男子、善女人，发菩提心者，持于此经，乃至四句偈者，受持、读诵、为人演说，其福胜彼。"

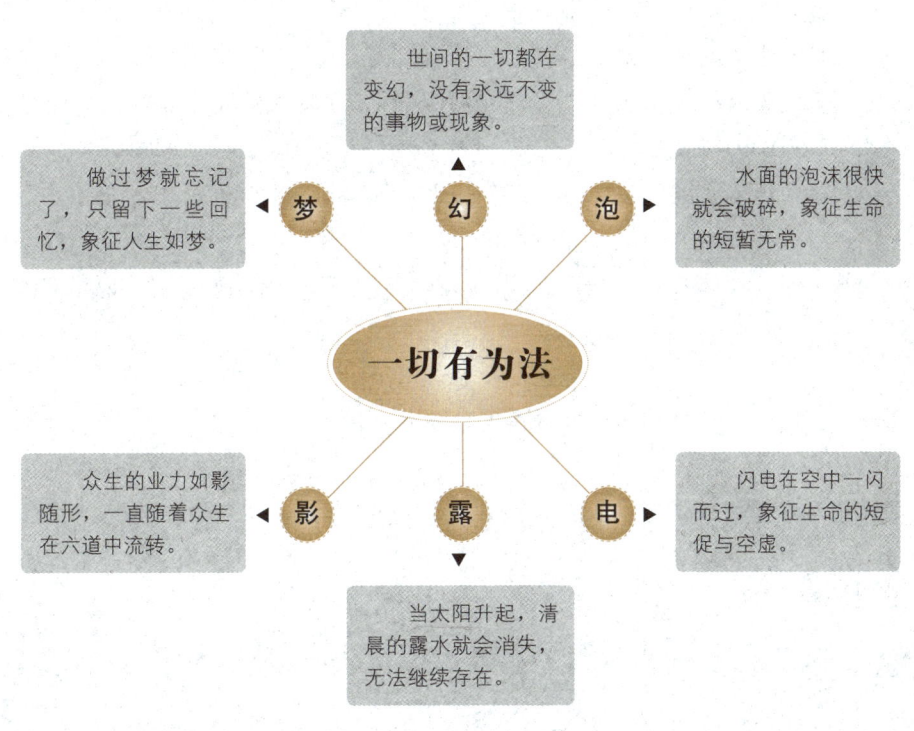

一切有为法

在《金刚经》的偈颂部分，释迦牟尼指出"一切有为法，如梦幻泡影，如露亦如电，应作如是观"，意思是世间的一切事物、物质、精神，以及所有现象都是短暂的，虚而不实的，这是《金刚经》最著名的偈颂。

梦：做过梦就忘记了，只留下一些回忆，象征人生如梦。

幻：世间的一切都在变幻，没有永远不变的事物或现象。

泡：水面的泡沫很快就会破碎，象征生命的短暂无常。

影：众生的业力如影随形，一直随着众生在六道中流转。

露：当太阳升起，清晨的露水就会消失，无法继续存在。

电：闪电在空中一闪而过，象征生命的短促与空虚。

【译文】

"须菩提,如果有人以能够装满数不尽阿僧祇世界的七宝来进行布施;或者有善男子、善女人用菩提心来领受、奉持、诵读甚至为他人讲解此经,即使只是讲解经书中的一个四句偈,那么他所得之福报,也要比前者多得多。"

"云何为人演说?不取于相,如如不动。何以故?

"一切有为法,如梦幻泡影,如露亦如电,应作如是观。"

【译文】

"那么究竟该怎样为众生讲解此经呢?关键是要不执著于事物的表面相状,以诸法的真实相状来对待事物,这是为什么呢?

"一切有为之法皆为虚妄,如同梦幻和泡影般无常,如同朝露和闪电般短暂,诸法都应该如此被认知。"

说是经已,长老须菩提及诸比丘、比丘尼①、优婆塞、优婆夷②、一切世间天、人、阿修罗,闻佛所说,皆大欢喜,信受奉行。

【注释】

①比丘、比丘尼:指的是僧人和尼姑,即出家受过具足戒的佛教信徒。

②优婆塞、优婆夷:指的是男居士和女居士,即在家修行佛法的佛教信徒。

【译文】

佛陀讲解完此经,所有的长老须菩提及诸比丘、比丘尼、优婆塞、优婆夷,以及一切世间的天、人、阿修罗听了佛所讲的佛法,都非常欣欢高兴,对此经产生了很大的信心,并从此领受、奉持、修行此经。

真言:

那谟婆伽跋帝 钵喇壤 波罗弥多曳 唵伊利底 伊室利 输卢迦 毗舍耶 毗舍耶 莎婆诃

第五章

破魔大全——《楞严经》

《楞严经》是一部十分重要的大经，此经以如来藏思想为核心，不但在内容上包含了显、密、性、相各派的教理，在宗派上更横跨禅、净、密、律各宗，毫无宗派的偏倚，在修行上则充实、圆满，是一部难得的无上法宝。

释《楞严经》

《楞严经》的经题与翻译

《楞严经》全称《大佛顶如来密因修证了义诸菩萨万行首楞严经》。所谓"大",是称赞之词,是说经题中的"密因"能成菩提,是为大因;"了义"知晓万法,是为大义;"万行"是如实修行,是为大行;"楞严"坚固不破,是为大定。因为此经具有四大,所以称为"大"。

"佛顶"是指佛陀之顶,是佛陀三十二相之一,象征本经的尊贵犹如佛顶。"如来密因修证了义"是指成就如来的秘密因地,修行成佛的至高无上的义理;"诸菩萨万行首楞严"是指诸菩萨的修持法门中,最为坚固、颠扑不破的真理。

相传佛陀在宣说完《楞严经》后,此经就被收藏在龙宫之中,龙树菩萨到龙宫说法时,因感叹此经的稀有难得,于是将全经背诵下来,并以文字记录,呈给国王,国王也将此经视为国宝,收藏在国库中。在唐代初期,此经的威名已传到中国,据说天台宗大师曾设拜经台,西向拜经18年,但仍未亲眼见到此经。

根据佛教史料,《楞严经》是在唐中宗统治时期,由中印度高僧般剌密谛传入中国。相传在唐代之前,《楞严经》被视为国宝,一直不能传出。直至般剌密谛之时,他为利益中国僧众,冒险携带《楞严经》过关,却在边界时被官吏查获,未能过关。后来,般剌密谛用极细的白绢书写此经,并割破自己的肩膀,将经文藏在身体之中,才得以顺利过关。般剌密谛到达广州后,就在光孝寺割破肩膀取出经文,开始将此经译为汉文,由房融记录。《楞严经》翻译完毕后,国王已发现般剌密谛擅自携带经书出国,因此严加追查边界的官吏,于是般剌密谛立即返回了本国,承担了所有的责罚。但是对于这一说法,佛学界长期存有争议,大多数佛教信众都认为此经是佛陀所说,部分学者则认为此经是唐代人假托佛陀说法而作的伪经。

自《楞严经》出现,佛门就有无数的高僧大德为此经作注解,在中国,该经的注疏就有100多种,现存40多种,大部分属于贤首宗、天台宗和禅宗。从中唐到清末，仅禅宗对《楞严经》的注疏，就有觉范的《楞严经尊顶》、戒环的《楞严经要解》、惟则的《楞严经会解》、袾宏的《楞严经摸》、德清的《楞严经悬镜》、《楞严经通议》、天然的《楞严经直指》、曾凤仪的《楞严经宗通》等。

《楞严经》的主要内容

《楞严经》是大乘佛教经典之一，相传是唐代般刺密谛大师翻译而成，被认为是佛教的"破魔大全"。

翻译者 ▶ **般刺密谛大师**
中印度人。唐中宗神龙元年（公元705年），般刺密谛大师于广州翻译出《楞严经》10卷。不久，因为他擅自带出佛经，于是被国王追缉，他只好离华回国了。

翻译时间 ▶ 唐神龙元年

卷数 ▶ 10卷

主要内容 ▶ 树立了以如来藏思想为核心的佛性论、心性论、修行论等理论体系，是一部显密结合、兼收并蓄的佛教经典。此经的内容包罗万象，有"自从一读楞严后，不看人间糟粕书"的说法。

圆满法门

《楞严经》的主要内容

《楞严经》的缘起是佛陀弟子阿难被淫戒所困，佛陀命文殊菩萨前往救助，并为阿难开示禅定、破魔神咒。由此，应阿难之请，佛陀示现了七处破妄、显见、五阴、六入、七大、十二处、十八界、二十五圣自证境界及楞严法门。最后，佛陀又说五十种阴魔事，因此《楞严经》的基本结构正是"从破魔始，至破魔终"，被称为"破魔大全的宝典，诸魔的克星"。

在大乘佛教经典中，《楞严经》是一部开示修禅、二十五圆通、五蕴魔事等禅法要义的经典，此经从圆顿禅角度概述大乘心要的经典，说理透彻，清晰易懂，很容易阅读，经文的文字也令人惊叹，被认为是古代文学的精品之作。

由于《楞严经》构筑的体系十分宏大，几乎涉及到了佛教的所有教义，所以它具备了兼容并蓄、内容丰富的特点，被认为是没有宗派偏见的圆满法门。尤其是经文中提出了佛性论、心性论、修行论合一的严密的理论体系，更为修行者所看重，被奉为必修的无上圭臬。对中国汉地习禅者而言，楞严咒更是早课的必诵内容，在打禅七之前要先修七日到七七日的楞严会，用来消除修行的魔障。

《楞严经》自传入以来，引起了许多高僧的重视。明代智旭称此经是"宗教司南，性相总要，一代法门之精髓"。在近代，净土宗的印光大师又将经中"大势至念佛圆通章"与净土四经合编为净土五经，使《楞严经》更为流传。宣化上人将《楞严经》与《妙法莲华经》、《华严经》并称为"经中之王"。清代，章嘉呼图克图等将其译成藏文，并刊有汉、满、藏、蒙四体合璧的《首楞严经》全帙。在日本，此经也广泛流传，影响很大。

《楞严经》的结构

在佛经科判中,《楞严经》一般被分为序分、正宗分、流通分三个部分,其中以第1卷为序分,第2卷至第9卷为正宗分,第10卷为流通分。

《楞严经》的结构

- **序分**：介绍本经的因缘,阿难因乞食误中摩登伽女的幻术,以至将毁戒体,如来遣文殊菩萨前往救助,使阿难幸免于难,阿难因此启请如来宣说佛法。

- **正宗分**：
  - 第2卷是如来应波斯匿王之请,为众生宣说真性圆明、无生无灭、本来常住、二种颠倒的教义。
  - 第3卷是如来应阿难之请,为众生宣说六入、十二处、十八界、七大等教义,并以此说明如来藏妙真如性。
  - 第4卷是如来应富楼那之请,为众生显示世间一切根尘阴处、三种相续、四大本性的如来藏教义。
  - 第5卷是如来为憍陈如五比丘、优波尼沙陀、摩诃迦叶及紫金光比丘尼、虚空藏菩萨等人宣说得道的方便。
  - 第6卷是如来为观世音菩萨宣说耳根圆通、十四种无畏功德、四不思议无作妙德及四种律仪的功德。
  - 第7卷是如来介绍大佛顶陀罗尼,阐述安立坛场的法则以及持诵功德,并为阿难阐述十二类众生的颠倒之相。
  - 第8卷是如来具体介绍五十七位,并宣说了地狱趣造十习因以及饿鬼、人、阿修罗、天等七趣的业感。
  - 第9卷是如来阐述三界二十五有之相、奢摩他中微细魔事的教义。

- **流通分**：第10卷详述此经流通的功德,介绍了五阴魔中的十种外道,以及识阴魔中禅那现境的十种魔事、五阴相中五种妄想,因其与第1卷的破魔事相对应,《楞严经》也因此被称为"从破魔始,至破魔终"。

3 心的本性
我们的心到底在哪里

本经缘起

如是我闻。一时佛在室罗筏城祇桓精舍，与大比丘众千二百五十人俱，皆是无漏①大阿罗汉，佛子住持②。善超诸有③，能于国土成就威仪，从佛转轮，妙堪遗嘱④，严净毗尼⑤，弘范三界⑥。应身无量，度脱众生，拔济未来，越诸尘累。

【注释】

①无漏大阿罗汉："漏"，烦恼；"无漏"，指圣者已解脱烦恼、破除我执。"大阿罗汉"是指已从小乘转向大乘，愿出世间度生之圣者。他们已悟生死，已破一念无明，不入轮回。

②佛子住持："佛子"，即菩萨；"住持"，即住于佛之家，修持佛之法。

③善超诸有：善于超脱三界诸有为法，不被诸有所困。

④妙堪遗嘱：指这些大阿罗汉有奇妙之能可胜任释尊的遗命。

⑤严净毗尼："毗尼"，戒律，

"严净毗尼"即净心严守佛门戒律。

⑥弘范三界：可做三界众生的典范。

【译文】

我曾亲耳听佛陀这样说过：

当时，世尊在舍卫国的祇园精舍，有大比丘等1250名僧人随行。他们都是成就了无漏智的大阿罗汉，或是具备佛智在人世宏扬佛法的菩萨。他们能够超越世间种种事物的束缚，不被诸有所困，能够在俗尘中施现佛祖的威德仪律，推广佛法以解脱世人烦恼，从而把如来遗训发扬光大。他们净心严守佛门的一切戒律，可做三界众生的典范；以无数的化身显现佛的智慧，引导世间生灵脱离生死轮回，让众生摆脱未来的轮回苦海，从而超越世间的束缚。

其名曰：大智舍利弗、摩诃目犍连、摩诃拘絺罗、富楼那弥多罗尼子、须菩提、优波尼沙陀等，而为上首。复有无量辟支无学①，并其初心②，同来佛所，属诸比丘，休夏自恣③。十方菩萨，咨决心疑④，钦奉慈严⑤，将求密义。

【注释】

①辟支无学："辟支"，辟支佛；"无学"，指修行圆满，对外无所学而能穷尽变化。"辟支无学"，指已证得辟支佛果位的修行者。

②初心：指刚刚发心学佛的人。

③休夏自恣："休夏"，即结夏安居；"自恣"，自我忏悔或接受他人忏悔。

④咨决心疑：询问解决内心之疑惑。

⑤慈严：指如来。

【译文】

他们分别是：大智舍利弗、摩诃目犍连、摩诃拘絺罗、富楼那弥多罗尼子、须菩提、优波尼沙陀等人，这些都是如来佛的上首弟子。此外还有无数的辟支、无学等初入圣道的修行者，以及一些初发心学佛的修行者，他们与各位比丘一起来如来这里坐禅修学、考查检省。十方世界的菩萨们，为了咨询心中最后的疑惑，也恭敬地觐见如来，寻求佛法的奥义。

即时如来敷座宴安①，为诸会中宣示深奥②。法筵清众，得未曾有。迦陵仙音③，遍十方界。恒沙菩萨来聚道场④，文殊师利而为上首。

【注释】

①宴安：寂静安详。

②深奥：深奥的佛法密意。

③迦陵：迦陵频迦是一种人头羽身的吉祥鸟，凭借阿弥陀佛的愿力所化成。迦陵鸟还没出生就能唱歌，所发出的歌声被称为法音。

④道场：原指释迦牟尼最初成道之处，后来供奉佛或宣讲佛法之地亦称为道场。

【译文】

这时候，如来安然上座，为法会中大众宣讲佛法的深奥密义，令大众得到前所未有的启发。如同迦陵鸟的和美法音，传遍十方诸天各界。数不清的菩萨们汇聚此处，而文殊师利菩萨为上首。

这是文殊菩萨图。文殊菩萨又名曼殊师利、文殊师利法王子，他与普贤菩萨同为释迦牟尼佛的胁侍，合称"华严三圣"。根据佛教经典，文殊菩萨善于说法，是过去诸佛的老师，负责引导修行者证得佛果。在《楞严经》中，文殊菩萨也位居诸菩萨之上首。

时波斯匿王，为其父王讳日营斋，请佛宫掖①，自迎如来，广设珍馐无上妙味，兼复亲延诸大菩萨。城中复有长者、居士，同时饭僧，伫佛来应②。佛敕文殊，分领菩萨，及阿罗汉，应诸斋主。

【注释】

①宫掖：王宫的左右偏殿。

②伫佛来应：等候释尊来应供（受供养）。

【译文】

那时，波斯匿王正为其父的忌日而设斋宴请诸佛。他在宫廷的斋筵上摆满了美味珍肴，并亲自迎候如来以及各位菩萨。城里的一些长者、居士，也在设斋筵礼诸位僧人，他们也期待如来能够光临。如来就命文殊菩萨分率菩萨和阿罗汉去赴斋主们的筵请。

阿难遭劫

唯有阿难先受别请，远游未还，不遑僧次①。既无上座及阿阇黎。途中独归。其日无供，即时阿难执持应器，于所游城次第循乞。

【注释】

①不遑僧次："不遑"，来不及；"次"，行列。意指阿难远游未归，来不及归队。

【译文】

只有如来的弟子阿难，因为已接受别处的邀请，远游还未归队。因为没有比丘或轨范师一起同去，只有他一人独行。在他返回这一天，并未得到供奉，只好手持食钵，在城里沿街乞食。

心中初求最后檀越，以为斋主，无问净秽刹利尊姓①及旃陀罗②，方行等慈③，不择微贱，发意圆成一切众生无量功德。

【注释】

①刹利尊姓：印度的第二等级，为贵族。

②旃陀罗：印度种姓等级中最低下者。

③方行等慈：效法佛陀施行平等慈心。

【译文】

阿难心里盘算，等乞到最后一家施主时，不管是干净还是污秽，也不论是尊贵

· 名词解释 ·

檀越：指斋主，即施与僧众衣食，或出资举行法会等之信众。在小乘佛教中，僧尼乞食时，通常先找官家，然后再找唱、屠（夫）、沽（酒家）、淫舍。此时官家和居士都已设斋供佛，不能再供养阿难，因此他只好寻求后三种施主。

还是卑贱，他就会在那家接受供奉，不仅会以同等的慈悲关怀众生，还会竭力成就众生的佛性智慧与无上功德。

阿难已知如来世尊诃须菩提及大迦叶为阿罗汉，心不均平。钦仰如来开阐无遮，度诸疑谤①。经彼城隍②，徐步郭门，严整威仪，肃恭斋法③。

【注释】

①"钦仰如来"句：（阿难）钦慕如来能为他们阐明平等对待贫富的智慧，免除他人的疑惑与毁谤。大迦叶专找贫苦人乞食，人疑其清高；须菩提专找富人乞食，人谤其贪富。

②城隍：城楼。"城"，土筑高墙；"隍"，干涸无水的护城壕。

③严整威仪，肃恭斋法：整理仪容，恭敬地按行斋的律仪乞食。

【译文】

阿难知道，如来世尊曾责备须菩提和大迦叶，批评他们虽为阿罗汉，却仍然不能以平等心对待众生。他钦慕如来能为他们阐述宽容平等的智慧，引导他们从迷惑怨忿中解脱。阿难边想边走过城楼，慢慢向街上走去。他面容庄重，恭敬地按行斋的律仪乞食。

尔时，阿难因乞食次，经历淫室，遭大幻术。摩登伽女①以娑毗迦罗②先梵天咒，摄入淫席③。淫躬抚摩，将毁戒体④。

【注释】

①摩登伽女：一个母姓为"摩登伽"的淫荡女子。

②娑毗迦罗：古代印度外道中的一种，主要擅长幻术、神语符咒等。

③淫席：摩登伽女的床席。

④戒体：指出家持戒的身体。

【译文】

当阿难到一处淫逸的住所乞食时，遭遇了大幻术，一个母姓为"摩登伽"的淫荡女子，对他施用娑毗迦罗先梵天咒，将他按倒在床，正欲淫行浪荡，眼看阿难的持戒之体难保。

这是阿难图。阿难原是释迦牟尼佛的堂弟，后随佛陀出家，随侍佛陀达25年。他记忆超群，熟知佛法，被称为"多闻第一"。由于阿难博学多闻，面容俊秀，所以深得女性的尊敬。《楞严经》中的摩登伽女就是因为爱慕阿难，所以对他施加了魔咒。

如来以神咒救助阿难

如来知彼淫术所加,斋毕旋归。王及大臣、长者、居士,俱来随佛,愿闻法要。于时,世尊顶放百宝无畏光明,光中出生千叶宝莲,有佛化身结跏趺坐,宣说神咒,敕文殊师利将咒往护。

【译文】

如来知道阿难遭到淫邪之术,很快用斋回来。波斯匿王和大臣、长者、居士们,也尾随而至,等着聆听佛法。此时,如来头顶之上放射出百宝无畏大光明,光芒之中生出千叶宝莲花,莲中有一佛作跏趺坐,宣说神咒,并命文殊菩萨持此咒去护卫阿难。

恶咒消灭,提将阿难及摩登伽归来佛所①。阿难见佛,顶礼悲泣,恨无始来。一向多闻,未全道力。殷勤启请十方如来,得成菩提妙奢摩他、三摩禅那,最初方便。于时复有恒沙菩萨,及诸十方大阿罗汉、辟支佛等,俱愿乐闻。退坐默然,承受圣旨。

【注释】

① "提将阿难"句:提醒阿难,鼓励摩登伽女一同来佛住所。

【译文】

一时间,魔咒被破,阿难和摩登伽女都被带到如来面前。阿难见佛,顶礼跪倒,放声悲泣。他恨自己向来以"多闻"闻名于世,却不能成就圆满的道行。阿难恳请十方如来,帮助他开启至无上智慧、至无上禅定、至无上正定正觉的修习功夫,以及最为方便快捷的成道法门。当时又有数不清的菩萨,以及十方世界的大阿罗汉、辟支佛等,都愿聆听佛的教诲。他们静静坐好,准备领受佛的至高要义。

阿难的学佛之心

佛告阿难:"汝我同气①,情均天伦。当初发心,于我法中见何胜相,顿舍世间深重恩爱?"

阿难白佛:"我见如来三十二相

这是释迦牟尼佛坐莲花像。根据印度传说,莲花是高贵圣洁的象征。佛教诞生后,释迦牟尼佛结跏趺坐于莲花之上,象征佛陀虽然身处秽土,却能离尘清净、法力无边。在《楞严经》中因为阿难有难,于是佛陀坐于千叶宝莲花上宣说神咒。

胜妙殊绝，形体映彻，犹如琉璃。常自思惟：此相非是欲爱所生。何以故？欲气粗浊，腥臊交媾，脓血杂乱，不能发生胜净妙明②，紫金光聚。是以渴仰，从佛剃落。"

【注释】

①汝我同气：你我有共同的血脉，阿难与佛是堂兄弟。

②胜净妙明："胜净"即最清净；"妙明"，光明无伦。

【译文】

如来对阿难说："你我有同胞之脉，情同手足。你最初发心出家时，在我的佛法中看到了什么景象，竟让你能舍下世间的深重恩爱？"

阿难告诉如来："那时我看到如来之身有三十二种美妙绝伦之相，形体澄澈透明如同水晶。我暗自思量，这样的美妙之相一定不是因世间情欲而生。为什么这样说呢？因为世间的色欲之气粗浊不堪，腥臭交织，脓血杂乱，绝不能生出这样明净无瑕、光明普照的相状。因此我心里非常渴仰爱慕，因此从佛剃度出家。"

佛言："善哉！阿难！汝等当知：一切众生从无始来，生死相续，皆由不知常住真心，性净明体，用诸妄想。此想不真，故有轮转。"

【译文】

佛听后便赞叹道："真好，阿难。你应该知道，世间众生一直在生死轮回中挣扎，都是因为不明白自己的常住真心，是不动不摇、不生不灭、不增不减的。心的本性是明净光洁的，但是若用于种种妄念，就变成颠倒的妄想，使众生在生死烦恼中轮转不停息。"

"汝今欲研无上菩提①，真发明性，应当直心②，酬我所问。十方如来同一道故，出离生死，皆以

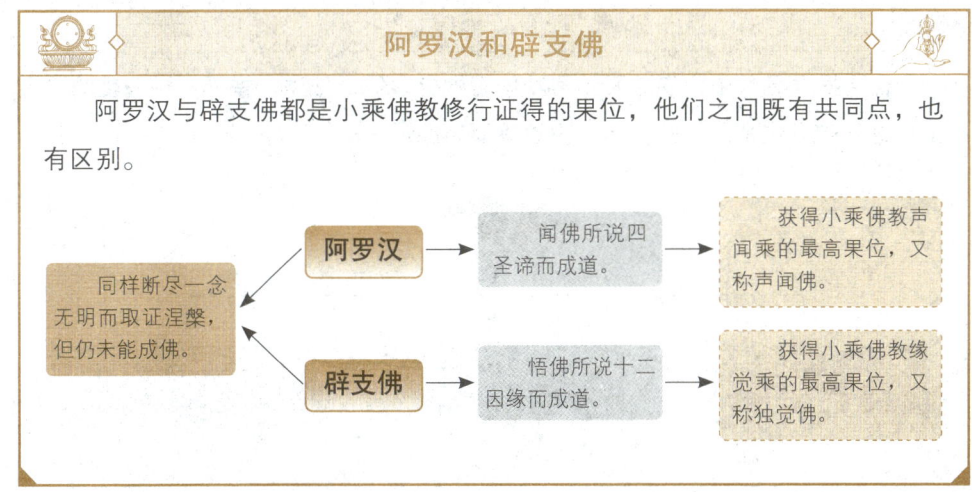

阿罗汉和辟支佛

阿罗汉与辟支佛都是小乘佛教修行证得的果位，他们之间既有共同点，也有区别。

- 同样断尽一念无明而取证涅槃，但仍未能成佛。
  - 阿罗汉 → 闻佛所说四圣谛而成道。 → 获得小乘佛教声闻乘的最高果位，又称声闻佛。
  - 辟支佛 → 悟佛所说十二因缘而成道。 → 获得小乘佛教缘觉乘的最高果位，又称独觉佛。

直心。心言直故，如是乃至终始地位，中间永无诸委曲相③。"

【注释】

①无上菩提：至上的成佛之道，指修行的最高果位。

②直心：直接深入到本心。

③委曲相：种种起伏曲折之情形。

【译文】

"你要是想修习无上智慧，真正地明晓真实的心性，那么你应当以真诚之心回答我的问题。诸天十方佛的修行，其实并没有什么不同，之所以能够脱离生死轮回，都是直心修行的结果。当心依本性修行，口以诚实修炼，那么你的修行过程就会非常顺畅，永远不会有任何起伏或曲折。"

"阿难，我今问汝。当汝发心缘于如来三十二相，将何所见？谁为爱乐？"

阿难白佛言："世尊！如是爱乐，用我心目。由目观见如来胜相，心生爱乐，故我发心，愿舍生死。"

【译文】

"阿难，我现在问你，当初你因为如来三十二种妙相的缘故而发心求无上智慧，那么，你究竟是用什么来看，又是用什么感到欢喜的呢？"

阿难告诉如来："世尊，我是用我的心和眼来感受欢喜的。当我的眼目睹到如来美妙绝伦的相状，我的心就生起了欢喜，于是我发心求无上智慧，并愿为此舍生弃死。"

心和眼在哪里

佛告阿难："如汝所说，真所爱乐，因于心目。若不识知心目所在，则不能得降伏尘劳。譬如国王为贼所侵，发兵讨除，是兵要当知

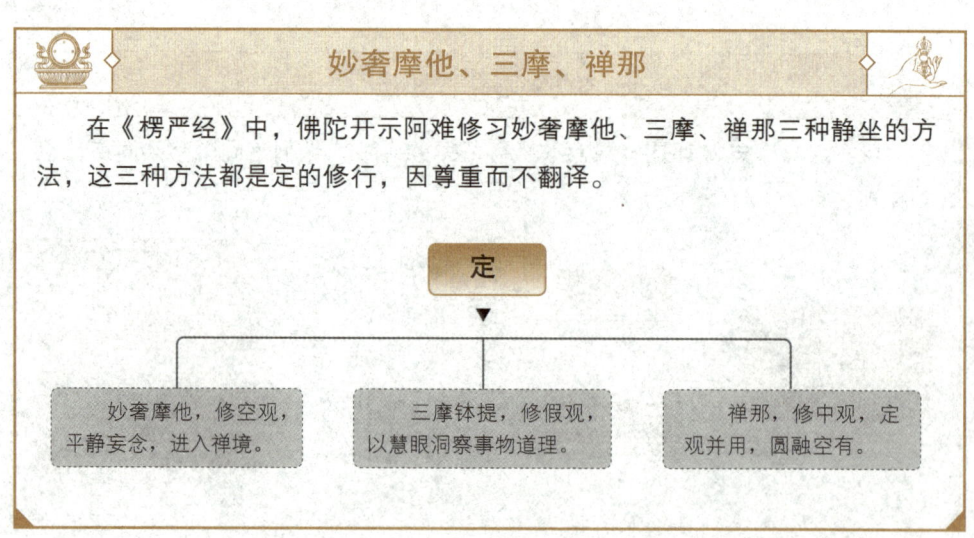

妙奢摩他、三摩、禅那

在《楞严经》中，佛陀开示阿难修习妙奢摩他、三摩、禅那三种静坐的方法，这三种方法都是定的修行，因尊重而不翻译。

定

- 妙奢摩他，修空观，平静妄念，进入禅境。
- 三摩钵提，修假观，以慧眼洞察事物道理。
- 禅那，修中观，定观并用，圆融空有。

贼所在。使汝流转，心目为咎，吾今问汝：唯心与目，今何所在？"

【译文】

如来又对阿难说："像你刚才所说，你用心和眼感觉到欢喜。如果你不知自己的心和眼在何处，就不能消除俗尘的烦恼。这就如同一个遭到敌人侵犯的国王，如果他发兵讨伐侵犯的敌人，那他首先就要知道敌人的方位。而你之所以仍在生死轮回中，就是受制于眼和心的缘故。我现在问你，你的心与眼到底在哪里？"

阿难白佛言："世尊，一切世间十种异生，同将识心居在身内。纵观如来青莲华眼，亦在佛面。我今观此浮根四尘，只在我面；如是识心，实居身内。"

【译文】

阿难回答说："世尊啊！世间三界之内的十种异生，都将识心置于体内。即使是如来的青莲华眼，也是长在面上。而我的浮根，即眼根——乃四尘，即色、香、味、触所形成，生长在我的面上；而能分辨事物的识心，却是在我的身体内。"

佛告阿难："汝今现坐如来讲堂，观祇陀林，今何所在？"

"世尊，此大重阁清净讲堂，在给孤园，今祇陀林实在堂外。"

"阿难，汝今堂中先何所见？"

"世尊，我在堂中先见如来，次观大众；如是外望，方瞩林园。"

"阿难，汝瞩林园，因何有见？"

"世尊，此大讲堂户牖开豁，故我在堂得远瞻见。"

【译文】

佛再问阿难："你现在坐在如来讲堂，你看祇陀林，究竟在何处？"阿难答道："世尊！这重阁叠楼的清净讲堂，就在这祇园里，而祇陀太子之林，就在讲堂外边。"

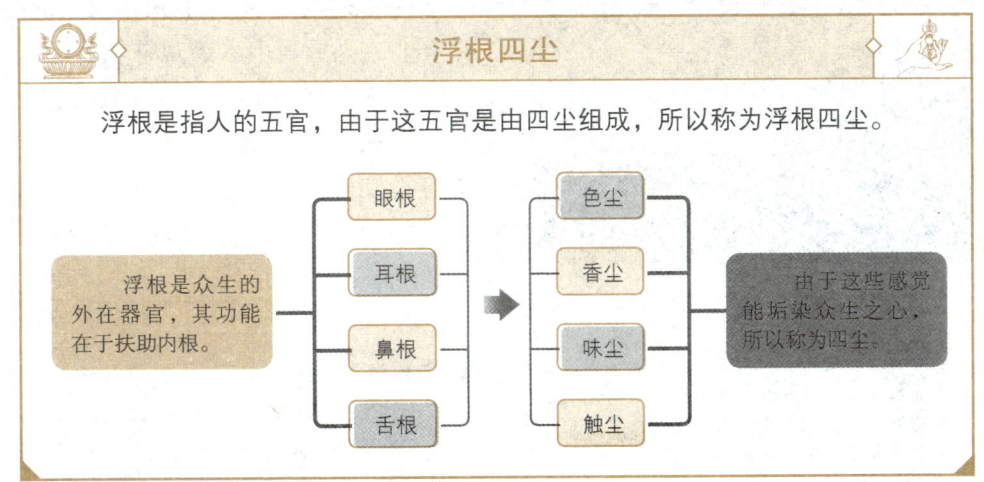

浮根四尘

浮根是指人的五官，由于这五官是由四尘组成，所以称为浮根四尘。

浮根是众生的外在器官，其功能在于扶助内根。

眼根
耳根
鼻根
舌根

色尘
香尘
味尘
触尘

由于这些感觉能垢染众生之心，所以称为四尘。

佛对阿难说："你现在在讲堂中，最先见到什么呢？"阿难回答："世尊！我在讲堂中，先看见如来，之后见大众，然后往外看去，才看见那些林园。"

佛问阿难："你是怎样能看见林园的呢？"阿难回答："世尊！因为讲堂的门窗宽阔，四方洞开，所以我在讲堂内便能望见外边景物。"

心不在内

尔时世尊，在大众中，舒金色臂，摩阿难顶，告示阿难及诸大众：有三摩提，名大佛顶首楞严王，具足万行，十方如来，一门超出妙庄严路。汝今谛听。阿难顶礼，伏受慈旨。

【译文】

这个时候，世尊伸展金色臂膀，抚摸阿难的头，对阿难及大家说："有一种

这是法堂图。法堂，又称讲堂，是佛教寺院中僧人读经的场所。根据《分别功德经》，佛陀所住的祇洹精舍有七十二座讲堂，这也说明了释迦牟尼佛在世时就已有讲堂。《楞严经》中释迦牟尼佛就在讲堂为阿难说法。

止寂静虑的境界，称为大佛顶首楞严王，这一境界无量无边，一切禅定、十方如来皆从此所出，才达到至上之高的法力。现在，你们都要仔细地听着！"阿难随即起身顶礼，伏受如来慈悲法旨。

佛告阿难："如汝所言，身在讲堂，户牖开豁，远瞩林园。亦有众生，在此堂中，不见如来，见堂外者。"

阿难答言："世尊！在堂不见如来，能见林泉，无有是处。"

【译文】

佛反问阿难："如你所言，身在讲堂时，窗户打开，便可以看见外边园林。但是，会不会也有众生，身在堂中，而没看见如来，只看见堂外之物呢？"

阿难答言："世尊！身在堂中，看不见如来而只看见林泉，没有这种道理。"

"阿难，汝亦如是。汝之心灵一切明了。若汝现前所明了心，实在身内，尔时，先合了知内身。颇有众生，先见身中，后观外物？

"纵不能见心、肝、脾、胃，爪生发长，筋转脉摇，诚合明了，如何不知？心不内知，云何知外？是故应知，汝言'觉了能知之心住在身内'，无有是处。"

【译文】

佛说："阿难！你也是如此。你的心灵，一切都能明了。既然这个明了的

心是居于体内，就应该先看到体内之事物。是否有众生能先看见身中之物再看到外边之物吗？"

"你说心在内，见在外，为何心在内而不能先见心、肝、脾、胃呢？纵然看不见，那亦应该看见指甲的生、头发的长、筋络的转、脉搏的摇，你的心应该明了，如何会不知呢？既然不能知内，如何反能知外呢？所以应该明白，你所说的能知之心居于体内，是没有道理的。"

心不在外

阿难稽首而白佛言："我闻如来如是法音，悟知我心实居身外。所以者何？譬如灯光然于室中，是灯必能先照室内，从其室门，后及庭际。一切众生，不见身中，独见身外，亦如灯光，居在室外，不能照室。是义必明，将无所惑。同佛了义，得无妄耶？"

【译文】

阿难行礼叩首说道："听了如来的佛法，顿时心中明了我的心其实是驻在身外的，为什么呢？就像室内的灯光一般，必定是先照亮室内，接着照亮门户，然后才是照亮庭院。一切众生，如果不能看清自身的内部，而只能看见身外之物，这就如同在室外的灯光不能照亮室内。了解了这个道理后，就不会心有疑惑，进而明白佛陀的法义，自然不会产生妄想吧？"

佛告阿难："是诸比丘，适来从我室罗筏城，循乞抟食，归祇陀林，我已宿斋。汝观比丘，一人食时，诸人饱否？"

阿难答言："不也，世尊！何以故？是诸比丘虽阿罗汉，躯命不同，云何一人能令众饱？"

【译文】

如来对阿难说："刚才众比丘，跟从我在室罗筏城沿门乞食，刚刚回到祇陀林，这时我已吃完饭了。阿难，你觉得一个比丘吃饭时，其他比丘会不会饱呢？"

阿难回答："不会饱的，世尊！为什么这么说呢？因为众比丘，虽是证得阿罗汉的果位，但是每人的躯体不同，怎么能一人吃饭而众人都会饱呢？"

佛告阿难："若汝觉了，知见之心，实在身外，身心相外，自不相干，则心所知，身不能觉，觉在身际，心不能知。我今示汝兜罗绵手，汝眼见时，心分别否？"

第五章 破魔大全——《楞严经》

• 名词解释

了义： 正确无误的道理。凡是直接、完全明了地讲述佛法道理的教派，称为了义教，如诸大乘经说生死、涅槃无异者。而宣说此道理之经典，即称了义经。

【译文】

如来对阿难说:"你的觉察明了之心,实际是在身外,那么,身和心自然分开,没有关系,毫不相干,则心所知之事,身便没有感觉,而身体有感觉,心却不会知道。"

如来又说:"我现在伸手出来,当你看到我的手时,你的识知的心能辨别出来吗?"

阿难答言:"如是,世尊。"

佛告阿难:"若相知者,云何在外?是故,应知汝言'觉了能知之心住在身外',无有是处。"

【译文】

阿难回答:"是的,世尊!"

如来告诉阿难:"当你眼睛看见时,心便会知道,怎可以说心在外边呢?所以应该知道,你说觉察明了之心是住在身外,这道理是不对的。"

心不在眼底

阿难白佛言:"世尊,如佛所言,不见内故,不居身内,身心相知,不相离故,不在身外。我今思惟,知在一处。"佛言:"处今何在?"

【译文】

阿难对佛说:"世尊,就像佛陀所说的那样,由于不能够看见身体的肝肺脾胃,心就不能说是在身内;既然心与身既能互相感知又不相离,那么心就不会在身外。现在我想,识知之心是在某一个地方。"

佛说:"你所知的那一处是在哪里?"

阿难言:"此了知心,既不知内而能见外,如我思忖,潜伏根里。犹如有人,取琉璃碗,合其两眼,虽有物合而不留碍。彼根随

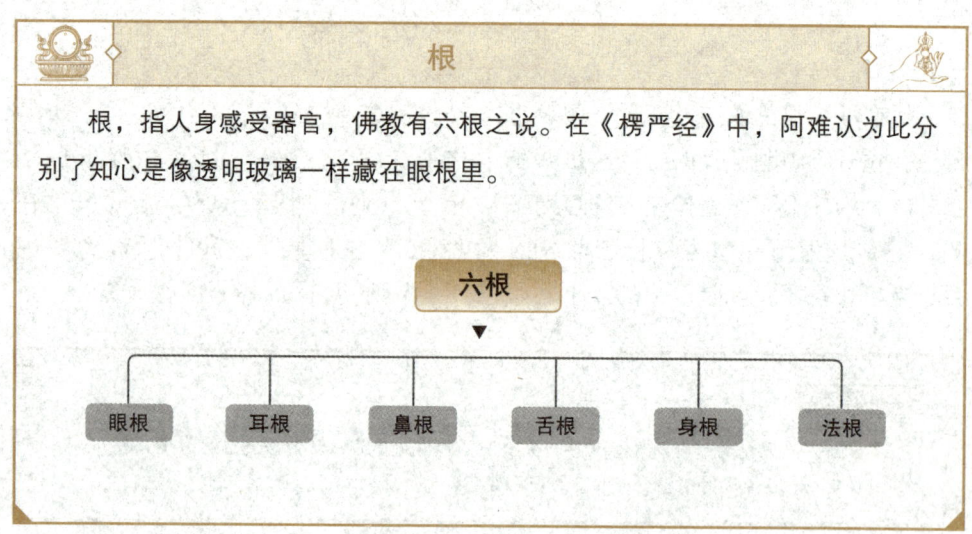

根,指人身感受器官,佛教有六根之说。在《楞严经》中,阿难认为此分别了知心是像透明玻璃一样藏在眼根里。

六根

眼根　耳根　鼻根　舌根　身根　法根

见，随即分别。然我觉了能知之心，不见内者，为在根故。分明瞩外，无障碍者，潜根内故。"

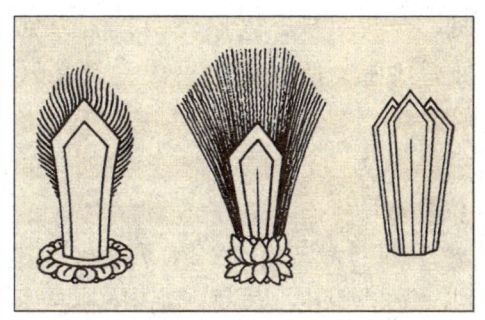

这是琉璃图。琉璃是用人造水晶为原料，古代青铜脱蜡铸造法高温脱蜡制作而成的作品，一般都是晶莹剔透的品质，多用于宫殿、庙宇、陵寝等重要建筑，也是佛教七宝之一。《楞严经》中释迦牟尼佛用琉璃碗遮眼的故事来启示阿难。

【译文】

阿难说："这个能知之心，虽然不能看见身体内部，但却能看见外面的世界，我再三揣摩，它一定潜伏在眼底。这好比有人拿琉璃碗盖在眼上，虽然遮住了双眼，但却不妨碍眼能看见东西一样。所以眼根一看见，便能分别是什么。但为何我的识别之心不能看见身体的五脏六腑？这是因为它在根里，之所以我清清楚楚能看见外边的东西，一点都无障碍，因为是潜伏在眼根里边的缘故。"

佛告阿难："如汝所言，潜根内者，犹如琉璃。彼人当以琉璃笼眼，当见山河，见琉璃否？"

"如是，世尊，是人当以琉璃笼眼，实见琉璃。"

【译文】

佛问阿难："若依你所说，识知之心藏在眼根里，就像覆盖着琉璃碗一样。那么当人们拿琉璃碗盖在眼前时，是能够看见山河大地的，但是否还可以看见琉璃呢？"

阿难说："世尊，当人们用琉璃碗遮盖眼前时，事实上看到的是琉璃啊。"

佛告阿难："汝心若同琉璃合者，当见山河，何不见眼？若见眼者，眼即同境，不得成随；若不能见，云何说言此了知心潜在根内，如琉璃合？是故应知汝言'觉了能知之心，潜伏根里，如琉璃合'，无有是处。"

【译文】

佛问阿难："如果你的了知之心与琉璃在一处，那么它可以看到远处的山河大地，又可看见近处的琉璃，为何独独看不见眼睛呢？如果能看见自己的眼，那么眼睛就是不属于自身的外物，又怎么能辨别其他的事物呢？如果不能看见自己的眼，又怎可说这了知之心是藏在眼根内呢，这与琉璃盖在眼前是一样的道理吗？因此应知，你的这种说法是不对的。"

两个识知之心

阿难白佛言："世尊，我今又作如是思惟，是众生身，腑脏在中，窍穴居外，有藏则暗，有窍则明。今我对佛，开眼见明，名为见外，闭眼见暗，名为见内，是义云何？"

【译文】

阿难对佛说："世尊，现在我又想到，众生的身体，是以腑脏居中，眼耳等窍穴居外，藏在身体内就属于暗，所以不能看见；露在外面的就属于明，所以可以看见。我现在在佛陀面前，睁开眼就看见光明，就叫做见外，闭上眼睛看见黑暗，就叫做见内，这是为什么呢？"

佛告阿难："汝当闭眼见暗之时，此暗境界为与眼对？为不眼对？若与眼对，暗在眼前，云何成内？若成内者，居暗室中，无日月灯，此室暗中皆汝焦腑。若不对者，云何成见？"

【译文】

如来告诉阿难："当你闭眼看见黑暗的时候，这黑暗境界，是和你的眼相对，还是不相对？假若和你眼相对，那么暗就在你眼前，怎可说在内呢？如果是见内，那么你坐在暗室里，没有日光、月光、灯光来照明，那么这暗室中的境界，都成为在内，都属你的焦腑，岂有这种道理呢？

那么你所见的黑暗境界，不和眼相对，那怎么能看得见呢？"

"若离外见，内对所成，合眼见暗，名为身中。开眼见明，何不见面？若不见面，内对不成。见面若成，此了知心及与眼根，乃在虚空，何成在内？若在虚空，自非汝体，即应如来。

"今见汝面，亦是汝身，汝眼已知，身合非觉。必汝执言，身眼两觉，应有二知。即汝一身，应成两佛。是故应知汝言'见暗'，名见内者，无有是处。"

【译文】

"如果你离开对外之见，那就没有与对外相对的对内，并没有什么见内见外的不同。如果说闭上眼能看见黑暗，那这种黑暗就应该说在身内，但为何开眼见外的时候，不能见到自己的脸呢？如果能看到自己的脸，那么这个识知之心和你的眼根，都是在虚空中，怎可说是在内呢？如果你的心和眼根，都是在虚空之中，和你就没有关系，而是原本存在的东西。

"虽然你的眼睛已知觉到了你的脸，但你的身体却不能感觉到它们的统一，如

·名词解释·

焦腑：指人体的五脏六腑。五脏是指心、肝、脾、肺、肾，六腑是指胆、胃、大肠、小肠、膀胱、三焦，中医用五脏六腑泛指人体的各种器官。

果非要按你所说，心眼就是各自独立的，那么应有两个识知之心，也就是说，你一个身体要成就两个佛。因此，你应知道你所说的见暗即是见内，是不对的。"

心没有本体

阿难言："我尝闻佛开示四众，由心生故，种种法生。由法生故，种种心生。我今思惟，即思惟体实我心性。随所合处，心则随有，亦非内、外、中间三处。"

【译文】

阿难又说："我过去时常听佛对四众开示，由于心念的缘故，所以种种法生。由于万事万物的生成，又生起种种的心念。因此，我仔细揣摩，我的思维就是我的心性。随着心性与万事万物的因缘，心念因缘合而成就，又因缘散而消失，所以说，我的心不在内，不在外，也不在中间。"

佛告阿难："汝今说言，由法生故，种种心生，随所合处。则心随有者，是心无体，则无所合。若无有体，而能合者，则十九界，因七尘合。是义不然。

"若有体者，如汝以手自挃其体，汝所知心，为复内出？为从外入？若复内出。还见身中，若从外来，先合见面。"

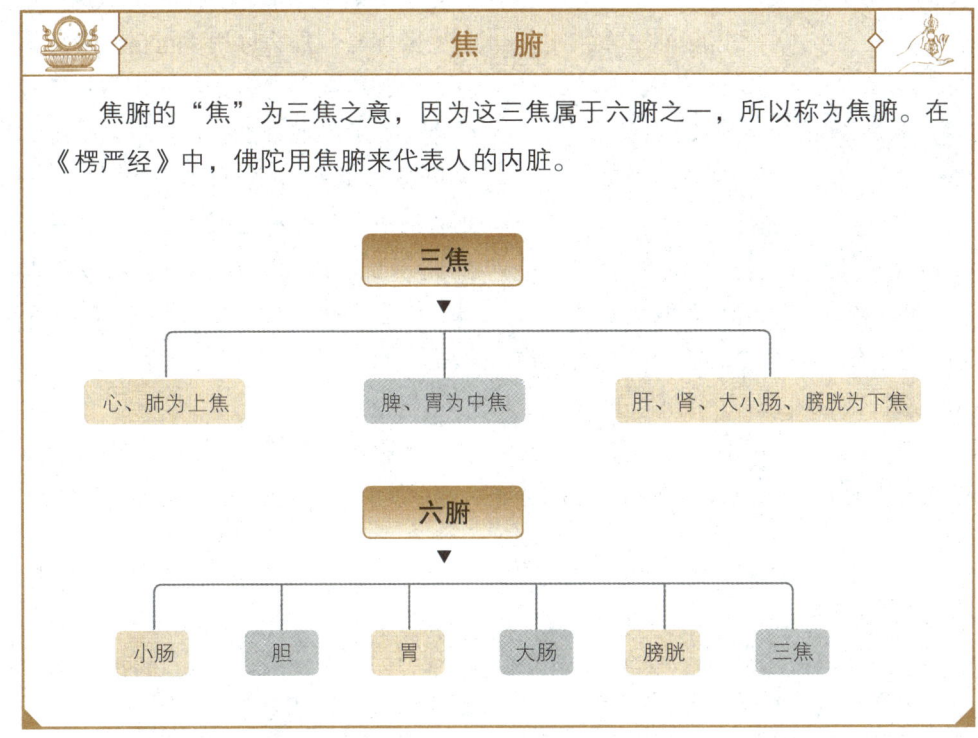

焦腑

焦腑的"焦"为三焦之意，因为这三焦属于六腑之一，所以称为焦腑。在《楞严经》中，佛陀用焦腑来代表人的内脏。

三焦
- 心、肺为上焦
- 脾、胃为中焦
- 肝、肾、大小肠、膀胱为下焦

六腑
- 小肠
- 胆
- 胃
- 大肠
- 膀胱
- 三焦

【译文】

如来告诉阿难："如你所说，由于外物的影响，种种心念生出；因为与事物的因缘，心才随之存在。若如此说，你这个心便没有本体，则也无所谓与他物遇合，那么这没有本体的心已经超出六根、六尘及六识以外，根本无法说明了。

"如果心有体相，则你用自己的手触摸自己的身体，应能感受到心的存在。你的这种感受是从体内感知的呢，还是从体外感知的呢？若从身体内部感知，应当见到身内的腑脏；如果是从身体外部感知，那么就应当先看见自己的脸。"

阿难言："见是其眼，心知非眼，为见非义。"

佛言："若眼能见，汝在室中，门能见不？则诸已死，尚有眼存，应皆见物。若见物者，云何名死？"

【译文】

阿难说："能看见东西是眼睛的作用，能感知事物则是心的作用，所以说用心来看是不对的。"

佛陀说："如果眼睛能见，那么当你在室内时，门户能看见你吗？好比世间已经死去的人，他们的眼睛还存在，应该能看见东西，但如果能看见东西，怎可说是死呢？"

"阿难！又汝觉了能知之心，若必有体，为复一体？为有多体？今在汝身，为复遍体？为不遍体？若一体者，则汝以手挃一支时，四支应觉。若咸觉者，挃应无在。若挃有所，则汝一体自不能成。若多体者，则成多人，何体为汝？"

【译文】

佛陀说道："阿难！你那能知能觉的心，如果有自身的本体，那它是只有一个本体，还是有许多个本体？它在你的身上，是遍布你的身体上呢，还是没有遍布？如果识知之心是一个本体，并且遍及你身，那么你用手捏自己的身体时，四肢应同时有感觉。如果四肢都有感觉，那就不是触摸了。如果触摸身体某一处，只有这一处有感觉，那么识知之心遍布全身的说法就不成立了。进一步说，如果你的识知之心有许多个本体，那么你就会有许多个意识，哪一个才是你呢？"

"以若遍体者，同前所挃。若不遍者，当汝触头，亦触其足，

· 名词解释 ·

十九界、七尘：佛教有十八界、六尘，而"十九界"与后文的"七尘"一样，是指凭空捏造的事物。在《楞严经》中，佛陀用十九界、六尘来说明我们的心是有体相的。

头有所觉，足应无知。今汝不然，是故，应知'随所合处，心则随有'，无有是处。"

【译文】

"若说心是遍及全体的，如前面所说，你怎么能够知道触摸的是身体的哪个部分？若不是遍及全体，当你用手触头的时候，如果同时触你的足，你只能感觉到头被触摸，而感觉不到触摸了脚。可实际上并不是这样，因此可知，因缘聚合而生起心念，这个理论是不对的。"

 ## 心不在中间

阿难白佛言："世尊，我亦闻佛与文殊等诸法王子谈实相时，世尊亦言，心不在内，亦不在外。如我思惟，内无所见，外不相知。内无知故，在内不成。身心相知，在外非义。今相知故，复内无见，当在中间。"

【译文】

阿难向佛说："世尊，我也曾听到佛陀与文殊菩萨等人谈论实相的问题。那时世尊说，心不在内，亦不在外。我现在揣摩，心在内却不能看见身体内部，心在外又与我不相关。既看不见身体内部，因此心不在内。但身体与心也是相知相识的，可见心与身也不能相离。既然身与心能互相感知，那么心应当是处在内与外的中间吧？"

佛言："汝言中间。中必不迷，非无所在。今汝推中，中何为在？为复在处？为当在身？若在身者，在边非中，在中同内。若在处者，为有所表？为无所表？无表同

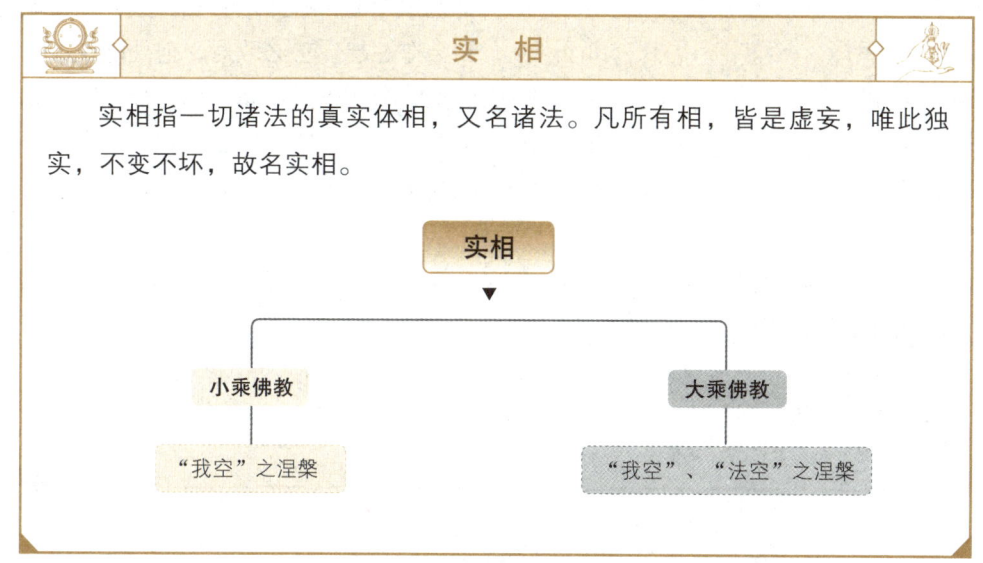

实　相

实相指一切诸法的真实体相，又名诸法。凡所有相，皆是虚妄，唯此独实，不变不坏，故名实相。

实相
↓
小乘佛教 —— "我空"之涅槃
大乘佛教 —— "我空"、"法空"之涅槃

无，表则无定。何以故？如人以表，表为中时，东看则西，南观成北。表体既混，心应杂乱。"

【译文】

佛说："你说心在内与外之间，这中间是个含糊的地方，应当有一个确切的地点。既然你现在说是在中间，那么中间又在何处呢？是在外境之外呢？还是就在身体之中？如果在身体之中，那么在身体表面与在身体之中是不同的。

"如果心在身体之中，就等于是在身体之内，就不在中间。如果是在身体表面，那么是有标示还是没标示呢？无法标记就等于没有固定的地点。即使有标示，这标示也是无固定场所的。为什么这样说呢？就像把一个人当做居中的标示，如果你从东面看他，他则处在西面；从南面看他，他则处在北面。标示之物已然如此混乱模糊，那心更是杂乱无定了。"

阿难言："我所说中，非此二种。如世尊言，眼色为缘，生于眼识，眼有分别，色尘无知。识生其中，则为心在。"

【译文】

阿难说："我所说的中间，不是这两种。我的意思是，就像世尊曾说的，眼睛所以能够因缘聚合而发生作用，那是因为当中生出了眼睛的识知作用。我们用眼睛辨别事物，其实这事物本身是无知觉，正因为我们感知到事物，我们的心就因此生起了。"

佛言："汝心若在根尘之中，此之心体，为复兼二？为不兼二？若兼二者，物体杂乱。物非体知，成敌两立，云何为中？兼二不成，非知不知，即无体性，中何为相？是故应知'当在中间'无有是处。"

【译文】

佛说："假如你的心是在眼根和事物中间，那么这个心的本体，是联系着眼根与事物呢，还是不联系呢？如果这个心兼联两端，心体与物体混杂，物体是无知无觉，心体是有知有觉，知与无知合在一起，势必敌对，何处能说成持中呢？既然不是兼联二体，那么，心就不能去认知事物，那么心也就没有了自己的本性，中也就没有任何标志了。所

·名词解释·

富楼那：迦毗罗卫人，佛陀的十大弟子之一。他先与朋友出家修苦行，后在释迦牟尼成道后前往皈依。在佛陀的众弟子中，富楼那善于分辨佛法教义，能因人施教，不懈不息地宣扬佛法、教化众生，被称为"说法第一"。

以你应当知道，说心在内外的中间，也是不对的。"

🪷 心的本性

阿难白佛言："世尊，我昔见佛与大目连、须菩提、富楼那、舍利弗四大弟子，共转法轮。常言觉知分别心性，既不在内，亦不在外，不在中间。俱无所在，一切无著，名之为心。则我无著，名为心不？"

【译文】

阿难对佛说："世尊，我以前也曾听见佛陀和大目连、须菩提、富楼那、舍利弗四大弟子共同说法教化众生。世尊经常说，这个识知之心，不在内不在外，也不在中间，它不在任何地方，不执著于任何事物，这就是心的本性。那么，我不执著于一切之上，这算不算心的本性呢？"

佛告阿难："汝言觉知分别心性俱无在者。世间虚空，水陆飞行诸所物象，名为一切。汝不著者，为在为无？无则同于龟毛兔角，云何不著？有不著者，不可名无。无相则无，非无则相。相有则在，云何无著？是故应知，一切无著，名觉知心，无有是处。"

【译文】

佛告诉阿难："你说识知之心不在任何地方，可世间这所有天上、地下、水中的所有的物象，你都毫不执著，那你的心是在世间还是不在世间呢？如果你的心离开一切物象之外，那么就像龟生毛、兔长角一样虚无，那还有什么执不执著呢？既然说不执著，就不能说它不存在，只有毫无相状才能说不存在，只要有形态外相就是存在，怎么可以说是不执著于一切事物呢？因此应该知道，认定不执著一切事物就是知觉认识心的本性，这也是不对的。"

🪷 阿难请法

尔时阿难，在大众中，即从座起，偏袒右肩，右膝著地，合掌恭敬

这是法轮图。法轮原是古代印度的一种兵器，后被佛教吸收为法器，它一般为八根辐条，象征释迦牟尼传教中的八件大事。因为法轮是佛法的代表，所以转法轮有传播佛法之意，也有佛法传播、辗转不停的含义。《楞严经》的转法轮也是传播佛教的意思。

而白佛言："我是如来最小之弟，蒙佛慈爱，虽今出家，犹恃憍怜，所以多闻，未得无漏。不能折伏娑毗罗咒，为彼所转，溺于淫舍。当由不知真际①所诣。"

【注释】

①真际：指本真心体所在之处。

【译文】

这时，阿难就在大众中站了起来，偏袒右肩，右膝跪地，合掌恭敬地对佛说："我是如来最小的弟子，向来承蒙佛的慈爱，现在虽已从佛出家，但心中仍是依仗自己的身份骄傲放纵，虽然号称博学多闻，却达不到消除一切烦恼的无上果位，以至于不能降伏娑毗迦罗咒，终被邪咒所迷，沉溺在淫室里。这都是因为不知自己的真心在什么地方，才有这种种过失。"

"惟愿世尊，大慈哀愍，开示我等奢摩他路，令诸阐提①隳弥戾车。"作是语已，五体投地。及诸大众，倾渴翘伫，钦闻示诲。

【注释】

①阐提：即一阐提，指断善根、不信因果、无惭愧心的人。

【译文】

"祈望世尊发慈悲心，为我们指引无上正等正定的道路，让那些断绝善行、不信佛者，堕入那恶浊之地去吧！"说完后，阿难即匍匐在地，与在场众人一起衷心祈求如来的教诲。

尔时世尊从其面门放种种光，其光晃耀如百千日。普佛世界六种震动，如是十方微尘国土，一时开现。佛之威神，令诸世界合成一

阐 提

阐提又称一阐提，是指永远不得成佛的根机。根据《成唯识论掌中枢要》，阐提共有三种，分别是断善阐提、大悲阐提、无性阐提。

阐提

- 断善阐提，不信或诽谤佛教，断除一切善根之人。虽然这些人并无成佛之期，但如果逢佛威力，发菩提心还是可以证得涅槃。
- 大悲阐提，怜悯众生而发愿不入涅槃的菩萨，他们为救济众生于生死流转中，暂时不愿成佛，但是因为他们大智增上与不断善根之力，终能成佛。
- 无性阐提，缺少成佛的因缘，最终不能证得涅槃之人，即指定性二乘。

界。其世界中，所有一切诸大菩萨，皆住本国，合掌承听。

【译文】

这时，世尊的面上放出奇异的光彩，明亮耀眼，有如千百个太阳那样辉煌。一时普天之下，大地震动，万众和悦，十方世界数不尽的国土，一一显现出来，在瞬间显现出佛陀的威仪，所有世界因佛陀的威力融为一界。在世界当中，所有大菩萨，都各在自己的国土上顶礼合掌，聆听佛说楞严大定的妙法。

二种根本

佛告阿难："一切众生从无始来，种种颠倒，业种自然，如恶叉聚。诸修行人不能得成无上菩提，乃至别成声闻缘觉，及成外道。诸天魔王及魔眷属，皆由不知二种根本，错乱修习，犹如煮沙欲成嘉馔。纵经尘劫，终不能得。"

【译文】

佛对阿难说："一切众生自久远以来，就有种种的妄想与颠倒，并造就了种种恶业，恶业相聚轮转，从而使修行者，不能证得无上佛果，只能修成声闻、缘觉，甚至成为天魔。这是为什么呢？这皆是因为他们不知二种根本，胡乱修习，就像想把河里沙子煮成美味一样，纵然历经万千劫，也不能实现。"

"云何二种？阿难，一者，无始生死根本，则汝今者与诸众生，用攀缘心为自性者。二者，无始菩提涅槃元清净体，则汝今者，识精元明，能生诸缘，缘所遗者。由诸众生遗此本明，虽终日行，而不自觉，枉入诸趣。"

【译文】

"二种根本是什么呢？"佛说，"阿难，第一种根本就是从无始劫以来，生死相续之根本，就是你与众人以

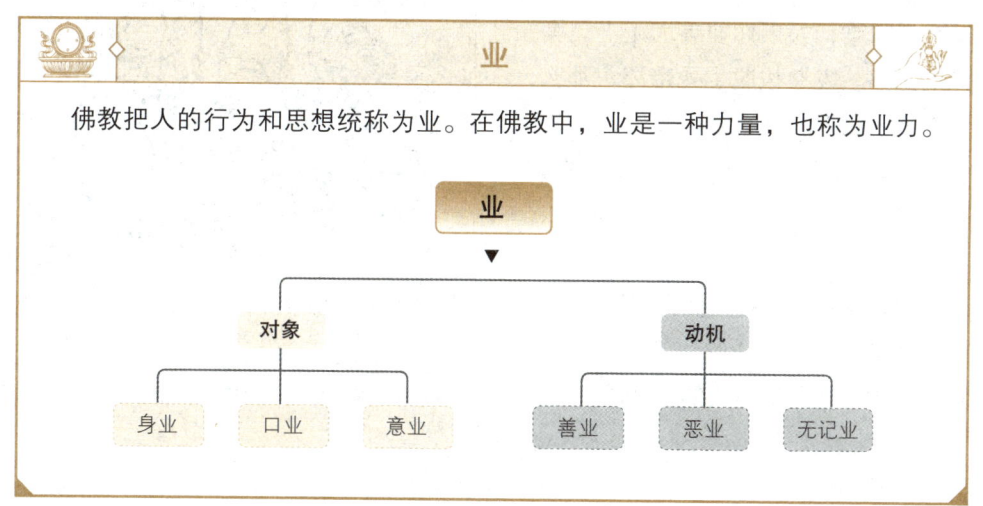

业

佛教把人的行为和思想统称为业。在佛教中，业是一种力量，也称为业力。

业
▼
对象 ── 身业 ── 口业 ── 意业
动机 ── 善业 ── 恶业 ── 无记业

依持外物的认知心,自以为就是生死的本性。第二种是无始以来的元清净体,它无来无去,是我们每人本来所具有的,它是不垢不净,不增不减,不生不灭的真性。它本来是光明遍照,能生出种种因缘。但久而久之,众生反而忘失自己的真心,用妄想攀缘心的力量来修行,虽然时时勤苦修习,终究不能有所觉悟,不免陷入那些各种不同的生死恶趣之中。"

本性真心

"阿难,汝今欲知奢摩他路,愿出生死,今复问汝。"即时世尊举金色臂,屈五轮指,语阿难言:"汝今见不?"

阿难言:"见。"

佛言:"汝何所见?"

阿难言:"我见如来举臂屈指,为光明拳,耀我心目。"

【译文】

"阿难,如果你要寻求无上正等正定的道路,发愿拔脱生死苦海,那么,现在我要问你一个问题。"

说完,如来便举起金色手臂,屈起手指成拳,问阿难说:"你现在看见吗?"

阿难回答:"看见了。"

如来说:"你看见什么?"

阿难回答:"我看到佛陀举臂屈指握为光明拳,照耀着我的心和眼。"

佛言:"汝将谁见?"

阿难言:"我与大众同将眼见。"

佛告阿难:"汝今答我,如来屈指为光明拳,耀汝心目,汝目可见,以何为心,当我拳耀?"

阿难言:"如来现今征心所在,而我以心推穷寻逐,即能推者,我将为心。"

佛言:"咄!阿难,此非汝心。"

这是毗沙门(多闻)天王及其眷属图。毗沙门天王与广目天王、持国天王、增长天王并称四大天王,他是北方的守护神,是护持如来道场的天神,也被佛教徒称为财神或福神。

【译文】

佛问:"你是用什么来看的?"

阿难答:"我跟大家一样,都是用眼来看的。"

佛再问阿难:"你现在回答我,你刚才说如来屈指为光明拳照耀你的心目,那是你的眼看见的,但你又以什么为心来承接我的拳光呢?"

阿难说:"现在世尊要我印证心在何处,而我已经用心仔细去推究,那么这个能推究的东西,就是我心了。"

佛喝道:"胡说!阿难,这不是你的心!"

阿难矍然避座,合掌起立白佛:"此非我心,当名何等?"

佛告阿难:"此是前尘、虚妄相想,惑汝真性。由汝无始至于今生,认贼为子,失汝无常,故受轮转。"

【译文】

阿难惊惧不安,立刻离开座位,合掌恭敬地对佛说:"这如果不是我的心,那它应当叫什么呢?"

佛陀告诉阿难:"这是根尘妄念的所思所想,是分别尘影的妄想心,它迷惑了你的真心自性。从无始至今,你便认贼作子,把妄想识心与虚妄之相当做本性真心,从而遗失了本元常住真心,因此无法超出生死轮回之外。"

阿难白佛言:"世尊,我佛宠弟心爱佛故,令我出家。我心何独供养如来,乃至遍历恒沙国土,承事诸佛及善知识,发大勇猛,行诸一切难行法事,皆用此心。纵令谤法,永退善根,亦因此心。

"若此发明不是心者,我乃无心,同诸土木?离此觉知,更无所有。云何如来说此非心?我实惊怖!兼此大众,无不疑惑。惟垂大悲,开示未悟。"

【译文】

阿难向佛说:"佛一向宠爱弟子,因我心慕佛的三十二妙相,发心出家。我不仅用心供奉如来,也遍历恒沙国土敬奉诸佛。我之所以能勇猛精进、不畏

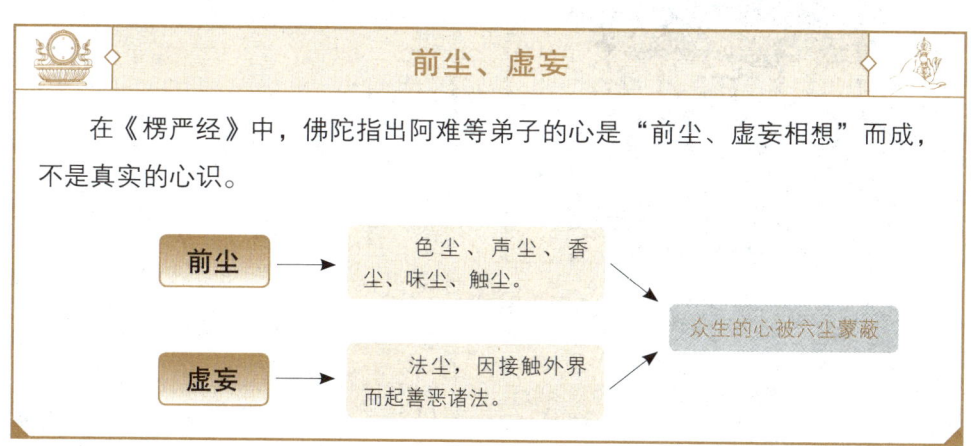

前尘、虚妄

在《楞严经》中,佛陀指出阿难等弟子的心是"前尘、虚妄相想"而成,不是真实的心识。

前尘 → 色尘、声尘、香尘、味尘、触尘。

虚妄 → 法尘,因接触外界而起善恶诸法。

众生的心被六尘蒙蔽

艰难地修行，都是此心在推动着我。即使我歪曲了佛法，善根不存，都是因为有此心。

"如果此心是前尘妄相所起的妄想，不是真心，那么我便是无心之人，与泥土草木一般。没有这个能觉能知的心，我就什么都没有了。为何如来说，这不是我的真心呢？我实在惊慌恐怖，相信在座大众也有同样的疑惑，祈望如来开大悲心，开示我等未悟之人。"

万物因心形成

尔时，世尊开示阿难及诸大众，欲令心入无生法忍，于师子座摩阿难顶，而告之言："如来常说，诸法所生，唯心所现。一切因果世界微尘，因心成体。"

【译文】

这个时候，世尊就开示阿难和众人，要让他们都能开悟，而得证入无生法忍。佛安坐狮子座上，拍了拍阿难的头，并说道："一切尘世器物都是心的现示，世间一切事物，都是由于心的作用而结成。"

"阿难，若诸世界一切所有，其中乃至草叶、缕结，诘其根元，咸有体性。纵令虚空，亦有名貌。何况清净妙净明心，性一切心而自无体？"

【译文】

"阿难，诸方世界中的一切所有，甚至一草一叶，一丝一结，若追诘寻求它们的根源，都有自己的体性，就算虚空也有名相体貌。清净、妙净、妙明之真心，是能够体察万物体性之心，又怎么会没有本体呢？"

"若汝执吝，分别觉观，所了知性必为心者，此心即应离诸一切色、香、味、触诸尘事业，别有全性。如汝今者，承听我法，此则因声而有分别。纵灭一切见闻觉知，内守幽闲，犹为法尘，分别影事。"

【译文】

"如果你坚持这个能分别、感知、观看的知性就是心，那么，此心就应该与色、香、味、触等与觉知相关的尘世器物相分离，才能保持完整的心之本性。就如现在你听我说法，是因为有声尘，才有分别心产生；不能离开声尘，而另外有一个心。纵然消灭所有能引起

这是师子座图。师子就是狮子，因为狮子是百兽之王，所以在佛教许多经典中，都用狮子来象征佛陀的无畏与伟大，佛陀也被尊称为"人师子"、"释师子"，佛陀的座位，也通称为"师子座"。《楞严经》中佛陀就是安坐在师子座上。

见、闻、觉、知之物，向内观望那寂静空无的境界，这也依然是与尘世分别的种种幻影。"

"我非敕汝执为非心，但汝于心，微细揣摩，若离前尘，有分别性，即真汝心。若分别性，离尘无体，斯则前尘分别影事。尘非常住，若变灭时，此心则同龟毛兔角，则汝法身同于断灭。其谁修证，无生法忍？"

【译文】

"我没有责怪你依持的不是真实的心，只要你仔细揣摩你的心，如果离弃了六尘外物，仍然有能分别的体性存在，那就是你的真心。如果这个能分别的体性，离开了六尘境界就不存在，那么它就不过是六尘境界显现的影像罢了，你的心也只是尘世器物世界的种种分别的幻影罢了。"

 ## 不能成佛的原因

即时阿难与诸大众默然自失。

佛告阿难："世间一切诸修学人，现前虽成九次第定，不得漏尽，成阿罗汉，皆由执此生死妄想，误为真实。是故，汝今虽得多闻，不成圣果。"

【译文】

听到这里，阿难和大家都受到震动而不能自持。

佛告诉阿难："世间一切诸修行人，纵使能证得九次第定，但仍不能证得阿罗汉圣果，都是因为执著生死妄想，把它误为自己的真实法心。就像你

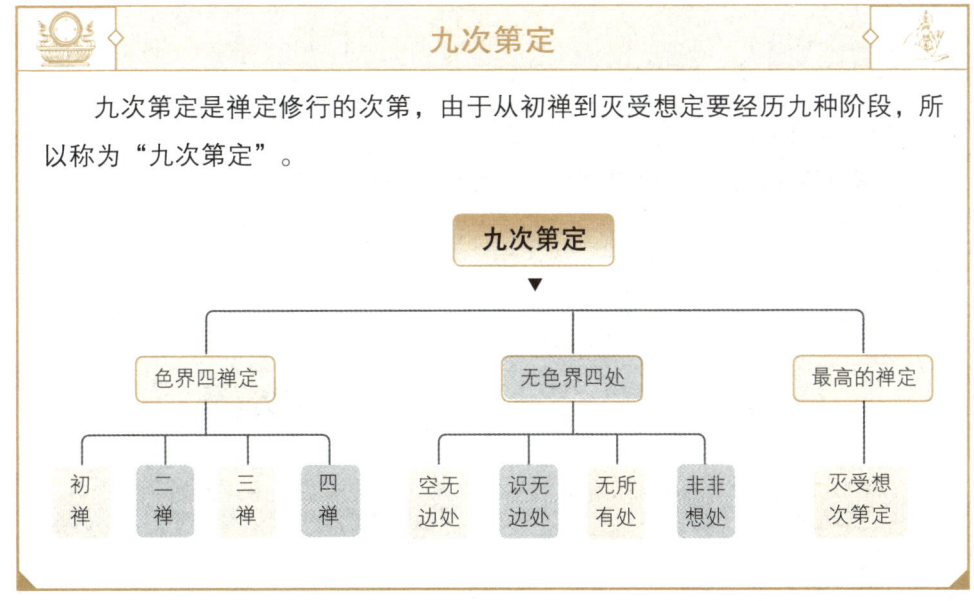

九次第定

九次第定是禅定修行的次第，由于从初禅到灭受想定要经历九种阶段，所以称为"九次第定"。

现在一样,虽然博学多闻,但终不能修成正果。"

阿难闻已,重复悲泣,五体投地,长跪合掌而白佛言:"自我从佛发心出家,恃佛威神,常自思惟,无劳我修,将谓如来惠我三昧,不知身心本不相代,失我本心。虽身出家,心不入道,譬如穷子舍父逃逝。"

【译文】

听完如来说法,阿难不断悲泣流泪,他五体投地叩头,合掌长跪不起,并对如来说:"自从我发心追随如来出家以来,向来依仗佛陀的无上威德神通,心中总想,不必我去劳苦修行,佛陀定会惠赐我获至无上正持正定正觉的智慧,却不知我的身心与佛的身心不可替代,反而丧失了我的真实本心。所以,我的身虽已出家,我的心却始终没有真正进入佛的圣道;这就好比儿子舍弃父亲的财富,逃到外面做穷人一样。"

"今日乃知虽有多闻,若不修行,与不闻等。如人说食,终不能饱。世尊,我等今者二障所缠,良由不知寂常心性,惟愿如来,哀愍穷露,发妙明心,开我道眼。"

【译文】

"我今日才知道,虽然我号称博学多闻,但如果不依教修行佛法,知而不行,就与无知是一样的全无用处;就好像只听别人说食物美味,不能填饱自己的肚子一样。世尊,现在我等被烦恼障和所知障所缠缚而不能解脱,都是因为不知道寂静常明真心的本性,现在惟愿如来垂怜我们贫穷孤露,指示启发妙明真心,使我等得开佛眼,早证圣果。"

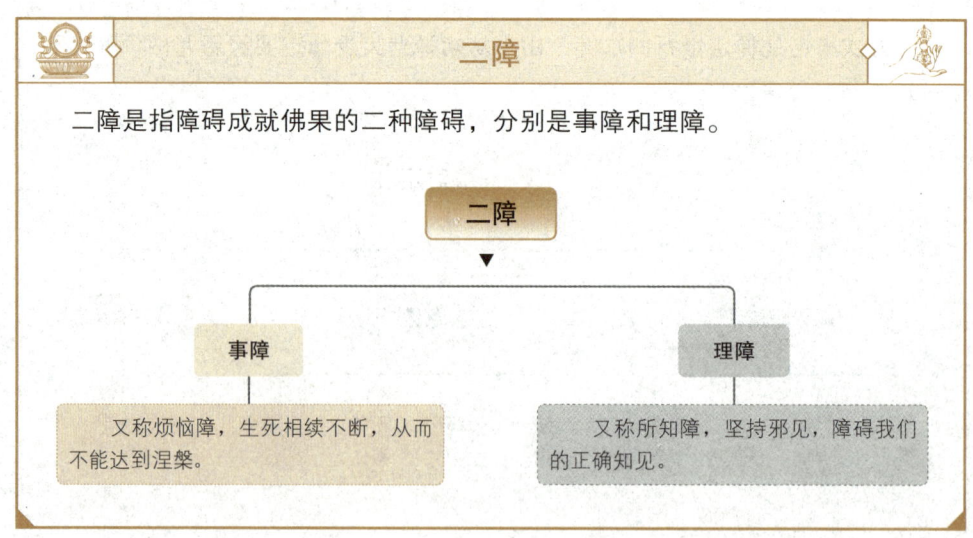

二障

二障是指障碍成就佛果的二种障碍,分别是事障和理障。

```
        二障
         │
    ┌────┴────┐
   事障       理障
```

事障:又称烦恼障,生死相续不断,从而不能达到涅槃。

理障:又称所知障,坚持邪见,障碍我们的正确知见。

佛陀开示妙法

即时，如来从胸卍①蚝字，涌出宝光。其光晃昱，有百千色。十方微尘，普佛世界，一时周遍。遍灌十方所有宝刹。诸如来顶，旋至阿难及诸大众。告阿难言："吾今为汝建大法幢，亦令十方，一切众生，获妙微密，性净明心，得清净眼。"

【注释】

①卍：原为佛胸部吉祥符号，武则天时期正式认定它为汉字，读wàn，非常吉祥的意思，后世将其作为佛教的标志。

【译文】

当时，如来的胸间卍字上涌现出无量宝光，光彩夺目，耀眼辉煌，一时照遍十方与微尘世界，遍灌十方世界的宝刹，然后再从十方回旋到如来顶上，瞬间普及阿难和众人。

佛对阿难说："现在我为你显现可摧伏邪妄的妙法，也让十方众生了悟佛法的静妙，获得净明的心性和辨别邪正的清净智慧眼。"

"阿难，汝先答我，见光明拳，此拳光明因何所有？云何成拳？汝将谁见？"

阿难言："由佛全体，阎浮檀金①，赩如宝山，清净所生，故有光明。我实眼观，五轮指端，屈握示人，故有拳相。"

这是释迦牟尼图。如图所见，释迦牟尼佛胸口有"卍"字，"卍"是梵文，是"吉祥之所集"之意，在佛教中，它被认为是释迦牟尼胸部的瑞相，是"万德吉祥"的标志，一般是右旋，藏传佛教则是左旋。《楞严经》中如来胸前的"卍"字能够放照宝光，普照十方世界。

【注释】

①阎浮檀金：指极为明亮的金色。"阎浮檀"，传说是南瞻部洲的一种檀树，此树果汁入水，沙石皆成金。这种金子色泽远胜过普通黄金，放在暗室中，光亮如白天。

【译文】

佛再问阿难："先前你说看见了我的光明拳，现你告诉我，此拳为何会放光明？又是为何成拳？你又是如何看见的？"

阿难回答："佛的全身，犹如阎浮

第五章 破魔大全——《楞严经》

檀树林中的金子，光亮如宝山，佛身清净，非爱欲所生，因此能放光明。我用眼睛所见，佛屈握五指，拳的外形由此而生。"

佛告阿难："如来今日实言告汝，诸有智者，要以譬喻而得开悟。阿难，譬如我拳，若无我手，不成我拳。若无汝眼，不成汝见。以汝眼根，例我拳理，其义均不？"

阿难言："唯然，世尊！既无我眼，不成我见，以我眼根，例如来拳，事义相类。"

【译文】

佛对阿难说："我今天不与你谈玄说妙，我要说的是，对于有智慧的人来说，讲法要用譬喻才能开悟。阿难，拿我的拳来说，若没有我的手，就不能成拳，如果没有你的眼，就不能看到拳的相状。因此，以你的眼根，来比喻我的拳相，从义理上来说，是否一样呢？"

阿难答道："世尊，这是对的。若没有我的眼，便不能看见拳的相状。以我眼根所见，来比喻如来的光明拳，它们在事理上是近似的。"

盲人与灯光

佛告阿难："汝言相类，是义不然。何以故？如无手人，拳毕竟灭。彼无眼者，非见全无。所以者何？汝试于途询问盲人：'汝何所见？'彼诸盲人，必来答汝：'我今眼前，唯见黑暗，更无他瞩。'以是义观，前尘自暗，见何亏损？"

【译文】

佛对阿难说："你说它们事理近似，其实并不对。为什么呢？因为没有手的人，自然无法成拳；但是，失去眼睛的人却并非什么也看不到。为什么这么说呢？你可以试着去询问路上的盲人：'你看到了什么？'那盲人必会回答你：'我的眼前只有一片黑暗，别无他物。'由此可见，眼前的尘境世界本就黑暗的，这对于盲人有什么影响呢？"

阿难言："诸盲眼前惟睹黑暗，云何成见？"

佛告阿难："诸盲无眼，惟观黑暗，与有眼人，处于暗室，二黑有别，为无有别？"

"如是，世尊，此暗中人与彼群盲，二黑较量，曾无有异。"

【译文】

阿难问道："佛祖，那些盲人的眼前只有一片黑暗，为什么说他能看见呢？"

如来对阿难说："那些盲人没有眼睛，故只看得到黑暗而已，但这与正常人处在暗室中所看到的黑暗有没有什么不同呢？"

阿难回答："是的，世尊，处在暗室的正常人所见到的黑暗，与那些盲人所看到的黑暗相比较，应该没有什么不同。"

"阿难,若无眼人全见前黑,忽得眼光,还于前尘,见种种色,名眼见者。彼暗中人,全见前黑,忽获灯光,亦于前尘见种种色,应名灯见。

"若灯见者,灯能有见,自不名灯。又则灯观,何关汝事?是故,当知灯能显色,如是见者,是眼非灯;眼能显色,如是见性,是心非眼。"

【译文】

如来又说:"阿难,如果那些眼见全黑的盲人,在忽然间复明,看到眼前种种尘物世界,这叫做'眼见';而那些处在暗室的明眼人,面前也只是黑暗,这时若有灯光亮起,眼前的种种景物也会一一呈现,因灯的照射而现示事物,这样是不是可称其为'灯见'呢?

"如果说是因为灯亮能看见事物,那么灯既然能看见,就不应该叫做灯。既叫作灯,自然不能看见。又如果一定要说灯能见,那是灯的观见,与你的眼睛有什么关系?

"因此,你要知道,灯光只是能够显现事物,而能看见事物的,是眼睛而不是灯。眼睛能够看见事物,但能识见分别事物的,却是心的作用,而不是眼睛。"

阿难虽复得闻是言,与诸大众,口已默然,心未开悟,犹冀如来,慈音宣示。合掌清心,伫佛悲诲。

【译文】

此时阿难虽然再次聆听如来教法,但他与大家一样安静聆听,却仍然未能开悟,所以大家都静默不敢言语,只能恭敬地合掌,冀求如来慈悲,再宣法音。

开悟之因

尔时世尊,舒兜罗绵网相光手,开五轮指,诲敕阿难及诸大众:"我初成道,于鹿园中,为阿若多五比丘等及汝四众言:一切众生,不成菩提及阿罗汉,皆由客尘烦恼所误。汝等当时,因何开悟,今成圣果?"

这是阎浮树图。阎浮树又名瞻部、琰浮,属于落叶乔木,可开花结果,一般生长于印度、斯里兰卡和马来半岛。根据佛教经典,印度有阎浮树林,林间的河流多含有沙金,称为阎浮檀金。《楞严经》中阿难将佛陀的身体比作阎浮檀金。

【译文】

那时候，世尊展开他的兜罗绵网相光手，伸开手指，向阿难和大家说："我当初在菩提树下开悟证果之后，曾对阿若多等五比丘和你们说过，世间一切众生，不能成就圣果菩提和阿罗汉果位，都是由于久居尘世烦恼所致。那你们当时都是因何而开悟，得成圣果的呢？"

时，憍陈那起立白佛："我今长老，于大众中，独得解名，因悟'客尘'二字成果。

"世尊，譬如行客，投寄旅亭，或宿或食。食宿事毕，俶装前途，不遑安住；若实主人，自无攸往。如是思惟，不住名客，住名主人，以不住者，名为客义。

"又如新霁，清旸升天，光入隙中，发明空中，诸有尘相，尘质摇动，虚空寂然。如是思惟，澄寂名空，摇动名尘，以摇动者，名为尘义。"

【译文】

这时候，憍陈那站起来。他向佛陀说："我算是与会人中年纪最老的，在初受度的大众之中，独独得到'解悟'的称名。我是听世尊说'客尘'二字而开悟证果的。

"世尊，就像行路的人投宿旅舍，或者住宿或者吃饭，食宿之后又要整顿前行，不会有闲心长住在旅店中。但若是主人，自然不会离开。这样想来，妄想分别不能永久存在，所以叫它做客人；法性是常住永久的，所以叫做主人，因此明白不住是客尘的义理。

"又如雨后新晴之时，清晨的阳光射入门缝，可以清晰看见尘埃在空中飞扬。尘质轻摇流动，可是虚空是寂然不动的。这样来看，澄明寂静叫做'空'，摇动就叫做'尘'，那么'尘'的含义就可叫做'摇动'。"

见性无常住

佛言："如是！"

即时，如来于大众中，屈五轮指，屈已复开，开已又屈，谓阿难言："汝今何见？"

阿难言："我见如来百宝轮掌，众中开合。"

佛告阿难："汝见我手，众中开合，为是我手，有开有合？为复汝见，有开有合。"

【译文】

佛陀说："你说得对，正是这样。"

·名词解释·

客尘烦恼：旅客与尘埃都是飘泊不定，就像世间诸种尘相，变化无常，又似我们的心念，迁移不停，这些都是妄心，不是真心。如来以客尘说明识心无主。

这时，佛陀对着众人合起他的五指又再放开，重复数次。然后，佛陀问阿难："你看见什么？"

阿难说："我见如来的百宝轮掌，在大众面前开合。"

佛陀问阿难："你看见我的手在大众前开合，是因为我的手有开有合呢，还是因为你的所见有开有合？"

阿难言："世尊宝手众中开合，我见如来手自开合，非我见性有开有合。"

佛言："谁动？谁静？"

阿难言："佛手不住，而我见性尚无有静，谁为无住？"

佛言："如是。"

阿难言："我见如来出妙宝光来我左右，故左右观，头自摇动。"

"阿难，汝盼佛光，左右动头，为汝头动？为复见动？"

"世尊！我头自动，而我见性，尚无有止，谁为摇动？"

佛言："如是。"

【译文】

佛想让阿难更加明悟，于是从百宝轮掌中飞出一道宝光，射向阿难的右面。这时，阿难便转头向右看。佛又放一道宝光射向阿难左面，阿难又再回头向左看。

佛对阿难说："刚才你的头为何左右摇动呢？"

阿难回答："我看见如来放出妙宝金光，这光来到我左右两边，我要观看，头自然会左右摇动。"

如来说："阿难，你看佛光时左右摇动头，这究竟是你的头在动呢，还是你的见性在动？"阿难回答："世尊，

【译文】

阿难说道："世尊的千辐轮相宝手，在大众面前开合。这是我用眼看见如来的手在自开自合，而不是我的观见有开有合。"

佛陀问："谁是动，谁是静？"

阿难答："佛手不断地开合，而我自己的见性，也一直在随之活动，究竟是谁在动呢？"

佛陀说："正是如此！"

如来于是从轮掌中飞一宝光，在阿难右。即时阿难回首右盼。又放一光，在阿难左，阿难又则回首左盼。

佛告阿难："汝头今日何因摇动？"

这是祥麟法轮图。释迦牟尼成道后，在鹿园为憍陈如五比丘初传佛法，史称"初转法轮"。为了纪念此事，出现了双鹿侧伴法轮的徽相。《楞严经》中佛陀提到在鹿园传法之事。

第五章 破魔大全——《楞严经》

这是佛陀的塑像。根据佛教经典，佛陀的手掌被称为百宝轮掌，这是由于他的手足中心各有一千辐轮相，所以用百宝来表示贵重。《楞严经》中佛陀用手掌的开合和手放宝光来启发阿难。

这是我的头在动，而我的观见，也一直在活动，又怎说得上摇动呢？"

如来说："你说得对，正是这样。"

于是如来普告大众："若复众生以摇动者，名之为尘；以不住者，名之为客。汝观阿难头自动摇，见无所动。又汝观我，手自开合，见无舒卷。"

"云何汝今以动为身？以动为境？从始洎终，念念生灭，遗失真性，颠倒行事。性心失真，认物为己，轮回是中，自取流转。"

【译文】

这时候，如来便对众人说："如果还有不明白的众生，以摇动的叫作'尘'，以不住的叫做'客'。那么你们请看阿难，刚才他的头虽在摇动，但见性本身并不会随之而动。你们再看我的手，它虽有开合，但是见性本身也不会随着舒卷。

"道理就是如此，为什么你要以摇动的东西为本体，以摇动的东西为实境呢？从始至终，时时刻刻，你如果都用识心来做事，心念随事物而生灭，就会遗失了本真心性，行事作为颠倒混乱，认他物为本己，自然难脱生死轮回。"

4 颠倒妄想

我们的观见到底在哪里

 波斯匿王的疑惑

尔时，阿难及诸大众闻佛示诲，身心泰然。念无始来，失却本心，妄认缘尘，分别影事。今日开悟，如失乳儿忽遇慈母。合掌礼佛，愿闻如来显出身心真妄虚实，现前生灭与不生灭二发明性。

【译文】

现在，阿难和大众听闻佛陀的教诲后，一时身心安稳泰然。他们回想自己长久以来，因为失却了本真心性，妄把幻影当真实，整日在六尘之中做虚妄之事。今日听了如来的说法，顿时开悟，犹如迷失的婴儿又回到慈母怀抱。他们一起合掌顶礼，祈愿如来为众人显示身心的真实与虚妄，并现示身心的生生灭灭和不生不灭的二种真实性相。

时波斯匿王起立白佛："我昔未承佛诲敕，见迦旃延、毗罗胝子，咸言此身死后断灭，名为涅槃。我虽值佛，今犹狐疑，云何发挥证知此心不生灭地？今此大众诸有漏者，咸皆愿闻。"

【译文】

此时，波斯匿王站起来对佛陀说："在我还没有领受到如来教诲之前，我曾拜见迦旃延和毗罗胝子两位大师。他们告诉我，人死后一切断灭，无因无果，没有后世，这叫做不生不灭的涅槃。现在我虽然遇到佛教化，但是心中仍有疑惑，是不是人死后就为断灭？怎样才能找到我的真心自性，并达到不生不灭的涅槃呢？相信与会大众和诸位有漏初学者，都想知道这个道理。"

佛告大王："汝身现在，今复问汝，汝此肉身为同金刚常住不朽？为复变坏？"

"世尊，我今此身终从变灭。"

佛言："大王，汝未曾灭，云何知灭？"

【译文】

佛陀对波斯匿王说:"你听过外道死后断火的说法,但如今你的肉身仍健在,那么我问你,你这个肉身是像金刚石那样常存不坏呢,还是会腐朽灭绝呢?"

王答:"世尊,我这个肉身终究会变坏毁灭的。"

佛陀说:"大王,你的肉身还未曾变灭,怎能知道将来必定会灭亡呢?"

"世尊!我此无常变坏之身,虽未曾灭,我观现前,念念迁谢,新新不住,如火成灰,渐渐销殒,殒亡不息,决知此身当从灭尽。"

佛言:"如是,大王。汝今年龄已从衰老,颜貌何如童子之时?"

【译文】

波斯匿王说:"世尊,我这随时会衰坏的身体,现在虽然还没有毁灭,但是我已经看到面前的一切事物,都如心念一样变化而不停息,如同燃香一般,灰落火新,渐销渐殒,直至火熄。由此可知,我这肉身也一定会灭绝的。"

如来说:"的确如此,大王。如今你年已老迈,你的容颜与孩童之时相比有何不同呢?"

"世尊,我昔孩孺,肤腠润泽,年至长成,血气充满,而今颓龄,迫于衰耄,形色枯悴,精神昏昧,发白面皱,逮将不久,如何见比充盛之时?"

佛言:"大王,汝之形容应不顿朽。"

六师外道

六师外道是古印度反对婆罗门种姓的沙门思潮的六个主要派别,被佛教称为"六师外道"。

翅舍钦婆罗	否认因缘果报,人应该在现世享尽快乐。
迦旃延	认为人生的罪与福,苦与乐都归自在天神做主。
富兰那	否定道德,无君臣父子忠孝之道。
末伽黎	邪命外道之祖、决定论者。
毗罗胝子	提倡苦行,认为苦行可以消除过去的罪业。
尼干子	修苦行,主张远离世间之衣食束缚。

【译文】

波斯匿王回答:"世尊,当我还是孩童之时,肌肤润泽有光华;后来年纪渐长,血气充盈;如今年老血衰,面容憔悴,精神昏沉,皮皱发白,也活不了多久了,怎可以和壮盛之年相比较呢?"

如来说:"大王,你的外形与容貌,应该不是突然之间就变得衰老的吧?"

王言:"世尊,变化密移,我诚不觉。寒暑迁流,渐至于此。何以故?我年二十,虽号年少,颜貌已老初十岁时,三十之年又衰二十,于今六十又过于二,观五十时宛然强壮。"

【译文】

波斯匿王说:"世尊,这些变化都是随着时间的流逝而产生的,我确实感觉不到。但是寒来暑往,经年累月,就变成如今这个衰颓模样了。这是为何呢?当我二十岁时,虽说年少,但面貌已比十岁时大;到了三十岁,又比二十岁时衰老;现在我已是六十二岁,回想五十岁时可比现在强健得多。"

"世尊,我见密移,虽此殂落,其间流易且限十年。若复令我微细思维,其变宁惟一纪、二纪?实惟年变。岂惟年变,亦兼月化。何直月化?兼又日迁。沉思谛观,刹那、刹那,念念之间,不得停住。故知我身,终从变灭。"

【译文】

"世尊,当我回想身体的变化,从我年少到身体衰老的这段时间,一般都以十年为界限变化。如果我再仔细回想,会发现它的变化,何止以十年、二十年为限,而是年年有变、月月有变、日日有变的。若再沉静观察,这变化实在是每分每秒、念念之间,都不曾停止过。由此我知道,这个身体终归要毁坏灭绝的。"

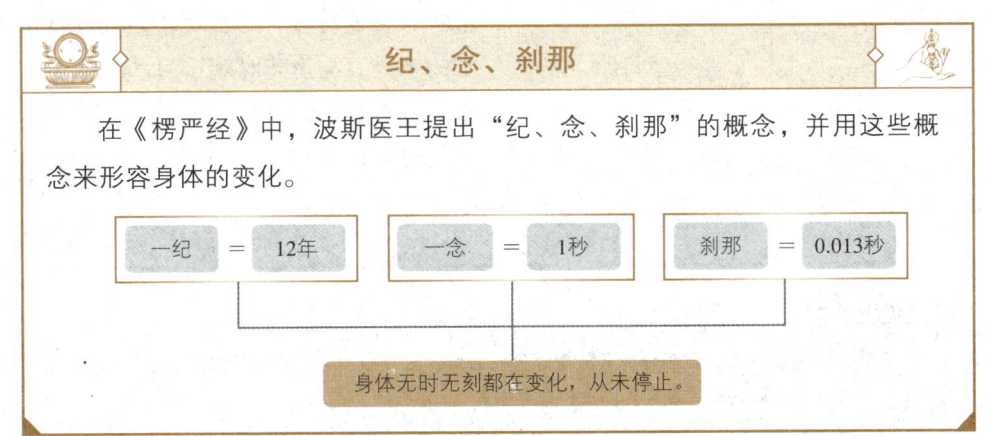

纪、念、刹那

在《楞严经》中,波斯医王提出"纪、念、刹那"的概念,并用这些概念来形容身体的变化。

一纪	=	12年
一念	=	1秒
刹那	=	0.013秒

身体无时无刻都在变化,从未停止。

不生不灭的自性

佛告大王:"汝见变化迁改不停,悟知汝灭。亦于灭时,汝知身中有不灭耶?"

波斯匿王合掌白佛:"我实不知。"

佛言:"我今示汝不生灭性。大王!汝年几时见恒河水?"

【译文】

佛陀告诉波斯匿王:"你从这种不曾停息的变化上,悟知自己的身体定然会灭亡。但是,你可曾知道,就在变化的过程中,你的身体之中仍有一种不会灭绝的东西吗?"

波斯匿王合掌对佛说:"这我真的是不知道。"

佛陀说:"既然如此,我现在就给你指明这不生不灭的自性。我问你,大王,你第一次见到恒河是几岁呢?"

王言:"我生三岁,慈母携我,谒耆婆天,经过此流,尔时即知是恒河水。"

佛言:"大王,如汝所说,二十之时,衰于十岁,乃至六十,日、月、岁、时,念念迁变,则汝三岁见此河时,至年十三,其水云何?"

【译文】

波斯匿王回答:"在我三岁的时候,我的母亲带我去参拜耆婆天,经过恒河,那个时候我见过了恒河水。"

佛陀再问:"如你所说,二十岁时比十岁时衰老,之后日日月月、分分秒秒都在变老,现在到六十岁了,而你三岁时看见的恒河与十三岁时看见的恒河,它的河水有何变化?"

王言:"如三岁时宛然无异,乃至于今年六十二,亦无有异。"

佛言:"汝今自伤'发白面皱',其面必定皱于童年。则汝今时观此恒河与昔童时,观河之见,有童耄不?"

王言:"不也,世尊!"

【译文】

波斯匿王说:"恒河水还是与我三岁时一样,没什么变化;直到我六十二岁了,河水仍然没有什么变化。"

如来说:"现在你感伤自己的头发变白、面皮多皱,可见你的面容必然比童年时衰老得多,那么现在你观看恒河水的感受,与童年时观看河水的感受,是不是有所不同呢?"

波斯匿王答:"世尊,完全没有不同。"

• 名词解释 •

耆婆天:又称长命天。相传此天为帝释天左右的侍卫。根据古印度和西域诸国的风俗,当孩子长到三岁时,即谒此天之庙,以求长命百岁。

佛言："大王，汝面虽皱，而此见精，性未曾皱；皱者为变，不皱非变，变者受灭，彼不变者，元无生灭。云何于中受汝生死？而犹引彼末伽黎等，都言此身死后全灭？"

王闻是言，信知身后，舍生趣生。与诸大众，踊跃欢喜，得未曾有！

【译文】

佛陀又说："大王，你的容貌虽已衰老，但你的认知观见的精微本性并不曾随之衰皱。所谓的衰皱就是变化，没有衰皱就是指没有变化，有变化的事物会灭绝，而那没有变迁的事物，也就无所谓生也无所谓死了。既然如此，你为何会要把这原无生灭的见性置于那生生灭灭之中呢？为何还要随顺那些外道者的妄言，认为身体会在死后一切绝灭呢？"

听了如来的说法，波斯匿王这才确信身体的死亡，并不是完全归于寂灭，而是舍弃了过去的生命，迎来了新的生命。于是，他与大家一起欢呼起来，欢喜之情前所未有。

阿难即从座起，礼佛合掌，长跪白佛："世尊，若此见闻必不生灭。云何世尊，名我等辈遗失真性，颠倒行事？愿兴慈悲，洗我尘垢。"

【译文】

这时，阿难离座而起，合掌礼佛，长跪于地，对佛陀说道："世尊，假若见闻真性是无生无灭的，那为何世尊刚才责备我们遗失了真性、颠倒了事物呢？希望如来兴大慈悲，为我们解惑，以智言洗净我们灵台上的尘垢。"

 ## 身心颠倒

即时如来，垂金色臂，轮手下指，示阿难言："汝今见我母陀罗手，为正为倒？"

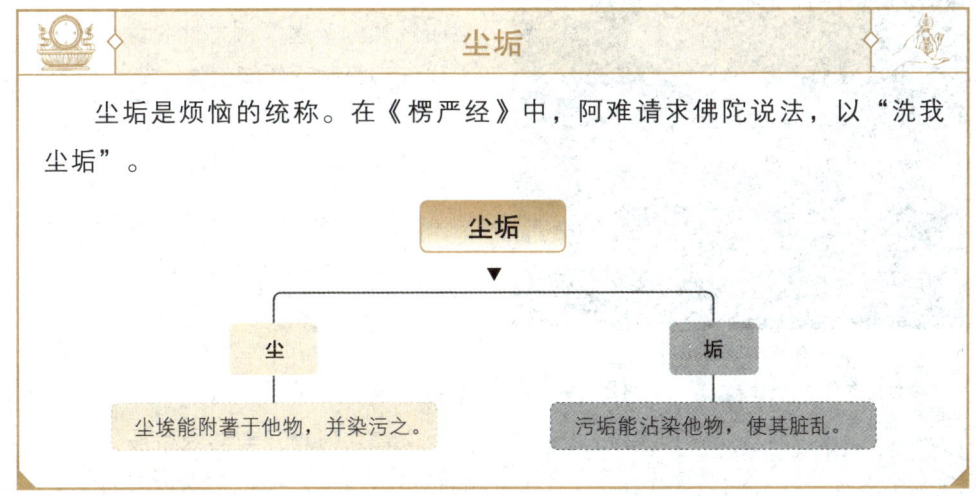

尘垢

尘垢是烦恼的统称。在《楞严经》中，阿难请求佛陀说法，以"洗我尘垢"。

尘垢
├── 尘：尘埃能附著于他物，并染污之。
└── 垢：污垢能沾染他物，使其脏乱。

阿难言:"世间众生以此为倒,而我不知谁正谁倒。"

佛告阿难:"若世间人以此为倒,即世间人将何为正?"

阿难言:"如来竖臂,兜罗绵手上指于空,则名为正。"

【译文】

于是,如来就垂下他的手臂,将手指垂下,然后问阿难说:"你现在看我的手,是正的还是倒的?"

阿难说道:"世间众生,都认为这样下垂的手是倒的,但是我实在不知道,哪样是正,哪样是倒。"

如来再问阿难说:"如果世间众生都以下垂的手为倒,那他们认为怎样才是正呢?"

阿难说:"如来将手臂竖直,把兜罗绵手指向天空,众生认为这就叫做正。"

佛即竖臂,告阿难言:"若此颠倒,首尾相换。诸世间人,一倍瞻视,则知汝身与诸如来清净法身,比类发明。如来之身名正遍知。汝等之身号性颠倒。随汝谛观,汝身、佛身,称颠倒者,名字何处,号为颠倒?"

【译文】

如来随即就竖起手臂,对阿难说:"如果世间以此为正、以刚才为倒,这只不过是上下颠倒、首尾相换而已。世间众生即便加倍凝视,也是迷中倍迷。他们根本不知道手臂本来没有正和倒,只是自己迷惑执著于下垂为倒,上竖为正。你们可知,你们的身体与如来清净的法身比较起来,如来的身叫正遍知,意思是了知世间一切法;而你们的身体,却执著心在身内,执著法在心外,这就叫做性颠倒身。现在你再细心观察,你的色身和佛的法身比较,你身既然叫做颠倒,这颠倒之处究竟在哪里?又为什么要被称作颠倒呢?"

于时阿难,与诸大众,瞪瞢瞻佛,目睛不瞬,不知身心颠倒所在。佛兴慈悲,哀愍阿难及诸大众,发海潮音,遍告同会诸善男子。

【译文】

这时,阿难及与会众生被佛一问,顿时目瞪口呆。他们茫然地看着如来,

这是佛陀竖臂图。根据三十二相,佛陀的手被称为兜罗绵手,兜罗绵原是一种棉织品,在这里表示佛手的柔软,以此手来摄取亲疏之德。《楞严经》中佛陀将手抬起放下表示世人的颠倒妄见。

均不知自己身心颠倒在哪里。佛陀便兴慈悲之心，怜悯阿难及诸大众，发海潮音，普告同会诸位听众。

圆妙明心

"我常说言，色心诸缘，及心所使，诸所缘法，唯心所现。汝身汝心，皆是妙明真精妙心中所现物。云何汝等遗失本妙圆妙明心，宝明妙性，认悟中迷？"

【译文】

"我常说，色法与心法诸缘，以及所有这种种由缘所生之法，都只是内心所显现之物。你们的身和识，都是由妙明精妙之心显现出来。为什么说你们遗失了自己的妙圆妙明心和清净妙明本体，而在妙悟中，自取迷昧呢？"

"晦昧为空，空晦暗中，结暗为色。色杂妄想，想相为身。聚缘内摇，趣外奔逸。昏扰扰相，以为心性。"

【译文】

"你们把内心的昏暗不明当做虚空，因为内心的昏暗，种种妄想颠倒聚集在身体之内，造成五蕴之色身。所以内心因种种事物而摇动不息，跟随外境到处追逐；终日昏昏扰扰，以昏乱扰动的内尘当做自己的心性。"

"一迷为心，决定惑为色身之内，不知色身，外洎山河虚空大

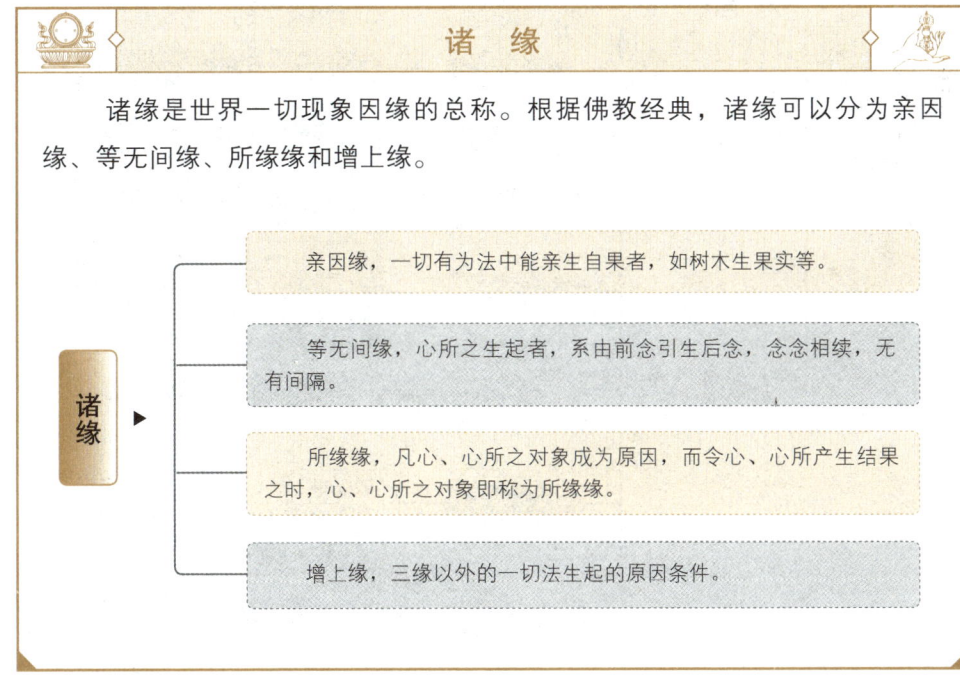

地,咸是妙明真心中物。譬如澄清百千大海,弃之唯认一浮沤体,目为全潮,穷尽瀛渤。汝等即是迷中倍人,如我垂手,等无差别。如来说为可怜愍者!"

【译文】

"本心一旦迷失,就会顽固地认为自己的真心是在身体之内,却不知人的色身,那些山川、河流、天空、大地,全都是妙明本心所显现的物象。这就好比,放弃了澄明无际的大海,而把水面上一个小泡沫当做真心。把这个小小泡沫看做整个海潮,当做天下之水。你们就是这种迷中加迷的人,就好像我垂手那样的所谓颠倒,其实是没有差别的,所以我说你们都是可怜悯的人啊!"

色法与心法

根据佛教教义,世间的一切法不外乎心法、色法、心所有法、心不相应行、无为法五种类别,其中以色法和心法最为重要。所谓色法,是指质碍或变碍之物,即一切物质现象,而心法是指精神活动的主体,即一切心理现象。此外,在大小乘佛教中,一切法的数量并不一致,大乘为五位百法,小乘为五位七十五法。

色法与心法:

- 色法
  - 五根:眼、耳、鼻、舌、身
  - 五境:色、声、香、味、触
  - 法处所摄一分:无表色
- 心法
  - 遍行法:触、作意、受、想、思
  - 别境法:欲、胜解、念、定、慧
  - 善法:信、惭、愧、无贪、无嗔、无痴、精进、轻安、不放逸、行舍、不害
  - 根本烦恼:贪、嗔、痴、慢、疑、恶见
  - 随烦恼:忿、恨、恼、覆、诳、谄、憍、害、嫉、悭、无惭、无愧、不信、懈怠、放逸、失念、不正知、散乱、昏沉、掉举
  - 不定法:悔、眠、寻、伺

攀缘之心

阿难承佛悲救深诲，垂泣叉手而白佛言："我虽承佛如是妙音，悟妙明心，元所圆满，常住心地。而我悟佛现说法音，现以缘心，允所瞻仰，徒获此心，未敢认为本元心地。愿佛哀愍，宣示圆音，拔我疑根，归无上道。"

【译文】

阿难承蒙佛的慈悲救度和深切教诲，心中感激，不由垂手哭泣起来，并对佛说："我虽然领承了佛的无比微妙的法音，也觉悟到妙明心原是圆满无差别的，是常存不变的心灵境界。但我能领悟佛陀您现在所说的法音之义，正是用我的攀缘心来认知、瞻仰佛法，现在我虽有这攀缘心，但却还未找到我圆满常住心地的真心。希望佛陀哀悯，为我们宣示无碍之音，拔除我们心中的迷昧，引领我们归至无上智慧之路。"

佛告阿难："汝等尚以缘心听法，此法亦缘，非得法性。如人以手指月示人，彼人因指当应看月。若复观指，以为月体，此人岂唯亡失月轮，亦亡其指。何以故？以所标指为明月故。岂唯亡指，亦复不识明之与暗。何以故？即以指体为月明性，明暗二性，无所了故。"

【译文】

如来告诉阿难："你们还只是以攀缘之心来听我宣示佛法，那么，我所说的佛法对于你们，仍然只是缘物而已，你们仍没有获真正理解佛法的真体。就像有人用手指着月亮给别人看，那人顺着手指的方向去看月亮，如果他只看手指的指示，那么此人不仅看不到月亮，更看不到手指的指示了。为什么呢？因为这人把指向月亮的手当做月亮，这不仅是看不到手的指示，更连明和暗也不能识别了。为什么这么说呢？因为他把手指当成了放出光明的月亮。可见，他对于明暗两种不同特性，也毫无所知。"

"汝亦如是，若以分别我说法音，为汝心者，此心自应离分别音，有分别性。譬如有客，寄宿旅亭，暂止便去，终不常住。而掌亭人都无所去，名为亭主。"

【译文】

"你也是如此。如果你把听我说法的心当做是你的本心，却不知两者是有分别的。这就好像客人投宿在旅店，短

・名词解释・

冥谛：指古代印度六派哲学中之数论哲学派所立二十五谛之第一谛。如末伽黎等外道修行者把"八万劫前，冥然不知"当作万物之本源，是第一真理。

暂停留之后还要离开,不会常住不走。但是旅店的主人则不会离去,因为他是掌持人。"

"此亦如是:若真汝心,则无所去,云何离声无分别性?斯则岂唯声分别心?分别我容,离诸色相,无分别性。如是乃至分别都无,非色非空。拘舍离等昧为冥谛。离诸法缘无分别性,则汝心性各有所还,云何为主?"

【译文】

"本心也是如此。假若它是你的真心就应该不会离去,又怎么会离开我说法的声音后就没有分别了呢?实际上,岂止对声音的分别心,你用来观看我容貌的心,离开种种色相,也是没有分别性存在的。没有了世间万事万物,心就不会产生分别,既没有万事万物的相状,也不算空无所有,这种道理是外道诸人不能理解的。既然你的心性既各有归属——分别声音的心因声而来,分别容貌的心因色而来,这些心好像来往旅店的客人,哪一个才是主人呢?"

心的去处

阿难言:"若我心性各有所还,则如来所说妙明元心,云何无还?惟垂哀愍,为我宣说。"

【译文】

阿难回答说:"如果我现在理解的心性,各有地方可回还,那么佛陀所说的本元妙明真心,为何无处可还呢?恳请如来慈悲哀悯,为我们宣说其中的奥义。"

佛告阿难:"且汝见我,见精明元,此见虽非妙精明心,如第二月,非是月影。汝应谛听!今当示汝,无所还地。

"阿难!此大讲堂,洞开东方,日轮升天,则有明耀;中夜黑月,云雾晦暝,则复昏暗;户牖之隙,则复见通。墙宇之间,则复观壅。分别之处,则复见缘。顽虚之中,遍是空性。郁孛之象,则纡昏尘。澄霁敛氛,又观清净。

这是望月图。在佛教教义中,月亮被认为是众生菩提本心的象征,也被用来比喻菩萨的十种特德。《楞严经》中佛陀用指月来证明妙明真心。

"阿难，汝咸看此诸变化相，吾今各还本所因处。"

【译文】

佛告阿难："你现在看见我的时候，这观见是精明之元体，但还不是妙明真心，就像用手指指月，便看见第二个月亮。这第二个月和真月无分别，也并非水中幻影。你仔细听吧！我现在就为你宣示心的无所返还的境界。

"阿难，这个大讲堂的窗户向东方敞开着，当太阳升起时，无比明亮；当夜间无月时，云遮雾罩，昏暗不明。从窗户的空隙处往外看去，面对着墙壁的地方，视线又被阻塞。在这间隔分开之处，又可以看到一些山水、花木等外物。但虚空之处，则一无所有，当灰尘飞扬时，虚空为一片混沌；当雨过天晴后，虚空则澄清明净。

"阿难，你现在看见这种种的变化：明暗、通塞、同异、清浊，这八种相状都是幻化不实的，我今各还本所因处，它从什么地方来，就回到什么地方去。"

"云何本因？阿难，此诸变化，明还日轮，何以故？无日不明，明因属日，是故还日。暗还黑月，通还户牖，壅还墙宇，缘还分别，顽虚还空，郁孛还尘，清明还霁。则诸世间一切所有，不出斯类。

"汝见八种，见精明性，当欲谁还？何以故？若还于明，则不明时无复见暗。虽明暗等种种差别，见无差别。诸可还者，自然非汝，不汝还者，非汝而谁？则知汝心本妙明净。汝自迷闷，丧本受轮于生死中，常被漂溺，是故如来，名可怜愍。"

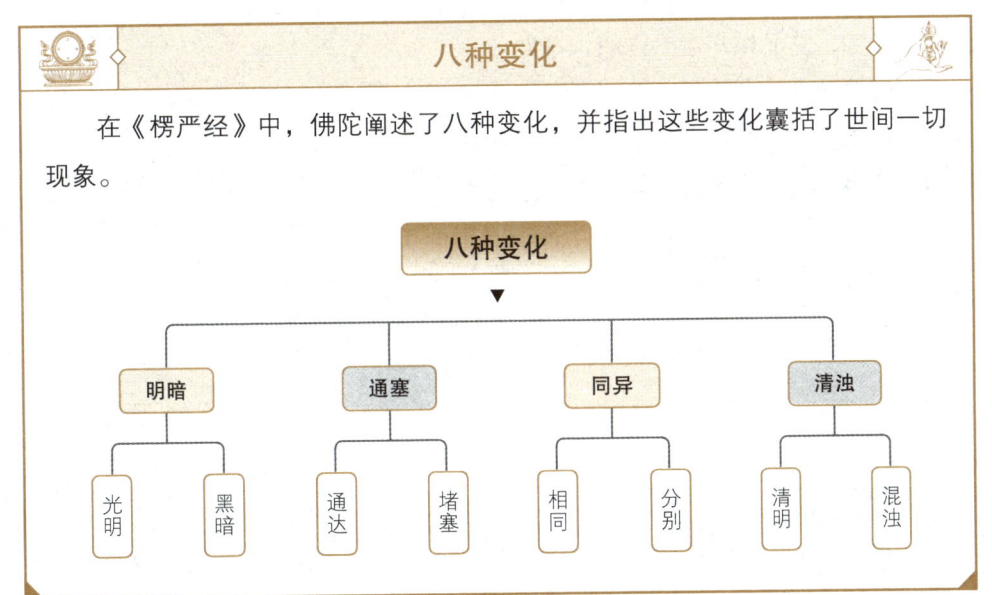

八种变化

在《楞严经》中，佛陀阐述了八种变化，并指出这些变化囊括了世间一切现象。

【译文】

佛接着说:"什么是本因?阿难,我们来看看这些变化之相。因为没有太阳就没有光明,太阳使光明产生,所以把光明归于太阳。同时,把黑暗归于月亮的昏沉,把通达归于门窗的开敞,把堵塞归于墙壁的阻碍,把尘缘归于分别之心,把空无所有归于虚空,把混沌归于沙尘,把清明归于雨过天晴。这样,你会发现世间所有的一切现象,都脱不出这八种变化之相。

"你现在能见这八种变化之相,而这个见,就是妙明真性。它无来无去,不生不灭,应该归于谁呢?是不是无得可还呢?为什么呢?假若把此见归于光明,那么没有光明,就不能看见黑暗。虽然有明去暗来、通去塞来等千差万别,而我们的能见之性却始终如一。

"因此,可以归还的,自然不是你的。不能归还的,不是你的又是谁呢?你全不明白,你的真心,本来就是神妙光明清净的,然而你却迷惑昏闷,丧失了自己的清净自性而承受着轮回,在生死的苦海中漂流沉溺。因此,十方三世的诸佛称你们是可怜悯的众生。"

真心本性

阿难言:"我虽识此见性无还,云何得知是我真性?"

佛告阿难:"吾今问汝,汝今未得无漏清净,承佛神力,见于初禅,得无障碍。而阿那律见阎浮提,如观掌中庵摩罗果。诸菩萨等,见百千界,十方如来,穷尽微尘,清净国土,无所不瞩、众生洞视,不过分寸。"

【译文】

阿难说:"我现在虽然明白见性是无处可还的,可是仍有疑惑,我怎么知道这便是我的本真心性呢?"

佛对阿难说:"那我问你,如今你还未证得无漏清净之果,只是秉承了佛的神力帮助,开了智慧眼,这才到了初禅天境界。而阿那律尊者,在禅定中见阎浮提,就像观看自己手掌上的庵摩罗果一般清楚,更何况诸界的菩萨能见百千世界,十方诸佛能见无穷尽如微尘的清净国土呢。只有凡夫众生呢,极尽眼力,不过见于方寸之间。"

"阿难!且吾与汝观四天王所住宫殿,中间遍览水陆空行,虽有昏明种种形像,无非前尘分别留碍。汝应于此,分别自他①,今吾将汝择于见中,谁是我体?谁为物象?"

【注释】

①自他:自己的本心与尘境的物象。

· 名词解释 ·

阿那律:释迦牟尼的堂弟。他跟随释迦牟尼学佛时,因贪睡被骂,因此发愤用功,七日不休不眠,双眼因此失明。释尊教他修法,使他证得天眼通。

【译文】

"阿难,且让我们一起去看看四大天王所住的宫殿!这些遍布水里、陆上、空中的事物,虽然也有昏暗与明亮等种种形象,但不过是眼前的境物尘影,你应当从中分别出自性和他物。现在,我就让你在观见之中选出哪个是本心,哪些是物象?"

"阿难!极汝见源,从日月宫,是物非汝;至七金山,周遍谛观,虽种种光,亦物非汝;渐渐更观,云腾鸟飞,风动尘起,树木山川,草芥人畜,咸物非汝。

"阿难!是诸近远诸有物性,虽复差殊,同汝见精清净所瞩,则诸物类自有差别,见性无殊。此精妙明,诚汝见性。"

【译文】

"阿难,穷尽你的见性能力去看,从你身边直至日月宫,所见的都是物象而不是你的真性自体。当你到七金山时,你无论多么仔细地观察,虽能看见种种的光芒,但它也属物象而不是你的见性。当你向远处看,有云在飘,有鸟在飞,有风儿吹,有尘土起,有树木山河,有花草人畜。这些全都是物象,而不是你的见性啊!

"阿难,这些远远近近的东西,虽各有形态,千差万别,但它们都被你的观见一一看遍,这些物象有分别,可你的观见本身却是始终不变的。这精微妙明的观见,就是你的见性。"

"若见是物,则汝亦可见吾之见。若同见者,名为见吾,吾不见时,何不见吾不见之处?若见不见,自然非彼不见之相。若不见吾不见之地,自然非物,云何非汝?"

【译文】

佛陀接着说:"如果见性也是一种物象,那么你必然可以看见我的见性。如果你我同时看见一种事物,等于我的观见也被你看到,那么当我闭上眼睛时,你又为什么能看见我看不到的事物呢?如果你看见了我没有看到的事物,

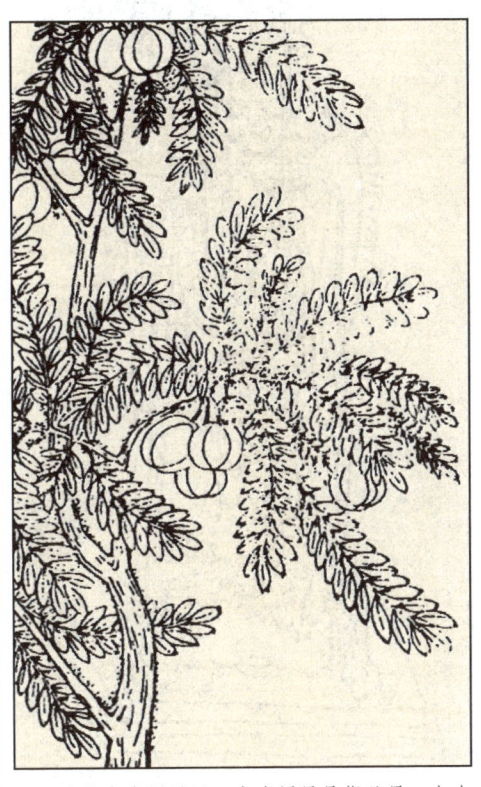

这是庵摩罗果图。庵摩罗果是指芒果,也有人说是余甘子,此果形状似梨,味酸,具有药用效果。在佛教经典中,庵摩罗果经常被象征为明白之物。《楞严经》中用庵摩罗果比喻见到事物非常清晰。

自然说明这个事物不是没有相状的。如果你也看不见我看不到的事物,那事物也就并不存在,为何你还不承认那就是你自己的见性呢?"

见性就在心中

"又则汝今见物之时,汝既见物,物亦见汝。体性纷杂,则汝与我并诸世间,不成安立。阿难,若汝见时,是汝非我。见性周遍,非汝而谁?云何自疑汝之真性?性汝不真,取我求实?"

【译文】

"再者,当你看到事物的时候,你看到事物的同时,事物也看见了你。心和物的关系纷乱混杂,使得你我不能安然立于世间万物之中。阿难,当你看见某物时,就是你的见性,而不是我的见性。见性广遍十方,不属于你又属于谁呢?为什么你还要怀疑你自己的本真心性呢?本来是自己的真性却不敢肯定,反而向我寻求自己的真性在什么地方?"

阿难白佛言:"世尊,若此见性,必我非余。我与如来观四天王胜藏宝殿,居日月宫,此见周圆,遍娑婆国。退归精舍,只见伽蓝,清心户堂,但瞻檐庑。"

【译文】

阿难又向佛说:"世尊,假若这个见性是我的真性而不在别处。可是我与佛陀游览四天王殊胜藏宝的宫殿和日月宫时,又远望周遍诸方,遍观娑婆世界,全无阻碍。但回到祇园精舍后,我就只能看到这伽蓝宝座和清静房舍,也只看到这房檐和走廊而已。"

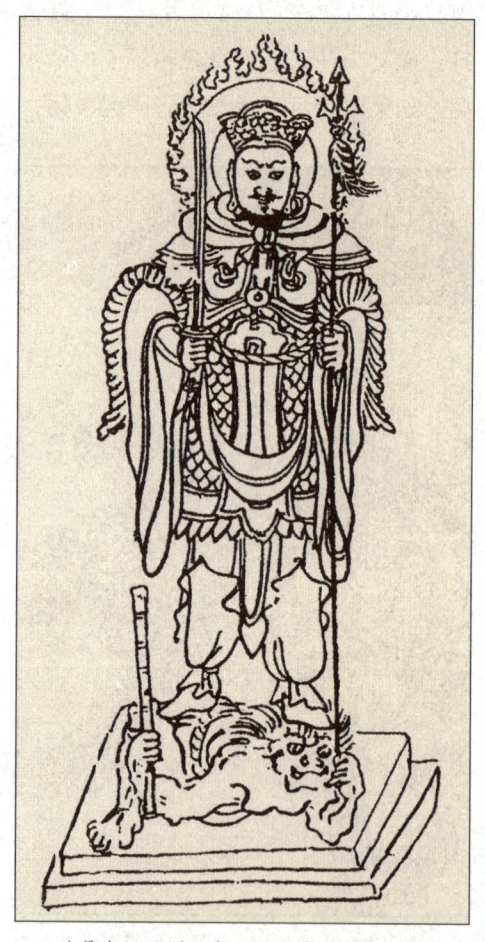

这是广目天图。广目天又名西方天,为四大天王之一,此天王居住在善见城,是守护西方的护法神。在《楞严经》中佛陀为了启发阿难,带他参观了四大天王的宫殿。

见性的形状

"世尊,此见如是,其体本来周遍一界,今在室中,惟满一室。为复此见,缩大为小?为当墙宇,夹令断绝?我今不知斯义所在,愿垂弘慈,为我敷演。"

【译文】

"世尊,这个能见的体性,本来是周遍虚空、广观一切精微世界的。但为何现在我坐在室内,就只能看见室内的事物,难道是这见性忽然缩小了吗?还是因为见性被墙壁所隔断了呢?我实在不明白此中的道理,祈愿如来垂赐慈悲,为我宣说。"

佛告阿难:"一切世间大小内外诸所事业,各属前尘,不应说言'见有舒缩'。譬如方器,中见方空,吾复问汝,此方器中所见方空,为复定方?为不定方?若定方者,别安圆器,空应不圆?若不定者,在方器中,应无方空?"

【译文】

佛对阿难说:"一切有情与无情世间,或大或小,或内或外,种种形象都属于眼前的尘相,与见性无关,因此不应说见性扩大或缩小。譬如一个方形的器具,内有方形的空间。那我问你,这个方形器具中的方形空间,是固定的方形呢,还是不定的形状?

"若说方器中的方形空间是定形的,那我再放一个圆形的器具放在中间,那么那个圆形器皿的空间就不应是圆形的;如果说是不固定的方形,那么在方形器皿之中就不应当有方形空间啊?"

"汝言'不知斯义所在',义性如是。云何为在?阿难!若复欲令入无方圆,但除器方,空体无方,不

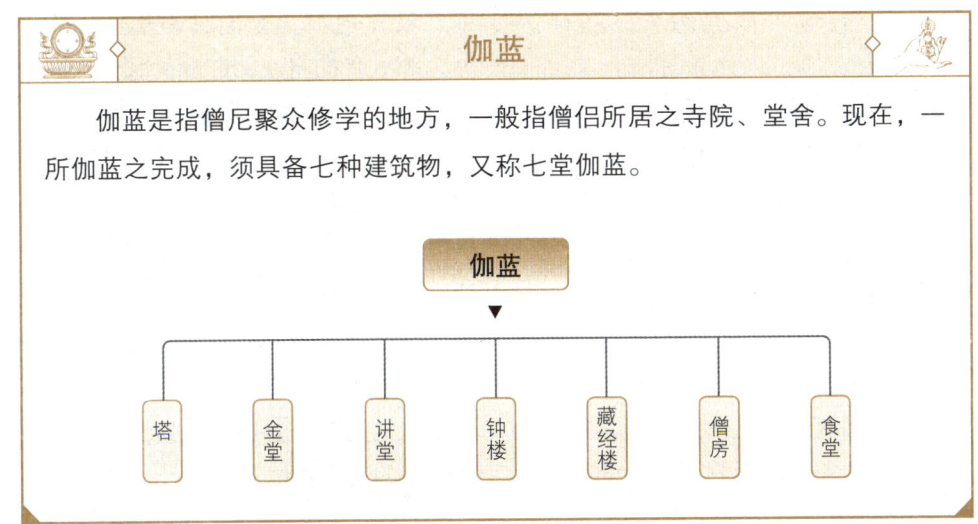

伽蓝

伽蓝是指僧尼聚众修学的地方,一般指僧侣所居之寺院、堂舍。现在,一所伽蓝之完成,须具备七种建筑物,又称七堂伽蓝。

伽蓝 → 塔 | 金堂 | 讲堂 | 钟楼 | 藏经楼 | 僧房 | 食堂

应说言'更除虚空方相所在'。若如汝问，入室之时，缩见令小，仰观日时，汝岂挽见齐于日面？若筑墙宇能夹见断，穿为小窦，宁无续迹？是义不然。"

【译文】

"你说不明白此中的道理，其实见性的义理就和这空间一样，它随尘相而有大小，为何会认为见性有大有小呢？阿难，如果想除去方形或圆形的空间，只要把方圆的器物拿走就可以了，在虚空中就没有方或圆的形状了，更没有可供拆除的方形空间了。

"就像你刚才所问的那样，当你在室内时，觉得见性就缩小，那么当你抬头看太阳时，你的见性有你和太阳的距离那么远吗？你说墙壁把见性隔断了，那么在墙上钻出一个小孔，见性是不是就可以不被阻隔而圆通无碍了？可实际上并不是如此，因此你的说法是不对的。"

"一切众生从无始来，迷己为物，失于本心，为物所转，故于是中观大观小。若能转物，则同如来，身心圆明，不动道场。于一毛端遍能含受十方国土。"

【译文】

"世间的一切众生，从久远的无始以来，便被无明遮蔽于尘世物象之中，令本真心性迷失，从而为外境之物象所牵引轮转，一会儿看到大，一会儿看到小了。

"如果能不被外境物象所转移，那么便能像如来一样，得到楞严大定，身心圆满光明，随处都是不动道场，便能在一个微细毛尘上面，放置十方广大国土。"

🪷 观见的实质

阿难白佛言："世尊，若此见精，必我妙性。今此妙性现在我前，见必我真，我今身心复是何物？而今身心分别有实，彼见无别，分辨我身。若实我心，令我今见，见性实我，而身非我。何殊如来先所难言，物能见我？惟垂大慈，开发未悟。"

【译文】

阿难对佛陀说："世尊，假使这个能遍见万物的观见，定然是我的妙精明性，如今它已经清清楚楚地现示我的眼前。既然现前这个能见的就是我的真性，那么我的身心，究竟又是什么呢？而且我现今的身心，确实并不相同，各有实在的本性。但我的见性实在没有分别的功能，既不能分辨我身，又怎能分辨万物呢？如果说这个见性，实在就是我的真心，那么见性就应该是我了，而这个身体反而不是我啊！这与如来之前对我说的，当我看物时，物也在看我，有哪些区别呢？恳请如来发大慈悲心，启发我的迷疑不悟。"

佛告阿难："今汝所言,见在汝前,是义非实。若实汝前,汝实见者,则此见精,既有方所,非无指示。且今与汝坐祇陀林,遍观林渠及与殿堂,上至日月,前对恒河。汝今于我师子座前,举手指陈是种种相:阴者是林,明者是日,碍者是壁,通者是空,如是乃至草木纤毫,大小虽殊,但可有形,无不指著。若必其见,现在汝前,汝应以手确实指陈,何者是见?"

【译文】

佛陀对阿难说:"如果真心见性就在你的面前,并非说它本身便是实体;若它是一个实体,你确实可以看见,那么这个见性必然有其形,又怎能指不出它的所在之处。

"现在,我和你坐在祇陀园里,可遍观近处的园林、河渠以及大殿与讲堂,往上可以看到日宫月宫,往前可以看到恒河。你正坐在我的座前,用手指示着这种种物象:那昏暗的是树林,那明亮的是太阳,那阻隔的是墙壁,那空阔的是天空,就算是草木纤毫之处,虽然大小各异,但只要它们有形有貌,都可以指示出来。

"如果你认为见性一定现示在你面前,那么你应该用手把它指出来,说明到底是哪样东西才是观见。

"阿难当知,若空是见,既已成见,何者为空?若物是见,既已是见,何者为物?汝可微细披剥万象,析出精明净妙见元,指陈示我。同彼诸物,分明无惑。"

【译文】

"阿难,你应当知道,如果虚空就是观见,既然观见已经现在眼前,哪里还是虚空啊?如果物象就是观见,既然观见已经现示出来,那么物象又是什么呢?

"你再用心仔细剖析世间万物,将那个精明净妙的见性指给我看看,看是否像其他各种物象一样,历历分明,确定无疑。"

阿难言:"我今于此重阁讲堂,远洎恒河,上观日月,举手所指,纵目所观,指皆是物,无是见者。世尊,如佛所说,况我有漏初学声闻,乃至菩萨,亦不能于万物象前剖出精见,离一切物,别有自性。"

佛言:"如是,如是。"

【译文】

阿难说:"我如今坐在这重阁讲堂里,往远可以看见恒河,往上可以看见日月,凡我举手能指到的、用眼可以看见的,都是物象,而不是观见。

"世尊,正如您刚才所说,我还只是一个刚刚学佛的修行者,怎能指出这见性?即使智慧如菩萨,也不能在万物万象之中,将这个离开万物万象、能独立存在的精明观见剖解出来。"

佛陀说:"是的,的确如此。"

佛复告阿难:"如汝所言,无有见精。离一切物别有自性,则汝所指是物之中无是见者。今复告汝,汝与如来坐祇陀林,更观林苑,乃至日月,种种象殊,必无见精,受汝所指。汝又发明此诸物中,何者非见?"

【译文】

佛又对阿难说:"就如你所说,没有观见能离开物象而独立存在,但是,在你刚才指示的这些物象之中,也没有哪一个就是观见。我告诉你,你与如来同坐在祇陀林里,观看了园林、日月等万种物象,肯定不能明确指出哪些是观见,那么,你能够从这些物象之中,指出哪些不是观见呢?"

阿难言:"我实遍见此祇陀林,不知是中何者非见。何以故?

若树非见,云何见树?若树即见,复云何树?如是乃至若空非见,云何见空?若空即见,复云何空?我又思惟,是万象中,微细发明,无非见者。"

佛言:"如是,如是。"

【译文】

阿难回答道:"我其实已经看遍了祇陀林的物象,但却不知道这当中哪些物象不是我的观见。为什么呢?因为如果树木没有被看见,为什么又说看见了树?如果树木就是观见本身,那么什么才是树木呢?这样说来,假若虚空不是观见,又怎么能够看见虚空?如果虚空就是观见,那又如何能称作虚空呢?我又发现到,这些万物万象无一不是观见所显示的。"

佛说:"是的,正是如此。"

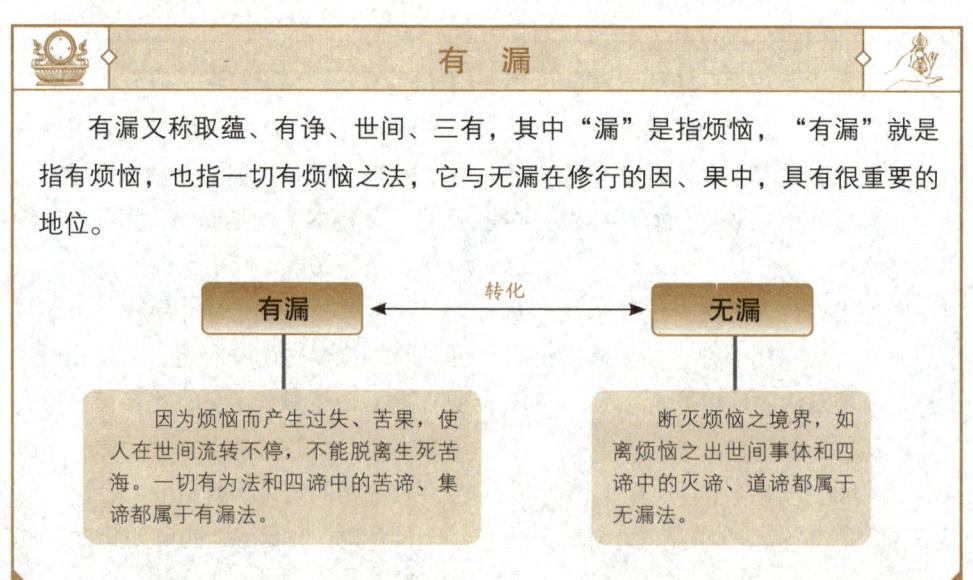

有 漏

有漏又称取蕴、有诤、世间、三有,其中"漏"是指烦恼,"有漏"就是指有烦恼,也指一切有烦恼之法,它与无漏在修行的因、果中,具有很重要的地位。

有漏	←转化→	无漏
因为烦恼而产生过失、苦果,使人在世间流转不停,不能脱离生死苦海。一切有为法和四谛中的苦谛、集谛都属于有漏法。		断灭烦恼之境界,如离烦恼之出世间事体和四谛中的灭谛、道谛都属于无漏法。

观见与物象

于是，大众非无学者，闻佛此言，茫然不知是义终始。一时惶悚，失其所守。如来知其魂虑变慑，心生怜愍，安慰阿难及诸大众："诸善男子，无上法王是真实语，如所如说，不诳不妄，非末伽黎四种不死矫乱论议。汝谛思惟，无忝哀慕！"

【译文】

这时候，在座初学佛的大众们，听到佛陀这么说，都茫然四顾，不知义理所在。他们顿时陷入惶惑，对奉持之道有了疑惑，不知何者为对，何者为错。

佛知晓他们的焦虑与不安，于是心生怜悯，安慰他们说："聪明智慧的人们啊，我所说的都是真实不虚的道理，并不像外道末伽黎用四种不死的胡乱理论来迷惑听众。你们应去仔细思考，而不要再哀怨忧虑了！"

是时，文殊师利法王子愍诸四众，在大众中，即从座起，顶礼佛足，合掌恭敬而白佛言："世尊，此诸大众，不悟如来发明二种精见，色空是非是义。

"世尊，若此前缘色空等象，若是见者，应有所指；若非见者，应无所瞩。而今不知是义所归，故有惊怖！非是畴昔善根轻鲜。惟愿如来大慈发明，此诸物象与此见精，元是何物？于其中间，无是非是。"

【译文】

这时候，文殊师利菩萨怜悯与会大众，于是就从座上站起，向佛致礼，并说道："世尊，大家都不明白佛所说的

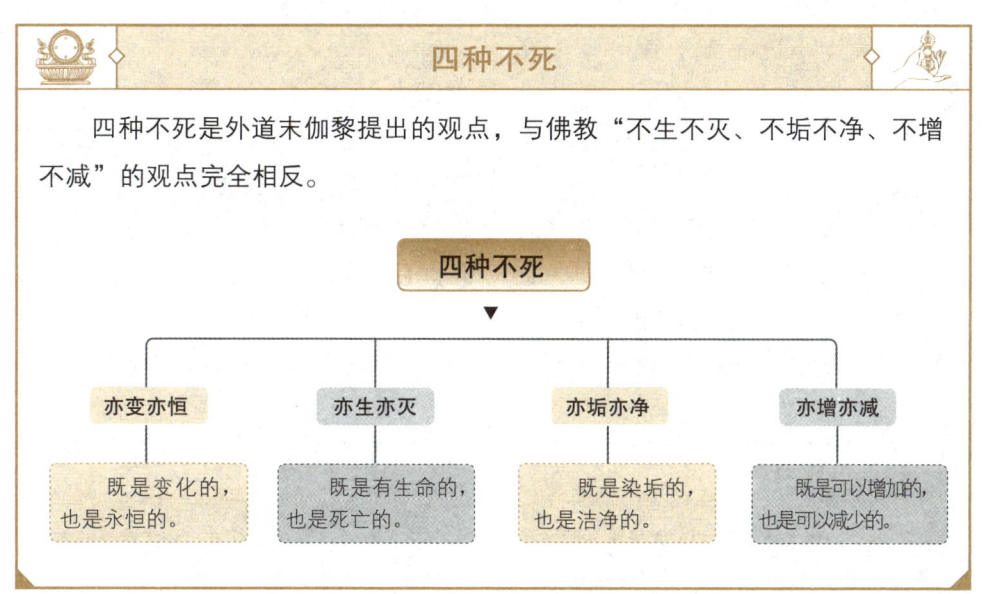

四种不死

四种不死是外道末伽黎提出的观点，与佛教"不生不灭、不垢不净、不增不减"的观点完全相反。

四种不死

亦变亦恒	亦生亦灭	亦垢亦净	亦增亦减
既是变化的，也是永恒的。	既是有生命的，也是死亡的。	既是染垢的，也是洁净的。	既是可以增加的，也是可以减少的。

'观见之性既是物象,又不是物象'这种道理。

"世尊,如果这些物象是能见之性,那么就应当可以被指明;假若它不是见性,就应该一无所见。大家都不知道这个道理,因此产生了惊疑和恐慌,并不是他们的智慧根器浮浅不深。

"我在这里恳请如来发慈悲心,引导大众了解这种种物象和精明见性,究竟是什么东西?为什么在这两者之间,没有是,也没有不是?"

佛告文殊及诸大众:"十方如来及大菩萨,于其自住三摩地中,见与见缘,并所想相,如虚空华,本无所有。此见及缘元是菩提妙净明体,云何于中有是非是?文殊,吾今问汝,如汝文殊,更有文殊,是文殊者?为无文殊?"

"如是,世尊。我真文殊,无是文殊。何以故?若有是者,则二文殊,然我今日非无文殊,于中实无,是非二相。"

【译文】

佛陀对文殊师利菩萨和与会众人说道:"诸天十方如来和大菩萨们,常处于正等正觉的境界中,他们的观见之性与所见的物象,以及心中所想,都像那虚空中的花,本就是虚幻的。这个见性和见性针对的物象,原本都是清净圆满的本性,既是一体,便没有是和不是了。文殊啊,我且问你:你是文殊,是不是说还有一个文殊呢?是文殊呢?或者不是文殊?"

文殊回答:"是这样,世尊。我就是真正的文殊,但也不是文殊,为什么这么说呢?因为说我是文殊,那么就有一个人不是文殊,结果有了二个文殊了。而我现在自然就是文殊,没有一个不是文殊的人,就没有是与不是的区别了。"

佛言:"此见妙明与诸空尘,亦复如是。本是妙明无上菩提净圆真心。妄为色空及与闻见,如第二月,谁为是月?又谁非月?文殊,但一月真,中间自无是月非月。是以汝今观见与尘,种种发明,名为妄想,不能于中出是非是。由是真精妙觉明性,故能令汝出指非指。"

【译文】

佛陀说:"这个灵妙光明之见性,与一切空幻六尘境象也是一样的。原本是微妙光明、智慧无比、清净圆满的本源真心,只因一念无明,以至于成为六尘境象、知觉和知见了。

"这就好比你手指月亮而看见的第

·名词解释·

妙觉:指觉行圆满之究竟佛果,故亦为佛果之别称。在大乘菩萨修行中,妙觉是修行的五十二阶位之一,得此妙觉位能断尽一切烦恼,智慧圆妙,觉悟涅槃之理。

二个月，哪个是真月，哪个又是假月？文殊啊，世间只有一个真正的月，这中间没有什么月和非月的问题。

"因此，你今天对于观见和种种物象的看法，虽经历启发和明晓的过程，但始终还是妄想啊，是不能指出是与不是的道理的。所以说只有这精明妙觉的真性，能让你们跳出'见有所指'与'见非有所指'的困惑，而悟入真见。"

见性的本体

阿难白佛言："世尊，诚如法王所说，觉缘遍十方界，湛然常住，性非生灭，与先梵志娑毗迦罗所谈冥谛，及投灰等诸外道种，说有真我，遍满十方，有何差别？世尊亦曾于楞伽山为大慧等敷演斯义。彼外道等，常说自然，我说因缘，非彼境界。"

【译文】

阿难向佛陀说："世尊啊！正如菩萨所说，觉缘见性是遍满十方的，不仅湛然清净，常住而不动，并且没有生灭变化的。这与婆罗门外道修行者娑毗迦罗所说的昏昧道理，以及那些苦行修者所说的'真我遍满十方世界'，究竟有什么分别呢？世尊也曾在楞伽山为诸位菩萨宣说过这样的道理，指出一切物象因缘而生，这和外道常说的事物是自生自灭的道理是截然不同的。"

"我今观此觉性自然，非生非灭，远离一切虚妄颠倒，似非因缘。与彼自然，云何开示不入群邪，获真实心，妙觉明性？"

【译文】

阿难说："现在我看这见性就是自在自为的，它不生也不灭，远离一切虚妄相和颠倒相，好像并不是因缘而生，

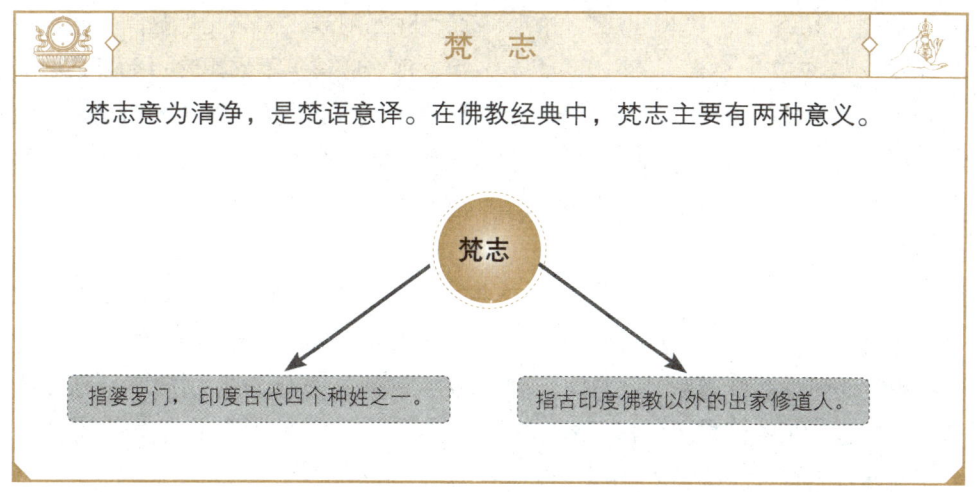

梵 志

梵志意为清净，是梵语意译。在佛教经典中，梵志主要有两种意义。

梵志

指婆罗门，印度古代四个种姓之一。　　指古印度佛教以外的出家修道人。

也不是外道所说的自生自灭的。世尊，应该怎样开启智慧，才能使我们不会陷入他们的邪见，而能获致本真心性，得知妙明觉知的本性呢？"

佛告阿难："我今如是开示方便，真实告汝，汝犹未悟，惑为自然。阿难，若必自然，自须甄明有自然体。汝且观此妙明见中，以何为自？此见为复？以明为自？以暗为自？以空为自？以塞为自？"

【译文】

佛陀告诉阿难："我如今用权巧方便来开启你的智慧，而你却仍然没有开悟，仍被自生自灭的说法所迷惑。阿难，如果确定是自生自灭的，那它必然有一个本体。可是，你看在这妙明见性之中，它的本体是什么呢？它是以明亮为本体，还是以昏暗为本体？以虚空为本体，还是以阻塞为本体？"

"阿难！若明为自，应不见暗；若复以空为自体者，应不见塞。如是乃至诸暗等相以为自者，则于明时，见性断灭，云何见明？"

阿难言："必此妙见，性非自然，我今发明，是因缘生。心犹未明，咨询如来，是义云何合因缘性？"

【译文】

佛又向阿难解释道："阿难啊，若你用明亮当做见性的自然本体，就应该看不见暗；若以虚空为自然本体，就不

应该见不到阻塞。依次类推，若以黑暗为自然本体时，那么在光明遍照之时，见性就不复存在了，又怎么看到光明呢？"

阿难说："这个妙明的见性不是自生自灭的，我现在明白它是因缘而生的，但是心里仍有疑惑。我想问如来，为什么说见性是因缘而生呢？"

🪷 见性的因缘

佛言："汝言因缘，吾复问汝，汝今因见，见性现前，此见为复，因明有见？因暗有见？因空有见？因塞有见？阿难！若因明有，应不见暗；如因暗有，应不见明。如是乃至因空、因塞，同于明暗。"

【译文】

佛陀说："既然你说到见性因缘而生，那么我再问你，你因为要观看事物，所以在你面前显现了见性，这个见性是因为明亮而生呢？是因为黑暗而生呢？是因为虚空而生呢？还是因为阻塞而生呢？阿难，如果见性是因为明亮而生，那么应该见不到黑暗；如果是因为黑暗而生，那么应该见不到明亮，以此推断，因空而生与因塞而生也是一样的道理。"

"复次，阿难！此见又复缘明有见？缘暗有见？缘空有见？缘塞有见？阿难，若缘空有，应不见塞；如缘塞有，应不见空。如是乃至缘明、缘暗，同于空塞。"

【译文】

"阿难,我再问你,这个见性是因为攀缘明亮而生成呢?是因为攀缘黑暗而生成呢?是因为攀缘虚空而生成呢?还是因为攀缘阻塞而生成呢?假若见性是因为攀缘虚空而生成,那么就见不到阻塞;如果因为攀缘阻塞而生成,那么就看不见虚空,以此推断,攀缘明亮和攀缘黑暗也是一样的道理。"

"当知如是精觉妙明,非因非缘,亦非自然,非不自然,无非不非,无是非是。离一切相,即一切法。汝今云何,于中措心,以诸世间,戏论名相,而得分别?如以手掌,撮摩虚空,祇益自劳,虚空云何,随汝执捉?"

【译文】

"因此,你应知道,这个精微妙明的观见之性,它的本体不变,因此不是从因而生,或由缘而生;它的妙用是随缘的,因此不是自然,也不是不自然。它没有是或不是,也没有非或不非。它离弃一切分别相,它就是一切法的本性。

"为什么你现在还是在妄想中用功夫,用世间的自然和因缘,不实在的戏论名相,来分别我的妙法妙定?这就好像用手来握拿虚空,终是徒劳,虚空怎么能够被手捉得到?"

阿难白佛言:"世尊,必妙觉性,非因非缘,世尊云何常与比丘宣说,见性具四种缘,所谓因空、因明、因心、因眼?是义云何?"

佛言:"阿难,我说世间诸因

见 性

见性是指见到一切众生和自己普具的佛性。在《楞严经》中,佛陀指出见性具四种缘,分别是因空、因明、因心和因眼。

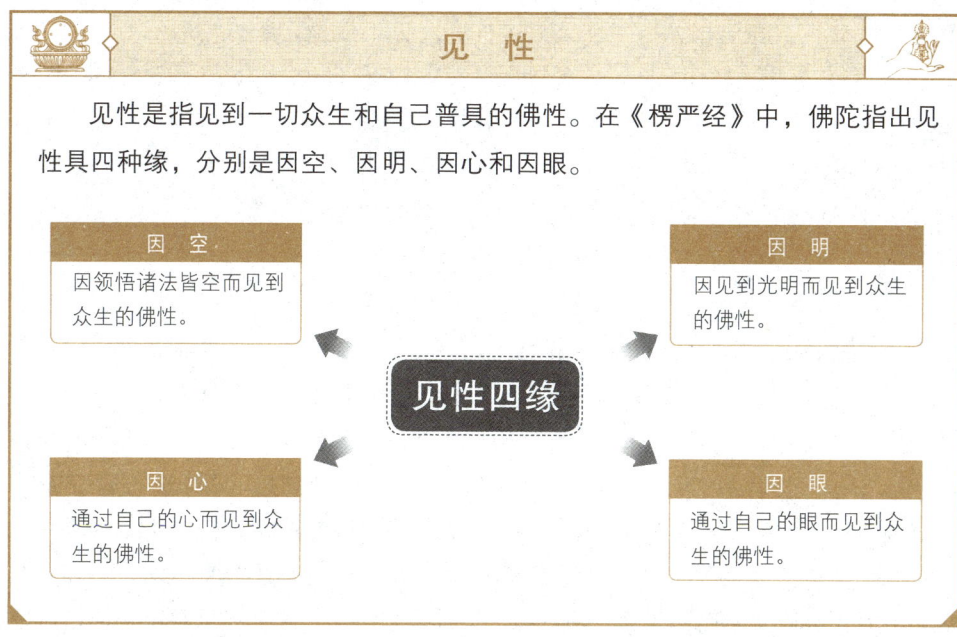

因空:因领悟诸法皆空而见到众生的佛性。

因明:因见到光明而见到众生的佛性。

见性四缘

因心:通过自己的心而见到众生的佛性。

因眼:通过自己的眼而见到众生的佛性。

缘相，非第一义。阿难，吾复问汝，诸世间人说我能见，云何名见？云何不见？"

【译文】

阿难向佛陀说："世尊，这个妙明见性既然不是从因而生，也不是由缘而生，为何世尊往日常对比丘们说，这个见性具有四种因缘，说是因空、因明、因心和因眼而生？这又是为什么呢？"

佛陀说："阿难，我所说的世间一切皆因缘相，只是权巧方便，而不是佛法的第一义谛啊！我再问你，世间众生都说我能观见，那么什么叫观见，什么叫不能观见呢？"

🏵 清净实相

阿难言："世人因于日、月、灯光、见种种相，名之为见。若复无此三种光明，则不能见。"

"阿难！若无明时，名不见者，应不见暗；若必见暗，此但无明，云何无见？

"阿难，若在暗时，不见明故，名为不见。今在明时，不见暗相，还明不见。如是二相，俱名不见。若复二相自相陵夺，非汝见性于中暂无。如是则知二俱名见，云何不见？"

【译文】

阿难答道："世间众人，因为借着日光、月光和灯光的缘，才看见种种物象色相，这就是观见。若没有这三种光明，就不能看见事物。"

如来说："阿难，你说若没有明亮就叫不见，但也应该看不见黑暗。如果能看见黑暗，那只能说是看不见明亮而已，怎能说是不能看见呢？

"阿难，若在黑暗的地方看不见光明，就叫不见；那么在光明处看不见黑暗，也应叫做不见。如此说来，这两种情形都应叫做不见。

"如果这两种现象此起彼伏交替出现，那不是说你的见性也忽有忽无？由此可知，无论是见明还是见暗，都应该叫做观见，怎么可以说是不见呢？"

"是故，阿难！汝今当知，见明之时，见非是明；见暗之时，见非是暗；见空之时，见非是空；见塞之时，见非是塞。四义成就，汝复应知，见见之时，见非是见，见犹离见，见不能及。

"云何复说因缘自然及和合相？汝等声闻狭劣无识，不能通达清净实相。吾今诲汝，当善思惟，无得疲怠妙菩提路。"

【译文】

"所以阿难，你现在应该明白，看见光明的时候，见性并不因光明而生；看见黑暗的时候，见性也并不因黑暗而生；看见虚空时，见性也不因虚空而生；见到阻塞时，见性更不是因阻塞而生。从这四种义理推想可知，当你看见所见之物时，这个观见并不是你看到的事物，而是离开你看到的事物，也不可能被你发现，怎么能说什么因缘而生或自然而生这种话呢？你们的智慧只达声闻，学识浅狭，还不能通达那清净智慧的境界，因此不能证到清净实相。我希望你们正确地进行思考，不要偷懒懈怠，妨碍自己通往无上菩提的道路。"

阿难白佛言："世尊，如佛世尊为我等辈宣说因缘及与自然，诸和合相与不和合，心犹未开。而今更闻见见非见，重增迷闷。伏愿弘慈，施大慧目，开示我等觉心明净。"作是语已，悲泪顶礼，承受圣旨。

【译文】

阿难向佛说："世尊，刚才佛为我们解说关于因缘、自在自为以及缘和合而生与因缘不相和合的道理，但我心中还是有些不明之处。现在又听佛说'所见之见不是观见之性'，则更加迷惘。愿佛发大慈悲，施展大智慧眼目，为我们开示那妙觉明心。"说完这番话，阿难垂泪顶礼，准备领受如来的法旨。

尔时，世尊怜愍阿难及诸大众，将欲敷演大陀罗尼诸三摩提妙修行路。

告阿难言："汝虽强记，但益多闻，于奢摩他微密观照，心犹未了。汝今谛听，吾当为汝分别开示，亦令将来诸有漏者，获菩提果。"

【译文】

这时，世尊哀悯阿难和众人，就准备宣扬大陀罗尼妙法和正等正定智慧，教导阿难及大众如何修持妙觉的道路。

佛陀对阿难说："虽然你博闻强记，

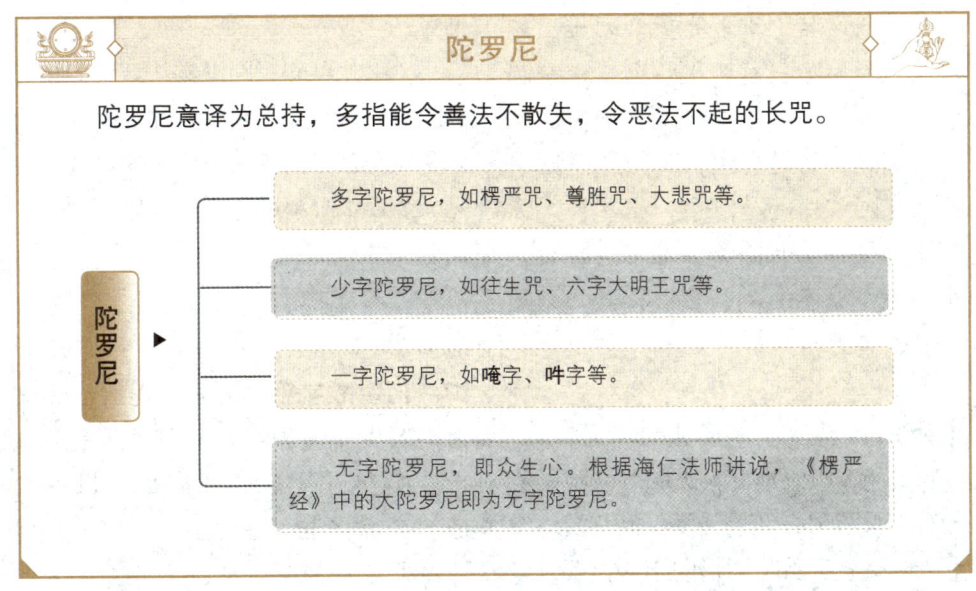

陀罗尼

陀罗尼意译为总持，多指能令善法不散失，令恶法不起的长咒。

陀罗尼 ▶
- 多字陀罗尼，如楞严咒、尊胜咒、大悲咒等。
- 少字陀罗尼，如往生咒、六字大明王咒等。
- 一字陀罗尼，如唵字、吽字等。
- 无字陀罗尼，即众生心。根据海仁法师讲说，《楞严经》中的大陀罗尼即为无字陀罗尼。

但这只能增强你的见闻知识，对于妙不可言的定力，却仍然不能领悟。你仔细听着，我将为你详尽演示，也让那些不能解脱的凡夫都能证得那无上果位。"

"阿难，一切众生轮回世间，由二颠倒，分别见妄。当处发生，当业轮转。云何二见？一者，众生别业妄见；二者，众生同分妄见。"

【译文】

"阿难，世间众生之所以在生死烦恼中轮回流转不能停息，都是因他们产生了两种颠倒分别的妄念，这些妄念随时随地生出，并随身心一起轮回流转。那么是哪两种颠倒妄见呢？一是众生的别业妄见，即单独所造之业；二是众生同分的妄见，即众生一起所造之业。"

别业妄见

"云何名为别业妄见？阿难，如世间人目有赤眚，夜见灯光，别有圆影，五色重叠。于意云何？此夜灯明所现圆光，为是灯色？为当见色？

"阿难！此若灯色，则非眚人，何不同见，而此圆影，唯眚之观。若是见色，见已成色，则彼眚人，见圆影者，名为何等？"

【译文】

"什么叫做别业妄见呢？阿难，譬如有人眼睛生有红色翳膜，他在夜间看灯光时，就会看见圆形的灯影，五光杂色，重重叠叠。这意味着什么呢？这五彩相杂的圆形灯影，到底是灯本身放出的颜色呢，还是这个人的见性的颜色呢？

"阿难，这如果是灯本身的颜色，为何普通人无法看见，而只有长有翳膜的人才能看见？如果这是此人的见性的颜色，见性就是独立的事物，那么这个人看见的圆形灯影又是什么呢？"

"复次阿难，若此圆影离灯别有，则合傍观屏帐几筵，有圆影出。离见别有，应非眼瞩，云何眚人目见圆影？是故当知，色实在灯，见病为影。影见俱眚，见眚非病。"

【译文】

"再深入分析，若这圆影是离开灯而独立的，那么去看旁边的屏帐、桌椅，应该也都会有圆影出现。如果说圆影离开观见还能存在，那应该不是眼睛所能看见的，为何长有翳膜的人又能看见呢？

"由此可知，圆影实从灯生，长有翳膜的人因为是眼睛有病才能看到，圆影和观见都是因为长有翳膜的缘故，观见和翳膜本身都没有什么问题。"

"终不应言，是灯是见，于是中有，非灯非见。如第二月，非体非影。何以故？第二之观，捏所成故。诸有智者不应说言。此捏根元是形非形，离见非见。此亦如是。目眚所成，今欲名谁，是灯是见？何况分别非灯非见？"

【译文】

"因此不应该执著圆影是灯光所生或是眼睛所见，也不能说既不是灯光也不是眼睛所见。就像那第二个月亮既不是月亮的本性也不是月亮的影子。为什么这样说？因为那第二个月亮本是由于手指指向月亮而产生。你们这些有智慧的人，不应该去分辨这个月亮是真月还是假月？是分别出来的观见还是真正的观见？灯影也是这个道理，圆影是因为长有翳膜所致，为什么还要去分辨什么是灯，什么是见？什么不是灯，什么不是见呢？"

同分妄见

"云何名为同分妄见？阿难，此阎浮提除大海水，中间平陆有三千洲。正中大洲，东西括量，大国凡有二千三百。其余小洲在诸海中，其间或有三两百国，或一或二，至于三十、四十、五十。"

【译文】

"什么叫做同分妄见呢？阿难，比如我们所居住的阎浮提洲，除了四周的海水以外，陆地共有三千洲，正中间的大洲，从东而西大概有二千三百个大国。其他的小洲散布于各个海域中，当中较大的洲上可能有两三百个国家，较小的洲上可能只有几十个国家。"

"阿难，若复此中有一小洲，只有两国。惟一国人同感恶缘，则彼小洲当土众生，睹诸一切不祥境界，或见二日，或见两月。其中乃至晕适佩玦、彗孛飞流、负耳虹

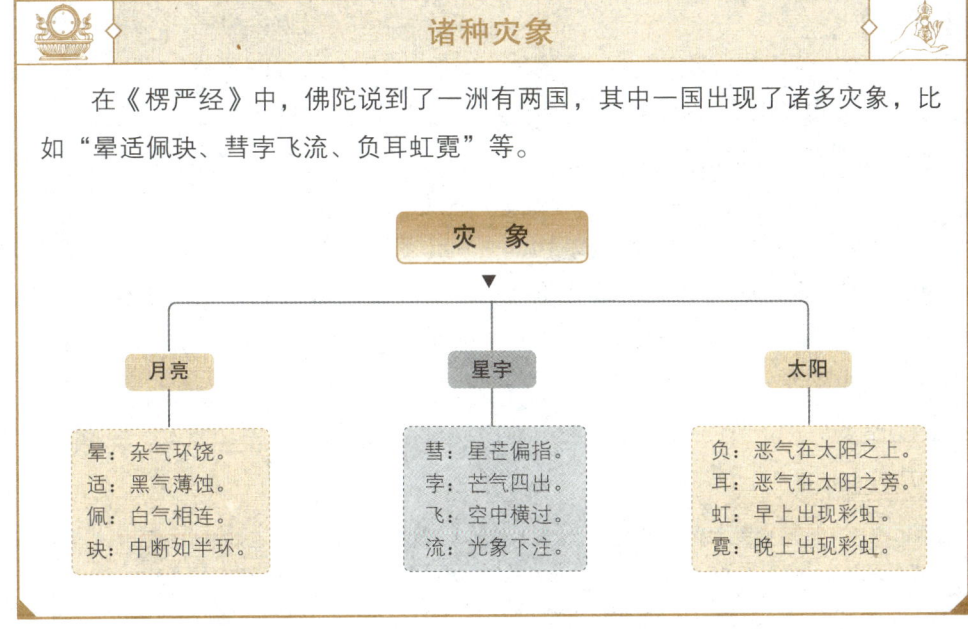

诸种灾象

在《楞严经》中，佛陀说到了一洲有两国，其中一国出现了诸多灾象，比如"晕适佩玦、彗孛飞流、负耳虹霓"等。

灾象

月亮
晕：杂气环饶。
适：黑气薄蚀。
佩：白气相连。
玦：中断如半环。

星宇
彗：星芒偏指。
孛：芒气四出。
飞：空中横过。
流：光象下注。

太阳
负：恶气在太阳之上。
耳：恶气在太阳之旁。
虹：早上出现彩虹。
霓：晚上出现彩虹。

霓，种种恶相。但此国见，彼国众生，本所不见，亦复不闻。"

【译文】

"阿难！假若就在这阎浮提洲的一个小洲上，只有两个国家。其中一国的众人同感恶缘，那么这个小洲的所有众生都应该看到不祥的征兆，或是看到天有二日，或是看到夜有二月，甚至看到日食月晕、流星飞星、彩虹当空等种种不吉恶相。可是只有一国的众生看到异相，而另一国众人却没有看见，也不曾听到。"

"阿难，吾今为汝以此二事，进退合明。阿难，如彼众生别业妄见，瞩灯光中所现圆影，虽现似境，终彼见者目眚所成。眚即见劳，非色所造。然见眚者，终无见咎。"

【译文】

"阿难，我现在就用这两件事的因缘，来为你详细显明妄见的问题。世间众生正如那些有眼病的人们，因心中有了别业妄见，所以看见的灯光中就现出五色圆影，虽然它看上去像真实事物，其实只是因为眼中有了疾病，而不是事物本身所导致。然而，当见到那些有眼病的人，也不能去责备他们。"

"例汝今日以目观见山河、国土、及诸众生，皆是无始见病所成。见与见缘，似现前境，元我觉明，见所缘眚。觉见即眚。本觉明心，觉缘非眚。觉所觉眚，觉非眚中，此实见见，云何复名觉闻知见？"

【译文】

"就像你今天用眼睛能看到山河国土以及世间众生，这都是从无始以来的见病所造成的影，正如眼病之人所见的圆影一般。这些能看到的物相与它们之间的区别之相，清晰展现在面前。因为眼睛长有翳膜，所以观见也成了翳膜。其实上我们清净明悟的心性，本来就没长有翳膜。当你感觉到观见的翳膜时，观见不会被翳膜所妨碍，这才是真正的观见，为什么说观见是因觉闻认知而生出的呢？"

"是故，汝今见我及汝，并诸世间十类众生，皆即见眚非见眚者。彼见真精，性非眚者，故不名见。

"阿难，如彼众生同分妄见，例彼妄见别业一人。一病目人同彼一国。彼见圆影，眚妄所生。此众同分所见不祥，同见业中瘴恶所起，俱是无始见妄所生。

· 名词解释 ·

恶缘：指诱我为恶的外界事物。《西方要决》曰："六恶缘伴，阻坏净心。"《往生要集》则曰："烦恼内催，恶缘外牵。"指出了恶缘是外在的使人为恶的事物。

【译文】

佛陀接着说:"因此,你现在看见我及世间十类众生,都用的是你长了翳膜的观见,而并非能够看见翳膜的本真见性,那本真的观见是不受翳膜阻滞的,因此你现在的观见还不能称之为真实的观见。

"阿难!众生的同分妄见与一人的别业妄见是不同的。正如一国众生同时见到种种灾象,如同那病人独自看见五色圆影一般,都是由于翳膜和妄见所导致的。一个人见到圆影,是因眼病而致;一国人同见不祥的灾象,是因共同业力的恶缘所致,这些恶业缠结了虚空,障蔽了日月星光,是无始以来生出的种种妄见。"

"例阎浮提三千洲中,兼四大海、娑婆世界,并洎十方诸有漏国及诸众生,同是觉明无漏妙心,见闻觉知虚妄病缘,和合妄生,和合妄死。若能远离诸和合缘及不和合,则复灭除诸生死因,圆满菩提,不生灭性,清净本心,本觉常住。"

【译文】

"这就好比这阎浮提洲的三千洲、四大海水、娑婆世界、十方国土以及所有众生,他们本来都是无漏的妙明真心、本觉明体,只因受了无明遮蔽,现出种种虚妄见分,于是有了见闻觉知的颠倒景象。如果能离开惑业俱全的和合缘以及有惑无业的不和合缘,就能灭除这两种生死本因,从而成就圆满菩提,找到自己不生灭性的清净本心和常住不变的自性。"

因缘和合

"阿难,汝虽先悟本觉妙明,性非因缘,非自然性;而犹未明如是觉元,非和合生及不和合。"

【译文】

"阿难,虽然你先前悟解到妙明觉见的本性不在因缘,也不是自在自为,但你还不明白这个妙觉真心,也并非妄念的因缘和合所生或者不因和合而生。"

"阿难,吾今复以前尘问汝:汝今犹以一切世间妄想,和合诸因缘性,而自疑惑。证菩提心和合起者。则汝今者妙净见精,为与明和?为与暗和?为与通和?为与塞和?"

• 名词解释 •

娑婆:意译为"堪忍",是释迦牟尼佛教化的世界。此界众生安于十恶,堪于忍受诸苦恼而不肯出离。在佛教史上,娑婆一词原指人类所住的阎浮提洲,后来逐渐指释迦牟尼佛所教化的三千大千世界。

【译文】

"阿难,我仍以世间的尘相来问你,因为你现在仍然以为世间一切都是众生妄念的因缘和合,你心中仍有迷惑,甚至想要证明那菩提妙心也是因缘和合而生。

"那么我问你,你那妙明本心到底是与光明和合而生,还是与黑暗和合而生?是与通达和合而生,还是与阻塞和合而生?"

"若明和者,且汝观明,当明现前。何处杂见?见相可辨,杂何形像?若非见者,云何见明?若即见者,云何见见?

"必见圆满,何处和明?若明圆满,不合见和,见必异明,杂则失彼性明名字。杂失明性,和明非义。彼暗与通及诸群塞,亦复如是。"

【译文】

"阿难,如果你的见性是与光明相合而生,那么请你观察光明,当光明在你眼前之时,见性又在何处呢?在光明之相中,应该可以分辨得出见性,它又是以什么形象出现的呢?如果说见性并没有混在光明之中,那怎么能看见光明?如果说看到了观见,那是拿什么看到观见的呢?

"如果观见之性是圆满不可分的,那么它如何与光明相合的呢?若光明是圆满不可分的,它怎么可能与见性相和?如果说见性与光明不同,那么两者混合后必然会失去彼此的本性和名字;如果说见性与光明相同,那么两者混合就失去原本所说的一个光明的本义。

"所以,说'见性与光明因缘和合而生'并不正确。至于见性与通、暗、空、塞相合,也是一样的道理。"

阿难白佛言:"世尊,如我思惟,此妙觉元与诸缘尘及心念虑,非和合耶?"

佛言:"汝今又言觉非和合,吾复问汝:此妙见精非和合者,为非明和,为非暗和?为非通和,为

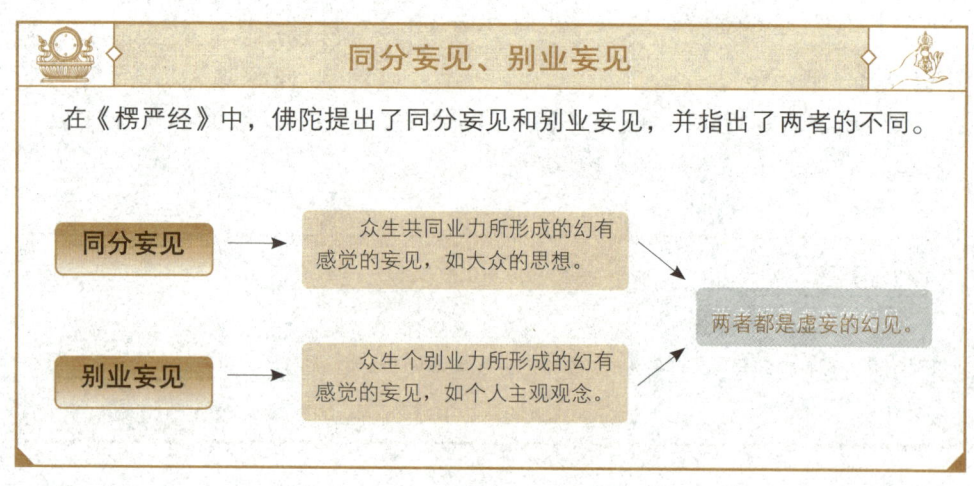

同分妄见、别业妄见

在《楞严经》中,佛陀提出了同分妄见和别业妄见,并指出了两者的不同。

同分妄见 → 众生共同业力所形成的幻有感觉的妄见,如大众的思想。

别业妄见 → 众生个别业力所形成的幻有感觉的妄见,如个人主观观念。

→ 两者都是虚妄的幻见。

非塞和？若非明和，则见与明必有边畔。汝且谛观，何处是明，何处是见？在见在明，自何为畔？"

【译文】

阿难又向佛说："我再三思考，这妙觉元明之见性与明暗通塞之尘相，以及心念思虑等六处识心似乎并不相关，那么见性并非因缘相合而生吧？"

佛说："你现在又怀疑到你的妙觉真心与世间的一切是不相和合的吗？那我再问你，你的见性是不与光明相和合，还是不与黑暗相和合？是不与通达相和合，还是不与阻塞相和合？如果不与光明相和合，那么见性和明相之间一定有界限。你不妨仔细观察，看哪边是光明，哪边是见性呢？见性与光明之间，是以何处为它们的界限呢？"

"阿难！若明际中，必无见者，则不相及，自不知其明相所在，畔云何成？彼暗与通及诸群塞，亦复如是。又妙见精非和合者，为非明合？为非暗合？为非通合？为非塞合？

"若非明合，则见与明性相乖角，如耳与明了不相触。见且不知明相所在，云何甄明合非合理？彼暗与通及诸群塞，亦复如是。"

【译文】

"阿难，如果以光明为界限，那么就没有见性，光明与见性就各不相及，又怎能看到光明呢，怎么能说光明和见

性之中有界限呢？同理，它与黑暗、通达、阻塞的不相合，也是一样的道理。

"再说这妙明见性的根本不与因缘和合，那么是不与光明和合呢？是不与黑暗和合呢？是不与通达和合呢？还是不与阻塞和合呢？如果说不与光明和合，观见与光明就是互相背离的，如同耳朵与光明，是互不接触、没有关联的。见性已然不知道光明在哪里，还去辨什么合与不合的道理呢？这个道理，对于说不与黑暗、通达、阻塞相和合，也是一样的。"

五蕴即本性

"阿难，汝犹未明一切浮尘，诸幻化相，当处出生，随处灭尽。幻妄称相，其性真为妙觉明体。如是乃至五阴六入，从十二处至十八界，因缘和合，虚妄有生。因缘别离，虚妄名灭。殊不能知生、灭、去、来，本如来藏，常住妙明，不动周圆，妙真如性。性真常中，求于去来、迷悟、生死，了无所得。"

【译文】

"阿难啊！你还是不明白，世间一切浮尘和诸般物相，它们在哪里出现，随即就在哪里灭尽。幻象妄念只是外相，它们的本性，都是从常住真心妙觉明体所生。如五蕴、六入、十二处、十八界，所有的法都是因缘和合，虚妄而生；因缘离合，虚妄灭绝。世人完全不知一切的生起灭去之相，原来都是如

来藏性,都是常住妙明之中,不动入山,都是妙明真实的本性。要在这如来真性之中,寻求生死、去来、迷悟、生灭等等,纯属妄想啊。"

"阿难,云何五阴,本如来藏妙真如性?阿难,譬如有人以清净目观晴明空,惟一晴虚,迥无所有。其人无故不动目睛,瞪以发劳,则于虚空别见狂华。复有一切狂乱非相。色阴当知,亦复如是。"

【译文】

"阿难,为什么我说色、受、想、行、识这五蕴,就是众生原本所具的妙明真实的本性呢?如果有人用清明无垢之眼去看晴朗的天空,除了一片晴明虚空外,什么也看不到。如果他目不转睛继续瞪视,眼睛就会出现疲劳之相,就会在天空中看到摇动的光华,生出种种奇怪的幻相。因此应知,就像眼花后看到的幻华一般,色蕴也是如此产生的虚妄之相。"

"阿难!是诸狂华非从空来,非从目出。如是,阿难,若空来者,既从空来,还从空入,若有出入,即非虚空,空若非空,自不容其华相起灭,如阿难体不容阿难。

"若目出者,既从目出,还从目入。即此华性从目出故,当合有见。若有见者,去既华空,旋合见眼。若无见者,出既翳空,旋当翳眼。又见华时,目应无翳,云何睛空,号清明眼?是故当知,色阴虚妄,本非因缘,非自然性。"

【译文】

"阿难,这些摇荡光华既不是生于虚空,也不是从眼睛中而生。如果光华

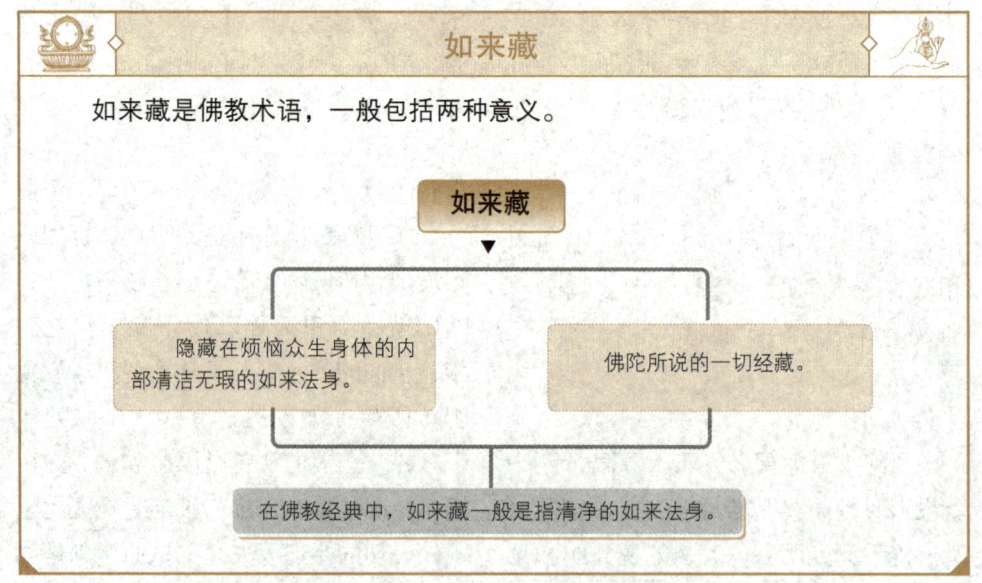

如来藏

如来藏是佛教术语,一般包括两种意义。

如来藏

隐藏在烦恼众生身体的内部清洁无瑕的如来法身。

佛陀所说的一切经藏。

在佛教经典中,如来藏一般是指清净的如来法身。

是从天空中产生，就应该仍返回到天空，但是这能够进出的天空，就不能称为天空了。如果天空不再虚旷，那么天空就是实体了，怎么会有虚幻的光华在其中生灭，这就比如你阿难的身体，不能再容下一个阿难一样。

"假如光华是从眼睛产出，那么也应该能返回到眼睛之中。既然光华从眼睛里产生，就应当能够被看见。如果能看见光华的实体，将光华除去后，就应该只看得到眼睛了；如果看不到光华，如果眼睛没有可以看到的东西，那这眼睛是长翳膜，但是，当眼睛又看到光华时，说明这眼睛应当是没有长有翳膜的。如此说来，还说什么清明虚廓的天空，说什么清明无碍的眼睛呢？

"因此你应知道，所有一切色蕴只是虚妄，和光华幻相一样，既不是因缘和合而生，也不是自在自为。"

"阿难，譬如有人，手足宴安，百骸调适，忽如忘生，性无违顺。其人无故，以二手掌于空相摩。于二手中妄生涩、滑、冷、热诸相。受阴当知，亦复如是。

"阿难，是诸幻触不从空来，不从掌出。如是，阿难，若空来者，既能触掌，何不触身？不应虚空，选择来触。若从掌出，应非待合？又掌出故，合则掌知，离则触入，臂腕骨髓应亦觉知入时踪迹。必有觉心，知出知入，自有一物身中往来，何待合知，要名为触？是故当知受阴虚妄，本非因缘，非自然性。"

【译文】

"阿难，譬如有一个人，他本来手足安然，身体舒适，自然顺达，不知苦乐。忽然之间，这人无故摩擦双手，结果就无端生出涩、滑、冷、热等感受。阿难，受蕴也是如此啊。

"这身体所感受到的种种触觉，既不是从空无中来，也不是从手掌中产生。因为若是从虚空而来，既然能触到手掌，为何就不能触到你的身体？虚空本无知觉，因此也不会选择只接触到你的手掌而不接触你的身体。如果这种种触觉是从手掌产生，那么用不着等到手掌摩擦时才能发现呀！而且如果是从手掌产生，那么双掌摩擦时就知道它怎样出来；当双掌分开时，也知道它怎样消失。它也应该能进入到种种有触觉的地方，如手腕、手臂、骨髓等，都会感觉到它进入时的踪迹。如果说这当中定有能觉知的心，知道触受的产生和进出，那它必定会在身体中自来自往，又何必要等到双掌相触时才能唤醒触受呢？因此应知道，受蕴也都是虚妄的，既不是因缘和合而生，也不是自在自为。"

"阿难，譬如有人，谈说酢梅，口中水出；思蹋悬崖，足心酸涩。想阴当知，亦复如是。

"阿难，如是酢说，不从梅

第五章　破魔大全——《楞严经》

生,非从口入。如是,阿难,若梅生者,梅合自谈,何待人说?若从口入,自合口闻,何须待耳?若独耳闻,此水何不耳中而出?思蹋悬崖,与说相类。是故当知,想阴虚妄,本非因缘,非自然性。"

【译文】

"阿难,譬如当人们说到梅子时,口中就会生出口水来;当人们想到是站在悬崖边上时,不自觉会脚心发软。想蕴也是如此。

"阿难,像上面所说的口生酸意的感觉,既不是从酸梅而生,也不是从口中所生。若说是酸梅所生,它自己就会去说,何必要人去说?若说酸意是从口而而生,口应该自己品尝得到,何必要等耳朵听到酸梅后才有酸意?若说是因为耳朵听到酸梅才生出口水,那么这口水何不从耳中流出?想着站在悬崖上就有心惊脚软之感,也是同样的道理。因此,应该知道想蕴也是虚妄的,既不是因缘和合而生,也不是自在自为。"

"阿难,譬如暴流波浪相续,前际后际,不相踰越。行阴当知,亦复如是。

"阿难,如是流性,不因空生,不因水有,亦非水性,非离空水。如是,阿难,若因空生,则诸

五蕴

五蕴是佛教关于人体及其身心现象构成问题的理论,分别是色蕴、受蕴、想蕴、行蕴、识蕴。在《楞严经》中,佛陀指出了五蕴是众生本具的妙明真实本性。

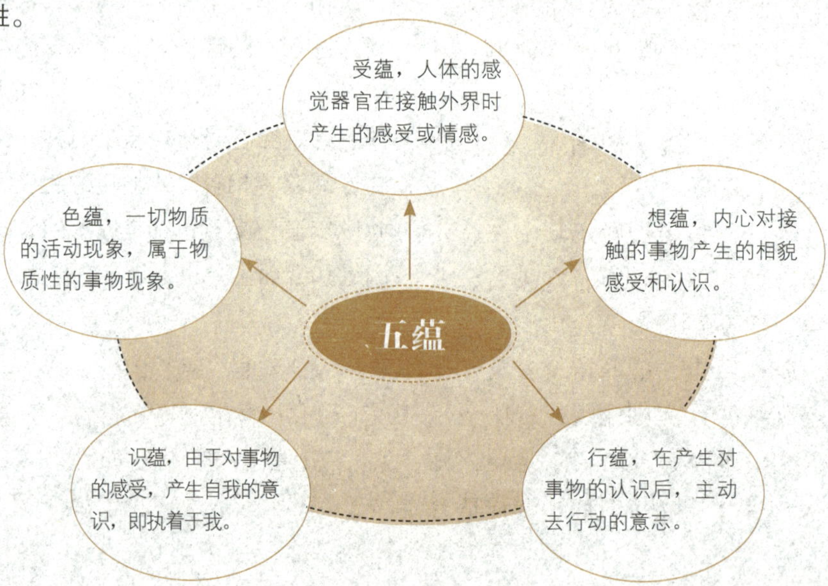

- 受蕴,人体的感觉器官在接触外界时产生的感受或情感。
- 色蕴,一切物质的活动现象,属于物质性的事物现象。
- 想蕴,内心对接触的事物产生的相貌感受和认识。
- 识蕴,由于对事物的感受,产生自我的意识,即执着于我。
- 行蕴,在产生对事物的认识后,主动去行动的意志。

五蕴

十方无尽虚空，成无尽流，世界自然俱受沦溺！若因水有，则此暴流，性应非水。有所有相，今应现在。若即水性，则澄清时应非水体！若离空水，空非有外，水外无流。是故当知，行阴虚妄，本非因缘，非自然性。"

【译文】

"阿难，譬如急流的波浪相续，后浪推前浪，相续不断。行蕴也是如此。

"阿难，水的流动之性，不是从空无中产生，也不是水自身所生成的。流动既不是水的自然本性，也不能离开空无和水流独立存在的。如果流动是因空无而生，则十方世界的无穷尽虚空当中，就会涌流着无穷尽的急流，十方世界自然都被淹没其中了。如果说流性是从水中产生的，那它就应有自己独特的自性，能够显示在外被人所见。若流性就是水的自然本性，那么当水流澄清平静之时，这个澄清的就不是水的本体了。如果说流性是离开空无和水独立存在的，那么空无是圆满周遍，没有外边的，岂能离空而有水？水外无流，岂能离开水而有流？

"所以应该知道，行蕴也是虚妄不实的，既不是因缘而生，也不是自在自为的。"

"阿难，譬如有人取频伽瓶①，塞其两孔，满中擎空，千里远行，用饷他国。识阴当知，亦复如是。

"阿难，如是虚空，非彼方来，非此方入。如是，阿难，若彼方来，则本瓶中，既贮空去，于本瓶地，应少虚空。若此方入，开孔倒瓶，应见空出。

"是故当知，识阴虚妄，本非因缘，非自然性。"

【注释】

①频伽瓶：一种形似频伽鸟的瓶子。频伽，印度一种鸟名，声音十分美妙。

【译文】

"阿难，譬如有人拿频伽瓶，塞住两端的小孔，瓶里蓄满了当地的虚空，然后把瓶拿到千里以外，送给别的国家。识蕴也是如此。

"阿难，瓶子里的虚空，不是从另一方带来，也不是从这一方盛入的。因为，若说这瓶中的虚空是从另一方带来的，瓶中既然装了一瓶虚空，那一方就应少了一瓶虚空才对啊！若说瓶中的虚空是从此地装入的，那么打开瓶子就应可以倒出虚空来。

"因此应知道，识蕴也是虚妄的，既不是因缘和合而生，也不是自在自为的。"

五蕴皆虚妄

在《楞严经》中,佛陀用五个例子说明了五蕴都是虚妄的教义,不仅十分贴切,而且生动形象。

五蕴皆虚妄

色蕴

如果有人目不转睛地瞪视天空,眼睛就会出现疲劳之相,就会在天空中看到摇动的光华,生出种种奇怪的幻相。如果这光华是从眼睛产出,那么也应该能返回到眼睛之中,也应当能够被看见。事实上光华并不是生于虚空,也不是产自眼睛,色蕴就像这光华一样,既不是因缘而生,也不是自在自为。

受蕴

一个人无故摩擦双手,结果就无端生出涩、滑、冷、热等感受。如果这些感受若是从虚空而来,那么也应该接触到身体;如果这种触觉是从手掌产生,那么用不着等到手掌摩擦时才能发现。事实上这触觉既不是生于虚空,也不是产自手掌,受蕴就像这触觉一样,既不是因缘而生,也不是自在自为。

想蕴

当人们说到梅子时,口中就会生出口水来。如果这些感觉从口而生,口应该自己品尝得到,那么何必要等耳朵听到酸梅后才有酸意。事实上酸意既不是从酸梅而生,也不是从口中所生,想蕴就像酸意一样,既不是因缘而生,也不是自在自为。

行蕴

当急流波浪相续不断时,这些水就具备了流动之性。如果这种流动性是因空无而生,则十方世界的无穷尽虚空当中,就会涌流着无穷尽的急流;如果流动性是从水中产生的,那它就应有自己独特的自性,能够显示在外被人所见。事实上流动性既不是从空无中产生,也不是水自身所生成,行蕴就像这流动性一样,既不是因缘而生,也不是自在自为。

识蕴

有人拿频伽瓶装满了当地的虚空,然后把瓶拿到千里以外。如果这瓶子里的虚空是从另一方带来的,瓶中既然装了一瓶虚空,那一方就应少了一瓶虚空;如果瓶中的虚空是从此地装入的,那么打开瓶子就应可以倒出虚空来。事实上这虚空即不是从另一方带来,也不是从这一方盛入,识蕴就像瓶子的虚空一样,既不是因缘而生,也不是自在自为。

第六章

根本法轮——《华严经》

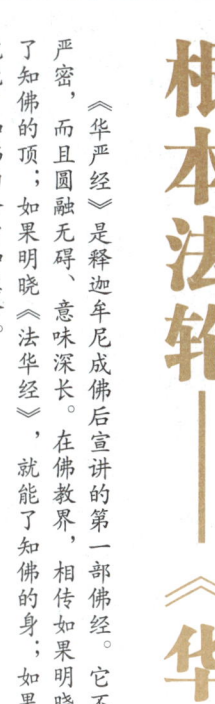

《华严经》是释迦牟尼成佛后宣讲的第一部佛经。它不但义理丰富、逻辑严密，而且圆融无碍，意味深长。在佛教界，相传如果明晓《楞严经》，就能了知佛的顶；如果明晓《法华经》，就能了知佛的身；如果明晓《华严经》，就能了知佛的全身和慧命。

释《华严经》

《华严经》的经题与翻译

《华严经》全称为《大方广佛华严经》。所谓"大"是包含的意思;"方"是仪轨的意思;"广"是周遍的意思;"华"是成就佛果的意思;"严"是开演因位,严饰佛果的意思。所谓"大方广佛华严经",既用法譬喻因果,又是理智人法,囊括了经文的要旨。

根据佛教传说,佛陀用21天说完《华严经》后,此经就被龙王请到龙宫供养。直到佛陀入灭600年后,龙树菩萨发心到龙宫读经,才见到了《华严经》,并从经文中真正认识到佛陀的无上智慧。在龙树菩萨离开龙宫时,本想将《华严经》全部带出,但考虑到上本与中本数量巨大、内容深奥,非一般人所能理解,因此只带出了下本《华严经》,这就是十万偈之《华严经》。自此之后,《华严经》才流传于世间。

关于《华严经》的编集时间,学术界普遍认为是在公元2~4世纪中叶。在此之前,此经只是分散的断章,当它从南印度传播到中国西域地区时,才汇集成大本的《华严经》。

自《华严经》传入中国以来,主要有3种译本,分别是:东晋佛陀跋陀罗翻译的《旧(晋)译华严》,共60卷34品,又称《六十华严》;唐实叉难陀翻译的《新译华严》,共80卷39品,又称《八十华严》;唐贞元中般若翻译的《大方广佛华严经入不思议解脱境界普贤行愿品》,共40卷,又称《四十华严》。

在《华严经》的诸多译本中,以唐实叉难陀翻译的《八十华严》最为完整,义理也最为完备,所以流传最广。

除了全文译本外,《华严经》某一品或一部分的译文也有很多,根据法藏的《华严经传记》,自从东汉支娄迦谶翻译《华严经》别行本《兜沙经》(《如来名号品》)开始,一直到唐代,这种别行译本就有35部。其中比较重要的有聂道真翻译的《诸菩萨求佛本业经》(《净行品》)、竺法护翻译的《菩萨十住行道品》(《十住品》)、鸠摩罗什翻译的《十住经》(《十地品》)、圣贤译《罗摩伽经》(《入法界品》)、地婆诃罗译《大方广佛华严经》(《入法界品》)等。

《华严经》成书之后，很快就得到了大乘学者的重视，龙树为之作《大不思议论》，世亲作《十地经论》。此经传入中国后，更有许多高僧为之注疏，如吉藏的《华严经游意》、杜顺的《华严五教止观》、智俨的《华严搜玄记》、法藏的《华严经探玄记》、宗密的《华严原人论》等，杜顺、法藏法师更依据此经立宗。

《华严经》的主要内容

《华严经》是释迦牟尼成佛后对文殊菩萨、普贤菩萨等菩萨宣讲法界情况的佛经，是大乘佛教很重要的一部经典。

翻译者	▶	**实叉难陀** 于阗（今新疆和田）人。唐代武周时，武则天派人去于阗寻求《华严经》全本，他应邀于万岁元年（公元695年）到达洛阳，并重译《华严经》，历经四年完成。武则天对此经极为重视，亲制了佛经的序文。此《华严经》也是所有译本中流传最广的版本。
翻译时间	▶	唐天册万岁元年
卷数	▶	80卷39品
主要内容	▶	以菩萨发菩提心为因，修行成佛为果，显示了一个圆通无碍、庄严无比的华严世界，并为菩萨的修行指明了道路。自从此经传入中国以来，以其圆满的哲学体系及优美的语句，在中国佛教史上占据了非常重要的地位，更是佛教徒必学的经典之一。

佛家富贵
《华严经》的主要内容

《华严经》是大乘佛教经典中最长的一部，是释迦牟尼成佛后对文殊菩萨、普贤菩萨等菩萨宣讲法界的情况，是对佛教世界观最完整的介绍。此经描绘了一个寥廓无碍、不可思议的佛国净土，并叙述了菩萨修行的因果，显示了一个心性无量、时空行愿、缘起无尽的胜境，彰显了佛陀广大圆满的功德，因此有"不读华严，不知佛家之富贵"的说法。

此外，《华严经》以"法性本净"理论为中心，阐述了法界诸法等同一味、无尽缘起等理论，并在实践上指明了修行的道路，即以"三界唯心"为依据，强调心的作用，并指出了大乘菩萨从初发菩提心到修行圆满成佛的十法阶次，即十信、十住、十行、十回向、十地、等觉、妙觉等52个等级。最后提出依普贤愿十地修行，终能进入佛果境界的理论。在《华严经》中提出的十信、十住、十行、十回向、十地法门行相和修行成果差别的教义，既发挥了大乘瑜伽思想，也对大乘佛教理论的发展有很大影响。

作为释迦牟尼成佛后宣讲的第一部经典，《华严经》逻辑严密、体系宏博，体现了大乘佛教圆融的法义，在大乘佛教诸经典中素有"经中之王"的美誉。虽然《法华经》也被称作"经中之王"，但《华严经》以其博大精深、圆通无碍的教义，更被称为"经王中之王"，被认为是诸经之母。

由于《华严经》以普贤大愿为因、以毗卢遮那佛法身为果、以华藏世界为化境、以华严大法为法门，教义浩瀚，融汇了宇宙的种种性想，所以自从此经传入中国以来，就流传很广，特别在隋唐时期极为兴盛，诸家纷纷为之注疏，如吉藏的《华严经游意》、杜顺的《华严五教止观》、法藏的《华严经探玄记》、智俨的《华严搜玄记》、澄观的《华严经疏》、宗密的《华严原人论》。在僧俗二界的推崇下，《华严经》的地位日益提高，甚至在唐代出现了以《华严经》研究为宗旨的华严宗。在公元7～8世纪，《华严经》更流传到朝鲜、日本，朝鲜华严宗和日本华严宗据此立宗。

《华严经》的结构

　　《华严经》共80卷39品，是大乘佛教经典中最长的一部。唐代澄观在科判此经时，以前5卷为序分，中间55卷半为正宗分，后19卷半为流通分，并按照经文的内容提出七处九会之说，即以地上三处、天宫四处的九次法会贯通《华严经》的经文，清楚明了，很是流行。

华严九会

- 菩提场法会，由普贤菩萨宣说毗卢遮那佛因果法门，共有六品，即世主妙严品、如来现相品、普贤三昧品、世界成就品、华藏世界品、毗卢遮那品。

- 普光明殿法会，由文殊师利菩萨等宣说十信法门，共有六品，即如来名号品、四圣谛品、光明觉品、菩萨问明品、净行品、贤首品。

- 忉利天宫法会，由法慧菩萨宣说十住法门，共有六品，即升须弥山顶品、须弥山顶偈赞品、十住品、梵行品、初发心功德品、明法品。

- 夜摩天宫法会，由功德林菩萨宣说十行法门，共有四品，即升夜摩天宫品、夜摩宫中偈赞品、十行品、十无尽藏品。

- 兜率天宫法会，由金刚幢菩萨宣说十回向法门，共有三品，即兜率天宫品、兜率天宫偈赞品、十回向品。

- 他化天宫法会，由金刚藏菩萨宣说十地法门，共有一品，即十地品。

- 普光明殿法会，由毗卢遮那佛宣说因圆果满法门，共有十一品，即十定品、十通品、十忍品、阿僧只品、如来寿量品、诸菩萨住处品、佛不思议法品、如来十身相海品、如来随好光明功德品、普贤行品、如来出现品。

- 普光明殿法会，由普贤菩萨宣说普贤大行法门，共有一品，即离世间品。

- 逝多林法会，由文殊师利菩萨等宣说入法界法门，共有一品，即入法界品。

华藏世界
佛家的庄严净土

华藏庄严世界海

尔时，普贤菩萨复告大众言：

"诸佛子！此华藏庄严世界海①，是毗卢遮那②如来，往昔于世界海微尘数劫修菩萨行时，一一劫中，亲近世界海微尘数佛，一一佛所，净修世界海微尘数大愿之所严净。"

【注释】

①华藏庄严世界海：即华藏世界，是毗卢遮那如来的佛土，也是无生无灭、清净常住的绝对世界。

②毗卢遮那：梵文音译，意思是光明普照。毗卢遮那如来是华藏世界的教主，与普贤菩萨、文殊师利菩萨并称为"华严三圣"。

【译文】

这时候，普贤菩萨对听法的大家说：

"各位佛子！这是无生无灭、清净常住的绝对世界，是毗卢遮那佛过去历经劫难修行菩萨时的地方。他在修行的过程中经历了微尘一样多的劫难，亲近了无量无边多的佛陀，许下了不可胜数的心愿，最后才达到了庄严洁净的境界。"

"诸佛子！此华藏庄严世界海，有须弥山微尘数风轮所持。其最下风轮名'平等住'，能持其上一切宝焰炽然庄严。次上风轮名'出生种种宝庄严'，能持其上净光照耀摩尼①王幢。次上风轮名'宝威德'，能持其上一切宝铃。次上风轮名'平等焰'，能持其上日光明相摩王轮。"

【注释】

①摩尼：珠、珠宝，古代印度人认为它能消灾祛病，澄清污水。

【译文】

"各位佛子！这是无生无灭、清净常住的绝对世界，需要须弥山中灰尘一样多的风轮护法。最下面的风轮叫'平等住'，它能保护上面一切炽热燃烧着的火焰。再往上的风轮名叫'出生种种宝庄严'，它能保护它上面净光照耀着的摩尼王幢。再往上的风轮叫做'宝威德'，它能保护上面所有的风轮。再上面的风轮叫做'平等焰'，能保护上面发出日光的相摩王轮。"

"次上风轮名'种种普庄严'，能持其上光明轮华①。次上风轮名'普清净'，能持其上一切华焰师子座。次上风轮名'声遍十方'，能持其上一切珠王幢。次上风轮名'一切宝光明'，能持其上一切摩尼王树华。次上风轮名'速疾普持'，能持其上一切香摩尼须弥云。次上风轮名'种种宫殿游行'，能持其上一切宝色香台云。"

【注释】

①轮华：宝珠名，意为明耀珠。

【译文】

"再往上的风轮叫做'种种普庄严'，它能保护上面的光明轮华。再上面的是'普清净'，它能保护它上面一切像火焰那般华美的师子座。再上面的是'声遍十方'，它能保护上面所有的珠王幢。再往上的风轮是'一切宝光明'，它能保护上面一切的摩尼王树华。再上面的风轮是'速疾普持'，它能保护上面一切香摩尼须弥云。再往上是'种种宫殿游行'，它能保护上面一切宝色香彩云。"

"诸佛子！彼须弥山微尘数风轮最在上者，名殊胜威光藏，能持普光摩尼庄严香水海。此香水海有大莲华，名种种'光明蕊香幢'，华藏庄严世界海住在其中。四方均平，清净坚固，金刚轮山周匝围绕，地海众树，各有区别。"

【译文】

"各位佛子！像须弥山微尘一样多的众多风轮中，排在最上面的是殊胜威光藏风轮，它能保护普光摩尼庄严香水海。这个香水海里有大莲花，它的名字叫做'光明蕊香幢'，华藏世界就在莲花之中。华藏世界四方平坦，环境清净，大地坚固，金刚轮山环绕着它，其中的土地、大海、树木都有各自的界限。"

这是毗卢遮那佛图。毗卢遮那又名光明遍照、净满佛，他在佛教各宗派中地位不同。在密宗中，毗卢遮那佛就是大日如来，是密宗的根本佛；在法相宗中毗卢遮那被认为是佛陀的自性身；在天台宗中毗卢遮那被认为是佛陀的法身。《华严经》中的莲花藏世界就是以毗卢遮那佛为教主。

第六章 根本法轮——《华严经》

是时普贤菩萨欲重宣其义,承佛神力,观察十方,而说颂言:

"世尊往昔于诸有,微尘佛所修净业,

故获种种宝光明,华藏庄严世界海。

广大悲云遍一切,舍身无量等刹尘。

以昔劫海修行力,今此世界无诸垢。

放大光明遍住空,风力所持无动摇。

佛藏摩尼普严饰,如来愿力令清净。

普散摩尼妙藏华,以昔愿力空中住。

种种坚固庄严海,光云垂布满十方。

诸摩尼中菩萨云,普诣十方光炽然。

光焰成轮妙华饰,法界周流靡不遍。

一切宝中放净光,其光普照众生海。

十方国土皆周遍,咸令出苦向菩提。

宝中佛数等众生,从其毛孔出化形。

梵主帝释轮王等,一切众生及诸佛。

化现光明等法界,光中演说诸佛名。

种种方便示调伏,普应群心无不尽。

华藏世界所有尘,一一尘中见法界。

宝光现佛如云集,此是如来刹自在。

广大愿云周法界,于一切劫化群生。

普贤智地行悉成,所有庄严从此出。"*

华藏世界的庄严

尔时,普贤菩萨复告大众言:

"诸佛子!此华藏庄严世界海,大轮围山,住日珠王莲华之上。旃檀摩尼以为其身,威德宝王以为其峰,妙香摩尼而作其轮,焰藏金刚,所共成立。一切香水,流注其间,众宝为林,妙华开敷,香草布地,明珠间饰,种种香华,处处盈满。摩尼为网,周匝垂覆。如是等有世界海微尘众妙庄严。"

---

*:上文中普贤菩萨的颂言属于偈颂的祇夜。所谓祇夜,又称应颂、重颂,主要是再次强调前文的内容,并对前面的长行进行概括总结,由于其内容是对前文的重复,所以在此处和下文并不多做翻译。

【译文】

这时候,普贤菩萨又告诉众人说:

"诸位佛子!华藏世界周围有大轮山包围,下有日珠王莲华托浮。大轮山以旃檀摩尼为身,以威德宝玉为峰,以妙香摩尼为轮,火焰中包藏着金刚,它们共同构成了山脉的轮廓。所有的香水都往这里流,所有的宝物矗立成林,各种奇异的花草遍布着整个大地,粒粒明珠点缀其间,这些使得这里既充满了芬芳的香气,又让人眼花缭乱。摩尼在这里纵横交错,密密麻麻覆盖着整个大地。如此胜景,华藏世界中到处都是,如同世界的微尘一样多。"

这是普贤菩萨图。普贤菩萨是大乘菩萨的代表,他依菩提心起愿,身、口、意皆平等,具备众德,所以称为普贤。在《华严经》中,普贤菩萨具有重要的地位,一切菩萨行都是普贤行,当修行菩萨行达到圆满时,就会成为普贤菩萨。

尔时,普贤菩萨欲重宣其义,承佛神力、观察十方,而说颂言:

"世界大海无有边,宝轮清净种种色;

所有庄严尽奇妙,此由如来神力起。

摩尼宝轮妙香轮,及以真珠灯焰轮;

种种妙宝为严饰,清净轮围所安住。

坚固摩尼以为藏,阎浮檀金作严饰;

舒光发焰遍十方,内外映彻皆清净。

金刚摩尼所集成,复雨摩尼诸妙宝;

其宝精奇非一种,放净光明普严丽。

香水分流无量色,散诸华宝及旃檀;

众莲竞发如衣布,珍草罗生悉芬馥。

无量宝树普庄严,开华发蕊色炽燃;

种种名衣在其内,光云四照常圆满。

无量无边大菩萨,执盖焚香充法界;

悉发一切妙音声，普转如来正法轮。

诸摩尼树宝末成，一一宝末现光明；

毗卢遮那清净身，悉入其中普令见。

诸庄严中现佛身，无边色相无央数；

悉往十方无不遍，所化众生亦无限。

一切庄严出妙音，演说如业本愿轮；

十方所有净刹海，佛自在力咸令遍。"

尔时，普贤菩萨复告大众言：

"诸佛子！此世界海大轮围山内，所有大地，一切皆以金刚所成。坚固庄严，不可沮坏。清净平坦，无有高下。摩尼为轮，众宝为藏。一切众生种种形状，诸摩尼宝，以为间错。散众宝末，布以莲华，香藏摩尼分置其间。"

【译文】

这时候，普贤菩萨又对大家说：

"各位佛子！华藏世界被大轮山包围着，这个世界整个大地都是由金刚铸成的，既坚固又庄严，不能毁坏。这里的大地既清净又平坦，没有高下起伏的现象。摩尼是这个世界的轮子，众多珠宝是它的储藏。万物有什么形状，摩尼珍宝也是都有什么形状，这些具有千奇百怪形状的摩尼就错落有致地分布在整个世界。整个大地上还散落着摩尼宝的碎末，四处布满了莲花，散发香味的摩尼宝就分布在莲花中间。"

"诸庄严具，充遍如云。三世一切诸佛国土，所有庄严而为校饰，摩尼妙宝以为其网，普现如来所有境界，如天帝释，于中布列。

"诸佛子！此世界海地，有如是等世界海微尘数庄严。"

【译文】

"这些宝物都非常庄严，它们就像云布满天空一样布满了华藏世界。过去、现在、未来三世所有的佛国净土，莫不用这些庄严的宝物来装饰，摩尼妙宝星罗棋布地织成一张大网，上面映现着如来的所有智慧和神力，好像帝释天宫殿中陈列的珠宝一样神奇。

"各位佛子！在这华藏世界里，到处都有这样庄严的景象，它们好像世间的微尘一样多。"

尔时，普贤菩萨欲重宣其义，承佛神力，观察十方，而说颂言：

"其地平坦极清净，安住坚固无能坏。

摩尼处处以为严，众宝于中相间错。

金刚为地甚可悦，宝轮宝网具庄严。

莲华布上皆圆满，妙衣弥覆悉周遍。

菩萨天冠宝璎珞，悉布其地为

严好。

旃檀摩尼普散中，咸舒离垢妙光明。

宝华发焰出妙光，光焰如云照一切。

散此妙华及众宝，普覆于地为严饰。

密云兴布满十方，广大光明无有尽。

普至十方一切土，演说如来甘露法。

一切佛愿摩尼内，普现无边广大劫。

最胜智者昔所行，于此宝中无不见。

其地所有摩尼宝，一切佛刹咸来入。

彼诸佛刹一一尘，一切国土亦入中。

妙宝庄严华藏界，菩萨游行遍十方。

演说大士诸弘愿，此是道场自在力。

摩尼妙宝庄严地，放净光明备众饰。

充满法界等虚空，佛力自然如是现。

诸有修治普贤愿，入佛境界大智人。

能知于此刹海中，如是一切诸神变。"

华藏香水海的神通

尔时，普贤菩萨复告大众言：

"诸佛子！此世界海大地中，有十不可说佛刹微尘数香水海。一切妙宝庄严其底，妙香摩尼庄严其岸，毗卢遮那摩尼宝王以为其网，香水映彻，具众宝色，充满其中。种种宝华，旋布其上，旃檀细末，澄垽其下。"

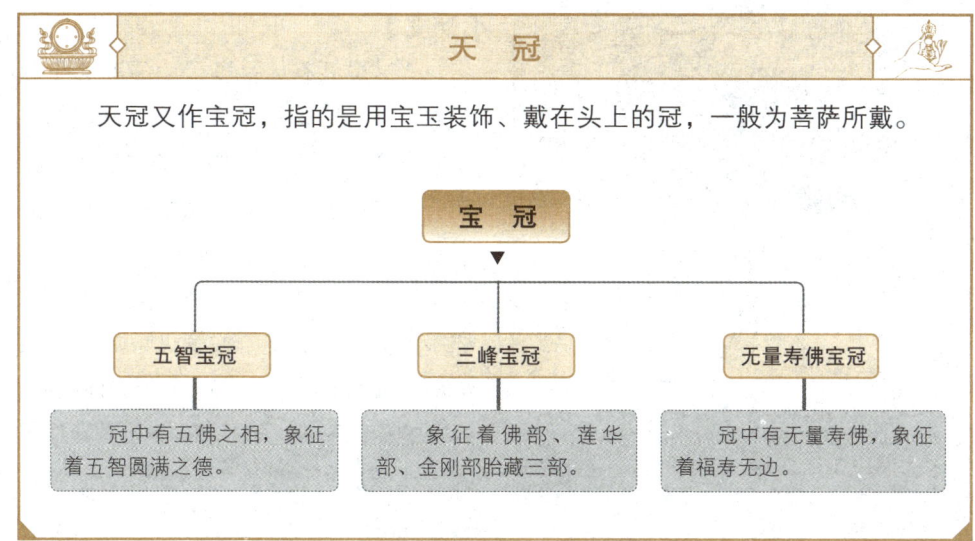

天 冠

天冠又作宝冠，指的是用宝玉装饰、戴在头上的冠，一般为菩萨所戴。

宝 冠

五智宝冠	三峰宝冠	无量寿佛宝冠
冠中有五佛之相，象征着五智圆满之德。	象征着佛部、莲华部、金刚部胎藏三部。	冠中有无量寿佛，象征着福寿无边。

【译文】

这时候,普贤菩萨又对大家说:

"各位佛子!在华藏世界里,有像微尘那样多的香水海,它们有十种无法形容的美妙。所有的妙宝都陈列在海底作为装饰,散发着奇妙芳香的摩尼装饰着海岸,毗卢遮那如来的摩尼宝玉排列成网,与香水海相互映照,所有宝物的颜色全部显现出来,充斥整个海上世界。很多珍奇的花儿在海上盛开,旃檀细末流溢于海底。"

"演佛言音,放宝光明。无边菩萨持种种盖,现神通力。一切世界所有庄严,悉于中现。十宝阶陛,行列分布。十宝栏楯,周匝围绕。四天下微尘数、一切宝庄严芬陀利华敷荣水中。"

【译文】

"佛法的声音在这里回荡,所有的珍宝都在闪光,使得这里明亮异常。多得不可胜数的菩萨拿着各种宝盖,表现出无与伦比的神通。一切世界应有的庄严,这里无所不有。台阶是由十宝做成的,它们有序地分阶陈列,栏杆也是由十宝环绕而成。像四大洲微尘一样多的白莲花盛开在水中。"

"不可说百千亿那由他数十宝尸罗幢,恒河沙数一切宝衣铃网幢,恒河沙数无边色相宝华楼阁,百千亿那由他数十宝莲华城,四天下微尘数众宝树林、宝焰摩尼以为其网,恒河沙数旃檀香诸佛言音光焰摩尼。不可说百千亿那由他数众宝垣墙,悉共围绕,周遍严饰。"

【译文】

"这里还有亿万多个由清凉美玉做成的经幢,它们也有十种不可言说的美妙。有像恒河的沙粒那样多的宝衣、宝铃、宝网、宝幢,像恒河沙粒一样多的宝石雕花楼阁,数也数不清的、具有十宝那样美妙的莲华城,像四大洲微尘那样多的宝树林、宝焰摩尼做成的网,像恒河沙粒那样多的、能发出佛祖说法的声音的旃檀香摩尼。还有多得不可胜数的宝物做成的城墙,宝物围绕着城墙,装饰其身。"

这是芬陀利花图。芬陀利花又名芬陀利迦,译为白莲花,是白色睡莲的一种。它花色如雪,光彩夺目,只生长于天上。在佛教经典中,芬陀利花常被用来形容佛法的清净无染。《华严经》用芬陀利花来形容华藏世界的美好。

普贤的颂言

尔时,普贤菩萨欲重宣其义,承佛神力,观察十方,而说颂言:

"此世界中大地上,有香水海摩尼严。

清净妙宝布其底,安住金刚不可坏。

香藏摩尼积成岸,日焰珠轮布若云。

莲华妙宝为璎珞,处处庄严清无垢。

香水澄渟具众色,宝华旋布放光明。

普震音声闻远近,以佛威神演妙法。

阶陛庄严具众宝,复以摩尼为间饰。

周回栏楯悉宝成,莲华珠网加云布。

摩尼宝树列成行,华蕊敷荣光赫奕。

种种乐音恒竞奏,佛神通力令如是。

种种妙宝芬陀利,敷布庄严香水海。

香焰光明无暂停,广大圆满皆充遍。

明珠宝幢恒炽盛,妙衣垂布为严饰。

摩尼铃网演法音,令其闻者趣佛智。

妙宝莲华作城廓,众彩摩尼所严莹。

真珠云影布四隅,如是庄严香水海。

垣墙缭绕皆周匝,楼阁相望布其上。

无量光明恒炽燃,种种庄严清净海。

毗卢遮那于住昔,种种刹海皆严净。

如是广大无有边,悉是如来自在力。"

尔时,普贤菩萨复告大众言:

"诸佛子!一一香水海,各有四天下微尘数香水河,右旋围绕。一切皆以金刚为岸,净光摩尼以为严饰,常现诸佛宝色光云,及诸众生所有言音。其河所有漩澓之处,一切诸佛所修因行,种种形相皆从中出。"

这是摩尼宝珠图。摩尼宝珠又名如意宝珠,它端严殊妙,能明照四方,满足一切心愿,具有诸多神通。在佛教经典中,摩尼宝珠是众生清净菩提心的象征。在《华严经》中,摩尼宝珠多用于形容华藏世界的庄严富贵。

【译文】

这时候,普贤菩萨又告诉大家说:

"诸位佛子!香水海是由像四大洲微尘那样多的香水河从右边盘旋交汇而成。河岸是由金刚做成的,装饰它的是净光摩尼宝,它经常呈现出所有佛宝的色泽、光亮和云霞,经常发出众生的声音。香水河的漩澓之处,诸位佛子的修行和因缘情况都从这里的水中显现出来。"

"摩尼为网,众宝铃铎,诸世界海所有庄严悉于中现。摩尼宝云以覆其上,其云普现华藏世界毗卢遮那十方化佛及一切佛神通之事,复出妙音,称扬三世佛菩萨名。其香水中常出一切宝焰光云,相续不绝,若广说者,一一河各有世界海微尘数庄严。"

【译文】

"摩尼宝做成的网上面挂满了宝铃铎,香水海中所有的庄严全部映现出来。摩尼宝云覆盖其上,云中映现出华藏世界中毗卢遮那十方化佛及一切佛神通广大的事迹,又发出妙不可言的声音,赞叹三世诸佛和诸菩萨的名字。香水中络绎不绝地出现很多宝焰光云,像是为众生说法——香水河中到处都是这样庄严的情形,像微尘那样多得不可胜数。"

尔时,普贤菩萨欲重宣其义,承佛神力。观察十方,而说颂言:

"清净香流满大河,金刚妙宝为其岸。

宝末为轮布其地,种种严饰皆珍好。

宝阶行列妙庄严,栏楯周回悉殊丽。

真珠为藏众华饰,种种缨鬘共垂下。

香水宝光清净色,恒吐摩尼竞疾流。

众华随浪皆摇动,悉奏乐音宣

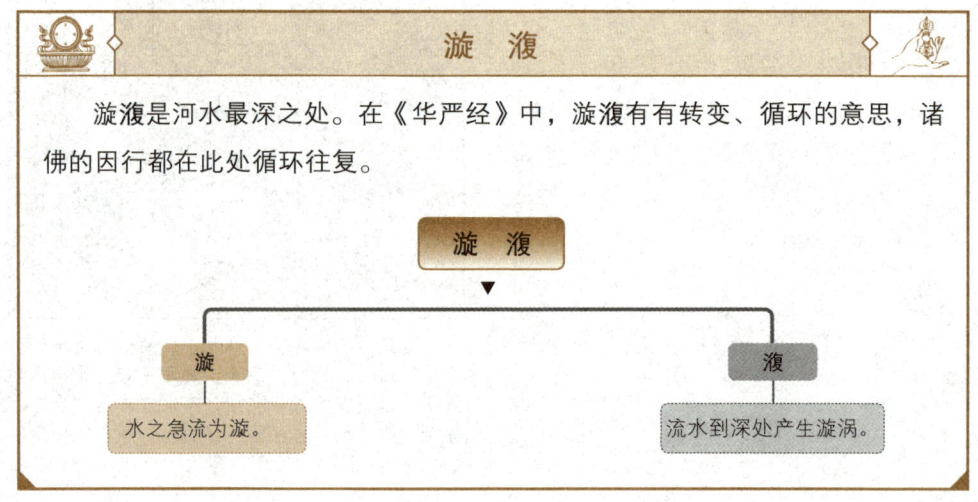

漩澓

漩澓是河水最深之处。在《华严经》中,漩澓有有转变、循环的意思,诸佛的因行都在此处循环往复。

漩澓
- 漩:水之急流为漩。
- 澓:流水到深处产生漩涡。

妙法。

　　细末栴檀作泥垽，一切妙宝同洄澓。

　　香藏氛氲布在中，发焰流芬普周遍。

　　河中出生诸妙宝，悉放光明色炽燃。

　　其光布影成台座，华盖珠璎皆具足。

　　摩尼王中现佛身，光明普照十方刹。

　　以此为轮严饰地，香水映彻常盈满。

　　摩尼为网金为铎，遍复香河演佛音。

　　克宣一切菩提道，及以普贤之妙行。

　　宝岸摩尼极清净，恒出如来本愿音。

　　一切诸佛曩所行，其音普演皆令见。

　　其河所有漩流处，菩萨如云常踊出。

　　悉往广大刹土中，乃至法界咸充满。

　　清净珠王布若云，一切香河悉弥覆。

　　其珠等佛眉间相，炳然显现诸佛影。"

华藏香水海的庄严

　　尔时，普贤菩萨复告大众言：

　　"诸佛子！此诸香水河两间之地，悉以妙宝种种庄严，一一各有四天下微尘数众宝庄严。芬陀利华周匝遍满，各有四天下微尘数众宝树林，次第行列。一一树中，恒出一切诸庄严云，摩尼宝王照耀其间。种种华香，处处盈满。"

【译文】

　　这时，普贤菩萨又对大家说：

　　"诸位佛子！所有香水河之间的大地，都以种种妙宝作为装饰——每一块大地上都有四大洲微尘那样多的妙宝装饰。周围布满了白莲花，像四大洲微尘那样多的宝树林按照次序排列着——宝树林中永远映现所有庄严的云霞，摩尼宝王的光亮照耀着这里，各种各样的花香充斥其中。"

　　"其树复出微妙音声，说诸如来一切劫中所修大愿。复散种种摩尼宝王，充遍其地，所谓莲华轮摩尼宝王、香焰光云摩尼宝王、种种严饰摩尼宝王、现不可思议庄严色摩尼宝王、日光明衣藏摩尼宝王、周遍十方普垂布光网云摩尼宝王、

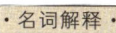

　　菩提道：菩提是指一种大彻大悟、到达涅槃的境界，而菩提道就是指通往觉悟、证得佛果的道路。在《华严经》中，普贤菩萨就"克宣一切菩提道"，并最终成就佛果。

现一切诸佛神变摩尼宝王、现一切众生业报海摩尼宝王，如是等有世界海微尘数。其香水河两间之地，一一悉具如是庄严。"

【译文】

"宝树林还能发出奇妙的声音，说出如来为普度众生在一切劫中所立下的宏愿。宝树林还能散落下各种摩尼宝王，整个大地为此布满了摩尼宝王，有莲华轮摩尼宝王、香焰光云摩尼宝王、种种严饰摩尼宝王、现不可思议庄严色摩尼宝王、日光明衣藏摩尼宝王等。周围遍布着十方普垂布光网云摩尼宝王、现一切诸佛神变摩尼宝王、现一切众生业报海摩尼宝王，这样的摩尼宝王有世间微尘那样多的数目，香水河两岸之间的土地，莫不是如此庄严。"

尔时，普贤菩萨欲重宣其义，承佛神力，观察十方而说颂言：

"其地平坦极清净，真金摩尼共严饰。

诸树行列荫其中，耸干垂条华若云。

枝条妙宝所庄严，华焰成轮光四照。

摩尼为果如云布，普使十方常现睹。

摩尼布地皆充满，众华宝末共庄严。

复以摩尼作宫殿，悉现众生诸影像。

诸佛影像摩尼王，普散其地靡不周。

如是赫奕遍十方，一一尘中咸见佛。

妙宝庄严善分布，真珠灯网相间错。

处处悉有摩尼轮，一一皆现佛神通。

众宝庄严放大光，光中普现诸化佛。

一一周行靡不遍，悉以十力广开演。

摩尼妙宝芬陀利，一切水中咸遍满。

其华种种各不同，悉现光明无尽歇。

三世所有诸庄严，摩尼果中皆显现。

体性无生不可取，此是如来自在力。

此地一切庄严中，悉现如来广大身。

彼亦不来亦不去，佛昔愿力皆令见。

此地一一微尘中，一切佛子修行道。

各见所记当来刹，随其意乐悉清净。"

🪷 华藏世界的功德

尔时，普贤菩萨复告大众言：

"诸佛子！诸佛世尊世界海，庄严不可思议。何以故？诸佛子！此华藏庄严世界海一切境界，一一皆以世界海微尘数清净功德之所庄严。"

【译文】

这时，普贤菩萨又对大家说：

"各位佛子！佛的世界里到处都有这样不可思议的庄严，这是为什么呢？诸位佛子啊！这是因为华藏世界中的一切境界，都是用像世间微尘那样多的功德来装饰的。"

尔时，普贤菩萨欲重宣其义，承佛神力，观察十方，而说颂言：

"此刹海中一切处，悉以众宝为严饰。

发焰腾空布若云，光明洞彻常弥覆。

摩尼吐云无有尽，十方佛影于中现。

神通变化靡暂停，一切菩萨咸来集。

一切摩尼演佛音，其音美妙不思议。

毗卢遮那昔所行，于此宝内恒闻见。

清净光明遍照尊，庄严具中皆现影。

变化分身众围绕，一切刹海咸周遍。

所有化佛皆如幻，求其来处不可得。

以佛境界威神力，一切刹中如是现。

如来自在神通事，悉遍十方诸国土。

以此刹海净庄严，一切皆于宝中见。

十方所有诸变化，一切皆于镜中像。

但由如来昔所行，神通愿力而出生。

若有能修普贤行，入于菩萨胜智海。

能于一切微尘中，普现其身净众刹。

不可思议亿大劫，亲近一切诸如来。

如其一切之所行，一刹那中悉

化 佛

在《华严经》中，普贤菩萨指出香水河两岸"普现诸化佛"，并以此来阐述华藏世界的庄严。

 化佛 ▶ 佛陀为救度众生而变现另一种姿态，又称为变化身。

即佛、菩萨以神通力，由因缘而突然幻化成佛的相状。

能现。

诸佛国土如虚空，无等无生无有相。

为利众生普严净，本愿力故住其中。"

华藏世界的形状

尔时，普贤菩萨复告大众言："诸佛子！此中有何等世界住，我今当说。诸佛子！此不可说佛刹微尘数香水海中，有不可说佛刹微尘数世界种安住。——世界种复有不可说佛刹微尘数世界。"

【译文】

这时，普贤菩萨又告诉大家：

"诸位佛子！华藏世界中还有什么样的世界存在呢，我现在讲给大家听。诸位佛子！无法形容的美妙佛国像香水海中的微尘那样多，因此也有像微尘那样多的无法形容的世界——华藏世界中又有像微尘那样多的妙不可言的世界。"

"诸佛子！彼诸世界种于世界海中，各各依住，各各形状，各各体性，各各方所，各各趣入，各各庄严，各各分齐，各各行列，各各无差别，各各力加持。"

【译文】

"各位佛子！华藏世界中又有很多这样的世界，它们存在于不同的地方，呈现出不同的形状，表现出不同的外形和性质；各个世界有各个世界的不同处所，各有不同的乐趣，各有不同的装饰，各有各自的界限划分，各有各自的排列方法，各有各自的公平，各有各自的神力保护。"

"诸佛子！此世界种或有依大莲华海住，或有依无边色宝华海住，或有依一切真珠藏宝缨珞海住，或有依香水海住，或有依一切华海住，或有依摩尼宝网海住，或有依漩流光海住，或有依菩萨宝庄严冠海住，或有依种种众生身海住，或有依一切佛音声摩尼王海住。如是等若广说者，有世界海微尘数。"

【译文】

"各位佛子！这众多的世界，有的在大莲花海上，有的在无边色宝华海上，有的在一切真珠藏宝璎珞海上，有的在香水海上，有的在一切华海上，有的在摩尼宝网海上，有的在依漩流光海上，有的在依菩萨宝庄严冠海上，有的在种种众生身海上，有的在一切佛音声摩尼王海上，等等。如果一一列举，有世间微尘那样多的数目。"

"诸佛子！彼一切世界种，或有作须弥山形，或作江河形，或作回转形，或作漩流形，或作轮辋形，或作坛埠形，或作树林形，或作楼阁形，或作山幢形，或作普方形，或作胎藏形，或作莲华形，或作佉勒迦形，或作众生身形，或作云形，或作诸佛相好形，或作圆满光明形，或作种种珠网形，或作一切门闼形，或作诸庄严具形。如是等若广说者，有世界海微尘数。"

【译文】

"各位佛子！这众多的世界，有的像须弥山那样的形状，有的像江河，有的像漩流，有的像轮辋，有的像坛墠，有的像树林，有的像楼阁，有的像山幢，有的像普方，有的像母亲怀中胎儿的形状，有的像莲华，有的像佉勒迦，有的像众生的身形，有的像云，有的像诸佛喜欢的东西，有的像圆满光明，有的像种种珠网，有的像一切门户，有的像庄严的景象。如果一一列举出来，有世间微尘那样多的数目。"

🪷 华藏世界的实体

"诸佛子！彼一切世界种，或有以十方摩尼云为体，或有以众色焰为体，或有以诸光明为体，或有以宝香焰为体，或有以一切宝庄严多罗华为体，或有以菩萨影像为体，或有以诸佛光明为体，或有以佛色相为体，或有以一宝光为体，或有以众宝光为体。"

【译文】

"各位佛子！这众多的世界，有的以十方世界的摩尼云霞为体，有的以众色光焰为体，有的以各种光明为体，

这是多罗树图。多罗树是椰子的一种，也称大王椰子。它属于棕榈科乔木，树干高直。可结果，果实像石榴，多生长于东印度。在纸张发明之前，印度人常用多罗树叶来刻写佛经等典籍。《华严经》用多罗树来形容华藏世界的诸多形状。

的以宝香光焰为体，有的以一切宝庄严多果树鲜花为体，有的以菩萨影像为体，有的以诸佛光明为体，有的以诸佛相状为体，有的以一宝光焰为体，有的以众宝光焰为体。"

"或有以一切众生福德海音声为体，或有以一切众生诸业海音声为体，或有以一切佛境界清净音声为体，或有以一切菩萨大愿海音声为体，或有以一切佛方便音声为体，或有以一切刹庄严具成坏音声为体，或有以无边佛音声为体，或

第六章 根本法轮——《华严经》

有以一切佛变化音声为体，或有以一切众生善音声为体，或有以一切佛功德海清净音声为体。如是等若广说者，有世界海微尘数。"

须弥城树坛墠形，一切刹种遍十方。

种种庄严形相别，各种布列而安住。

【译文】

"有的以一切众福德海的音声为体，有的以一切众生行海音声为体，有的以一切佛陀境界清净的音声为体，有的以一切菩萨慈悲大愿海的音声为体，有的以一切佛方便说法的音声为体，有的以广大无边佛的声音为体，有的以一切佛变化无穷的音声为体，有的以一切众生的善良之音声为体，有的以一切佛功德海清净的音声为体。如果一一列举出来，有世界微尘那样多的数目。"

或有体是净光明，或是华藏及宝云。

或有刹种焰所成。安住摩尼不坏藏。

灯云焰彩光明等，种种无边清净色。

或有言音以为体，是佛所演不思议。

或是愿力所出音，神变音声为体性。

一切众生大福业，佛功德音亦如是。

刹种一一差别门，不可思议无有尽。

如是十方皆遍满，广大庄严现神力。

尔时，普贤菩萨欲重宣其义，承佛神力，观察十方而说颂言：

"刹种坚固妙庄严，广大清净光明藏。

依止莲华宝海住，或有住于香海等。

十方所有广大刹，悉来入此世界种。

虽见十方普入中，而实无来无

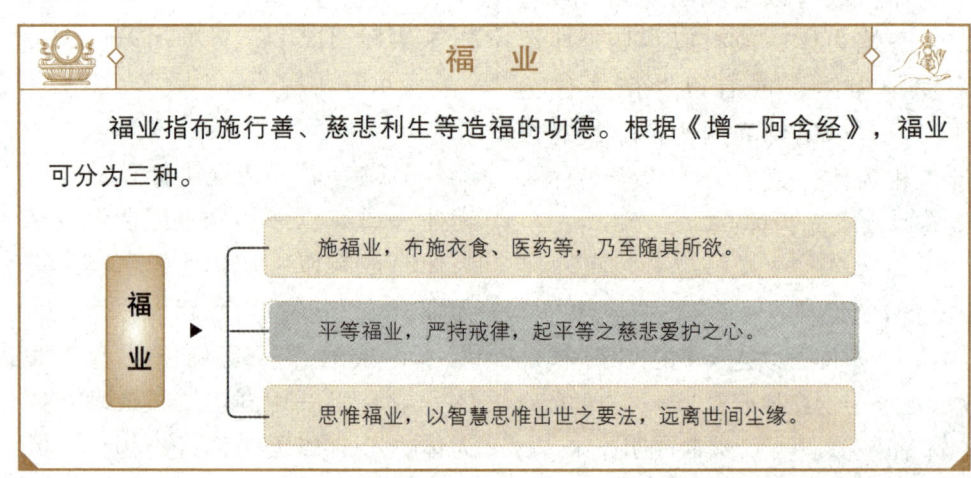

福　业

福业指布施行善、慈悲利生等造福的功德。根据《增一阿含经》，福业可分为三种。

福业 ▶
- 施福业，布施衣食、医药等，乃至随其所欲。
- 平等福业，严持戒律，起平等之慈悲爱护之心。
- 思惟福业，以智慧思惟出世之要法，远离世间尘缘。

所入。

以一刹种入一切,一切入一亦无余。

体相如本无差别,无等无量悉周遍。

一切国土微尘中,普见如来在其所。

愿海言音若雷震,一切众生悉调伏。

佛身周遍一切刹,无数菩萨亦充满。

如来自在无等伦,普化一切诸含识。"

华藏世界的分布

尔时,普贤菩萨复告大众言:"诸佛子!此不可说佛刹微尘数香水海,在华藏庄严世界海中,如天帝网分布而住。"

【译文】

这时候,普贤菩萨又告诉大家说:"诸位佛子!这样具有不可言说奥妙的佛国有香水海中的微尘那么多的数目,它们像天帝网上的珠宝那样星罗棋布着。"

"诸佛子!此最中央香水海名无边妙华光,以现一切菩萨形摩尼王幢为底。出大莲华,名一切香摩尼王庄严。有世界种而住其上,名普照十方炽然宝光明,以一切庄严具为体,有不可说佛刹微尘数世界于中布列。"

【译文】

"诸位佛子!中间的香水海叫做'无边妙华光',它以能显现出一切菩萨形状的摩尼王经幢为底。海中浮现着一个叫做'一切香摩尼王庄严'的大莲花,上有名为'普照十方炽然宝光明'的世界之种。它以一切庄严的物体为体,有像微尘那样多的、妙不可言的佛国分布其中。"

这是帝释天图。帝释天是三十三天之主,是四天王天和龙、夜叉的首领,也是佛教重要的守护神之一。他住在善见城,周围环绕着三十三天宫。《华严经》中的天帝网就是指帝释天天宫的珠宝网。

"其最下方有世界名最胜光遍照，以一切金刚庄严光耀轮为际，依众宝摩尼华而住，其状犹如摩尼宝形，一切宝华庄严云弥覆其上。佛刹微尘数世界周匝围绕，种种安住，种种庄严。佛号净眼离垢灯。"

【译文】

"在它的下方，有一个叫做'最胜光遍照'的世界，它是以金刚庄严光耀轮为边界，依靠着众宝摩尼华而存在的，它的形状好像摩尼宝的样子，一切宝华庄严云覆盖在这个世界的上面。它的周围有像佛国微尘那样多的世界环绕着，它们有着各种各样的住处和庄严。这里的佛名号为净眼离垢灯。"

"此上过佛刹微尘数世界，有世界名种种香莲华妙庄严，以一切庄严具为际，依宝莲华网而住，其状犹如师子之座，一切宝色珠帐云弥覆其上。二佛刹微尘数世界周匝围绕。佛号师子光胜照。"

【译文】

"这个世界的上面有像微尘那样多的世界，其中有一个叫做'种种香莲华妙庄严'的世界，它以一切庄严之物为边界，依靠宝莲华网而存在，它的形状像师子座，一切宝色珠帐云覆盖在这个世界的上面。它的周围有像两个佛国微尘那样多的世界环绕着。这里的佛名号为师子光胜照。"

"此上过佛刹微尘数世界，有世界名一切宝庄严普照光。以香风轮为际，依种种宝华璎珞住。其形八隅，妙光摩尼日轮云而覆其上，三佛刹微尘数世界周匝围绕。佛号净光智胜幢。"

【译文】

"再往上，经过像佛国微尘一样多的世界之后，是一个叫做'一切宝庄严普照光'的世界。这个世界以香风轮为边界，依靠着宝华璎珞而存在，它的形状像一个八边形，一切妙光摩尼日轮云覆盖在这个世界的上面。它的周围有三个佛国微尘那样多的世界环绕着。这个世界的佛名号为净光智胜幢。"

"此上过佛刹微尘数世界，有世界名种种光明华庄严，以一切宝王为际，依众色金刚尸罗幢海住。其状犹如摩尼莲华，以金刚摩尼宝光云而覆其上。四佛刹微尘数世界周匝围绕，纯一清净。佛号金刚光明无量精进力善出现。"

【译文】

"再向上，经过像佛国微尘一样多的世界之后，是一个叫做'种种光明华庄严'的世界。这个世界以一切宝王为边界，依靠着众色金刚尸罗幢海而存在，它的形状像摩尼莲华，一切金刚摩尼宝光云覆盖在这个世界的上面。它的周围有四个佛国微尘那样多的世界环绕着，清净污染。这个世界的佛名号为金刚光明无量精进力善出现。"

"此上过佛刹微尘数世界，有世界名普放妙华光，以一切宝铃庄严网为际，依一切树林庄严宝轮网海住。其形普方而多有隅角，梵音摩尼王云以覆其上，五佛刹微尘数世界周匝围绕。佛号香光喜力海。"

【译文】

"再向上，经过像佛国微尘一样多的世界之后，是一个叫做'普放妙华光'的世界。这个世界以一切宝铃庄严网为边界，依靠着一切树林庄严宝轮网海而存在，它的形状呈方形，有很多隅角，一切梵音摩尼王云覆盖在这个世界的上面。它的周围有五个佛国微尘那样多的世界环绕着。这个世界的佛名号为香光喜力海。"

"此上过佛刹微尘数世界，有世界名净妙光明，以宝王庄严幢为际，依金刚宫殿海住。其形四方，摩尼轮髻帐云而覆其上，六佛刹微尘数世界周匝围绕。佛号普光自在幢。"

【译文】

"再向上，经过像佛国微尘一样多的世界之后，是一个叫做'净妙光明'的世界。这个世界以宝王庄严幢为边界，依靠着金刚宫殿海而存在，它是四方形的，一切摩尼轮髻帐云覆盖在这个世界的上面。它的周围有六个佛国微尘那样多的世界环绕着。这个世界的佛名号为普光自在幢。"

"此上过佛刹微尘数世界，有世界名众华焰庄严，以种种华庄严为际，依一切宝色焰海住。其状犹如楼阁之形，一切宝色衣真珠栏楯云而覆其上。七佛刹微尘数世界，周匝围绕，纯一清净。佛号欢喜海功德名称自在光。"

梵 音

梵音又称梵声，是佛、菩萨清净微妙之音声。根据《长阿含经》，佛的梵音有五种清净。

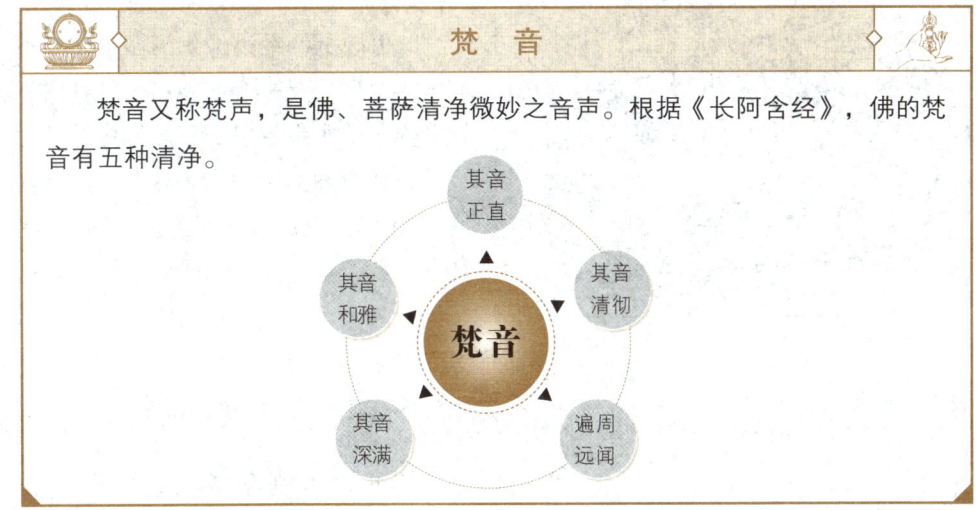

【译文】

"再向上,经过像佛国微尘一样多的世界之后,是一个叫做'华焰庄严'的世界。这个世界以种种华庄严为边界,依靠着一切宝色焰海而存在,它的形状犹如楼阁,一切宝色衣真珠栏楯云覆盖在这个世界的上面。它的周围有七个佛国微尘那样多的世界环绕着,纯洁无暇。这个世界的佛名号为欢喜海功德名称自在光。"

"此上过佛刹微尘数世界,有世界名出生威力地。以出一切声摩尼王庄严为际,依种种宝色莲华座虚空海住,其状犹如因陀罗网,以无边色华网云而覆其上,八佛刹微尘数世界周匝围绕。佛号广大名称智海幢。"

【译文】

"再向上,经过像佛国微尘一样多的世界之后,是一个叫做'出生威力地'的世界。这个世界以出一切声摩尼王庄严为边界,依靠着种种宝色莲华座虚空海而存在,它的形状如天帝网,一切无边色华网云覆盖在这个世界的上面。它的周围有八个佛国微尘那样多的世界环绕着。这个世界的佛名号为广大名称智海幢。"

"此上过佛刹微尘数世界,有世界名出妙音声,以心王摩尼庄严轮为际,依恒出一切妙音声庄严云摩尼王海住。其状犹如梵天身形,无量宝庄严师子座云而覆其上,九佛刹微尘数世界周匝围绕。佛号清静月光明相无能摧伏。"

【译文】

"再向上,经过像佛国微尘一样多的世界之后,是一个叫做'出妙音声'的世界。这个世界以心王摩尼庄严轮为边界,依靠着恒出一切妙音声庄严云摩尼王海而存在,它的形状如梵天的体型,一切无量宝庄严师子座云覆盖在这个世界的上面。它的周围有九个佛国微尘那样多的世界环绕着。这个世界的佛名号为清静月光明相无能摧伏。"

"此上过佛刹微尘数世界,有

这是大梵天王图。大梵天王又名梵天、梵王,他是婆罗门教的最高神,被视为是宇宙的创造者。相传佛陀在入灭前,收服了梵天,使他成为佛教的护法神,在佛教经典中也能经常看到梵天深信佛法的事迹。《华严经》将"出妙音声世界"比喻为梵天身形。

世界名金刚幢，以无边庄严真珠藏宝璎珞为际，依一切庄严宝师子座摩尼海住。其状周圆十须弥山微尘数一切香摩尼华须弥云弥覆其上，十佛刹微尘数世界周匝围绕，纯一清净。佛号一切法海最胜王。"

【译文】

"再向上，经过像佛国微尘一样多的世界之后，是一个叫做'金刚幢'的世界。这个世界以无边庄严真珠藏宝璎珞为边界，依靠着一切庄严宝师子座摩尼海而存在，它的形状呈圆形，十须弥山微尘数一切香摩尼华须弥云覆盖在这个世界的上面。它的周围有十个佛国微尘那样多的世界环绕着，清洁而纯洁。这个世界的佛名号为一切法海最胜王。"

"此上过佛刹微尘数世界，有世界名恒出现帝青宝光明，以极坚牢不可坏金刚庄严为际，依种种殊异华海住。其状犹如半月之形，诸天宝帐云而覆其上，十一佛刹微尘数世界周匝围绕。佛号无量功德法。"

【译文】

"再向上，经过像佛国微尘一样多的世界之后，是一个叫做'恒出现帝青宝光明'的世界。这个世界以极坚牢不可坏金刚庄严为边界，依靠着种种殊异华海而存在。它呈半月形，一切诸天宝帐云覆盖在这个世界的上面。它的周围有十一个佛国微尘那样多的世界环绕着。这个世界的佛名号为无量功德法。"

"此上过佛刹微尘数世界，有世界名光明照耀，以普光庄严为际，依华旋香水海住。状如华旋，种种衣云而覆其上，十二佛刹微尘数世界周匝围绕。佛号超释梵。"

【译文】

"再向上，经过像佛国微尘一样多的世界之后，是一个叫做'光明照耀'的世界。这个世界以普光庄严为边界，依靠着华旋香水海而存在。它的形状如旋转的花，种种衣云覆盖在这个世界的上面。它的周围有十二个佛国微尘那样多的世界环绕着。这个世界的佛名号为超释梵。"

"此上过佛刹微尘数世界，至此世界名娑婆，以金刚庄严为际，依种种色风轮所持莲华网住。状如虚空，以普圆满天宫殿庄严虚空云而覆其上，十三佛刹微尘数世界周匝围绕。其佛即是毗卢遮那如来世尊。"

【译文】

"再向上，经过像佛国微尘一样多的世界之后，是一个叫做'娑婆'的世界。这个世界以金刚庄严为边界，依靠着布满种种色风轮的莲花网上而存在。它的形状如同虚空，一切普圆满天宫殿庄严虚空云覆盖在这个世界的上面。它的周围有十三个佛国微尘那样多的世界环绕着。娑婆世界的佛就是毗卢遮那如来世尊。"

"此上过佛刹微尘数世界,有世界名寂静离尘光,以一切宝庄严为际,依种种宝衣海住。其状犹如执金刚形,无边色金刚云而覆其上,十四佛刹微尘数世界周匝围绕。佛号遍法界胜音。"

【译文】

"再向上,经过像佛国微尘一样多的世界之后,是一个叫做'寂静离尘光'的世界。这个世界以一切宝庄严为边界,依靠着种种宝衣海而存在。它的形状如手持金刚,无边无量的色金刚云覆盖在这个世界的上面。它的周围有十四个佛国微尘那样多的世界环绕着。这个世界的佛名号为遍法界胜音。"

"此上过佛刹微尘数世界,有世界名众妙光明灯,以一切庄严帐为际,依净华网海住。其状犹如卍字之形,摩尼树香水海云而覆其上,十五佛刹微尘数世界周匝围绕,纯一清净。佛号不可摧伏力普照幢。"

【译文】

"再向上,经过像佛国微尘一样多的世界之后,是一个叫做'众妙光明灯'的世界。这个世界以一切庄严帐为边界,依靠着净华网海而存在。它的形状如'卍'形,摩尼树香水海云覆盖在这个世界的上面。它的周围有十五个佛国微尘那样多的世界环绕着,纯洁无瑕。这个世界的佛名号为不可摧伏力普照幢。"

"此上过佛刹微尘数世界,有世界名清净光遍照,以无尽宝云摩尼王为际,依种种香焰莲华海住。其状犹如龟甲之形,圆光摩尼轮栴檀云而覆其上,十六佛刹微尘数世界周匝围绕。佛号清净日功德眼。"

【译文】

"再向上,经过像佛国微尘一样多的世界之后,是一个叫做'清净光遍照'的世界。这个世界以无尽宝云摩尼王为边界,依靠着种种香焰莲华海而存在。它的形状如同龟壳一般,圆光摩尼轮栴檀云覆盖在这个世界的上面。它的周围有十六个佛国微尘那样多的世界环绕着。这个世界的佛名号为清净日功德眼。"

"此上过佛刹微尘数世界,有世界名宝庄严藏,以一切众生形摩尼王为际,依光明藏摩尼王海住。其形八隅,以一切轮围山宝庄严华树网弥覆其上,十七佛刹微尘数世界周匝围绕。佛号无碍智光明遍照十方。"

【译文】

"再向上,经过像佛国微尘一样多的世界之后,是一个叫做'宝庄严藏'的世界。这个世界以一切众生形摩尼王为边界,依靠着光明藏摩尼王海而存在。它呈八边形,一切轮围山宝庄严华树网覆盖在这个世界的上面。它的周围有十七个佛国微尘那样多的世界环绕着。这个世界的佛名号为无碍智光明遍照十方。"

"此上过佛刹微尘数世界，有世界名离尘，以一切殊妙相庄严为际，依众妙华师子座海住。状如珠璎，以一切宝香摩尼王圆光云而覆其上，十八佛刹微尘数世界周匝围绕，纯一清净。佛号无量方便最胜幢。"

【译文】

"再向上，经过像佛国微尘一样多的世界之后，是一个叫做'离尘'的世界。这个世界以一切殊妙相庄严为边界，依靠着众妙华师子座海而存在。它的形状如珍珠串成项圈，一切宝香摩尼王圆光云覆盖在这个世界的上面。它的周围有十八个佛国微尘那样多的世界环绕着，纯洁无瑕。这个世界的佛名号为无量方便最胜幢。"

"此上过佛刹微尘数世界，有世界名清净光普照，以出无尽宝云摩尼王为际，依无量色香焰须弥山海住。其状犹如宝华旋布，以无边色光明摩尼王帝青云而覆其上，十九佛刹微尘数世界周匝围绕。佛号普照法界虚空光。"

【译文】

"再向上，经过像佛国微尘一样多的世界之后，是一个叫做'清净光普照'的世界。这个世界以出无尽宝云摩尼王为边界，依靠着无量色香焰须弥山海而存在。它的形状如同宝花旋转着盛开，无边色光明摩尼王帝青云覆盖在这个世界的上面。它的周围有十九个佛国微尘那样多的世界环绕着，纯洁无瑕。这个世界的佛名号为普照法界虚空光。"

"此上过佛刹微尘数世界，有世界名妙宝焰，以普光明日月宝为际，依一切诸天形摩尼王海住。其状犹如宝庄严具，以一切宝衣幢云及摩尼灯藏网而覆其上，二十佛刹微尘数世界周匝围绕，纯一清净。佛号福德相光明。"

【译文】

"再向上，经过像佛国微尘一样多的世界之后，是一个叫做'妙宝焰'的世界。这个世界以普光明日月宝为边界，依靠着一切诸天形摩尼王海而存在。它的形状如同宝庄严具，一切宝衣幢云及摩尼灯藏网覆盖在这个世界的上面。它的周围有二十个佛国微尘那样多的世界环绕着，纯洁无瑕。这个世界的佛名号为福德相光明。"

"诸佛子！此遍照十方炽然宝光明世界种，有如是等不可说佛刹微尘数广大世界。各各所依住，各各形状，各各体性，各各方所，各各趣入，各各庄严，各各分齐，各各行列，各各无差别，各各力加持。"

【译文】

"各位佛子啊！佛光遍照的华藏世界中有这样无法言说美妙的世界多得像佛国的微尘那样，它们存在于不同的地方，呈现出不同的形状，表现出不同的

外形和性质；各个世界有各个世界的不同处所，各自有各自不同的乐趣，各自有各自不同的装饰，各自有各自的界限划分，各自有各自的排列方法，它们毫无差别，都被神力加持保护着。"

"周匝围绕所谓十佛刹微尘数回转形世界，十佛刹微尘数江河形世界，十佛刹微尘数旋流形世界，十佛刹微尘数轮辋形世界，十佛刹微尘数坛墠形世界，十佛刹微尘数树林形世界，十佛刹微尘数楼观形世界，十佛刹微尘数尸罗幢形世界，十佛刹微尘数普方形世界，十佛刹微尘数胎藏形世界。"

【译文】

"这里四周环绕着十佛国微尘那样多的回转形世界，十佛国微尘那样多的江河形世界，十佛国微尘那样多的旋流世界，十佛国微尘那样多的轮形世界，十佛国微尘那样多的祭祀世界，十佛国微尘那样多的宝树林世界，十佛国微尘那样多的阁楼世界，十佛国微尘那样多的经幢世界，十佛国微尘那样多的方形世界，十佛国微尘那样多的胎体形状的世界。"

"十佛刹微尘数莲华形世界，十佛刹微尘数佉勒迦形世界，十佛刹微尘数种种众生形世界，十佛刹微尘数佛相形世界，十佛刹微尘数圆光形世界，十佛刹微尘数云形世界，十佛刹微尘数网形世界，十佛刹微尘数门闼形世界。"

【译文】

"十佛国微尘那样多的莲花形世界，十佛国微尘那样多的竹篱形世界，十佛国微尘那样多的众生体形世界，十佛国微尘那样多的佛相形世界，十佛国微尘那样多的圆光形世界，十佛国微尘那样多的云形世界，十佛国微尘那样多的网形世界，十佛国微尘那样多的门户形世界。"

"如是等有不可说佛刹微尘数。此一一世界，各有十佛刹微尘数广大世界，周匝围绕。此诸世界，一一复有如上所说微尘数世界而为眷属。如是所说一切世界皆在此无边妙华光香水海，及围绕此海香水河中。"

【译文】

"如此等等无法言说的美妙世界如同佛国的微尘那样多。每一世界，均有十佛国微尘那样多的广大世界在周边围绕。这些世界，又有像上述所说的像微尘一样多的世界相伴随。因此可以说，一切世界都在无量无边的十佛国微尘那样多的妙花香水海及围绕香水海的香水河中。"

欢喜地
菩萨应该怎样修行

🪷 他化天王宫法会

尔时,世尊在他化自在天王宫摩尼宝藏殿,与大菩萨众俱其诸菩萨,皆于阿耨多罗三藐三菩提不退转,悉从他方世界来集。住一切菩萨智所住境,入一切如来智所入处。勤行不息,善能示现种种神通。诸所作事,教化调伏一切众生而不失时。

为成菩萨一切大愿,于一切世、一切劫、一切刹,勤修诸行,无暂懈息。具足菩萨福智助道,普益众生而恒不匮,到一切菩萨智慧方便究竟彼岸。示入生死及以涅槃,而不废舍修菩萨行。

【译文】

那时候,世尊释迦牟尼佛在他化自在天王宫的摩尼宝藏殿内,与大菩萨们在一起。那些处在正等正觉不退转地的菩萨们,也全都从所在世界来此聚集。他们进驻无上智慧所成之境地,进入无上如来智慧所能进入之境界。众菩萨们勤奋修行不已,展现种种神通。他们所做的一切事,都是为了及时地教化和调伏世间众生。

为了成就菩萨的大愿,他们在所有轮回之世、所有劫、一切刹那之中,勤奋修习种种道行,从来不曾懈怠和停息。他们具备了帮助菩萨成功的福德和智慧,以永久不变的恒心普益众生,引导他们到达一切菩萨智慧的彼岸世界。他们向人们示明生死之惑以及涅槃的境界,但也不曾忘记继续修菩萨道行。

善入一切菩萨禅定,解脱三昧三摩钵底①。神通明智,诸所施为,皆得自在,获一切菩萨自在神力,于一念顷,无所动作,悉能往诣一切如来道场众会,为众上首,请佛说法,护持诸佛正法之轮,以广大心供养承事一切诸佛。常勤修习一切菩萨所行事业,其身普现一切世间,其音普及十方法界。心智无碍,普见三世一切菩萨所有功德,

第六章 根本法轮——《华严经》

悉已修行而得圆满。于不可说劫，说不能尽。

【注释】

①三摩钵底：指禅定时身心经由定的势力所领受的平等安和之相，又称三摩钵提、三摩拔提、三摩跋提、三摩提，音译为等至、正受或正定现前。

【译文】

众菩萨们能进入一切菩萨禅定，从而脱离世间烦恼，得到自在的三昧和平等安和之相，能从中悟到神通和明智，能够做到随意自在，获得了一切菩萨随意自在的神通力，能在一念之间无所动作随意前往任何一处佛的道场。

他们在道场法会中，是大众的首领，请求诸佛为大众讲说无上佛法。他们护持诸佛的正法，以广大心供养和效力一切诸佛。菩萨们勤奋修习一切菩萨所作的事业行，在一切世间中普现其身，他们的声音遍及一切十方法界，他们的心智圆融无碍，在过去、现在、未

这是他化自在天及天女图。他化自在天又名自在天、他化天，是欲界最高处的第六天。因为此天能在变化出的欲境自在受乐，所以叫他化自在。他化自在天的天主是天魔波旬，常骚扰佛陀及修道者的修行。《华严经》中佛陀就在他化自在天的宫殿中为诸菩萨说法。

来三世中普遍展现，他们在无量无边的劫时中已经圆满修得一切菩萨的功德，这些功德永远也无法说尽。

其名曰：金刚藏菩萨，宝藏菩萨，莲华藏菩萨，德藏菩萨，莲华德藏菩萨，日藏菩萨，苏利耶藏菩萨，无垢月藏菩萨，于一切国土普现庄严藏菩萨，毗卢遮那智藏菩萨，妙德藏菩萨，旃檀德藏菩萨，华德藏菩萨，俱苏摩德藏菩萨，优钵罗德藏菩萨，天德藏菩萨，福德藏菩萨，无碍清净智德藏菩萨，功德藏菩萨，那罗延德藏菩萨，无垢藏菩萨，离垢藏菩萨，种种辩才庄严藏菩萨，大光明网藏菩萨，净威德光明王藏菩萨，金庄严大功德光明王藏菩萨，一切相庄严净德藏菩萨，金刚焰德相庄严藏菩萨，光明焰藏菩萨，星宿王光明藏菩萨，虚空无碍智藏菩萨，妙音无碍藏菩萨，陀罗尼功德持一切众生愿藏菩萨，海庄严藏菩萨，须弥德藏菩萨，净一切功德藏菩萨，如来藏菩萨，佛德藏菩萨，解脱月菩萨，如是等无数无量无边无等，不可数，不可称，不可思，不可量，不可说诸菩萨摩诃萨众。金刚藏菩萨而为上首。

【译文】

这些菩萨的名字分别是：金刚藏菩萨、宝藏菩萨、莲华藏菩萨、德藏菩萨、莲华德藏菩萨、日藏菩萨、苏利耶藏菩萨、无垢月藏菩萨、于一切国土普现庄严藏菩萨、毗卢遮那智藏菩萨、妙德藏菩萨、旃檀德藏菩萨、华德藏菩萨、俱苏摩德藏菩萨、优钵罗德藏菩萨、天德藏菩萨、福德藏菩萨、无碍清净智德藏菩萨、功德藏菩萨、那罗延德藏菩萨、无垢藏菩萨、离垢藏菩萨、种种辩才庄严藏菩萨、大光明网藏菩萨、净威德光明王藏菩萨、金庄严大功德光明王藏菩萨、一切相庄严净德藏菩萨、金刚焰德相庄严藏菩萨、光明焰藏菩萨、星宿王光明藏菩萨、虚空无碍智藏菩萨、妙音无碍藏菩萨、陀罗尼功德持一切众生愿藏菩萨、海庄严藏菩萨、须弥德藏菩萨、净一切功德藏菩萨、如来藏菩萨、佛德藏菩萨、解脱月菩萨，像这些无量无边的菩萨，可谓是数不完、

这是金刚藏菩萨图。金刚藏菩萨又名金刚王菩萨、不空王菩萨，是贤劫十六尊之一。因为他的善根中以力为最上，犹如金刚，所以称金刚藏菩萨。《华严经》十地品中以金刚藏菩萨为诸菩萨的上首。

称不尽、不可思量、不可言说。在这些菩萨之中，金刚藏菩萨位居上首。

 金刚藏菩萨的神力

尔时，金刚藏菩萨承佛神力，入菩萨大智慧光明三昧。入是三昧已，即时十方，各过十亿佛刹微尘数世界外，各有十亿佛刹微尘数诸佛，同名金刚藏，而现其前，作如是言："善哉，善哉。金刚藏乃能入是菩萨大智慧光明三昧。善男子，此是十方各十亿佛刹微尘数诸佛，共加于汝。"

【译文】

那时候，金刚藏菩萨在佛陀的神力帮助下，进入菩萨大智慧光明禅定。入定之后，即刻十方中数以亿计如微尘般数不清的世界里，有数以亿计如佛刹微尘般数不清的佛，他们都叫金刚藏，均显现在他的面前，并向他说道："不错，不错，你进入了这菩萨大智慧光明禅定，我们这十方诸佛特地前来加持于你。"

"以毗卢遮那如来应正等觉本愿力故，威神力故，亦是汝胜智力故，欲令汝为一切菩萨说不思议诸佛法光明故，所谓令智地故，摄一切善根故，善简择一切佛法故，广知诸法故，善能说法故，无分别智清净故，一切世法不染故，出世善根清净故，得不思议智境界故。"

【译文】

"我们这样做，是因为毗卢遮那如来佛为了回应你的正等正觉的根本愿力，所以有这样的威神力，也是因为你本身就具有了能胜任的智力，为了让你为一切菩萨讲说不可思议的种种佛法光明，所以才让你进入这智慧境地，摄收一切坚固的善业，择取一切佛法，广知种种法义，善于讲说法义，让你得清净的无分别智慧，使你不沾染一切世法，使你得到出世的善业清净，得到不可思议的智慧境界。"

"得一切智人智境界故，又令得菩萨十地始终故，如实说菩萨十地差别相故，缘念一切佛法故，修习分别无漏法故，善选择观察大智光明巧庄严故，善入决定智门故，随所住处次第显说无所畏故，得无碍辩才光明故，住大辩才地善决定故，忆念菩萨心不忘失故，成熟一切众生界故，能遍至一切处决定开悟故。"

· 名词解释 ·

本愿：全称为本弘誓愿，又作本誓、宿愿，指佛、菩萨于过去世未成佛果之前，为救度众生所发起之誓愿。于因位发愿至今日得其果，故对果位而称本愿。

【译文】

"得到一切有智慧的人的境界,得从始至终行菩萨十地境界,使你讲说菩萨十地之间的差别境象,使你缘念一切佛法,修习脱离烦恼垢染的清净法,善于选择观察大智慧光明的巧妙庄严,善于进入坚住不动的智慧之门,顺次显说历诸阶次而无所畏;使你得到无碍的光明辩才,住在辩才的地位而稳固不动;使你忆念菩萨的心永不忘失;使你的菩提道能在一切众生界成熟,使你能在一切地方都得开悟。"

"善男子,汝当辩说此法门差别善巧法。所谓承佛神力,如来智明所加故,净自善根故,普净法界故,普摄众生故,深入法身①智身故,受一切佛灌顶故,得一切世间最高大身故,超一切世间道故,清净出世善根故,满足一切智智故。"

【注释】

①法身:指佛所说之正法、佛所得之无漏法,及佛之自性真如如来藏,二身之一,三身之一。又作法佛、理佛、法身佛、自性身、法性身、如如佛、实佛、第一身。

【译文】

"善男子,你应当辩说这法门中各种善巧法的差别,承接佛的神力,得如来佛的智慧光明所加持,清净自己的善业,普净法界,普遍摄收众生,深入法身智身,接受一切佛的灌顶,得一切世间最高大身,超越一切世间的道,具备清净的出世善业之根,完备圆满一切聪明才智。"

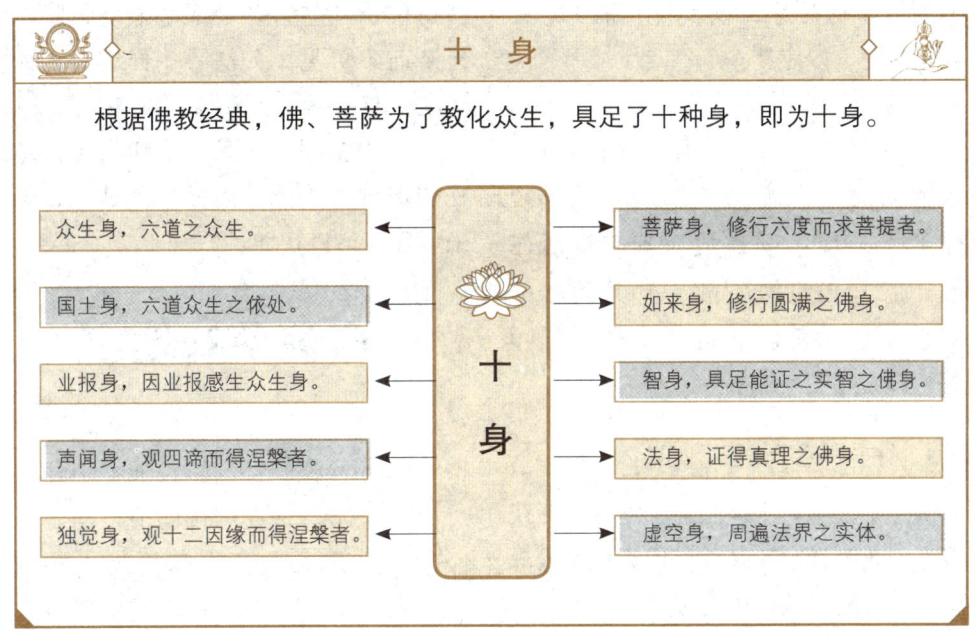

十 身

根据佛教经典,佛、菩萨为了教化众生,具足了十种身,即为十身。

众生身,六道之众生。	菩萨身,修行六度而求菩提者。
国土身,六道众生之依处。	如来身,修行圆满之佛身。
业报身,因业报感生众生身。	智身,具足能证之实智之佛身。
声闻身,观四谛而得涅槃者。	法身,证得真理之佛身。
独觉身,观十二因缘而得涅槃者。	虚空身,周遍法界之实体。

第六章 根本法轮——《华严经》

金刚藏菩萨的功德

尔时，十方诸佛与金刚藏菩萨无能映夺身，与无碍乐说辩，与善分别清净智，与善忆念不忘力，与善决定明了慧，与至一切处开悟智，与成道自在力，与如来无所畏，与一切智人观察分别诸法门辩才智，与一切如来上妙身语意具足庄严。

【译文】

那时，十方的诸佛赞许金刚藏菩萨的光明之身，赞许他雄辩无碍的口才、善分别清净智慧、善记不忘的记忆力、果断坚定明了的智慧，赞许他在一切处都能开悟的能力和成就道行的自在力、如来佛般的大无畏、具足一切智慧的人那种能分别观察种种法门的辩才与智慧，以及身、语、意三业俱备的上妙庄严。

何以故？得此三昧法如是故，本愿所起故，善净深心故，善净智轮故，善积集助道故，善修治所作故，念其无量法器故，知其清净信解故，得无错谬总持故，法界智印善印故。

【译文】

为什么呢？这是因为金刚藏菩萨获得了如此的禅定三昧法，因为他本来愿望所导致的缘故，因为他的深心清净，因为他善于清净自己的智慧，因为他善于积集助道的事情，善于修治所作的事情；因为佛念其具备了无量的法器，因为佛知道他的信解清净不杂；因为他修持佛法而没有错误，因为他获得观照实相的智印而善于印证的缘故。

尔时，十方诸佛各伸右手摩金刚藏菩萨顶。摩顶已，金刚藏菩萨从三昧起，普告一切菩萨众言："诸佛子，诸菩萨愿善决定，无杂不可见，广大如法界，究竟如虚空，尽未来际，遍一切佛刹，救护一切众生，为一切诸佛所护，入过去、未来、现在诸佛智地。"

【译文】

那时，十方诸佛各自伸出右手为金刚藏菩萨摩顶。摩顶完毕，金刚藏菩萨从禅定中起身，遍告一切菩萨众："诸位佛子与菩萨，愿心善良，坚定无杂而不可见，如法界一样广大，如虚空一样无染，历尽未来的边际，遍及一切佛刹国土，救护一切众生，被一切诸佛所护持，能够进入过去、未来、现在诸佛智地。"

摩诃萨智地

"佛子，何等为菩萨摩诃萨智地？佛子，菩萨摩诃萨智地有十种。过去、未来、现在诸佛已说、当说、今说，我亦如是说。何等为十？一者，欢喜地；二者，离垢地；三者，发光地；四者，焰慧地；五者，难胜地；六者，现前地；七者，远行地；八者，不动地；九者，善慧地；十者，法云地。"

【译文】

"佛子们，什么是菩萨摩诃萨智地呢？它共有十种境界，这是过去、未来、现在的诸佛都已说过的，或应当说的，今天仍在说的，我现在也要这样说的。

"是哪十种境地呢？第一，欢喜地；第二，离垢地；第三，发光地；第四，焰慧地；第五，难胜地；第六，现前地；第七，远行地；第八，不动地；第九，善慧地；第十，法云地。"

"佛子，此菩萨十地，三世诸佛已说、当说、今说。佛子，我不见有诸佛国土，其中如来不说此十地者。何以故？此是菩萨摩诃萨向菩提最上道，亦是清净法光明门，所谓分别演说菩萨诸地，佛子，此处不可思议，所谓诸菩萨随证智。"

【译文】

"佛子们，这菩萨的十种境地，三世诸佛都已经说过，或未来应当会说，或今天仍在宣说。佛子们，我从不曾见过诸佛国土中的如来不说这菩萨十地的。为什么呢？因为这是菩萨摩诃萨修行向道的最上乘道，也是清净法光明的大门，它分别演说了菩萨修证的各个境地。佛子们，这境地是不可思议的，诸菩萨随其修行的功力而证入不同的智地。"

解脱月菩萨的请求

尔时，金刚藏菩萨说此菩萨十地名已，默然而住，不复分别。是时一切菩萨众，闻菩萨十地名，不闻解释，咸生渴仰，作如是念：何

智 印

智印又称慧印，为诸佛菩萨所结印契的总称。因诸佛菩萨所结之印契，为智用之标帜，标示一切如来秘密庄严内证大智之身、口、意之业用，故总称智印。

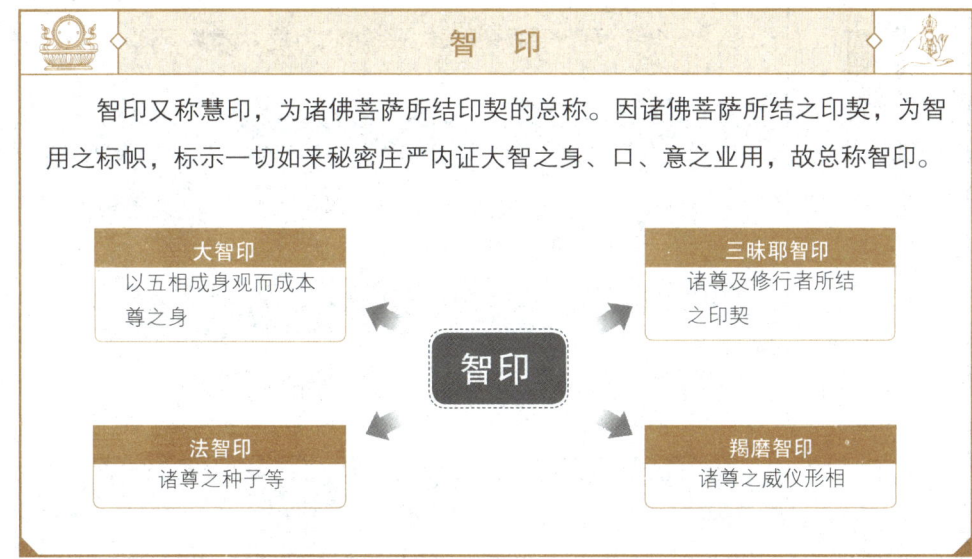

因何缘，金刚藏菩萨惟说菩萨十地名而不解释？

【译文】

不一会儿，金刚藏菩萨说完了这菩萨十地之名，然后默默无言，不再分别讲说。当时，在场的一切菩萨们听说了菩萨十地的名称，却还没有听到进一步的解释，顿时心中生出渴仰之情，心中均在想：金刚藏菩萨为何只说菩萨十地的名称，而不作具体解释呢？

解脱月菩萨知诸大众心之所念，以颂问金刚藏菩萨曰：

十 地

根据《华严经》，菩萨摩诃萨智地有十种境界，这是菩萨修行的最上乘道，其中欢喜地为最下的境界，法云地是最高的境界。

十地：
- 法云地，证得极净微妙解脱智见蕴，法身圆满。
- 善慧地，证得极净微妙解脱智见蕴，解脱一切无碍辩障。
- 不动地，证得极净微妙解脱智见蕴，解脱一切相自在障。
- 远行地，证得极净微妙解脱智见蕴，从一切诸相解脱。
- 现前地，证得极净缘智非智二种，有相任相续妙智现于面前。
- 难胜地，证得极净缘谛，成就极为难得、不再寂灭的圣道。
- 焰慧地，证得极净缘诸觉分，烧尽一切烦恼。
- 发光地，证得极净三摩地蕴，依止大智光明。
- 离垢地，证得极净妙尸罗蕴，对治一切微犯戒。
- 欢喜地，证得无上现观，得增上喜。

"何故净觉人，念智功德具。说诸上妙地，有力不解释。

一切咸决定，勇猛无怯弱。何故说地名，而不为开演。

诸地妙义趣，此众皆欲闻。其心无怯弱，愿为分别说。

众会悉清净，离懈怠严洁。能坚固不动，具功德智慧。

相视成恭敬，一切悉专仰。如蜂念好蜜，如渴思甘露。"

尔时，大智慧无所畏金刚菩萨，闻说是已，欲令众会心欢喜故，为诸佛子而说颂言：

"菩萨行地事，最上诸佛本。显示分别说，第一希有难。

微细难可见，离念超心地。出生佛境界，闻者悉迷惑。

持心如金刚，深信佛胜智。知心地无我，能闻此胜法。

如空中彩画，如空中风相。牟尼智如是，分别甚难见。

我念佛智慧，最胜难思议。世间无能受，默然而不说。"

尔时，解脱月菩萨闻是说已，白金刚菩萨言："佛子，今此众会皆悉已集善净深心，善洁思念，善修诸行，善集助道，善能亲近百千亿佛，成就无量功德善根，舍离疑惑，无有垢染，深心信解于佛法中不随他教。善哉，佛子！当承佛神力而为演说，此诸菩萨于如是等甚深之处，皆能证知。"

【译文】

解脱月菩萨听完这颂言，便向金刚藏菩萨说道："佛子，今天菩萨们众集一堂，都已清净内心，洁净思念，修齐诸行，集齐助道，能亲近百千亿佛，成就无量功德的善业，舍弃了痴暗迷惑，身心没有污垢杂染，内心坚信佛法而无疑虑，坚守佛法而不追随别的教法。佛子啊，你应当承接佛的神力而为大家演说，让诸位菩萨在这样紧要处，都能得其证知。"

尔时，解脱月菩萨欲重宣其义而说颂曰：

"愿说最安隐，菩萨无上行，分别于诸地，智净成正觉。此众无诸垢，志解悉明洁，承事无量佛，能知此地义。"

尔时，金刚藏菩萨言："佛子，虽此众集，善净思念，舍离愚痴及以疑惑，于甚深法不随他教。然有其余劣解众生，闻此甚深难思议事，多生疑惑，于长夜中受诸衰恼。我愍此等，是故默然。"

【译文】

金刚藏菩萨说道："佛子啊，虽然与会众菩萨都已经清净所思所念，大家也都舍弃了愚昧痴暗和疑惑，深研佛法而不跟随其他的教义。但是，那些偏信偏见的众生们，听了这些深奥而难懂之事，则会生出许多疑惑不解之心，在漫漫的长夜里遭受这疑惑带来的苦恼。我因怜悯他们，所以沉默而不讲。"

尔时，金刚藏菩萨欲重宣其义而说颂曰：

"虽此众净广智慧，甚深明利能决择，其心不动如山王，不可倾覆犹大海。有行久未解未得，随识而行不随智，闻此生疑堕恶道，我愍是等故不说。"

尔时，解脱月菩萨重白金刚藏菩萨言："佛子，愿承佛神力，分别说此不思议法，此人当得如来护念而生信受。何以故？说十地时，一切菩萨法应如是得佛护念。得护念故，于此智地能生勇猛。

"何以故？此是菩萨最初所行，成就一切诸佛法故。譬如书字数说，一切皆以字母为本，字母究竟无有少分离字母者。佛子，一切佛法，皆以十地为本。十地究竟修行，成就得一切智。是故，佛子，愿为演说，此人必为如来所护，令其信受。"

【译文】

解脱月菩萨又向金刚藏菩萨说道："佛子啊，愿你承接佛的神力而为大家分说这不可思议之境界，让大家得到如来的护持而生出受法的信心。为什么呢？因为讲说菩萨十地境界时，一切菩萨法都会得到佛的念力护持。有了这护持，众人便能在这些智地中勇猛精进。

"为什么呢？因为这是众菩萨们最初发心以及修证佛法的根本。比如写字，一切字词都以字母为其根本，无论什么字词都不能脱离字母而存在。佛子，既然一切的佛法也都是以十地为其根本，若明白了十地境界，那么大家修行也便成功了，从而得到佛的一切智慧。所以，佛子，希望你为大家演说，你必然得到如来的护持，让大家对佛法的信心更加坚定。"

尔时，诸大菩萨众，一时同声向金刚藏菩萨而说颂言：

"上妙无垢智，无边分别辩。宣畅深美言，第一义相应。

念持清净行，十力集功德。辩才分别义，说此最胜地。

定戒集正心，离我漫邪见。此众无疑念，惟愿闻善说。

如温思冷水，如饥念美食。如病忆良药，如蜂贪好蜜。

我等亦如是，愿闻甘露法。善哉广大智，愿说入诸地。

成十力无碍，善逝一切行。"

·名词解释·

甘露法：指如来教法，由于如来的言教清净无染，能长养众生身心，譬如甘露之德。根据《佛地论》："如来圣教，于诸外道一切世间邪劣教中，最为真实殊胜清净。犹如醍醐，亦如甘露，令得涅槃永不死故"，指出如来教法极为殊胜，可使众生证得涅槃。

佛陀的神通

尔时,世尊从眉间出清净光明,名菩萨力焰明。百千阿僧祇光明以为眷属,普照十方一切世界,靡不周遍,三恶道苦皆得休息。又照一切如来众会,显现诸佛不思议力。又照十方一切世界,一切诸佛所加说法菩萨之身。

【译文】

此时,世尊释迦牟尼佛从眉宇间放出清净大光明,这光明叫做菩萨力焰光明。又有成百上千的阿僧祇光明伴随着这大光明,一起普照着十方一切世界。光明周遍照耀各处,连地狱、狱鬼、畜生三恶道也因这光芒而暂得消解。这光明又照耀一切如来讲法的与会大众,显现出种种不可思议的佛神力。这光明又

如来十力

根据佛教教义,如来能证得实相之智,并能了达一切,因为这种智慧无人可以超越,所以也称之为"力",总称为"如来十力"。

如来十力	
	知是处非处智力:了知一切事物的道理的智力。
	知过现未来业报智力:了知众生三世因果业报的智力。
	知诸禅解脱三昧智力:了知禅定及解脱三昧的智力。
	知诸根胜劣智力:了知众生根性和业果的智力。
	知种种解智力:了知众生见解的智力。
	知种种界智力:了知众生境界的智力。
	知一切至所道智力:了知众生行道因果的智力。
	知天眼无碍智力:以天眼见众生生死及善恶业缘的智力。
	宿命无漏智力:了知众生宿命和无漏涅槃的智力。
	知永断习气智力:了知一切妄惑余气的智力。

第六章 根本法轮——《华严经》

照耀到十方一切世界中，照耀到一切佛说法加持之处和一切菩萨现身之处。

作是事已，于上虚空中成大光明云网台而住。时十方诸佛悉亦如是，从眉间出清净光明。其光名号眷属作业，悉同于此。又亦照此娑婆世界佛及大众，并金刚藏菩萨身师子座已。于上虚空中，成大光明云网台。

【译文】

大光明照耀完毕，又在世尊上方的虚空之中，形成华光灿烂的云网高台。与此同时，十方诸佛也都从眉间放射出清净毫光，这光明叫做菩萨力焰光明的伴侣，同样集结于此处。这光明也照耀着娑婆世界中的佛及大众，也照耀着金刚藏菩萨就座的狮子座，然后在大虚空中呈现大光明云网台。

时光台中，以诸佛威神力故，而说颂言：

"佛无等等如虚空，十力无量胜功德。人间最胜世中上，释师子法加于彼。

佛子当承诸佛力，开此法王最胜藏。诸地广智胜妙行，以佛威神分别说。

若为善逝力所加，当得法宝入其心。诸地无垢次第满，亦其如来十种力。

虽住海水劫火中，堪受此法必得闻。其有生疑不信者，永不得闻如是义。

应说诸地胜智道，入住展转次修习。从行境界法智生，利益一切众生故。"

金刚藏菩萨说法

尔时，金刚藏菩萨观察十方，欲令大众增净信故，而说颂曰：

"如来大仙道，微妙难可知。非念离诸念，求见不可得。

无生亦无灭，性净恒寂然。离垢聪慧人，彼智所行处。

自性本空寂，无二亦无尽。解脱于诸趣，涅槃平等住。

非初非中后，非言辞所说。出过于三世，其相如虚空。

寂灭佛所行，言说莫能及。地行亦如是，难说难可受。

智起佛境界，非念离心道。非蕴界处门，智起意不及。

如人中鸟迹，难说难可示。如是十地义，心意不能了。

慈悲及愿力，出生入地行。次第圆满心，智行非虑境。

是境界难见，可知不可说。佛力故开演，汝等应敬受。

如是智入行，亿劫说不尽。我今但略说，真实义无余。

一心恭敬待，我承佛力说。胜法微妙音，譬喻字相应。

无量佛神力，咸来入我身。此处难宣示，我今说少分。"

佛子，若有众生深种善根，善修诸行，善集助道，善供养诸佛，善集白净法，为善知识善摄，善清净深心，立广大志，生广大解，慈悲现前。

【译文】

佛子呀，若有众生深深地种植了坚固善业，修持种种善行，创造修道的条件，供养诸佛之行，积集一切善法，做一个见解善好的修道人，听取好的知见，使自己身心清净无杂，树立广大的志愿，生出广大的见解和信心，时时以慈悲为怀。

为求佛智故，为得十力故，为得大无畏故，为得佛平等法故，为救一切世间故，为净大慈悲故，为得十力无余智故，为净一切佛刹无障碍故，为一念知一切三世故，为转大法轮无所畏故。

【译文】

之所以要这样，是为了求得佛的智慧，为了获得如来的十种知见力，为了得到佛的大无畏心，为了得到佛的平等法，为了拯救世间一切苦难，为了净化大慈悲心，为了获得佛的十力无余智慧，为了清净一切佛的国土而没有障碍，为了能在一念之间便知道过去、未来、现在三世，为了能够勇猛无惧地去传播佛法。

佛子，菩萨起如是心，以大悲为首，智慧增上，善巧方便，所摄最上深心，所持如来力，无量善观察分别勇猛力智力，无碍智现前，随顺自然智，能受一切佛法，以智慧教化。广大如法界，究竟如虚空，尽未来际。

【译文】

佛子啊，菩萨起了这些心愿，以大慈大悲心为根，再加上无上的智慧，以及巧设各种随缘的方法，所持有的是最纯最深之心，所持的是如来无量大力、

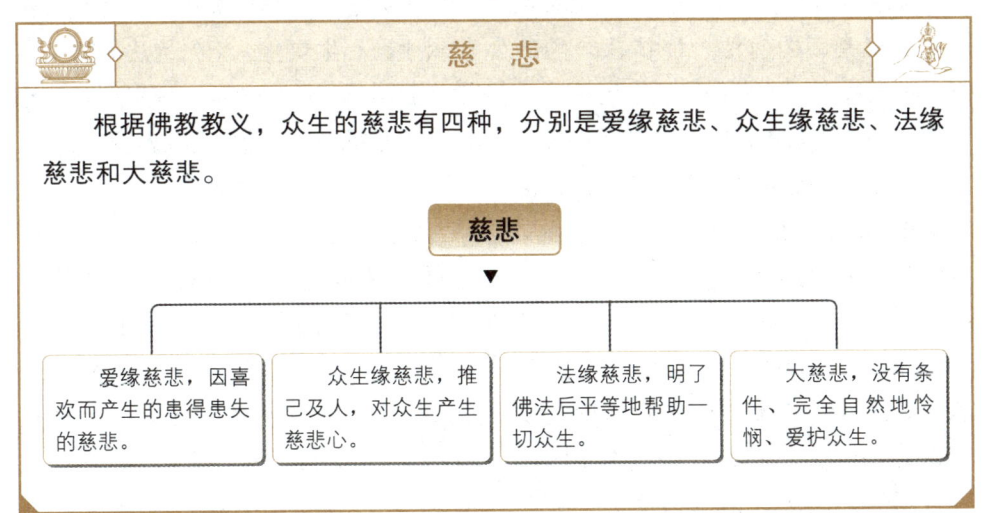

慈 悲

根据佛教教义，众生的慈悲有四种，分别是爱缘慈悲、众生缘慈悲、法缘慈悲和大慈悲。

慈悲
- 爱缘慈悲，因喜欢而产生的患得患失的慈悲。
- 众生缘慈悲，推己及人，对众生产生慈悲心。
- 法缘慈悲，明了佛法后平等地帮助一切众生。
- 大慈悲，没有条件、完全自然地怜悯、爱护众生。

善于观照分别的勇猛之力和智慧之力,于是无碍的智慧随现眼前,有顺其自然的智慧,能领受一切佛法,能以智慧去教化众生。他的愿心如同法界一样广大,如同虚空一样清净无杂,能穷尽未来的边际。

 菩萨欢喜地

佛子,菩萨始发如是心,即得超凡夫地,入菩萨位,生如来家,无能说其种族过失,离世间趣,入出世道,得菩萨法,住菩萨处,三世平等。于如来种中,决定当得无上菩提。菩萨住如是法,名住菩萨欢喜地,以不动相应故。

【译文】

佛子啊,菩萨一开始发这样的愿心,就得到了超越凡夫俗子的境地,而进入了菩萨的果位,就生在佛的家族之中,超越其出生种族的种种过失,脱离了世间种种尘趣,进入出离世间的正道,获得菩萨的道法,住在菩萨的处所,进入过去、未来、现在三世平等无别的境界。在如来家族之中,下定决心得到无上的菩提觉悟之道。菩萨住在这样的法中,名叫做菩萨欢喜地,在不动中便能同佛相应。

佛子,菩萨住欢喜地,成就多欢喜,多净信,多爱乐,多适悦,多欣庆,多踊跃,多勇猛,多无斗净,多无恼害,多无嗔恨。佛子,菩萨住此欢喜地,念诸佛故,生欢喜。念诸佛法故,生欢喜。念诸菩萨故,生欢喜。念诸菩萨行故,生欢喜。念清净诸波罗蜜故,生欢喜。念诸菩萨地殊胜故,生欢喜。念菩萨不可坏故,生欢喜。念如来教化众生故,生欢喜。念能令众生得利益故,生欢喜。念入一切如来智方便故,生欢喜。

【译文】

佛子啊,住在欢喜地的菩萨,成就了无数的欢喜,无数的清净信心,无数的爱乐,无数的悦愉,无数的欢欣,无数的踊跃,无数的勇猛,无争斗之心,无烦恼害惧,无嗔恨之心。佛子呀,菩萨住在这欢喜地中,想到诸佛,心生欢喜;想到诸佛法,心生欢喜;想到诸菩萨,心生欢喜;想到诸菩萨道行,心生欢喜。想到清净无杂的种种到达彼岸的大行,心生欢喜;想到种种菩萨地中的殊胜法力境象,心生欢喜;想到菩萨的不坏不灭之身,心生欢喜;想到如来教化众生,心生欢喜;想到佛法能够使众生得到利益,心生欢喜;想到进入佛的智慧和方便之门,因此心生欢喜。

复作是念:我转离一切世间境界故,生欢喜。亲近一切佛法故,生欢喜。远离凡夫地故,生欢喜。近智慧地故,生欢喜。永断一切恶趣故,生欢喜。与一切众生作依止处故,生欢喜。见一切如来故,生欢喜。生佛境界中故,生欢喜。入

一切菩萨平等性中故，生欢喜。远离一切怖畏毛竖等事故，生欢喜。

【译文】

菩萨又想到：我能在一切世间流转中而不沾尘埃，因此心生欢喜；能够亲近一切佛法，因此心生欢喜；能够远离凡俗境了地，心生欢喜；能够接近智慧境地，心生欢喜；永断一切恶趣，因此心生欢喜；能与众生平等泰然相处，因此心生欢喜；能见到一切如来，因此心生欢喜；能生活在佛的境界中，因此心生欢喜；能进入一切菩萨无差别障碍之法性，因此心生欢喜；能远离一切恐怖畏惧之事，因此心生欢喜。

欢喜地的功德

何以故？此菩萨得欢喜地已，所有怖畏悉得远离，所谓不活畏，恶名畏，死畏，恶道畏，大众威德畏，如是怖畏皆得永离。

【译文】

为什么这样说呢？因为这个菩萨获得欢喜地之后，所有的恐怖与畏惧自然全都远离他。因怕无法生活而不敢施舍自己所有之物；因怕沾上他人讥谤，而不敢与民同处；能舍弃财物，却害怕舍弃自己生命；在对治不善之事时，畏惧自己堕入恶道；在大众面前或有威德之

五种怖畏

在成道前，修行者会生起怖畏之心，这些怖畏可以分为五类，分别是不活畏、恶名畏、死畏、恶道畏、大众威得畏。

```
                        五种怖畏
                           ▼
┌────────┬────────┬────────┬────────┬────────┐
不活畏    恶名畏    死畏     恶道畏    大众威得畏
初学菩萨， 与众生同处 虽有广大 初学菩萨， 害怕面对大
因害怕自己 之时，因害 慈悲心， 惧怕堕入恶 众或威严高
无法生活， 怕他人讥谤， 能施以财 道而终日恐 德之人，恐
布施时不能 不敢入酒 物，但会 慌，不能以 言行有失而
尽其所有。 肆等地。  顾及自己 善法与其对 不敢演说佛
                  生命，不  抗。      法。
                  能舍己身。
```

人的面前，恐言行失当不敢演说佛法。这五种畏惧，都因进了欢喜地而永远得以脱离。

何以故？此菩萨离我想故，尚不爱自身，何况资财，是故无有不活畏。不于他所希求供养，惟专给施一切众生，是故无有恶名畏。远离我见，无有我想，是故无有死畏。自知死已决定不离诸佛菩萨，是故无有恶道畏。我所志乐，一切世间无与等者，何况有胜？是故无有大众威德畏。菩萨如是远离惊怖毛竖等事。

【译文】

为什么会这样呢？因菩萨已经脱离了自我的局限，他不再顾惜自己的肉身，何况是身外之物？因此他不再畏惧无法生活；因他不再寻求他人的供养，只一心将菩萨善法施与一切众生，心无所求自然不再惧怕坏名声；因他已远离我见，没有自我的妄想，自然不会怕死；因他知道死后必定会和诸佛菩萨在一起，因此他没有恶道畏；因我所志向，我所乐意的，是一切世间无法与之相比的伟业，因此他不会畏惧世间那些有威德之人或普罗大众。

就这样，菩萨远离了一切惊惶、恐怖等事。

佛子，此菩萨以大悲为首，广大志乐，无能沮坏，转更勤修一切善根，而得成就。所谓信增上故，多净信故，解清净故，信决定故，发生悲愍故，成就大慈故，心无疲懈故，惭愧庄严故，成就柔和故。

【译文】

佛子啊，这菩萨以大慈悲心为首，有广大的志愿，没有什么让他灰心或转念，他勤奋修持一切善业，最终取得成就——信心更加深厚，见解更加清纯；有了清净无杂的见解，信心自然愈加坚定，从而内心悲悯众生，成就大慈悲心。他的菩提心永不疲倦懈怠，有惭愧之心和威仪之象，于是成就了柔软和顺之心。

敬顺尊重诸佛教法故，日夜修集善根无厌足故，亲近善知识故，常爱法乐故，求多闻无厌足故，如所闻法正观察故，无依著故，不耽著利养、名闻、恭敬故，不求一切资生之物故，生如宝心无厌足故。

【译文】

他敬仰尊重佛的种种教法，日夜修习善业从不满足，亲近一切乐于修佛之人，对佛法有爱乐之心，追求知识而不满足，依所学佛法去端正观照与认识，内心不依附与执著他物，不沉溺于利益、供养、名声、荣誉和世人的恭敬，不追求一切物质财富，内心犹如宝石般纯净坚强。

求一切智地故，求如来力无畏不共佛法故，求诸波罗蜜助道法

菩提分法

　　菩提分法是原始佛教与部派佛教最具代表性的实践论,是小乘佛教的修行法,总共有三十七种,所以又称为三十七道品。

四念处
- 身念处,念色身皆不净。
- 受念处,念众生皆是苦。
- 心念处,念识心无常住。
- 法念处,念诸法因缘生。

四正勤
- 永远断除已生的恶业。
- 未生的恶业令其不生。
- 未生的善业令其产生。
- 已生的善业令其增长。

四如意足
- 欲如意足,因为欲念使修行之法达到圆满。
- 精进如意足,因为专心致志使修行之法达到圆满。
- 念如意足,因为忆念使修行之法达到圆满。
- 思惟如意足,因为思维使修行之法达到圆满。

五根
- 信根,笃信正道之根性。
- 精进根,勤奋修行之根性。
- 念根,记忆不忘之根性。
- 定根,一心寂定之根性。
- 慧根,明了诸法之根性。

五力
- 破恶成善的力量,由五根生成。

七觉分
- 择法觉分,辨明诸法真伪。
- 精进觉分,精进修行诸法。
- 喜觉分,因得真法而内心欢喜。
- 除觉分,断除内心烦恼。
- 舍觉分,破除欲念执著。
- 定觉分,明了禅定法门。
- 念觉分,思维修行法门。

八正道
- 正见,正确的认识。
- 正思惟,正确的想法。
- 正语,正确的言语。
- 正业,正确的行为。
- 正命,正确的谋生方法。
- 正精进,正确的修行。
- 正念,正确的思维。
- 正定,正确的精神状态。

第六章　根本法轮——《华严经》

故，离诸谄诳故。如说能行故，常护实语故，不污如来家故，不舍菩萨戒故，生一切智心如山王不动故，不舍一切世间事成就出世间道故，集助菩提分法无厌足故，常求上上殊胜道故。

【译文】

他追求一切智慧的境地，追求如来的十力、四不畏等不共佛法，追求帮助修证涅槃的种种条件，离开种种谄媚与诳言。他能按照佛所说的去行事，能秉承如来所说的真理，他从不败坏如来的名声，不舍弃菩萨所持的戒行，他追求一切智慧的决心像最高大的山一样不可动摇，舍离世间一切俗事成就出世之圣道，聚集成就菩提道品的种种分法而不满足，不懈地追求最上乘的大道。

佛子，菩萨成就如是净治地法，名为安住菩萨欢喜地。佛子，菩萨住此欢喜地，能成就如是大誓愿，如是大勇猛，如是大作用。所谓生广大清净决定解，以一切供养之具，恭敬供一切诸佛，令无有余。广大如法界，究竟如虚空，尽未来际，一切劫数无有休息。

【译文】

佛子呀，菩萨成就了这样的净治地法，所以安住菩萨欢喜地。佛子呀，菩萨能住在这欢喜地，成就这样的大誓愿，这样的大勇猛，这样的大作用，这是因为他生出广大清净而坚定的见解，用一切可供养之具，恭敬地供养一切佛，没有余漏。他的供养之心，广大犹如法界，浩瀚如同虚空，穷尽未来永恒，在一切劫数中都不曾停息。

🌸 菩萨的大愿

又发大愿，愿受一切佛法轮，愿摄一切佛菩提，愿护一切诸佛教，愿持一切诸佛法。广大如法界，究竟如虚空，尽未来际，一切劫数无有休息。

【译文】

菩萨立下这样的大愿：愿领受一切佛法，愿追求一切佛菩提，愿护持一切诸佛教诲，愿持守一切诸佛法。此愿心广大犹如法界，浩瀚如同虚空，穷尽未来永恒，在一切劫数中都不曾停息。

又发大愿，愿一切世界佛兴于世。从兜率天宫没，入胎、住胎、

· 名词解释 ·

菩萨戒：大乘菩萨受持的戒律，其内容为三聚净戒，即摄律仪戒、摄善法戒、饶益有情戒等三项，此三项聚集了遵持律仪、修持善法、普度众生等三大门之一切佛法，具体有十重四十八轻戒。

初生、出家、成道、说法、示现涅槃。皆悉往诣亲近供养，为众上首，受行正法。于一切处，一时而转。广大如法界，究竟如虚空，尽未来际，一切劫数无有休息。

【译文】

菩萨立下这样的大愿：愿一切世界都有佛住世，愿这些佛从兜率天宫下生人间，入胎、住胎、降生人世、出家修行、成道说法、示现涅槃。愿自己能亲自前往供奉，愿在一切大众中成为他们的首领，受持修行正法，无论何时何地都可实践佛法。此愿心广大犹如法界，浩瀚如同虚空，穷尽未来永恒，在一切劫数中都不曾停息。

又发大愿，愿一切菩萨行，广大无量，不坏不杂，摄诸波罗蜜，净治诸地，总相，别相，同相，异相，成相，坏相①。所有菩萨行，皆如实说，教化一切，令其受行，心得增长。广大如法界，究竟如虚空，尽未来际，一切劫数无有休息。

【注释】

①总相一句：总相、别相、同相、异相、成相、坏相合称六相，华严宗重要教义之一。这六相既同时存在于一切事物之中，又同时表现在每一事物之上。六相既是相反的，又是相成的，圆通自在，无碍融融。

【译文】

菩萨立下这样的大愿：愿一切菩萨之行，广大无边，不坏不杂，摄取彼岸之法，清净菩萨行地，存在一切事物之中，表现每一事物之上。所有的菩萨之行，都能平等看待这法界缘起的、事事无碍的六相，以此来教化一切众生，使他们能知法受行，心智得到增长。此愿心广大犹如法界，浩瀚如同虚空，穷尽未来永恒，在一切劫数中都不曾停息。

又发大愿，愿一切众生界，有色，无色，有想，无想，非有想，非无想，卵生，胎生，湿生，化生，三界所系，入于六趣，一切生处，名色所摄，如是等类，我皆教化，令入佛法，令永断一切世间趣，令安住一切智智道。广大如法界，究竟如虚空，尽未来际，一切劫数无有休息。

这是兜率天图。兜率天又译作妙足天、知足天，是欲界六天的第四天，在此天的众生欲少知足，多生喜乐之心，是即将成佛者居住的净土，所以《华严经》说菩萨从兜率天降生在人间。

【译文】

　　菩萨立下这样的大愿：愿一切众生，有色界的，无色界的，有想界的，无想界的，非有想界的，非无想界的，卵生的、胎生的、湿生的、化生的，凡是这色界、欲界、无色界三界所系的，出入于地狱、饿鬼、畜生、阿修罗、人、天这六道的，总之，在一切处所各色所摄的一切众生，都能得到我的教化，都能因我而入佛法，让他们永离一切世间的轮回，让他们安住一切智智道。此愿心广大犹如法界，浩瀚如同虚空，穷尽未来永恒，在一切劫数中都不曾停息。

　　又发大愿，愿一切世界广大无量粗细，乱住、倒住、正住，若入、若行、若去，如帝网差别，十方无量种种不同智，皆明了现前知见。广大如法界，究竟如虚空，尽未来际，一切劫数无有休息。

【译文】

　　菩萨立下这样的大愿：愿一切广大无量世界，无论粗细，无论是乱住、倒住、正住，还是若入、若行、若去，它们就像帝释天宫之光网交相辉映，有种种不同，愿我都能智慧明了，现前知见。此愿心广大犹如法界，浩瀚如同虚空，穷尽未来永恒，在一切劫数中都不曾停息。

　　又发大愿，愿一切国土入一国土，一国土入一切国土，无量佛土，普皆清净，光明众具以为庄严，离一切烦恼，成就清净道，无量智慧众生充满其中，普入广大诸佛境界，随众生心而为示现，皆令欢喜。广大如法界，究竟如虚空，尽未来际，一切劫数无有休息。

【译文】

　　菩萨立下这样的大愿：愿一切的国土融入一国之土，每一国土融入一切国土，愿这无量的佛土全都清净光明，全具备庄严之相，远离一切的烦恼，成就清净佛道；愿有无数无量的智慧众生生活于其中，广大的诸佛境界能随众生的心愿而现示，使众生皆得大欢喜。此愿心广大犹如法界，浩瀚如同虚空，穷尽未来永恒，在一切劫数中都不曾停息。

　　又发大愿，愿与一切菩萨同一志行，无有怨嫉，集诸善根，一切菩萨平等一缘，常共集会，不相舍离。随意能现种种佛身，任其自心

・名词解释・

尽未来际：穷尽无限未来的生涯、边际，多用于发愿。一般而言，为了表示"法"之常住而假说尽未来际，如《大乘本生心地观经》中"一切信心善男子，出家修道亦如是，为济父母及众生，（中略）当证无上菩提果，尽未来际常不灭，能度众生作归依"，就是为了发愿。

能知一切如来境界，威力智慧，得不退如意神通，游行一切世界，现形一切众会，普入一切生处，成就不思议大乘，修菩萨行。广大法界，究竟如虚空，尽未来际，一切劫数无有休息。

【译文】

菩萨立下这样的大愿：愿和所有菩萨有同样的志愿，没有怨言和嫉妒，聚集种种善业，所有菩萨平等如一，大家经常聚会，不相舍离；愿能随心示现种种佛身，凭心获知一切如来境界与智慧、威力，获得不会退转的如意神通，能游行于一切世界中，在一切众生中显现其形，能与一切众生相处，成就不可思议大乘道，修持菩萨行。此愿心广大犹如法界，浩瀚如同虚空，穷尽未来永恒，在一切劫数中都不曾停息。

又发大愿，愿乘不退轮，行菩萨行，身语意业悉不唐捐。若暂见者，则必定佛法；暂闻音声，则得实智慧；才生净信，则永断烦恼。得如大药王树身，得如意宝身，修行一切菩萨行。广大如法界，究竟如虚空，尽未来际，一切劫数无有休息。

【译文】

菩萨立下这样的大愿：愿乘着永不退转的法轮，实践菩萨之行，身、语、意三业全都不离菩萨清净。愿一开始遇见的就必定是佛法，愿最初听闻佛的声音便获得真理智慧，愿刚生出纯净信心

便永远脱离烦恼，愿获得救苦救难的大药王树身，愿得能满足一切众生愿望的如意宝身，愿修持一切菩萨之行。此愿心广大犹如法界，浩瀚如同虚空，穷尽未来永恒，在一切劫数中都不曾停息。

又发大愿，愿于一切世界，成阿耨多罗三藐三菩提，于一切毛端处，皆悉示现初生、出家、诣道场、成正觉、转法轮、入涅槃，得佛境界大智慧力。于念念中随一切众生心，示现成佛，令得寂灭。以一三菩提，知一切法界即涅槃相，以一音说法，令一切众生心皆欢喜，示入大涅槃而不断菩萨行，示大智慧地，安立一切法。

这是药王菩萨图。药王菩萨曾燃烧自身供养诸佛，是给予众生良药、医治身心病苦的菩萨。在《华严经》中菩萨发愿得药王树身。

以法智通、神足通、幻通自在变化，充满一切法界。广大如法界，究竟如虚空，尽未来际，一切劫数无有休息。

【译文】

菩萨立下这样的大愿：愿在一切世界中成就正等正觉的无上智慧，在如毛发尖端般细微的世界中也能显示出从佛世尊降生、出家、坐道场、成就正等正觉、开转法轮、进入涅槃的过程，从而获得佛境界的大智慧力。愿在每时每念中，随一切众生的心愿而示现成佛，使他们得入寂灭境界。愿以三菩提之智慧，悟知一切法界即是涅槃相，用无差别之声音来讲法，使一切众生都心生欢喜；愿能示现大涅槃境界又不脱离菩萨行，示现大智慧地又能安立一切法；用法智通、神足通、幻通，在一切法界中随意自在。此愿心广大犹如法界，浩瀚如同虚空，穷尽未来永恒，在一切劫数中都不曾停息。

佛子，菩萨住欢喜地，发如是大誓愿，如是大勇猛，如是大作用，以此十愿门为首，满足百万阿僧祇大愿。佛子，此大愿以十尽句而得成就。何等为十？所谓众生界尽、世界尽、虚空界尽、法界尽、涅槃界尽、佛出现界尽、如来智界尽、心所缘界尽、佛智所入境界界尽、世间转法转智转界尽。

若众生界尽，我愿乃尽。若世界乃至世间转法转智转界尽，我愿乃尽。而众生界不可尽，乃至世间转法转智转界不可尽，故我此大愿善根无有穷尽。

【译文】

佛子啊，菩萨住在这欢喜地，立下这样的大愿，这样的大勇猛，作出这样的大功用，以这十个大愿为首，满足了百万阿僧祇的大誓愿。佛子啊，这大誓愿以十尽句而得其成就。是哪十尽呢？即众生界尽、世界尽、虚空界尽、法界尽、涅槃界尽、佛出现界尽、如来智界尽、心所缘界尽、佛智所入境界界尽、世间转法转智转界尽。

若众生尽已成佛，我的誓愿才算完成；若世界以至世间转法转智转界尽皆成佛，我的誓愿才算完成。若是众生界还有未能成佛的，或是世间转法转智转界还有未能成佛的，那么我的大愿善业便没有完成。

佛子，菩萨发如是大愿已，则

·名词解释·

众生界尽：即一切众生皆已成佛，故称尽。虚空界就是虚空界的一切众生皆已成佛尽、世界近尽、法界尽等，义同。《华严经》用众生界尽来形容欢喜地菩萨的誓愿。

得利益心、柔软心、随顺心、寂静心、调伏心、寂灭心、谦下心、润泽心、不动心、不浊心。成净信者，有信功用，能信如来本行所入，信成就诸波罗蜜，信入诸胜地，信成就力，信具足无所畏，信生长不可坏不共佛法，信不思议佛法，信出生无中边佛境界，信随入如来无量境界，信成就果。举要言之，信一切菩萨行，乃至如来智地说力故。

【译文】

佛子啊，菩萨发了这样的大誓愿之后，便得到了利益心、柔软心、随顺心、寂静心、调伏心、寂灭心、谦下心、泽润心、不动心、不浊心，成为清净无杂的坚信者，有信仰的功德大用，能够坚信如来本行所入，坚信成就种种波罗蜜，坚信能进入种种胜地，坚信成就佛力，坚信能具足无畏惧之心，坚信不可坏不共之佛法，坚信不可思议的佛法，坚信能出生在无中边佛的境界，坚

十种通

根据《华严经》，菩萨修行禅定可以获得十种神通，即为菩萨的十种通。

十种通：

- **他心智通**：了知世间一切法和众生的心念。
- **天眼自在清净通**：明见众生的种种相状而无障碍。
- **宿住智通**：了知自身及众生过往之事。
- **知劫通**：了知众生的未来果报。
- **天耳智通**：听闻十方三世所有语言而无障碍。
- **无体性智通**：听闻诸佛名号而随念现身。
- **善分别言音通**：分辨世间一切音色和言辞。
- **色身智通**：了知色相与空相而无障碍。
- **一切法智通**：了知一切法无有分别。
- **灭定智通**：起念、入念悉无障碍。

第六章 根本法轮——《华严经》

信能进入如来无量的境界，坚信能成就正果。总之，坚信一切菩萨道行，坚信如来的智慧、境地、说法与神力。

 菩萨的慈悲心

佛子，此菩萨复作是念：诸佛正法如是甚深，如是寂静，如是寂灭，如是空，如是无相，如是无愿，如是无染，如是无量，如是广大。而诸凡夫心堕邪见，无明覆翳，立憍慢高幢，入渴爱网中，行谄诳稠林不能自出，心与悭嫉相应不舍，恒造诸趣受生因缘，贪恚愚痴，积集诸业。日夜增长，以忿恨风吹心识火，炽燃不息。曰凡所作业，皆颠倒相应，欲流、有流、无明流、见流相续，起心意识种子，三界田中复生苦芽。所谓名色共生不离，此名色增长，生六处聚落，于中相对生触，触故生受；因受生爱；爱增长故，生取；取增长故，生有；有生故，有生老死忧悲苦恼。

【译文】

佛子啊，菩萨又想到：诸佛的正法是如此深奥，如此寂静，如此寂灭，如此空虚，如此无相，如此无愿，如此无染，如此无量，如此广大，而凡夫俗子的心却堕入邪见，被无明所蒙蔽，立在偏见执著的高屋中，陷在渴想爱欲的网中，行走在谄媚诳妄的密林中，不能自行脱出。他们的心中充满吝啬与嫉妒而不知舍弃，一直造下种种轮回恶道的因

缘，贪欲、忿嗔、愚昧、痴迷，在心中日夜积累，以愤怒与仇恨之风吹燃心识之火，燃烧不熄，他们所作的一切都是颠倒的，欲流、有流、无明流、见流这四种无明见惑，连续不断在他们心中成为种子，在三界田中又生出胚芽。这就造成受、想、行、识、色五蕴共生不离，不断增长，在眼、耳、鼻、舌、身、意六处中生长聚集起落，在其中相对生触，因触而生受，因受而生爱，因爱增长而生取，取增长故而生有，因而便有了生、老、病、死、悲、忧等苦恼。

如是众生，生长苦聚，是中皆空，离我我所，无知无觉，无作无受，如草木石壁，亦如影像。然诸众生，不觉不知。菩萨见诸众生于如是苦聚不得出离，是故即生大悲智慧。复作是念：此诸众生，我应救拔置于究竟安乐之处。是故即生大慈光明智。

【译文】

这些众生，生活在苦难聚集之处，一切都是空幻，离开肉身和身外之物，便如同草木土石一般无知无觉，或者如幻影虚像一样无作无受。然而，众生却对此毫无觉察。菩萨看到众生在苦海之中无法脱离，便生出大慈悲心，于是心想：这些众生如此苦难，我应当去救度他们，让他们住在永恒安乐的地方。于是菩萨便生出大慈光明来。

佛子，菩萨摩诃萨随顺如是大

悲大慈，以深重心住初地时，于一切物无所吝惜，求佛大智，修行大舍。凡是所有一切能施，所谓财谷、仓库、金银、摩尼、真珠、琉璃、珂贝、璧玉、珊瑚等物，珍宝璎珞、严身之具，象马、车乘、奴婢、人民、城邑、聚落、园林、台观、妻妾、男女、内外眷属，及余所有珍玩之具，头目手足，血肉骨髓，一切身分，皆无所惜。为求诸佛广大智慧，是名菩萨住于初地大舍成就。

佛子，菩萨以此慈悲大施心，为欲救护一切众生，转更推求世出世间诸利益事。无疲厌故，即得成就无疲厌心。得无疲厌心已，于一切经论，心无怯弱，无怯弱故，即得成就一切经论智，获是智已，善能筹量应作不应作，于上中下一切众生，随应随力随其所习，如是而行。

【译文】

佛子啊，菩萨怀有如此的大慈大悲之心，以深重之心住在初地之时，对一切事物毫不吝惜，只是追求佛的大智慧，修行大舍之心，凡是一切能够布施的物品，比如财物、粮食、黄金、白银、摩尼宝珠、琉璃、珂贝、璧玉、珊瑚等物，比如珍宝、璎珞等身上的装饰之物，比如象车、马车、奴仆、人民、城邑、市井、园林、楼台、妻妾、儿女、内外眷属，以及所有的珍贵玩物，甚至自己的头、目、手、足、血、肉、骨、髓，一切身外身内之物，都毫不吝惜，只为了求得诸佛的广大智慧，这被称为菩萨住在初地的大舍成就。

佛子啊，菩萨以此慈悲大施舍之心，只为救护一切众生，在转化中进一步推求世间和出世的种种利益之事，而从不知疲厌，因此成就了无疲厌心。因为这无疲厌心，对于一切经论，他的心中就不会生怯

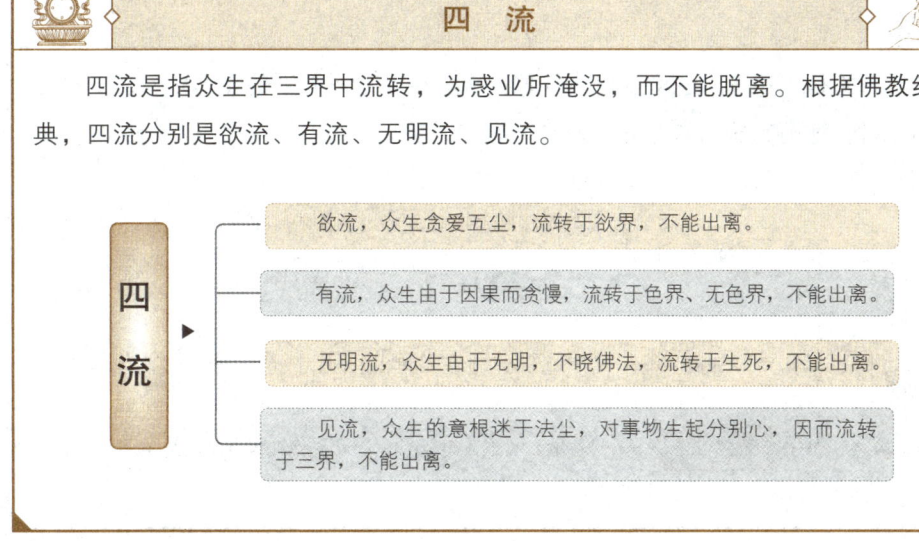

四　流

四流是指众生在三界中流转，为惑业所淹没，而不能脱离。根据佛教经典，四流分别是欲流、有流、无明流、见流。

四流	
	欲流，众生贪爱五尘，流转于欲界，不能出离。
	有流，众生由于因果而贪慢，流转于色界、无色界，不能出离。
	无明流，众生由于无明，不晓佛法，流转于生死，不能出离。
	见流，众生的意根迷于法尘，对事物生起分别心，因而流转于三界，不能出离。

第六章　根本法轮——《华严经》

弱；因为没有怯弱，因此得以成就一切经论智慧；因为有了这样的智慧，便善于筹量应做和不应做之事，在一切众生中，根据他们上、中、下的不同根基，随其相应，随其力量，随其所造的业习而加教化，来行菩萨之道。

是故，菩萨得成世智。成世智已，知时知量，以惭愧庄严勤修自利利他之道。是故成就惭愧庄严。于此行中勤修出离，不退不转，成坚固力。得坚固力已，勤供诸佛，于佛教法能如说行。

【译文】

因此，菩萨得成世智。既得成世智，知时知量，就能以惭愧庄严之心去勤修自利、利他之道，因此而成就惭愧庄严善法。在这道行之中勤修出离之道，不退缩不放弃，成就坚固的信念；有了这样坚固的信念，勤以供养诸佛，对佛的教法就能遵照实行。

 菩萨的清净法

佛子，菩萨如是成就十种净诸地法。所谓慈悲喜舍，无有疲厌，知诸经论，善解世法，惭愧坚固力，供养诸佛，依教修行。佛子，住此欢喜地已，以大愿力得见多佛。所谓见多百佛，多千佛，多百千佛，多亿佛，多百亿佛，多千亿佛，多百千亿佛，多亿那由他佛，多百亿那由他佛，多千亿那由他佛，多百千亿那由他佛。

悉以大心深心恭敬尊重，承事供养，衣服、饮食、卧具、医药，一切资生悉以奉施，亦以供养一切众僧。以此善根皆悉回向无上菩提。

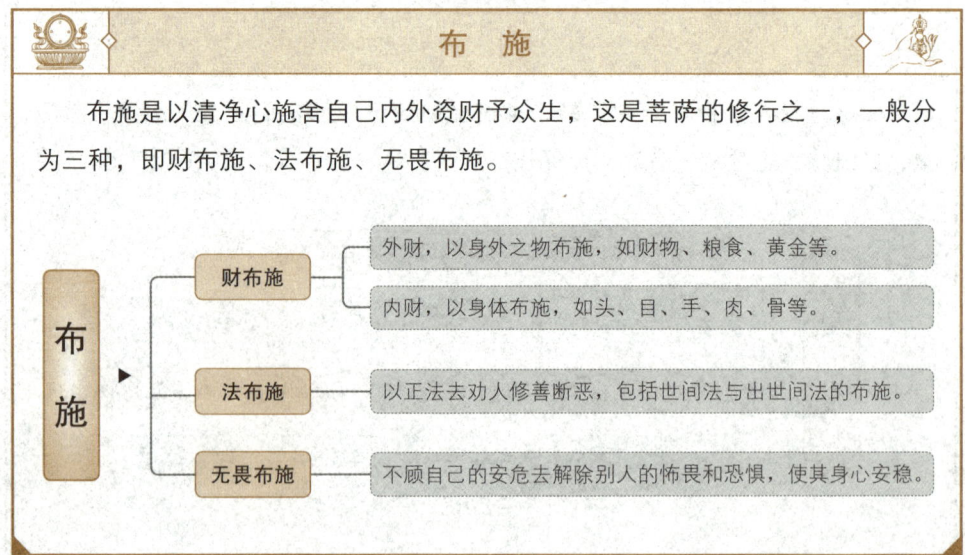

布施

布施是以清净心施舍自己内外资财予众生，这是菩萨的修行之一，一般分为三种，即财布施、法布施、无畏布施。

布施	财布施	外财，以身外之物布施，如财物、粮食、黄金等。
		内财，以身体布施，如头、目、手、肉、骨等。
	法布施	以正法去劝人修善断恶，包括世间法与出世间法的布施。
	无畏布施	不顾自己的安危去解除别人的怖畏和恐惧，使其身心安稳。

【译文】

　　佛子啊，菩萨就如此成就了十种清净的法，也就是包括慈、悲、喜、舍、无有疲厌、知各种经论、善解世法、惭愧、坚固力、供养诸佛等十种法，依照修行。佛子啊，菩萨住此欢喜地之后，因他的大誓愿而得以见到许多佛，即上百的佛，上千的佛，上万的佛，上亿的佛，比百亿还多的佛，比千亿还多的佛，比百千亿还多的佛，比亿那由他数还多的佛，比百亿那由他数还多的佛，比千亿那由他数还多的佛，比百千亿那由他数还多的佛。

　　菩萨都以其大心、深心去恭敬、尊重、承事、供养他们，衣服、食物、卧具、药品等一切的用品，全都用来奉献给佛事，也用来供养一切众僧，就以这样的善业来回馈无上菩提道。

　　佛子，此菩萨因供养诸佛故，得成就众生法。以前二摄摄取众生，谓布施、爱语；后二摄法，但以信解力故，行未善通达。是菩萨十波罗蜜中，檀波罗蜜增上，余波罗蜜非不修行，但随力随分。是菩萨随所勤修，供养诸佛，教化众生。皆以修行清净地法，所有善根悉以回向一切智地，转转明净，调柔成就，随意堪用。

【译文】

　　佛子啊，菩萨因为供养诸佛而成就拯救众生的法门，用前二摄法来摄取众生，即布施、爱语；后二摄法则是用信心见解的力量来克服未善之处。这菩萨在十波罗蜜中，以布施波罗蜜为主，其余的波罗蜜并不是不修，只是随力随分修行而已。这菩萨依随所处之地，勤修供养诸佛，教化众生都修行清净地法，把所有的善根全用来追求一切智慧境地，让内心变得纯净、调柔，成就随意而能胜用的法力。

　　佛子，譬如金师善巧炼金，数数入火，转转明净，调柔成就，随意堪用。菩萨亦复如是，供养诸佛，教化众生，皆为修行清净地法，所有善根，悉以回向，一切智地。转转明净，调柔成就，随意堪用。

【译文】

　　佛子啊，这就好像金匠师冶炼金属，一次次入火淬炼，让金属变得纯净、柔软，从而可任意打造。菩萨之道也是如此，供养诸佛，教化众生，都是为了修行清净地法，所有的善根都是用来归向一切智慧境界。因此要不断炼化，让内心变得纯净、柔顺，从而成就随意而用之法。

 初地菩萨的修行

　　佛子，菩萨摩诃萨住于初地，应从诸佛菩萨善知识所，推求请问于此地中相及得果，无有厌足；为欲成就此地法故，亦应从诸佛菩萨善知识所，推求请问第二地中相及得果，无有厌足；为欲成就彼地法故，亦应如是推求请问第三、第四、第五、第六、第七、第八、第九、第十地中相及得果，无有厌足。

【译文】

佛子啊，菩萨摩诃萨住在初地，应从诸佛、菩萨、有学识者那里请教此地中的法相及得取正果，不能自求满足。为了成就此地修行，也应该向诸佛、菩萨和有学识者那里请教第二地法相，继续得取正果，而不能满足停步。为了成就下一地法，应像这样来请求寻问第三、第四、第五、第六、第七、第八、第九、第十地中的法相，以求继续得取正果，而不能满足停步。

为欲成就彼地法故，是菩萨善知诸地障对治。善知地成坏，善知地相果，善知地得修，善知地法清净，善知地地转行，善知地地处非处，善知地地殊胜智，善知地地不退转，善知净治一切菩萨地，乃至转入如来地。佛子，菩萨如是善知地相，始于初地，起行不断。如是乃至入第十地无有断绝。由此诸地智光明故，成于如来智慧光明。

【译文】

为了成就诸地法，菩萨应善于知道诸地中会出现的困难及应对之策。善于知道诸地中的成坏，善于知道诸地的相果，善于知道诸地的必修之道，善于知道诸地法清净，善于知道诸地是不断转行的，善于知道地中的处与非处，善于

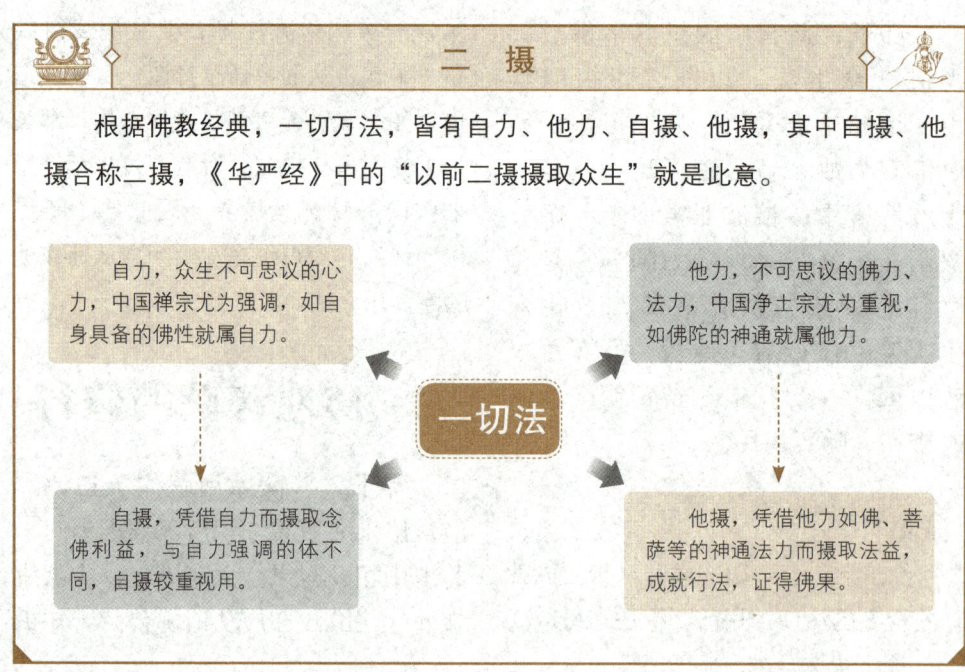

二 摄

根据佛教经典，一切万法，皆有自力、他力、自摄、他摄，其中自摄、他摄合称二摄，《华严经》中的"以前二摄摄取众生"就是此意。

一切法

自力，众生不可思议的心力，中国禅宗尤为强调，如自身具备的佛性就属自力。

他力，不可思议的佛力、法力，中国净土宗尤为重视，如佛陀的神通就属他力。

自摄，凭借自力而摄取念佛利益，与自力强调的体不同，自摄较重视用。

他摄，凭借他力如佛、菩萨等的神通法力而摄取法益，成就行法，证得佛果。

知道诸地的殊胜智慧，善于知道诸地不退转之法，善于知道修持清净一切菩萨地，以至转入如来地。

佛子啊，菩萨就这样知晓了菩萨十地之法，从初始地起不断修行，就这样一直进入第十地而从不停止。由于这诸地的智慧光明，最终成就了如来智慧光明。

佛子，譬如商主善知方便，欲将诸商人住诣大城，未发之时，先问道中功德、过失及住止之处、安危可不；然后具道资粮，作所应作。佛子，彼大商主虽未发足，能知道中所有一切安危之事，善以智慧筹量观察，备其所须，令无乏少。将诸商众乃至安隐到彼大城。身及人人悉免忧患。

【译文】

佛子啊，这就好比商人擅长经商之法，在准备去其他城市做生意前，临出发之际，必定要先问清楚此行将会有的利益、过失、住处和危险，可做之事与不可做之事，然后才备足途中所需食物、盘缠等，做好所有应有的准备。佛子啊，最成功的商人虽然还未出发，就已经了解了途中所有安危之事，因他善

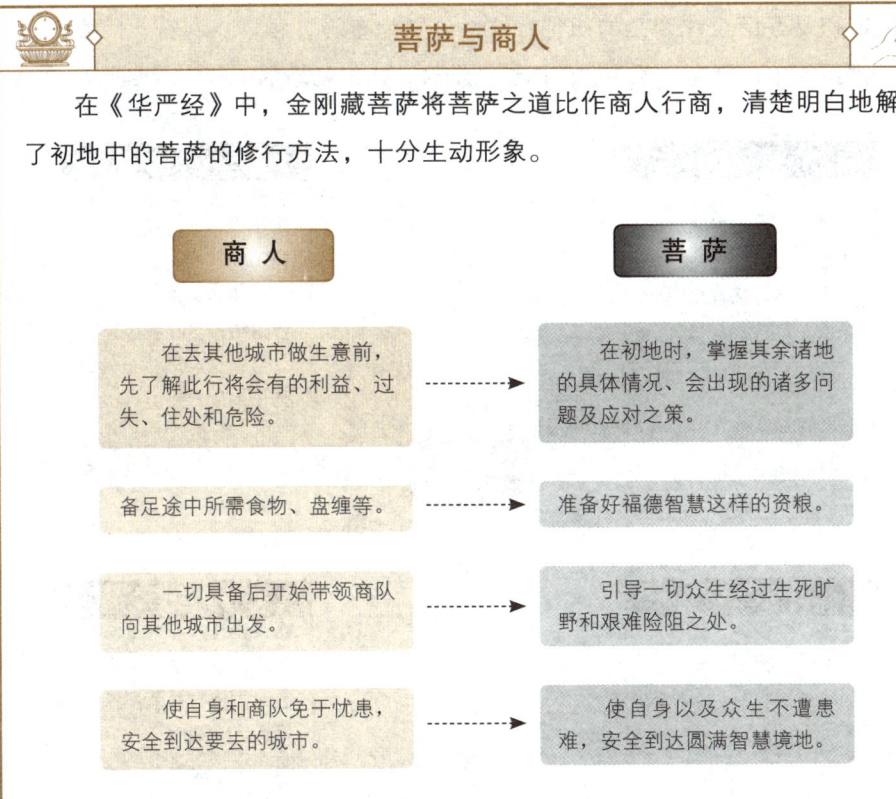

菩萨与商人

在《华严经》中，金刚藏菩萨将菩萨之道比作商人行商，清楚明白地解释了初地中的菩萨的修行方法，十分生动形象。

商 人	菩 萨
在去其他城市做生意前，先了解此行将会有的利益、过失、住处和危险。	在初地时，掌握其余诸地的具体情况、会出现的诸多问题及应对之策。
备足途中所需食物、盘缠等。	准备好福德智慧这样的资粮。
一切具备后开始带领商队向其他城市出发。	引导一切众生经过生死旷野和艰难险阻之处。
使自身和商队免于忧患，安全到达要去的城市。	使自身以及众生不遭患难，安全到达圆满智慧境地。

于用智慧来筹措、观察，准备所有必需品，以免途中有所缺乏。只有这样，商人才能安全到达要去的大城，才能保证商队免于忧患。

佛子，菩萨商主亦复如是，住于初地，善知诸地障对治，乃至善知一切菩萨地清净转入如来地。然后乃具福智资粮，将一切众生经生死旷野险难之处，安隐得至萨婆若城，身及众生不经患难。是故菩萨常应匪懈，勤修诸地殊胜净业，乃至趣入如来智地。

【译文】

佛子啊，菩萨之道与商人做生意也是一样的。当他住在初地中时，便一手掌握了诸地的障碍以及应对之策，知晓了如何才能让菩萨地清净无杂，如何才能转入如来地；然后准备好福德智慧这样的资粮，引导一切众生经过生死旷野和艰难险阻之处，从而安全地到达萨婆若城这个圆满智慧境地，而他自身以及众生也不遭患难。因此菩萨应该坚持不懈地修行诸地中的殊胜清净善业，直至成就如来智地。

四 摄

四摄是菩萨度化众生的四种方法，分别为布施、爱语、利行、同事。在《华严经》中，释迦牟尼为菩萨阐述初地时，指出初地的菩萨应行四摄。

布 施
以财法施舍众生。 ①财施，施舍财物。 ②法施，施舍佛法。 ③无畏施，使众生无所畏惧。

爱 语
以慈和、爱悦之语说法。 ①慰喻语，众生痛苦时给予安慰和劝勉。 ②庆悦语，众生有所进步时给予赞叹和鼓励。 ③胜益语，众生行善时给予勉励。

一切法

利 行
身体力行，作种种身口意善行，利益众生，使众生欢喜受教，安住大乘正道。

同 事
随类化身，与众生同学同修，使众生乐于接受教化，依附菩萨，精进修行。

佛子，是名略说菩萨摩诃萨入菩萨初地门，广说则有无量无边百千阿僧祇差别事。佛子，菩萨摩诃萨住此初地，多作阎浮提王，豪贵自在，常护正法，能以大施摄取众生，善除众生悭贪之垢，常行大施无有究尽，布施爱语，利行同事，如是一切诸所作业，皆不离念佛，不离念法，不离念僧，不离念同行菩萨，不离念菩萨行，不离念诸波罗蜜，不离念诸地，不离念力，不离念无畏，不离念不共佛法，乃至不离念具足一切种、一切智智。

【译文】

佛子啊，我这只是简略地讲说菩萨摩诃萨进入菩萨初地的法门，若详细地讲述，则会无穷无尽，因千万阿僧祇各有各的细微不同。佛子啊，凡住此地的菩萨摩诃萨，多是富豪自在阎浮提王，能经常护持正法，能作大施舍摄持众生，善于除去众生的吝啬贪婪之心，他们常行大施而无穷尽，以布施、爱语、利行、同事这四者作种种善业，他们的心中从来不离诸佛，不离佛法，不离僧众，不离同行的菩萨，不离菩萨之行，不离种种波罗蜜，不离诸菩萨地，不离

念力，不离四无畏，不离别不共佛法，不离去备足一切种、一切智。

复作是念：我当于一切众生中为首、为胜、为殊胜、为妙、为微妙、为上、为无上、为导、为将、为帅，乃至为一切智智依止者。是菩萨若欲舍家，于佛法中勤行精进，便能舍家妻子五欲，依如来教出家学道。既出家已，勤行精进，于一念倾得百三昧。

【译文】

菩萨又想到：我应当在一切众生中作其首领，作其中的优秀者，作最优秀者，作其中的妙者，作微妙者，作上者，作无上者，作导师，作将军，作元帅，最后成为一切智智依止者。因此，这菩萨若想舍弃家庭，在佛法中勤修精进，便能舍弃家庭与妻子儿女，便能舍离世间五欲，追随如来的教法出家修道；出家之后，也能精进勤修，在一念之间便得到百三昧。

得见百佛，知百佛神力，能动百佛世界，能过百佛世界，能照百佛世界。能教化百世界众生，能住

【名词解释】

一切智智：一切智中最殊胜者，指佛陀自证的尽知一切的智慧。在《仁王护国般若波罗蜜多经》中提到："自性清净名本觉性，即是诸佛一切智智"，这是以自性清净为一切智智。

寿百劫，能知前后际各百劫事，能入百法门，能示现百身，于一一身，能示百菩萨以为眷属。若以菩萨殊胜愿力自在示现，过于是数，百劫、千劫、百千劫，乃至百千亿那由他劫不能数知。

【译文】

得见到百佛，知道百佛的神力，能感动百佛的世界，能经过百佛世界，能照见百佛的世界，能教化百世界中的众生，能长寿达百劫，能知前后百劫之事，能进入百法门，能现示百种身，能在每一身前示现出百菩萨为其陪伴。若以菩萨殊胜大愿力随意示现，更是可以远超此限，那就是百劫、千劫、百千劫，甚至于百千亿劫，无法穷尽，不可计数。

第七章

经中之王——《法华经》

《法华经》是释迦牟尼佛晚年所说的教法,是开权显实的圆融教法。由于此经宣讲了不分贫贵贱,人人皆可成佛的思想,被认为是至高无上的佛法。此外,为了弘扬佛陀的真实精神,《法华经》采用了偈颂、譬喻等多种方法,在佛教思想史和文学史上都具有很高的价值,是自古以来流布最广的经典之一。

释《法华经》

《法华经》的经题与翻译

《法华经》全称为《妙法莲华经》，"妙法"是指本经所说之法精深微妙，"莲华"是用莲花来形容经典的纯洁无瑕。虽然《妙法莲华经》的经题只有五个字，但是其内涵十分深刻，据说唐代智者大师光解释这五个字的经题就曾用了三个月之久。

关于《法华经》的编集时间，学术界主要认为此经是在纪元前后、不迟于公元1世纪在西北印度结集，是和《华严经》一样逐渐结集、增编而成。

龙树菩萨在公元1世纪著作的《中论》、《大智度论》已引用此经的文义，《楞严经》、《大般涅槃经》也都有此经的引述部分，可见《法华经》的成书时间要早于以上诸经。

关于《法华经》的汇集，大多数学者认为先有序品、方便品、譬喻品，然后是见宝塔品、劝持品，之后是从地涌出品、如来寿量品、如来神力品，再后是分别功德品、常不轻菩萨品。在上述诸品中，见宝塔品反映了菩萨行者以佛塔为中心之信仰，如来寿量品则将佛陀视为寿命无量的圣者，这与大乘佛教出现的背景相吻合，是佛教发展的产物。在《法华经》诸品中，提婆达多品最后出现，经中指出像提婆达多这样犯了五无间罪的罪人，因传授此经的功德，也能成就佛果，反映了此经的广大功德。

《法华经》最早由晋代竺法护翻译为《正法华经》，共10卷27品；后秦鸠摩罗什翻译为《法华经》，共7卷28品。隋代阇那崛多和达摩笈多重新按梵文勘定为《添品妙法莲华经》，共7卷27品。此外，根据《开元录》记载，还有6卷的《法华三昧经》、6卷的《萨芸芬陀利经》、5卷《方等法华经》的译本，可能只是误传。

在诸多译本中，以鸠摩罗什翻译的《法华经》流传最广。在此译本的基础上，后人将南齐法献的《提婆达多品》、阇那崛多翻译的《普门品偈》和玄奘翻译的《药王菩萨咒》一并编入，共计7卷28品，这也是现行的流通本。

《法华经》传入中国后，许多高僧为之注疏，现存的注疏主要有南朝宋竺道生的《法华经疏》、梁法云的《法华经义记》、智者的《法华玄义》、吉藏的《法华经玄论》、窥基的《法华经玄赞》、明智旭的《法华经会义》、清通理的《法华经指掌疏》等。

《法华经》的主要内容

《法华经》是大乘佛教的重要经典之一，内容涉及大乘佛教的诸多教义，被奉为"大乘之王"。

翻译者	▶	天竺三藏鸠摩罗什
翻译时间	▶	姚秦弘始八年（公元406年）
卷数	▶	7卷28品
主要内容	▶	此经以大乘佛教的般若理论为基础，汇集了大乘思想的诸多教义，是大乘佛教初期经典之一。经中提出声闻、缘觉、大乘"三乘合一"的教义，调和了大小乘佛教的教义。因为此经义理深远，语言文雅，所以也被誉为"经中之王"，在中国佛教史、中国文学史上都占有重要的地位。

众生皆能成佛

《法华经》的主要内容

《法华经》是释迦牟尼佛晚年在王舍城灵鹫山所说的教法，是大乘佛教早期的经典之一。此经阐述了"开权显实"、"会三归一"的思想，即融会声闻、缘觉、菩萨为一乘的理论，并提出一切众生皆能成佛的理念，又为众生指明了成佛的道路，对于大乘和小乘的融合起了重要的作用。另外，《法华经》提出了释迦牟尼佛法身与报身的二重意义，同时阐明了释迦牟尼佛是无量应化身之一的思想，对于确立新的佛陀观和菩萨乘信仰有重要的意义，也促进了大乘佛教教义的成熟和完善。

由于《法华经》的成书是在大乘佛法兴起的时代，当时盛行以声闻、缘觉为二乘或小乘，以菩萨为大乘的说法。在这种背景下，《法华经》提出了融会三乘为一，以声闻、缘觉二乘为方便，以成佛为最终目标的思想，这在当时是一种崭新的学说，在佛教思想史上占有至关重要的地位。

在佛教诸多经典中，《法华经》的主要思想为空无相的空性说，是与《般若经》相通；此经提出的归宿目标，是与《涅槃经》相通，不仅归于净土，还广弘济世之观，可以说是集大乘思想之大成。因此此经号称是"诸佛如来秘密之藏，于诸经中最在其上"，所以也被称为"大乘之王"。

在大乘经典中，《法华经》属于开权显实的圆融教法，经中宣说了人人皆可成佛的理念，提出无论是什么人，只要讲说、诵读、书写、奉持此经，就会获得无量功德，所以《法华经》的内容被认为是至高无上，被称为"经中之王"。

自从《法华经》传入中土，就受到了中国僧俗的喜爱。在《高僧传》记载的众多大德中，以讲、诵此经的人数为最多，光是南北朝注释此经学者就达70余家，敦煌写经中也是以此经比重最大。到了隋代，智顗大师更依据此经创立了天台宗。

《法华经》的结构

关于《法华经》，自古就有诸家学者为之科判分释，其中，天台宗智𫖮大师将本经分为二门三分，是比较流行的科判。

《法华经》的结构

- **迹门**（佛陀垂化人间的劝实）
  - 序分，即序品，介绍本经迹门的因缘。
  - 正宗分，佛陀以方便力分说三乘教法，并以火宅喻、穷子喻、药草喻、化城喻、衣珠喻为众生开示，共有八品，即方便品、譬喻品、信解品、药草喻品、授记品、化城喻品、五百弟子授记品、授学无学人记品。
  - 流通分，佛陀宣说受持、读诵此经的五种法施和供养此经的十种功德，共有五品，即法师品、见宝塔品、提婆达多品、劝持品、安乐行品。

- **本门**（佛尊的本迹）
  - 序分，即从地涌出品，介绍本经本门的因缘。
  - 正宗分，即如来寿量品，说明佛陀寿命之无量、教化之无量、慈悲之无量及救济之无量，并以良医喻说明佛陀为救众生而示现方便。
  - 流通分，宣说佛陀入灭此经的必要和流通此经的诸种功德，并嘱咐菩萨及后世弟子弘法，共有十二品，即分别功德品、随喜功德品、法师功德品、常不轻菩萨品、如来神力品、嘱累品、药王菩萨本事品、妙音菩萨品、观世音菩萨普门品、陀罗尼品、妙庄严王本事品、普贤菩萨劝发品。

• 名词解释 •

智𫖮（公元538～597年）：俗姓陈，法名智𫖮，是陈隋时代的高僧，他自幼崇信佛法，于18岁出家，20岁受具足戒。陈天嘉元年（公元560年），智𫖮入光州大苏山参谒慧思禅师，开始修行"法华三昧"。7年后，他到南朝陈都金陵弘法，在瓦官寺宣讲《法华经》，度人无数。太建七年（公元575年），智𫖮隐居天台山，10年后才再次出山。此后，智𫖮多次进入皇宫大殿，为陈后主说法，并为隋炀帝传授菩萨戒，被尊称为"智者大师"，最具中国佛教思想特色的天台宗就是由他创立的。

3 方便法门
《法华经》的譬喻说法

佛陀在宣说佛法时，为了使听众能够轻松理解教义，往往采取一些打比方、讲故事的方法，如利用故事的人物、时空、情节的起承转合，引出高潮，让听众自然领悟当中的义理。由于这些故事大多通俗易懂，所以很受欢迎，并逐渐成为了佛陀说法的常用手法，譬喻故事也经常出现在佛教经典之中，如《法华经》就是一部以譬喻说法为主的佛经。

在《法华经》中，佛陀以七个精彩的譬喻故事，贴切地宣说了微妙法门。如在《譬喻品》中有一个故事：有一天，一位长者家中失火，长者逃离出来后，发现他的孩子还在火宅中嬉戏，当长者呼叫孩子们离开时，孩子们却只顾着玩耍，完全没有反应。长者为了吸引孩子，只有暂时告诉他们外面有好玩的羊车、鹿车和牛车，等到这些孩子离开火宅，长者便将更好的大白牛车送给他们。

在这个故事中，火宅比喻三界的诸多烦恼、痛苦，在火宅中游戏的孩子比喻三界的有情众生，而羊车、鹿车和牛车比喻声闻、缘觉、菩萨三乘，大白牛车则代表一乘之法门。通过这个故事，佛陀教导弟子不应流连于三界，而是应进入大乘修行的道路。

作为一部文学氛围浓厚的佛教经典，《法华经》广泛运用譬喻故事来宣说佛法，不仅使佛经的内容极富哲理，也使佛经的文字变得生动活泼、优美流畅，《法华经》因此在佛教文学史上占有了很高的地位，如中国禅宗就是根据《法华经》的譬喻故事，创造了妙语连珠的禅宗公案和意境深远的禅宗诗歌。

除了在佛教文学方面的影响外，《法华经》的譬喻故事还对唐诗的艺术韵味和表现形式产生了积极的影响，如唐代诗人在诗歌中大量运用这些譬喻故事，创造了一批蕴意独特的诗歌，促进了唐诗的兴盛繁荣。

法华七喻

法华七喻是《法华经》所说的七种譬喻，分别为火宅喻、穷子喻、药草喻、化城喻、衣珠喻、髻珠喻、良医喻。

法华七喻

- **火宅喻**，出自《譬喻品》第三，用大宅被火所烧，比喻众生在三界中煎熬而不得安稳，说明佛教运用种种方便法门，使众生脱离苦海。

- **穷子喻**，出自《信解品》第四，用贫穷之子缺乏衣食之资，不知自身已拥有父亲的资产的故事，说明众生不知道自身的宝藏而迷失本性，佛陀运用方便法门来引导众生，使他们发现自身的佛性。

- **药草喻**，出自《药草喻品》第五，用药草虽有大中小的不同，但如果有云雨的滋润，就能茁壮成长的故事，说明佛陀的智慧圆通无碍，就像云雨一样滋润地上不同种性的药草，治疗众生的疾病。

- **化城喻**，出自《化城喻品》第七，用寻宝者疲劳懈怠之时，蒙引导人告知有休息之处的故事，说明小乘佛果只是修行的中转站，大乘佛果才是目的地。

- **衣珠喻**，出自《五百弟子授记品》第八，用宝珠系于衣中而不自知，自受贫苦的故事，说明不应满足于阿罗汉的小乘果位，而应追求大乘佛法的无上智慧。

- **髻珠喻**，出自《安乐行品》第十四，用转轮圣王在战争胜利后，赐予群臣金银，唯有自己头上的明珠不作赏赐的故事，说明《法华经》像明珠一样珍贵，是经中第一，应该恭敬奉持。

- **良医喻**，出自《如来寿量品》第十六，用良医为了医治自己的孩子，而诈称死亡的故事，说明佛陀的涅槃并不是去世，佛陀仍在人间，教化众生。

4 三乘教法

佛用火宅开示众生

舍利弗赞叹佛陀

尔时，舍利弗踊跃欢喜，即起合掌，瞻仰尊颜，而白佛言：

"今从世尊闻此法音，心怀踊跃，得未曾有。所以者何？我昔从佛闻如是法，见诸菩萨授记作佛，而我等不豫①斯事，甚自感伤，失于如来无量知见。"

【注释】

①豫：同"预"，意为参预。

【译文】

听到这里，舍利弗等人激动兴奋不已。于是舍利弗起身行礼，带着敬仰之情仰视佛陀，说道：

"今日听到佛祖的说法，我心中欢喜不已，这是从来没有过的事情。为什么会有这种感觉呢？以前我也从佛那里听到过这样的妙法，见到过诸位菩萨接受佛的授记，只是我们还没有授记成佛，心中暗自神伤，为无法聆听到佛陀精妙的说法而遗憾。"

"世尊！我常独处山林树下，若坐若行。每作是念：'我等同入法性，云何如来以小乘法而见济度？'是我等咎，非世尊也！"

【译文】

"世尊啊！我常常独自在山林修行，无论是修禅打坐还是在林中徘徊逗留，经常会产生这样的想法：'我们同入涅槃，佛陀为什么只用小乘超度我们呢？'现在我才知道是自己错了，不能怪罪于世尊您啊！"

"所以者何？若我等待说所因成就阿耨多罗三藐三菩提者，必以大乘而得度脱。然我等不解方便随宜所说，初闻佛法，遇便信受，思惟取证。世尊！我从昔来，终日竟夜，每自克责；而今从佛，闻所未闻未曾有法，断诸疑悔。身意泰然，快得安隐。今日乃知真是佛子——从佛口生，从法化生，得佛法分！"

【译文】

"为什么会这么说？因为根据佛陀的说法，要想成就无上正等正觉的因缘，就一定要修行大乘佛法，否则不能得到解脱和超度。我现在才知道当我们初学佛法时，为了适应我们的根性，佛陀采取了各种法门来随机教导我们。而我遥想自己最初接触佛法时，对所听所见到的深信不疑，自以为这是得到解救的唯一方法。世尊啊！从那以后，我就按照自己所理解的方法，终日修行，不断进行自我反省。直到现在听了您的说法，才知道世间还有这样的妙法，心中再也没有疑虑了，身心得到了完全的净化，真是快意至极！今天才觉得自己成了真正的佛子——出生于佛之口中，化生于佛法，得到了佛法！"

尔时，舍利弗欲重宣此义，而说偈言：

"我闻是法音，得所未曾有，
心怀大欢喜，疑网皆已除。
昔来蒙佛教，不失于大乘，
佛音甚希有，能除众生恼，
我已得漏尽，闻亦除忧恼。
我处于山谷，或在林树下，
若坐若经行，常思惟是事，
呜呼深自责，云何而自欺？
我等亦佛子，同入无漏法，
不能于未来，演说无上道。
金色三十二，十力诸解脱，
同共一法中，而不得是事。
八十种妙好，十八不共法，
如是等功德，而我皆已失。
我独经行时，见佛在大众，
名闻满十方，广饶益众生。
自惟失此利，我为自欺诳。
我常于日夜，每思惟是事，
欲以问世尊，为失为不失。
我常见世尊，称赞诸菩萨，
以是于日夜，筹量如是事。
今闻佛音声，随宜而说法，
无漏难思议，令众至道场。
我本着邪见，为诸梵志师，
世尊知我心，拔邪说涅槃。
我悉除邪见，于空法得证，
尔时心自谓，得至于灭度。
而今乃自觉，非是实灭度，
若得作佛时，具三十二相，
天人夜叉众，龙神等恭敬，
是时乃可谓，永尽灭无余。
佛于大众中，说我当作佛，
闻如是法音，疑悔悉已除。
初闻佛所说，心中大惊疑，
将非魔作佛，恼乱我心耶？
佛以种种缘，譬喻巧言说，
其心安如海，我闻疑网断。
佛说过去世，无量灭度佛，

• 名词解释 •

十八不共法：不共意为独特，不共法是指佛或菩萨的独特能力或特性，是与共法相对而言。在《大毗婆沙论》中有十八不共法，分别是十力、四无所畏、大悲、三念住。

安住方便中，亦皆说是法。
现在未来佛，其数无有量，
亦以诸方便，演说如是法。
如今者世尊，从生及出家，
得道转法轮，亦以方便说。
世尊说实道，波旬无此事，
以是我定知，非是魔作佛。
我堕疑网故，谓是魔所为。
闻佛柔软音，深远甚微妙，
演畅清净法，我心大欢喜。
疑悔永已尽，安住实智中。
我定当作佛，为天人所敬。
转无上法轮，教化诸菩萨。"

《法华经》的功德

尔时，佛告舍利弗：

"吾今于天、人、沙门、婆罗门等大众中说，我昔曾于二万亿佛所，为无上道故，常教化汝。汝亦长夜随我受学。我以方便引导汝故，生我法中。"

【译文】

说到这里，佛陀就对舍利弗说：

"我现在为天神、世人、出家僧尼、婆罗门等大众说法，我过去曾经在二万亿佛前求取了无上道，凭借于此教你说法。你也曾昼夜跟我学法，我便以种种简单的方法教化你，使你成为我佛中人。"

"舍利弗！我昔教汝自愿佛道，汝今悉忘，而便自谓已得灭度。我今还欲令汝忆念本愿所行道故，为诸声闻说是大乘经，名《妙法莲华》，教菩萨法，佛所护念。舍利弗！汝于未来世，过无量无边不可思议劫，供养若干千万亿佛，奉持正法，具足菩萨所行之道，当得作佛。"

【译文】

"舍利弗！我曾经教导过你要立下成就佛道的志愿，你今天已经全部忘记了，但却还自称已经到了灭度这一层。现在我希望你回想起你本来的志愿及应修的佛法，所以我要为你们这些声闻弟

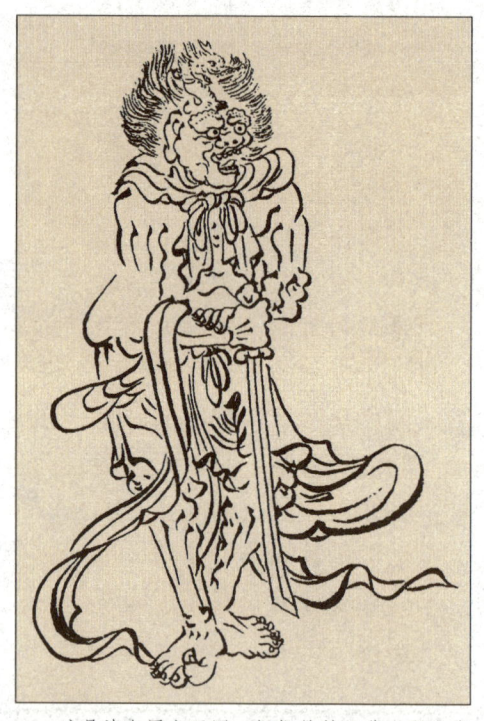

这是婆迦罗龙王图。根据佛教经典，释迦牟尼佛在说法时，常有龙神在一旁听法，这些龙王信奉佛教，守护佛法，其中以五大龙王和八大龙王最为著名。婆迦罗龙王是八大龙王之一，是降雨之龙神。在《法华经》中提到天、人、夜叉、龙神恭敬奉佛，其中的龙神就是八大龙王。

子讲说大乘法，它的名字就是《妙法莲华》，通过此经，我会把菩萨乘的方法传授给你，这也是我对你的爱护和挂念。舍利弗！你在将来会度过无量无边不可思议的劫，然后供养千万亿数的佛，只要你遵奉《妙法莲华》的正法，得到菩萨的修行之道，你便能成佛。"

佛陀为舍利弗授记

"号曰华光如来、应供、正遍知、明行足、善逝、世间解、无上士、调御丈夫、天人师、佛、世尊。国名离垢，其土平正，清静严饰，安隐丰乐，天人炽盛。琉璃为地，有八交道，黄金为绳，以界其侧。其傍各有七宝行树，常有华果。华光如来亦以三乘教化众生。"

【译文】

"你的名号是华光如来、应供、正遍知、明行足、善逝、世间解、无上士、调御丈夫、天人师、佛、世尊等。另外，你的国名为离垢，在你的国土中土地平整，环境清净庄严，平稳而富乐，是谓人间天堂。那里会以琉璃为地，条条道路纵横交错；以黄金为绳，组成了路边的标界。在路旁则种上用七宝装饰的树，四季花果不断。那里的华光如来也经常用三乘教来普度众生。"

"舍利弗！彼佛出时虽非恶世，以本愿故，说三乘法。其劫名大宝庄严，何故名曰大宝庄严？其国中以菩萨为大宝故。彼诸菩萨无量无边不可思议，算数譬喻所不能及，非佛智力无能知者。"

【译文】

"舍利弗！你成佛的时候虽然不是恶世，但是因为你的本愿，所以还是要为众生讲三乘教义。这一劫就叫做大宝庄严。什么是大宝庄严？因为那时会将菩萨视为大宝，菩萨的数量又是无量无边、不可思议，不但难以计算，还无法譬喻，除非有佛陀的智慧和能力，否则无法知道他们的具体数量。"

"若欲行时，宝华承足。此诸菩萨非初发意，皆久殖德本，于无量百千万亿佛所净修梵行。恒为诸佛之所称叹。常修佛慧，具大神通，善知一切诸法之门，质直无伪，志念坚固。如是菩萨充满其国。"

·名词解释·

离垢：远离烦恼，不再为尘世的污垢所染。《维摩诘经》说道："远尘离垢，得法眼净"，是指佛陀对佛弟子说法，使佛弟子证得远尘离垢之法眼。在《法华经》中，佛陀授记舍利弗未来会成佛，其国名为离垢。

【译文】

"当他们想要有所行动时,足下会有莲花承载。这里的菩萨并不是才开始修行佛道的,而是已经拥有悠久的善根。他们曾经在不可计数的劫时中、在成百上千万亿佛前潜心修习佛法,赢得了众佛的称赞。他们经常修行佛的智慧,因此神通广大,知道宇宙万物之道。他们各个质朴正直,意志坚定,从不虚伪做作。诸如此类的菩萨,大宝庄严处到处都是。"

华光佛的授记

"舍利弗!华光佛寿十二小劫,除为王子未作佛时。其国人民寿八小劫。华光如来过十二小劫,授坚满菩萨阿耨多罗三藐三菩提记。告诸比丘,是坚满菩萨次当作佛,号曰华足安行多陀阿伽度、阿罗诃、三藐三佛陀。其佛国土亦复如是。

"舍利弗!是华光佛灭度之后,正法住世三十二小劫,像法住世亦三十二小劫。"

【译文】

"舍利弗!华光佛除了他当王子未成佛的时期,寿命是为十二小劫时,此时他国土上的人民的寿命为八小劫。等到过了十二小劫后,华光佛将直接为坚满菩萨授记成佛,并且告知众比丘,坚

三 乘

三乘是运载众生度越生死,到达涅槃彼岸的三种法门。因为众生根机有所不同,所以佛应之而说声闻乘、缘觉乘、菩萨乘等三种教法,是为三乘。

```
           三 乘
            ▼
   ┌────────┼────────┐
 声闻乘    缘觉乘    菩萨乘
```

声闻乘	缘觉乘	菩萨乘
又称小乘,修行空法,因听闻佛法而开悟四谛之理,最快可在三世、最慢在六十劫间证得阿罗汉果。	又称中乘,能破除无明,了悟十二因缘,最快可在四世、最慢在百劫间证得辟支佛果。	又称大乘,修行六波罗蜜,可在百劫间积三十二福因,证得无上佛果。

在《法华经》中,佛陀宣说了"三乘合一"的理论,并指出这是佛法真实的教义。

满菩萨将为新的佛,名号为华足安行多陀阿伽度、阿罗诃、三藐三佛陀。华足安行佛的国土,同华光佛的国土是一样的景观。

"舍利弗!华光佛灭度之后,就是正法时代了,这个时期有三十二小劫时,然后是三十二小劫时长的像法时代。"

尔时,世尊欲重宣此义,而说偈言:

"舍利弗来世, 成佛普智尊,
号名曰华光, 当度无量众。
供养无数佛, 具足菩萨行,
十力等功德, 证于无上道。
过无量劫已, 劫名大宝严,
世界名离垢, 清净无瑕秽。
以琉璃为地, 金绳界其道,
七宝杂色树, 常有华果实。
彼国诸菩萨, 志念常坚固,
神通波罗蜜, 皆已悉具足。
于无数佛所, 善学菩萨道,
如是等大士, 华光佛所化。
佛为王子时, 弃国舍世荣,
于最末后身, 出家成佛道。
华光佛住世, 寿十二小劫,
其国人民众, 寿命八小劫。
佛灭度之后, 正法住于世,
三十二小劫, 广度诸众生。
正法灭尽已, 像法三十二。
舍利广流布, 天人普供养。
华光佛所为, 其事皆如是。
其两足圣尊, 最胜无伦匹。
彼即是汝身, 宜应自欣庆。"

尔时,四部众——比丘、比丘尼、优婆塞、优婆夷,天龙、夜叉、乾闼婆、阿修罗、迦楼罗、紧那罗、摩睺罗伽等大众,见舍利弗于佛前受阿耨多罗三藐三菩提记,心大欢喜,踊跃无量,各各脱身所著上衣,以供养佛。释提桓因、梵天王等,与无数天子,亦以天妙衣、天曼陀罗华、摩诃曼陀罗华等,供养于佛。

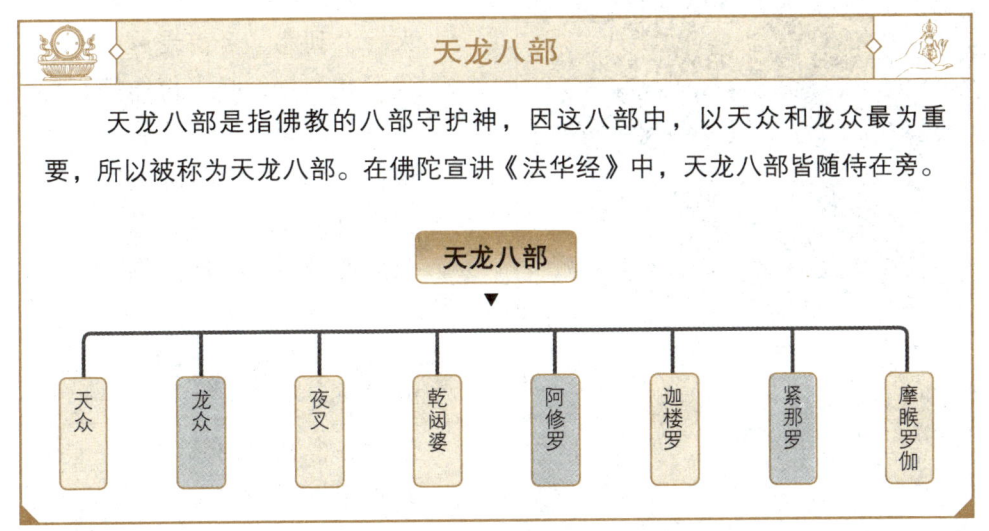

天龙八部

天龙八部是指佛教的八部守护神,因这八部中,以天众和龙众最为重要,所以被称为天龙八部。在佛陀宣讲《法华经》中,天龙八部皆随侍在旁。

天龙八部
▼
天众 | 龙众 | 夜叉 | 乾闼婆 | 阿修罗 | 迦楼罗 | 紧那罗 | 摩睺罗伽

【译文】

这时候,比丘、比丘尼、优婆塞、优婆夷等四部众,天龙、夜叉、乾闼婆、阿修罗、迦楼罗、紧那罗、摩睺罗伽等大众,看见舍利弗在佛前接受无上正等正觉的成佛标记,都非常欣喜而踊跃,他们脱下自己身上的衣服来供奉他。释提垣因、梵天王等及其他无数天子也拿出天神的美衣及天上的小曼陀罗花、大曼陀罗花来供奉他。

所散天衣,住虚空中,而自回转。诸天伎乐,百千万种,于虚空中,一时俱作,雨众天华。而作是言:"佛昔于波罗奈,初转法轮,今乃复转无上最大法轮。"

【译文】

此时,天衣飘舞在空中,兀自旋转。百千万种天乐同奏,空中荡漾着种种美妙的声响,这时天花如雨点般纷纷坠落。大家一起说道:"佛祖您曾在波罗奈国宣讲四谛法教义,现在您则为我们宣讲了无上大法。"

尔时,诸天子欲重宣此义,而说偈言:

"昔于波罗奈,转四谛法轮。
分别说诸法,五众之生灭。
今复转最妙,无上大法轮,
是法甚深奥,少有能信者。
我等从昔来,数闻世尊说,
未曾闻如是,深妙之上法。
世尊说是法,我等皆随喜。
大智舍利弗,今得受尊记,
我等亦如是,必当得作佛。
于一切世间,最尊无有上。
佛道叵思议,方便随宜说。
我所有福业,今世若过世,
及见佛功德,尽回向佛道。"

这是迦楼罗图。迦楼罗又名金翅鸟,是印度神话中一种威猛的大鸟,也是天龙八部众之一。根据佛教经典,迦楼罗的翅膀由众宝组成,张开时能达千百万里,它以龙为食,非常凶狠。在《法华经》中,迦楼罗也参加了这次法会。

舍利弗求法

尔时,舍利弗白佛言:

"世尊,我今无复疑悔,亲于

佛前得受阿耨多罗三藐三菩提记。是诸千二百心自在者，昔住学地，佛常教化，言我法能离生老病死，究竟涅槃。"

阿耨多罗三藐三菩提耶。是诸所说，皆为化菩萨故。然舍利弗，今当复以譬喻，更明此义。诸有智者，以譬喻得解。

【译文】

此时，舍利弗对佛祖说道：

"世尊啊！我现在再也没有疑虑了，我已经在您的面前接受了无上正等正觉的成佛标记。

"我们这一千二百个证得自在境界的弟子，佛陀教化说，佛法能超脱我们于生老病死，最终达到涅槃的境界。"

"是学无学人，亦各自以离我见及有无见等，谓得涅槃。而今于世尊前，闻所未闻，皆堕疑惑。善哉！世尊，愿为四众说其因缘，令离疑悔。"

【译文】

"因此不管是处于有学阶段还是无学阶段，我们都认为自己已经脱离了我见、有见与无见，获得了涅槃。今天聆听了佛祖的妙法，反而却重新陷入迷惑。大慈大悲的世尊啊！请您为我们讲述这其中的因缘吧，使我们脱离迷惑。"

【译文】

讲到这里，佛祖对舍利弗说：

"我之前不告诉你吗？诸佛的种种因缘、种种譬喻、种种妙语及种种法门，最终都是为了无上正等正觉的目标。我的随机说法，都是为了教化引导菩萨啊。现在，舍利弗，我会仍然以比喻的方法为你解释其中的因缘，这样听到说法的一切智者都会豁然开悟的。"

"舍利弗！若国邑聚落，有大长者，其年衰迈，财富无量，多有田宅及诸僮仆。其家广大，唯有一

🪷 火宅的故事

尔时，佛告舍利弗：

"我先不言，诸佛世尊以种种因缘、譬喻言辞、方便说法，皆为

这是摩睺罗伽图。摩睺罗迦又名摩呼罗伽，它是人身蛇首的蟒神，常与其他部众参加法会。《法华经》中摩睺罗迦也参加了法会。

门，多诸人众，一百、二百乃至五百人，止住其中。堂阁朽故，墙壁颓落，柱根腐败，梁栋倾危，周匝俱时。"

【译文】

"舍利弗！假如在一个国家的城镇村落中生活着一位大富之人，他已经年迈体衰，但却有多到难以计量的财富、田宅仆从。此外，他还有面积广大的住宅，有一百、二百乃至五百人住在其中，但是他的住宅只有一扇门，而且因为年久失修，墙壁破损，房梁腐败，眼看屋子的梁栋就要倒塌，非常危险。"

"欻然火起，焚烧舍宅。长者诸子，若十、二十，或至三十，在此宅中。长者见是大火从四面起，即大惊怖，而作是念：'我虽能于此所烧之门，安隐得出，而诸子等，于火宅内，乐著嬉戏，不觉不知，不惊不怖，火来逼身，苦痛切已，心不厌患，无求出意。'"

【译文】

"有一天，房子里忽然起了大火，房屋瞬间燃烧起来。而这长者的十个，也可能是二十个或者三十个的孩子们却还在房间中玩耍。这时长者看着四处蔓延的大火，心中十分惊恐。他想到：'即使我能平安地离开屋子，但我的孩子还在这火宅之内高兴地玩耍，他们并不知道大火的恐怖，没有丝毫的惊慌和恐惧，他们无忧无虑，没有逃出来的意思。'"

"舍利弗！是长者作是思惟：'我身手有力，当以衣裓，若以几案，从舍出之。'复更思惟：'是舍唯有一门，而复狭小。诸子幼稚，未有所识，恋著戏处，或当堕落，为火所烧。我当为说怖畏之事，此舍已烧，宜时疾出，无令为火之所烧害。'"

【译文】

"舍利弗呀！长者是这样想的：'我还有力气，可以用衣裓、桌案等把我的孩子从火宅中救出。'但又一想：'我的房子只有这一个狭小的门，孩子们年龄都还小不懂事，只想着玩，不愿意离开。如果房梁堕落，孩子们肯定会被大火烧伤。我应该立刻把大火的恐怖和房子燃烧的事情告诉他们，让他们马上逃离，千万不要被大火烧到了。'"

"作是念已，如所思惟，具告诸子：'汝等速出。'父虽怜愍，

·名词解释·

衣裓：古代印度人挂在肩膀上的盛花用具，其形状是直径25厘米的一个浅皿状，种类很多，包括竹编、金属网，或者是在金属薄板上有花纹透雕的，甚至还有木制、纸胎涂漆制成的。在佛教法会中，衣裓可用来盛放散花，以供养佛、菩萨。

善言诱喻,而诸子等乐著嬉戏,不肯信受,不惊不畏,了无出心。亦复不知何者是火,何者为舍,云何为失,但东西走戏,视父而已。"

【译文】

"想到这里,长者便将房子要烧坏的消息告诉孩子们,并嘱托他们说:'你们马上快快逃离。'然而,孩子们并不在意父亲的好意及劝说,依旧嬉戏玩乐,不肯相信,更没有逃出去的意思。他们根本不知道什么是火,什么叫房屋着火了以及为什么会失火,只是四处嬉戏,若无其事地看着自己的父亲而已。"

"尔时长者即作是念:'此舍已为大火所烧,我及诸子若不时出,必为所焚,我今当设方便,令诸子等得免斯害。'

"父知诸子,先心各有所好,种种珍玩奇异之物,情必乐著。而告之言:'汝等所可玩好,希有难得,汝若不取,后必忧悔。如此种种羊车、鹿车、牛车,今在门外,可以游戏。汝等于此火宅,宜速出来,随汝所欲,皆当予汝。'"

【译文】

"当时,长者心想:'房子已经烧着了,我和我的孩子若不能及时逃出去,必然会被大火吞没,我应当想一个巧妙的计策令我的孩子得免于难。'

"他知道孩子们各有喜欢的东西,了解那些珍玩及奇异之物也必然会得到他们的喜爱。于是他对孩子们说:'房子外面有你们喜欢的东西,都非常罕见难得的,你们若不快些拿到手中,将来一定会遗憾。外面有各种各样的羊车、鹿车、牛车供你们玩乐,你们应该快点走出这火宅,到外面随心所欲地取这些东西,想要什么我就给你们什么。'"

"尔时,诸子闻父所说珍玩之物,适其愿故,心各勇锐,互相推排,竞共驰走,争出火宅。

"是时长者见诸子等安隐得出,皆于四衢道中,露地而坐,无复障碍,其心泰然,欢喜踊跃。时诸子等各白父言:'父先所许玩好之具——羊车、鹿车、牛车,愿时赐与。'"

【译文】

"当孩子听说有自己喜欢的好玩东西时,都非常高兴,于是推推攘攘,争先恐后地跑出火宅。

"长者见孩子们全部平安地逃出火宅,在十字路口上席地而坐。看着孩子们没有什么危险了,终于安下心来,内心非常欣慰。这时候,孩子们纷纷问父亲:'先前您不是答应给我们羊车、鹿车、牛车等好玩的东西吗?请您现在就给我们吧!'"

"舍利弗!尔时长者各赐诸子等一大车,其车高广,众宝庄校,周匝栏楯,四面悬铃。又于其上张设幰盖,亦以珍奇杂宝而严饰之,

第七章 经中之王——《法华经》

宝绳交络，垂诸华缨，重敷婉筵，安置丹枕。驾以白牛，肤色充洁，形体姝好，有大筋力，行步平正，其疾如风。又多仆从，而侍卫之。所以者何？是大长者，财富无量，种种诸藏，悉皆充溢。"

【译文】

"舍利弗啊！这时候，长者便送给每个孩子一辆高大气派的大车，车上装饰着各种珍宝，四周有华丽的栏杆支撑，栏杆上面还覆盖着帏盖，帏盖也用各种珍奇的宝贝装饰着，连纵横交错的绳子也都是珍宝做成的，华丽的幡盖垂下，车内更是铺着重重叠叠的褥垫，放着红色的枕头。此车由白牛驾驶，此牛肤色纯正洁白，体型健壮，步伐矫健，走起路来又快又平稳。随车而行的还有很多侍从。为什么会有如此胜景呢？因为长者非常富有，各种宝藏都多得快溢出来了。"

"而作是念：'我财物无极，不应以下劣小车，与诸子等。今此幼童，皆是吾子，爱无偏党，我有如是七宝大车，其数无量，应当等心，各各与之，不宜差别。所以者何？以我此物，周给一国，犹尚不匮，何况诸子？'是时诸子各乘大车，得未曾有，非本所望。"

【译文】

"长者是这样想的：'我有多得不可胜数的财宝，不该给我的孩子们低劣的小车。这些孩子都是我的子女，我不应该有所偏袒。出于公正，这样的七宝大车，我应该送给他们每人一辆，不能区别对待。为什么呢？因为我的财富即便是提供一个国家的补给，尚且不会匮乏，何况给我的子女们呢？'所以，长者的每个孩子都得到了一辆前所未见、原本想都不敢想的豪华大车。"

佛陀的譬喻说法

"舍利弗，于汝意云何？是长者等予诸子珍宝大车，宁有虚妄否？"

舍利弗言："不也，世尊。是长者但令诸子得免火难全其躯命，非为虚妄。何以故？若全身命，便为已得玩好之具，况复方便，于彼火宅而拔济之。世尊！若是长者，乃至不予最小一车，犹不虚妄。何以故？是长者先作是意：'我以方

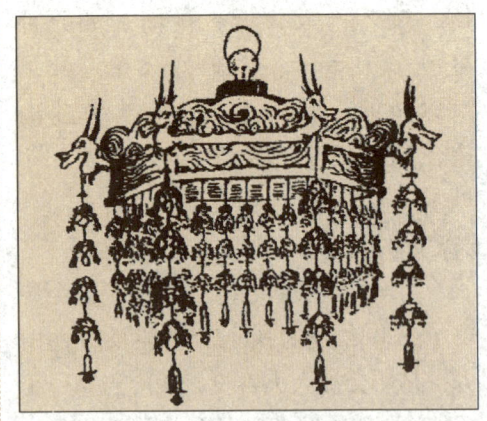

这是幡盖图。幡盖是为遮日防雨所用的伞，在佛教中一般用幡盖来作为法王的象征，或是高悬佛座之后来庄严佛堂。《法华经》中用幡盖来形容大车的华丽。

便,令子得出!'以是因缘,无虚妄也!何况长者自知财富无量,欲饶益诸子,等予大车。"

【译文】

"舍利弗,你是怎么想的呢?最初长者许诺给每个孩子以豪华大车,是否在说谎呢?"

舍利弗回答道:"不是的,世尊。长者只是为了使他的孩子幸免于难,为了保全他们的性命而已,并不是说谎。为什么要这样说呢。因为性命就是最好的东西,何况他还巧妙地使用了计策才把他们救出来的呢!世尊啊!我认为即使这位长者不赐予孩子任何小车,也算不上说谎。为什么这么说?因为长者曾经这样想过:'我要用巧妙的计策使孩子逃离火宅。'因为这一念头,自然就不算说谎了。何况他自己清楚自己有无以计数的财富,可以公正公平地分给每位孩子一辆华丽的大车。"

佛告舍利弗:"善哉!善哉!如汝所言。舍利弗,如来亦复如是,则为一切世间之父。于诸怖畏、衰恼、忧患、无明暗蔽,永尽无余,而悉成就无量知见、力无所畏。有大神力及智慧力,具足方便、智慧波罗蜜,大慈大悲,常无懈倦,恒求善事,利益一切。"

【译文】

佛陀告诉舍利弗说:"善哉!善哉!正如你所言。舍利弗,佛陀也是这样的,只不过他是世间万物之父。他有无量的知见、神力及智慧力及巧妙的计策,他会使众生远离恐惧、衰老、烦恼、忧虑及无明蒙蔽的苦海,到达幸福的彼岸。佛祖又是大慈大悲的,他毫不松懈地教化众生,使这些众生受益。"

"而生三界朽故火宅,为度众生生、老、病、死、忧悲、苦恼、愚

饶 益

饶益是予人利益,使其丰足。根据佛教经典,诸佛饶益众生之法主要分为四种。

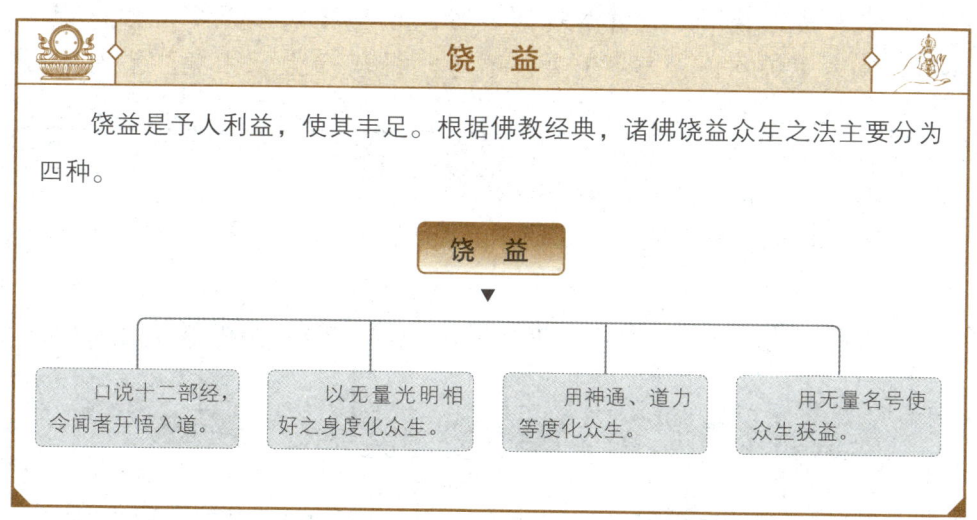

痴、暗蔽、三毒之火，教化、令得阿耨多罗三藐三菩提。见诸众生为生老病死、忧悲、苦恼之所烧煮，亦以五欲财利故、受种种苦；又以贪著追求故，现受众苦，后受地狱、畜生、饿鬼、之苦；若生天上、及在人间，贫穷困苦、爱别离苦、怨憎会苦，如是等种种诸苦。"

【译文】

"三界就是那陈旧腐朽的火宅，佛为了普度众生，使众生远离生、老、病、死、忧悲、苦恼、愚痴、暗蔽、三毒之苦并最终获得无上正等正觉的佛果，这才降生于世。佛看到的是，众生为生、老、病、死、忧悲、苦恼、愚痴、三毒之火所焚烧，因为五欲而受苦，因为贪欲而受苦，死后又受地狱、畜生、饿鬼之苦，即使众生生活在天上或人间，也要饱受贫穷的困苦和爱别离苦、怨憎会苦等种种苦难。"

"众生没在其中，欢喜游戏，不觉不知，不惊不怖，亦不生厌，不求解脱。于此三界火宅、东西驰走，虽遭大苦，不以为患。舍利弗，佛见此已，便作是念：'我为众生之父，应拔其苦难，与无量无边佛智慧乐，令其游戏。'"

【译文】

"众生就在这种种苦难中嬉戏欢乐，毫不明白其中的痛苦，毫不惊慌也毫不害怕，他们从不感到厌烦，也从没想过解脱，只是在这三界之火中东奔西走，即使遭受着巨大的痛苦，也丝毫不以为意。舍利弗，佛陀见此情景，心中便想到：'我是众生的父亲，应使他们远离苦难，并赐予他们无量无边的佛道智慧和欢乐，让他们在欢乐中嬉戏。'"

三乘教法

"舍利弗！如来复作是念：'若我但以神力及智慧力，舍于方便，为诸众生赞如来知见力无所畏者，众生不能以是得度。所以者何？是诸众生，未免生、老病、

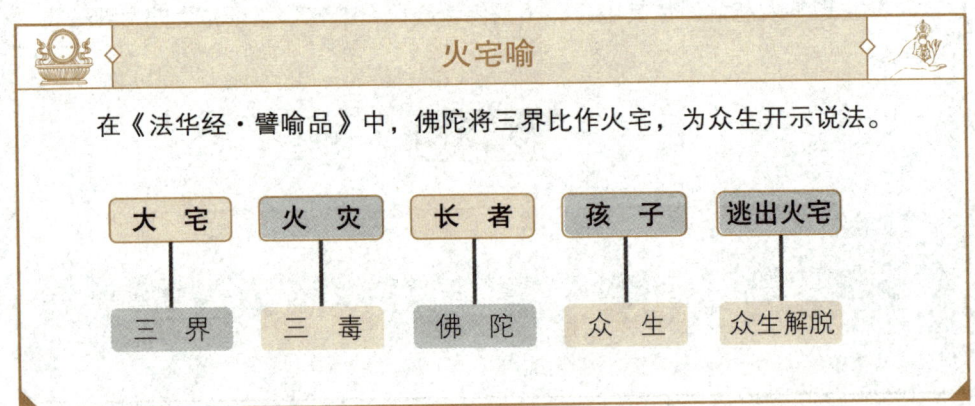

火宅喻

在《法华经·譬喻品》中，佛陀将三界比作火宅，为众生开示说法。

大宅	火灾	长者	孩子	逃出火宅
三界	三毒	佛陀	众生	众生解脱

死、忧悲、苦恼，而为三界火宅所烧，何由能解佛之智慧？'"

【译文】

"舍利弗啊！佛陀又想到：'如果我只用神力、智慧力，而不用巧妙的计策，虽然我已经为众生赞叹了佛陀的无量无边的智慧和神力，仍不能使他们得到解脱。为什么这么说呢？因为众生仍然不能远离生老病死、忧悲、苦恼，依然被三界之火焚烧，怎么能知道我佛的智慧呢？'"

"舍利弗！如彼长者，虽复身手有力，而不用之，但以殷勤方便，勉济诸子火宅之难，然后各予珍宝大车。如来亦复如是，虽有力、无所畏，而不用之，但以智慧方便，于三界火宅，拔济众生，为说三乘——声闻、辟支佛、佛乘。"

【译文】

"舍利弗啊！这就好比那位长者，他虽然有力量将孩子拖离火海，但却没有使用，而是使用巧妙的计策使孩子们幸免于难，然后赐予他们每人豪华的大车。佛陀也是这样的，虽然他有神力和无边的智慧，但却不使用，只是采取充满智慧的巧妙计策，最终使众生远离三界之火，并为他们解说声闻乘、缘觉乘、佛乘这三乘。"

"而作是言：'汝等莫得乐住三界火宅，勿贪粗弊，色、声、香、味、触也。若贪著生爱，则为所烧。汝速出三界，当得三乘——声闻、辟支佛、佛乘，我今为汝保任此事，终不虚也。汝等但当勤修精进。'"

【译文】

"然后，佛陀对众生说：'你们不要高兴地住在这三界之火中，不要贪恋这粗陋破朽的火宅，不要贪恋色、声、香、味、触等五欲。如果贪恋着这些，就会被三界之火焚烧。你们要快点离开这里，去获得声闻、缘觉、佛乘等三乘，我保证你们会得到的，绝不会食言。只是你们要勤奋修行罢了。'"

"如来以是方便，诱进众生，复作是言：'汝等当知此三乘法，皆是圣所称叹，自在无系，无所依求。乘是三乘，以无漏根、力、觉、道、禅定、解脱、三昧等，而自娱乐，便得无量安隐快乐。'"

・名词解释・

佛乘：又名一乘，唯一能使人成佛的教法。《法华经·方便品》说道："十方佛土之中，唯有一乘法，无二亦无三，除佛方便说。"指出佛乘是三乘中唯一能成佛的教法。

【译文】

"佛陀便采取巧妙的计策,诱导众生远离火海,又这样说道:'你们应当知道这三乘都是被诸佛称赞的,它们可以使你们从此自由自在,不再依靠其他外物。乘坐这三辆大车,用无漏根、五力、七觉支、八正道、禅定、解脱、三昧等方法修行,你们便可以自娱自乐,脱离苦海,获得无量无边的快乐。'"

"舍利弗!若有众生,内有智性,从佛世尊闻法信受,殷勤精进,欲速出三界,自求涅槃,是名声闻乘,如彼诸子,为求羊车出于火宅。若有众生,从佛世尊闻法信受,殷勤精进,求自然慧,乐独善寂,深知诸法因缘,是名辟支佛乘。如彼诸子,为求鹿车出于火宅。"

【译文】

"舍利弗呀!如果有些众生,不但本性聪慧,还对佛祖的教诲深信不疑,于是坚持不懈地修行,想要快速脱离三界之苦,最终获得解脱,这种人就是声闻乘了。他好比长者的那些孩子们,为了得到羊车而脱离火宅。如果有些众生,对佛祖的教诲深信不疑,坚持不懈地修行,期望获得内在本觉的智慧,喜欢独处的寂静,也知道世间的因缘,这种人就是辟支乘了。他就好比长者的那些孩子们,为了得到鹿车而脱离火宅。"

"若有众生,从佛世尊闻法信受,勤修精进,求一切智、佛智、自然智、无师智、如来知见、力、无所畏,悯念安乐无量众生,利益天人,度脱一切,是名大乘。菩萨求此乘故,名为摩诃萨。如彼诸子,为求牛车出于火宅。"

【译文】

"如果有些众生聆听并相信佛陀的教诲,坚持不懈地修行,期望获得一切智、佛智、自然智、无师智、佛祖知见、十力、四无畏及普度无量众生,并使天上及世间的众生受益,这种人就是大乘了。因为这是菩萨所追求的大乘境界,所以菩萨又称为大乘菩萨。这种人

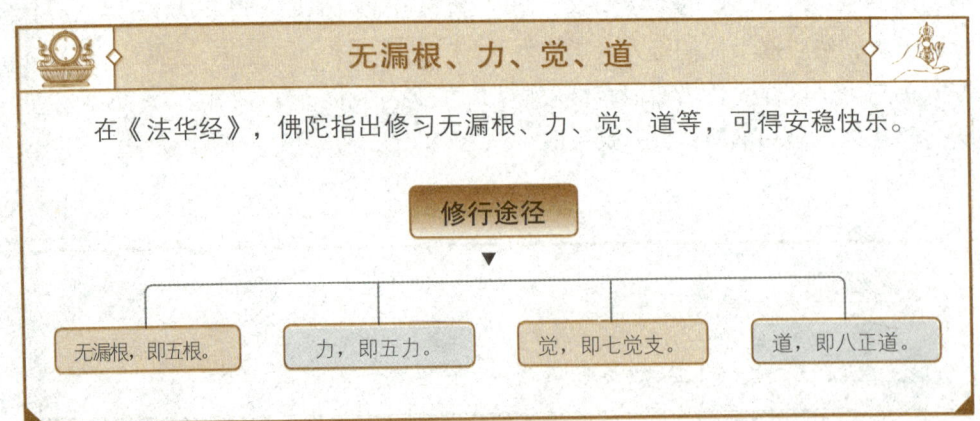

无漏根、力、觉、道

在《法华经》,佛陀指出修习无漏根、力、觉、道等,可得安稳快乐。

修行途径

无漏根,即五根。 力,即五力。 觉,即七觉支。 道,即八正道。

就好比长者的那些孩子们，为了得到牛车而脱离火宅。"

🪷 佛陀的慈悲

"舍利弗！如彼长者见诸子等安隐得出火宅，到无畏处，自惟财富无量，等以大车而赐诸子。如来亦复如是，为一切众生之父，若见无量亿千众生，以佛教门，出三界苦，怖畏险道，得涅槃乐。如来尔时便作是念：我有无量无边智慧、力、无畏等。"

【译文】

"舍利弗呀！像那位长者看到孩子们平安地脱离火宅，来到没有危险的地方，想到自己无量无边的财富，便每人赐予他们一辆华丽的牛车。佛陀也是这样的，他作为众生之父，看到亿万众生脱离三界之苦，入我佛门，终于越过危险，获得涅槃的快乐。佛陀于是想到：我有无量无边的智慧、十力、四无畏等神力。"

"诸佛法藏，是诸众生，皆是我子，等与大乘，不令有人独得灭度，皆以如来灭度而灭度之。是诸众生脱三界者，悉予诸佛禅定解脱等娱乐之具，皆是一相、一种，圣所称叹，能生净妙第一之乐。"

【译文】

"佛陀有无量无边的法藏，芸芸众生都是我的子女，我当公平地赐予他们每个人大乘之车，不能单独令某个人独

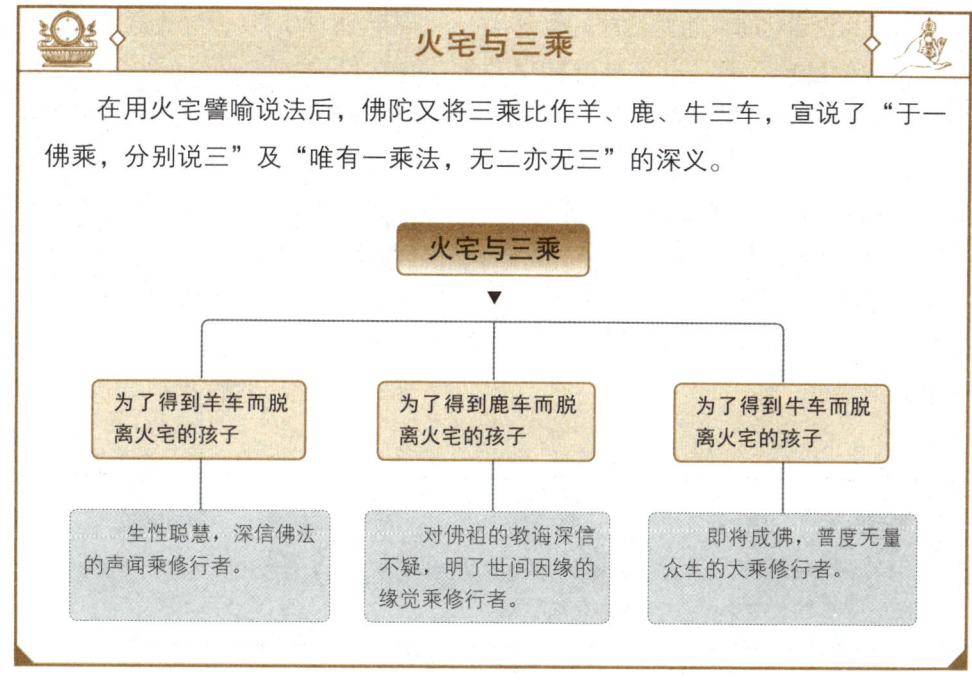

火宅与三乘

在用火宅譬喻说法后，佛陀又将三乘比作羊、鹿、牛三车，宣说了"于一佛乘，分别说三"及"唯有一乘法，无二亦无三"的深义。

火宅与三乘

- 为了得到羊车而脱离火宅的孩子：生性聪慧，深信佛法的声闻乘修行者。
- 为了得到鹿车而脱离火宅的孩子：对佛祖的教诲深信不疑，明了世间因缘的缘觉乘修行者。
- 为了得到牛车而脱离火宅的孩子：即将成佛，普度无量众生的大乘修行者。

自得到灭度，而是令众生都得到成佛的灭度。所以众生完全脱离三界之后，佛会赐予他们禅定解脱的工具。这种工具就是一相、一种，这是众佛一致称叹的修行法门，通过修行，众生就能得到清净无比、美好绝妙的快乐。"

"舍利弗！如彼长者，初以三车诱引诸子，然后但与大车，宝物庄严，安隐第一，然彼长者无虚妄之咎。如来亦复如是，无有虚妄，初说三乘引导众生，然后但以大乘而度脱之。"

【译文】

"舍利弗呀！就像那位长者那样，他先以羊、鹿、牛三车引诱孩子们脱离火宅，然后公平地赐予他们装满珍宝且行走平稳的华丽大车，大富之人并没有被人指责为说谎。佛陀也是这样，也没有犯这样的过错，他先以三乘诱导众生，然后以大乘来超度众生。"

"何以故？如来有无量智慧、力、无所畏、诸法之藏，能与一切众生大乘之法，但不尽能受。舍利弗！以是因缘，当知诸佛方便力故，于一佛乘分别说三。"

【译文】

"这是为什么呢？因为佛陀有无边无量的智慧、十力、四无畏，有无边无量的法藏，能够教给众生大乘的修行法门。但是，这大乘法门并不是所有人都能接受。舍利弗！你应当知道这其中的原因了，所以诸佛运用了种种巧妙计策，将这唯一的佛乘分为声闻、辟支、佛乘三乘来为大众开示。"

佛陀的偈言

佛欲重宣此义，而说偈言：

"譬如长者，有一大宅，其宅久故，而复顿弊。

堂舍高危，柱根摧朽，梁栋倾斜，基陛隤毁，

墙壁圮坼，泥涂褫落。覆苫乱坠，椽梠差脱，

周障屈曲，杂秽充遍。有五百人，止住其中。

鸱枭雕鹫，乌鹊鸠鸽，蚖蛇蝮蝎，蜈蚣蚰蜒，

守宫百足，鼬狸鼷鼠，诸恶虫辈，交横驰走。

屎尿臭处，不净流溢，蜣螂诸虫，而集其上。

狐狼野干，咀嚼践踏，龁啮死

·名词解释·

一相、一种： "一相"，即实相，指普遍而又平等的本体存在。"一种"，即一切种智，指能知一切诸佛的道法和一切众生的种种因缘。

尸，骨肉狼藉。

　　由是群狗，竞来搏撮，饥羸慞惶，处处求食，

　　斗诤龃掣，睚嘇嗥吠，其舍恐怖，变状如是。

　　处处皆有，魑魅魍魉，夜叉恶鬼，食啖人肉，

　　毒虫之属，诸恶禽兽，孚乳产生，各自藏护。

　　夜叉竞来，争取食之，食之既饱，恶心转炽，

　　斗诤之声，甚可怖畏。鸠盘荼鬼，蹲踞土埵，

　　或时离地，一尺二尺，往返游行，纵逸嬉戏，

　　捉狗两足，扑令失声，以脚加颈，怖狗自乐。

　　复有诸鬼，其身长大，裸形黑瘦，常住其中，

　　发大恶声，叫呼求食。复有诸鬼，其咽如针。

　　复有诸鬼，首如牛头。或食人肉，或复啖狗，

头发蓬乱，残害凶险，饥渴所逼，叫唤驰走。

　　夜叉饿鬼，诸恶鸟兽，饥急四向，窥看窗牖，

　　如是诸难，恐畏无量。是朽故宅，属于一人。

　　其人进出，未久之间，于后舍宅，忽然火起，

　　四面一时，其焰俱炽。栋梁椽柱，爆声震裂，

　　摧折堕落，墙壁崩倒。诸鬼神等，扬声大叫。

　　雕鹫诸鸟，鸠盘荼等，周慞惶怖，不能自出。

　　恶兽毒虫，藏窜孔穴，毗舍阇鬼，亦住其中，

　　薄福德故，为火所逼，共相残害，饮血啖肉。

　　野干之属，并已前死，诸大恶兽，竞来食啖，

　　臭烟蓬㶿，四面充塞。蜈蚣蚰蜒，毒蛇之类，

　　为火所烧，争走出穴，鸠盘荼

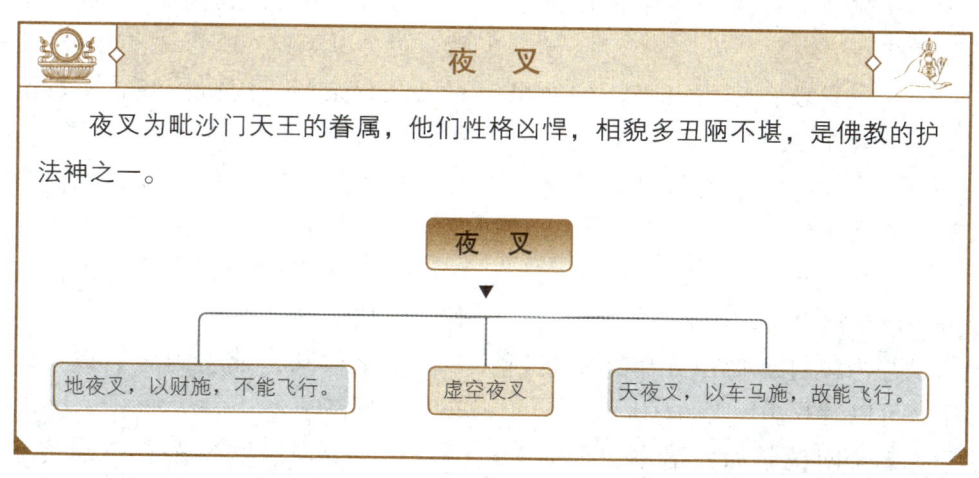

夜叉

夜叉为毗沙门天王的眷属，他们性格凶悍，相貌多丑陋不堪，是佛教的护法神之一。

夜叉
▼
| 地夜叉，以财施，不能飞行。 | 虚空夜叉 | 天夜叉，以车马施，故能飞行。 |

鬼，随取而食。
　又诸饿鬼，头上火燃，饥渴热恼，周慞闷走。
　其宅如是，甚可怖畏，毒害火灾，众难非一。
　是时宅主，在门外立，闻有人言，汝诸子等，
　先因游戏，来入此宅，稚小无知，欢娱乐著。
　长者闻已，惊入火宅，方宜救济，令无烧害。
　告喻诸子，说众患难，恶鬼毒虫，灾火蔓延，
　众苦次第，相续不绝。毒蛇蚖蝮，及诸夜叉。
　鸠盘荼鬼，野干狐狗，雕鹫鸱枭，百足之属，
　饥渴恼急，甚可怖畏，此苦难处，况复大火。
　诸子无知，虽闻父诲，犹故乐著，嬉戏不已。
　是时长者，而作是念，诸子如此，益我愁恼。
　今此舍宅，无一可乐，而诸子等，耽湎嬉戏，
　不受我教，将为火害。即便思惟，设诸方便，
　告诸子等，我有种种，珍玩之具，妙宝好车。
　羊车鹿车，大牛之车，今在门外，汝等出来，
　吾为汝等，造作此车，随意所乐，可以游戏。
　诸子闻说，如此诸车，即时奔竞，驰走而出，
　到于空地，离诸苦难。长者见子，得出火宅，
　住于四衢，坐师子座，而自庆言，我今快乐。
　此诸子等，生育甚难，愚小无知，而入险宅。
　多诸毒虫，魑魅可畏，大火猛焰、四面俱起，
　而此诸子，贪著嬉戏，我已救之，令得脱难。
　是故诸人，我今快乐。尔时诸子，知父安坐，
　皆诣父所，而白父言，愿赐我等，三种宝车。
　如前所许，诸子出来，当以三车，随汝所欲，
　今正是时，惟垂给与。长者大富，库藏众多，
　金银琉璃，砗磲玛瑙，以众宝物，造诸大车。
　庄校严饰，周匝栏楯，四面悬铃，金绳交络。
　真珠罗网，张施其上，金华诸璎，处处垂下，
　众彩杂饰，周匝围绕，柔软缯纩，以为茵蓐。
　上妙细氎，价值千亿，鲜白净洁，以覆其上。
　有大白牛，肥壮多力，形体姝好，以驾宝车。
　多诸傧从，而侍卫之。以是妙车，等赐诸子，
　诸子是时，欢喜踊跃，乘是宝

车，游于四方，
嬉戏快乐，自在无碍。告舍利弗，我亦如是，
众圣中尊，世间之父。一切众生，皆是吾子，
深著世乐，无有慧心。三界无安，犹如火宅，
众苦充满，甚可怖畏，常有生老，病死忧患，
如是等火，炽然不息。如来已离，三界火宅，
寂然闲居，安处林野。今此三界，皆是我有，
其中众生，悉是吾子。而今此处，多诸患难，
唯我一人，能为救护。虽复教诏，而不信受，
于诸欲染，贪著深故。以是方便，为说三乘，
令诸众生，知三界苦，开示演说，出世间道。
是诸子等，若心决定，具足三明、及六神通，
有得缘觉，不退菩萨。汝舍利弗，我为众生，

以此譬喻，说一佛乘，汝等若能，信受是语，
一切皆当，成得佛道。是乘微妙，清净第一，
于诸世间，为无有上，佛所悦可，一切众生，
所应称赞，供养礼拜。无量亿千，诸力解脱，
禅定智慧，及佛余法，得如是乘，令诸子等，
日夜劫数，常得游戏，与诸菩萨，及声闻众，
乘此宝乘，直至道场。以是因缘，十方谛求，
更无余乘，除佛方便。告舍利弗，汝诸人等，
皆是吾子，我则是父。汝等累劫，众苦所烧，
我皆济拔，令出三界。我虽先说，汝等灭度，
但尽生死，而实不灭，今所应作，唯佛智慧。
若有菩萨，于是众中，能一心听，诸佛实法，
诸佛世尊，虽以方便，所化众

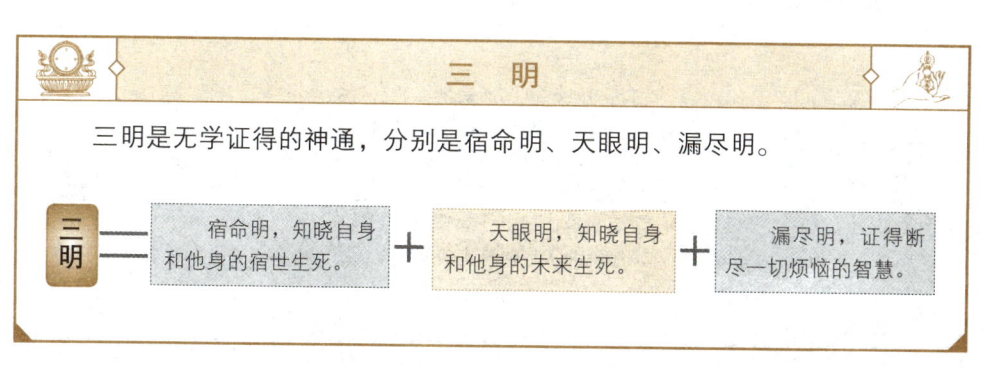

三 明

三明是无学证得的神通，分别是宿命明、天眼明、漏尽明。

三明 ── 宿命明，知晓自身和他身的宿世生死。 ＋ 天眼明，知晓自身和他身的未来生死。 ＋ 漏尽明，证得断尽一切烦恼的智慧。

生，皆是菩萨。

若人小智，深著爱欲，为此等故，说于苦谛。

众生心喜，得未曾有，佛说苦谛，真实无异。

若有众生，不知苦本，深著苦因，不能暂舍，

为是等故，方便说道。诸苦所因，贪欲为本，

若灭贪欲，无所依止，灭尽诸苦，名第三谛。

为灭谛故，修行于道，离诸苦缚，名得解脱。

是人于何，而得解脱，但离虚妄，名为解脱，

其实未得，一切解脱。佛说是人，未实灭度，

斯人未得，无上道故，我意不欲，令至灭度。

我为法王，于法自在，安隐众生，故现于世。

汝舍利弗，我此法印，为欲利益，世间故说，

在所游方，勿妄宣传。若有闻者，随喜顶受，

当知是人，阿鞞跋致。若有信受，此经法者，

是人已曾，见过去佛，恭敬供养，亦闻是法。

若人有能，信汝所说，则为见我，亦见于汝，

及比丘僧，并诸菩萨。斯法华经，为深智说，

浅识闻之，迷惑不解，一切声闻，及辟支佛，

于此经中，力所不及。汝舍利弗，尚于此经，

以信得入，况余声闻。其余声闻，信佛语故，

随顺此经，非己智分。又舍利弗，憍慢懈怠，

计我见者，莫说此经。凡夫浅识，深著五欲，

闻不能解，亦勿为说。若人不

 法　印

法印是指佛教徒用以鉴别佛法真伪的标准，可分为三种。

 真佛法 ◀ 符合 ◀

诸行无常，世间所有的事物和现象都不是固定不变的，而是一直在运动和变化。

诸法无我，世间本没有自我的存在，众生的身心是因缘聚合的产物。

涅槃寂静，涅槃是远离一切妄想、不能用言语解释的状态，是本自寂静的。

▶  不符合 ▶  非佛法

信，毁谤此经，
　　则断一切，世间佛种。或复颦蹙，而怀疑惑，
　　汝当听说，此人罪报。若佛在世，若灭度后，
　　其有诽谤，如斯经典，见有读诵，书持经者，
　　轻贱憎嫉，而怀结恨，此人罪报，汝今复听，
　　其人命终，入阿鼻狱，具足一劫，劫尽更生，
　　如是展转，至无数劫，从地狱出，当堕畜生，
　　若狗野干，其影颓瘦，黧黮疥癞，人所触娆，
　　又复为人，之所恶贱，常困饥渴，骨肉枯竭，
　　生受楚毒，死被瓦石，断佛种故，受斯罪报。
　　若作骆驼，或生驴中，身常负重，加诸杖捶，
　　但念水草，余无所知，谤斯经故，获罪如是。
　　有作野干，来入聚落，身体疥癞，又无一目，
　　为诸童子，之所打掷，受诸苦痛，或时致死。
　　于此死已，更受蟒身，其形长大，五百由旬，
　　聋騃无足，宛转腹行，为诸小虫，之所唼食，
　　昼夜受苦，无有休息，谤斯经故，获罪如是。
　　若得为人，诸根暗钝，矬陋挛躄，盲聋背伛，
　　有所言说，人不信受，口气常臭，鬼魅所著，
　　贫穷下贱，为人所使，多病痟瘦，无所依怙，
　　虽亲附人，人不在意，若有所得，寻复忘失。
　　若修医道，顺方治病，更增他疾，或复致死。
　　若自有病，无人救疗，设服良药，而复增剧。
　　若他反逆，抄劫窃盗，如是等罪，横罗其殃。
　　如斯罪人，永不见佛，众圣之王，说法教化，
　　如斯罪人，常生难处，狂聋心乱，永不闻法。
　　于无数劫，如恒河沙，生辄聋哑，诸根不具，
　　常处地狱，如游园观，在余恶道，如己舍宅，
　　驼驴猪狗，是其行处，谤斯经故，获罪如是。
　　若得为人，聋盲喑哑、贫穷诸衰，以自庄严，
　　水肿干痟，疥癞痈疽，如是等病，以为衣服，
　　身常臭处，垢秽不净，深著我见，增益嗔恚，
　　淫欲炽盛，不择禽兽，谤斯经故，获罪如是。
　　告舍利弗，谤斯经者，若说其罪，穷劫不尽。
　　以是因缘，我故语汝，无智人

中，莫说此经。

若有利根，智慧明了，多闻强识，求佛道者，

如是之人，乃可为说。若人曾见，亿百千佛，

植诸善本，深心坚固，如是之人，乃可为说。

若人精进，常修慈心，不惜身命，乃可为说。

若人恭敬，无有异心，离诸凡愚，独处山泽，

如是之人，乃可为说。又舍利弗，若见有人，

舍恶知识，亲近善友，如是之人，乃可为说。

若见佛子，持戒清洁，如净明珠，求大乘经，

如是之人，乃可为说。若人无嗔，质直柔软，

常愍一切，恭敬诸佛，如是之人，乃可为说。

复有佛子，于大众中，以清净心，种种因缘，

譬喻言辞，说法无碍，如是之人，乃可为说。

若有比丘，为一切智，四方求法，合掌顶受，

但乐受持，大乘经典，乃至不受，余经一偈，

如是之人，乃可为说。如人至心，求佛舍利，

如是求经，得已顶受，其人不复，志求余经，

亦未曾念，外道典籍，如是之人，乃可为说。

告舍利弗，我说是相，求佛道者、穷劫不尽，

如是等人，则能信解，汝当为说，妙法华经。"

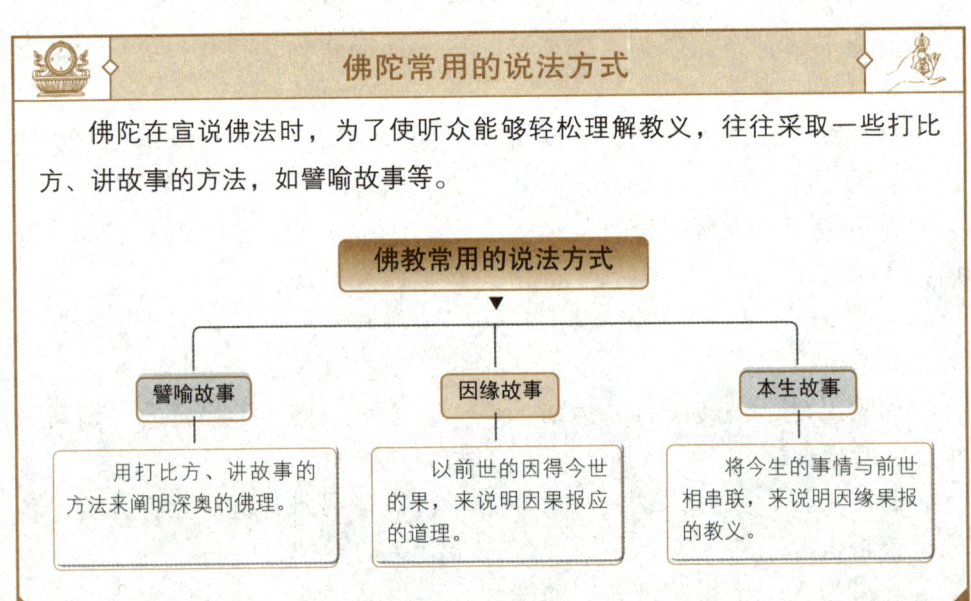

佛陀常用的说法方式

佛陀在宣说佛法时，为了使听众能够轻松理解教义，往往采取一些打比方、讲故事的方法，如譬喻故事等。

佛教常用的说法方式
▼

譬喻故事	因缘故事	本生故事
用打比方、讲故事的方法来阐明深奥的佛理。	以前世的因得今世的果，来说明因果报应的道理。	将今生的事情与前世相串联，来说明因缘果报的教义。

5 大乘佛法
佛用穷子开示众生

诸弟子的忏悔

尔时，慧命须菩提、摩诃迦旃延、摩诃迦叶、摩诃目犍连，从佛所闻未曾有法，世尊授舍利弗阿耨多罗三藐三菩提记，发希有心，欢喜踊跃。即从座起，整衣服，偏袒右肩，右膝着地，一心合掌，屈躬恭敬，瞻仰尊颜，而白佛言：

【译文】

这时，慧命须菩提、摩诃迦旃延、摩诃迦叶、摩诃目犍连等弟子，从佛祖那里聆听了这从所未闻的妙法，看到了佛祖为舍利弗授了了无上正等正觉的标记，心中都非常高兴和欢喜，各个跃跃欲试。他们都从座位上站起来，整理了自己的衣服，袒露右肩，右膝跪地，虔诚地合掌行礼，恭敬地仰视佛祖的容颜，并对佛祖说道：

"我等居僧之首，年并朽迈，自谓已得涅槃，无所堪任，不复进求阿耨多罗三藐三菩提。世尊往昔说法既久，我时在座，身体疲懈，但念空、无相、无作①。"

【注释】

①空、无相、无作：即三三昧、三空，是禅定的一种。

【译文】

"我们都是众弟子之首，自以为年迈体朽，已经达到了涅槃，不用再担当大任了，也没想过求得无上正等正觉的佛性智慧。佛祖以前曾长时间为我们说法，当时我们也安坐聆听，但身体疲乏，只想求得空、无相、无作三空而已。"

"于菩萨法，游戏神通，净佛国土，成就众生，心不喜乐。所以者何？世尊令我等出于三界，得涅槃证。又今我等年已朽迈，于佛教化菩萨阿耨多罗三藐三菩提，不生一念好乐之心。"

【译文】

"对于大乘菩萨的佛法,拯救众生的欢乐,成就洁净庄严的国土,我等心中并没有真正的渴求和喜欢。为什么这么说?佛祖只说使我们远离三界,达到涅槃的境界。况且我等已经年迈体朽,对于教化众生并获得无上正等正觉的大乘菩萨佛法,并没有产生喜爱之心。"

"我等今于佛前,闻授声闻阿耨多罗三藐三菩提记,心甚欢喜,得未曾有。不谓于今忽然得闻希有之法,深自庆幸,获大善利,无量珍宝,不求自得。世尊!我等今者乐说譬喻,以明斯义。"

【译文】

"现在我们听了佛陀的妙法,亲眼看见佛陀授予舍利弗声闻乘成佛标记,心中欢喜不已,这是从未有过的感动。不想今天我们还有机会听到这样罕见的佛法,内心深感庆幸,感觉自己得到了很大的益处,就好像没有刻意求取就得到了无边无量的珍宝一样。世尊啊!现在我们很乐意听你譬喻说法,为的是明晓其中的佛理。"

穷子的故事

"譬若有人,年既幼稚,舍父逃逝,久住他国,或十、二十,至五十岁,年既长大,加复穷困,驰骋四方,以求衣食,渐渐游行,遇向本国。其父先来,求子不得,中止一城。"

【译文】

"假如说有这样一个人,他从小就离开了父亲,远走他乡。直到十年、二十年、五十年过去了,他已经年高,但仍旧非常穷困,不得不四处奔走以求得温饱。就这样漂泊下去,不知不觉竟然回到了自己的国家。这时他的父亲到处寻找儿子,却一直没有找到,只好先在本国的一个城市安顿下来。"

"其家大富,财宝无量,金、银、琉璃、珊瑚、琥珀、玻璃珠等,其诸仓库,悉皆盈溢,多有僮仆、臣佐、吏民,象、马、车乘、牛、羊无数,出入息利,乃遍他国,商估贾客,亦甚众多。时贫穷子游诸聚落,经历国邑,遂到其父所止之城。"

【译文】

"实际上,这位父亲非常富有,财宝多得不可胜数,家中的金、银、琉璃、珊瑚、琥珀、玻璃珠等堆满了仓库,甚至已经溢出来,另外他还拥有很多家仆、大臣和官吏,更别提象、马、车乘、牛、羊了。他出入都会赢利,常常周游列国,甚至其他国家的商人都常进出其家。这时候那位从小漂泊的儿子在走了很多地方,去过很多国家城市之后,来到了父亲所在的这座城市。"

"父每念子，与子离别五十余年，而未曾向人说如此事，但自思惟，心怀悔恨。自念老朽，多有财物，金银珍宝，仓库盈溢，无有子息，一旦终没，财物散失，无所委付，是以殷勤每忆其子。复作是念：'我若得子，委付财物，坦然快乐，无复忧虑。'"

【译文】

"父亲已经与儿子分离了五十多年了，虽然他经常思念着儿子，但却从来没有向人提起过此事，只是自己心中悔恨和遗憾罢了。他想到自己这样一位老人家，如此富有，金银财宝仓库都盛不下，但却没有孩子，他日一旦老去，财物必然无所托，所以经常思念自己的儿子，并这样打算：'如果我找到我的孩子，一定将我的财物全部委托于他，这样的结局就是最令人欣慰了，我再也没有什么担忧的事情了。'"

"世尊！尔时穷子，佣赁展转，遇到父舍，住立门侧。遥见其父踞师子床，宝几承足，诸婆罗门、刹利、居士，皆恭敬围绕。以真珠璎珞，价值千万，庄严其身。吏民僮仆，手执白拂，侍立左右。覆以宝帐，垂诸华幡，香水洒地，散众名华。"

【译文】

"世尊啊！这时候那位常年在外的儿子正辗转漂泊为人当雇工，偶然间来到父亲的府邸。他矗立在父亲的大门外，远远望去，看见父亲正坐在师子床上，脚踩饰有宝物的案几，身边围绕着毕恭毕敬的婆罗门、刹帝利、居士等。他身带价值千万的璎珞，使他看起来非常威严，官吏和仆从手持尘拂伺候在左右。他所坐的师子床周围挂着宝帐，华幡优美地垂下来。地上洒满了香水，散放着名贵的鲜花。"

"罗列宝物，出内①取与，有如是等种种严饰，威德特尊。穷子见父有大力势，即怀恐怖，悔来至此。窃作是念：'此或是王，或是

居 士

在古印度，居士原指工商业中的富人，因其信佛者颇多，所以佛教用居士来称呼在家的佛教徒。在佛教史上，居士一词还有多种含义。

| 居士 | ▶ | 《长阿含经》中，将四大阶级的吠舍种姓称为居士。 | ▶ | 《维摩诘经》中，将在家信徒尊称为居士，含有大菩萨的意味。 | ▶ | 佛教传入中国后，泛称有道之处士为居士，如李白号称青莲居士。 | ▶ | 现在，居士多被用来称呼在家信佛的修行者。 |

王等，非我佣力得物之处，不如往至贫里，肆力有地，衣食易得。若久住此，或见逼迫，强使我作。'作是念已，疾走而去。"

【注释】

①出内：意为向外支出，向里纳藏。

【译文】

"屋内陈列着种种珍宝，财物的支出和收入也像房间的装饰那样严肃认真，令人感到威严和尊贵。儿子看到父亲如此有钱有势，心中感到恐慌，十分后悔来到这里。他暗想：'他要么是国王，要么与国王的地位相似，这里非我这样的佣工久待之地，我还不如去以前习惯的穷地方，更容易获得衣食。如果我经常待在这个地方，很可能被逼迫做自己不愿意做的活。'想到这里，他赶快离开了。"

"时富长者于师子座，见子便识，心大欢喜！即作是念：'我财物库藏，今有所付。我常思念此子，无由见之，而忽自来，甚适我愿，我虽年朽，犹故贪惜。'即遣旁人，急追将还。尔时使者疾走往捉，穷子惊愕，称怨大唤：'我不相犯，何为见捉！'使者执之愈急，强牵将还。于时穷子自念无罪而被囚执，此必定死，转更惶怖，闷绝躄地①。"

【注释】

①闷绝躄地：昏倒，仆倒在地。

【译文】

"此时坐在师子座上的富贵父亲也看到了站在门外的儿子，他一眼就认出了自己的儿子，心中大喜，马上想到：'我的财产终于有所托付了。我经常思念我的儿子，但总没办法见到，今天他突然出现在我面前。虽然我已经年迈，但仍然贪恋父子之情。'于是，他马上吩咐周围侍从将自己的儿子追回来。侍从飞快地跑出来捉住了儿子，儿子害怕，大声地为自己申冤：'我与你们无怨无仇，为什么要捉我！'侍从见他挣扎，便强行把他拖回来。儿子心想自己无罪却被强行扣押，一定是必死无疑，心中更加害怕，于是气绝昏倒在地。"

"父遥见之，而语使言：'不需此人，勿强将来，以冷水洒面，令得醒悟，莫复与语。'所以者何？父知其子，志意下劣，自知豪贵，为子所难，审知是子，而以方便，不语他人，云是我子。使者语

这是拂尘图。拂尘是用来驱除蚊虫的拂子，其中最为贵重的是白拂，多用白牦牛尾和白马尾制成。《华严经》用白拂来形容父亲的富有。

之：'我今放汝，随意所趋。'穷子欢喜，得未曾有，从地而起，往至贫里，以求衣食。"

【译文】

"父亲远远看到此情景，便对侍从说道：'不要再去抓他，也不要逼迫他，先用冷水洒在他的脸上使他清醒过来，不要对他说什么。'为什么要这样做？因为父亲知道儿子地位卑劣，自己地位尊贵，他暂时肯定难以与我相处。父亲仔细地端详着自己的儿子，心想一定要想个好办法来改变这种状况，现在还不能告诉别人这是自己的儿子。于是他让侍从对儿子说：'现在我放了你，你可以随心所欲去任何地方。'儿子欣喜万分，好像一生从来没有这么高兴过，于是赶紧爬起来，跑到以往自己做佣工的地方继续为衣食奔波了。"

"尔时长者将欲诱引其子，而设方便，密遣二人，形色憔悴，无威德者：'汝可诣彼，徐语穷子，此有作处，倍与汝直。穷子若许，将来使作。若言欲何所作，便可语之，雇汝除粪，我等二人，亦共汝作。'时二使人即求穷子，既已得之，具陈上事。"

【译文】

"父亲准备诱导儿子回来，他想出了一个妙法。他秘密派了两个侍从，让他们装作穷困潦倒的样子，并对他们说：'你们找到刚才那个人，告诉他说这里需要雇工，工钱是别处的几倍。他要是答应来做工的话，就请他来。如果他问要做什么活儿，你们就告诉他说，是清洁粪便的活儿，你们跟他一样也做这样的工作。'于是，这两位侍从便找到儿子，将父亲嘱咐他们的话讲给儿子听。"

"尔时穷子先取其价，寻与除粪。其父见子，愍而怪之。又以他日，于窗牖中，遥见子身。羸瘦憔悴，粪土尘坌，污秽不净。即脱璎珞、细软上服，严饰之具，更着粗敝垢腻之衣，尘土坌身①，右手执持除粪之器。"

【注释】

①尘土坌身：自己用尘土洒自己身上。

【译文】

"儿子答应了这个工作，并先索要了工钱，然后就与这两个侍从来清洁粪便了。父亲看到儿子，心中既是怜悯又是责怪。过了几天，父亲从窗户中远远地看见自己的儿子，儿子看起来瘦弱憔悴，满身粪土，非常肮脏。于是，父亲就脱下身上华贵的衣服，摘掉身上的珠宝装饰，穿上粗陋肮脏的衣服，并往自己身上洒了些土，右手拿着清洁粪便的工具走了过去。"

"状有所畏。语诸作人：'汝等勤作，勿得懈息。'以方便故，得近其子。后复告言：'咄！男子，汝常此作，勿复余去，当加汝价。诸有所需，盆器、米、面、

第七章　经中之王——《法华经》

盐、醋之属，莫自疑难，亦有老弊使人，需者相给，好自安意，我如汝父，勿复忧虑。'"

【译文】

他还扮着畏畏缩缩的样子对其他干活的人说：'你们要努力干活，可不能偷懒啊。'用这样的方法，他慢慢接近了自己的儿子。他对儿子说：'这位男子，你经常在这里干活，就不要回去了，我会给你加工钱的。你需要的像盆器、米、面、盐、醋之类的生活用品，完全不用担心，我会派人给你送来，你就安心地工作吧，就把我当成你父亲，不要再忧虑了。'"

"'所以者何？我年老大，而汝少壮，汝常作时，无有欺怠嗔恨怨言，都不见汝有此诸恶，如余作人。自今已后，如所生子。'即时长者，更与作字，名之为儿。

"尔时穷子，虽欣此遇，犹故自谓客作贱人。由是之故，于二十年中常令除粪。过是已后，心相体信，入出无难，然其所止，犹在本处。"

【译文】

"父亲又说道：'为什么呢？我年龄已经大了，你还正年轻，我观察你做工时，从不像其他雇工那样偷懒或者口出怨言，也没有其他坏习惯。从今以后，我就把你当做我的亲生孩子了。'从此以后，富贵的父亲果然就以'儿子'来称呼他。

"这位漂泊穷困了一生的儿子对于自己的运气也暗自庆幸，但他仍然认为自己是卑贱之人。之后很长一段时间，他虽然仍旧清洁粪便，但已经逐渐习惯了'儿子'的称呼，与父亲相处已经比较和睦了，随便进出于父亲家中，只是仍旧住在自己的破房子里。"

"世尊！尔时长者有疾，自知将死不久。语穷子言：'我今多有金银珍宝，仓库盈溢，其中多少、所应取与，汝悉知之，我心如是，当体此

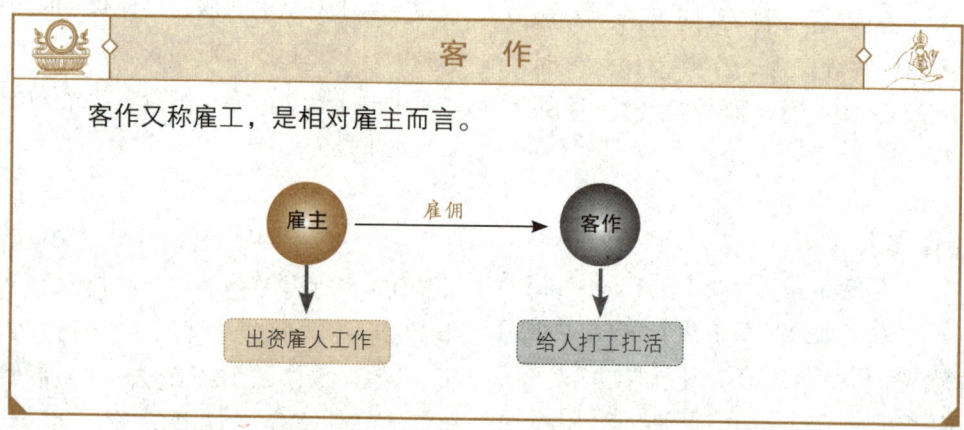

客 作

客作又称雇工，是相对雇主而言。

雇主 —雇佣→ 客作

出资雇人工作　　给人打工扛活

意。所以者何？今我与汝，便为不异，宜加用心，无令漏失。'"

【译文】

"世尊啊！后来这位父亲生病了，他知道自己已不久于人世，于是就对自己的儿子说：'我这辈子有很多金银财宝，多得仓库都放不下。至于总共有多少，平常的收入和花费又是多少，你要全部清清明白。希望你能理解我的心意。为什么这样说呢？因为现在我把它们托付给你，那就是不把你当做外人，你应当用心管理，不要让财产有任何的遗漏和丢失。'"

"尔时，穷子即受教敕，领知众物，金银珍宝及诸库藏，而无希取①一餐之意，然其所止，故在本处，下劣之心，亦未能舍。复经少时，父知子意，渐已通泰，成就大志，自鄙先心。临欲终时，而命其子，并会亲族、国王、大臣、刹利、居士，皆悉已集，即自宣言：'诸君当知，此是我子，我之所生。'"

【注释】

① 希取：即希求获得意。

【译文】

"儿子听到这里，便接受了他的吩咐，然后清点了全部家产，再也没有那种得到一顿饭就心满意足的想法了。只是他仍住在破房子中，原来的狭小的心态，也并未完全遗弃。又过了一段时间，父亲见他已经逐渐心胸开阔，胸有大志，并鄙视自己先前的低劣之心。于是父亲临终时，召集了亲族、国王、大臣、刹帝利、居士，当所有人员到齐后，父亲当众宣布：'大家知道吗？他就是我的儿子，是我亲生的儿子。'"

"'于某城中舍我逃走，伶俜①辛苦，五十余年。其本字某，我名某甲，昔在本城，怀忧推觅，忽于此间，遇会得之，此实我子，我实其父。今我所有一切财物，皆是子有，先所出内，是子所知。'世尊！是时穷子闻父此言，即大欢喜，得未曾有，而作是念：'我本无心有所希求，今此宝藏自然而至。'"

【注释】

① 伶俜：孤单无依。

【译文】

"'他小时候在某座城市离家出走，五十年来一直过着孤单无依的生活。他本来叫某某，我叫某某，过去我在那个城市里找了他很久，没想到竟然在这里与他相会了，他确实是我的儿子，我确实是他的父亲。现在我所有的财富，都属于他的了，一切的花销和收入，都经由他管理。'世尊啊！儿子听到这里，心中涌出从未有过的欢喜，他心想：'我本不敢奢望什么，没想到今天财宝自己送上门了。'"

小乘与大乘

"世尊!大富长者,则是如来,我等皆似佛子,如来常说我等为子。世尊!我等以三苦故,于生死中,受诸热恼,迷惑无知,乐著小法。今日世尊令我等思惟蠲除诸法戏论之粪。"

【译文】

"世尊啊!那位父亲就是佛陀,我等就好像那位儿子,佛陀也是经常说我们就是他的儿子啊。世尊啊!我们因为三苦的缘故,生活在水深火热之中,饱受烦恼的煎熬而一无所知,一直沉溺于自己所得的小乘之法而不能解脱。现在世尊让我们知道了,我们过去修行之法无异于应该清除的粪便。"

"我等于中勤加精进,得至涅槃一日之价。既得此已,心大欢喜,自以为足,便自谓言'于佛法中勤精进故,所得宏多。'然世尊先知我等心著敝欲,乐于小法,便见纵舍,不为分别,汝等当有如来知见宝藏之分。"

【译文】

"过去我们为了得到一天的涅槃而日夜勤奋地修行,只要达到一天的涅槃境界,心中就欢喜万分,自我满足,还对自己说'我日夜修习佛法,已经从中悟到了很多'。但是佛陀早就知道我们志向低劣,沉迷于小法,就纵容我们先修习小法,暂时不宣讲大法,反而说:你们应当有佛陀那样多的能力和宝藏。"

"世尊以方便力,说如来智慧,我等从佛,得涅槃一日之价,以为大得,于此大乘无有志求。我等又因如来智慧,为诸菩萨开示演说,而自于此无有志愿。所以者何?"

【译文】

"世尊用巧妙的方法来讲佛陀的智慧,而我们跟随佛陀学习,只是得到一日的涅槃,就自以为得到了很多,从没有修行大乘佛法的志向。即使我们中有人能依靠佛陀的智慧,为诸菩萨宣讲大乘佛法,但实际上自己并没有修习大乘的志向。这是什么原因呢?"

"佛知我等心乐小法,以方便力、随我等说,而我等不知真是佛子。今我等方知世尊于佛智慧无所吝惜。所以者何?我等昔来真是佛子,而但乐小法。"

【译文】

"佛陀知道我们长期沉溺于小乘佛法,所以采取了种种巧妙的方法来为我

• 名词解释 •

三苦:即苦苦、坏苦、行苦,分别指苦缘所生之苦、逆境所生之苦、无偿变化之苦。《法华经·信解品》说道:"以三苦故,于生死中,受诸热恼。"指出三苦是众生烦恼之源。

们说法，只是我们不知道自己是佛陀的真正佛子。现在我们才知道佛陀对自己的智慧和慈悲是毫不吝啬赐予佛弟子的，这又是为什么呢？虽然我们过去是真正的佛子，但只是沉溺于小乘佛法，所以佛陀才不得不采取种种的方便法门来教化我们。"

若我等有乐大之心，佛则为我说大乘法，于此经中，唯说一乘。而昔于菩萨前，毁訾①声闻乐小法者，然佛实以大乘教化，是故我等说本无心有所希求，今法王大宝自然而至，如佛子所应得者，皆已得之。

【注释】

①毁訾：诽谤，诋毁。

【译文】

"如果我们有修行大乘佛法的志向，佛陀就会为我们宣讲大乘佛法之妙，在《法华经》中为我们宣讲这唯一的佛法。过去曾在菩萨前诽谤声闻、沉迷于小乘佛法的那些人，佛陀就以大乘佛法教化他们，因此我们说本来无心修行大乘佛法，却不经意间获得了最大的佛法，只要是佛子应当得到的功德，我们已经全部得到了。"

迦叶的偈言

尔时摩诃迦叶欲重宣此义，而说偈言：

"我等今日，闻佛音教，欢喜踊跃，得未曾有。

佛说声闻，当得作佛，无上宝

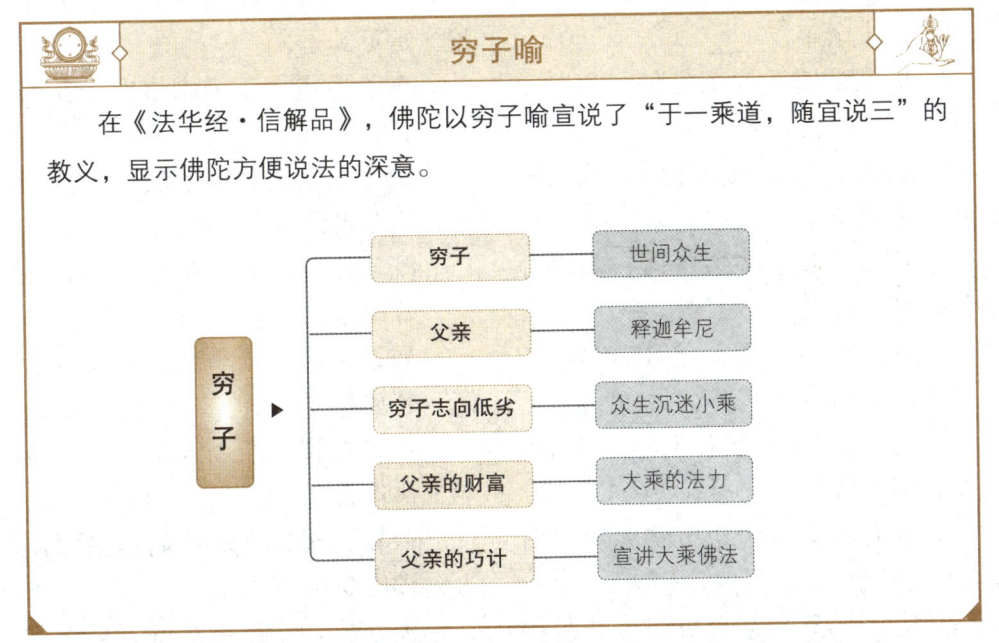

穷子喻

在《法华经·信解品》，佛陀以穷子喻宣说了"于一乘道，随宜说三"的教义，显示佛陀方便说法的深意。

穷子 → 世间众生
父亲 → 释迦牟尼
穷子 → 穷子志向低劣 → 众生沉迷小乘
父亲的财富 → 大乘的法力
父亲的巧计 → 宣讲大乘佛法

聚，不求自得。
　　譬如童子，幼稚无识，舍父逃逝，远到他土，
　　周流诸国，五十余年。其父忧念，四方推求，
　　求之既疲，顿止一城，造立舍宅，五欲自娱。
　　其家巨富，多诸金银，砗磲玛瑙，真珠琉璃，
　　象马牛羊，辇舆车乘，田业僮仆，人民众多，
　　出入息利，乃遍他国，商估贾人、无处不有，
　　千万亿众，围绕恭敬，常为王者，之所爱念，
　　群臣豪族，皆共宗重。以诸缘故，往来者众，
　　豪富如是，有大力势。而年朽迈，益忧念子，
　　夙夜惟念，死时将至，痴子舍我，五十余年，
　　库藏诸物，当如之何。尔时穷子，求索衣食，
　　从邑至邑，从国至国，或有所得，或无所得，
　　饥饿羸瘦，体生疮癣，渐次经历，到父住城，
　　佣赁展转，遂至父舍。尔时长者，于其门内，
　　施大宝帐，处师子座，眷属围绕，诸人侍卫，
　　或有计算，金银宝物，出内财产，注记券疏。
　　穷子见父，豪贵尊严，谓是国王，若国王等，
　　惊怖自怪，何故至此。覆自念言，我若久住，
　　或见逼迫，强驱使作。思惟是已，驰走而去，
　　借问贫里，欲往佣作。长者是时，在师子座，
　　遥见其子，默而识之，即敕使者，追捉将来。
　　穷子惊唤，迷闷躄地，是人执我，必当见杀，
　　何用衣食，使我至此。长者知子，愚痴狭劣，
　　不信我言，不信是父。即以方便，更遣余人，
　　眇目矬陋，无威德者，汝可语之，云当相雇，
　　除诸粪秽，倍与汝价。穷子闻之，欢喜随来，
　　为除粪秽，净诸房舍。长者于牖，常见其子，
　　念子愚劣，乐为鄙事。于是长者，着敝垢衣，
　　执除粪器，往到子所，方便附近，语令勤作。
　　既益汝价，并涂足油，饮食充足，荐席厚暖，
　　如是苦言，汝当勤作，又以软语，若如我子。
　　长者有智，渐令入出，经二十年，执作家事，
　　示其金银，真珠玻璃，诸物出入，皆使令知。
　　犹处门外，止宿草庵，自念贫

事，我无此物。

父知子心，渐已广大，欲与财物，即聚亲族，
国王大臣，刹利居士。于此大众，说是我子，
舍我他行，经五十岁，自见子来，已二十年，
昔于某城，而失是子，周行求索，遂来至此。
凡我所有，舍宅人民，悉以付之，恣其所用。
子念昔贫，志意下劣，今于父所，大获珍宝，
并及舍宅，一切财物，甚大欢喜，得未曾有。
佛亦如是，知我乐小，未曾说言，汝等作佛，
而说我等，得诸无漏，成就小乘，声闻弟子。
佛敕我等，说最上道，修习此者，当得成佛。
我承佛教，为大菩萨，以诸因缘，种种譬喻，
若干言辞，说无上道。诸佛子等，从我闻法，
日夜思惟，精勤修习。是时诸佛，即授其记，
汝于来世，当得作佛，一切诸佛，秘藏之法，
但为菩萨，演其实事，而不为我，说斯真要。
如彼穷子，得近其父，虽知诸物，心不希取。

我等虽说，佛法宝藏，自无志愿，亦复如是。
我等内灭，自谓为足，唯了此事，更无余事。
我等若闻，净佛国土，教化众生，都无欣乐。
所以者何，一切诸法，皆悉空寂，无生无灭，
无大无小，无漏无为，如是思惟，不生喜乐。
我等长夜，于佛智慧，无贪无著，无复志愿，
而自于法，谓是究竟。我等长夜，修习空法，
得脱三界，苦恼之患，住最后身，有余涅槃。
佛所教化，得道不虚，则为已得，报佛之恩。
我等虽为，诸佛子等，说菩萨法，以求佛道，
而于是法，永无愿乐。导师见舍，观我心故，
初不劝进，说有实利。如富长者，知子志劣，
以方便力，柔伏其心，然后乃付，一切财物。
佛亦如是，现稀有事，知乐小者，以方便力，
调伏其心，乃教大智。我等今日，得未曾有，
非先所望，而今自得，如彼穷子，得无量宝。
世尊我今，得道得果，于无漏

法,得清净眼。

　我等长夜,持佛净戒,始于今日,得其果报,

　法王法中,久修梵行,今得无漏,无上大果。

　我等今者,真是声闻,以佛道声,令一切闻。

　我等今者,真阿罗汉,于诸世间,天人魔梵,

　普于其中,应受供养。世尊大恩,以稀有事,

　怜愍教化,利益我等,无量亿劫,谁能报者。

　手足供给,头顶礼敬,一切供养,皆不能报。

　若以顶戴,两肩荷负,于恒沙劫,尽心恭敬,

　又以美膳,无量宝衣,及诸卧具,种种汤药,

　牛头栴檀,及诸珍宝,以起塔庙,宝衣布地,

　如斯等事,以用供养,于恒沙劫,亦不能报。

　诸佛稀有,无量无边,不可思议,大神通力,

　无漏无为,诸法之王,能为下劣,忍于斯事,

　取相凡夫,随宜为说。诸佛于法,得最自在,

　知诸众生,种种欲乐,及其志力,随所堪任,

　以无量喻,而为说法,随诸众生,宿世善根,

　又知成熟,未成熟者,种种筹量,分别知已,

　于一乘道,随宜说三。"

第八章

禅宗圣经——《六祖坛经》

《六祖坛经》是中国禅宗六祖惠能言教的汇编。由于此经主要宣扬了"自性清净、见性成佛"的思想，对禅宗的发展起了重要作用，是禅宗最主要的思想依据，在禅宗史上被视为无上的宝典。在中国佛教诸多著作中，被尊称为"经"的，仅《六祖坛经》一部。

释《六祖坛经》

《六祖坛经》的经题与版本

《六祖坛经》全称为《六祖大师法宝坛经》，其中"六祖大师"指的是惠能，因为他是中国禅宗的第六代祖师，所以被称为六祖；"坛"是指众人为了迎请惠能到韶州大梵寺说法，就封土为坛，供惠能说法。《六祖坛经》就是惠能的弟子法海记录惠能在大梵寺的说法编集而成。

惠能（公元638～713年），俗姓卢，今河北范阳人。他幼年丧父，母子二人相依为命，生活很是清苦。相传惠能并不识字，只是在一次砍柴的时候听到佛门弟子诵念《金刚经》，突然有所感悟，于是他前去参拜禅宗五祖弘忍，因为一句"佛性无南北"而得到弘忍的赏识。后因为"明台本无物"而击败神秀，成为禅宗第六代传人；后为避免神秀的追杀而逃亡南方，因"幡动风动"的争论而名扬天下。

在中国佛教史上，惠能是一个重要人物，他提出了心性本净、佛性本有、直指人心、见性成佛的理论，主张教外别传、不立文字的修行方法，并创造了适合中国佛教的简易法门，是中国佛教的重大改革。在惠能以前，虽然已经有了禅宗组织的萌芽，但思想体系尚不完善，本质上只是印度佛学思想的翻版，只能说是禅学，是众多禅学思想中的其中一家，影响相对较小。惠能在南方传法的过程中，对达摩以来的禅学思想进行了系统的整理和总结，惠能也因此被称为禅宗理论的确立者和集大成者。惠能去世后，其后代弟子根据他的言行语录，将其编成《六祖坛经》，此经也成为了除释迦牟尼语录以外唯一被称作"经"的禅师著作，确立了禅宗立宗的理论基础。

目前，《六祖坛经》主要有四个版本，分别是敦煌本、惠昕本、曹溪古本、宗宝本。

敦煌本，是近代在敦煌发现的《六祖坛经》手抄本，全称为《南宗顿教最上大乘摩诃般若波罗蜜经六祖惠能大师于韶州大梵寺施法坛经》，共计1卷，被认为是最古老的版本。

惠昕本，又称宋本，由于此本是日

本学者在日本京都的兴盛寺发现，所以又名兴盛寺本。

曹溪古本，又称契嵩本，全称为《六祖大师法宝坛经曹溪原本》，收藏于明代《嘉兴藏》。

宗宝本，又称流布本，是元代僧人宗宝汇集诸多版本而成，由于此本比敦煌本字数多出一倍，因而广受争议。在《六祖坛经》的诸多版本中，宗宝本是流传最广的版本。与其他版本相比，宗宝本增加了惠能弟子与惠能的问答部分，集中反映了惠能的禅学造诣，对认识和理解禅宗很有帮助，所以流通很广，这也是本书采用的版本。

《六祖坛经》的主要内容

《六祖坛经》是中国佛教著作中唯一被称为"经"的佛教论典，它集中国禅宗理论之大成，对中国佛教甚至中国传统文化都产生了广泛而深远的影响。

编者 ▶
惠能
中国禅宗第六代祖师。他幼时家境贫寒，以卖柴为生，后发心出家，拜禅宗五祖弘忍为师，并继承了弘忍的衣钵，成为禅宗六祖。在禅宗历史上，惠能享有极高的地位，被认为是禅宗真正的创始人。

成书时间 ▶ 唐代

卷数 ▶ 不分卷，共10品

主要内容 ▶
禅宗六祖惠能在继承衣钵后回到南方曹溪宝林寺任住持期间，应韶州刺史的邀请，在韶州大梵寺举行法会说法，其门下弟子对这次的说法进行了整理，编成《坛经》。在此经中，惠能讲述了他学法的经历及禅学思想，提出了"直指人心、见性成佛"的禅宗宗旨，因此，此经也是禅宗的思想指南。

见性成佛

《六祖坛经》的主要内容

　　《六祖坛经》的主要内容是记载惠能一生得法传法的事迹及启导门徒的言教，是禅宗思想的集大成之作。在《六祖坛经》中，惠能提出"见性成佛"、"菩提自性，本来清净，但用此心，直了成佛"的思想，意思是每个人的本性都是清净的，只要明见自己的本性，即能成佛，这与《涅槃经》中"一切众生悉有佛性"的理论一脉相承。另外，在明心见性方面，《六祖坛经》阐发了顿悟说，认为"不悟即佛是众生，一念悟时众生是佛"、"迷闻经累劫，悟在刹那间"，意思是在学佛过程中不是必须渐次修行，只要参悟到佛学的真谛，就可以突然达到觉悟的境界。这种顿悟的学说在佛教中有很大的影响，甚至对中国的哲学思想都有启迪。

　　此外，在修行实践方面，《六祖坛经》提出了"无念为宗，无相为体，无住为本"的修行法门，指出如要成就佛果，就要破除虚妄和执著，无心于外物，一心修行，才能明见本性，得到解脱，由凡转圣。

　　在禅宗发展史上，《六祖坛经》被认定为禅宗正式形成的标志，此经不但完整地介绍了惠能的禅宗思想，还为禅宗的发展奠定了理论基础，是研究禅宗思想渊源的重要依据。因为《六祖坛经》，惠能也被誉为中国禅宗的真正创始人，享有至高无上的地位。

　　惠能去世后，其弟子继承了他的禅法，到各地去广传南宗法门。晚唐、五代时，禅宗形成了沩仰、临济、曹洞、云门、法眼五个门派，虽然它们禅风各有特色，但各禅系都是以《坛经》为归止。元代僧人德异曾说到："一门深入，五派同源，历遍炉锤，规模广大，原其五家纲要，尽出《坛经》"，正因为五派都以《坛经》为指导，积极在实践中贯彻惠能的禅学理论，惠能的禅法得才以发扬光大，其创立的南宗也成为了禅门的正宗。

　　即使在佛教诸多经典中，《六祖坛经》也被评为无上的宝典，这是中国僧人的著作中唯一被称为"经"的作品，被认为是中国佛教界承前启后的著作。

在近代，国学大师钱穆更将《六祖坛经》与《论语》、《孟子》并称为探索中国文化的经典。

此外，《坛经》中蕴含的禅法思想，与中国传统文化中的老庄思想有共通之处，迎合了中国文人的需要，中国古代很多哲学家，宋、明理学的代表人物如周敦颐、朱熹、程颐、程颢、陆九渊、王守仁都曾从禅宗中汲取营养，近代资产阶级思想家谭嗣同等也曾以禅宗的理念融入自己的思想体系。

《六祖坛经》的结构

《六祖坛经》宗宝本共10品，可分为序分、正宗分、流通分三个部分。

- 《六祖坛经》
  - 序分：六祖至宝林，应韶州韦刺史与官僚之请为僧众开缘说法。
  - 正宗分：
    - 六祖在大梵寺为众生开示摩诃般若波罗蜜法，计有行由品、般若品二品。
    - 六祖在曹溪山传授无相戒，计有疑问品、定慧品、坐禅品、忏悔品四品。
    - 六祖与弟子的问答，计有机缘品、顿渐品、护法品三品。
  - 流通分：六祖为弟子介绍说法的法门，嘱咐弟子传法，计有付嘱品一品。

大梵寺说法

六祖是怎样得道的

🌸 本经缘起

时①，大师至宝林②，韶州韦刺史③与官僚入山请师出，于城中大梵寺讲堂，为众开缘说法。师升座④次，刺史、官僚三十余人，儒宗学士⑤三十余人，僧尼道俗⑥一千余人，同时作礼，愿闻法要。

【注释】

①时：是指唐高宗仪凤二年（公元677年）的春天。

②宝林：指宝林寺，在今天的广东韶关南华山。

③韦刺史：指韦璩，是唐朝掌管州府的官员。

④升座：即登高座。

⑤儒宗学士：指儒者之师和一些学者。

⑥僧尼道俗：是指比丘、比丘尼、敬奉道教的人和未入佛门的人。

【译文】

唐高宗仪凤二年春天，六祖大师来到曹溪南华山宝林寺，韶州刺史韦璩和其他官僚入山请六祖到城里的大梵寺讲堂，为大众广开佛法，讲说佛法要义。六祖登上高座后，韦刺史和官僚三十多人，儒学大师、学者三十多人，比丘、比丘尼、道士和一些俗人一千余人，都向六祖大师作礼，希望听六祖讲解佛法要义。

大师告众曰："善知识①！菩提自性②，本来清净③；但用此心，直了成佛。善知识！且听惠能行由得法事意。"

【注释】

①善知识：一般是指德高望重、学时渊博的僧人或佛教信徒，这里是大师对众人的赞誉性称谓。

②自性：众生不改变的、不灭绝的本性。

③本来清净："本来"，是指元始以来；"清净"，指远离身、口、意三业烦恼的污染。

【译文】

六祖对大众说:"善知识!每个人的菩提自性本来就是清净的,只要坚持用清净的菩提心,就能觉悟成佛。善知识!先且听我惠能求法、得法的因缘与经历吧!"

六祖发心

"惠能严父,本贯范阳①,左降流于岭南,作新州②百姓。此身不幸,父又早亡,老母孤遗,移来南海③,艰辛贫乏,于市卖柴。时有一客买柴,使令送至客店。客收去,惠能得钱,却出门外,见一客诵经。惠能一闻经语,心即开悟。遂问客诵何经。客曰:'《金刚经》④。'复问:'从何所来,持此经典?'客云:'我从蕲州黄梅县⑤东禅寺来。其寺是五祖忍大师⑥在彼主化,门人一千有余;我到彼中礼拜,听受此经。大师常劝僧俗,但持《金刚经》,即自见性,直了成佛。'惠能闻说,宿昔有缘。乃蒙一客取银十两与惠能,令充老母衣粮,教便往黄梅参礼五祖。惠能安置母毕,即便辞违⑦。不经三十余日,便至黄梅,礼拜五祖。"

【注释】

①范阳:地名,在今北京大兴、宛平一带。

②新州:今广东的新兴县。

③南海:今属广东省佛山地区。

④《金刚经》:此处系指鸠摩罗什所译版本。

⑤蕲州黄梅县:今天湖北省的蕲春县和黄梅县。

⑥五祖忍大师:即弘忍大师。他师从道信,为禅宗五祖。

⑦辞违:辞别,离开。

【译文】

"我的父亲籍贯在范阳,后被降职流放到岭南,于是便在新州安居。我从小很不幸,父亲早逝,留下母亲和我相依为命。后来迁移到南海,每天靠卖柴来维持生计,日子过得艰难困苦。

"有一天,我在集市上卖柴,有一

这是惠能图。惠能本籍范阳,生于岭南新州(今广东新兴县),他是禅宗的第六代祖师,被誉为是禅宗的真正创始人。《六祖坛经》就是将惠能的说法和问答编集而成的佛经。

位顾客来买柴，让我把柴送到他的店里去。客人把柴收下我拿了钱后，正好看见一位客人正在读诵佛经。我一听那位客人所诵的经文，心里顿时豁然开悟，于是问那位客人说：'请问您诵念的是什么经？'

"客人答说：'《金刚经》。'

"我再问他：'您从哪里来？怎样得到这部经的？'

"客人答说：'我从蕲州黄梅县东禅寺来，弘忍大师在那里住持教化众生，跟随他学习的有一千余人。我去东禅寺礼拜五祖，并在那里听受此经的。大师经常劝僧俗二众，只要一心持诵《金刚经》，自然就能够见到自心本性，当下就能了悟成佛。'

"我听客人说完，也想去参拜五祖。由于过去结下的善缘，承蒙一位客人给了我十两银子，让我安顿母亲的生活所需，然后就到黄梅县参拜五祖。我将母亲安顿好，辞别母亲，不到三十多天，就到了黄梅并礼拜了五祖。"

六祖拜师

祖问曰："汝何方人？欲求何物？"惠能对曰："弟子是岭南新州百姓。远来礼师，惟求作佛，不求余物。"祖言："汝是岭南人，又是獦獠，若为堪作佛？"惠能曰："人虽有南北，佛性本无南北；獦獠身与和尚不同，佛性有何差别？"五祖更欲与语，且见徒众总在左右，乃令随众作务。

【译文】

五祖问："你是哪里人？来这儿想求什么东西？"我回答说："弟子是岭南新州一代的平民百姓。远道而来礼拜大师，只求作佛，不求别的。"五祖说："你是岭南人，又是獦獠，如何能作佛呢？"我说："人虽有南北的分别，佛性根本没有南北的分别！獦獠身与和尚身虽然不同，但是本自具有的佛性又有什么差别呢？"五祖还想和我多谈些话，但看见徒众随侍在左右，不方便多谈，只好命令我随大众去作道场事务。

惠能曰："惠能启和尚，弟子自心常生智慧①，不离自性，即是福田②。未审和尚教作何务？"祖云："这獦獠根性大利！汝更勿言！着槽厂③去！"惠能退至后院，有一行者④差惠能破柴踏碓。经八月余，祖一日忽见惠能，曰："吾思汝之见可用，恐有恶人害汝，遂不与汝言，汝知之

·名词解释·

獦獠：因南方少数民族多以携犬行猎为生，獦獠是对这些人的一种侮称。在《六祖坛经》中，獦獠泛指没有开化，或者没有知识的人。在唐代，广东一带还是比较荒凉，所以弘忍称慧能为獦獠。

否？"惠能曰："弟子亦知师意，不敢行至堂前，令人不觉。"

【注释】

①智慧：这里指般若正智。

②福田：即指能生福德之田，凡敬侍佛、僧、父母、悲苦者都能得福德，如同播种田地，能有收获。

③槽厂：马房。

④行者：指寺院内还没有剃发出家的人。

【译文】

我说："惠能禀告和尚，弟子的自心常生智慧，这些智慧不离自性，自性本身就是福田，不知道和尚叫我做什么事务呢？"五祖说："这獦獠的根机很明利！你不要多说了，就到后院马房干活吧！"我退出后，来到后院，有一位行者叫我劈柴、舂米，就这样八个多月的时间过去了。有一天，五祖到后院来，看到我就说："我很赞同你的见解，只是恐怕有恶人对你不利，所以没有和你多说。你知道吗？"我回答说："弟子知道师父的心意，所以一直不敢走到法堂前来，以免引人生疑。"

五祖发难

祖一日唤诸门人总来："吾向汝说。世人生死事大。汝等终日只求福田，不求出离生死苦海，自性若迷，福何可救？汝等各去自看智慧，取自本心般若之性。各作一偈，来呈吾看。若悟大意，付汝衣

这是弘忍图。弘忍祖籍江西浔阳，后迁居湖北黄梅，他开创了东山法门，被尊为禅宗五祖。禅宗到了弘忍时期，进入了发展阶段，相传弘忍的弟子数以万计，其中能弘法者达25人。惠能就是弘忍的弟子，并继承了弘忍的衣钵。

法，为第六代祖。火急速去。不得迟滞！思量即不中用，见性之人，言下须见。若如此者，轮刀上阵，亦得见之。"

【译文】

有一天，五祖召集所有的门下弟子，"我跟你们说，世间众生的生死是头等大事，你们整天只知道寻求福报的因缘，不知道要求出离生死苦海。你们如果迷失自己本有的佛性，只是修福，又如何能解脱呢？你们各自回去观照自己的本性，然后以本性出发，每人作一首偈颂给我看，如果有谁能悟得佛法大意，我就把衣钵和佛法传给你，让你作第六代祖师。大家赶快去！不得拖延时

间，佛法一经思量就不中用！如果是觉悟自性的人，说话之时自能顿悟。这样的人，就是操刀上战场，也能明见自己的本性。"

众得处分①，退而递相谓曰："我等众人，不须澄心用意作偈，将呈和尚，有何所益？神秀上座现为教授师，必是他得；我辈漫作偈颂，枉用心力。"诸人闻语，总皆息心，咸言："我等已后依止秀师，何烦作偈？"

神秀思惟："诸人不呈偈者，为我与他为教授师。我须作偈将呈和尚，若不呈偈，和尚如何知我心中见解深浅？我呈偈意，求法即善；觅祖即恶，却同凡心，夺其圣位奚别？若不呈偈，终不得法。大难！大难！"

【注释】

①处分：叮嘱，吩咐。

【译文】

大众听了五祖的吩咐后退下，彼此互相商量说："我们大家不必去澄静思虑，费尽心力地作偈子，呈给和尚看，有什么用呢？神秀上座现在是我们的教授师，不用说，一定是他当选。如果我们轻率冒昧地去作偈子，也只是枉费心力。"众人听到这些话，都没有了作偈子的念头，大家都说："我们以后就依止神秀上座好了，何必要麻烦作偈子呢？"

神秀心想："大众不呈作偈颂的原因，是因为我是他们的教授师。我应当做首偈语上呈师父；如果不做的话，师父怎么能知道我心中见解的深浅呢？更何况我上呈偈语的本意如果是为了求法的心态，那就是善业；如果只是为了获得祖师的地位，那就是邪念，这和那些想夺取圣人位置的凡夫心态，有什么区别呢？但是如果我不作偈颂的话，也就不能得到师父的真传佛法。实在让人太头疼了！"

五祖堂前，有步廊三间，拟请供奉①卢珍画《楞伽经变相》②，及《五祖血脉图》，流传供养。神秀作偈成已，数度欲呈；行至堂前，心中恍惚，遍身汗流，拟呈不得。前后经四日，一十三度呈偈不得。秀乃思惟："不如向廊下书著，从他和尚看见。忽若道好，即出礼拜，云是秀作；若道不堪，枉向山中数年，受人礼拜，更修何道？"

・名词解释・

上座：佛教僧团中后出家者对先出家受具足戒者的称呼。根据《摩诃僧祇律》："先出家（受具）者，应受礼、起迎、合掌、低头、恭敬。先出家者，应作上座：应先受请、先坐、先取水、先受食"，指出上座在僧团的地位。在中国佛教寺院中，上座是住持以下，地位最高的僧人。

【注释】

①供奉：官名，指拥有文学、美术等才华，被皇室或朝廷所选拔的在内廷供职的官员。

②《楞伽经变相》：描绘佛陀宣讲《楞伽经》时的人、事、物的彩绘图。

【译文】

在五祖法堂前，有三间走廊，原本准备延请供奉卢珍居士来绘画《楞伽经变相》及《五祖血脉图》，以便后世有所流传，有所供养。神秀做好了偈颂以后，曾经数度想呈交给五祖，但走到法堂前，总是心中恍惚，汗流全身，想要呈上去，却又犹豫不决。就这样前后过了四天，十三次都没有勇气呈交。神秀于是想到："不如把偈颂写在法堂前的走廊墙上，这样师父出来后就可以看见，如果师父看了以后说好，我就出来礼拜，说是我神秀作的；如果说不好，那就只能怪自己白白在山中数年，妄受众人恭敬，还修什么道呢？"

神秀作偈

是夜三更，不使人知，自执灯，书偈于南廊壁间，呈心所见。偈曰：

身是菩提树，心如明镜台。
时时勤拂拭，勿使惹尘埃。

秀书偈了，便却归房，人总不知。秀复思惟："五祖明日，见偈欢喜，即我与法有缘；若言不堪，自是我迷，宿业障重①，不合得法。

这是达摩图。达摩全名为菩提达摩，是南印度人。他于南朝梁武帝时来到中国，曾面见梁武帝，之后北上少林寺面壁九年，传衣钵于慧可后游化终身。因为达摩在中国始传禅宗，所以被尊为中国禅宗初祖。《六祖坛经》中提到的《五祖血脉图》就是描绘禅宗初祖达摩大师到五祖弘忍的师承脉络的彩绘图。

圣意难测。"房中思想，坐卧不安，直至五更。

【注释】

①宿业障重：宿业在佛教中指以往过世所做的善恶业因，障是烦恼的异名。这里译作过去世所作的恶业烦恼深重。

【译文】

于是，这天的半夜三更时，神秀趁别人不知，悄悄地走出房门，自己掌灯将想好的偈颂写在南廊的墙壁上，以表露他心中对佛法的见解。偈颂是这样写的：

　　身是菩提树，心如明镜台，
　　时时勤拂拭，勿使惹尘埃。

神秀写好偈颂以后，便悄悄回到自己的房间，所有人都不知道这件事。神秀又想："明天五祖看见这首偈语，如果很高兴，就是我与佛法有缘；如果说写得不好，一定是我还执迷不悟，往昔业障太过深重，所以不该得法。五祖的心意实在是难以揣测啊！"神秀在房中左思右想，坐卧不安，一直到五更时分。

　　祖已知神秀入门未得，不见自性。

　　天明，祖唤卢供奉来，向南廊壁间绘画图相，忽见其偈。报言：

"供奉却不用画，劳尔远来。经云：'凡所有相，皆是虚妄。'但留此偈，与人诵持。依此偈修，免堕恶道；依此偈修，有大利益。"令门人炷香礼敬，尽诵此偈，即得见性。门人诵偈，皆叹善哉！

【译文】

　　其实，五祖早已知道神秀还未入门，不曾得见自性。天亮后，五祖请卢供奉来，准备在南边走廊墙上绘画图像。忽然看到神秀那首偈颂，就对卢供奉说："供奉！不用画了，劳驾你远道而来。经上说：'世间的一切有相状的事物都是虚妄不实的。'您不必再绘图了，还是留下这首偈颂，让大众诵念受持吧。如果能够依照这首偈颂修行，可以不再堕入三恶道，更能获得大利益。"五祖于是吩咐弟子们对偈语焚香恭敬礼拜，并让他们持诵此偈，以此来明见自性。弟子们读诵此偈后，纷纷称赞不已。

　　祖三更唤秀入堂，问曰："偈是汝作否？"秀言："实是秀作，不敢妄求祖位，望和尚慈悲，看弟子有少智慧否？"祖曰："汝作此偈，未见本性，只到门外，未入门内。如此见解，觅无上菩提，了不可得。无上菩提，须得言下识自本心，见自本性，不生不灭；于一切时中，念念自见，万法无滞；一真一切真，万境自如如①。如如之

这是菩提树图。菩提树又名觉树、思维树，是桑科常绿乔木，外形类似无花果树，多生长在中印度和孟加拉一带。相传释迦牟尼佛是在菩提树下成道，因此菩提树备受佛教徒的尊崇。《六祖坛经》中神秀就用菩提树来比喻身体的洁净无染。

心，即是真实。若如是见，即是无上菩提之自性也。汝且去，一两日思惟，更作一偈，将来吾看。汝偈若入得门，付汝衣法。"神秀作礼而出。又经数日，作偈不成，心中恍惚，神思不安，犹如梦中，行坐不乐。

【注释】

①万境自如如：万法通融，万境如一。

【译文】

在一天的深夜，五祖把神秀叫进法堂，问道："那首偈颂是不是你写的？"

神秀答道："确实是弟子所作，弟子不敢妄求得祖位，只希望师傅能慈悲为怀为我开示，看弟子是否有一点佛智？"

五祖说："你作的这首偈子还没有见到自身本性，只到了门外，还是没能入门。这样的见解，要想用它来寻求无上菩提，还是不可能的。无上菩提必须言下就能认识自己的本心，见到自己的本性是不生不灭的。你要随时随地都能在一切万法中见到自己的真心本性，如果能达到这种境界，那么你所见的一切法皆真实不虚，圆融无碍，这如如不动的心，也就是真如实相。如果能有这样的见地，才是证得无上菩提的自性了。你暂且回去再领悟两天，再作一偈子送来给我看，如果你的偈子能说明你入门了，我就把衣钵和佛法传付于你。"神秀行礼后退出。又过了好几天，仍然没有做成偈子，他的心中一直恍惚不定，就好像在梦中一样，行坐不安，郁郁寡欢。

惠能作偈

复两日，有一童子①于碓坊过，唱诵其偈。惠能一闻，便知此偈未见本性；虽未蒙教授，早识大意。遂问童子曰："诵者何偈？"童子曰："尔这獦獠不知，大师言：'世人生死事大，欲得传付衣法，令门人作偈来看；若悟大意，即付衣法，为第六祖。'神秀上座于南廊壁上书无相偈，大师令人皆诵。依此偈修，免堕恶道；依此偈修，有大利益。"惠能曰："我亦要诵此，结来生缘。上人！我此踏碓八个余月，未曾行到堂前，望上人引至偈前礼拜！"

【注释】

①童子：是对寺院中一些没有出家的青少年的统称。

【译文】

又过了两天，有一位童子经过舂米房时，念诵着神秀的那首偈颂。惠能一听，就知道这首偈颂还没有见到自性，虽然自己还没有承蒙别人的讲解传授，但心中早已识得佛法大意。于是就问那童子说："你唱诵的是什么偈子呀？"童子回答："你这獦獠不晓得，五祖大师说世人的生死是第一大事，大师要传付衣钵佛法，所以命门人作偈来看，如果有人明见自性，大师就会传付衣法，让他做第六代祖师。所以神秀上座在南边走廊的墙壁上写了这首无相偈，大师

让众人都诵念此偈，以免堕落三恶道，依这首偈去修持，还可得大利益。"惠能说："我也要念诵此偈颂，为来生结好因缘！上人！我在这里舂米已经八个多月了，不曾到过法堂前，还请上人引导我到偈颂前去礼拜。"

童子引至偈前礼拜。惠能曰："惠能不识字，请上人为读。"时有江州别驾①，姓张，名日用，便高声读。惠能闻已，遂言："亦有一偈，望别驾为书。"别驾言："汝亦作偈？其事希有！"惠能向别驾言："欲学无上菩提，不可轻于初学。下下人有上上智，上上人有没意智；若轻人，即有无量无边罪。"别驾言："汝但诵偈，吾为汝书；汝若得法，先须度吾，勿忘此言。"惠能偈曰：

菩提本无树，明镜亦非台。
本来无一物，何处惹尘埃？

【注释】

①别驾：官名，是地方行政长官的属僚，州刺史的佐吏。

【译文】

童子于是带着惠能到神秀的偈颂前礼拜。惠能说："惠能不认识字，请上人给我读一遍吧！"这时一位叫张日用的江州别驾走过来，高声读了一遍。惠能听完后，就说："我也有一首偈子，请别驾帮我书写下来。"张别驾说："你也会作偈？真是稀奇事！"惠能向张别驾说："要学无上菩提正觉，不可轻视初学者。下下等的人也会有上上等的智能；上上等的人也会有没心智的时候。如果随便轻视人，就会有无量无边的罪过。"张别驾说："你只管诵偈吧，我帮你写在墙壁上。你如果能得到五祖传授的心法，一定要先来度我，不要忘记了这话！"惠能的偈颂是：

菩提本无树，明镜亦非台。
本来无一物，何处惹尘埃？

书此偈已，徒众总惊，无不嗟讶，各相谓言："奇哉！不得以貌取人，何得多时，使他肉身菩萨①。"祖见众人惊怪，恐人损害，遂将鞋擦了偈，曰："亦未见性。"众以为然。

【注释】

①肉身菩萨：指生身菩萨，即父母所生之肉身而至菩萨深位的人。佛教认为，肉身菩萨圆寂后可得全身舍利，舍利就是身骨，是有别于凡夫死人之骨，

・名词解释・

上人：对比丘的尊称，因比丘内涵德智，外有胜行，在人之上。《释氏要览》称："智德，外有德行，在人之上、名上人。"在《六祖坛经》中，惠能将童子称为上人，提高了童子地位，是一种赞誉性称谓。

可分为三种：即白色骨舍利、黑色发舍利、赤色肉舍利。

【译文】

写完这首偈颂后，众弟子都感到很惊讶，都赞叹不已，大家都议论说："真奇怪！我们不应以貌取人，还没有多长时间，他竟然成了一位肉身菩萨呀！"五祖看见众人大惊小怪，恐怕有人会对惠能不利，于是用鞋子擦掉偈子，并且说道："也没有见性。"众人听五祖这样说，也就不以为怪了。

 六祖开悟

次日，祖潜至碓坊，见能腰石舂米。语曰："求道之人，为法忘躯，当如是乎？"乃问曰："米熟也未①？"惠能曰："米熟久矣！犹欠筛在。"祖以杖击碓三下而去。惠能即会祖意，三鼓入室。祖以袈裟遮围，不令人见，为说《金刚经》。至"应无所住，而生其心"，惠能言下大悟一切万法不离自性。遂启祖言："何期②自性，本自清净；何期自性，本不生灭；何期自性，本自具足；何期自性，本无动摇；何期自性，能生万法。"祖知悟本性，谓惠能曰："不识本心，学法无益。若识自本心，见自本性，即名丈夫、天人师③、佛。"

【注释】

①米熟也未：这里暗示"觉悟了吗"。

②何期：何必期求。

③丈夫、天人师：丈夫是佛的十大名号之一的调御丈夫的简称。天人师是

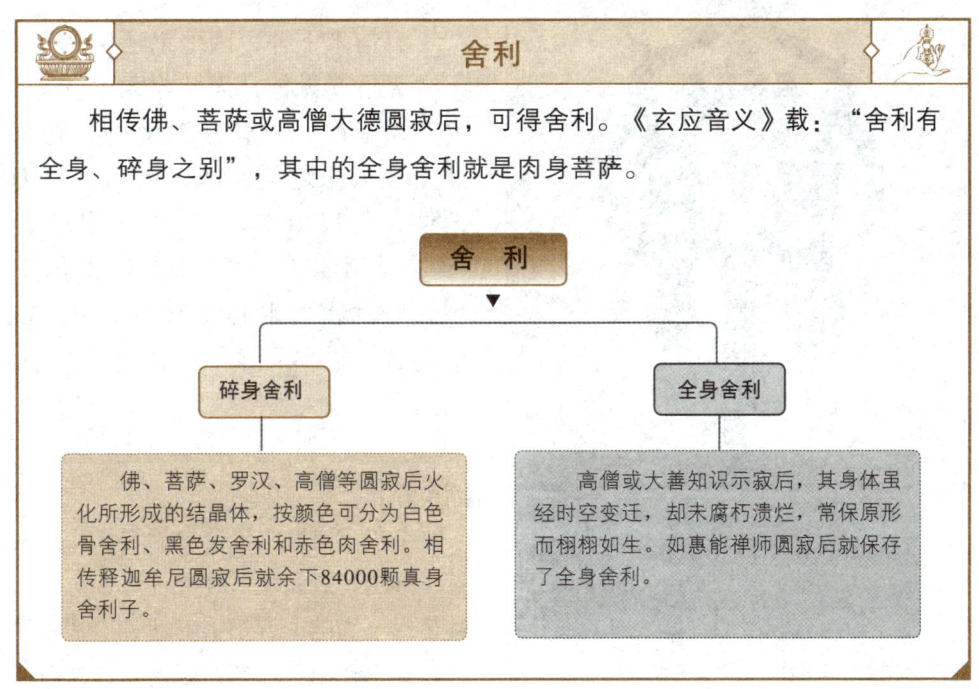

舍利

相传佛、菩萨或高僧大德圆寂后，可得舍利。《玄应音义》载："舍利有全身、碎身之别"，其中的全身舍利就是肉身菩萨。

舍利
├─ 碎身舍利：佛、菩萨、罗汉、高僧等圆寂后火化所形成的结晶体，按颜色可分为白色骨舍利、黑色发舍利和赤色肉舍利。相传释迦牟尼圆寂后就余下84000颗真身舍利子。
└─ 全身舍利：高僧或大善知识示寂后，其身体虽经时空变迁，却未腐朽溃烂，常保原形而栩栩如生。如惠能禅师圆寂后就保存了全身舍利。

佛的十大名号之一，意思是六趣中的天与人无不以佛为师，所以称天人师。

【译文】

第二天，五祖悄悄地来到舂米的磨坊，看见惠能腰间绑着石头正在舂米。五祖赞叹道："追求佛道者为了佛法忘记了自己的身躯，就当像你这样啊！"于是问惠能："米熟了吗？"惠能答："米早已经熟了！只差筛滤了。"五祖用禅杖在磨盘上敲了三下就离开了。惠能当下就领会了五祖的用意，在当天夜里三更时去了弘忍大师的房内。五祖用袈裟遮掩了门窗，秘密为惠能讲说了《金刚经》。讲到"应无所住，而生其心"这句话时，惠能顿时开悟：所有万法都不离自性。于是慧能禀告五祖说："何必向外期求自性呢？我们的自性本来就是如此清净的！自性本来就是没有生灭的！自性本来就是圆满具足的！自性本来就是没有动摇的！自性本来就能显现万法的呀！"五祖听后得知惠能已悟见本性，就对惠能说："如果不能认识自己的本来心，就算听闻再多的佛法也是没有什么用的。如果能认识自己的本来心，见到自己原本的自性，就可称为调御丈夫、天人师甚至佛。"

禅宗法脉

三更受法，人尽不知，便传顿教及衣钵，云："汝为第六代祖，善自护念，广度有情，流布将来，无令断绝！听吾偈曰：

有情来下种，因地果还生；
无情亦无种，无性亦无生。

祖复曰："昔达摩大师，初来此土，人未之信，故传此衣，以为信体，代代相承。法则以心传心，皆令自悟自解。自古佛佛惟传本体，师师密付本心。衣为争端，止汝勿传；若传此衣，命如悬丝。汝须速去，恐人害汝。"

这是禅杖图。禅杖又名有声杖、锡杖，是比丘十八物之一。相传最初是比丘为了乞食时不惊吓施主所做，一般分为三个部分：杖头由锡、铁等金属制成，附有大环，会发出锡锡声；中部是木制；下部或为金属，或为牙、角制成。《六祖坛经》中弘忍就是用禅杖来暗示慧能。

【译文】

半夜三更五祖传授给的心法，大家都不知道，五祖就这样把禅门顿法和衣钵传给了惠能，五祖嘱咐他说："你现在是第六代祖师，要好好地护持禅门法脉，广度天下众生，将我们的禅门心法代代流传，永不断绝！现在我说一首偈颂你听一下吧：

有情来下种，因地果还生；
无情亦无种，无性亦无生。

五祖又说："过去达摩祖师最初来到东土时，人们都不相信禅宗，所以禅宗才传承这衣钵作为凭证，以此来代代相传。其实禅门佛法只是以心传心，重在让人自己开悟，自己得到解脱。自古以来，各佛都只是传授自性本体，诸师只是密付自性本心。衣钵一直是争夺的祸端，只传到你这里，不要再传下去了！如果继续再传衣钵，必将危及生命。你必须迅速离开这里，恐怕有人要伤害你。"

惠能启曰："向甚处去？"
祖云："逢怀则止，遇会则藏。"
惠能三更，领得衣钵，云："能本是南中人，素不知此山路，如何出得江口？"五祖言："汝不须忧，吾自送汝。"祖相送直至九江驿。祖令上船，五祖把橹自摇。
惠能言："请和尚坐，弟子合摇橹。"
祖云："合是吾渡汝。"

【译文】

惠能听完后问五祖说："我应该向什么地方去呢？"

五祖说："你到广西怀集时就可停留，到广东四会时就隐藏起来。"

惠能在三更时分领得衣钵后，对五祖说："我原是南方人，一直都不熟悉这里的山路，如何才能走到江口呢？"

五祖说："你不必担心，我会亲自送你去。"

五祖一直送惠能到九江驿，命令惠能上船后，五祖亲自把橹摇船。惠能说："大师请坐！应该是弟子摇橹。"

五祖说："应该是我度你。"

惠能曰："迷时师度，悟了自度；度名虽一，用处不同。惠能生在边方，语音不正，蒙师传法，今已得悟，只合自性自度。"祖云："如是！如是！以后佛法，由汝大行。汝去三年，吾方逝世。汝今好去，努力向南，不宜速说，佛法难起。"

【译文】

惠能说："在迷茫的时候要师父度化，顿悟之后就要自己度脱。虽然这两种方法都称为'度'，但是并不相同。弟子出生在偏远的地方，说话语音不标

• 名词解释 •

逢怀则止，遇会则藏："怀"指广州怀集县，"会"指广州四会县。根据学者研究，惠能应在唐龙朔元年（公元661年）出发，在第二年到达四会，并在四会藏匿了15年。

准，但承蒙师父传授心法，现在已经开悟，就应该自性自度。"五祖说："是的，是的，以后就要依靠你来发扬禅宗。你南下三年后，我就会辞世。你要保重！尽量向南方走，不要急于说法，禅宗心法是很难兴盛起来的。"

六祖避难

惠能辞违祖已，发足南行。两月中间，至大庚岭①。逐后数百人来，欲夺衣钵。一僧俗姓陈，名惠明，先是四品将军，性行粗糙。极意参寻，为众人先，趁及惠能。

这是僧衣图。依佛制，初期的出家者须过质朴的僧团生活，在个人物品方面仅可以持有三衣一钵、座具和滤水囊，其中，以三衣一钵为最重要的持物。而在禅宗传承方面，释迦牟尼佛传衣钵于迦叶，迦叶遂为印度禅宗始祖，自此之后，中国禅宗也以衣钵为法脉传承的象征，所以弘忍传衣钵于慧能，慧能遂为禅宗六祖。

惠能掷下衣钵于石上，曰："此衣表信，可力争耶？"即隐草莽中。惠明至，提掇不动，乃唤云："行者！行者！我为法来，不为衣来。"惠能遂出，盘坐石上。惠明作礼云："望行者为我说法。"惠能云："汝既为法而来，可屏息诸缘，勿生一念，吾为汝说。"

【注释】

①大庚岭：在江西大庚县南、广东南雄县北的地段。

【译文】

惠能辞别五祖，动身向南行走。大约经过两个月，在慧能到达大庚岭一带时，有数百人从后面追赶而来，想要夺取衣钵。有一位俗家姓陈、法号惠明的僧人，以前曾做过四品将军，他性情非常粗鲁，出家后参禅求道的心却很积极。他比其他人先一步追上惠能。惠能把衣钵扔在石头上，说："这袈裟是代表传法的信物，可以用暴力来争夺吗？"说完就隐避到草丛中。惠明赶到石头处，想要提起衣钵时却无法拿动，于是大声喊道："行者！行者！我是为求法而来，不是争夺衣钵"。于是惠能从草丛出来，盘腿坐在石头上。惠明先对惠能作礼，然后说："希望行者能为我说法。"惠能说："你既然是为了求法而来，那就要先摒弃一切因缘，不可生一丝杂念，然后我就为你说法。"

明良久，惠能云："不思善不

思恶,正与么时,哪个是明上座本来面目?"惠明言下大悟。复问云:"上来密语密意外,还更有密意否?"惠能云:"与汝说者,即非密也;汝若返照,密在汝边。"明曰:"惠明虽在黄梅,实未省自己面目。今蒙指示,如人饮水,冷暖自知。今行者即惠明师也!"惠能曰:"汝若如是,吾与汝同师黄梅,善自护持。"明又问:"惠明今后向甚处去?"惠能曰:"逢袁①则止,遇蒙②则居。"明礼辞。

【注释】

①袁:指江西宜春。

②蒙:指江西上高。

【译文】

惠能思量了很久,对惠明说:"不起善心,不起恶念,这个时候,哪个才是你惠明上座的本来面目呢?"惠明听后立即就开悟了,接着问:"除了已经说过的密语、密意以外,还更有其他的密意吗?"惠能说:"既然已经对你讲了,就不是秘密。你如果能反观自照,究明自性的本源,密意就在你身边。"惠明说:"我虽在黄梅五祖下学习很久了,但确实没有能省悟自己的本来面目,现在我承蒙你的指示,就像人喝水一样,冷暖只有自己知道。现在行者就是我惠明的师父了!"惠能说:"如果你真像你所说,我与你同在黄梅五祖之下为徒,应该好好护持五祖的法脉。"惠明又问:"我今后该向什么地方去?"惠能说:"你到江西袁州一地就停下来,到蒙山一地就安住下来。"惠明听后作礼辞别了。

惠能后至曹溪①,又被恶人寻逐。乃于四会,避难猎人队中,凡经一十五载,时与猎人随宜说法。猎人常令守网,每见生命,尽放之。每至饭时,以菜寄煮肉锅。或问,则对曰:"但吃肉边菜。"

【注释】

①曹溪:在广东省曲江县东南五十里。

【译文】

后来惠能到了曹溪,又被恶人追赶,于是他就在四会避难,隐藏在猎人的队伍中长达十五年。这期间,经常随机向猎人们讲法。猎人们常让惠能看守捕捉禽兽的网,而惠能每次看到禽兽落入网时,就全把它们放走了。每到吃饭的时候,惠能就把蔬菜放在肉锅里煮。有人问时,惠能就回答说:"我只吃肉边的蔬菜罢了。"

风动幡动

一日思惟:"时当弘法,不可终遁。"遂出至广州法性寺①,值印宗法师②讲《涅槃经》。时有风吹幡动。一僧曰:"风动。"一僧曰:"幡动。"议论不已。惠能进曰:"不是风动,不是幡动,仁者心动。"一众骇然。

【注释】

①法性寺：广州光孝寺。

②印宗法师：当时法性寺的住持。

【译文】

有一天惠能想到："现在是弘法的时候了，我不能一直隐遁下去！"于是他来到广州的法性寺，正好印宗法师正在宣讲《涅槃经》。这时有一阵风吹着幡旗飘动。一个僧人说风在动，另一个僧人说旗在动，两人一直争论不休。惠能走上前去说："既不是风动，也不是旗动，是二位仁者的心在妄动！"大众听到这话后都十分惊讶。

印宗延①至上席，征诘②奥义，见惠能言简理当，不由文字。宗云："行者定非常人，久闻黄梅衣法南来，莫是行者否？"惠能曰："不敢！"宗于是作礼，告请传来衣钵，出示大众。

【注释】

①延：请。

②征诘：征询。

【译文】

印宗法师立刻请惠能坐到上席，询问佛法的奥义。他见惠能话语简单但说理透彻，并未引经据典。印宗法师说："您一定不是平常人，我很久前就听说黄梅五祖的衣法已经传到南方，或者就是您吧？"惠能说："不敢当！"于是印宗法师恭敬作礼，并请惠能将从五祖那里传来的衣钵，出示给大众观看。"

六祖弘法

宗复问曰："黄梅付嘱，如何指授？"惠能曰："指授即无，惟论见性，不论禅定解脱。"宗曰："何不论禅定解脱？"能曰："为是二法。不是佛法；佛法是不二之法。"宗又问："如何是佛法不二之法？"惠能曰："法师讲《涅

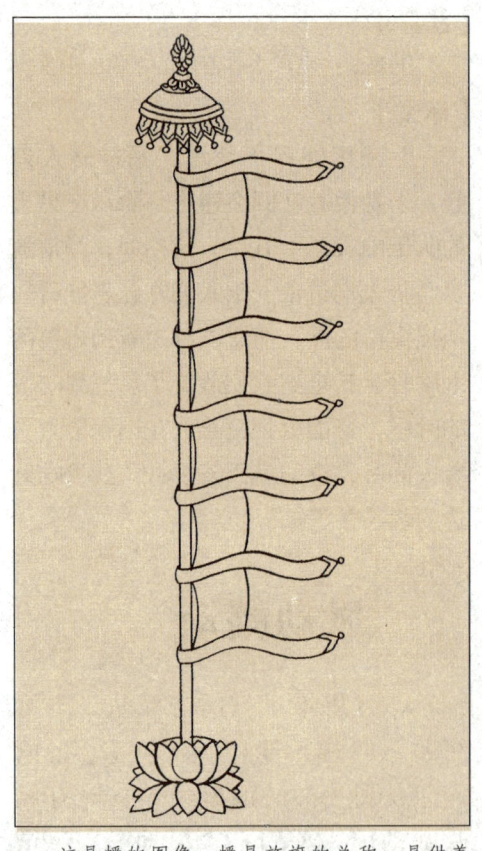

这是幡的图像。幡是旌旗的总称，是供养佛、菩萨的庄严器具，象征佛、菩萨的威德。在佛教经典中，造幡被认为可以建福德、避苦难，所以寺院、道场经常使用。《六祖坛经》中慧能以"仁者心动"来回应"风动幡动"的争论，这也是禅宗的著名典故之一。

槃经》，明佛性是佛法不二之法。如高贵德王菩萨白佛言：'犯四重禁①，作五逆罪②及一阐提③等，当断善根佛性否？'佛言：'善根有二：一者常，二者无常；佛性非常非无常，是故不断，名为不二。一者善，二者不善；佛性非善非不善，是名不二。蕴之与界，凡夫见二；智者了达，其性无二。无二之性，即是佛性。'"

【注释】

①四重禁：指杀生、偷盗、邪淫、妄语等四种禁戒。

②五逆罪：指杀父、杀母、杀阿罗汉、破和合僧及出佛身血五种重罪。

③一阐提：不信佛法之人，无佛性者，为一阐提。

【译文】

印宗法师又接着问："黄梅五祖传衣钵时是怎么传授佛法的呢？"惠能说："没有什么指示传授，只讲自性，并不讲说禅定解脱。"印宗法师问道："为什么不说禅定解脱呢？"惠能说："因为讲禅定解脱，就有能求、所求二法，这就不是佛法；佛法是没有分别对待的不二之法。"印宗法师再问："佛法的不二法门是什么呢？"惠能说："法师所讲的《涅槃经》，阐述讲明了佛性就是佛法的不二之法。比如高贵德王菩萨问佛陀说：'犯了四重禁、五逆罪及不信佛法的一阐提，是不是就永远断了善根佛性呢？'佛陀回答说：'善根有两种：一是常；二是无常，佛性不是常也不是无常，因此为不断，这就是不二法门；一是善，二是不善，而佛性

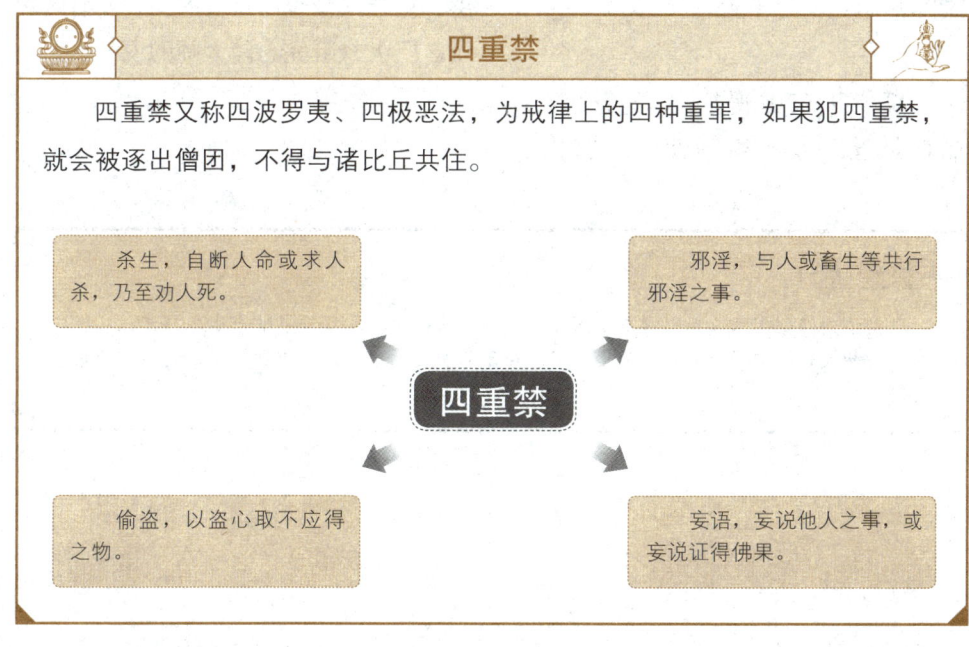

四重禁

四重禁又称四波罗夷、四极恶法，为戒律上的四种重罪，如果犯四重禁，就会被逐出僧团，不得与诸比丘共住。

- 杀生，自断人命或求人杀，乃至劝人死。
- 邪淫，与人或畜生等共行邪淫之事。
- 偷盗，以盗心取不应得之物。
- 妄语，妄说他人之事，或妄说证得佛果。

四重禁

既非善，也非不善，因此叫不二之法门。五蕴与十八界，凡夫以为是不同的境界，而有智慧的人通达事理，知道它们并没有什么不同。这种没有无别的本性就是佛性。"

印宗闻说，欢喜合掌，言："某甲讲经，犹如瓦砾；仁者论义，犹如真金。"于是为惠能剃发，愿事为师。惠能遂于菩提树下，开东山法门。

【译文】
印宗法师听惠能的说法后，心生欢喜，合掌恭敬地说："我给别人讲经，好像瓦片石砾；而您论述义理，犹如精纯的真金一般。"于是印宗法师为惠能剃发，并且愿尊奉惠能做师父。惠能于是就在光孝寺的菩提树下开演东山禅宗顿教法门。

惠能于东山得法，辛苦受尽，命似悬丝。今日得与使君、官僚、僧尼道俗，同此一会，莫非累劫之缘，亦是过去生中供养诸佛，同种善根，方始得闻如上顿教得法之因。教是先圣所传，不是惠能自智。愿闻先圣教者，各令净心；闻了各自除疑，如先代圣人无别。一众闻法，欢喜作礼而退。

【译文】
"我自从在东山得到传承法脉之后，历尽千辛万苦，生命无时无刻不处于危险之中。今天能够和刺史、官僚、比丘、比丘尼、道人及信众同聚在这里，这是因为长久以来所累积的法缘，也是过往供养诸佛，共同种下的善根，才能听闻顿教得法的因缘。这顿教法门是历代的圣人代代传承下来的，并非我惠能一人的聪明智能。愿听闻古圣教法的诸位，都能清净自心，消除内心的疑惑，这样诸位也和过去的圣人没有区别了。"大众听完惠能大师的说法后，心生欢喜，恭敬地作礼后都离去了。

• 名词解释 •

东山法门：禅宗五祖弘忍继承四祖道信的禅法，于湖北黄梅县的东山上弘法，所传之法"法妙人尊"，因此被称为东山法门。由于惠能继承了弘忍的衣钵，所以说他"开东山法门"。

4 一念成佛
般若智慧和般若行

六祖说法

次日，韦使君请益①，师升座，告大众曰："总净心念摩诃般若波罗蜜多。"复云："善知识！菩提般若之智，世人本自有之。只缘心迷，不能自悟；须假②大善知识，示导见性。当知愚人智人，佛性本无差别；只缘迷悟不同，所以有愚有智。吾今为说摩诃般若波罗蜜法，使汝等各得智慧。志心谛听，吾为汝说。"

【注释】

①请益：已经受戒，再有所请教，称为请益。

②假：借助。

【译文】

第二天，韦刺史又来向六祖大师请求开示。六祖大师登上法座，对大众说："大家都先要清净自心，然后以清净心来体会无上智慧。"接着六祖说道："善知识！世间的众生本都有成佛的无上智慧，只是因为自心被迷惑，不能自己开悟，必须借助高僧大德的开示，才能见到自己的本性。大家都要知道，愚人和智者的佛性原本是没有差别的，只因为有迷昧和省悟的不同，才有了愚人和智人之分。我今天要为你们宣讲'摩诃般若波罗蜜'大法，使你们都能领悟到成佛的智慧。你们要仔细倾听，我现在就为你们说法。"

"善知识！世人终日口念般若，不识自性般若，犹如说食不饱。口但说空，万劫不得见性，终无有益。

"善知识！'摩诃般若波罗蜜'是梵语①，此言'大智慧到彼岸'。此须心行，不在口念。口念心不行，如幻如化，如露如电；口念心行，则心口相应②，本性是佛，离性无别佛。"

【注释】

①梵语：印度标准语言，又称雅语。古印度人认为自己所说的语言是禀

承天王所说而来的，所以称梵语。

②相应：相契合。

【译文】

"善知识！世人成天只知口中念诵般若，却不能认识到自己本性所具有的智慧，就像是空口说吃饭而不进食，始终不会觉得饱一样。如果只是口里空说，就算历经万劫也终不能见得自性的，最终只是学而无益。

"善知识！'摩诃般若波罗蜜'是梵文，翻译为中文就是'用大智慧度到彼岸'。这必须要从内心去实行，而不是简单地用口念诵就可以了。如果只是口里空念，而内心不去行持，就如同梦幻、朝露闪电一样地空虚；而如果能口中边念内心边行，心口相契合，这时就能体会到自己的本性就是佛，离开自性就成不了佛。"

摩诃之意

"何名'摩诃'？摩诃是大。心量广大犹如虚空，无有边畔，亦无方圆大小，亦非青黄赤白，亦无上下长短，亦无嗔无喜，无是无非，无善无恶，无有头尾，诸佛刹土，尽同虚空。世人妙性本空，无有一法可得。自性真实，亦复如是。善知识！莫闻吾说空，便即着空。第一莫着空，若'空心静坐'，即着'无记空'。"

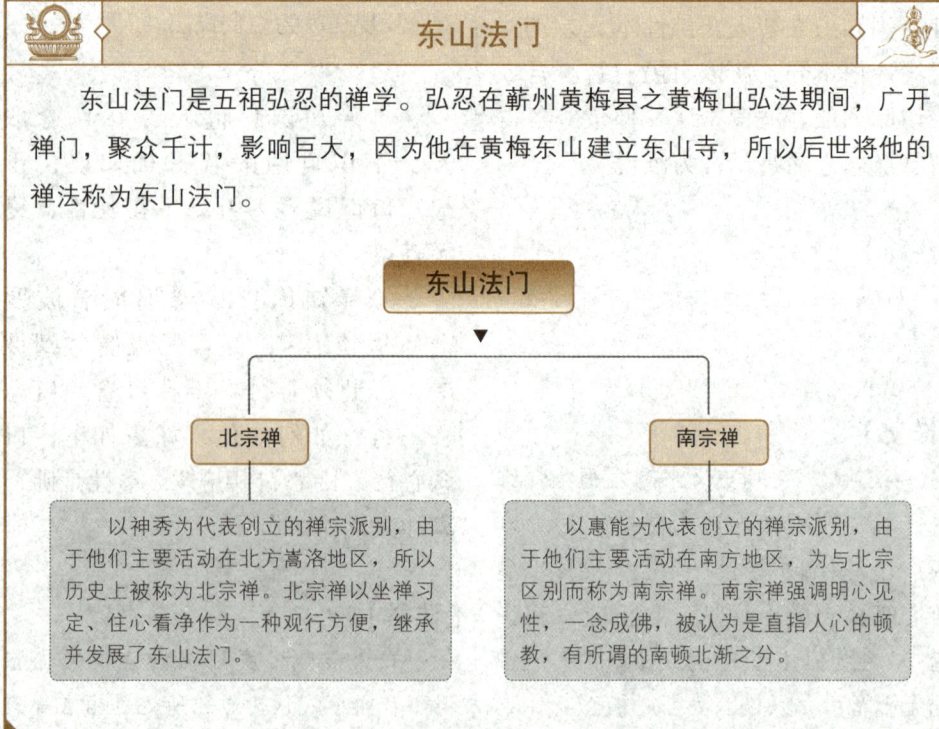

东山法门

东山法门是五祖弘忍的禅学。弘忍在蕲州黄梅县之黄梅山弘法期间，广开禅门，聚众千计，影响巨大，因为他在黄梅东山建立东山寺，所以后世将他的禅法称为东山法门。

东山法门

- **北宗禅**：以神秀为代表创立的禅宗派别，由于他们主要活动在北方嵩洛地区，所以历史上被称为北宗禅。北宗禅以坐禅习定、住心看净作为一种观行方便，继承并发展了东山法门。
- **南宗禅**：以惠能为代表创立的禅宗派别，由于他们主要活动在南方地区，为与北宗区别而称为南宗禅。南宗禅强调明心见性，一念成佛，被认为是直指人心的顿教，有所谓的南顿北渐之分。

【译文】

"什么叫做'摩诃'呢?'摩诃'就是'大'的意思,是指心量广大,好像虚空一样,没有边际,没有大小方圆、赤黄青白、上下长短,也没有嗔怒喜乐、是非善恶、开始结束等分别。一切诸佛国土,都如同虚空一样。世人的灵妙真性本来是空的,并没有一法可得。所谓自性真空,也是一样的!善知识啊!千万不要听我说'空',就只执著于空。修行的第一个注意事项就是要不要执著空相。如果心里什么念头都没有就只是静坐,那就是'无记空'了。"

"善知识!世界虚空,能含万物色像,日月星宿、山河大地、泉源溪涧、草木丛林、恶人善人、恶法善法、天堂地狱、一切大海、须弥诸山,总在空中。世人性空,亦复如是。"

【译文】

"善知识!虚空世界包罗了万物的种种色相,例如日月星辰、山河大地、泉源溪涧、草木丛林、恶人善人、恶法善法、天堂地狱、一切大海、须弥诸山,都在这虚空之中,世人的妙性真空,也同样能包容万法。"

"善知识!自性能含万法是大,万法在诸人性中。若见一切人恶之与善,尽皆不取不舍,亦不染着,心如虚空,名之为大,故曰'摩诃'。善知识!迷人口说,智者心行。又有迷人,空心静坐,百无所思,自称为大;此一辈人,不可与语,为邪见故。"

【译文】

"善知识啊!自性能包含万法,这就称为'大',而万法就在每个人的自性当中。如果见到任何人,无论善恶,都能做到不取不舍,也不沾染执著,心净如虚空,这也就是'大',所以梵语叫做摩诃。善知识啊!愚痴迷惑的人只是用口诵念,而智者则用心行。还有一些执迷不悟之人,空心静坐,什么也不想,自以为这就是'大'了,这样的人就不足以和他论法了,因为他们的见解是邪知邪见呀!"

般若之意

"善知识!心量广大,遍周法界。用即了了分明,应用便知一切。一切即一,一即一切,去来自由,心体无滞,即是般若。

"善知识!一切般若智,皆从自

• 名词解释 •

邪见:指不正之见,凡不合正法的外道之见都可以称为邪见。《六祖坛经》中的邪见是指"著于无记空"而不合正法者说的。所谓"无记空"是指于善不善者皆不可记别的空。

性而生，不从外入，莫错用意，名为真性自用。一真一切真。心量大事①，不行小道。口莫终日说空，心中不修此行，恰似凡人自称国王，终不可得，非吾弟子。"

【注释】

①心量大事："心量"，指远离一切所缘、能缘，而无住于心的真如心量；"大事"，指转迷开悟之事。"心量大事"是说开发真如心量，是转迷开悟、见性成佛的大事。

【译文】

"善知识啊！自性心量广大，包含着整个世界万物，运用的时候就历历分明，就知道了一切万法。一切万法就是同一本法，一本法就能显现一切万法，不但来去自由，而且心与身体之间毫无障碍，这就是般若智慧。

"善知识！所有般若智慧，都是从自性中生出的，而不是从外面得来，你们不要错用了心思！这就叫作真性自用。一法真即一切法皆真。心要开悟真如自性，转迷为悟的大事，而不要用在空心静坐这种小道上，更不要整天口中说空，而心中却不能修行！就好像一个平民百姓，总自称为王，却终究不能为王。这种人不是我的弟子。"

"善知识！何名'般若'？般若者，唐言①智慧也。一切处所，一切时中，念念不愚，常行智慧，即是'般若行'！一念②愚即般若

绝，一念智即般若生。世人愚迷，不见般若；口说般若，心中常愚。常自言我修般若，念念说空，不识真空。般若无形相，智慧心即是。若作如是解，即名'般若智'。"

【注释】

①唐言：即汉语、华语，唐朝时中国于世界声威远扬，所以出国侨居的中国人都自称为唐人。

②一念：一瞬间，在佛教中指心思活动中最短的时间单位。

【译文】

"善知识啊！什么叫'般若'？中文翻译为智慧。无论何时何地，能心心念念不愚不痴，常用智慧行事，这就是般若行。如果一念愚妄，就断失了般若；一念正智，就会生出般若。世间凡夫，执迷不悟，不能见到智慧。虽然口说般若，心中却常被愚迷所惑；尽管常常说我在修行般若，心心念念地谈论空相，却不能体会真正的性空智慧。般若原本没有形相，人的智慧心就是此无形无相而又净空相继的般若相。如果能这样理解，就称为般若智慧。"

波罗蜜之意

"何名'波罗蜜'？此是西国语，唐言到彼岸，解义离生灭。着境生灭起，如水有波浪，即名为此岸；离境无生灭，如水常通流，即名为彼岸，故号波罗蜜。"

【译文】

"什么叫'波罗蜜'呢?这是印度话,中文翻译为'到彼岸',意思是断绝生灭。心若执著外境,就有生灭现起,如同水中波浪起伏不定,这叫做'此岸';如果心不思量外境,就像流水畅通无碍,生灭便无由现起,这叫'彼岸',所以称为'波罗蜜。'"

"善知识!迷人口念,当念之时,有妄有非;念念若行,是名真性。悟此法者,是'般若法';修此行者,是'般若行'。不修即凡;一念修行,自身等佛。

"善知识!凡夫即佛,烦恼即菩提。前念迷即凡夫,后念悟即佛;前念著境即烦恼,后念离境即菩提。"

【译文】

"善知识啊!愚昧的人只知道在口中空念,当口念的时候,心中却有妄想、是非的纷扰。如果能念念心行,才是真实不虚的真如法性。悟得这个法的是'般若法',而修持这种行的是'般若行'。不能像这样修行,就是凡夫俗子;如果能一念修行,顿地成佛。

"善知识!凡人本来自性是佛,烦恼自性就是菩提。前念迷惑,就是凡夫;后念觉悟,就是佛陀。前念执著于外境,就是烦恼;后念超离境相,就是菩提。"

"善知识!摩诃般若波罗蜜,最尊最上最第一,无住无往亦无来,三世诸佛从中出。当用大智慧,打破五蕴烦恼尘劳,如此修行,定成佛道,变三毒为戒定慧。"

【译文】

"善知识啊!摩诃般若波罗蜜是最尊贵、至高无上的第一佛法,既没有往也没有来,过去世、现在世、未来世的诸佛都是从这最尊最高的法生

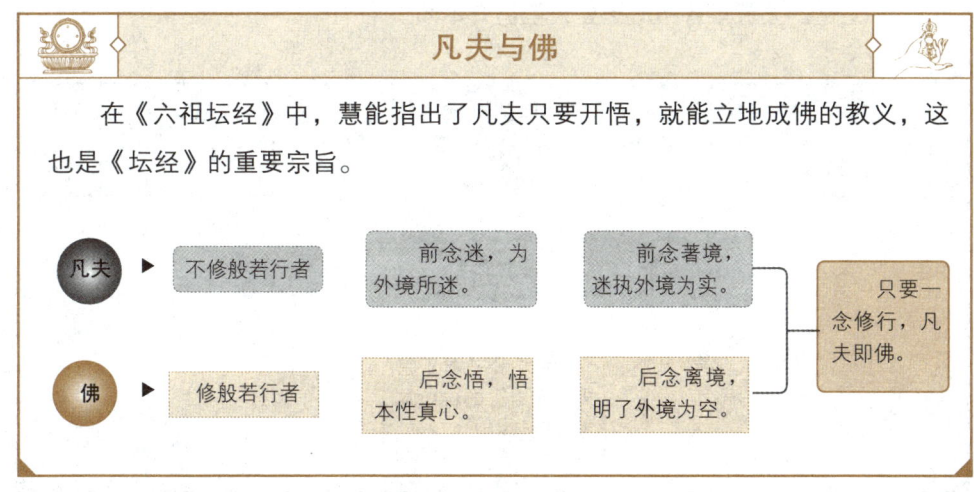

凡夫与佛

在《六祖坛经》中,慧能指出了凡夫只要开悟,就能立地成佛的教义,这也是《坛经》的重要宗旨。

凡夫 ▶ 不修般若行者 — 前念迷,为外境所迷。 — 前念著境,迷执外境为实。
佛 ▶ 修般若行者 — 后念悟,悟本性真心。 — 后念离境,明了外境为空。

只要一念修行,凡夫即佛。

第八章 禅宗圣经——《六祖坛经》

出。我们应当运用这种大智慧去打破色、受、想、行、识五蕴及一切的烦恼尘劳。如果能这样修行，一定可以成就佛道，转变贪、嗔、痴三毒为戒、定、慧三无漏学。"

见性成佛

"善知识！我此法门，从一般若生八万四千智慧。何以故？为世人有八万四千尘劳①；若无尘劳，智慧常现，不离自性。无念、无忆、无著，不起诳妄。用自真如性，以智慧观照，于一切法不取不舍，即是见性成佛道。"

【注释】

①尘劳：佛教徒所说的世俗事务的烦恼。

【译文】

"善知识！要知道我这一法门，从一实相般若能生出八万四千种智慧，这是为什么呢？因为世人有八万四千种烦恼尘劳。如果没有尘劳烦恼，般若智慧就能时常显现，念念不离菩提自性。悟得这一法门的人，就不会有妄念，没有思量、执著，也不起诳妄颠倒之心，应用真如自性，以般若智慧来观察事物，对于一切诸法不执著也不舍离，这就是见性成佛。"

"善知识！若欲入甚深法界①及般若三昧者，须修般若行；持诵《金刚般若经》，即得见性。当知此经功德，无量无边，经中分明赞叹，莫能具说。此法门是最上乘，为大智人说，为上根人说；小根小智人闻，心生不信。何以故？譬如

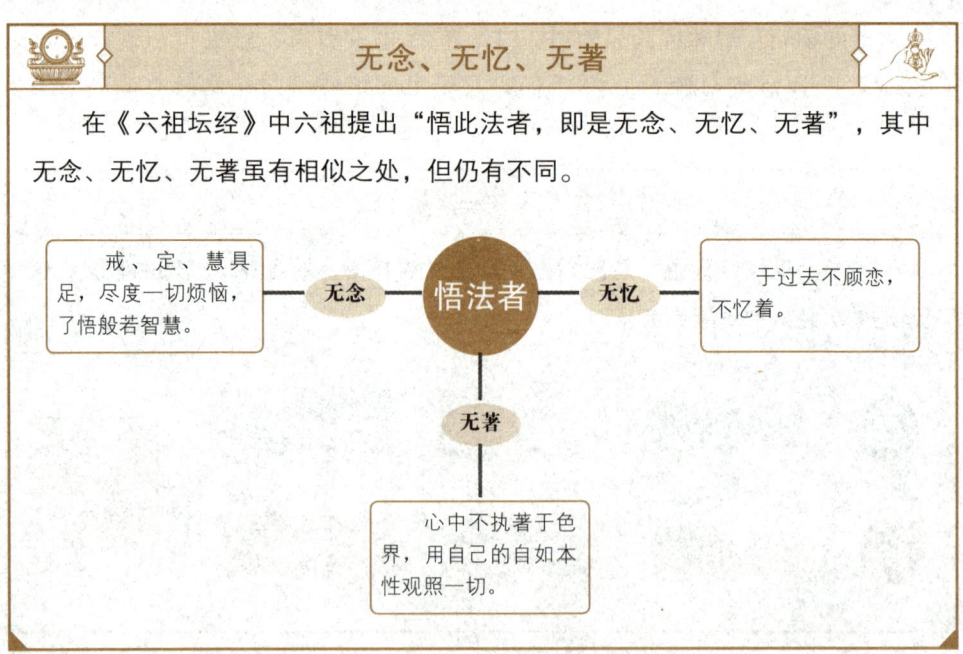

无念、无忆、无著

在《六祖坛经》中六祖提出"悟此法者，即是无念、无忆、无著"，其中无念、无忆、无著虽有相似之处，但仍有不同。

- **无念**：戒、定、慧具足，尽度一切烦恼，了悟般若智慧。
- **无忆**：于过去不顾恋，不忆着。
- **无著**：心中不执著于色界，用自己的自如本性观照一切。

天龙下雨于阎浮提，城邑聚落，悉皆漂流，如漂草叶；若雨大海，不增不减。若大乘人，若最上乘人，闻说《金刚经》，心开悟解。故知本性自有般若之智，自用智慧常观照故，不假文字。譬如雨水，不从无有，元是龙能兴致，令一切众生、一切草木、有情无情，悉皆蒙润；百川众流，却入大海，合为一体。众生本性般若之智，亦复如是。"

【注释】

①甚深法界：指极其幽妙深广的实相境界。

【译文】

"善知识啊！如果想进入甚深法界和般若正定的人，必须修持般若行；而持诵《金刚般若经》，就能够明见自性。由此可以知道《金刚经》的功德是无量无边的，虽然经文中已经很明确地对此经的功德给予赞叹，但仍不能完全说尽。这顿教法门是最上乘的法门，是专门为有大智慧的人和上等根性的人讲说的；而小根器、小智慧的人一旦听到此法后，心中就会生出疑惑，这是为什么呢？就好像天神龙神为娑婆世界降雨，城市村落都顺水漂流，如同水上漂流的小草树叶一样；如果降雨在大海里，雨再大也不会看见海水增加；但如果是大乘人，听到《金刚经》时，就能立即能开悟。所以说本性里面自有般若智慧，这一般若智慧不需要任何文字，却能观照世事。比如雨水，它不是从无而有，原是天龙能兴云布雨，让一切众生、所有花草树木，有情无情，都能蒙受润泽；雨水随百川流入大海，合成一体。众生本性中原有的般若智慧也是这样的。"

"善知识！小根之人，闻此顿教，犹如草木。根性小者，若被大雨，悉皆自倒，不能增长。小根之人，亦复如是。元有般若之智，与大智人更无差别，因何闻法不自开悟？缘邪见障重，烦恼根深。犹如大云覆盖于日，不得风吹，日光不现。般若之智亦无大小，为一切众生自心迷悟不同。迷心外见①，修行觅佛，未悟自性，即是小根。若开悟顿教，不执外修，但于自心中常起正见，烦恼尘劳，常不能染，即是见性。"

【注释】

①心外见：认为除了自心以外还有其余可求的菩提的邪见。

【译文】

"善知识啊！小根器的人听到这般若顿教法门，如同根茎弱小的草木，一旦遇到大雨，都会被冲倒，不能继续生长。小根器的人也是这样，他们原有的般若智慧，与大根智的人本没有区别，为什么在听闻顿教法门时不能开悟呢？因为他们执迷于邪知邪见，障碍和烦恼在心内结下太深的根基的缘故。这就好比乌云遮住了太阳，如果没有风吹散乌云，日光就不能显现一样。般若智慧本无大小之分，却因众生自心的迷悟而各有不同。当心有迷惑时，就向外求法，离心觅佛，不能悟见自性，这就是小根性的人。如果领悟顿教法门，就不会执著于修行求法，而在自己心中常生正见，一切烦恼尘劳自然都不会沾染，这就是明心见性。"

"善知识！内外不住，去来自由，能除执心，通达无碍，能修此行，与《般若经》本无差别。善知识！一切修多罗①及诸文字，大小二乘、十二部经②，皆因人置；因智慧性，方能建立。若无世人，一切万法本自不有。故知万法本自人兴；一切经书，因人说有。缘其人中，有愚有智：愚为小人，智为大人。愚者问于智人，智者与愚人说法，愚人忽然悟解心开，即与智人无别。"

【注释】

①修多罗：译为契经，指佛教经典。

②十二部经：印度佛教经典按内容可分为十二类，总称为十二部经。

【译文】

"善知识！如果能不执著内境也不不执著外境，生死来去自由，能消除心中的执著，就能通达顺畅，没有障碍，这样的修行，就和《般若经》所说的没有差别。

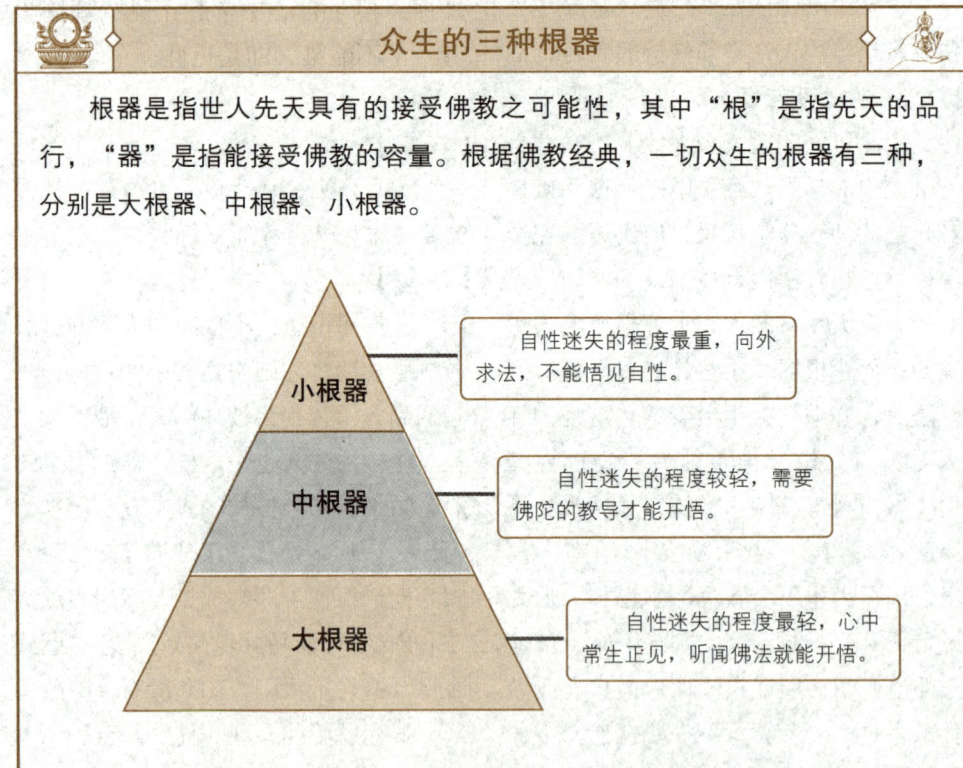

众生的三种根器

根器是指世人先天具有的接受佛教之可能性，其中"根"是指先天的品行，"器"是指能接受佛教的容量。根据佛教经典，一切众生的根器有三种，分别是大根器、中根器、小根器。

- 小根器：自性迷失的程度最重，向外求法，不能悟见自性。
- 中根器：自性迷失的程度较轻，需要佛陀的教导才能开悟。
- 大根器：自性迷失的程度最轻，心中常生正见，听闻佛法就能开悟。

"善知识！一切经典、所有文字、大小二乘教、十二部经，都是因人而设的，由于众生智慧深浅有所不同，才能建立起来。如果没有世人，也就不会有一切万法。由此可知，一切万法原本是由世人所兴设；所有经书也都是有人说法才会有。因为世人有愚智的分别，愚昧的为小人，有智慧的为大人。愚昧的人向有智慧的人请教，有智慧的人对愚昧的人说法；痴愚的人如果能忽然领悟、明心见性，就和有智慧的人没有差别。"

一念成佛

"善知识！不悟即佛是众生；一念悟时，众生是佛。故知万法尽在自心。何不从自心中顿见真如本性？《菩萨戒经》云：'我本元自性清净，若识自心见性，皆成佛道。'《净名经》云：'即时豁然，还得本心。'"

【译文】

"善知识！一念不能觉悟，佛也会成为众生；一念觉悟时，众生也能成佛。所以我们可以知道，万法都在自己的心中。那为什么不从自己的心中去领悟顿之真如本性呢？《菩萨戒经》中说：'我本来的自性是清净无染的。若能识得自心，见到自性，都能够成就佛道。'《净名经》中说：'顿时开悟，返见自己清净的本心。'"

"善知识！我于忍和尚处，一闻言下便悟，顿见真如本性。是以将此教法流行，令学道者顿悟菩提，各自观心，自见本性。若自不悟，须觅大善知识，解最上乘法者，直示正路。是善知识有大因缘，所谓化导①令得见性；一切善法，因善知识能发起故。三世诸佛、十二部经，在人性中本自具有。不能自悟，须求善知识指示方见。若自悟者，不假外求。若一向执谓须他善知识，望得解脱者，无有是处。何以故？自心内有知识自悟。若起邪迷，妄念颠倒，外善知识虽有教授，救不可得。若起正真般若观照，一刹那间，妄念俱灭。若识自性，一悟即至佛地。"

【注释】

①化导：教化导示。

【译文】

"善知识啊！我在五祖弘忍和尚那儿，一听到他说法当下就开悟，见到了

名词解释

修多罗：意译为契经、正经等，原指由线与纽串连的花簇，后引申为能贯串前后法意使不散失，即指佛教经典。就文体与内容而言，佛陀所说之教法，凡属直说之长行者，皆属于修多罗。

真如本性。所以才将这种顿教法门流传广布，让学佛道的人顿见菩提，各自观照自心，自见本性。如果自己不能领悟，就要寻访大明大德之师，也就是理解最上乘法的人，直接指示正路。这些大师与众生有大事因缘，教化示导令众生得见自性，世间的一切善法也是因为大师们的传授才得以流传。实际上，过去、现在、未来三世一切诸佛及十二部经在人的自性本心中本来就圆满具足，如果不能自己开悟，就要恭求大师的指示方能明见自性。如果能自己开悟的人，不需要借助外力，如果一味地执著于必须依靠大师的指导才得到解脱的想法，那就是错误的，为什么这样说呢？自己的本心之中本来就有般若智慧，本来就能自己开悟。如果心生邪见，有了妄念，颠倒是非，那么即使有大师的指导，也不能解脱，如果内心生有正见，就有般若智慧之心观照，一瞬间所有的妄念都会消失；如果能见到自性，一开悟就能立地成佛。"

无念与边见

"善知识！智慧观照，内外明彻，识自本心。若识本心，即本解脱。若得解脱，即是般若三昧；般若三昧，即是'无念'。何名'无念'？知见一切法，心不染著①，是为'无念'。用即遍一切处，亦不著一切处。但净本心，使六识出六门，于六尘中无染无杂，来去自由，通用无滞，即是般若三昧，自在解脱，

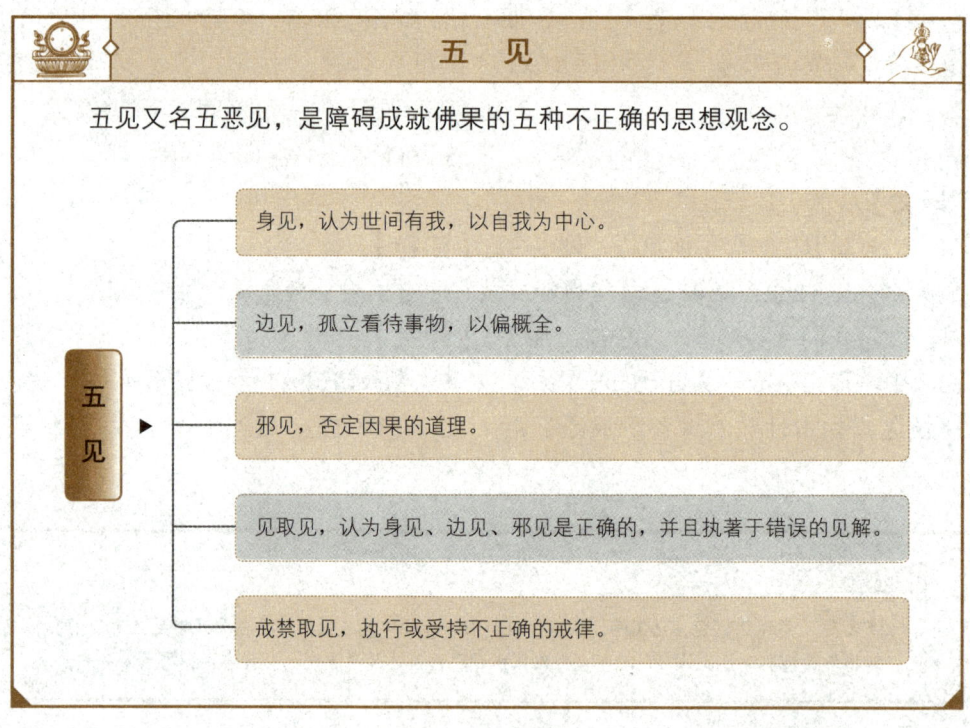

五 见

五见又名五恶见，是障碍成就佛果的五种不正确的思想观念。

五见 ▶
- 身见，认为世间有我，以自我为中心。
- 边见，孤立看待事物，以偏概全。
- 邪见，否定因果的道理。
- 见取见，认为身见、边见、邪见是正确的，并且执著于错误的见解。
- 戒禁取见，执行或受持不正确的戒律。

名'无念行'。若百物不思，当令念绝，即是法缚，即名'边见'。

【注释】

①染著：沾染外物。

【译文】

"善知识啊！用般若智慧观照世间一切，就能使心内外光明澄彻，认识自己的自性本心。如果认识到自己的本心，就会明了本来无碍的自在解脱。如果得解脱自在，即是进入般若正定中，般若三昧就是对一切诸法无念。什么叫'无念'呢？就是虽知见一切万法，而心不染著。应用时即遍一切地方，却又不染著一切。只要内心清净，使六识通过六根，在六尘之中不起丝毫杂染妄念，来去自由，通畅自如，运用自如，无滞无碍，这就是般若三昧，就是自在解脱，这叫'无念行'。如果什么不去思考，应该使得心念断绝，这就是法缚，也叫'边见'。"

"善知识！悟无念法者，万法尽通；悟无念法者，见诸佛境界；悟无念法者，至佛地位。善知识！后代得吾法者，将此顿教法门，于同见同行，发愿受持如事佛故，终身而不退者，定入圣位。然须传授

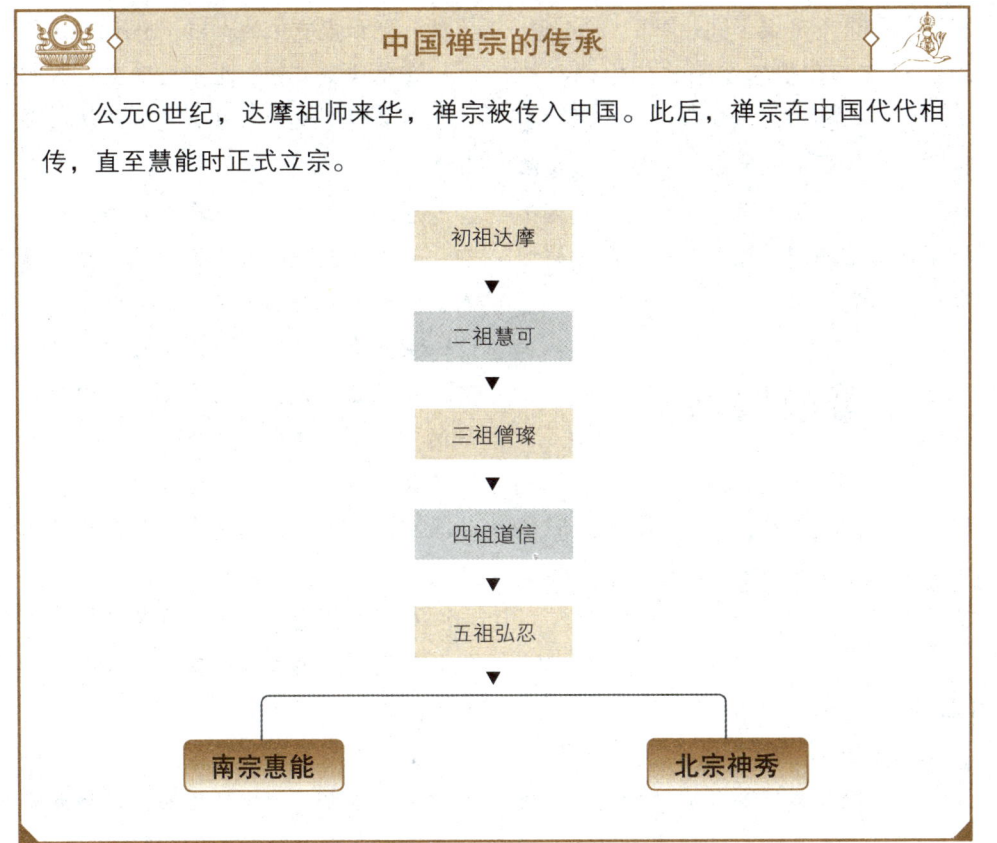

中国禅宗的传承

公元6世纪，达摩祖师来华，禅宗被传入中国。此后，禅宗在中国代代相传，直至慧能时正式立宗。

初祖达摩
▼
二祖慧可
▼
三祖僧璨
▼
四祖道信
▼
五祖弘忍
┌──────┴──────┐
南宗惠能　　　　北宗神秀

从上以来默传分付，不得匿其正法。若不同见同行，在别法中不得传付，损彼前人，究竟无益。恐愚人不解，谤此法门，百劫千生，断佛种性。"

【译文】

"善知识！能够悟得无念法的人，万法尽通，能亲见诸佛的境界，就能达到诸佛的果位。善知识！后代得到我这个无念法门的人，能将这个顿教法门，与见解相同、心行相同的人共同发愿信受奉持佛陀，终生精进而不退转的人，必定能达到圣人的境地。但是，必须传授历代祖师的默传咐嘱，不可隐匿宗门正法。如果不是属于同一禅门、没有共同的行持，在别的宗派法门中修行的人，就不得妄自传授法门给他，以免有损禅门历代祖师的传承，对他个人也没有什么好处。又怕有些愚痴的人因为不能了解禅宗法门，反而诽谤法门，招致罪孽，断绝佛缘。"

无相偈颂

"善知识！吾有一《无相颂》，各须诵取。在家出家，但依此修；若不自修，惟记吾言，亦无有益。"

【译文】

"善知识啊！我有一首《无相颂》，你们要各自去读诵。无论是在家弟子还是出家弟子，都要依这首颂去修行。如果不能去修行，只是记住我所说的话，也是没有什么用的。"

听吾颂曰：

"说通及心通，如日处虚空；①
唯传见性法，出世破邪宗。②
法即无顿渐，迷悟有迟疾；③
只此见性门，愚人不可悉。④
说即虽万般，合理还归一；⑤
烦恼暗宅中，常须生慧日。⑥
邪来烦恼至，正来烦恼除；⑦
邪正俱不用，清净至无余。"⑧

【注释】

①说通及心通，如日处虚空：是说人的智慧如虚空中的太阳，遍照一切。

②唯传见性法，出世破邪宗：六祖无上妙法传于世人破除众生妄想执著和外道法。

③法即无顿渐，迷雾有迟疾：佛说在一切法中是没有高下之分的，没有顿渐，痴迷不开悟后才有快慢的差别。

④只此见性门，愚人不可悉：只是这个见性法门，愚痴的人是不能理解领悟的，也不适合修行。

⑤说即虽万般，合理还归一：佛说法虽有八万四千法门之多，但其宗旨都是教人明心见性，返本归原。

⑥烦恼按宅中，常须生慧日：烦恼就是无明，就好像在暗室中，只需一盏智慧之灯即可照亮。

⑦邪来烦恼至，正来烦恼除：人之所以有烦恼是因为有邪思邪见，如果能心存正念，所有的烦恼都自会消除。

⑧邪正俱不用，清净至无余：如果邪念正念都不著，方能达到清净至极的境界。

【译文】

现在请专心听我说颂：

"说法通及自心通，就好像是处在虚空中的太阳普照万物。

只有六祖所传的见性大法，才能普度众生破除邪道。

大法本是不分顿与渐的，只因为久久痴迷不开悟才有了快慢之分。

只是这个能够使自己见性的法门，那些愚痴的人是不能了解的。

佛陀的说法纵然有千万种，但宗旨都是让人的身心合一，返本归原的。

烦恼在暗宅中，应当常生起智慧之灯。

人的内心一旦有了邪思邪见，就会有烦恼纷至沓来。

邪念正念都不用，就能达到涅槃的境界。"

"菩提本自性，起心即是妄；①
净心在妄中，但正无三障。②
世人若修道，一切尽不妨；③
常自见己过，与道即相当。"④

【注释】

①菩提本自性，起心即是妄：菩提就是自性，内心动念就是妄。

②净心在妄中，但正无三障：净心就在妄念之中，只要籍正就能达到正知正见。三障是指业障、报障、烦恼障。

③世人若修道，一切尽不妨：世间之

这是慧可图。慧可俗姓姬，虎牢人。他少时博闻强记，广涉群书，中年时为求得禅法，立雪断臂，遂得拜达摩为师，修得禅法，被尊为中国禅宗二祖。在《六祖坛经》中，六祖认为不能随便向外传付法门，这法门就是达摩、慧可、僧璨、道信、弘忍、惠能一脉相承的禅宗。

人如能净心修道，那么一切都不是妨碍。

④常自见己过，与道即相当：经常能看见自己的过失，那么就离菩提解脱之道不远了。

【译文】

"菩提智慧本来就是众生的自性，但在那起心动念的一刹那就堕入了妄相。

而我们的清净本心就在当下的妄念之中，只要借助修行的三种障碍，就能当即得到解脱。

世间人如果能修行这无上之道，那么所有的障碍都能被消除。

如果能经常看到自己的过错，那就与菩提道更加接近了。"

"色类自有道，各不相妨恼；①
离道别觅道，终身不见道。②
波波度一生，到头还自懊；③
欲得见真道，行正即是道。"④

【注释】

①色类自有道，各不相妨恼：色即有形有相。道就在我们的所见所知之处，不能妨碍恼乱。

②离道别觅道，终身不见道：不需要离开现实生活中的道而另外去寻找道，那么终身都找不到。

③波波度一生，到头还自懊：波波是形容忙忙碌碌、四处奔波的样子。一生忙忙碌碌的寻找，到头来还是自己懊恼。

④欲得见真道，行正既是道：想要见真正的道，只需要行为正当即可。

【译文】

"世间万象各自有道，互不相妨碍。

如果离开这世间之道，而去寻找别的道，是终其一生都难以找到的。

忙忙碌碌地度过一生，到头来只能自己懊恼。

想要见到真道，就要让自己行为端正，这就是菩提之道。"

"自若无道心，暗行不见道；①
若真修道人，不见世间过。"②

【注释】

①自若无道心，暗行不见道：如果自己没有修道之心，只是在黑暗中行走是不可能见道的。

②若真修道人，不见世间过：如果是真的修道之人，是不会见到世间的过失的。

【译文】

"如果一个修道人，自己没有上求无上菩提的心愿，那么就好像在黑暗中行走没有方向，这样是不可能得道的。

如果是真正的修道人，他就会发菩提心立志学佛，内心清净，是见不到众生过失相的。"

这是僧璨图。根据禅宗经典，僧璨原为居士，因慧可为之说"是心是佛，是心是法"而开悟，后拜慧可为师，继承了禅宗法脉，被尊为禅宗三祖。

"若见他人非，自非却是左；
他非我不非，我非自有过。
但自却①非心，打除烦恼破；
憎爱不关心，长伸两脚卧。"

【注释】

①却：除却。

【译文】

"如果知道他人有过错，那你也能知道自己的错了。他人的是非过错我不去分辨，我如果去分辨了，就会在意识中，迷昧本心，这也是过失啊！

只要能自己体悟到是非并能除却善恶的心念，就能破除烦恼，不关心世间所有的憎爱，做一个身心两闲的无为道人，自在得很。"

"欲拟化他人，自须有方便①；
勿令彼有疑，即是自性现。"

【注释】

①方便：善巧的智慧。

【译文】

"如果想要教化他人，自己首先要有足够的智慧，才能对症下药度化他人。不要让他人心生疑惑，才能使他的自性显现出来。"

"佛法在世间，不离世间觉；
离世觅菩提，恰如求兔角①。
正见名出世，邪见名世间；
邪正尽打却，菩提性宛然②。"

【注释】

①兔角：这里比喻不存在的东西。
②宛然：即显然可见的样子。

【译文】

"佛法在世间广泛流传，离不开世间一切的般若智慧，若离开世间去寻找菩提，那就相当于去寻找兔角，根本找不到。

正见就叫出世法，而有邪见就叫世间凡夫迷执。

如果把正见或者邪见都能除却，菩提自性也就自然显现出来了。"

"此颂是顿教，亦名大法船①；
迷闻②经累劫，悟则刹那间。"

【注释】

①大法船：是指能承载无数众生从生死此岸到解脱彼岸的智慧。
②迷闻：迷迷糊糊地听说，但不能省悟。

【译文】

"这首《无相颂》，是顿教的法门，是成佛的法门，也叫大法船，承载众生经烦恼中流到涅槃的彼岸。你若是迷惑不明白，那就要经过很长时间的修持，才能开悟；而你若能顿悟，刹那就能见性成佛。"

师复曰："今于大梵寺说此顿教，普愿法界众生言下见性成佛。"时韦使君与官僚、道俗，闻师所说，无不省悟。一时作礼，皆叹："善哉！何期岭南有佛出世。"

众生能在这首《无相颂》中一起见性成佛。"当时韦刺史和官僚、道士、俗人等，听六祖大师讲说之后，都能反省顿悟。并一起向大师顶礼谢法，心生欢喜地赞叹："太好了！想不到岭南一带，竟然有佛出世！"

【译文】

六祖大师又说："今天在大梵寺讲说这各顿教法门，我发愿：愿法界一切

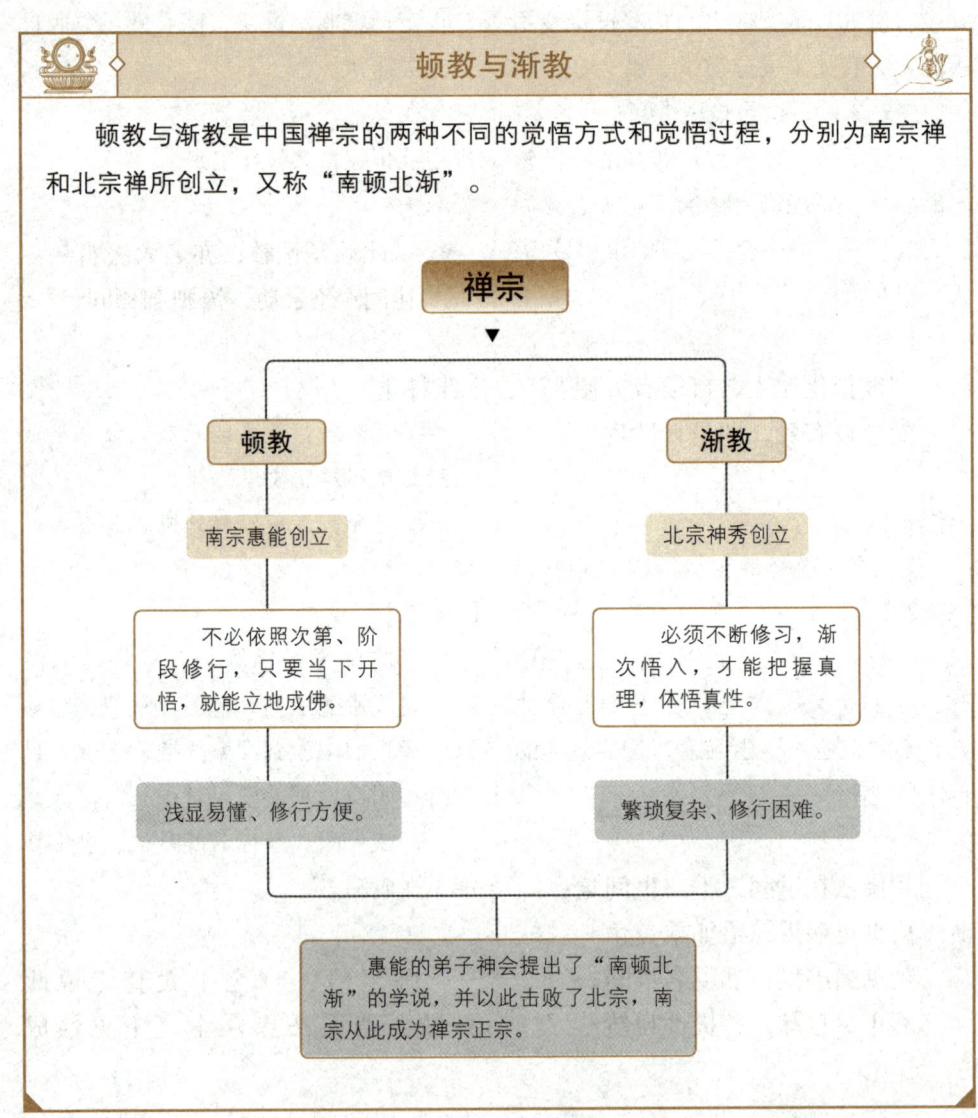

顿教与渐教

顿教与渐教是中国禅宗的两种不同的觉悟方式和觉悟过程，分别为南宗禅和北宗禅所创立，又称"南顿北渐"。

禅宗
├─ 顿教（南宗惠能创立）
│   不必依照次第、阶段修行，只要当下开悟，就能立地成佛。
│   浅显易懂、修行方便。
└─ 渐教（北宗神秀创立）
    必须不断修习，渐次悟入，才能把握真理，体悟真性。
    繁琐复杂、修行困难。

惠能的弟子神会提出了"南顿北渐"的学说，并以此击败了北宗，南宗从此成为禅宗正宗。

第九章

佛的寓言——《百喻经》

《百喻经》是一部以譬喻故事宣讲佛法的佛教经典。全书共编撰了九十八篇譬喻故事，多以生活事件为题材，阐述了丰富的人生哲理与生活智慧，寓庄严隆重于幽默谐趣之中，是借譬喻故事以申教诫的佛经。

一次完全读懂佛经

譬喻说法
佛法与故事的完美结合

《百喻经》全称《百句譬喻经》，其中"百喻"就是指100篇譬喻故事，这与原经的98篇譬喻故事的数目有些出入。之所以称为"百"，主要有两种说法，一是指为了凑足整数，二是98篇譬喻故事加上卷首引言和卷尾偈颂合称百篇。

公元5世纪，《百喻经》由印度高僧僧伽斯那汇集而成，此时正是印度寓言文学的盛时，也是著名的《五卷书》（婆罗门学者撰写的用来教授贵族子弟的一部梵文寓言集）流行的时代，所以《百喻经》的成书可谓是应时之作。

《百喻经》原名为《痴华鬘》，其中"华鬘"就是花环，后来古印度人以此象征讲故事的体裁，就是像以花结环一样将小故事汇集成篇，所谓《痴华鬘》也就是关于愚人的寓言故事的汇集。这些寓言故事共有两万余字，每一篇都是先讲故事，然后再打比方，进而阐述佛学义理。全书将佛教的教义与譬喻故事巧妙地进行融合，不仅通俗易懂，而且幽默诙谐，富含了丰富的生活智慧和人生哲理，是佛法与譬喻故事的完美结合。

根据内容和意趣，《百喻经》的故事大致可以分为三类：第一类寓言对治烦恼，如愚人食盐喻治戒禁取、叹父德行喻治痴、牧羊人喻对治以自我为中心的身见、尝庵婆罗果喻治疑、灌甘蔗喻治贪、人喜嗔喻治嗔、妇贸鼻喻治慢、梵天弟子造物因喻治边见、两子分财喻治邪见、妇诈称死喻治见取等；第二类寓言对治恶行，如愚人集牛乳喻治悭吝、死欲停置家中喻治犯戒、以梨打头破喻治邪命、医与王女药令卒长大喻治懈怠等；第三类寓言开示法义，如小儿争分别毛喻开示空义、海取沉水喻开示一乘等。

通过这些寓言，经书阐明了佛法的要义。正如僧伽斯那在此经的跋颂所言："此论我所造，合和喜笑语，多损正实说，观义应不应，如似苦毒药，和合于石蜜，药为破坏病，此论亦如是，正法中戏笑，譬如彼狂药，佛正法寂定，明照于世间，如服吐下药，以酥润体中，我今以此义，显发于寂定,如阿伽陀药,树叶而裹之,取药涂毒竟,树叶还弃之,戏笑如叶裹,实义在其中,智者取正义,戏笑便应弃",指出此经像用苦药和石蜜下药一样,虽然石蜜更为好吃,但重点在于可以治病的苦药,读者应永取佛法之药,而抛弃戏笑的树叶。

在汉文佛教经典中,譬喻类经书除了《百喻经》外,还有道略集的《杂譬喻经》和《众经撰杂譬喻》等书,但是像《百喻经》一样齐整并汇集成册的譬喻故事集,就很是难得了。自从《百喻经》传入中国以来,最早是由南朝萧齐天空三藏法师求那毗地翻译为汉文,此后就散落在佛教典籍中了。直至1914年,鲁迅将《百喻经》断句点校,并出资刊刻。1926年,王品青又校订了《百喻经》,并改名为《痴花鬘》在上海印行,鲁迅又为之作题记,其中写道"佛藏中经,以譬喻为名者,亦可五六种,唯《百喻经》最有条贯",足见他对《百喻经》的评价之高。

作为一部佛教经典,《百喻经》的目的仍是宣扬佛法,教诫众人不要贪著世间的物相与欲乐,但是从文学角度而言,《百喻经》的文字通俗流畅,不失为一部精彩的文学作品。自从翻译为汉文以来,就广受喜爱而流传于世。

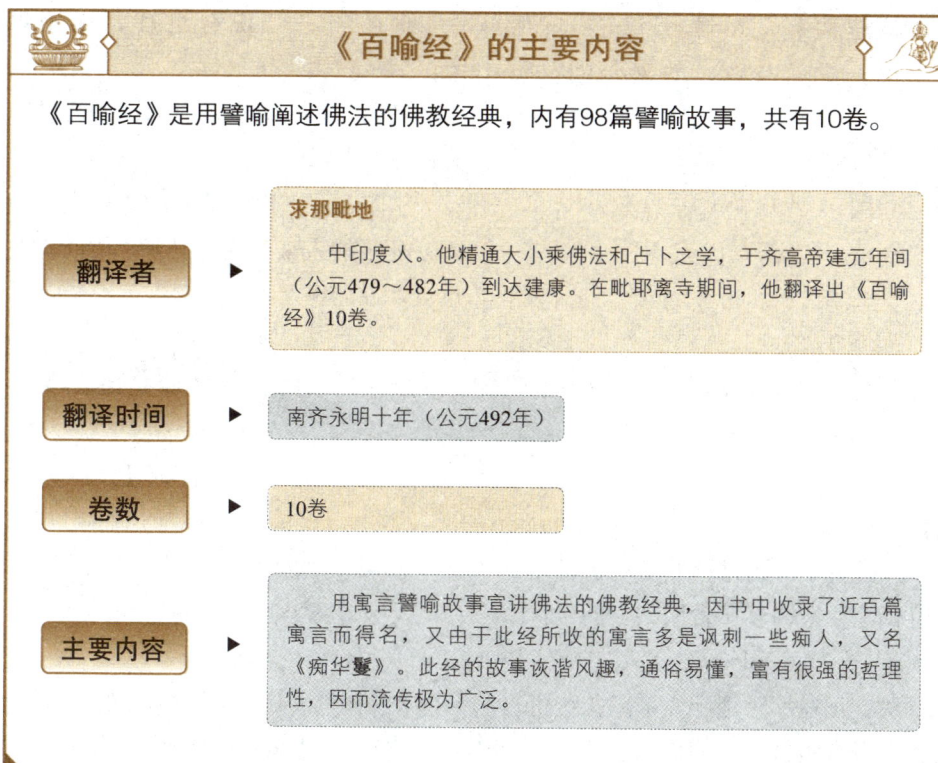

《百喻经》的主要内容

《百喻经》是用譬喻阐述佛法的佛教经典,内有98篇譬喻故事,共有10卷。

翻译者	**求那毗地** 中印度人。他精通大小乘佛法和占卜之学,于齐高帝建元年间(公元479~482年)到达建康。在毗耶离寺期间,他翻译出《百喻经》10卷。
翻译时间	南齐永明十年(公元492年)
卷数	10卷
主要内容	用寓言譬喻故事宣讲佛法的佛教经典,因书中收录了近百篇寓言而得名,又由于此经所收的寓言多是讽刺一些痴人,又名《痴华鬘》。此经的故事诙谐风趣,通俗易懂,富有很强的哲理性,因而流传极为广泛。

佛家故事
众生修行的误区

佛陀与外道论战

闻如是：一时佛住王舍城，在鹊封竹园，与大比丘、菩萨摩诃萨及诸八部三万六千人俱。

是时会中有异学梵志五百人俱，从座而起，白佛言："吾闻佛道洪深，无能及者，故来归问。唯愿说之。"

佛言："善哉！"

问曰："天下为有为无。"

答曰："亦有亦无。"

梵志曰："如今有者，云何言无？如今无者，云何言有？"

答曰："生者言有，死者言无。故说'或有或无'。"

【译文】

我曾亲耳听到过释迦牟尼佛讲述：那时佛陀住在印度王舍城，在鹊封竹园给大比丘、菩萨和天龙八部等三万六千人讲法。正在那时遇上婆罗门信徒五百人也来听佛祖讲说，他们从座位上站起来，问佛："我听说佛道深厚广大，无人能及，所以来向您请教，希望您能给我们讲解一下。"

佛陀说："好啊！"

又问："天下的东西是实际存在呢？还是不存在呢？"

佛陀答："说有也有，说无也无。"

又问："你说有，怎么说？无又怎么讲呢？"

佛陀答："对于活着的人来说是有的，死了的人来说就是没有，所以说有也有，说无也无。"

问曰："人从何生？"

答曰："人从谷而生。"

问曰："五谷从何而生？"

答曰："五谷从四大火风而生。"

问曰："四大火风从何而生？"

答曰："四大火风从空而生。"

问曰："空从何生？"

答曰："从无所有生。"

问曰："无所有从何而生？"

答曰："从自然生。"

问曰："自然从何而生？"

答曰："从泥洹而生。"

问曰："泥洹从何而生？"

佛曰："汝今问事何以尔深？泥洹者是不生不死法。"

问曰："佛泥洹未？"

答曰："我未泥洹。"

问曰："若未泥洹，云何得知泥洹常乐？"

佛言："我今问汝，天下众生为苦为乐？"

【译文】

问："人是从哪儿来的呢？"

答："人从五谷而生。"

问："五谷从哪儿生出来呢？"

答："五谷从地、水、火、风四大而生。"

问："那四大从哪儿生呢？"

答："四大从空而生。"

问："空从哪儿生的呢？"

答："从无所有生。"

问："无所有从哪儿生呢？"

答："从自然生。"

问："自然从哪儿生呢？"

答："从涅槃而生。"

问："涅槃从哪儿生来呢？"

答："你为什么要追根到底呢？涅槃就是不生不死的大法啊！"

问："那么，你进入涅槃了吗？"

答："我还没有入涅槃。"

问："既然你还没入涅槃，怎么知道涅槃的境界为常乐呢？"

答："我现在问你，你知道天下的众生是苦还是乐吗？"

答曰："众生甚苦。"

佛言："云何名苦？"

答曰："我见众生死时，苦痛难忍，故知死苦。"

佛言："汝今不死，亦知死

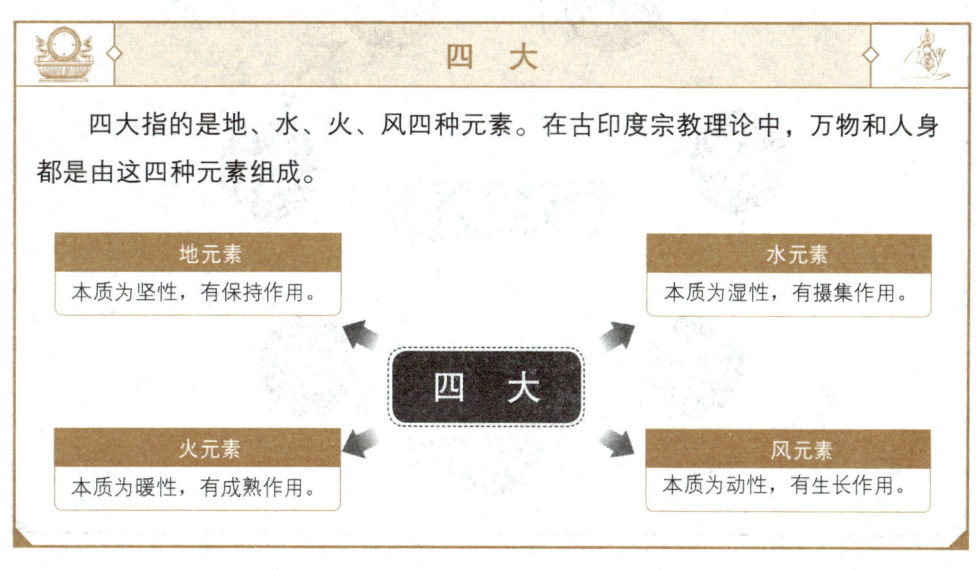

四 大

四大指的是地、水、火、风四种元素。在古印度宗教理论中，万物和人身都是由这四种元素组成。

地元素	水元素
本质为坚性，有保持作用。	本质为湿性，有摄集作用。

四 大

火元素	风元素
本质为暖性，有成熟作用。	本质为动性，有生长作用。

苦；我见十方诸佛不生不死，故知泥洹常乐。"

五百梵志心开意解，求受五戒，悟须陀洹果，复坐如故。

佛言："汝等善听，今为汝广说众喻。"

听完佛的讲说后，五百婆罗门的心顿时开朗，理解了其中的深意，接受了五戒，领悟到须陀洹的道果，又重新坐下来听佛陀的讲演。佛陀说："你们现在愿意好好地听，我现在就为你们讲些譬喻故事。"

【译文】

答道："众生是很苦的啊！"

佛说："什么叫做苦呢？"

答道："我看见众生临死时，痛苦得难以忍受，所以知道死一定是很苦的。"

佛说："你现在还没有死，也知道死亡之苦。我也看到十方世界的佛都是不生不死的，所以知道涅槃是常乐的。"

愚人食盐喻

昔有愚人，至于他家。主人与食，嫌淡无味。主人闻已，更为益盐。

既得盐美，便自念言："所以美者，缘有盐故。少有尚尔，况复多也？"

愚人无智，便空食盐。食已口

佛陀说众生的起源

在《百喻经》中，佛陀与外道论战，其中涉及众生的起源问题，这也是佛教的基本教义之一。

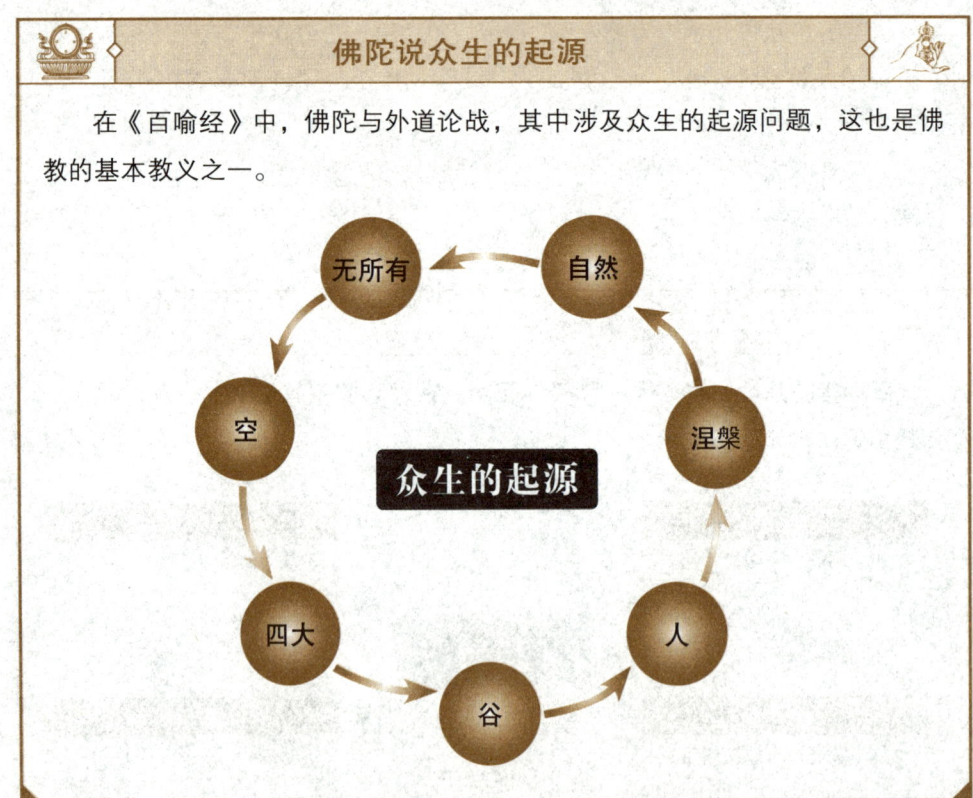

众生的起源：自然 → 涅槃 → 人 → 谷 → 四大 → 空 → 无所有 → 自然

爽，反为其患。

譬彼外道，闻节饮食可以得道，即便断食。或经七日，或十五日，徒自困饿，无益于道。

如彼愚人，以盐美故，而空食之，致令口爽，此亦复尔。

【译文】

从前有个愚蠢的人，一天，他到朋友家去串门。朋友与他一起吃饭时，他觉得饭菜味淡没有味道，主人听后，就往饭菜里多放了点盐。

加盐后饭菜味道好多了，于是这个人心想："饭菜之所以好吃，是因为有盐的缘故啊，少放一点点就这么美味，多一点不就更好吃了吗？"他没有用脑多想，于是大口大口地吃盐而很少吃菜。最终因吃盐过多，而损坏了口腔。

这就如同外道邪说，说什么节食可以得道成仙，于是很多人就断食，有的甚至持续一周或两周的时间不吃饭。结果只是白白地让自己受饿，折磨自己的身体，对修行毫无益处。

这些人就像故事中的愚人一样，因为盐可以使饭菜美味，所以空口吃盐，最终导致口腔败坏。听信外道邪说并节食的人们和这位愚昧无知的人一样愚笨啊！

愚人集牛乳喻

昔有愚人，将会宾客，欲集牛乳，以拟供设，而作是念："我今若预于日日中㲉取牛乳，牛乳渐多，卒无安处，或复酢败。不如即就牛腹盛之，待临会时。当顿㲉取。"作是念已，便捉牸牛母子，各系异处。

却后一月，尔乃设会，迎置宾客，方牵牛来，欲㲉取乳，而此牛乳即干无有。时为宾客，或嗔或笑。

愚人亦尔。欲修布施，方言待我大有之时，然后布施。未及聚顷，或

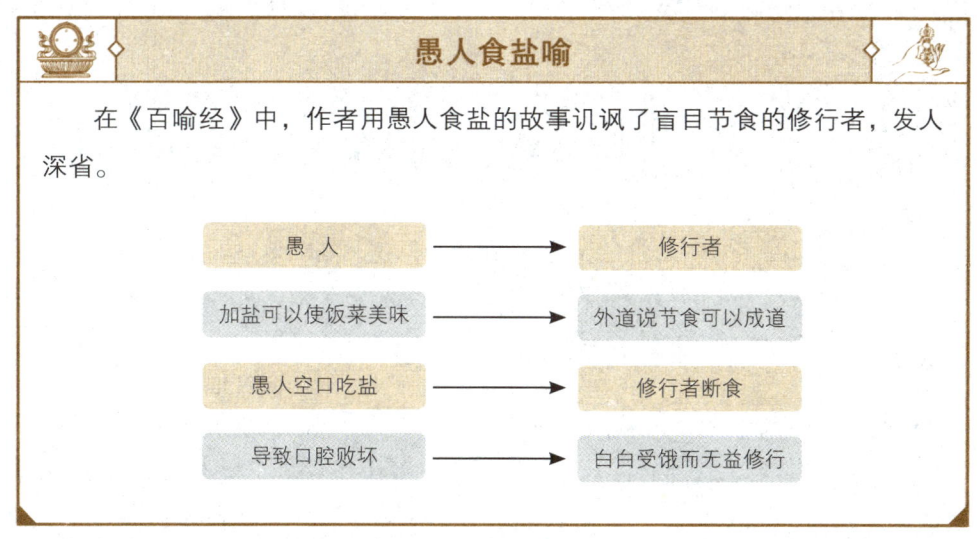

愚人食盐喻

在《百喻经》中，作者用愚人食盐的故事讥讽了盲目节食的修行者，发人深省。

愚人 → 修行者

加盐可以使饭菜美味 → 外道说节食可以成道

愚人空口吃盐 → 修行者断食

导致口腔败坏 → 白白受饿而无益修行

为县官、水火、盗贼之所侵夺，或卒命终，不及时施。彼亦如是。

或者被县官、水火、盗贼所侵夺，或者突然去世，也来不及布施了。这是同样的愚痴啊！

【译文】

从前有个愚人请客，邀请了众亲朋好友来参加，他想要收集牛乳制品供宾客食用，于是想到："如果我现在起就天天挤牛奶，牛奶就会渐渐增多，就没有地方安放，过几天就会发酸变坏。不如把牛奶先储存在牛的肚子里，等到宴请宾客那天，再挤出来。"想到这里，他就把所有的母牛和小牛分开拴在不同的地方。

又过了一个月后，他才迎请宾客赴宴。这时，他将母牛牵来，要当场挤奶，可这时牛乳一点都挤不出来了。宾客有的非常生气，有的忍不住笑话他。

愚人也是这样，想要行布施，但又说等我积累足够多的财物，再一起布施给他人。然而，还没有等到财富聚集，

以梨打彼头喻

昔有愚人，头上无毛。时有一人，以梨打头，乃至二三，悉皆伤破。

时此愚人，默然忍受，不知避去。旁人见之，而语之言："何不避去？乃住受打，致使头破。"

愚人答言："如彼人者，憍慢恃①力，痴无智慧。见我头上无有发毛，谓为是石，以梨打我，头破乃尔！"

旁人语言："汝自愚痴，云何名彼以为痴也？汝若不痴，为他所打，乃至头破，不知逃避。"

比丘亦尔，不能具修信戒②闻慧，但整威仪，以招利养，如彼愚人，被他打头，不知避去，乃至伤破，反谓他痴。此比丘者亦复如是。

【注释】

①恃：依赖。

②信戒：三宝及戒之四证净法总收于信戒之二种。盖三宝净者，以信为体，戒净即为戒也。

【译文】

从前有一个愚人，头上光秃没有毛发。有一个人用梨打他的头，接连打了二三下，愚人的头都被打伤了。而这时这个愚人却默然忍受着，不知躲避离去。旁边的人见了对他说："你为什么

在印度，牛是很高贵的动物，具足威仪和智慧，像佛教中就称如来为"牛王"，并以"人中牛王"来比喻佛陀德行的广大无边。《百喻经》中以集牛乳的故事来嘲讽愚人。

不避开呢？还一动不动地受打，头都被打破了。"

愚人答道："像他那种人，骄横侮慢，只是凭借力气而已，其实是愚痴的。他看见我头上没有发毛，就以为是石头，就用梨打我，让我的头破成这个样子。"

旁边的人说道："你自己愚痴，怎么还反说他愚痴呢？你要是不愚痴，怎么会被他打得头破，却不知逃避呢？"

某些出家人也是这样，不能坚信佛法并持戒修行，更不能听闻佛法而生慧解，只是整理容仪法度，以求获得布施，这和那个愚人一样，被别人打了头，却不知躲避离去，反而说别人愚痴。这样的出家人也像那愚人一般啊。

叹父德行喻

昔时有人，于众人众叹己父德，而作是言："我父仁慈，不害不盗，直做实语，兼行布施。"

时有愚人，闻其此语，便作是言："我父德行，复过汝父。"

诸人问言："有何德行，请道其事。"

愚人答曰："我父小来，断绝淫欲，初无染污①。"

众人语言："若断淫欲，云何生汝？"

深为时人之所怪笑。

犹如世间无智之徒，欲赞人德，不识其实，反致毁訾②。如彼愚者，意好叹父，言成过失，此亦如是。

【注释】

①初无染污：从未与异性有过接触。

②毁訾（zǐ）：诋毁议论。

【译文】

从前有个人在大家的面前赞叹自己父亲品德，他这样说道："我父亲仁慈

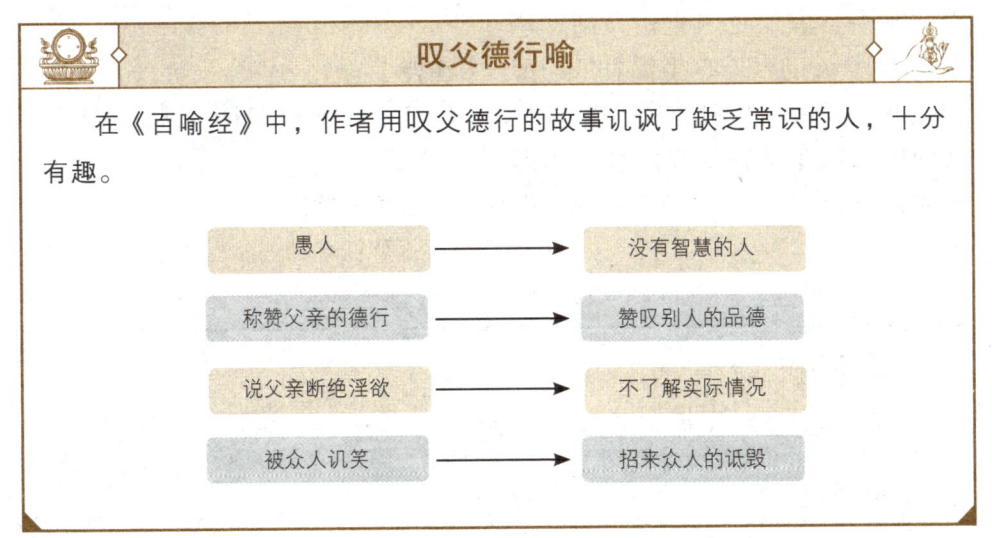

叹父德行喻

在《百喻经》中，作者用叹父德行的故事讥讽了缺乏常识的人，十分有趣。

愚人 → 没有智慧的人

称赞父亲的德行 → 赞叹别人的品德

说父亲断绝淫欲 → 不了解实际情况

被众人讥笑 → 招来众人的诋毁

宽厚，不损害他人，不拿不义之财，做事直接，说话老实，并能够关心和帮助他人。"

这时有一个愚蠢的人听到这些话，就接着讲："我父亲的品行比你的父亲还要高尚。"

大家便问："你的父亲有什么品行呢？具体是什么呢？"

这个愚人就答道："我父亲从小就断绝了淫欲，从未与异性接触，从未做出不干净的事。"

大家反问道："如果他断绝了淫欲，怎么会有你呢？"大家纷纷讥笑愚人。

这就像社会上没有常识的人，想称赞别人的品德，但不了解实际情况，反而会招来人们的诋毁和议论。像这个愚蠢的人，本来是要赞誉父亲，却由于表达不当，惹人讥笑的道理一样。

 三重楼喻

往昔之事，有富愚人，痴无所知。到余富家，见三重楼，高广严丽，轩敞疏朗①，心生渴仰②，即作是念："我有财钱，不减于彼，云何顷来而不造作如是之楼？"即唤木匠而问言曰："解③作彼家端正舍不？"

木匠答言："是我所作。"

即便语言："今可为我造楼如彼。"

是时，木匠即便经地垒墼④作楼。

愚人见其垒墼作舍，犹怀疑惑，不能了知，而问之言："欲作何等？"

木匠答言："作三重屋。"

愚人复言："我不欲作下二重之屋，先可为我作最上屋。"

木匠答言："无有是事！何有不作最下重屋，而得造彼第二之层？不造第二，云何得造第三重屋？"

愚人固⑤言："我今不用下二重屋，必可为我作最上者。"

时人闻已，便生怪笑，咸作是言："何有不造下第一层而得上者！"

譬如世尊，四辈弟子⑥，不能精勤修敬三宝，懒惰懈怠，欲求道果，而作是言："我今不用余下三果，唯求得阿罗汉果。"亦为时人所嗤笑，如彼愚者等无所异。

【注释】

①轩敞疏朗：高大宽敞，空气流通而明亮。

②仰：羡慕。

③解：会。

·名词解释·

道果：道是指觉悟，果是指涅槃，道果就是由觉悟之道而证涅槃之果。《法华经》指出："渐次修行，皆得道果"，道果就是指通过修行而脱离世俗，断灭一切烦恼，使自我达到解脱的涅槃境界。

④经地垒墼："经"是丈量；"垒墼"是堆砌砖块、砖坯。

⑤固：固执，坚持。

⑥四辈弟子：即比丘、比丘尼、优婆塞、优婆夷等信众。

【译文】

从前有一个富人，非常无知。一天他到了其他富人的家里，看见了三重楼，这三层楼高大庄严，富丽堂皇，宽敞明亮，他顿时心生羡慕之情，并有了这样一个想法："我拥有的钱财，不比他的少。为什么不立刻来建造这样的高大明亮的楼房呢？"

于是，他就叫来木匠问道："你会建像他家这样的房子吗？"

木匠答道："他家的房子就是我建造的。"

愚人又说："那你能否为我也建造这样的楼房呢？"

这时，木匠就开始丈量基地，准备堆砌砖石，建造楼房。

愚人看见木匠做地基建楼舍，充满了疑惑，不知道要做什么，就问道："你为什么在地上垒砖石呢？"

木匠答道："我在建造三重楼啊。"

愚人说道："我不想要下面的两层屋子，你可以先为我建造最上面的那一层屋子吗？"木匠答道："没有这种事！哪有不建下面的屋子而直接建上面的第二层、第三层屋子呢？"

愚人却坚持说："我就是不要下面的两层，你一定要为我建造最上面的一层屋子。"

世人听说这件事后，都笑他愚痴，

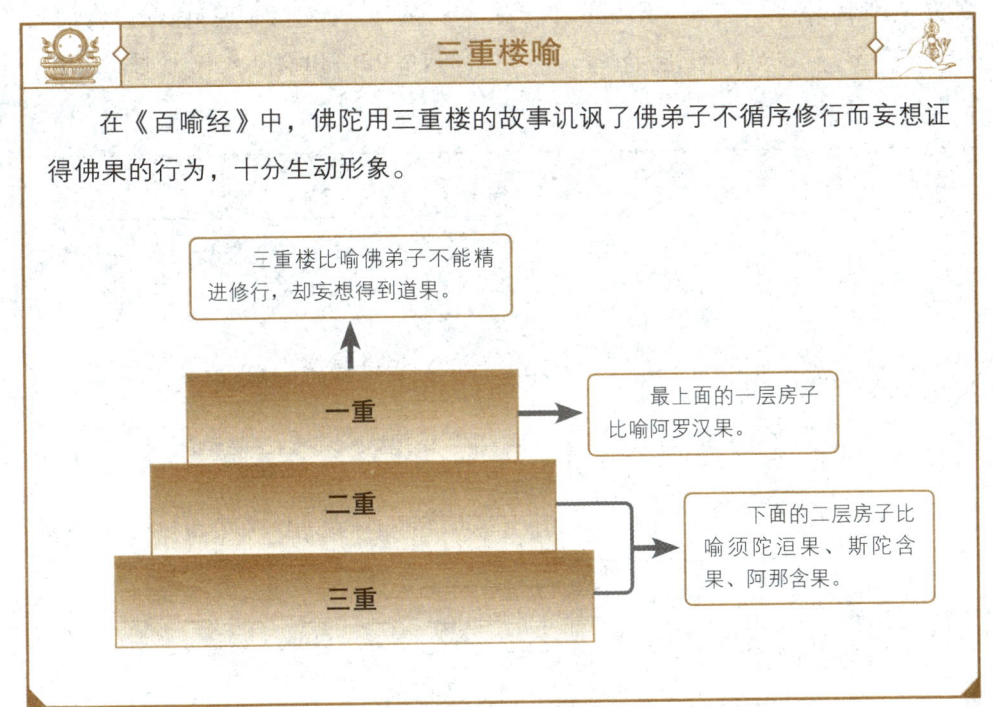

三重楼喻

在《百喻经》中，佛陀用三重楼的故事讥讽了佛弟子不循序修行而妄想证得佛果的行为，十分生动形象。

三重楼比喻佛弟子不能精进修行，却妄想得到道果。

一重 → 最上面的一层房子比喻阿罗汉果。

二重

三重 → 下面的二层房子比喻须陀洹果、斯陀含果、阿那含果。

说:"哪有不建下面的第一层而能得到最上面的屋子呢?"

如果佛的弟子,不能精勤修持,礼敬三宝,懒惰懈怠,想要求得道果,并说道:"我现在不用其余的三果,只想要求得阿罗汉果。"他也会被人们认为和那个富人一样的愚痴无知。

牧羊人喻

昔有一人,巧于牧羊;其羊滋多,乃有千万。极大悭贪,不肯外用。

时有一人,善于巧诈,便作方便,往共亲友,而语之言:"我今共汝极成亲爱,便为一体,更无有异。我知彼家有一好女,当为汝求,可用为妇。"

牧羊之人,闻之欢喜,便大与羊及诸财物。

其人复言:"汝妇今日已生一子。"

牧羊之人,未见于妇,闻其已生,心大欢喜,重与彼物。

其人后复而语之言:"汝儿已生,今死矣!"

牧羊之人闻此人语,便大啼泣,嘘欷不已。

世间之人,亦复如是,既修多闻,为其名利,秘惜其法,不肯为人教化演说,为此漏身之所诳惑,妄期世乐,如己妻息,为其所欺,丧失善法,后失身命,并及财物,便大悲泣,生其忧苦。如彼牧羊之人,亦复如是。

【译文】

从前有一个人,很善于放羊,他养的羊繁殖得很快,多到成千上万。但是他贪财吝啬,从不肯给别人一点东西。

那时,有一个非常奸诈的人,他使用很多方法和牧羊人成为朋友。有一

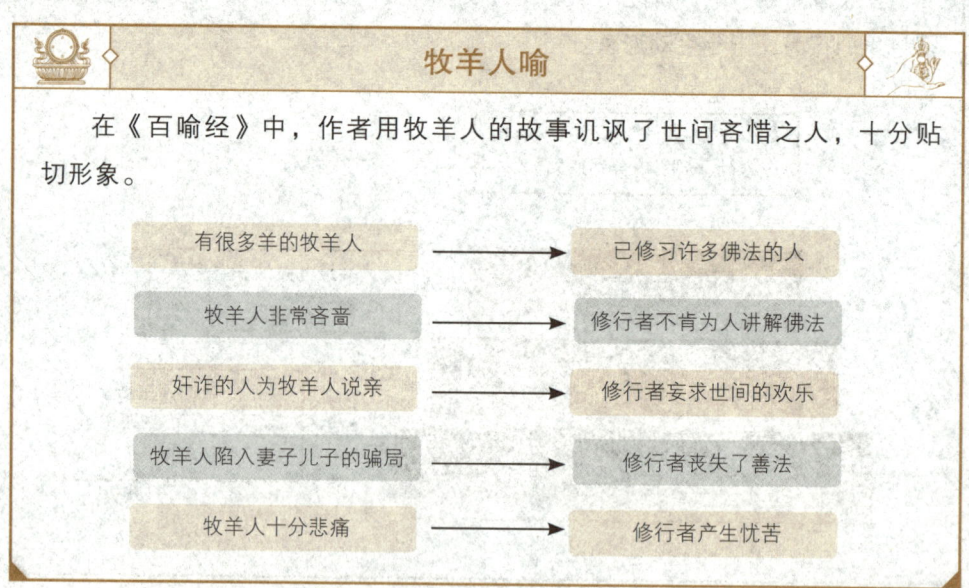

牧羊人喻

在《百喻经》中,作者用牧羊人的故事讥讽了世间吝惜之人,十分贴切形象。

有很多羊的牧羊人	→	已修习许多佛法的人
牧羊人非常吝啬	→	修行者不肯为人讲解佛法
奸诈的人为牧羊人说亲	→	修行者妄求世间的欢乐
牧羊人陷入妻子儿子的骗局	→	修行者丧失了善法
牧羊人十分悲痛	→	修行者产生忧苦

天，他对牧羊人说："我和你现在已经成了最要好的朋友，就像一个人一样不分彼此。我得知有户人家有一位好姑娘，替你介绍来给你做妻子吧。"

牧羊人听了十分高兴，给了他很多羊和各种财物。

过了一段时间，这人又对他说："你的妻子今天已经生了一个孩子。"

牧羊人从来没有见过妻子，只是听说她已经生了孩子，便更加欢喜，又给他好多东西。

之后，这人又告诉牧羊人说："你的孩子出生了，但现在死了！"

牧羊人听了这些话，大哭起来，悲痛不已。

世上的人也是这样，已经修习很多佛法了，却出于名利，将这些佛法隐藏起来，不肯为大家讲解教化，他们被有漏身体所迷惑，妄求世间的欢乐，为所谓的妻子儿女的骗局所欺诳，丧失了善法，后来更丧失了生命及财物，于是悲泣起来，产生了忧苦，就如同那个牧羊人一样。

欲食半饼喻

譬如有人，因其饥故，食七枚煎饼。食六枚半已，便得饱满。

其人恚悔，以手自打，而作是言："我今饱足。由此半饼。然前六饼，唐自捐弃，设知半饼能充足者，应先食之。"

世间之人，亦复如是。从本以来，常无有乐，然其痴倒，横生乐想。如彼痴人，于半番饼，生于饱想。世人无知，以富贵为乐。夫富贵者，求时甚苦；既获得已，守护亦苦；后还失之，忧念复苦；于三时中，都无有乐。犹如衣食，遮故名乐；于辛苦中，横生乐想。诸佛说言："三界无安，皆是大苦；凡夫倒惑，横生乐想。"

【译文】

有一个人肚子饿了，买了七块饼吃。他很快地吃完了六块，吃到最后一块时，刚吃到一半就觉得吃饱了，这时他很愤怒，便责怪自己，用手打自己说道："我现在饱了，是因为吃了这半块饼，前面的六块饼岂不是都白白浪费了！早知道这半个饼能吃饱，就应该先吃这半块饼。"

世上的人也是这样的。自古以来，本来没有什么快乐的事情，然而世人却愚痴颠倒，横空想出快乐，就像那个痴人有吃了半块饼就会填饱肚子的想法。

【名词解释】

三时：在佛教体系中，三时有很多含义，如教法发展的正法、像法、末法三个时期；佛陀教化的种、熟、脱三等。在《欲食半饼喻》中，三时是指早、中、晚三个时段。

世人因为无知，就以富贵为乐。然而追求富贵的过程是很辛苦的，如果得到富贵了，又要很费精力地守护富贵，直到哪天失去了富贵，就会忧愁思念，岂不是又增加痛苦吗？一天到晚都是感受不到快乐。这就好比有可以遮寒祛饥的衣食就认为是快乐，这是在辛苦的过程中自己创造出快乐的感受。所以佛陀说道："欲界、色界、无色界这三界中都没有什么安乐，都是苦难而已。世上的人都被颠倒所迷惑，才横空生出了快乐的感受。"

奴守门喻

譬如有人，将欲远行，敕①其奴言："尔好守门，并看驴索。"

其主行后，时邻里家有作乐者，此奴欲听，不能自安。寻以索系门，置于驴上，负至戏处，听其作乐。

奴去之后，舍中财物贼尽持去。

大家②行还，问其奴言："财物所在？"

奴便答言："大家先付门、驴及索，自是以外，非奴所知。"

大家复言："留尔守门，正为财物。财物既失，用于门为？"

生死愚人为爱奴仆，亦复如是。如来教诫，常护根门，莫著六尘。守无明驴，看于爱索。而诸比丘不奉佛教，贪求利养，诈现清白，静处而坐，心意流驰，贪著五欲，为色、声、香、味之所惑乱，无明覆心，爱索缠缚，正念、觉、意，道品财宝，悉皆散失。

【注释】

①敕：吩咐。
②大家：主人。

【译文】

有一个人将要出门远行，吩咐他的奴仆道："你要好好地看门，并看护好驴子和绳索。"主人远行后，邻村家有人唱戏，奴仆很想去听，但又放心不下家门，于是他就找了绳索将门板系住，放在驴背上去听人唱戏。在奴仆离开家之后，家中的财物就都被盗贼拿走了。

主人远行回来后，问他的仆人："家中的财物都哪里去了？"

仆人说："主人之前吩咐照看的门、驴子和绳索都在，其他的我就不知道了。"

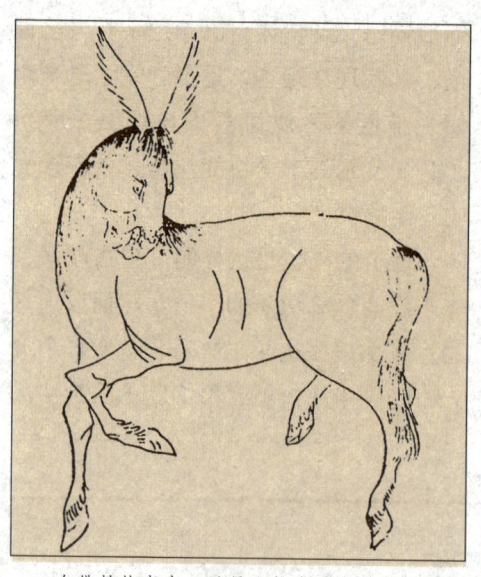

在佛教故事中，驴是比较常见的动物，常被用来比喻根器下劣者。比如天台宗说十乘观法，就以坏驴车比喻不具足能观的十法。在《百喻经》中，奴守门喻用驴来象征人的无明。

主人又说："留下你看门，就是为了看护财物，财物已经丢失了还要门做什么用呢？"

世间流转于生死的愚人和贪恋着爱欲的仆人，都是如此。如来教诫众生说道：要经常守护六根，不要被六尘遮蔽，也不能只是守住不通事理的驴，以至于被爱欲这条绳索所牵绊。然而有些比丘不听佛陀的教诲，贪求利益和供养，表面上很清白，也在幽静处坐禅，但是他的内心已经被色声香味所迷惑，心中充满烦恼，被爱欲的绳索所缠缚，以至于将正念、觉意、道品这类的财宝都散失掉了。

五百欢喜丸喻

昔有一妇，荒淫无度，欲情既盛，嫉恶其夫；每思方策，频欲残害。种种设计，不得其便。

会值其夫，聘使邻国。妇密为计，造毒药丸，欲用害夫。诈语夫言："尔今远使，虑有乏短。今我作五百欢喜丸，用为资粮，以送与尔。尔若出国至他境界，饥困之时，乃可取食。"

夫用其言，至他界已，未及食之，于夜暗中，止宿林向。畏惧恶兽，上树避之。

其欢喜丸忘置树下，即以其夜值五百偷贼，盗彼国王五百匹马，并及宝物，来止树下。由其逃突，尽皆饥渴，于其树下，见欢喜丸，诸贼取已，各食一丸。药毒气盛，五百群贼一肘俱死。

时树上人至天明已，见此群贼死在树下，诈以刀箭斫射死尸，收其鞍马，并及财宝驱向彼国。

【译文】

从前有一个妇女，她荒淫无度，情欲旺盛，对他的丈夫充满厌恶，经常想

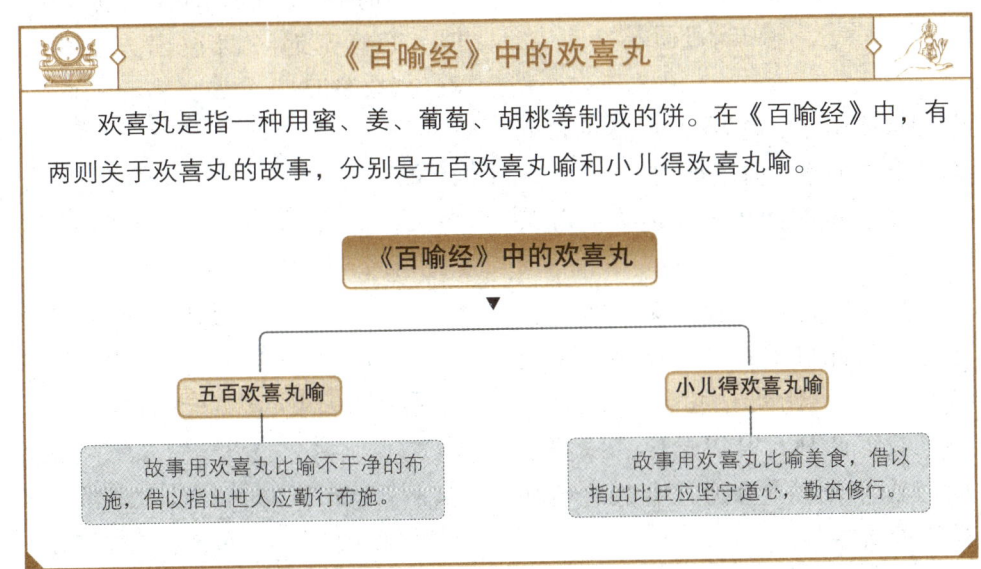

《百喻经》中的欢喜丸

欢喜丸是指一种用蜜、姜、葡萄、胡桃等制成的饼。在《百喻经》中，有两则关于欢喜丸的故事，分别是五百欢喜丸喻和小儿得欢喜丸喻。

```
《百喻经》中的欢喜丸
        ▼
┌───────────────┬───────────────┐
五百欢喜丸喻              小儿得欢喜丸喻
故事用欢喜丸比喻不干         故事用欢喜丸比喻美食，借以
净的布施，借以指出           指出比丘应坚守道心，勤奋修行。
世人应勤行布施。
```

方设法来杀害她的丈夫。但始终没有找到机会。

有一次,他丈夫要出访邻国,这位妇人就偷偷做了放有毒药的欢喜丸,想要害死他的丈夫。她假装对丈夫说:"你现在要远行,我考虑到你没有吃的,就做了五百个欢喜丸给你带在路上,你饥饿时就拿出来吃吧。"

丈夫听了她的话,到了他国的国界时,还没有来得及吃就到了黑夜,于是他就在树林里休息。因为害怕林中有恶兽,他就爬到树上躲避,把欢喜丸忘在了树下。

当天夜里正好有五百名盗贼,他们从国王那里偷得五百匹马和宝物,也来到树下。因为赶路赶得很急,都十分饥渴。正好在树下看见了欢喜丸,每个人各吃了一个。因为欢喜丸中有很厉害的毒药,五百位盗贼没有多久就全部死去了。

天亮之后,这位丈夫看到盗贼都死在树下,就以刀箭斫射死尸,并收领了鞍马和财宝,向国城驱赶而去。

时彼国王,多将人众,案迹来逐。会于中路,值于彼王。

彼王问言:"尔是何人?何处得马?"

其人答言:"我是某国人,而于道路值此群贼,共相斫射。五百群贼今皆一处死在树下。由是之故,我得此马,乃以珍宝,来投王国。若不见信,可遣往看贼之疮痍杀害处所。"

王时即遣亲信往看,果如其言。王时欣然,叹未曾有。既还国已,厚加爵赏,大赐珍宝,封以聚落。

彼王旧臣,咸生嫉妒,而白王言:"彼是远人,未可服信。如何卒尔宠遇过厚?至于爵赏,逾越旧臣。"

远人闻已,而作是言:"谁有勇健,能共我试?请于品平原校其伎能。"旧人愕然,无敢敌者。

后时彼国大旷野中,有恶狮子,截道杀人,断绝王路。时彼旧臣详共议之:"彼远人者,自谓勇健,无能敌者,今复若能杀彼狮子,为国除害,真为奇特。"

作是议已,便白于王。

王闻是已,给赐刀杖,寻即遣之。

尔时远人既受敕已,坚强其意,向狮子所。狮子见之,奋激鸣吼,腾跃而前。远人惊怖,即便上树。狮子张口,仰头向树。其人怖急,失所捉刀,值狮子口。狮子寻死。

尔时远人欢喜踊跃,来白于王,王倍宠遇。时彼国人卒尔敬服,咸皆赞叹。

【译文】

这时国王也带了众多兵将追随盗贼踪迹而来,恰好在中途遇上了这位丈夫。国王问道:"你是什么人?从哪里得来的马?"这人答道:"我是某国人,我在路上正好碰到这群盗贼,就与他们打斗起来,将五百个盗贼都杀死了,现在就在前面的树下,我正要带着马和珍宝来投奔大王的都城。如果您不相信，可派人去树下查看！"

国王立即派亲信前去，情况果然像他所说，这让国王很高兴，连连赞叹说从没有见过这么勇敢的壮士。等回到都城后，就给他封了爵位，赏赐了很多珍宝，还划了领地给他。

这时国王的旧臣都心生嫉妒，就对国王说道："他是外国人，不可深信，您一下子给他这么丰厚的宠遇，封爵加赏竟然超过了老臣？"

这个人听到这些话后，说道："谁有勇气与我到平旷之处比试一下？"老臣们很惊愕，没人敢与他比试。

之后，在这个国家的旷野中，有一头凶恶的狮子，它在路上拦截路人，阻断了往王国的道路。这时，这个国家的老臣共同商议说："那个外国人，既然自称勇健无比，那么现在他要是能杀了那头狮子，为国家除害，他就是真正的奇特之人。"

众臣商量好后，就上奏给国王，国王听后，就赐给这个外国人刀仗，让他去杀死狮子。

外国人接受了王命，就鼓起勇气，去找狮子了。当狮子见到他后，大吼地向他扑去。这人十分害怕，就爬到树上去了。狮子就张着大口盯着树上。这人正觉得恐慌，手中捉着的刀就掉下去了，恰好插进狮子的口中，狮子立刻死了。

五百欢喜丸喻

欢喜丸 →	不干净的布施
国王的使者 →	引人入正道的善知识
到了他国 →	进入诸天
杀了五百盗贼 →	证得须陀洹果
遇到国王 →	遇到圣贤之人
国中老臣的嫉妒 →	外道的诽谤
外国人自称无人可敌 →	外道无人敢于正道抗衡
杀死狮子 →	证得阿罗汉道果

于是他十分高兴，回去禀告国王，国王因此更加宠幸他。

国中的人民也都对他敬服、赞叹不已。

其妇人欢喜丸者，喻不净施；王遣使者，喻善知识；至他国者，喻于诸天；杀群贼者，喻得须陀洹，强断五欲，并诸烦恼；遇彼国王者，喻遭值贤圣；国旧人等生嫉妒者，喻诸外道见有智者能断烦恼及以五欲，便生诽谤，言无此事。

远人激厉而言旧臣无能与我共为敌者，喻于外道无敢抗衡；杀狮子者，喻破魔；既断烦恼，又伏恶魔，便得无著道果封赏；每常怖怯者，喻能以弱而制于强；其于初时虽无净心，然彼其施遇善知识便获胜报，不净之施，犹尚如此，况复善心欢喜布施。是故应当于福田所勤心修施。

【译文】

这个外国人的妻子所制作的欢喜丸，比喻不干净的布施；国王派遣使者，比喻引人入正道的善知识；到了他国，比喻进入诸天；杀了五百盗贼，比喻得到须陀洹道，坚定地断除了五欲；遇到国王，比喻遇到圣贤之人；国中老臣心生嫉妒，则比喻外道中遇见有智者断灭了烦恼及五欲就进行诽谤，认为并没有此事；外国人说旧臣中没有人是他的对手，比喻外道无人敢与正道抗衡；杀死狮子，比喻破除了恶魔，得到不执著于事物的阿罗汉道果的封赏；经常会恐怖退却，比喻能以弱制强。虽然最初没有净心，但是正好遇到善知识，就得了获胜的果报；不净施尚且如此，何况是善心布施呢？所以应当在福田上勤奋修行布施。

夫妇食饼共为要喻

昔有夫妇，有三番饼，夫妇共分，各食一饼；余一番在，共作要言："若有语者，要不与饼。"

既作要已，为一饼故，各不敢语。

须臾有贼，入家偷盗，取其财物；一切所有尽毕贼手。

夫妇二人以先要故，眼看不语。

贼见不语，即其夫前，侵略其妇，其夫眼见，亦复不语。

妇便唤贼，语其夫言："云何痴人，为一饼故，见贼不唤？"

其夫拍手笑言："咄！婢，我定得饼，不复与尔。"

世人闻之，无不嗤笑。

·名词解释·

三途：又称三涂，为佛教用语，即火途（地狱道）、血途（畜生道）、刀途（饿鬼道），也就是三恶道。根据佛教经典，凡犯十恶者，死后则堕地狱、畜生、恶鬼三恶道。

凡夫之人亦复如是。为小名利故，诈现静默，为虚假烦恼种种恶贼之所侵略，丧其善法，坠堕三途，都不怖畏。求出世道，方于五欲，耽著嬉戏，虽遭大苦，不以为患。如彼愚人等无有异。

【译文】

从前有一对夫妇，拿了三个饼一起分享，他们各自吃了一个，还剩下一个饼，就约定说："谁先说话，就不能吃饼。"

约定好后，为了一个饼，两个人都不敢说话。

过了一会儿，有个盗贼进到他们家，拿走了他们的财物，眼看所有的财物都到了盗贼的手里。

夫妇二人却因为约定在先的缘故，只是眼睁睁地看着盗贼拿走财物而不敢说话。

小偷看见两人都不说话，就走到那个男人面前，要将他妻子占为己有，这时丈夫看到这一切，仍然不说话。

于是妇人就大声呼喊，并对他丈夫说："你这愚痴的人，就因为一个饼，见到盗贼而不呼喊？"

丈夫听到妇人说话后，高兴地拍手大叫："好了，这个饼是我的了，不给你了。"

听到这个事情的人，没有一个不嗤笑他们的。

凡夫俗子也是这样，有时为了一个小小的名利，假装安静沉默，却被虚假的各种烦恼恶贼侵略，丧失了正知正觉，以至于堕落到三恶道，却不急于求出，而终日沉沦于色、声、香、味、触五种欲念之中，只顾着玩耍嬉戏，即使遭到了痛苦，也不以为患，就如同这个愚人一样。

尝菴婆罗果喻

昔有一长者，遣人持钱至他园中买菴婆罗果①而欲食之，而敕之言："好甜美者，汝当买来。"

即便持钱往买其果。果主者："我此树果，悉皆美好，无一恶者。汝尝一果，足以知之。"

买果者言："我今当一一尝之，然后当取。若但尝一，何以知？"寻即取果一一皆尝。

持来归家，长者见已，恶而不食，便一切都弃。

【注释】

①菴婆罗果：即芒果。

【译文】

从前，曾有一位长者，有一天，他很想吃芒果，就使唤佣人带着钱去别家的果园去买，并对他说："我喜欢吃又甜又鲜美的芒果，你去帮我买回来吧。"

听完主人的话后，佣人立刻带着钱来到果园。果园的主人对他说道："我的果树上的芒果，没有不好的，都是又甜又鲜美，你可以先尝一个，就知道我没有说谎了。"

这时，佣人说道："我如果只尝一个芒果，怎么知道其余的果子是好是坏

呢？我一定要一个一个尝过去，然后再决定要不要买。"说完后，佣人就一一品尝了果园的芒果。

佣人把芒果买回去后，主人看到每一个果子都被尝过，感到十分厌恶。于是就把所有的芒果都扔掉了。

世间之人亦复如是。闻持戒施得大富贵，身常安隐，无有诸患。不肯信之，便作是言："布施得福，我自得时然后可信。"目睹现世贵贱贫穷，皆是先业所获果报，不知推一以求因果，方怀不信，须己自经。一旦命终，财物丧失，如彼尝果，一切都弃。

【译文】

世间一些人也经常做这样的事。当他们听说"持戒、布施能使人大富大贵，身心安稳、没有忧患"时，从不肯相信，总是说："布施得到福报的道理，我必须亲自经历才能相信。"于是这些人虽然看到现世的现世贵贱贫穷都是过去世业力所感的果报，但却不能通过一件事情或现象来推求因果，反而抱持着毫不相信的态度，非要自己亲征过才肯确信，等到了命终之时，他们的一切财物都不再归其所有，也从未获得过福报。这就像佣人品尝芒果，结果主人却把芒果全部扔掉了。

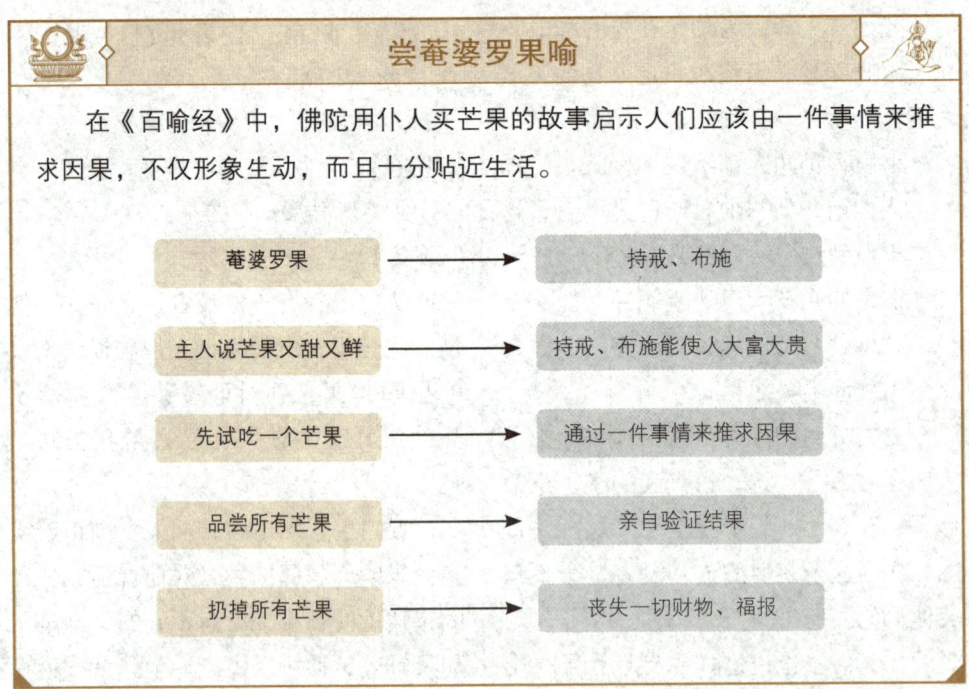

尝菴婆罗果喻

在《百喻经》中，佛陀用仆人买芒果的故事启示人们应该由一件事情来推求因果，不仅形象生动，而且十分贴近生活。

菴婆罗果	持戒、布施
主人说芒果又甜又鲜	持戒、布施能使人大富大贵
先试吃一个芒果	通过一件事情来推求因果
品尝所有芒果	亲自验证结果
扔掉所有芒果	丧失一切财物、福报

第十章

往生净土——《无量寿经》

《无量寿经》是净土宗的根本经典。此经介绍了阿弥陀佛所发的大愿和西方极乐世界的大概样貌，是净土宗的主要理论依据。《无量寿经》自从传入中国以后，就影响很大，被认为是"净土之因"，注释、讲习者甚众。

释《无量寿经》

《无量寿经》的经题与翻译

《无量寿经》全称《佛说无量寿经》。所谓"佛"是指释迦牟尼佛；"无量寿"是指阿弥陀佛，因为阿弥陀佛光明无量，寿命无量，无始无终，所以也称无量寿佛。相传阿弥陀佛在久远劫前，曾是一位国家的国主，后出家为僧，名为法藏。根据佛教经典，阿弥陀佛曾在世自在佛前立下四十八愿，立誓要以无尽愿力普度一切众生，以无量光明普照独行之人，使众生的业障重罪皆可消减，凡持其名号者，不仅生前获佛护佑，消除一切灾祸业苦；死后更可化生其极乐净土，得享一切安乐。正是这些殊胜誓愿，阿弥陀佛最终成为西方极乐世界的教主，与观音菩萨、大势至菩萨合称"西方三圣"。在大乘佛教中，阿弥陀佛的地位非常崇高，他悲愿广大，法门简易，所以在信仰大乘的国家十分流行。简而言之，"佛说无量寿经"的意思就是释迦牟尼佛赞叹阿弥陀佛功德的佛经。

关于《无量寿经》的成书时间，学术界一般认为是在公元1～2世纪印度贵霜王朝时期，后流行于犍陀罗地区（今西北印度喀布尔河下游，五河流域之北）。三国时期，《无量寿经》传入中国，很快就引起了僧众的重视，译本极多，有"五存七欠"之说，是指5种现存和7种佚失的译本，共计12种，其中的"五存"分别是东汉支娄迦谶翻译的4卷本《无量清净平等觉经》、三国吴支谦翻译的2卷本《阿弥陀三耶三佛萨楼佛檀过度人道经》、曹魏康僧铠翻译的2卷本《佛说无量寿经》、唐菩提流志翻译的2卷本《大宝积经·无量寿如来会》、北宋法贤翻译的3卷本《大乘无量寿庄严经》。而"七欠"则是东汉安世高翻译的2卷本《无量寿经》、三国吴支谦翻译的2卷本《阿弥陀三耶三佛萨楼佛檀过度人道经》、曹魏白延翻译的2卷本《无量清净平等觉经》、西晋竺法护翻译的2卷本《无量寿经》、东晋竺法力翻译的1卷本《无量寿至真等正觉经》、东晋佛陀跋陀罗翻译的2卷本《新无量寿经》、刘宋宝云翻译的2卷本《新无量寿经》。

在诸多译本中，以曹魏康僧铠翻译的2卷本《无量寿经》较为通行，关于它的讲诵疏注也最多，现存的注疏主要有隋慧远的《无量寿经义疏》、吉藏的《无量寿经义疏》、清彭际清的《无量寿经起信论》等，灵裕、知玄、法位、义寂等高僧的注疏已经佚失。

《无量寿经》的主要内容

《无量寿经》是释迦牟尼佛赞叹阿弥陀佛功德的佛经，是净土宗的根本经典之一。

翻译者 ▶
康僧铠
相传为印度人。曹魏嘉平四年（公元252年），他到达洛阳，于白马寺翻译了《郁伽长者经》2卷、《无量寿经》2卷、《四分杂羯磨》2卷等佛经。

翻译时间 ▶ 三国曹魏年间

卷数 ▶ 2卷

主要内容 ▶ 阐述了阿弥陀佛在成佛前所做的无量功德，并描述了阿弥陀佛成佛后所建立的西方极乐净土世界的庄严景象。《无量寿经》在中国佛教史上有很大的影响，被称为"净土第一经"，是净土宗所依据的主要经典之一。

西方极乐世界

《无量寿经》的主要内容

《无量寿经》的缘起是释迦牟尼佛在王舍城耆阇崛山，为大比丘众12000人及普贤、慈氏等大菩萨说法，之后叙述了阿弥陀佛成佛前的四十八大愿及其无量功德，并对西方极乐世界进行了介绍。此经讲到：西方极乐世界是阿弥陀佛建立的佛国，是十方三世诸佛共同赞叹并护念的净土，这一净土以七宝为地，有宫殿楼阁、无数香洁的莲花以及诸种美丽的鸟类，不但常作天乐，常见天花，还能随时亲见诸佛，亲耳闻法。这一世界不仅具足庄严，而且无比殊胜，一旦往生此处，就会摆脱生死轮回，没有生老病死、怨憎别离的痛苦，永享幸福安乐。在描绘极乐世界的胜境后，释迦牟尼佛又为众生指明往生西方净土的道路，即在临终之时心不颠倒及一心不乱地持念阿弥陀佛圣号，就能得到阿弥陀佛和众菩萨的接引。

在中国八大宗派中，净土宗以简要易行而广为传播，在民间非常盛行，是最为流传、普及的宗派。在明清时期，在中国甚至出现了"家家有弥陀，户户观世音"的说法。作为净土宗的基本经典，《无量寿经》主要阐述了阿弥陀佛成佛前的四十八愿，介绍了阿弥陀佛的无量光明与无量寿命，并详细地开示了他力与自救的法门以及诸多修行方法，被认为是净土第一经。净空法师在其《无量寿经解》中甚至指出"在诸经中华严第一，华严与无量寿经相比，无量寿经第一"，将《无量寿经》的地位置于《华严经》之上，可见《无量寿经》在净土宗的重要地位。道隐大师则称此经是"专中之专，顿中之顿，真中之真，圆中之圆"，认为《无量寿经》不仅是净土纲要，还是释迦牟尼佛教义的指归。

在中国佛教史上，《无量寿经》也有很高的地位。东晋竺法旷认为"无量寿为净土之因"，慧远在庐山依此经创立白莲社，广弘念佛法门。自从东魏昙鸾作《往生论注》之后，更有许多高僧大德为此经注疏，出现了许多《无量寿经》的注疏名家。

《无量寿经》结构

自从《无量寿经》传入中国以来，就有许多高僧大德为之科判注疏，大多是将此经分为序分、正宗分、流通分来进行解说。

```
                    ┌─ 序 分 ── 介绍本经的缘起，即法会圣众第一。
                    │
                    │           宣说阿弥陀佛在成佛前所做的无量功德，即为德遵
                    │           普贤第二、大教缘起第三、法藏因地第四、至心精进第
                    │           五、发大誓愿第六、必成正觉第七、积功累德第八。
                    │
                    │           介绍极乐世界的情况，即为圆满成就第九、皆愿
                    │           作佛第十、国界严净第十一、光明遍照第十二、寿命
                    │           无量第十三、宝树遍国第十四、菩提道场第十五、
                    │           堂舍楼观第十六、泉池功德第十七、超世希有第
《无量寿经》─▶ ─┤─ 正宗分 ── 十八、受用具足第十九、德风华雨第二十、宝莲佛光
                    │           第二十一、决证极果第二十二、十方佛赞第二十三、
                    │           三辈往生第二十四、礼供正因第二十五、歌叹佛德第
                    │           二十七、大士神光第二十八、愿力宏深第二十九、
                    │           菩萨修持第三十、真实功德第三十一、寿乐无极第
                    │           三十二、劝谕策进第三十三、心得开明第三十四、浊
                    │           世恶苦第三十五、重重诲勉第三十六、如贫得宝第
                    │           三十七、礼佛现光第三十八、慈氏述见第三十九、
                    │           边地疑城第四十、惑尽见佛第四十一、菩萨往生第
                    │           四十二、非是小乘第四十三、受菩提记第四十四、独
                    │           留此经第四十五、勤修坚持第四十六、福慧始闻第
                    │           四十七。
                    │
                    └─ 流通分 ── 赞叹此经的功德，并嘱咐流通，即为闻经获益第
                                  四十八。
```

本经缘起
诸佛在王舍城的集会

本经缘起

如是我闻。一时佛在王舍城，耆阇崛山中，与大比丘众万二千人俱，一切大圣，神通已达。其名曰：尊者憍陈如、尊者舍利弗、尊者大目犍连、尊者迦叶、尊者阿难等，而为上首。又有普贤菩萨、文殊师利菩萨、弥勒菩萨及贤劫中一切菩萨，皆来集会。

【译文】

我曾亲耳听佛陀这样说过：

那时候，释迦牟尼佛在王舍城的耆阇崛山中讲经，与会的大比丘僧有一万二千人。这些弟子地位都修得了神足通、天眼通、天耳通、他心通、宿命通、漏尽通六种神通。在会的众僧以憍陈如长老、舍利弗长老、大目犍连长老、迦叶长老、阿难长老等为上首。还有普贤菩萨、文殊师利菩萨、弥勒菩萨以及现在世的所有菩萨，也来到这里听佛讲经。

三大劫

劫是佛教的时间单位，有大、中、小之分。根据佛教经典，世界在过去、现在、未来要经历三大劫，于每大劫中将有千佛出世。

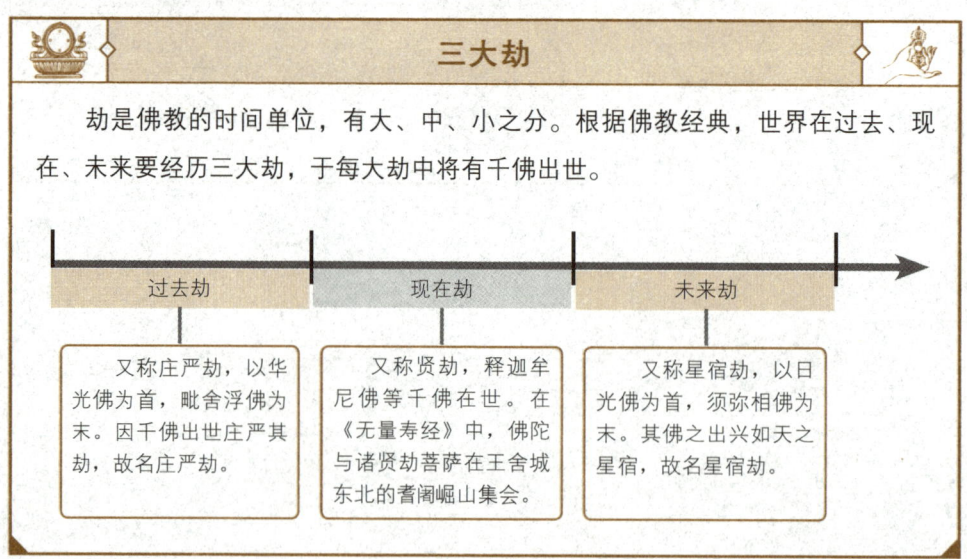

过去劫	现在劫	未来劫
又称庄严劫，以华光佛为首，毗舍浮佛为末。因千佛出世庄严其劫，故名庄严劫。	又称贤劫，释迦牟尼佛等千佛在世。在《无量寿经》中，佛陀与诸贤劫菩萨在王舍城东北的耆阇崛山集会。	又称星宿劫，以日光佛为首，须弥相佛为末。其佛之出兴如天之星宿，故名星宿劫。

菩萨神通
普贤菩萨和诸菩萨的功德

普贤菩萨的大愿

又贤护等十六正士①,所谓善思惟菩萨、慧辩才菩萨、观无住菩萨、神通华菩萨、光英菩萨、宝幢菩萨、智上菩萨、寂根菩萨、信慧菩萨、愿慧菩萨、香象菩萨、宝英菩萨、中住菩萨、制行菩萨、解脱菩萨,而为上首。

【注释】

①正士:菩萨的另一种称谓。

【译文】

还有贤护等十六位大居士菩萨,分别是善思惟菩萨、慧辩才菩萨、观无住菩萨、神通华菩萨、光英菩萨、宝幢菩萨、智上菩萨、寂根菩萨、信慧菩萨、愿慧菩萨、香象菩萨、宝英菩萨、中住菩萨、制行菩萨、解脱菩萨,这些菩萨是一切在家居士的领袖。

咸共遵修普贤大士之德,具足无量行愿,安住一切功德法中,游步十方,行权方便①,入佛法藏②,究竟彼岸。

【注释】

①权方便:指佛与菩萨在济度众生时,根据不同的场合和人物,而采用相应的方法。

②佛法藏:"如来藏"的异称。佛教谓"真如"在烦恼中称为"如来藏"。

【译文】

所有菩萨都以普贤为榜样,发下了诸多圆满的誓愿。他们通过六度四摄的修行功夫,周游世界各地,随机应变,以一切善巧稳妥的方法,教化和济度众生,努力使众生脱出五浊恶世,达到觉悟的境界。

愿于无量世界成等正觉①。舍兜率②、降王宫、弃位出家、苦行学道。作斯示现,顺世间故,以定慧力,降伏魔怨③,得微妙法,成最正觉。天人归仰,请转法轮④。

【注释】

①等正觉：有两种含义，可以是等觉菩萨，也可以是佛。本经中是指佛。

②兜率：天有多层，此为欲界的第四天，是菩萨成佛前的最后住处，全称"兜率天"。

③以定慧力，降伏魔怨："定"指禅定；"慧"指慧思；"魔"指给修道的人设置的烦恼、障碍。

④转法轮：佛把心中的法传到众生的心里边去。

【译文】

普贤菩萨发下誓愿，要在世间修行成佛，于是他仿效释迦牟尼佛八相成道，舍弃了在兜率天宫中的安乐生活，托胎降生于人间的王宫中，然后抛弃荣华宝贵，出家修道。为什么要这样做呢？因为众生不解佛法，所以他为了教导世间众生，就显现出这样的行为。普贤菩萨在修行中用"禅定"和"慧思"的方法，克服了欲望、感觉与诸多魔障，得到难以表达的如来微妙大智，成为不生不灭、无挂无碍的佛。天神们也都恭敬皈依他，恳请他宣讲佛法。

普贤菩萨的功德

常以法音觉诸世间，破烦恼城、坏诸欲堑，洗濯垢污，显名清白。调众生、宣妙理、贮功德、示福。

【译文】

普贤菩萨接受了诸天神的请求，时时刻刻宣讲教法，教导三界一切众生，努力破除众生的贪、嗔、痴、慢、疑等所有烦恼，努力破坏那些诱使众生堕落的欲望壕堑，并洗净众生心灵上的污垢，以显示本来的清白无染之心。菩萨用佛法来调和众生，向他们宣讲真实不虚的真理，使众生积累善功善德，就像在田里播种一样，以便在来世收获善德。

以诸法药，救疗三苦，升灌顶阶，授菩提记；为教菩萨，作阿阇黎；常习相应，无边诸行；成诸菩萨，无边善根。无量诸佛咸共护念。

这是目犍连图。目犍连是古印度摩揭陀国王舍城人，属婆罗门种姓。他与舍利弗是好友，一同皈依释迦牟尼，是佛陀十大弟子之一。由于目犍连神通广大，在佛陀的诸弟子中被尊为"神通第一"。佛陀在宣说《无量寿经》时，目犍连也随同听法。

【译文】

普贤菩萨为超度众生,以佛法为妙药去治疗众生沉沦于三界生死苦海的厄难,并达到了证得佛果的阶位,接受了未来成佛的授记。他为了教导诸菩萨,成为诸菩萨的教授师,并以身作则,时时修习无量无边的相应行德,圆满成就了大菩萨的功德,受到了诸佛的庇护和眷顾。

诸菩萨的神通

诸佛刹中,皆能示现。譬善幻师,现众异相,于彼相中,实无可得。此诸菩萨,亦复如是,通诸法性,达众生相,供养诸佛。

【译文】

普贤菩萨在任何佛刹中都能随时显现,就像魔法师一样显示出不同的形象,但这些形象都是他的化身,并不是真实的形象。与会的各位菩萨也是如此,他们通达诸法实相,并能幻化出各种各样的形象,来服侍奉养诸佛。

开导群生,化现其身;犹如电光,裂魔见网,解诸缠缚,远超声闻辟支佛地,入空无相无愿法门。

【译文】

菩萨们为普度众生而幻化的各种形象,如同闪电一样威猛,能撕裂魔见邪业之网,使众生从烦恼的缠缚中解脱出来。菩萨们的功德和神通,远超出了声闻、缘觉的见地,而进入无自性我执、无名相法执、无妄想取执之心的境界。

善立方便①,显示三乘②。于此中下,而现灭度,得无生、无灭诸三摩地,及得一切陀罗尼门,随

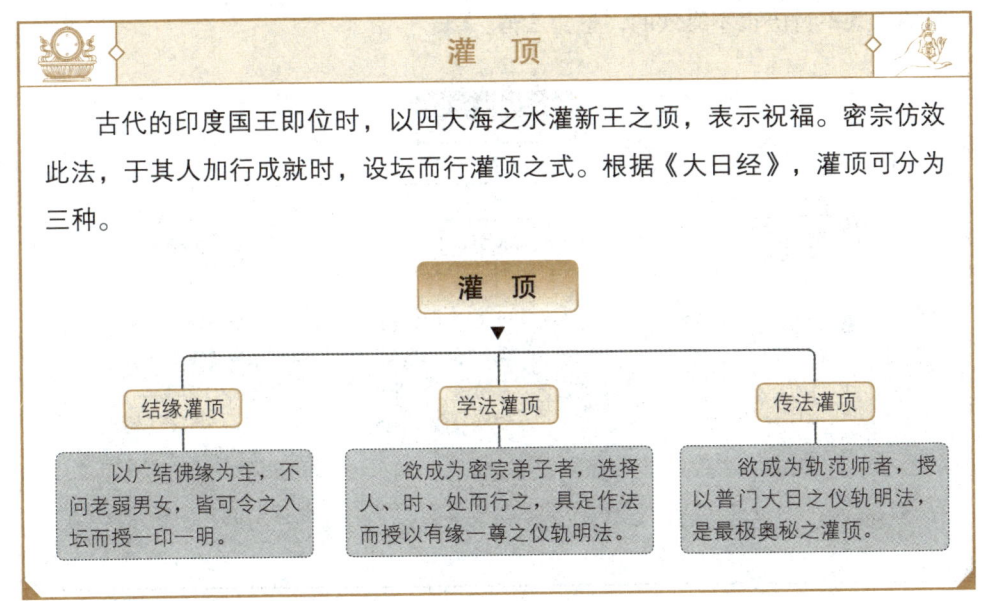

灌顶

古代的印度国王即位时,以四大海之水灌新王之顶,表示祝福。密宗仿效此法,于其人加行成就时,设坛而行灌顶之式。根据《大日经》,灌顶可分为三种。

灌顶
- 结缘灌顶:以广结佛缘为主,不问老弱男女,皆可令之入坛而授一印一明。
- 学法灌顶:欲成为密宗弟子者,选择人、时、处而行之,具足作法而授以有缘一尊之仪轨明法。
- 传法灌顶:欲成为轨范师者,授以普门大日之仪轨明法,是最极奥秘之灌顶。

时悟入华严三昧,具足总持百千三昧,住深禅定,悉睹无量诸佛。于一念顷,遍游一切佛土。

【注释】

①方便:意为善权、权益。这里有两种含义:一是为教化众生,可以根据各种环境和人物的不同采取各种相宜的方法,二是大乘菩萨不能像小乘一样自利,还必须运用各种手段让他人受益。

②三乘:指罗汉乘、辟支乘、菩萨乘。

【译文】

菩萨们以种种方法来引导让众生开悟,他们或说罗汉经,或说辟支佛经,或说菩萨法教,并在声闻、缘觉之中达到涅槃境界,得以成就超离生死的正定

智慧,由此总持种种善法,可以随时随地悟到由一真法界为本体的华严正智,并修习微深幽玄的禅定方法,能于禅定中看见无以数计的诸佛,更能在一刹那的短暂时间游遍一切佛国净土。

得佛辩才,住普贤行,善能分别众生语言,开化显示真时之际,超过世间诸所有法。心常谛住度世之道,于一切万物,随意自在。

【译文】

与会的菩萨都能像普贤菩萨一样,具有宣说法义的雄辩才能,他们不仅会使用各国语言,还能随众生的根机,灵活巧妙地选择不同的方式宣

三苦

三苦是佛教对于感受的解释。在佛教教义中,人的感受被分为讨厌的,喜欢的,既不讨厌也不喜欢的,是为三苦。

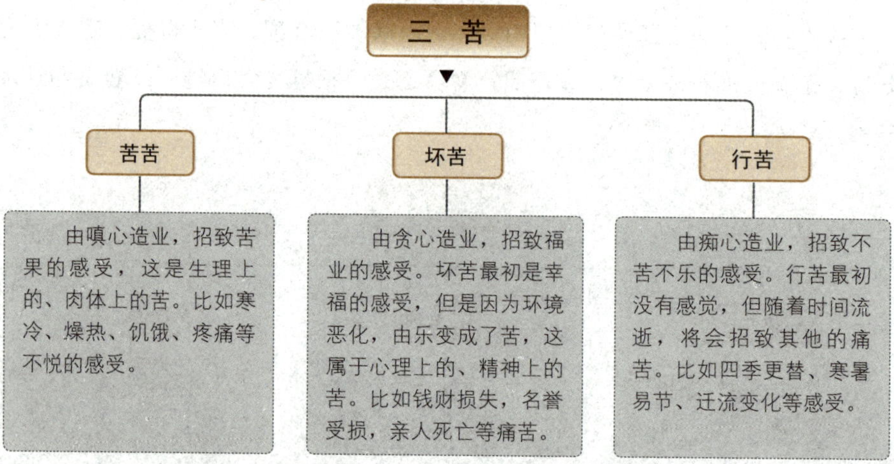

```
           三 苦
    ┌───────┼───────┐
   苦苦     坏苦     行苦
```

苦苦	坏苦	行苦
由嗔心造业,招致苦果的感受,这是生理上的、肉体上的苦。比如寒冷、燥热、饥饿、疼痛等不悦的感受。	由贪心造业,招致福业的感受。坏苦最初是幸福的感受,但是因为环境恶化,由乐变成了苦,这属于心理上的、精神上的苦。比如钱财损失,名誉受损,亲人死亡等痛苦。	由痴心造业,招致不苦不乐的感受。行苦最初没有感觉,但随着时间流逝,将会招致其他的痛苦。比如四季更替、寒暑易节、迁流变化等感受。

法，使听者心悦诚服，乐于接受。他们为人们演说一切法的真理实相，不但超越世间所有法，也超过了出世间的所有法。他们的心一直在思考超度众生的方法，对待世间的万事万物，都随心所欲、自由自在。

为诸庶类，作不请之友。受持如来甚深法藏，护佛种性常始不绝。兴大悲、愍有情、演慈辩、授法眼、杜恶趣、开善门。

【译文】

菩萨们不等众生请求，主动来帮助众生。他们凭借如来的高深佛法，不辞辛劳地教化众生，极力护持着众生的菩提心，不使其断绝。他们以大慈大悲之心，怜悯济度苦海之中的有情众生，为众生广说佛法，教导众生明辨是非黑白，杜绝众生堕入畜牲、恶鬼、地狱这三恶道的机缘，为众生开启进入菩提涅槃的道路。

于诸众生，视若自己，拯济负荷，皆度彼岸，悉获诸佛无量功德，智慧圣明，不可思议。

【译文】

菩萨们对待所有的有情众生，就像对待自己一样，不但为他们卸下沉重的负荷，还引导他们到达觉悟的彼岸，从而明悉诸佛的不可思议的无量功德和智慧圣明。

如是等诸大菩萨，无量无边，一时来集。又有比丘尼五百人、清信士七千人、清信女①五百人、欲界天、色界天、诸天梵众，悉共大会。

【注释】

①清信士、清信女：即优婆塞、优婆夷。

【译文】

像上述这些有伟大功德的大菩萨，数量不可计数，他们同时来到了耆阇崛山汇集。此外还有比丘尼五百个、男居士七千个、女居士五百个，以及欲界天和色界天上的所有天神，也都来参加这次的法会。

这是普贤菩萨图。普贤菩萨是我国四大菩萨之一，他不仅遍身十方，还能广赞诸佛无尽功德，成就广大佛事，其智慧之高，愿行之深，唯佛能知，在佛教诸菩萨中具有很高的地位。《无量寿经》中的王舍城集会就以普贤菩萨为上首。

二十诸天

佛教将世界分为三界，其中欲界有六天，色界有十八天，在诸天界有二十天尊，他们大多是印度教的天神，后被佛教吸收，成为佛教的护法神，合称为"护法二十诸天"。

二十诸天

- **大梵天**，原是印度教的主神，后成为色界初禅天之主。
- **帝释天**，忉利天之主，主要职责是保护佛陀、佛法和出家人。
- **多闻天王**，守护北俱芦洲，能制服魔众、护持人民财富。
- **持国天王**，守护东胜神州，能保佑众生、护持国土。
- **增长天王**，守护南瞻部洲，能令众生增长善根。
- **广目天王**，守护西牛贺洲，能以净天眼随时观察世界。
- **金刚密迹**，执金刚杵现大威势拥护佛法之天神。
- **摩醯首罗**，住在色界之顶，为三千大千世界之主。
- **散脂大将**，北方多闻天王的八大药叉将之一。
- **大辩才天**，主管智慧福德的天神，也是音乐之神。
- **大功德天**，相传是多闻天王之妹，主掌财富。
- **韦驮天神**，佛教护法天神，能驱除邪魔，保护佛法。
- **坚牢地神**，居于南瞻部洲，能保护土地及地上的一切植物。
- **菩提树神**，守护菩提树之天女，是最早的佛教护法神之一。
- **鬼子母神**，守护幼儿的慈悲女神，在中国被视为送子娘娘。
- **摩利支天**，原是古印度的光明女神，后成为帝释天的部属。
- **日宫天子**，观音菩萨的变化身，住于太阳宫殿之中。
- **月宫天子**，大势至菩萨的变化身，住于月宫之中。
- **娑竭龙王**，管理水域的天神，也是西方守护之神。
- **阎摩罗王**，主掌生死罪福之业，主守八热八寒地狱以及诸小狱等。

5 至心精进
法藏比丘的大誓愿

佛陀赞叹阿难

尔时世尊，威光赫奕，如融金聚，又如明镜，影畅表里，现大光明，数千百变。尊者阿难，即自思惟："今日世尊，色身诸根，悦豫清净，光颜巍巍，宝刹庄严。"

【译文】

这时，释迦牟尼佛神采奕奕，容颜就像黄金塑造的一样，散发着明耀强盛的光，又像是一面明亮的镜子，不但映照了外表，也映照出内心的光明。释迦牟尼佛所发出的神光，瞬息万变，无比美妙。

阿难长老看到佛陀身上的光芒，心中暗自感慨："今天世尊的容颜神采是如此地清静且愉悦，周身散发的神光，足以映照十方佛土，使其更加威严庄重。"

"从昔以来，所未曾见。喜得瞻仰，生希有心，"即从座起，偏袒右肩，长跪合掌，而白佛言："世尊，今日入大寂定。"

【译文】

"我跟随释迦牟尼佛以来，首次见到这种情景。今天我能见到如此光明之像，真是无比稀有。"想到这里，他从内心生出前所未有的诚恳恭敬之心，于是从座位上站起，袒露右肩，双手合十地跪在释迦牟尼佛面前，对佛陀说："世尊，您今天进入大寂定境界。"

"住奇特法，住诸佛所住导师之行，最胜之道，去来现在佛佛相念，为念过去未来诸佛耶？为念现在他方诸佛耶？何故威神显耀，光瑞殊妙乃尔？愿为宣说。"

【译文】

"您展示出一种世间未有的相状，您那慈祥和蔼的表情就像要接引众生到他们的佛国净土一样，您那超然的表情是真正解脱的证明，您领导、忆念着过

第十章 往生净土——《无量寿经》

去、现在、未来三世诸佛。但是现在您是在忆念过去和将来的诸佛呢？还是在忆念现在的各方佛国的诸佛呢？不然您为什么会如此明亮光耀、极其光明呢？请您给我们讲一讲这其中的奥妙吧。"

于是世尊告阿难言："善哉善哉，汝为哀愍利乐诸众生故，能问如是微妙之义。汝今斯问，胜于供养一天下阿罗汉、辟支佛，布施累劫诸天人民、蜎飞蠕动之类，功德百千万倍。何以故？当来诸天人民，一切含灵，皆因汝问而得度脱故。"

【译文】

释迦牟尼佛对阿难道："善哉！善哉！你有一颗慈悲怜悯众生的心，为了利益一切众生，所以提出这样玄妙的问题。你的这个提问功德无量，不仅胜过于供养天下的阿罗汉和辟支佛，更胜过若干世的布施。为什么这样说呢？因为诸天中的众生，包括飞蝇、爬虫，以及一切有生命的动物，全都会因为你的这个提问而得到度脱。"

"阿难，如来以无尽大悲，矜哀三界，所以出兴于世，光阐道教，欲拯群萌，惠以真时之利，难值难见，如优昙花，希有出现。汝今所问，多所饶益。"

【译文】

"阿难，我以无穷无尽的大悲心，因为怜悯三界的一切众生，所以才降生在这人世间。我广泛传播佛法，是为了拯救这世间无知的有情众生，使他们晓知佛学的真正的好处。佛法的难遇难见，就像优昙花一样，难得出现一次。今天你提出的这个问题，对三界众生有着无穷的好处。"

"阿难当知，如来正觉其智难量，无有障碍。能于念顷，住无量亿劫，身及诸根，无有增减。所以者何？如来定慧，究畅无极，于一切法，而得最胜自在故。阿难谛听，善思念之，吾当为汝分别解说。"

这是优昙花图。优昙花又名优昙跋罗华、乌昙罗花，属于桑科，可作观赏用，树枝可入药，多生长于喜马拉雅山、德干高原一带。在佛教经典中，优昙花是代表吉祥的灵瑞，三千年才出现一次，此花出现时，会有佛出世。《无量寿经》中用优昙花来形容如来的难遇。

【译文】

"阿难,你要知道,如来的智慧是深不可测的,通达诸法而毫无障碍。如来能在起念头的一刹那,便度过不可计数的时间,并且身体上的任何器官、部位都不会发生任何变化。这是为什么呢?因为如来的禅定智慧,已经达到无极的深度,是一切法中最殊胜最自在的法门。阿难,你要认真聆听,要深入地去思考,我现在把佛的智慧境界为你逐一讲述。"

法藏比丘发心

佛告阿难:"过去无量不可思议无央数劫,有佛出世,名世间自在王如来、应供、等正觉、明行足、善逝、世间解、无上士、调御丈夫、天人士、佛、世尊,在世教授四十二劫,时为诸天及世人民说经讲道。"

【译文】

释迦牟尼佛对阿难说道:"在无数劫时之前,有一尊佛在人间显现,他的名字叫作世间自在王如来,又叫应供、等正觉、明行足、善逝、世间解、无上士、调御丈夫、天人师、佛、世尊。这尊佛在世间弘法已有四十二劫,时时为众生讲经说法,开示正道。"

"有大国主名世饶王,闻佛说法,欢喜开解寻发无上真正道意,弃国捐王,行作沙门,号曰法藏,修菩萨道,高才勇哲,与世超异,信解明记,悉皆第一。"

【译文】

"当时,有一个大国王,名叫世饶王。他在听到世间自在王如来说法后,内心十分欢喜,豁然开悟。为了寻求无上的正道,他舍弃国家与王位,出家成为沙门,并取法名为法藏。这位法藏沙

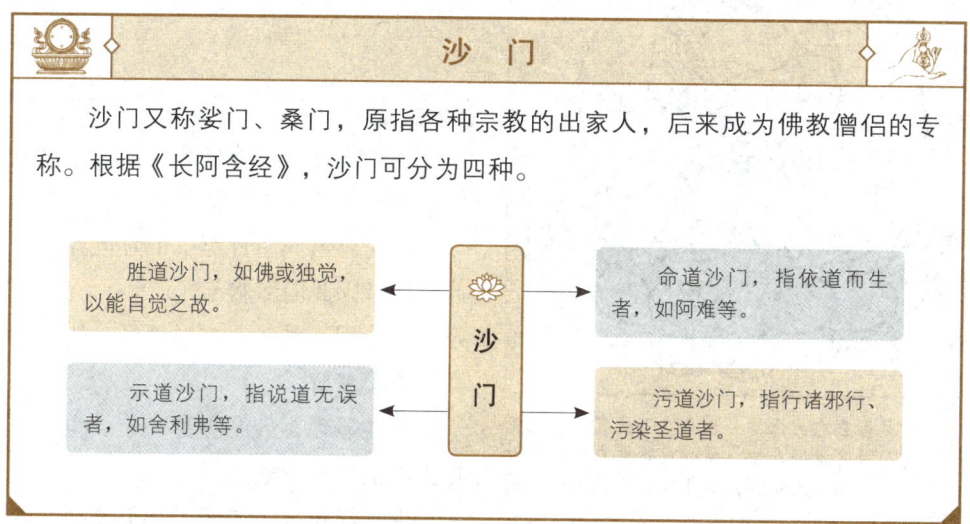

沙 门

沙门又称娑门、桑门,原指各种宗教的出家人,后来成为佛教僧侣的专称。根据《长阿含经》,沙门可分为四种。

- 胜道沙门,如佛或独觉,以能自觉之故。
- 示道沙门,指说道无误者,如舍利弗等。
- 命道沙门,指依道而生者,如阿难等。
- 污道沙门,指行诸邪行、污染圣道者。

门修习菩萨道,他不但才能过人,而且勇猛精进,心智明朗,无论是理解力和记忆力都是无人能及。"

"又有殊胜行愿,及念慧力,增上其心,坚固不动,修行精进,无能逾者。往诣佛所,顶礼长跪,向佛合掌,即以伽他赞佛,发广大愿,颂曰:

【译文】

"再加上他具有超凡绝俗的伟大行愿,还有消除邪念的念力和消解思维困惑的慧力,因而他从不为邪念困惑等杂念所动摇。由于法藏比丘专心修行,不懈不怠,很快在当时所有的修行者之中,没有一个人能与他相提并论,更没有人能超过他了。"

法藏比丘自认为修行到一定的程度了,于是他来到世间自在王如来那里,恭敬地跪在佛足前,双手合十,向佛行礼,然后用偈颂来称赞世间自在王如来的功德,并立下了宽广宏大的誓愿。他在称颂世间自在王如来佛的偈颂中赞道:

法藏比丘赞佛

"如来微妙色庄严,一切世间无有等;

光明无量照十方,日月火珠皆匿曜;

世尊能演一音声,有情各各随类解;

又能现一妙色身,普使众生随类见;

愿我得佛清净声,法音普及无边界;

宣扬戒定精进门,通达甚深微妙法。"

这是世自在王佛图。世自在王佛又名世绕王佛,他能救度世间众生,使众生得到自在,是过去佛之一。在《无量寿经》中世自在王佛是法藏比丘的法师。

【译文】

"您的容貌是那样的端正庄严,一切世间万物都无法与您相比,

您的无量光明普照了十方世界,日月星辰都因此而黯然无光,

您能用一种语言演说佛经,让一切众生各得其解,

还能显现微妙的色身,使众生得以见到您的光明形象。

现在我也发下宏愿,如果能得到佛

的音声，就去一切世界宣说妙法，

宣扬戒定等诸法，逐渐通达佛法智慧。"

"智慧广大深如海，内心清净绝尘劳；

超过无边恶趣门，速到菩提究竟岸；

无明贪嗔皆永无，惑尽过亡三昧力；

亦如过去无量佛，为彼群生大导师；

能救一切诸世间，生老病死众苦恼；

常行布施及戒忍，精进定慧六波罗。"

【译文】

"您的智慧高深莫测，您的内心清净无尘，

您可以超越无量无边的恶趣门，迅速到达涅槃彼岸。

您无贪无嗔无痴，能凭借三昧的力量消除三惑，

就像往日的无量诸佛一样教导一切众生，

您救助众生，使他们摆脱了生老病死等诸多痛苦，

您时时布施和戒忍，修持禅定、智慧等六大般若蜜。"

"未度有情令得度，已度之者使成佛；

假令供养恒沙圣，不如坚勇求正觉；

愿得安住三摩地，恒放光明照一切；

感得广大清净居，殊胜庄严无等伦；

轮回诸趣众生类，速生我刹受安乐；

常运慈心拔有情，度尽无边苦

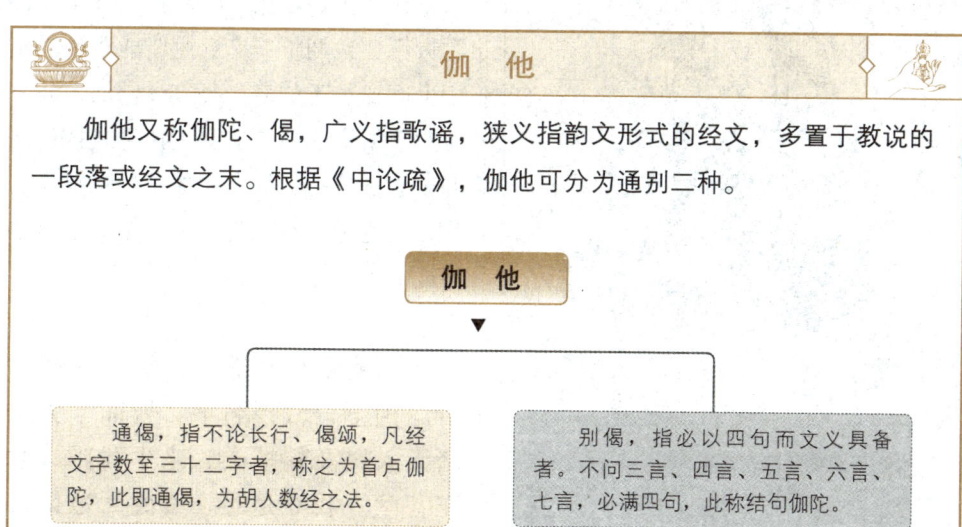

伽他

伽他又称伽陀、偈，广义指歌谣，狭义指韵文形式的经文，多置于教说的一段落或经文之末。根据《中论疏》，伽他可分为通别二种。

伽他

通偈，指不论长行、偈颂，凡经文字数至三十二字者，称之为首卢伽陀，此即通偈，为胡人数经之法。

别偈，指必以四句而文义具备者。不问三言、四言、五言、六言、七言，必满四句，此称结句伽陀。

众生；

　　我行决定坚固力，唯佛圣智能证知；

　　纵使身止诸苦中，如是愿心永不退。"

【译文】

"您度化不能解脱的众生，您帮助已经超脱生死轮回的众生圆满成佛。

与其虔诚地供养着诸佛、菩萨与罗汉，不如自己坚定地追求佛道。

法藏愿自己住在三摩地中，用寂定光明恒照十方世界的一切众生，

并成就无与伦比的殊胜庄严德清静佛国。

想要度脱六道轮回的众生，都快到我的净土来享受安乐。

我以慈悲心来帮助有情众生，我愿尽度受苦受难的六道众生。

我的心愿坚定不移，只有您的智慧才能为我证明。

即使我自身处于灾难苦海中，我普度众生的大愿也决不退缩。"

法藏比丘立愿

　　法藏比丘说此偈已，而白佛言："我今为菩萨道，已发无上正觉之心，取愿作佛，悉令如佛。愿佛为我广宣经，我当奉持，如法修行，拔诸勤苦生死根本，速成无上正等正觉。"

【译文】

　　法藏比丘颂完此偈后，对世间自在王如来说："我现在修行菩萨道，并发下了无上正等正觉之心，我立下了成佛的大愿，也期盼一切众生皆能成佛。希望世间自在王如来为我宣说佛法，我一定对您所讲的经法信奉受持，并按经法的要求去修行，努力消除一切无休止的生、死之根，断除贪、痴等烦恼，迅速修成无上正等正觉佛果。"

　　"欲令我作佛时，智慧光明，所居国土，教授名字，皆闻十方，诸天人民及蜎蠕类，来生我国，悉作菩萨。我立是愿，都胜无数诸佛国者，宁可得否？"

这是法藏菩萨图。法藏菩萨又名法藏比丘，他能蕴藏佛法，护持法教而不失散，所以称为法藏。《无量寿经》记载法藏比丘向世自在王佛学法，最终成为阿弥陀佛。

【译文】

"如果我成了佛,我的智慧光明,我所居住的佛国净土,我作为接引导师的名号一定会传遍十方诸佛国土。十方世界的众生,以及飞蝇、爬虫等生灵,都来我的佛国生活,全都成为菩萨。我立此誓,是要让我的佛土要远胜过一切诸佛的国土,不知您认为我这个誓愿能不能实现?"

世间自在王佛说法

世间自在王佛,即为法藏而说经言:"譬如大海一人斗量,经历劫数,尚可穷底。人有至心求道,精进不止,会当克果。"

【译文】

世间自在王如来听到法藏比丘的这番话后,回答道:"就像那无比深广的大海,但是有一个人坚持不懈地用斗来舀大海的水,那么经过若干时间,也还是能够舀到海底的。所以说如果有人坚定求道的志愿,毫不松懈地一心追求正道,必定能够证得佛果。"

"何愿不得?汝自思惟,修何方便,而能成就佛刹庄严。如所修行,汝自当知。清净佛国,汝应自摄。"

【译文】

"即使是海水尚且能够舀干,还有什么誓愿不能够实现呢?你要认真思考自己到底要修行哪种方便的法门,才能够建成如你所说的那么美好的佛国净土?其实怎样如法修行,你自己心里是明白的。那美妙神奇的佛国净土,也是通过你自己的判断和努力去获取的。"

法藏白言:"斯义弘深,非我境界,惟愿如来应正遍知,广演诸佛无量妙刹。若我得闻,如是等法,思惟修习,誓满所愿。"

【译文】

法藏比丘回答道:"您的这些话非常深奥,以我现在的水平还难以理解。希望如来能尽您所知所能,为我广泛地介绍诸佛那无量无边的庄严佛土。如果我听了佛为我讲说的妙法之后,一定会认真地去思考修行,以求能圆满成就我的佛国净土的大愿。"

世间自在王佛知其高明,志愿深广,即为宣说二百一十亿诸佛刹土功德严净,广大圆满之相,应其心愿,悉现与之。说是法时,经千亿岁。

【译文】

世间自在王佛知道法藏比丘品德高尚,才能高超,志向远大,誓愿深广,就为他介绍了十方诸佛国土的种种功德、严净、广大、圆满的无边妙相。如来为了满足法藏比丘的心愿,还运用神力,把这些佛国净土全部展现在他的面前。世间自在王如来为法藏比丘的这次说法,长达千亿年之久。

法藏比丘的修行

尔时法藏闻佛所说,皆悉睹见,起发无上殊胜之愿,于彼天人善恶,国土粗妙,思惟究竟,便一其心,选择所欲,结得大愿。

【译文】

那时候,法藏比丘听完了世间自在王如来的说法,又遍览了诸多的佛国净土,于是他在如来的面前立下最庄严宏大的誓愿,并对那些天界众生的善恶以及佛国净土的粗陋美妙之别,都有了深入的了解,并一一作了比较,然后专心致志地选择了理想中的清净美好的世界,作为自己修行的誓言愿心。

精勤求索,恭慎保持。修习功德,满足五劫,于彼二十一具胝佛土,功德庄严之事,明了通达,如一佛刹。所摄佛国,超过于彼。

【译文】

法藏比丘立下誓言后,勇猛精进,勤奋求索,没有半刻松懈地奉持佛的教导,修习成佛的功德。经过了五个时劫的时间,他完全明白了二百一十亿个佛国净土的功德庄严、因缘果报,并对诸多佛国净土的认知达到了像认识一个佛国一样全面和透彻。他修行摄取的佛国净土,远胜过以往的诸佛净土。

既摄受已,复诣世间自在王如来所,稽首礼足,绕佛三匝,合掌而住。白言:"世尊!我已成就庄严佛土清净之行。"

【译文】

法藏比丘完成了摄取佛国的具体大愿后,又来到世间自在王如来佛面前,匍匐在佛足跟前稽首行礼,然后绕佛三圈,双

这是阿弥陀佛图。阿弥陀佛又名无量寿佛,是西方极乐世界的教主。在大乘佛教中,阿弥陀佛地位非常重要,他以观世音菩萨、大势至菩萨为胁侍,接引众生前往极乐世界。在《无量寿经》中,法藏比丘成就的佛国净土就是西方极乐世界。

手合十地向佛说道:"世尊,我已经完成了庄严修饰佛国净土的修行。"

佛言:"善哉!今正是时,汝应具说,令众欢喜。亦令大众,闻是法已,得大善利。能于佛刹,修习摄受,满足无量大愿。"

【译文】

世间自在王如来对他说:"善哉!现在机缘已经成熟,你要好好地宣扬你那佛国净土的好处,使大众欣然接受,也应该让一切众生知道了净土法门后,得到广大的利益,使他们能到你的佛国净土去修行学习,满足一切众生往生净土的愿望。"

法藏比丘的大愿

法藏白言:"唯愿世尊大慈听察。我若证得无上菩提,成正觉已,所居佛刹,具足无量不可思议,功德庄严。"

【译文】

法藏比丘对世间自在王说:"世尊,敬请您用大慈大悲的心为我明辨是非。我如果证得了无上正觉的智慧,并正式成佛后,我所居住的佛国净土,就具有了无量无边、无穷无尽的功德和清净庄严。"

"无有地狱、饿鬼、禽兽、蜎飞蠕动之类。所有一切众生,以及焰摩罗界,三恶道中,来生我刹,受我法化,悉成阿耨多罗三藐三菩提,不复更堕恶趣。得是愿,乃作佛;不得是愿,不取无上正觉。"

【译文】

"我的佛国没有地狱、饿鬼、禽兽,也没有飞蝇和爬虫,所有的一切众生,以及在焰摩罗世界和三恶趣道中受苦受难的所有生灵,只要在我的佛国净土里接受教化,便都能成就无上正等正觉,并超出六道轮回,不会再堕到三恶趣里去。我的这个愿望能实现,我才成佛;如果这个愿望不能实现,我誓不成佛。"

"我作佛时,十方世界,所有众生,令生我刹,皆具紫磨真金色身,三十二种大丈夫相,端正净洁,悉同一类。若形貌差别,有好丑者,不取正觉。"

【译文】

"我作佛的时候,要使十方世界的一切众生,都能往生于我的佛国净土,

·名词解释·

焰摩罗界: 焰摩罗又称炎摩、琰摩、阎罗王等,是地狱的主宰。此王负责登录、治理世间生死罪福之业,于五趣中,追摄罪人。焰摩罗界就是阎罗王所辖的地狱。

都能具有永远不变不坏的紫磨真金之体，都能具有三十二种大丈夫相。佛国的一切众生都容貌端正、身心清洁，平等无差。如果我的佛国中，众生的身形相貌有好坏、美丑之分，我誓不成佛。"

"我作佛时，所有众生，生我国者，自知无量劫时宿命，所作善恶，皆能洞视、彻听，知十方去来现在之事。不得是愿，不取正觉。"

【译文】

"我作佛的时候，要使投生在我的佛国的所有众生，都能够知道自己在过去无量劫中曾做过的行为，对自己造成的一切善恶因果报应都一览无遗，对十方世界过去、现在、未来发生的所有事情都能清楚明白。如果这些誓愿不能实现，我誓不成佛。"

"我作佛时，所有众生，生我国者，皆得他心智通，若不悉知亿那由他①百千佛刹众生心念者，不取正觉。"

【注释】

①那由他：数量词，表示数目特别大。

【译文】

"我作佛的时候，要使投生在我的佛国的所有众生，都能得到他心智的神通，如果众生不能透彻地知道无量无边的佛国净土的众生心念，我誓不成佛。"

"我作佛时，所有众生，生我国者，皆得神通自在波罗蜜多。于一念顷，不能超过亿那由他百千佛刹，周遍巡历，供养诸佛者，不取正觉。"

【译文】

"我作佛的时候，要使投生在我的佛国的所有众生，都能获得自在神通，得大圆满。如果众生在起念的一刹那，不能到达所有的佛国净土，不能供养全部佛国的诸佛，我誓不成佛。"

"我作佛时，所有众生，生我国者，远离分别①，诸根②寂静。若不决定成等正觉，证大涅槃者，不取正觉。"

【注释】

①分别：指以虚妄思量识别一切事与理的分别。

②诸根：即六根。

【译文】

"我作佛的时候，要使投生在我的佛国的所有众生，都远离一切分别心，六根清净，如果有众生不能证得正等正觉，不能达到涅槃境界，我誓不成佛。"

"我作佛时，光明无量，普照十方，绝胜诸佛，胜于日月之明，千万亿倍。若有众生，见我光明，照触其身，莫不安乐，慈心作善，来生我国。若不尔者，不取正觉。"

【译文】

"我作佛的时候,要放射无量的光明,普照十方世界。那光芒绝对胜过他方佛刹的一切佛光,并胜过日月的光明千万亿倍。见到我的光明的众生,只要光芒照触到他的身上,都会感到安乐,生出想到我这佛国净土的善念。如果这两个誓愿不能实现,我誓不成佛。"

"我作佛时,寿命无量。国中声闻天人无数,寿命亦皆无量。假令三千大千世界众生,悉成缘觉,于百千劫,悉共计校,若能知其量数者,不取正觉。"

【译文】

"我作佛的时候,我的寿命将无量无边,我佛国中的无数天人、声闻,他们的寿命也会不可计数。如果能够用百千劫的时间来计算我的佛国中缘觉众生的数量,我誓不成佛。"

"我作佛时,十方世界无量刹中,无数诸佛,若不共称叹我名,说我功德国土之善者,不取正觉。"

【译文】

"我作佛的时候,如果十方世界无量无数的诸佛不能共同称叹我的名号,不能共同称赞我的功德和佛国净土的好处,我誓不成佛。"

"我作佛时,十方众生,闻我名号,至心信乐。所有善根,心心回向,愿生我国,乃至十念,若不生者,不取正觉。唯除五逆,诽谤正法。"

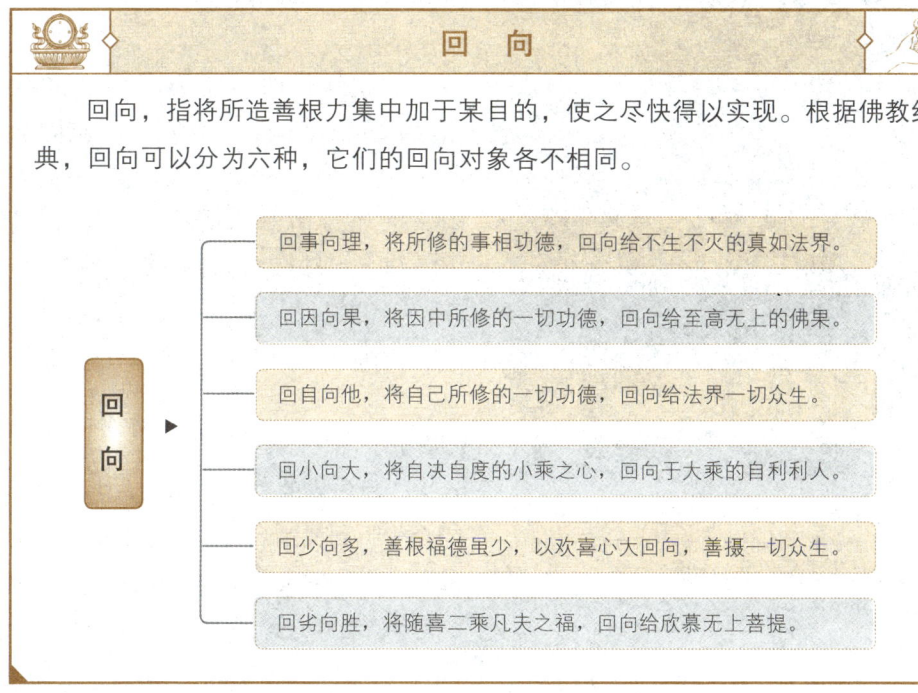

回向

回向,指将所造善根力集中加于某目的,使之尽快得以实现。根据佛教经典,回向可以分为六种,它们的回向对象各不相同。

回向
- 回事向理,将所修的事相功德,回向给不生不灭的真如法界。
- 回因向果,将因中所修的一切功德,回向给至高无上的佛果。
- 回自向他,将自己所修的一切功德,回向给法界一切众生。
- 回小向大,将自决自度的小乘之心,回向于大乘的自利利人。
- 回少向多,善根福德虽少,以欢喜心大回向,善摄一切众生。
- 回劣向胜,将随喜二乘凡夫之福,回向给欣慕无上菩提。

第十章 往生净土——《无量寿经》

【译文】

"我作佛的时候,十方世界的众生听到我的名号,只要以至诚之心信奉受持,那么他们的善根就会心心回向,立愿生于我的佛国净土。除了犯有五逆之罪和诽谤佛法的人,其余众生如果在十句佛号之内不能转生于我的佛国,我誓不成佛。"

"我作佛时,十方众生,闻我名号,发菩提心,修诸功德,奉行六波罗蜜,坚固不退。复以善根回向,愿生我国,一心念我,昼夜不断,临寿终时,我与诸菩萨众现迎其前,经须臾间,即生我刹,作阿惟越致①菩萨。不得是愿,不取正觉。"

【注释】

①阿惟越致:是菩萨的一种阶位,意思是在修行成佛的道路上意志坚定,不退转。

【译文】

"我作佛的时候,十方世界的众生听到我的名号,就能生发求佛的菩提心,并坚定不移地以清静心修行各种功德,奉行布施、持戒、忍辱、精进、禅定、般若六波罗蜜,然后用这些善根回向,立愿生于我的佛国。这些专心致志、日夜不断时念诵我的佛号的众生,当他们临终之时,我与净土中的诸菩萨们会前去出现在他们面前,接引他们在瞬间到达我的佛国。如果这个誓愿不能实现,我誓不成佛。"

"我作佛时,十方众生,闻我名号,系念我国,发菩提心,坚固不退,植众德本,至心回向,欲生极乐,无不遂者。若有宿恶,闻我名字,即自悔过,为道作善,便持经戒,愿生我刹,命终不复更三恶道,即生我国。若不尔者,不取正觉。"

这是极乐世界圣众接引众生图。根据佛教经典,众生如果一心念佛,发心前往西方极乐世界,阿弥陀佛就会率诸菩萨前来接引。《无量寿经》以阿弥陀佛及菩萨接引众生作为法藏比丘的大愿之一。

【译文】

"我作佛的时候,如果有十方世界的众生听到我的名号,专心地忆念我的佛国净土,并发菩提心,坚定不退地以念佛来培植功德,再诚心实意地将自己修行的功德回向众生，期待可以往生我佛国净土的人，没有一个人会不遂心愿。即使有人在过去世中造有极重的罪恶，但他在听到我的名号后，就立刻忏悔改过，并为佛法做善事，奉持佛的言教和戒律，发愿往生我的佛国净土。这样的人，死后不会再堕入三恶道，会立即往生到我的佛国。如果这个誓愿不能实现，我誓不成佛。"

"我作佛时，国无妇女。若有女人，闻我名字，得清净信，发菩提心，厌患女身，愿生我国，命终即化男子，来我刹土。十方世界诸众生类，生我国者，皆于七宝池莲华中化生。若不尔者，不取正觉。"

【译文】

"我作佛的时候，我的佛国中没有妇女。如果有女人，听到我的名号，就能得清净之心，再以净信发菩提心，厌恶忧患女身，希望舍离女身往生极乐世界的，那么，在她逝世的那一刻，就能立即转化为男子之身，来到我的佛国。十方世界的所有众生，凡是往生我的净土的，都能够从七宝池的莲花中化生。如果这些愿望不能实现，我誓不成佛。"

"我作佛时，十方众生，闻我名字，欢喜信乐，礼拜归命，以清净心，修菩萨行，诸天世人，莫不致敬。若闻我名，寿终之后，生尊贵家，诸根无缺，常修殊胜梵行。若不尔者，不取正觉。"

【译文】

"我作佛的时候，十方世界的众生听闻我的名号，就能心生欢喜，向我行礼敬拜，把命运寄托给我，用清净心修习菩萨三福、六和、三学、六度、普贤十愿的大行之法。天界诸天神和世间诸世人，都会对这些人的行持产生敬意。

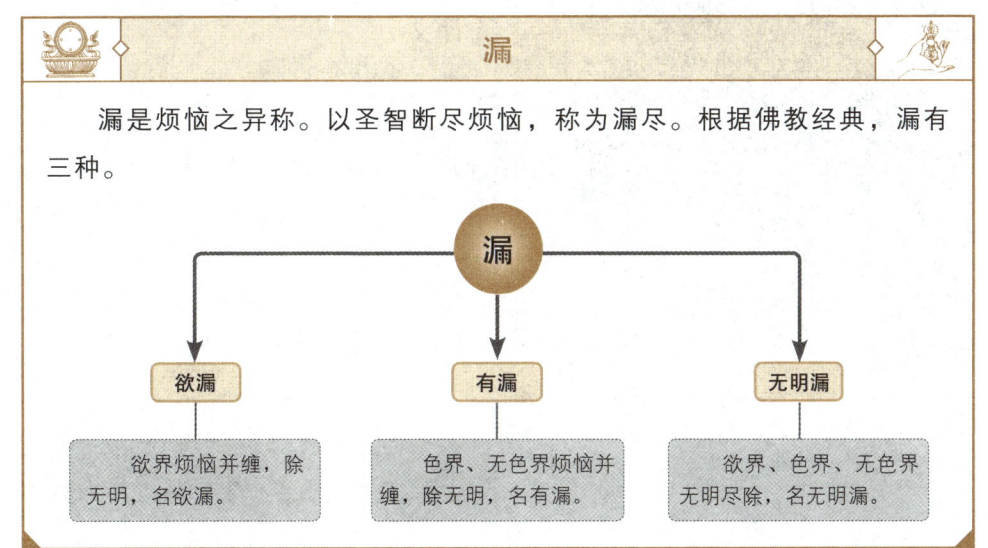

漏

漏是烦恼之异称。以圣智断尽烦恼，称为漏尽。根据佛教经典，漏有三种。

漏
├─ 欲漏：欲界烦恼并缠，除无明，名欲漏。
├─ 有漏：色界、无色界烦恼并缠，除无明，名有漏。
└─ 无明漏：欲界、色界、无色界无明尽除，名无明漏。

如果这些人听闻我的名号,心生欢喜,但是为了在秽土救济众生,今生不得往生我佛国的,那么他寿终之后,也能投胎到尊贵人家,不但身体健康,相貌出众,还能修习殊胜的法门。如果这些愿望不能实现,我誓不成佛。"

"我作佛时,国中无不善名。所有众生,生我国者,皆同一心,住于定聚,永离热恼,心得清凉,所受快乐,犹如漏尽①比丘。若起想念,贪计身者,不取正觉。"

【注释】

①漏尽:"漏",佛经中指烦恼。"漏尽"即是烦恼像水一样从眼、耳、鼻、舌、身、意中流出,只剩下真正的快乐。

【译文】

"我作佛的时候,我的佛国中没有不善的概念和说法,投生在我的佛国的所有众生,他们都具有同样的专注而宁静的意识状态,都能不退转菩萨的正定之聚,都能永离一切烦恼,心境清凉,都能享受到断尽诸漏的阿罗汉般的快乐。如果有众生生起贪念,执著自身,我誓不成佛。"

"我作佛时,生我国者,善根无量,皆得金刚那罗延身,坚固之力。身顶皆有光明照耀,成就一切智慧,获得无边辩才,善谈诸法秘要,说经行道,语如钟声。若不尔者,不取正觉。"

【译文】

"我作佛的时候,要使投生在我的佛国的所有众生,都具有无量善根,他们不仅身体坚如金刚钻石,力量强而有力,而且全身都有光明照耀,具有圆满的智慧及佛陀一般的雄辩才能,能为众生演说诸多佛法的精要,声如洪钟。如果这些愿望不能实现,我誓不成佛。"

这是那罗延天图。那罗延天又名坚固力士、金刚力士,在婆罗门教中被认为是梵天之母,在佛教中被认为是佛教的守护神,他有神力,常与阿修罗作战。《无量寿经》中以那罗延身为四十八愿之一。

"我作佛时,所有众生,生我国者,究竟必至一生补处①,除其本愿为众生故。被弘誓铠，教化一切有情，皆发信心，修菩提行，行普贤道。虽生他方世界，永离恶趣。或乐说法，或乐听法，或现神足，随意修行，无不圆满。"

【注释】

①一生补处：菩萨阶位的最高位，即等觉位，意思是以一生的修习补到佛位。

【译文】

"我作佛的时候，要使投生在我的佛国的所有众生，都能达到一生补处的候补佛位。若有菩萨为了拯济众生，以坚固的弘誓为铠甲教化一切众生，并使其信奉佛教，进而修学普贤菩萨道，那么虽然这些如普贤菩萨一样修菩萨行的菩萨生活在他方世界里，但也永远不会受六道轮回之苦。不论他们是乐于说法，还是乐于听法，还是现神足等神通随意乐而修习，都最终达到圆满。如果这些愿望不能实现，我誓不成佛。"

"我作佛时，生我国者，所须饮食、衣服、种种供具，随意即至，无不满愿。十方诸佛，应念受其供养。若不尔者，不取正觉。"

【译文】

"我作佛的时候，要使投生在我的佛国的所有众生，无论是需要饮食、服饰，还是需要种种用具，都能随心所欲，无不满足于他们的愿望。如果想供养十方世界的诸佛，诸佛也能应他们的意念而接受供养。如果这些愿望不能实现，我誓不成佛。"

"我作佛时，国中万物，严净、光丽，形色殊特，穷微极妙，无能称量。其诸众生，虽具天眼，有能辨其形色、光相、名数，及总宣说者，不取正觉。"

【译文】

"我作佛的时候，我佛国净土内的一切器物，都庄严清净、光洁华丽、形色

阿弥陀佛

这是阿弥陀佛与极乐世界图。图正中是阿弥陀佛，他是西方极乐世界的教主。在阿弥陀佛头上有大树，身下有宫殿，皆是宝相庄严。在《无量寿经》中，法藏比丘立下严饰佛国净土的大愿，诸愿不成，誓不成佛。

奇特，微妙至极，无法用语言来形容和表达。在极乐世界的众生，虽然都具足天眼神通，但都不能分辨出这些神奇器物的形状、质地、光泽、名字、数量，如果有人能够宣说，我誓不成佛。"

"我作佛时，国中无量色树，高或百千由旬①，道场②树高四百万里。诸菩萨中，虽有善根劣者，亦能了知。欲见诸佛净国庄严，悉于宝树间见，犹如明镜，睹其面像。若不尔者，不取正觉。"

【注释】

①由旬：测量距离的里程单位，是指古代行军一日的路程，各书记载不同，说法从31里至80里不同。

②道场：佛、菩萨讲经说法的地方，一般指庙宇。

【译文】

"我作佛的时候，我的佛国净土中生长着无数棵大树，它们有的高达数百由旬，有的甚至达到数千由旬。那些在寺庙附近种的菩提树，更高达四百万里。我国土的诸位菩萨，即使是悟性稍差的，也能明了这些宝树的庄严。如果有众生要想看到其他的佛国净土，那么从这些宝树行间便能清楚看见，就像从明亮的镜子里看到自己的面容一样清晰。如果这些愿望不能实现，我誓不成佛。"

"我作佛时，所居佛刹，广博严净，光莹如镜，彻照十方无量无数、不可思议诸佛世界。众生睹者，生希有心。若不尔者，不取正觉。"

【译文】

"我作佛的时候，我的佛国净土宽广无边，庄严清净，光明晶莹，如同明镜一样，可以普照十方无边无际、不可想象的诸佛世界。这些世界里的众生，如果看到了我佛国的光明，必定生出求取真理正道之心。如果这些愿望不能实现，我誓不成佛。"

"我作佛时，下从地际，上自虚空，宫殿、楼观、池流、华树，国土一切万物，皆以无量宝香合成，其香普薰十方世界。众生闻者，皆修佛行。若不尔者，不取正觉。"

【译文】

"我作佛的时候，我的佛国净土从地面到天空，所有的宫殿、楼观、池

名词解释

清净解脱、普等三昧：清净解脱三昧是指所住之三昧，无垢清净，离一切之系缚而自在。普等三昧是指住此三昧而普见一切诸佛，故名普等三昧。

塘、溪流、花草树木以及所有的一切万物，全部都由无数的宝香来合成，其香味能熏遍十方世界，一切众生只要闻到了这种香味，自然身心清净，进而修行佛道。如果这些愿望不能实现，我誓不成佛。"

"我作佛时，十方佛刹，诸菩萨众，闻我名已，皆悉速得清净、解脱、普等三昧，诸深总持，住三摩地，至于成佛。定中常供无量无边一切诸佛，不失定意。若不尔者，不取正觉。"

【译文】

"我作佛的时候，十方诸佛世界的所有菩萨，只要听到我的名号，就能证得清净三昧、解脱三昧和普等三昧，能安住于念佛三昧之中，就能住于正定，直到圆满成佛。在禅定中供养无量无边的一切诸佛，而且身不离本处就能遍至十方。如果这些愿望不能实现，我誓不成佛。"

"我作佛时，他方世界，诸菩萨众，闻我名者，证离生法，获陀罗尼，清净欢喜，得平等住，修菩萨行，具足德本。应时不获一二三忍，于诸佛法，不能现证不退转者，不取正觉。"

【译文】

"我作佛时，其他世界的菩萨们，听到我的名号，就能证得脱离生死之法，并获得陀罗尼明咒神通。他们身心清净，精神愉悦，入无差别境界，以菩萨的修行利益众生，具足一切佛果功德的根本。这样的菩萨们立刻获得忍、柔顺忍和无生法忍，就能圆满证得不退转成正觉的果位。如果这些愿望不能实现，我誓不成佛。"

🪷 法藏比丘的偈颂

佛告阿难。尔时法藏比丘说此愿已，以偈颂曰：

"我建超世志，必至无上道，
斯愿不满足，誓不成等觉。
复为大施主，普济诸穷苦，
令彼诸群生，长夜无烦恼。"

【译文】

释迦牟尼佛告诉阿难，那时法藏比丘说完誓愿后，又用偈颂作了总结：

"我发下了超越一切世间的志愿，决定成就无上佛道，

如果这四十八愿不能圆满实现，我誓不成佛。

我修行成佛的同时还要为众生布施，普济三界正在受苦的众生，

让众生在生死长夜中，永远快乐而没有烦恼。"

"出生众善根，成就菩提果，
我若成正觉，立名无量寿。
众生闻此号，俱来我刹中，
如佛金色身，妙相悉圆满。

亦以大悲心，利益诸群品，
离欲深正念，净慧修梵行。"

【译文】

"众生受教生出种种善根，成就菩提妙果。

如果我成了佛，就取名为无量寿佛。

十方众生听到我的名号，都欢喜信受来到我的佛国。

到了我佛国的众生都能具足三十二种大丈夫相。

我佛国的众生都具有大慈大悲之心，誓为一切众生谋求真实之利，

自己远离一切世间情欲，用清净的智慧修菩萨行。"

"愿我智慧光，普照十方刹，
消除三垢①冥，明济众厄难。
悉舍三涂苦，灭诸烦恼暗，
开彼智慧眼，获得光明身。"

【注释】

①三垢：即贪、嗔、痴三种烦恼。所有烦恼中，这三者被视为最毒害众生、最根本的烦恼。

【译文】

"愿我无量的智慧光明，普照到十方的一切佛刹，

消除一切众生贪嗔痴所产生的黑暗，救济众生的所有苦难，

让一切众生免于轮回之苦，不受烦

 ## 阿弥陀佛四十八愿

根据《无量寿经》，法藏比丘在成佛前立下了四十八愿，积累了无量德行，终于在十劫前成佛。在此经的注疏《无量寿经钞》中，日僧了慧道光为这四十八愿各立名号，使之清楚明了。

无三恶趣愿	不更恶趣愿	悉皆金色愿	无有好丑愿	宿命智通愿	天眼智通愿
天耳智通愿	他心智通愿	神境智通愿	速得漏尽愿	住正定聚愿	光明无量愿
寿命无量愿	声闻无数愿	眷属长寿愿	无诸不善愿	诸佛称扬愿	念佛往生愿
来迎引接愿	系念定生愿	三十二相愿	必至补处愿	供养诸佛愿	供具如意愿
说一切智愿	那罗延身愿	所须最净愿	见道场树愿	得辩才智愿	智辩无穷愿
国土清净愿	国土最饰愿	触光柔软愿	闻名得忍愿	女人往生愿	常修梵行愿
人天致敬愿	衣服随念愿	受乐无染愿	见诸佛土愿	诸根具足愿	住定供佛愿
生尊贵家愿	具足德本愿	住定见佛愿	随念闻法愿	得不退转愿	得三法忍愿

恼和黑暗的困扰，

使众生显现心中的慧眼，看到如来的光明法身。"

"闭塞诸恶道，通达善趣门，
为众开法藏，广施功德宝。
如佛无碍智，所行慈愍行，
常作天人师，得为三界雄。"

【译文】

"堵塞一切轮回恶道的通路，打开通往善道之门，

为众生开示佛法宝藏，广泛施与无上功德法之宝。

我愿有如佛一样自在无碍的佛智和慈悲普利众生之行，

成为天人的导师，在三界之中称为圣雄。"

"说法师子吼，广度诸有情，
圆满昔所愿，一切皆成佛。
斯愿若克果，大千应感动，
虚空诸天神，当雨珍妙华。"

【译文】

"宣说佛法就像狮子吼一样，使众生震动；

圆满我的四十八大愿，令一切众生都能成佛。

如果我所发的誓愿能够成就，三千大千世界的一切圣众都应受感动，

祈求天神诸天示现瑞象，天上降下珍奇美妙的花。"

梵 行

梵行是佛教僧俗二众所修的清净行。在佛教中，断淫欲、受持诸戒就是梵行，而在佛教经典中，则以八正道、慈悲喜舍四无量心为梵行。

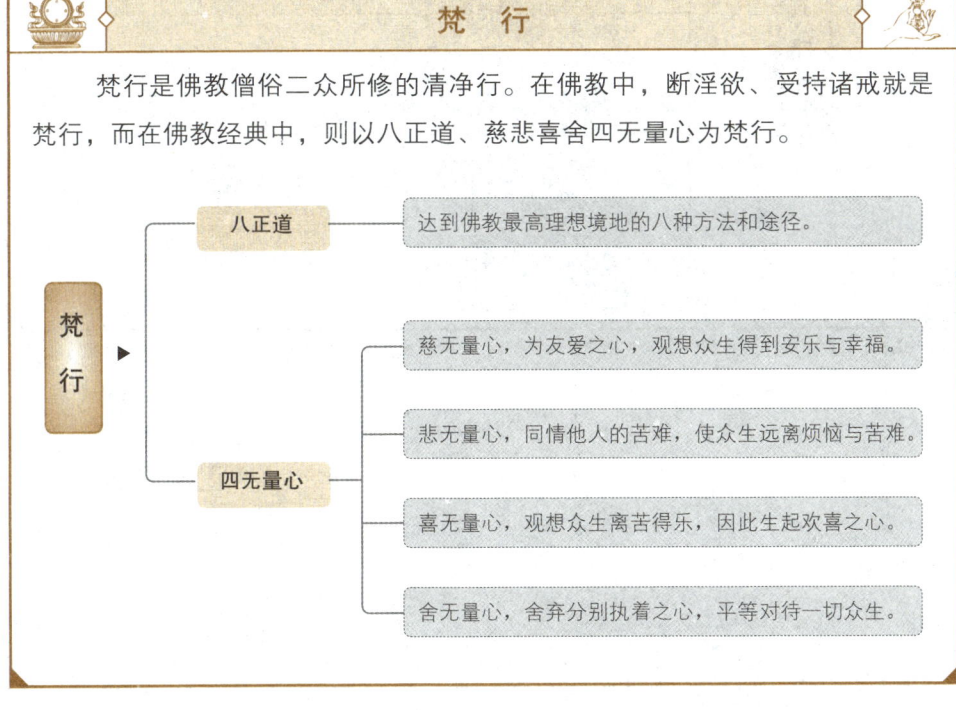

佛告阿难：法藏比丘说此颂已，应时普地六种震动，天雨妙华，以散其上。自然音乐空中赞言，决定必成无上正觉。

【译文】

释迦牟尼这时又告诉阿难：法藏比丘刚说完此颂，便出现了瑞相：大地震动，出现了动、起、涌、震、吼、击六种异常现象，天空中降下了美妙的花瓣，纷纷扬扬如下雨一样散落在地上，空中自然响起了音乐，并且赞说："法藏比丘必然成佛。"

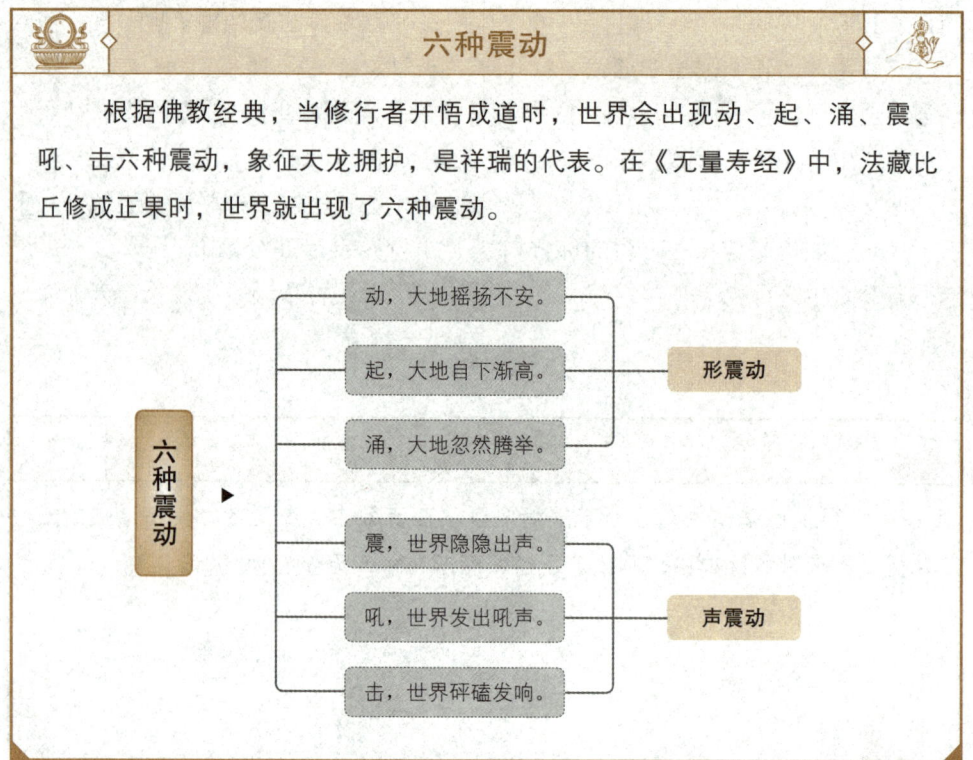

六种震动

根据佛教经典，当修行者开悟成道时，世界会出现动、起、涌、震、吼、击六种震动，象征天龙拥护，是祥瑞的代表。在《无量寿经》中，法藏比丘修成正果时，世界就出现了六种震动。

六种震动：
- 动，大地摇扬不安。
- 起，大地自下渐高。
- 涌，大地忽然腾举。
— 形震动
- 震，世界隐隐出声。
- 吼，世界发出吼声。
- 击，世界砰磕发响。
— 声震动

第十一章

法身玄堂——《大般涅槃经》

《大般涅槃经》是大乘佛教的根本经典之一,是大乘五大部经的涅槃部之首。此经针对小乘佛教的消极涅槃观,提出了法身常住、众生皆有佛性的思想,被认为是大乘佛教的极谈。

释《大般涅槃经》
《大般涅槃经》的经题与翻译

《大般涅槃经》又称《大涅槃经》、《涅槃经》、《大经》。其中"涅槃"是指不生不灭的清净境界,而"大般涅槃"是指"烦恼完全消除,极端平净的状态"。所谓"大般涅槃经"就是对佛陀的涅槃思想的诠释。

公元3～4世纪,是佛教衰微的时期,《大般涅槃经》就于此时在克什米尔地区形成,之后传入中国。东汉年间,支娄迦谶翻译了《梵般泥洹经》,这是《大般涅槃经》最早传入中国的部分。曹魏时,安法贤译有《大般涅盘经》,支谦译有《大般泥洹经》,但早已失传。至东晋时,法显在摩揭提国得到《大本涅盘》前分,并在建康道场寺翻译出6卷《大般泥洹经》,内容相当于《大般涅槃经》的前5品,为此经现存最早的异译本。

直到公元5世纪,昙无谶从白头禅师处,得树皮《大般涅槃经》,之后他携《大般涅槃经》前分10卷来到敦煌。北凉玄始十年(公元412年),河西王沮渠蒙逊迎请昙无谶入姑臧,昙无谶在中土学习3年汉语后,在高僧慧嵩、道朗的笔受助译下,开始翻译《大般涅槃经》初分10卷,之后又寻得本中分、后分续译。根据昙无谶的叙述,此经梵本为3万5千偈,翻译为汉文者为1万余偈,主要分为40卷13品,即寿命品、金刚身品、名字功德品、如来性品、一切大众所问品、现病品、圣行品、梵行品、婴儿行品、光明遍照高贵德王菩萨品、师子吼菩萨品、迦叶菩萨品、槃陈如品,是为北本《涅槃》。

南朝宋时,宋文帝命名僧慧严、慧观和谢灵运依据北本《涅槃》,并参考了东晋法显与佛陀跋陀罗翻译的6卷本《大般泥洹经》,重新翻译了《大般涅槃经》,从北本《涅槃》的寿命品中分出了经叙、纯陀、哀叹、长寿4品,由如来性品中分出了四相、四依、邪正、四谛、四倒、如来性、文字、鸟喻、月喻、菩萨10品,删订为36卷25品,是为南本《涅槃》。

南本《涅槃》与北本《涅槃》相比，在内容、品目上都有很多不同，南本因为经过谢灵运的润色，更为精炼，但是流通较少，反而是北本《涅槃》一直流传于世。

《大般涅槃经》的主要内容

《大般涅槃经》是阐述佛陀涅槃思想的佛经，被誉为"大乘极谈"，在中国有很大的影响力。

翻译者 ▶ 天竺三藏昙无谶
中印度人。他精通大小乘经典，尤其熟知《涅槃经》。北凉玄始十年（公元421年），他被河西王迎到姑臧，开始翻译《大般涅槃经》，还译出《方等大集经》30卷、《悲华经》10卷、《方等大云经》6卷等佛经，现存本及缺本共计11部112卷。

翻译时间 ▶ 北凉玄始十年以后

卷数 ▶ 40卷13品

主要内容 ▶ 针对小乘佛教的涅槃说，提出佛身常住不灭、永恒存在的观念，此外，本经还针对大乘佛教的三乘五姓说，指出一切众生皆有佛性。由于此经是佛陀涅槃前所说的最后一部佛经，所以也被认为是佛陀最后最高的教说，是大乘五大经之一。自从此经传入中国以来，在中国影响很大，对中国宋明理学的形成起到了一定的作用。

法身常住

《大般涅槃经》的主要内容

《大般涅槃经》的缘起是释迦牟尼佛将要涅槃，众弟子为之哀痛，这时纯陀疑惑佛陀为何不能久住世间，并就此问题向佛陀提问，佛陀则以世间众生都要死亡来回答，并为众弟子开示涅槃的真正意义，于是形成此经。

作为宣说涅槃思想的大乘经典之一，《大般涅槃经》的中心是针对灰身灭智的小乘涅槃说和大乘佛教的三乘五姓说提出了"涅槃不灭，佛有真我；一切众生，皆有佛性"，即法身常住不灭、众生皆有佛性的教义，经中强调了佛身是常乐清净的，并不会消失，而一切众生都有佛性，即使是一阐提和声闻、辟支都能成就大觉。此外，《大般涅槃经》还广说了与涅槃有关的一切菩萨法义，包含了大乘佛教的教法，被认为是大乘佛教的极谈。

在印度本土，《大般涅槃经》并不是十分流行，但是它传入中国以后，却影响重大。经文提出的一阐提可能成佛的观点，给中国佛学界以很大的震动，甚至有道生说《大般涅槃经》，连顽石也点头的典故。随着《大般涅槃经》的传播，为此经注释、注疏的高僧络绎不绝，自道生在庐山大讲《大般涅槃经》以来，在中国出现了专门研究此经的僧人，他们被称为涅槃师，并形成了涅槃学派。

在南朝梁时，梁武帝萧衍更亲讲《大般涅槃经》，并为之注疏，著有《涅槃讲疏》、《涅槃义疏》。根据此经，梁武帝撰《断酒肉文》，命高僧在华林殿前宣讲，明文禁止中国僧尼食肉，这也是中国僧尼素食之始。

在僧俗两界的大力倡导下，《大般涅槃经》的地位日益提高，在南北朝及隋唐盛极一时，被誉为"法身之玄堂，正觉之实称，众经之渊镜，万流之宗极"，甚至被认为是佛陀所说的最高教法。

《大般涅槃经》的结构

公元6世纪，元魏达摩菩提传译出了印度世亲对《大般涅槃经》的注疏，开始引用世亲的七分说科判此经，后为北方学者讲述此经所沿用。

《大般涅槃经》

- **序分**：介绍本经的缘起，即佛陀在拘尸城力阿夷罗跋提河边的娑罗双树林临涅槃时，为众生宣讲此经。

- **正宗分**：
  - 不思议神通反示分，佛陀即将涅槃，众生、四众、天龙八部人非人等都来集会，奉请供养，即为寿命品第一之一。
  - 成就种性遣执分，佛陀在诸多供养中只接受了优婆塞纯陀的供养，并为他宣说施食的果报，即为寿命品第一之二。
  - 正法实义分，佛陀为迦叶宣说如来法身常住、金刚不坏的理论，并开示大般涅槃的教义，共有寿命品第一第三、金刚身品、名字功德品、如来性品、一切大众所问品。
  - 方便修成分，佛为迦叶说菩萨应受持的圣行、梵行、天行、婴儿行、病行五种修行，共有现疾品、圣行品、梵行品、婴儿行品、光明遍照高贵德王菩萨品。
  - 离诸放逸入证分，佛陀为师子吼菩萨宣说菩萨具足智慧、福德二种庄严即知佛性的教义，共有师子吼品一品。
  - 慈光善巧住持分，佛为迦叶演说三子、三田等譬喻，并提出"众生悉有佛性，一阐提必成菩提"的思想，共有迦叶品一品。
  - 显相分，佛陀为憍陈如说五蕴无常及五蕴灭可得解脱乃至涅槃寂静的教义，共有憍陈如品一品。

- **流通分**：介绍此经的功德，嘱咐众生流通。

如来性品
什么是大般涅槃

大般涅槃的四相义

佛复告迦叶:"善男子,菩萨摩诃萨分别开示大般涅槃,有四相义。何等为四?一者,自正;二者,正他;三者,能随问答;四者,善解因缘义。云何自正?若佛如来见诸因缘而有所说,譬如比丘见大火聚便作是言:'我宁抱是炽燃火聚,终不敢于如来所说十二部经及秘密藏①谤言,云是波旬所说。'"

【注释】

①十二部经及秘密藏:"十二部经"又称为十二分教,是指佛经中体例中的十二个分类。"秘密藏"即秘密的法藏,指佛经中那些有深刻含义,寓意比较隐蔽的佛教义理。

【译文】

佛告诉迦叶说:"善男子,菩萨能分别显示的大般涅槃,有四种相义。这四种相义是什么呢?第一,自正;第二,正他人;第三,能够随问随答;第四,擅长解释因缘含义。什么是自正呢?比如如来看见不同的因缘而有不同的说法。例如,比丘看见燃烧的火堆,就会这么说:'我宁愿抱着这堆燃烧的大火,也不敢诽谤如来所说的十二部经和秘密藏是波旬所说的。'"

自正与正他

"若言如来法僧无常,如是说者为自侵欺,亦欺于人。宁以利刀自断其舌,终不说言如来法僧是无常也。若闻他说亦不信受,于此说者应生怜愍。如来法僧不可思议,应如是持。自观己身犹如火聚,是名自正。"

【译文】

"如果有人说佛、法、僧是无常的,这么说的人就是在自欺欺人了。我宁愿用锋利的刀将自己的舌头割断,也始终不会说佛、法、僧是无常的。如果有别人这么说,我不仅不会相信,也不会接受，只会产生怜悯。佛、法、僧是没有其他释义的，应该正确理解。自己观察自己，就好像是大火凝聚一样，这就叫做自正。"

"云何正他？佛说法时，有一女人乳养婴儿，来诣佛所稽首佛足，有所顾念，心自思惟，便坐一面。

"尔时，世尊知而故问：'汝以爱念多含儿酥，不知筹量消与不消？'

"尔时，女人即白佛言：'甚奇，世尊。善能知我心中所念，唯愿如来教我多少。世尊，我于今朝多与儿酥，恐不能消将无夭寿？唯愿如来为我解说。'"

【译文】

"什么叫做正他呢？我佛在说法的时候，有一个正在给孩子喂奶的女人，她来到佛的居所，跪拜在佛的脚下，因为她心中有所顾虑，所以就怀着心思坐在了一边。

"这时，世尊看出了她的顾虑，就问她说：'你因为疼爱孩子，就给他多喂了一些奶酥，可是心中却担心他能否消化吧？'

"这女人立即向佛说道：'真是神奇啊，世尊，我心中所想的你都知道，希望如来能为我开示。世尊，我今天早上给我孩子多喂了一些奶酥，我怕他消化不了以至于生病夭折，希望如来能为我解说。'"

"佛言：'汝儿所食寻即消化，增益寿命。'

"女人闻已，心大踊跃。复作是言：'如来实说故我欢喜。世尊，如是为欲调伏诸众生故，善能分别说消不消，亦说诸法无我无常。若佛世尊先说常者，受化之徒当言此法与外道同，即便舍去。'"

【译文】

"佛陀说：'你儿子吃的东西立马就消化掉了，不但不会减寿，还可以增加寿命。'

这是迦叶图。迦叶是摩竭国人，婆罗门种姓，因为他常行苦行，少欲知足，被誉为"头陀第一"。释迦牟尼佛入灭后，迦叶被认为是佛陀的继承人，是佛教第一次结集的召集人。《大般涅槃经》如来性品是迦叶与佛陀的问答。

"女人听了佛陀的话后，心里很开心，又说道：'如来这么说，我很高兴。世尊，你这么做是为了调教顺服众生，不但擅长分清消化和不消化，也会说诸法无我无常。如果我佛世尊先说常理，接受教化的信徒听到这些常理和外面的道法一样，就会舍弃此法而离去。'"

"复告女人：'若儿长大，能自行来，凡所食啖，能消难消，本所与酥则不供足。我之所有声闻弟子，亦复如是。如汝婴儿，不能消是常住之法。是故我先说苦无常。若我声闻诸弟子等，功德已备，堪任修习大乘经典，我于是经说为六味。云何六味？说苦醋味，无常咸味，无我苦味，乐如甜味，我如辛味，常如淡味。彼世间中有三种味，所谓无常无我无乐。烦恼为薪，智慧为火。以是因缘成涅槃饭，谓常乐我，令诸弟子，悉皆甘嗜。'"

【译文】

"佛陀又告诉那个女人说：'如果你的儿子长大了，够行走自如，吃的食物也都能消化，那么你原先所给他的奶酥就不够了。就和你的孩子一样，我的弟子也是如此，他们并不能消化常住之法。所以我先讲苦无常。直到诸弟子的功德具备，才能修行练习大乘佛法，这时我就可以对他们说六种味。什么是六种味呢？这六种味分别是酸苦味、无常咸味、苦味、甜味、辣味、平淡味。那

世间还有三种味，分别是无常、无我、无乐。所谓烦恼就像是薪柴，智慧就犹如火焰。只所以有了这些才能形成涅槃，就是所谓的常乐我，诸弟子才能尝到其中的滋味。'"

"复告女人：'汝若有缘欲至他处，应驱恶子今出其舍。悉以宝藏付示善子。'

"女人白佛：'实如圣教。珍宝之藏应示善子，不示恶子。姊我亦如是，般涅槃时，如来微密无上法藏，不与声闻诸弟子等，如汝宝藏不示恶子，要当付嘱诸菩萨等，如汝宝藏委付善子。'"

【译文】

"佛陀又告诉那个女人说：'你如果有机会去到别的地方，应该将恶子驱除，不能留在家里，还要将所藏之宝交给善子。'

"女人对佛陀说：'我一定遵守教诲。所藏珍宝要告诉善子，不告诉恶子。'这时佛陀说：'我也就是如此做的。当我入涅槃时，不会将这如来微密无上法藏交给诸弟子，就像你不将所藏珍宝交予恶子一样。我要将正法吩咐众菩萨，就像你将所藏珍宝交付给善子一样。'"

"何以故？声闻弟子生变异想，谓佛如来真实灭度。然我真实不灭度也。如汝远行，未还之顷，汝之恶子便言汝死。汝实不死。诸

菩萨等说言如来常不变易，如汝善子不言汝死。以是义故，我以无上秘密之藏付诸菩萨。善男子，若有众生谓佛常住不变易者，当知是家则为有佛，是名正他。"

【译文】

"我为什么要这么做呢？因为声闻弟子因为我的涅槃会有别的想法，或许会说如来真的灭度了。其实我是不会真正灭度的。就像你要出远门，还没有回来时，你的恶子就说你已经死掉了。其实你并没有死。众菩萨常说如来并不会发生变化，就像你的善子不会说你死一样。就是这样的道理，我会将无上秘密的藏经交给众菩萨。善男子，如果众生说我佛常在不变化，就知道此家已经有佛，这就是所谓的正他。"

能随问答

"能随问答者，若有人来问佛世尊：'我当云何不舍钱财，而得名为大施檀越？'

"佛言：'若有沙门、婆罗门等，少欲知足，不受不畜不净物者，当施其人奴婢仆使；修梵行者，施与女人；断酒肉者，施与酒肉；不过中食，施过中食；不著花香，施以花香。如是施者，施名流布。遍至他方，财宝之费，不失毫厘。是则名为能随问答。'"

【译文】

"能随问随答是什么呢？如果有人问我佛世尊：'我如何能不施舍钱财，就能得到大施檀越的名声呢？'

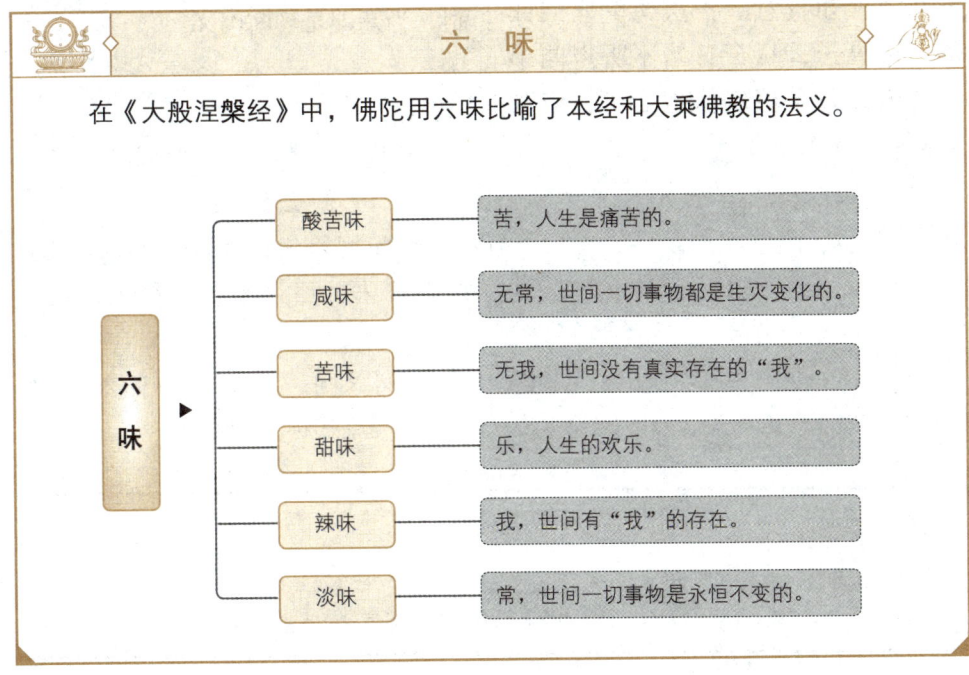

六味

在《大般涅槃经》中，佛陀用六味比喻了本经和大乘佛教的法义。

六味		
酸苦味	苦，人生是痛苦的。
咸味	无常，世间一切事物都是生灭变化的。
苦味	无我，世间没有真实存在的"我"。
甜味	乐，人生的欢乐。
辣味	我，世间有"我"的存在。
淡味	常，世间一切事物是永恒不变的。

"佛回答说：'如果有沙门、婆罗门等人，他们欲望很少，容易知足，并不接受、储藏不干净的东西，这时应该给他施舍奴婢仆役；如果修行梵行的人，这时应当给他施舍女人；如果是不吃酒肉的人，这时应该给他施舍酒肉；如果是过了中午就不吃饭的人，这时应当在中午过后给他食物；如果是那些不闻花香的人，这时应该施舍给他花香。正是这样的施舍者，才能使施舍之名流传开来，而不用花费一毫一厘的财物。这就是所谓的随问随答。'"

🌸 佛门不能食肉

尔时迦叶菩萨白佛言："世尊，食肉之人，不应施肉。何以故？我见不食肉者有大功德。"

佛赞迦叶："善哉，善哉。汝今乃能善知我意。护法菩萨应当如是。善男子，从今日始不听声闻弟子食肉。若受檀越信施之时，应观是食如子肉想。"

【译文】

彼时，迦叶菩萨对佛陀说："世尊，吃肉的人，不是应该不施舍给他肉吗？这是什么原因呢？我认为，不吃肉的人才能积大功德。"

佛陀称赞迦叶说："善哉，善哉。现在你能理解我的意思了。护法菩萨就应当是这个样子。善男子，从今天开始，声闻弟子不可以吃肉。若接受檀越信徒施舍的时候，就应当作是吃自己儿子的肉一样。"

迦叶菩萨复白佛言："世尊，云何如来不听食肉？"

"善男子，夫肉食者，断大慈种。"

迦叶又言："如来何故，先听比丘食三种净肉？"

"迦叶，是三种净肉，随事渐制。"

迦叶菩萨复白佛言："世尊，何因缘故，十种不净，乃至九种清净而复不听。"

佛告迦叶："亦是因事渐次而制，当知即是现断肉义。"

【译文】

迦叶又对佛陀说："世尊，那么为何又允许人们吃肉了呢？"

佛陀回答说："善男子，只要是吃肉的人，已经断了大慈大悲的善根了。"

迦叶又问："如来，为什么原先你允许比丘吃三种净肉呢？"

• 名词解释 •

大施檀越：即施主，指没有在寺庙出家，在家里学佛，并给僧侣施舍衣物、生活用品等的佛教信徒。在《大般涅槃经》中，迦叶向佛陀请教如何才能得到大施檀越的名声。

佛陀回答说："迦叶啊，三种净肉，是根据不同情况而确定的。"

迦叶又问佛说："世尊，为什么十种不干净，甚至是九种干净的都是不允许的？"

佛告诉迦叶说："这些也都是根据不同情况确定的，如来的根本意思还是要断绝吃肉啊。"

迦叶菩萨复白佛言："云何如来称赞鱼肉为美食耶？"

"善男子，我亦不说鱼肉之属为美食也。我说甘蔗粳米石蜜一切谷麦及黑石蜜乳酪苏油，以为美食。虽说应畜种种衣服，所应畜者要是坏色，何况贪著是鱼肉味？"

迦叶复言："如来若制不食肉者，彼五种味乳酪酪浆生酥熟酥胡麻油等，及诸衣服憍奢耶衣珂贝皮革金银盂器，如是等物亦不应受。"

【译文】

迦叶又对佛说："为什么如来又会称赞鱼肉是美味的食物呢？"

佛陀回答说："善男子，我从没有说鱼肉这些是美味的食物啊！我是说像甘蔗、粳米、石蜜、一切谷物以及黑石蜜、乳酪、苏油这些是美味的食物。虽然我说应该积蓄各种的衣服。但是积蓄的东西应该是粗糙的，更何况是贪念着鱼肉的味道呢？"

迦叶又说："如来如果规定不能吃

三种净肉和十不净肉

在原始佛教中，最初是允许吃肉的，其中可以食用而不犯戒的三种肉是三净肉，不可食用的肉是十不净肉。

```
        三种净肉和十不净肉
                ▼
       ┌────────┴────────┐
    三种净肉            十种不净肉
```

三种净肉：
- 眼不见杀：亲眼看见生物不是为我而杀。
- 耳不闻杀：于可信之人听说生物不是为我而杀。
- 不疑杀：得知有屠家，或是自然死亡，没有为我而杀的嫌疑。

十种不净肉：
人、象、马
狗、蛇、驴
狐、猪、猕猴（猿）、狮子

这是乳酪图。在古代印度，乳酪被视为神圣的食物。在佛教传说中，释迦牟尼因为苦行，身体虚弱，一位牧羊女喂他喝了乳酪才得以恢复。在《大般涅槃经》中，释迦牟尼佛认为乳酪是美食之一。

肉，那么像乳酪、酪浆、生酥、熟酥、胡麻油这五种东西，以及衣服、珂贝、皮革、金银盂器这些东西是不是也不应该接受！"

"善男子，不应同彼尼乾所见，如来所制一切禁戒各有异意，异意故听食三种净肉。异想故断十种肉，异想故一切悉断，及自死者。迦叶，我从今日制诸弟子，不得复食一切肉也。

"迦叶，其食肉者，若行若住若坐若卧，一切众生闻其肉气悉生恐怖。譬如有人近师子已，众人见之，闻师子臭亦生恐怖。"

【译文】

"善男子，你不可以和尼乾有一样的见识啊，如来所制定的一切禁忌戒律

各自有不同的释义。因此你会知道可以食用三种净肉、而不可以食用十种肉，更禁止了一切不合法的行为，比如自杀等等。迦叶，从今日起，我的弟子不可以食用一切肉类。

"迦叶，那些吃肉的人，无论是行走、居住、坐下、躺着，众生都能闻到他身上的肉腥味，并因此感到恐惧。就好像有人接近过狮子一样，大家闻到狮子的气息就会产生恐惧感。"

"善男子，如人啖蒜臭秽可恶，余人见之闻臭舍去，设远见者犹不欲视，况当近之？诸食肉者，亦复如是，一切众生闻其肉气，悉皆恐怖生畏死想，水陆空行有命之类悉舍之走，咸言此人是我等怨，是故菩萨不习食肉，为度众生示现食肉，虽现食之，其实不食。善男子，如是菩萨清净之食，犹尚不食，况当食肉？"

【译文】

"善男子，如果有人吃了蒜，就会有很大的秽臭味，其他的人闻见了就会离他远远的，连在远处看着他都不愿意，更不用说接近了。那些吃肉的人，也同样如此，一切众生闻到他身上的肉腥味，就全都会感到恐惧以至于想到死亡，水中陆地空中的生物都会离他远去，把他视为他们的敌人。因此菩萨是不愿意吃肉的，只是为了度化众生所以才表现吃肉的样子。善男子，菩萨连清净的食物都不食用，更何况是肉类呢？"

佛陀真正的弟子

"善男子，我涅槃后，无量百岁，四道圣人悉复涅槃正法灭后，于像法中当有比丘。似象持律少读诵经，贪嗜饮食，长养其身，身所被服，粗陋丑恶，形容憔悴，无有威德，放畜牛羊，担负薪草。头须发爪，悉皆长利。虽服袈裟，犹如猎师，细视徐行，如猫伺鼠，常唱是言：我得罗汉，多诸病苦。"

【译文】

"善男子，当我涅槃之后的数百年，四道圣人也都会进入涅槃，那时正法也消灭了。在像法中会出现这类的比丘。他们看上去像是在遵守戒律，也会诵读经文，但是他们沉迷于食物，只是休息养身，不但身上的衣服粗陋难看，连面容也憔悴不堪。他们没有丝毫的威德，只是放牧牛羊牲畜，背负薪柴干草，发须极长。虽然他们也穿着袈裟，但是却像是一个猎人一样，行走的时候无比缓慢，就像猫在捉拿老鼠一样。他们还常常说道：我已经证得了罗汉佛果，却还有很多痛苦。"

"眠卧粪秽，外现贤善，内怀贪嫉，如受哑法婆罗门等，实非沙门现沙门像，邪见炽盛，诽谤正法，如是等人，破坏如来所制戒律正行威仪，说解脱果离不净法，及坏甚深秘密之教，各自随意反说经律而作是言：'如来皆听我等食

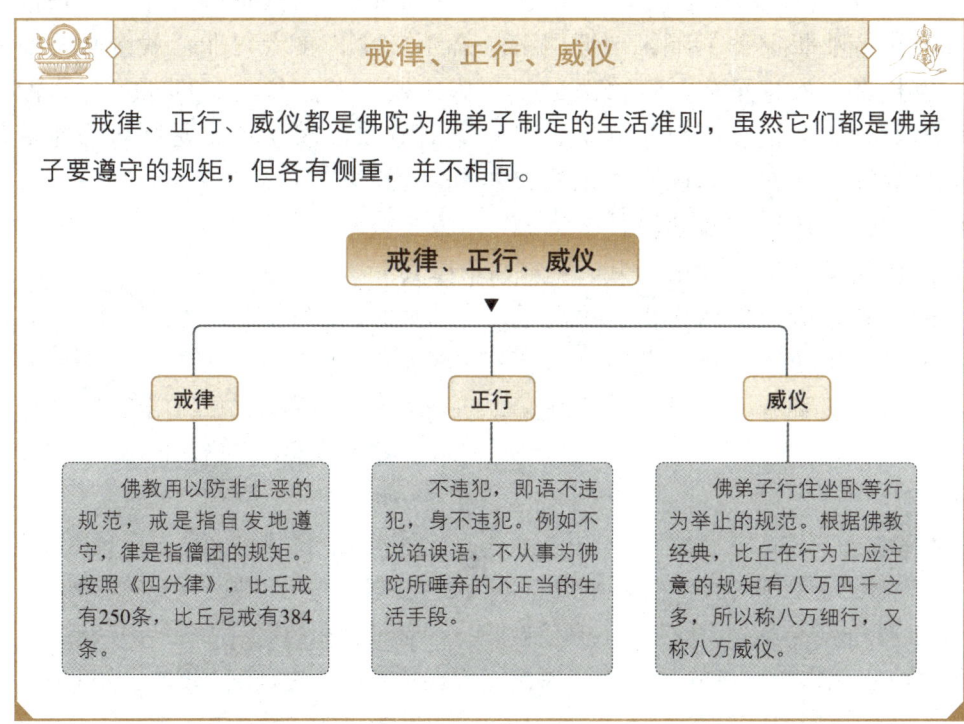

戒律、正行、威仪

戒律、正行、威仪都是佛陀为佛弟子制定的生活准则，虽然它们都是佛弟子要遵守的规矩，但各有侧重，并不相同。

戒律、正行、威仪

戒律：佛教用以防非止恶的规范，戒是指自发地遵守，律是指僧团的规矩。按照《四分律》，比丘戒有250条，比丘尼戒有384条。

正行：不违犯，即语不违犯，身不违犯。例如不说诏谀语，不从事为佛陀所唾弃的不正当的生活手段。

威仪：佛弟子行住坐卧等行为举止的规范。根据佛教经典，比丘在行为上应注意的规矩有八万四千之多，所以称八万细行，又称八万威仪。

肉。'自生此论，言是佛说互共诤讼，各自称是沙门释子。"

【译文】

"他们睡在污秽的粪便中，虽然外表看上去贤德善良，内心却贪婪嫉妒，就像那些受恶法的婆罗门等，实际上并不是沙门，却佯装着沙门的样子。他们思想邪恶，不但诽谤正法，还破坏如来规定的戒律威仪。他们说自己已经解脱却离开了清净法，甚至破坏了秘密之教，并随意颠倒戒律，反而说：'如来都允许我们吃肉。'他们自己编造这些言论，却假托是佛陀所说，并互相争辩，都自称是沙门释子。"

"善男子，尔时复有诸沙门等，贮聚生谷受取鱼肉，手自作食，执持油瓶宝盖革屣，亲近国王大臣长者，占相星宿，勤修医道，畜养奴婢、金银、琉璃、砗磲、玛瑙、颇梨、真珠、珊瑚、琥珀、璧玉、珂贝，种种果蓏学诸伎艺，画师泥作造书教学，种植根栽，蛊道咒幻，和合诸药作倡伎乐，香花涂身樗蒲围棋学诸工巧。若有比丘能离如是诸恶事者，当说是人真我弟子。"

【译文】

"善男子，那时又会有这类沙门，他们储蓄五谷杂粮，收取鱼肉并亲手做成食物；他们手中拿着油瓶，华盖履屣，巴结国王大臣及尊贵之人；他们从事占星挂卜，并蓄养奴隶、金银、琉璃、砗磲、玛瑙、玻璃、真珠、珊瑚、琥珀、璧玉、珂贝等物；他们种植各种蔬果，学习各种技巧，如绘画、泥匠、书法、教学等等；他们种植根栽植物，用道术咒语制造幻境，并制造药物与娼伎作乐，香花满身，赌博围棋这些事无所不做。如果有比丘不做这些恶事的，才应当说是我真正的弟子。"

尔时，迦叶复白佛言："世尊，诸比丘、比丘尼、优婆塞、优婆夷因他而活，若乞食时得杂肉食，云何得食应清净法。"

佛言："迦叶，当以水洗令与肉别，然后乃食。若其食器为肉所污，但使无味，听用无罪。若见食中多有肉者，则不应受，一切现肉悉不应食，食者得罪。我今唱是断肉之制，若广说者，即不可尽，涅槃时到，是故略说，是则名为能随问答。"

【译文】

此时，迦叶又对佛陀说："世尊，这些比丘、比丘尼、优婆塞、优婆夷都是靠行乞生活的，如果他们乞讨得到的食物中掺有肉类，这样他们怎么能符合清净法呢？"

佛陀说："迦叶，这时应当用水清洗，将吃的食物和肉分开，然后再吃。如果他们使用的器具已经被肉污染，但是没有肉味，也是没有罪的。如果看见食物中有肉，不应该吃，但是还是吃了下去，这时是有罪的。我现在提出不吃肉的制度，如果从广义上说，是不可能一下子说完的，我已经到了涅槃的时间，只能粗略说一下，这就是所谓的随问随答。"

善解因缘

"迦叶，云何善解因缘义？如有四部之众来问我言：'世尊，如是之义，如来初出，何故不为波斯匿王说是法门深妙之义？或时说深，或时说浅，或名为犯，或名不犯。云何名堕？云何名律？云何名波罗提木叉义？'佛言：'波罗提木叉者，名为知足。成就威仪无所受畜，亦名净命。'"

【译文】

"迦叶，什么是善解因缘呢？也就是说，如果四部弟子来问我：'世尊，这样的法义，为什么当初不向波斯匿王讲解呢？你有时讲得很深奥，有时又说得很浅显，有时说这样犯戒律，有时又说这样不犯戒律。到底什么叫做堕？什么叫做律？什么叫做波罗提木叉义？'"

"佛这时回答说：'波罗提木叉是知足的意思，也就是成就修行者的威仪，而不接受任何的积蓄，这也叫做清净的活命。'"

"堕者，名四恶趣。又复堕者，堕于地狱乃至阿鼻，论其迟速，过于暴雨。闻者惊怖，坚持禁戒，不犯威仪。修习知足，不受一切不净之物。又复堕者，长养地狱、畜生、饿鬼，以是诸义故名曰堕。"

"波罗提木叉者，离身口意不善邪业，律者入戒威仪深经善义，遮受一切不净之物及不净因缘。"

【译文】

"堕指的是四种恶道，还指堕到地狱直到阿鼻地狱。如果说到堕落的速

波罗提木叉

波罗提木叉又称别解脱、随顺解脱、保得解脱等，是佛教僧尼应受持的戒条。

波罗提木叉 ▶
- 受持五、八、十、具足等禁戒，于七支罪得解脱，故名别解脱。
- 依戒修行而解脱生死轮回，故名随顺解脱。
- 依戒修行必能得到解脱，故名保得解脱。

度，那比下暴雨还要快。听到这样话的人，会感到很恐怖，就会坚持戒律，不会破戒，并修行知足法，不接受一切不洁净的东西。另外，堕也有长期供养地狱、畜生、饿鬼的意思，这些含义就叫做堕。

"波罗提木叉，就是指舍弃身、口、意不善的邪业，持此戒者能得威仪，深刻了解佛经的含义，不接受一切不洁净的东西和不洁净的因缘。"

随行制戒

"亦遮四重、十三僧残、二不定法、三十舍堕、九十一堕、四悔过法、众多学法七灭诤等。或复有人尽破一切戒，云何一切，谓四重法乃至七灭诤法，或复有人诽谤正法甚深经典，及一阐提具足成就，尽一切相无有因缘，如是等人自言我是聪明利智，轻重之罪悉皆覆藏，覆藏诸恶如龟藏六，如是众罪长夜不悔，以不悔故，日夜增长，是诸比丘所犯众罪，终不发露，是使所犯终不滋蔓，是故如来知是事已，渐次而制，不得一时。"

【译文】

"这些比丘更不会犯四重罪，十三僧残、二不定法、三十舍堕、九十一

七灭诤法

七灭诤法又称为七灭诤，是裁断僧尼犯戒等而设的七种方法。如果比丘或比丘尼犯有言诤、觅诤、犯诤、事诤这四种罪过，就应当以七种毗尼法灭除，所以称为七灭诤法。

七灭诤法 ▶

- **现前毗尼**：直接对当事者讯问、听取其陈述。
- **忆念毗尼**：令当事者忆念反省。
- **不痴毗尼**：比丘得癫狂病时触犯戒律，等病愈后，举行白四羯磨裁定。
- **自言毗尼**：令比丘自白罪过。
- **觅罪相毗尼**：举示当事人罪状，尽形寿令持八法。
- **多人觅罪相毗尼**：互相诤论，不易裁决时，召集有德僧众表决。
- **草覆地毗尼**：斗讼者互悟其非，相谢忏悔。

堕、四悔过法、众多学法七灭诤等。或者说有的人把一切戒律都破了，什么是一切戒律呢？就是四重法一直到七灭诤法，或有的人诽谤正法及深奥的经典，以及不承认一阐提也有善根，认为他们无论怎样努力也不能成佛。像这样的人都自称是聪明伶俐的人，他们把轻罪甚至重罪都藏了起来，就如乌龟一样将首尾四肢藏在壳中。这些人犯了罪却不知道悔改，他们的罪孽日夜增长，却始终不会忏悔，致使罪孽蔓生。如来知道了这些事情后，就渐渐制定了各种戒律，而不是一时制定了所有戒律。"

尔时，有善男子善女人白佛言："世尊，如来久知如是之事，何不先制将无？世尊，欲令众生入阿鼻狱，譬如多人欲至他方，迷失正路，随逐邪道，是诸人等不知迷故，皆谓是道，复不见人可问是非，众生如是迷于佛法不见正真，如来应为先说正道，敕诸比丘，此是犯戒，此是持戒，当如是制。何以故？如来正觉是真实者知见正道。唯有如来天中之天，能说十善增上功德及其义味，是故启请应先制戒。"

【译文】

彼时，有善男子、善女人问佛说："世尊，您早就知道了这些事情，为什么不事先制定戒律呢？世尊是想要众生入阿鼻地狱吗？譬如有的人想要到一个地方去，可是他迷了路，走上了邪道，可是这些人并不知道自己走错了路，都以为自己走的路是正确的，而又没有人可以问路。众生也是这样，他们不知道

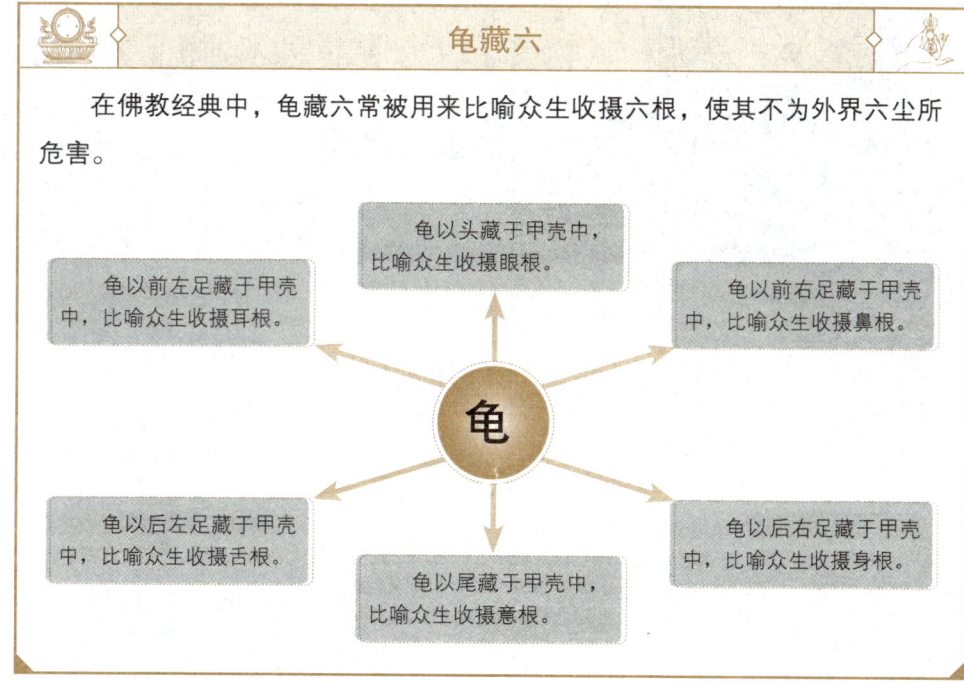

龟藏六

在佛教经典中，龟藏六常被用来比喻众生收摄六根，使其不为外界六尘所危害。

- 龟以头藏于甲壳中，比喻众生收摄眼根。
- 龟以前左足藏于甲壳中，比喻众生收摄耳根。
- 龟以前右足藏于甲壳中，比喻众生收摄鼻根。
- 龟以后左足藏于甲壳中，比喻众生收摄舌根。
- 龟以后右足藏于甲壳中，比喻众生收摄身根。
- 龟以尾藏于甲壳中，比喻众生收摄意根。

一次完全读懂佛经

佛法，不知道真理，如来应该先教给他们正确的道路，然后教诲比丘：这些是犯戒的，这样才是正确的做法，应该遵守戒律。这是为什么呢？因为如来是真正觉悟的修道者，只有如来才能说出修十善法的增上功德以及义理。所以我们要请如来在最初将戒律制定出来，以免众生犯戒。"

佛言："善男子，若言如来能为众生宣说十善增上功德，是则如来视诸众生如罗睺罗，云何难言将无世尊欲令众生入于地狱？我见一人有堕阿鼻地狱因缘，尚为是人住世一劫若减一劫，我于众生有大慈悲，何言当诳如子想者令入地狱？善男子，如王国内有纳衣者，见衣有孔，然后方补，如来亦尔，见诸众生有入阿鼻地狱因缘，即以戒善而为补之。"

【译文】

佛陀说："善男子，如果说如来能为了众生宣说十善的增上功德，那也就是说如来将众生看做是自己的儿子罗睺罗一样，那怎么又能说世尊为难众生，要让众生下地狱呢？我看见一个人有堕落阿鼻地狱的因缘，尚且会为了这个人而在这一劫时留住在世间。我对众生有大慈大悲的心，又怎么会欺骗他们下地狱呢？善男子，如果国内有补衣服的人，只有看见衣服有破洞了才能补。如来也是这样，看见众生中有人有下阿鼻地狱的因缘，才会用戒律来给他修补。"

"善男子，譬如转轮圣王先为众生说十善法，其后渐渐有行恶者，王即随事渐渐而断，断诸恶已，然后自行圣王之法。善男子，我亦如是，虽有所说不得先制，要因比丘渐行非法。"

【译文】

"善男子，譬如转轮圣王最先为众生讲了十种善法，后来慢慢地有了做坏事的人，转轮王才慢慢制定相关的律法，以使众生不要再做坏事，在断绝诸恶后，才实行自己的圣王法制。善男子，我也是这样的啊，虽然说不能提前

这是罗睺罗图。罗睺罗是释迦牟尼的亲生儿子，他15岁时受戒出家，这是佛教有沙弥之始。罗睺罗出家后，初时常常犯戒，后经佛陀训诫，逐渐严守制戒，号称"密行第一"。在《大般涅槃经》中佛陀提出他视众生如同佛子罗睺罗。

制定戒律，而要根据比丘所做的非法之事制定。"

"然后方乃随事制之，乐法众生随教修行。如是等众乃能得见如来法身，如转轮王所有轮宝不可思议。如来亦尔，不可思议。法僧二宝亦不可思议，能说法者及闻法者皆不可思议，是名善解因缘义也。菩萨如是分别开示四种相义，是名大乘大涅槃中因缘义也。"

【译文】

"然后根据比丘所做的事情来制定戒律，让众生跟着修行。这样众生才能看见我的像转轮王的轮宝一样不可思议的法身，如来也是这样不可思议的，法宝和僧宝也是不可思议的，能说法的人和能听法的人都是不可思议的。上面这些就叫做善解因缘的意义。菩萨这样分别显示四种相义，所以称为大乘大涅槃中的因缘意义了。"

四事一体

"复次自正者，所谓得是大般涅槃。正他者，我为比丘说言：如来常存不变。随问答者，迦叶，因汝所问，故得广为菩萨摩诃萨、比丘、比丘尼、优婆塞、优婆夷，说是甚深微妙义理。因缘义者，声闻、缘觉不解如是甚深之义。不闻伊字三点而成解脱涅槃摩诃般若成秘密藏。我今于此阐扬，分别为诸声闻开发慧眼。"

【译文】

"另外，所谓自正就是大般涅槃。所谓正他，就是我对比丘说如来长存不

十善法

十善法是佛教对世间善行的总称。它主要分为身、口、意三类，即身体的行为、语言的行为、心理的行为。

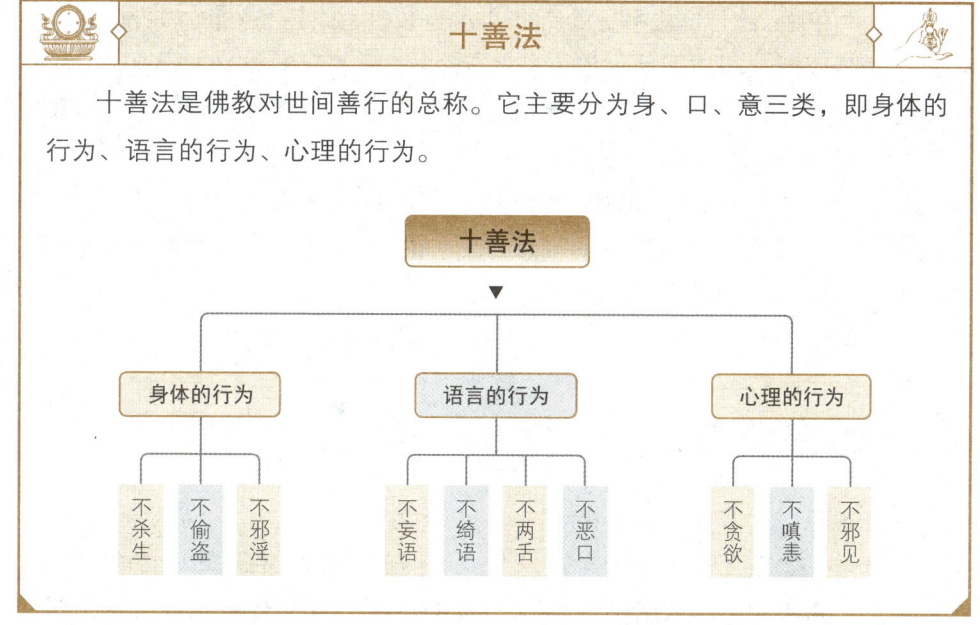

变。所谓能随问答，就是因为迦叶你的提问，所以我能够为菩萨摩诃萨、比丘、比丘尼、优婆塞、优婆夷解说这些深奥微妙的问题。所谓因缘意义就是声闻、缘觉不理解这么深奥的义理，因为不曾听说洹字三点成就解脱涅槃摩诃般若成的秘密藏。我今天在这里为声闻弟子们说法，为他们打开慧眼。"

"假使有人作如是言，如是四事，云何为一非虚妄耶？即应反质是虚空无所有不动无碍。如是四事有何等异？是岂得名为虚妄乎？"

"不也，世尊！如是诸句即是一义，所谓空义、自正、正他、能随问答、解因缘义，亦复如是，即大涅槃等无有异。"

【译文】

"如果有人这么说：'这四件事为什么是一体的呢？这种说法不是虚妄的吗？'这时应当立即质问他们说：虚空、无所有、不动、无碍这四事有什么差异呢？这些名字是不是虚妄的呢？"

迦叶回答说："不是的，世尊！这些词都是一个意思，所谓的空义、自正、正他、能随问答、解因缘意义，都是如此，他们和大涅槃没有什么差异。"

如来常住

佛告迦叶："若有善男子善女人作如是言：'如来无常，云何当知是无常耶？'如佛所言，灭诸烦恼名为涅槃，犹如火灭，悉无所有，灭诸烦恼亦复如是，故名涅槃。云何如来为长住法不变易耶？如佛言曰：'离诸有者乃名涅槃，是涅槃中无有诸有。云何如来为长住法不变易耶？'"

【译文】

佛陀告诉迦叶："如果有善男子、善女人这么说：'如来是无常的，又怎么能知道他是无常的呢？'就像我说的，消除一切烦恼就叫做涅槃，就像火一样熄灭之后就什么也没有了，所有烦恼消除之后也是同样，因而叫做涅槃。为什么如来是长住法不会变化呢？就像我所说：'离开了一切实相便叫做涅槃，因而涅槃中不存在有，为什么如来是长住法不变呢？'"

"如衣坏尽不名为物，涅槃亦尔，灭诸烦恼，不名为物。云何如来为长住法不变易耶？如佛言曰：离欲寂灭名曰涅槃，如人斩首则无有首。离欲寂灭亦复如是。空无所有，故名涅槃，云何如来为长住法不变易耶？如佛言曰：

譬如热铁，捶打星流，
散已寻灭，莫知所在，
得正解脱，亦复如是，
已度淫欲，诸有淤泥，
得无动处，不知所至。"

【译文】

"就比如说衣服坏掉之后就不能说是物品了，涅槃也是如此，将烦恼消除掉，也就不再存在了。为何如来是长住法不易变呢？如来说过：离欲寂灭就叫做涅槃，就像人将首级斩掉之后就没有了首级一样。空空一无所有就叫做涅槃。

"为何如来是长住法不易变呢？

"就像佛所说的：譬如铁烧热后，捶打出火星。火星飞散之后，就不知道在哪里了。解脱也就是如此，从淫欲和淤泥中解脱出来，到达不动之处后，就不知道到哪里去了。"

"云何如来为长住法不变易耶？迦叶，若有人作如是难者，名为邪难。迦叶，汝亦不应作是忆想，谓如来性是灭尽也。迦叶，灭烦恼者不名为物。何以故？永毕竟故，是故名常。是句寂静为无有上。灭尽诸相无有遗余。是句鲜白常住不退，是故涅槃名曰常住，如来亦尔，常住无变，言星流者，谓烦恼也。散已寻灭，莫知所在者，谓诸如来烦恼灭已不在五趣，是故如来是常住法，无有变易。"

【译文】

"为什么说如来是长住法不易变呢？迦叶，如若有人这么问就是在刁难，叫做邪难。迦叶，你也不应该认为如来性是灭尽。迦叶，烦恼灭尽就没有名字。为什么这样说呢？永远消失了，就叫做常，寂静也就无法超越了，就是将诸相消灭掉没有任何遗漏，这句话的意思就是常住不退，因而涅槃也就称为常住，如来也是这样，常住不变，说火星流布就是烦恼，火星飞散之后就消失不见了，也就不知道他存在何处了。所以说如来的烦恼消灭后已经不在五趣了，如来是长住法不变。"

"复次，迦叶，诸佛所师所谓法也，是故如来恭敬供养，以法常故，诸佛亦常。"

迦叶菩萨复白佛言："若烦恼

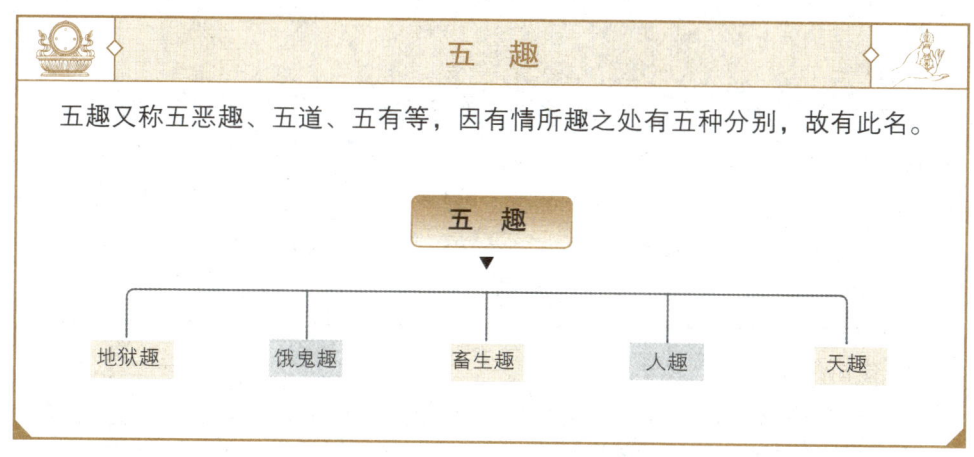

五趣又称五恶趣、五道、五有等，因有情所趣之处有五种分别，故有此名。

五趣：地狱趣、饿鬼趣、畜生趣、人趣、天趣

火灭如来亦灭。是则如来无常住处，如彼迸铁赤色灭已，莫知所至。如来烦恼亦复如是，灭无所至。又如彼铁热与赤色，灭已无有。如来亦尔，灭已无常，灭烦恼火便入涅槃。"

【译文】

"另外，迦叶，佛以佛法为老师，因而如来恭敬供养佛法。因为佛法常在，所以佛也常在。"

迦叶菩萨又对佛说："如果烦恼之火熄灭的同时如来也熄灭，那么如来就没有长住处。就像那烧热的铁消失，赤色也就不存在了。如来的烦恼也是同样的，消失之后就不存在了。又像火星熄灭之后就不知道到哪里去了一样。如来也是这样，消失掉无常，消灭掉烦恼，就是涅槃。"

"当知如来即是无常。善男子，所言铁者，名诸凡夫。凡夫之人，虽灭烦恼，灭已复生，故名无常。如来不尔，灭已不生，是故名常。"

迦叶复言："如铁赤色灭已，还置火中，赤色复生。如来若尔，应还生结。若结还生，即是无常。"

佛言："迦叶，汝今不应作如是言，如来无常。何以故？如来是常。"

【译文】

"应知道如来就是无常。善男子，我说的铁就比喻凡夫俗子。凡夫俗子，虽然将烦恼消灭了，可是又会重生，因而叫做无常。如来不是这个样子，他的烦恼消失后不会再生，因而叫做常。"

迦叶又说："就像是赤铁的赤色消失后，过一段时间再放入火中，依然会再次变红。如果如来也是那样，那么烦恼还会再生。如来再生烦恼，就是无常。"

佛说："迦叶，你现在不应该这么说如来是无常。为什么这么说呢？如来是常。"

"善男子，如彼燃木，灭已有灰，烦恼灭已，便有涅槃。坏衣、斩首、破瓶等喻亦复如是。如是等物，各有名字，名曰坏衣、斩首、破瓶。

"迦叶，如铁冷已可使还热。如来不尔，断烦恼已，毕竟清凉。烦恼炽火，更不复生。迦叶，常知无量众生犹如彼铁，我以无漏智慧炽火，烧彼众生诸烦恼结。"

【译文】

"善男子，就像是燃烧的木材，火熄灭后还有灰，烦恼消失后就有了涅槃。破了的衣服、斩首、破了的瓶子等

• 名词解释 •

婇女：即宫女。如《佛说弥勒下生经》曰："是时佛母梵摩越复将八万四千婇女之众，往至佛所，求作沙门。"其中的婇女就是宫女。《大般涅槃经》中亦有婇女一词，亦作宫女意。

比喻也都是如此。这些东西各自有各自的名字，叫做坏衣、斩首、破瓶。

"迦叶，比如铁变冷后还可以再热。如来却不是这样，他断绝烦恼就会毕竟清凉，烦恼的火焰也就不会再生了。迦叶，要知道无量众生就像是那块铁，我正是用无漏智慧来燃烧众生的烦恼。"

诸佛是常

迦叶复言："善哉，善哉！我今谛知如来所说诸佛是常。"

佛言："迦叶，譬如圣王素在后宫，或时游观在于后园，王虽不在诸婇女中，亦不得言圣王命终。善男子，如来亦尔，虽不现于阎浮提界，入涅槃中不名无常。如来出于无量烦恼，入于涅槃安乐之处，游诸觉华欢娱受乐。"

【译文】

迦叶又说："善哉，善哉！我现在真正明白了如来所说的诸佛是常的道理了。"

佛说："迦叶，正如圣王总是住在后宫，或者有时在后园游玩。虽然圣王不在那些宫女中间，也不能说圣王死了。善

这是耶输陀罗图。耶输陀罗是中印度迦毗罗城释种执杖之女，也是悉达多太子的正妃，罗睺罗的生母。释迦牟尼成道后，她跟随佛陀出家，成为比丘尼，并证得阿罗汉果。在《大般涅槃经》佛陀以他与耶输陀罗生罗睺罗之事来阐发佛法。

男子，如来同样是这样，虽然我不出现在阎浮提界，即使入涅槃也不能称为无常。如来远离了无量烦恼，去到涅槃安乐的地方，游走在各种欢乐的地方。"

迦叶复问："如佛言曰，我已久渡烦恼大海。若佛已渡烦恼海者，何缘复共耶输陀罗生罗睺罗？以是因缘，当知如来未渡烦恼诸结大海。唯愿如来说其因缘。"

佛告迦叶："汝不应言如来久渡烦恼大海，何缘复共耶输陀罗生罗睺罗？以是因缘，当知如来未渡烦恼诸结大海。"

【译文】

迦叶又问说："就像佛陀说的，您早就度过了烦恼的大海。如果您已经度过了烦恼的大海，为何还会和耶输陀罗生下罗睺罗呢？因为这些缘故，应该说如来还没有度过烦恼的大海。只希望如来能说说其中的因缘。"

佛陀告诉迦叶说："你不能说如来已经度过了烦恼的大海，为何又和耶输陀罗生下儿子罗睺罗。不能因此就说如来没有度过烦恼的大海。"

大涅槃的法义

"善男子，是大涅槃能建大义，汝等今当至心谛听。广为人说，莫生惊疑。若有菩萨摩诃萨住大涅槃须弥山王，如是高广，悉能令入芥子之粰。其诸众生依须弥者，亦不迫迮，无来往想，如本不异。唯应度者见是菩萨以须弥山内芥子粰，复还安止，本所住处。"

【译文】

"善男子，大涅槃能建立广大的法义，你们现在应该诚心诚意地听法，之后广泛对别人讲解，不要有吃惊疑惑的地方。如果有菩萨摩诃萨住在大涅槃中，那么他可以使高大的须弥山进入芥子之中，也不会让须弥山的众生感到压迫，感觉不到有来往，也感觉不到有什么不同。只有那些应该被度化的人才能看见菩萨把须弥山放到了芥子中，又放回了原处。"

"善男子，复有菩萨摩诃萨住大涅槃，能以三千大千世界置芥子粰，其中众生亦无迫迮及往来想，如本不异。唯应度者见是菩萨以此三千大千世界置芥子粰，复还安止本所住处。"

"善男子，复有菩萨摩诃萨住大涅槃，能以三千大千世界内一毛孔，乃至本处亦复如是。"

【译文】

"善男子，又有菩萨摩诃萨住在大涅槃，能把三千大千世界放在芥子中，众生也没有感到压迫和拥挤，好像没有移动一样。只有那些应该被度化的人才能看见菩萨把须弥山放到了芥子中，又放回了原处。

"善男子，又有菩萨摩诃萨住在大

涅槃，能把三千大千世界放在一个毛孔中去，然后又放回原来的地方。"

"善男子，复有菩萨摩诃萨住大涅槃，断取十方三千大行诸佛世界，置于针锋如贯枣叶，掷着他方异佛世界，其中所有众生不觉往返为在何处。唯应度者乃能见之，乃至本处，亦复如是。

"善男子，复有菩萨摩诃萨住大涅槃，断取十方三千大千诸佛世界，置于右掌如陶家轮，掷置他方微尘世界，无一众生有往来想。唯应度者乃见之耳，乃至本处亦复如是。

【译文】

"善男子，又有菩萨摩诃萨住在大涅槃中，能把十方大行诸佛世界放在针尖上如同串枣叶，然后掷向其他的异佛世界。在世界中所有众生都没感觉到移动。只有那些应该被度化的人才能看见这一切。

"善男子，又有菩萨摩诃萨住在大涅槃中，能将十方三千大千诸佛世界放在右手掌中，如同陶器的轮子，然后掷向其他的微尘世界。这世界中的所有众生都没感觉到移动，只有那些应该被度化的人才能看见这一切。

"善男子，复有菩萨摩诃萨住大涅槃，断取一切十方无量诸佛世界悉内己身，其中众生悉无迫迮，亦无往返及住处想。唯应度者乃能见之，乃至本处亦复如是。

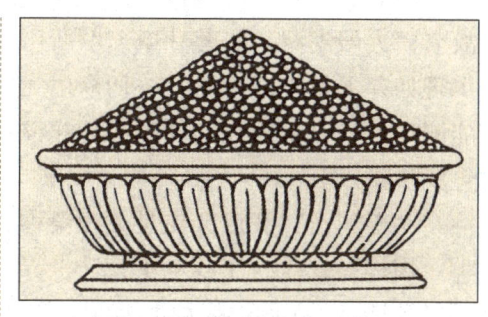

这是芥子图。芥子是芥菜的种子，只有芝麻粒大小，古时主要被用于榨油，可供食用和点灯。在古印度，芥子被视为神奇之物，可以用来抵御障碍和命运的逆转。在《大般涅槃经》中菩萨将须弥山放入芥子中来表示菩萨的神通法力。

"善男子，复有菩萨摩诃萨住大涅槃，以十方世界内一尘中，其中众生亦无迫迮往返之想。唯应度者乃能见之，乃至本处亦复如是。"

【译文】

"善男子，又有菩萨摩诃萨住在大涅槃中，能截取一切十方无量诸佛世界，把他们放在自己的身体中，这世界中的所有众生也没有感觉有压迫感，不觉得窄小，都没感觉到移动。只有那些应该被度化的人才能看见这一切。

"善男子，又有菩萨摩诃萨住在大涅槃中，将十方世界放入一粒微尘中，这世界中的所有众生也没有压迫、往返的感觉。只有应该被度化的人才能看见这一切。"

佛陀的神通变化

"善男子，是菩萨摩诃萨住大涅槃，则能示现种种无量神通变化，是

故名曰大般涅槃。是菩萨摩诃萨所可示现如是无量神通变化，一切众生无能测量，汝今云何能知如来习近淫欲生罗睺罗？

"善男子，我已久住是大涅槃种种示现神通变化，于此三千大千世界百亿日月、百亿阎浮提种种示现。"

【译文】

"善男子，这些菩萨摩诃萨住在大涅槃中，能显示各种无量的神通变化，因而叫做大般涅槃。这些菩萨摩诃萨能够显示无量神通变化，一切众生都无法测量。你今天怎么能够知道如来有淫欲才生罗睺罗呢？

"善男子，我已经在大涅槃中住了很久了，显示了各种神通变化，在此三千大千世界百亿阎浮提中作种种示现。"

如《首楞严经》中广说："我于三千大千世界或阎浮提示现涅槃，亦不毕竟取于涅槃。或阎浮提示入母胎，令其父母生我子想。而我此身毕竟不从淫欲和合而得生也。我已久从无量劫来离于淫欲，我今此身即是法身随顺世间示现入胎。"

【译文】

就像《首楞严经》中所说的："我在三千大千世界或阎浮提洲显示涅槃，毕竟不是取自于涅槃。或者说我在阎浮提洲示现入母胎，让我的父母有了生我的念想。但是我的身体毕竟不是从淫欲结合中得到的。我已经从无量劫以来就远离淫欲了，我现在的身体就是法身随着世间的显示入胎。"

"善男子，此阎浮提林微尼园，示现从母摩耶而生，生已即能东行七步，唱如是言：我于人天阿修罗中最尊最上。父母人天见已惊喜，生希有心，而诸人等，谓是婴儿，而我此身无量劫来久离是法，如来身者即是法身，非是肉血筋脉

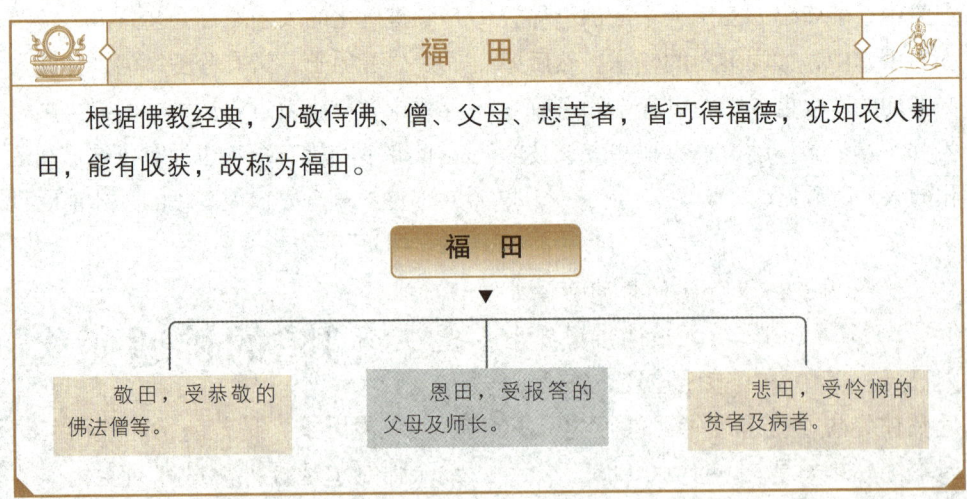

福田

根据佛教经典，凡敬侍佛、僧、父母、悲苦者，皆可得福德，犹如农人耕田，能有收获，故称为福田。

福田

敬田，受恭敬的佛法僧等。 | 恩田，受报答的父母及师长。 | 悲田，受怜悯的贫者及病者。

骨髓之所成立，随顺世间众生法故，示为婴儿。"

【译文】

"善男子，我在阎浮提洲的林微尼园中被母亲摩耶生下，生下之后就可以向东走七步说：'我在人、天、阿修罗中为最尊最上。'父母人天看见都很惊喜，认为非常稀有。而那些人都以为我是婴儿，但是我从无量劫以来就离开有为法。如来身本就是法身，不是肉血筋脉骨髓所组成的，我只是为了顺从世间众生的法则才显示为婴儿。"

"南行七步，示现欲为无量众生作上福田；西行七步，示现生尽，永断老死是最后身；北行七步，示现已度诸有生死；东行七步示为众生而作导首；四维七步，示现断灭种种烦恼四魔种性，成于如来应正遍知；上行七步，示现不为不净之物之所染污，犹如虚空；下行七步，示现法雨灭地狱火，令彼众生受安隐乐，毁禁戒者示作霜雹。"

【译文】

"我向南走七步是要展示要为无量众生作上等福田；向西走七步是要展示永远断绝老死，此身就是最后的身体；向北走七步是要展示已经度脱诸有和生死；向东走七步是要展示为众生作导师。我往四维各走七步是要显示斩断各种烦恼、四魔种性，成就如来应正遍知。向上走七步是要展示不被不洁净的东西染污，犹如虚空一样；向下走七步是要展示法雨熄灭地狱之火，让众生享受安稳平静的快乐，对毁犯禁戒的人显示霜雹。"

"于阎浮提生七日已，又示剃发，诸人皆谓我是婴儿初始剃发，一切人天魔王波旬沙门婆罗门，无有能见我顶相者，况有持刀临之剃发？若有持刀至我顶者，无有是处。我久已于无量劫中剃除须发，为欲随顺世间法故示现剃发。"

这是佛陀诞生神变图。相传摩耶夫人在无忧园生下释迦牟尼之前，园中出现了天龙八部云集等十种瑞相，等到释迦牟尼出生时，天地震动、光明普照，释迦牟尼一手指天、一手指地，说道："天上天下，惟我为尊，三界皆苦，吾当安之。"在《大般涅槃经》中，释迦牟尼佛以出生的情景来论证他的种种"示现"。

【译文】

"我在阎浮提洲出生的七日后又示现剃发,人们都以为我是婴儿第一次剃发。一切人天魔王波旬沙门婆罗门没有能看见我头顶的,更何况能拿着刀靠近我剃发呢?拿刀靠近我头顶是不可能的。我早已经在无量劫以前剃除须发,只是为了顺从世间的法则所以显示出剃发。"

"我既生已,父母将我入天祠中,以我示于摩醯首罗。摩醯首罗即见我时合掌恭敬.立在一面。我已久于无量劫中舍离如是人天祠法,为欲随顺世间法故,示现如是。"

"我于阎浮提示现穿耳,一切众生实无有能穿我耳者,随顺世间众生法故,示现如是。"

这是摩醯首罗图。摩醯首罗又名大自在天、摩诃提婆,是婆罗门教的天神,后被佛教收服成为护法神。因为此神能在大千世界中得自在,所以称为大自在天,礼拜此神的派别也称为摩醯首罗论师。在《楞严经》中释迦牟尼出生后,他的父母带他去天祠礼拜的就是此神。

【译文】

"我出生后,父母带我到天祠中,将我展示给摩醯首罗。摩醯首罗见到我立即合掌恭敬的站在一边。我从无量劫以来就不再去天祠了,只是为了顺从世间的法则所以才会如此。我在阎浮提展现穿耳,一切众生都没有能力为我穿耳,只是为了顺从世间众生的法则所以才会如此。"

"复以诸宝作师子珰用庄严耳,然我已于无量劫中离庄严具,为欲随顺世间法故,作是示现。示入学堂修学书疏,然我已于无量劫中具足成就。遍观三界,所有众生无有堪任为我师者,为欲随顺世间法故,示入学堂故,名如来应正遍知,习学乘象盘马掬力种种伎艺,亦复如是。"

【译文】

"我用了各种的宝贝作师子珰来装饰自己的耳朵,但是我已经在无量劫以前就已经远离了各种装饰品,只是为了顺从世间的法则所以才会如此。我显示进入学堂学习,但是我已经在无量劫以前有了具足成就,三界已经没有人能胜任我的老师,只是为了顺从世间的法则所以才会进入学堂,所以才称为如来、应供、正遍知。我学习乘象、骑马、掬力等等技艺也是这样。"

"于阎浮提而复示现为王太子。众生皆见我为太子于五欲中欢娱受乐,然我已于无量劫中舍离如是五欲之乐，为欲随顺世间法故，示如是相。相师占我若不出家当为转轮圣王，王阎浮提。一切众生皆信是言。然我已于无量劫中舍转轮王位为法轮王，于阎浮提现离婇女五欲之乐。见老病死及沙门已，出家修道，众生皆谓悉达太子初始出家。然我已于无量劫中出家学道，随顺世法，故示如是。"

【译文】

"在阎浮提的时候我显示为王太子，众生看见我是太子，在五欲中享受欢乐愉快，但是我在无量劫以前就已经远离这些五欲的快乐了，只是为了顺从世间的法则所以才会如此。相师占卜我如果不出家就会成为转轮圣王统治阎浮提世界，一切众生都相信这些话。但是我在无量劫以前就已舍弃转轮王位而成了法轮王。我在阎浮提展示舍弃宫女和五欲快乐，看见老、病、死和沙门之后出家修道，众生都说悉达多太子第一次出家，但是我在无量劫以前就已经出家学道，只是为了顺从世间的法则才会展现成这样。"

"我于阎浮提示现出家受具足戒，精勤修道，得须陀洹果、斯陀含果、阿那含果、阿罗汉果，众人皆谓是阿罗汉果易得不难，然我已于无量劫中成阿罗汉果，为欲度脱众生故，坐于道场菩提树下以草为座，摧伏众魔。众皆谓我始于道场菩提树下降伏魔官，然我已于无量劫中久降伏已，为欲降伏刚强众生故现是化。"

【译文】

"我在阎浮提显示的是出家受具足戒，并精勤修道，得到了须陀洹果、斯陀含果、阿那含果、阿罗汉果。众人都说这阿罗汉果很容易得到，但是我早已在无量劫中修炼成为阿罗汉果。为了普度众生，我坐在道场的菩提树下面，降伏了众魔，众生都说我是第一次在道场菩提树下降伏众魔，但是我在无量劫以前就已经降伏众魔，只是为了降伏刚强众生因此这样显示。"

"我又示现大小便利出息入息，众皆谓我有大小便利出息入息。然我是身所得果报，悉无如是大小便利出入息等，随顺世间，故示如是。我又示现受人信施，然我是身都无饥渴，随顺世法，故示如是。"

【译文】

"我又显示有大小便以及呼吸，众人都说我有大小便和呼吸，但是此身的因果报应是没有大小便和呼吸，只是为了顺从世间因此这样显示。我又显示出接受他人的施舍，但是我从来没有饥饿和干渴，只是为了顺从世间的法则因此才这样的。"

"我又示同诸众生故，现有睡眠，然我已于无量劫中，具足无上深妙智慧，远离三有，进止威仪，头

痛、腹痛、背痛洗足、洗手、洗面、漱口、嚼杨枝等，众皆谓我有如是事，然我此身都无此事，我足清净犹如莲花，口气净洁如优钵罗香，一切众生谓我是人我实非人。"

【译文】

"我又和众生一样显示出有睡眠，但是我已经在无量劫以前就修炼了具足无上的深妙智慧，远离了三有。我又显示出出入威仪、头痛、腹痛、背痛、木枪、洗足、洗手、洗面、漱口、嚼杨枝等，众人都说我做这些事，但是我并没有做这些事。我的双脚干净清洁就像莲花一样，我的口气干净清洁就像优钵罗香一样。一切众生都说我是人，其实事实上我并不是人。"

"我又示现受粪扫衣浣濯缝打。然我久已不须是衣。众人皆谓罗睺罗者是我之子，输头檀王是我之父，摩耶夫人是我之母，处在世间受诸快乐，离如是事出家学道。

"众人复言：是王太子瞿昙大姓，远离世乐求出世法。然我久离世间淫欲，如是等事悉是示现，一切众生咸谓是人，然我实非。"

【译文】

"我又显示出扫粪、穿衣、洗衣、缝补这些事，但是我在无量劫以前已经不需要这些衣服。众人都说罗睺罗是我的儿子，输头檀王是我父亲，摩耶夫人是我母亲，我曾在世间享受了快乐，之后离开了荣华富贵出家修行学道。

"众人又说我是王太子，姓瞿昙，远离世间之乐追求出世法。但是我在无量劫以前就已经舍弃了世间的一切淫欲，只是顺应世间而显示出来这些事，一切众生都说我是人，可事实上我并不是人。"

"善男子，我虽在此阎浮提中，数数示现入于涅槃，然我实不毕竟涅槃，而诸众生皆谓如来真实

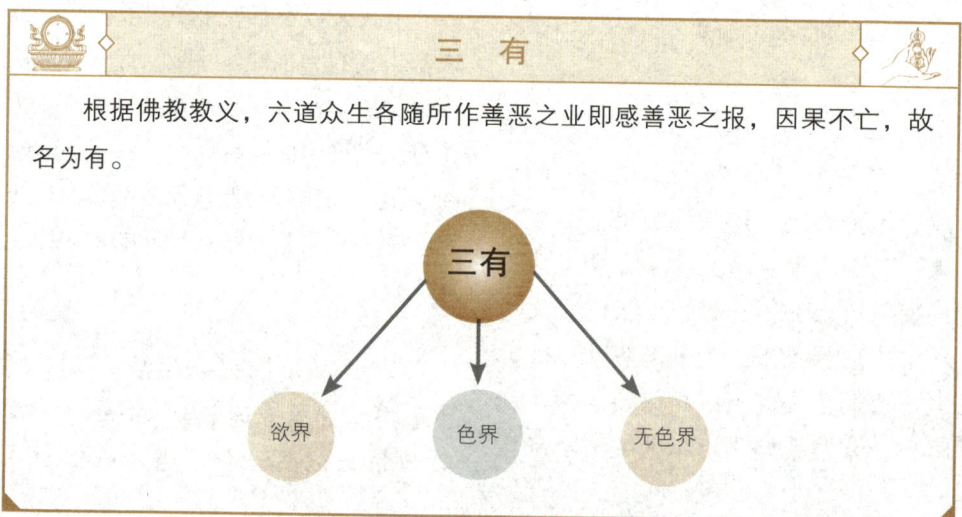

三 有

根据佛教教义，六道众生各随所作善恶之业即感善恶之报，因果不亡，故名为有。

三有 → 欲界 色界 无色界

这是释迦牟尼降魔成道图。在图中，释迦牟尼结跏趺坐，右手施降魔印，在他四周则是众魔军为阻止佛祖成道向其进攻的场面，虽然情况危急，但释迦牟尼丝毫不为所动，反而降服了魔军，最终得道。在《大般涅槃经》中释迦牟尼佛以降服魔军之事来阐发佛法。

灭尽。而如来性实不永灭，是故当知是常住法、不变易法。

"善男子，大涅槃者，即是诸佛如来法界，我又示现阎浮提中出于世间，众生皆谓我始成佛，然我已于无量劫中所作已办，随顺世法故复示现于阎浮提初出成佛。我又示现于阎浮提不持禁戒犯四重罪。众人皆见谓我实犯，然我已于无量劫中，坚持禁戒，无有漏缺。"

【译文】

"善男子，我虽然在此阎浮提中多次显示进入涅槃。但是我其实并没有真正进入涅槃。但是众生都说如来已经消灭殆尽。但是如来的本性真实不灭，因此要知道如来是常住法、不变易法。

"善男子，大涅槃就是诸佛如来法界，我又显示在阎浮提中超越世间。众生都说我是第一次成佛，但是我在无量劫以前却已经成佛，只是顺从世间的法则展示在阎浮提第一次成佛。我又展示在阎浮提犯四重罪戒，众人都说我已经违反了僧律，但是我已经在无量劫中坚持守戒没有漏缺。"

"我又示现于阎浮提为一阐提，众人皆见是一阐提，然我实非一阐提也。一阐提者，云何能成阿耨多罗三藐三菩提？我又现于阎浮提破和合僧。众生皆谓我是破僧，我观人天无有能破和合僧者。

破和合僧

破和合僧又称破僧，是指以邪心破坏比丘的和合，阻碍佛法的传播，犯此罪者不许出家受具足戒，是五逆罪中最重之罪过。根据佛教戒律，此罪可分两种。

```
              破和合僧
                 ▼
     ┌───────────┴───────────┐
   破法轮僧                破羯磨僧
```

破法轮僧：立异师异说，不承认佛陀之教法，并破坏僧众的和合，而另组教团。

破羯磨僧：离开原来所属之教团，成立新教团，举行布萨（同住比丘每半月集会一处，由精熟律法之比丘说波罗提木叉戒本，然后让诸比丘反省自己的行为是否合乎戒律）、羯磨（一定范围内的全体僧众进行集会，征求诸比丘对某事的意见，从而处理僧团和个人事物）等事。

"我又示现于阎浮提护持正法，众人皆谓我是护法，悉生惊怪。诸佛法尔，不应惊怪。我又示现于阎浮提为魔波旬。众人皆谓我是波旬，然我久于无量劫中离于魔事，清净无染犹如莲花。"

【译文】

"我又在阎浮提展示为一阐提，众人看见都说我是一阐提，但是我其实并不是一阐提。一阐提怎么能成就无上正等正觉呢？我又展示在阎浮提破和合僧，众生都以为我是破僧，但世间人们怎么能破和合僧呢？

"我又展示在阎浮提护持正法，众人都说我是护法的使者，都感到吃惊奇怪。为这些佛法不应该奇怪啊。我又展示在阎浮提做魔波旬，大家都说我是波旬，但是我在无量劫以前就已经远离魔事，干净清洁如同没有污染的莲花。"

"我又示现于阎浮提女身成佛。众人皆言：甚奇，女人能成阿耨多罗三藐三菩提。如来毕竟不受女身，为欲调伏无量众生故现女像，怜愍一切诸众生故，而复示现种种色像。

"我又示现阎浮提中生于四趣。然我久已断诸趣因，以业因故堕于四趣，为度众生，故生是中。"

【译文】

"我又展示在阎浮提化成女身成佛。众人都说：真是奇怪啊，女人也能成就无上正等正觉。如来毕竟是不受女身的，只是为了降伏无量众生所以显示为女身像，只是为了怜悯一切众生，因而展现为种种色像。

"我又展现在阎浮提中生在四趣，但是我早已经断绝诸趣的因缘，不会因为业力而堕落在四趣，是为了超度众生所以生在这里。"

"我又示现阎浮提中作梵天王，令事梵者安住正法。然我实非而诸众生咸皆谓我为真梵天，示现天像遍诸天庙亦复如是。

"我又示现于阎浮提入淫女舍，然我实无贪淫之想。清净不污，犹如莲花。为诸贪淫嗜色众生，于四衢道宣说妙法，然我实无欲秽之心，众人谓我守护女人。"

【译文】

"我又展示在阎浮提中当梵天王，让修行梵行的人安住正法，其实我并不是梵天，而众生都说我是真梵天，我在天庙中示现诸天像也会如此。

"我又展示在阎浮提进入妓女的房屋，但是我实在没有贪婪淫欲的想法，清净无污如同莲花一样。为了教导贪恋淫欲的众生，我在十字路口宣说妙法。但是我其实并没有淫秽之心，众生都说我守护女人。"

"我又示现于阎浮提入青衣舍，为教诸婢令住正法。然我实无如是恶业堕在青衣。我又示现阎浮

提中而作博士,为教童蒙令住正法。我又示现于阎浮提入诸酒会博弈之处,示受种种胜负斗诤。为欲拔济彼诸众生,而我实无如是恶业,而诸众生皆谓我作如是之业。"

【译文】

"我又显示在阎浮提进入奴婢的房间,是为了教导奴婢使他们遵守法令,但是我事实上并没有造就恶业成为奴婢。我又显示在阎浮提中而做老师,是为了教导孩子住于正法。我又显示在阎浮提进入各种酒会赌博的地方,示现出输赢纷争的样子,是为了救济众生,但是我并没有这样的恶习,但是众生都说我做了这些恶习。"

"我又示现久住冢间,作大鹫身度诸飞鸟,而诸众生皆谓我是真实鹫身,然我久已离于是业,为欲度彼诸鸟鹫故示如是身。我又示现阎浮提中作大长者,为欲安立无量众生住于正法。又复示作诸王大王子辅相,于是众中各为第一,为修正法故住王位。"

【译文】

"我又显示为久住在坟地中,展现为大鹫的身形,超度各种飞鸟,但是众生都说我是真实的飞鹫,但是我早已经远离恶业,只是为了超度这些鸟鹫所以才显示这样的身形。我又显示在阎浮提中当大长者,为了安定无量众生,使其住于正法,又显示做诸王大臣王子的辅相,我在众生中成为首领,为修行正法成为国王。"

"我又示现阎浮提中疫病劫起,多有众生为病所恼,先施医药然后为说微妙正法,令其安住无上菩提,众人皆谓是病劫起。又复示现阎浮提中饥饿劫起,随其所须供给饮食,然后为说微妙正法,令其安住无上菩提。又复示现阎浮提中刀兵劫起,即为说法令离怨害,使得安住无上菩提。"

【译文】

"我又显示为阎浮提中的疫病兴起、众生烦恼的时候,为他们施舍医药,之后为他们说微妙正法,让他们安住在无上菩提,众人都说是病劫兴起。我又显示在阎浮提中灾荒兴起的时候,为他们提供食物,然后为他们说微妙正法,让他们安住在无上菩提。我又显示在阎浮提刀兵兴起的时候,为他们说法,让人民远离怨怒伤害,让他们安住无上菩提。"

"又复示现为计常者说无常想,计乐想者为说苦想,计我想者说无我想,计净想者说不净想。若有众生贪著三界,即为说法令离是处。度众生故为说无上微妙法药,为断一切烦恼树故,种植无上法药之树;为欲拔济诸外道故,说于正法。"

【译文】

"我又显示为执著于常的人说无常的思想,为执著于快乐的人说苦难的思想,为执著于我想的人说无我的思想,为执著于净的人说不净的思想。如果有众生贪恋三界的事物,我就为他们说法,让他们远离三界。为了超度众生,我为他们说无上微妙法药。为了消灭一切烦恼树,我种植了无上法药之树,为了救济诸外道而说正法。"

"虽复示现为众生师,而心初无众生师想。为欲拔济诸下贱故,现入其中而为说法,非是恶业受是身也。如来正觉如是安住于大涅槃,是故名为常住无变。如阎浮提东弗于逮、西瞿耶尼、北郁单越亦复如是。如四天下三千大千世界亦尔,二十五有如《首楞严经》中广说,以是故名《大般涅槃》。"

【译文】

"虽然我显示为众生的教师,但是心中却没有为众生教师的想法。为了救济各种低等的种族,就显示在其中为他们说法,并不是造就恶业成为此身。如来是这样住在大涅槃中的,因此叫做常住不变。我不仅在阎浮提如此说法,在东弗于逮、西瞿耶尼、北郁单越也是这样,在三千大千世界也同样如此。因为我在二十五种世界中都是如此,就像《首楞严经》中所说,因而叫做大般涅槃。"

二十五有

二十五有是指二十五种生死轮回之迷界,因为世间万事万物都是有因必得果,因果永不消亡,所以称为"有"。

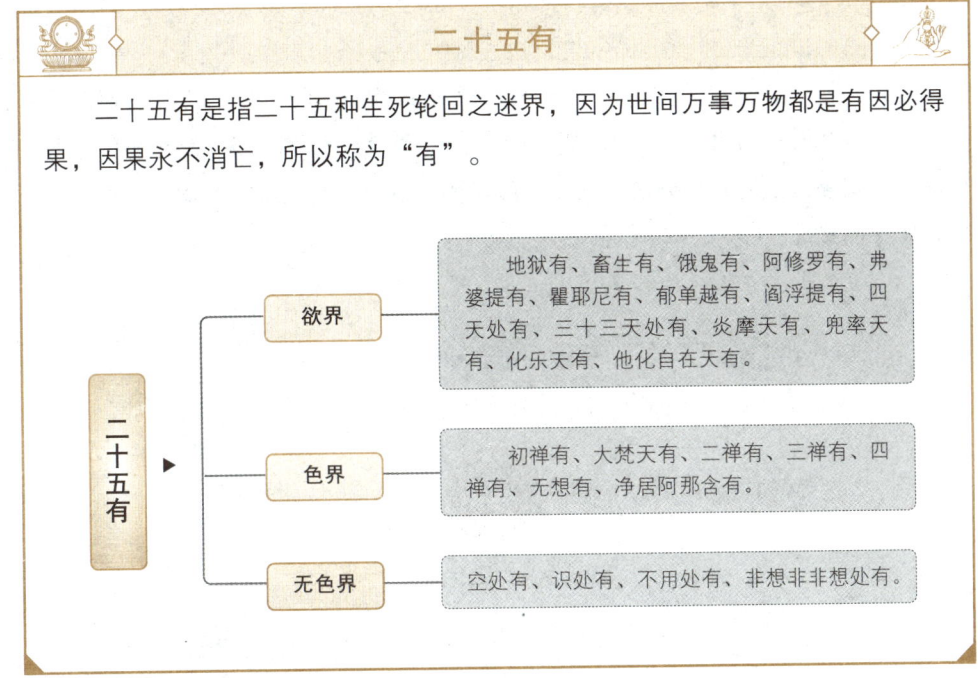

灭度与灯灭

"若有菩萨摩诃萨安住如是大般涅槃，能示如是神通变化而无所畏。

"迦叶，以是缘故，汝不应言：罗睺罗者是佛之子。何以故？我于往昔无量劫中已离欲有，是故如来名曰常住无有变易。"

迦叶复言："如来云何名曰常住？如佛言曰：如灯灭已无有方所。如来亦尔，既灭度已，亦无方所。"

"迦叶，所以你不应该说罗睺罗是佛陀的儿子。因为我在无量劫以前就已经远离了所有的欲望，所以如来称为常住没有变易。"

迦叶又说："如来为什么叫做常住？就像佛陀所说：如果灯灭之后就一无所有了，如果如来也是这样，那么灭度后也是一无所有了。"

佛言："迦叶，善男子，汝今不应作如是言，灯灭尽已无有方所，如来亦尔，即灭度已，无有方所。善男子，譬如男女燃灯之时，灯炉大小悉满中油，随有油在其明犹存，若油尽已，明亦俱尽。其明灭者，喻烦恼灭。明虽灭尽，灯炉

【译文】

"如果菩萨摩诃萨安住大般涅槃中，就能展示这些神通变化而没有畏惧。

佛陀与灯

在佛门中，灯是供养诸尊的资具，通常供奉于佛前。由于灯具有照破黑暗、带来光明的特性，所以常被用来象征佛、菩萨的智慧可以破除众生的无明烦恼，点亮众生内心的光明。在《大般涅槃经》中，佛陀以灯为喻，诠释了佛陀常在的义理。

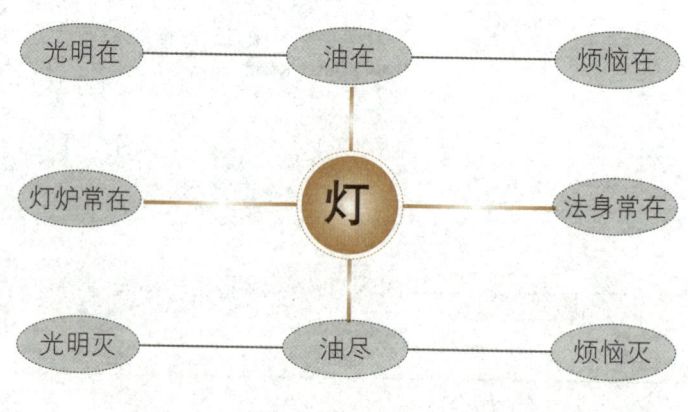

犹存。如来亦尔，烦恼虽灭，法身常存。善男子，于意云何？明与灯炉为俱灭不？"

【译文】

佛陀说："迦叶，善男子。你今天不应该这样说的，灯灭了之后就没有方所，如来也是这样的，既然已经灭度，就没有了方所。善男子，比如世间男女点灯的时候，大大小小的灯炉中都装满了油，只要有油在，光明就存在，如果油用尽，光明也就会熄灭。这里用明灭来比喻烦恼的明灭。光明虽然已经消失了，但是灯炉却还存在。如来也是这样，烦恼虽然消失却法身常存。善男子，你有什么问题呢？光明和灯炉是不是同时消失呢？"

迦叶答言："不也！世尊。虽不俱灭，然是无常。若以法身喻灯炉者，灯炉无常。如来亦尔，应是无常。"

"善男子，汝今不应作如是难，如世间言器，如来世尊无上法器，而器无常非如来也！一切法中涅槃为常，如来体之，故名为常。"

【译文】

迦叶回答说："不是的，世尊！虽然不是一起消灭，但是它们是无常的。如果用法身比喻灯炉，灯炉是无常的。如来也是这样的，所以如来也应该是无常的。"

佛陀回答说："善男子，你今天不应该这样为难我，把我比作世间的器皿，如来世尊是无上法器，但是器具无常并不意味如来是无常的。在一切法中涅槃才是真正的常，如来已经体会了涅槃，所以称为常。"

"复次，善男子，言灯灭者，即是罗汉所证涅槃。以灭贪爱诸烦恼故，喻之灯灭。阿那含者，名曰有贪，以有贪故，不得说言，同于灯灭。是故我昔覆相说言喻如灯灭，非大涅槃同于灯灭。阿那含者，非数数来，又不还来二十五有，更不受于臭身、虫身、食身、毒身，是则名为阿那含也。若更受身名为那含，不受身者名阿那含。有去来者名曰那含，无去来者名阿那含。"

【译文】

"此外，善男子，要说灯灭，那是罗汉的涅槃。因为已经将贪婪爱欲等烦恼抛弃了，就比喻为灯灭。阿那含，名字就叫做贪婪，所以还是有贪婪的念头，不能说阿那含等于灯灭。因此我虽然反复用灯灭来作比喻，但是大涅槃并不等同于灯灭。阿那含这样的人，并非一次次往来于二十五种生死迷界中，更加不会接受这样的臭身、虫身、食身、毒身，因而才叫做阿那含。如果接受身名就是那含，不接受身名就是阿那含。在这些生死的大流中有来有往，就是那含，没有来往就是阿那含。"

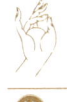

第十二章 法身玄堂——《大般涅槃经》

法　器

在《大般涅槃经》中，佛陀指出如来是"无上法器"。所谓"法器"，是指佛教寺院用来祈请、供养、修法、举行法会等各种佛事的器具。一般而言，佛教的法器是按用途分类的，具体可以分为八类。

法器

- 供养使用的佛教法器，指的是出现在佛教信徒活动场所中，用于供养佛、菩萨的佛教用具。此类法器常见的主要有香花、灯、香火、香炉、阏伽器等。

- 庄严道场使用的法器，指的是出现在佛教信徒活动场所中，可以使该场所显得庄严肃穆的佛教用具。此类法器常见的主要有须弥坛、佛坛、幡、盖等。

- 修道者诵持佛法或集会使用的法器，此类法器主要指的是钟、鼓、磬、木鱼、云板等能够在集会或者诵持佛法时发出声音，从而使道场更加肃穆的佛教用具。

- 放置东西使用的法器，指的是在佛教徒修行时用来收藏和装置个人物品的器具。这类法器常见的有舍利塔、佛龛、经箱、戒体箱等。

- 密宗使用的法器，指的是在密宗教徒修行时使用的法器。这类法器常见的有曼荼罗、金刚杵、金刚铃、法螺、护摩器具等。

- 禅门使用的法器，指的是为刚刚开始修习禅门的人准备的器具。这类法器常见的有竹篦、拂子、如意、蒲团等。

- 藏传佛教使用的法器，指的是在西藏密教中使用的特别的法器。这类法器常见的有哈达、食子、唐卡、八吉祥、七宝、颅器、嘎乌等。

- 古代僧人生活所用的法器，指的是僧人们随身携带以及在日常的生活中所用的器具。这类法器常见的有三衣、钵、手巾、澡豆、念珠、齿木、头巾、滤水囊等。

第十二章

慈悲誓愿——《地藏经》

《地藏经》是一部记载万物众生的生、老、病、死过程以及如何改变命运的佛经。此经赞叹了地藏菩萨"地狱未空,誓不成佛,众生度尽,方证菩提"的宏大愿望,因为教理浅显易懂,所以在中国民间很受欢迎。

释《地藏经》

《地藏经》的经题与翻译

《地藏经》全称《地藏菩萨本愿经》。其中"地藏"是指地藏菩萨;"本愿"是成佛前的誓愿,也是根本誓愿。所谓的"地藏菩萨本愿经"就是叙述地藏菩萨成佛之前的行为、誓愿的佛经。

相传地藏菩萨在过去无量劫前,曾为婆罗门种姓的女子,因为她的母亲生前不信佛教,所以堕入地狱之中。为了给母亲赎罪,婆罗门女变卖家产,供养佛寺。觉华定自在王如来感念她的孝心,就指导她进入地狱。婆罗门女在地狱中得知她的母亲已经脱离地狱之苦,于是她就在觉华定自在王如来像前立下誓愿,愿广度世间的罪苦众生。

根据佛教经典,在地藏菩萨成佛后,释迦牟尼佛把他入灭到弥勒佛降生这之间的世界托付给地藏佛,嘱咐地藏佛度化这一段无佛世界的六道众生。此外,地藏佛还被任命为幽冥教主,担负使世人共登极乐世界的重任。因为地藏佛曾在佛前发下"为是罪苦六道众生广设方便,尽令解脱,而我自身方成佛道"的大愿,所以也称为"大愿地藏",呼应了文殊菩萨的"大智"、普贤菩萨的"大行"、观音菩萨的"大悲"。

关于《地藏经》传入中国的时间,现在并没有确切的定论,北宋常谨曾汇集《地藏菩萨灵验记》,在其中他引用了《分身功德品》的内容,并提出此经是在五代后晋时由西印度沙门知祐带到清泰寺,可见此经在北宋之前就传入中国了。

在此经传入中国后,主要有两种译本,分别是西晋法炬的译本和唐代实叉难陀的译本,其中以后者更为流行,也是现在通用的版本,但是在唐代智升的《开元释教录》与《贞元新定释教目录》中所记载的实叉难陀译出十九部经典中并没有此经,明代莲池袾宏大师则提出此经译者为法灯、法炬,但这二人历史上都没有记载,所以后人都称此经为实叉难陀所译，也有人说是后人的伪托。在佛教多部经典中，《地藏经》的注疏较少，其中以清初青莲大师的《地藏菩萨本愿经科注》最为重要。

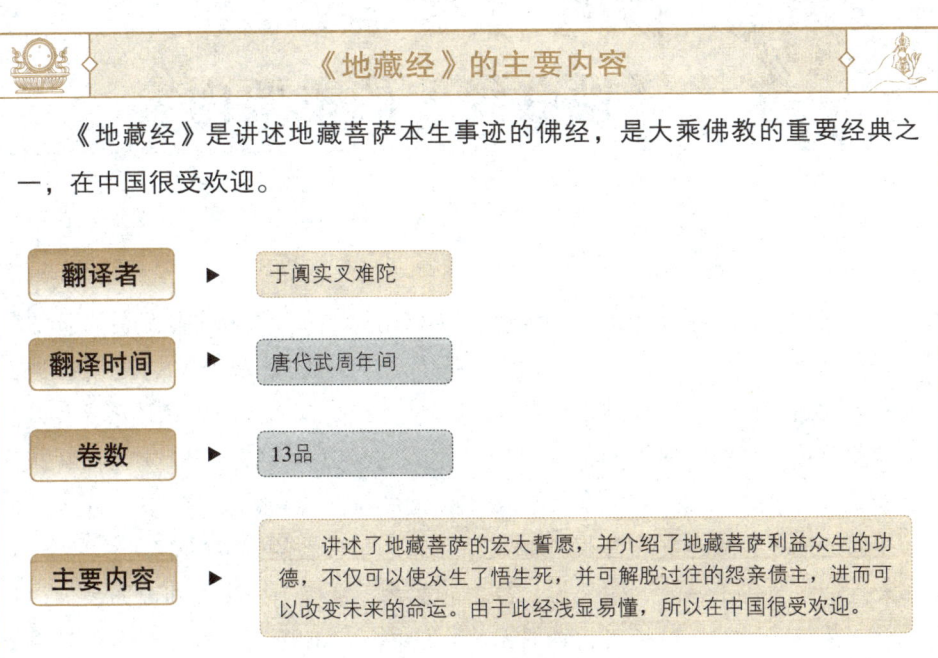

《地藏经》的主要内容

《地藏经》是讲述地藏菩萨本生事迹的佛经，是大乘佛教的重要经典之一，在中国很受欢迎。

翻译者	▶	于阗实叉难陀
翻译时间	▶	唐代武周年间
卷数	▶	13品
主要内容	▶	讲述了地藏菩萨的宏大誓愿，并介绍了地藏菩萨利益众生的功德，不仅可以使众生了悟生死，并可解脱过往的怨亲债主，进而可以改变未来的命运。由于此经浅显易懂，所以在中国很受欢迎。

第十二章　慈悲誓愿——《地藏经》

佛门孝经：
《地藏经》的主要内容

《地藏经》的缘起是释迦牟尼佛在忉利天宫（欲界的第二层天），为母亲摩耶夫人说法。在经中，释迦牟尼佛介绍了地藏菩萨勤奋修行的事迹，例如曾为婆罗门女、光目女时救度母亲的故事，还通过地藏菩萨与文殊菩萨、佛母摩耶夫人、定自在王菩萨、四天王、普贤菩萨、普广菩萨、太辩长者、阎罗天子、恶毒鬼王、主命鬼王、坚牢地神、观世音菩萨、虚空藏菩萨的问答，以及地藏菩萨与释迦牟尼佛的对话，介绍了地狱及其众生的状况，最后则赞叹了地藏菩萨的誓愿和功德，并将引导无佛世界的众生的任务交付给他。另外，释迦牟尼在经中也为众生指明了超拔亲人眷属的道路。

在佛教诸多经典中，《地藏经》以强调因果与孝道而著称，经文不但强调了众生的因缘业报，还讲述了婆罗门女、光目女救度母亲的故事，因此被称为佛门的"孝经"和佛陀最后的遗嘱。

作为一部非常著名的大乘经典，《地藏经》深入浅出地阐述了万物众生生、老、病、死的过程，并介绍了改变命运和解脱怨亲债主的方法，不仅可以用来印证佛教的因缘果报，还能用于超度死者，所以在中国民间很受欢迎。

由于《地藏经》深入民间，地藏菩萨也因此著称于世。作为四大菩萨之一，地藏菩萨以"众生度尽，方证菩提，地狱不空，誓不成佛"的宏大誓愿和大慈大悲的功德而广受崇敬。特别在中国，地藏菩萨迎合了中国人对死亡的幻想和对祖先的尊敬，据说他曾化现在安徽九华山，并以此为说法道场，因此地藏菩萨在中国不但被奉为掌管阴间世界的"幽冥教主"，还形成了深厚的地藏信仰，无论在国家寺院，还是在街头巷尾，随处可见地藏菩萨的塑像或石刻。

《地藏经》的结构

在佛教经典中,《地藏经》是一部浅显易懂的佛经,一般分为序分、正宗分、流通分三个部分。

《地藏经》的结构

序分
忉利天宫神通品第一,佛陀在忉利天为母说法,十方菩萨、天龙鬼神皆来集会,佛陀因此为文殊菩萨宣说地藏菩萨的行愿。

正宗分

分身集会第二,佛陀将弥勒佛出世之前的众生托付给地藏菩萨。

观众生业缘品第三,地藏菩萨为摩耶夫人介绍无间地狱的情况。

阎浮众生业感品第四,佛陀为定自在王菩萨宣说国王和光目女的故事,并阐述因果报应。

地狱名号品,地藏菩萨介绍地狱名号等情况。

如来赞叹品第六,佛陀赞叹地藏菩萨,并宣说供养的功德。

利益存亡品第七,地藏菩萨宣说超度亡灵的功德与利益。

阎罗王众赞叹品第八,佛陀宣说众生不依善道的原因。

称佛名号品第九,地藏菩萨演说念诵诸佛名号的功德。

校量布施功德缘品第十,佛陀宣说校量布施的功德。

流通分
地神护法品第十一、见闻利益品第十二、嘱累人天品第十三,佛陀宣说供养地藏菩萨的功德,并为地藏菩萨摩顶,将众生托付给他。

3 忉利天宫神通
婆罗门女周游地狱

 本经缘起

如是我闻，一时佛在忉利天①为母说法。

尔时十方无量世界不可说不可说一切诸佛及大菩萨摩诃萨，皆来集会。赞叹释迦牟尼佛能于五浊②恶世，现不可思议大智慧神通③之力，调伏④刚强众生，知苦乐法⑤，各遣侍者，问讯世尊。

【注释】

①忉利天：译作三十三天。欲界六天中的第二天，在须弥山之顶，中间是喜见城，帝释天居之，巅之四方有峰，每峰有八天，共称三十三天。

②五浊：是指见浊、烦恼浊、众生浊、命浊、劫浊，合称为五浊。这里指充满烦恼痛苦的现实世界。

③神通：静心修定所得的变化莫测、通用无碍、变化自在之力。有宿命通、天耳通、他心通、天眼通、神足通、漏尽通，通称六通。

④调伏："调"者调和、调理、调顺；"伏"者降伏、制伏，刚者以势降伏之。"调伏"是调和控制身、口、意三业，制伏除灭诸恶行也。

⑤知苦乐法：知世间苦，乐学出世间之法也。

【译文】

我曾亲耳听佛陀这样说过：有一次，佛陀在忉利天为他的母亲说法。那时，有各方无量多世界的不可说、不可说一切诸佛、大菩萨摩诃萨，都集会在忉利天来听佛说法。他们赞叹佛陀能在五浊世界里现世，并以不可思议的聪明智慧以及神通力量来调顺降服刚强的众生，使他们知道世间的苦难，并乐于用无上的佛法来修炼自己，使自己身心净化。因此诸佛及大菩萨都分别派遣侍者问候慰劳世尊。

是时，如来含笑，放百千万亿大光明云，所谓大圆满光明云①、大慈悲光明云②、大智慧光明云③、大般若光明云④、大三昧光明云⑤、大吉祥光明云⑥、大福德光明云⑦、大功德光明云⑧、大归依光明云⑨、大赞叹光明云⑩，放如是等不可说光明云已。

【注释】

①大圆满光明云：无际就是大；生佛同具叫圆满；清净性功德叫光明，诸佛以光明作佛事；佛光普照一切，如云普覆，所以称为云。

②大慈悲光明云："大慈"，故与法界乐；"大悲"，故拔法界苦。

③大智慧光明云：能断一切无明烦恼之惑，故云智慧。

④大般若光明云：清净智慧唯佛能证，唯佛能说，世间出世间，无能及之；无论事理、因果、凡圣，无一时而不照，无一法而不知，故云般若。

⑤大三昧光明云：从性起用即是三昧，其用无量，故三昧亦无量。

⑥大吉祥光明云：以此清净功德故，无不罪灭福生，惑去智来，逢凶化吉，遇难成祥；聋者能闻，盲者能视，哑者能言，病者痊愈，故名大吉祥光明云。

⑦大福德光明云：能令众生得人天福、人王福、天王福、梵王福、声闻福、缘觉福、辟支佛福、菩萨福及诸佛究竟圆满之福德，故名大福德光明云。

⑧大功德光明云：能令一切众生断见思惑、尘沙惑、无明惑，八万四千尘劳诸惑，究竟证得涅槃之乐，故名大功德光明云。

⑨大归依光明云：此清净功德自有一体三宝，可令一切众生归依佛、法、僧。

⑩大赞叹光明云：蒙十方三世一切众生、一切诸佛赞莫能穷、叹莫能穷，得名大赞叹光明云。

【译文】

这时，如来笑容满面，身放百千万亿大光明云，分别是大圆满光明云、大慈悲光明云、大智慧光明云、大般若光明云、大三昧光明云、大吉祥光明云、大福德光明云、大功德光明云、大归依光明云、大赞叹光明云这些不可言说的光明云。

又出种种微妙之音，所谓檀波罗蜜音、尸波罗蜜音、羼提波罗蜜音、毗离耶波罗蜜音、禅波罗蜜音、般若波罗蜜音、慈悲音、喜舍音、解脱音、无漏音、智慧音、大

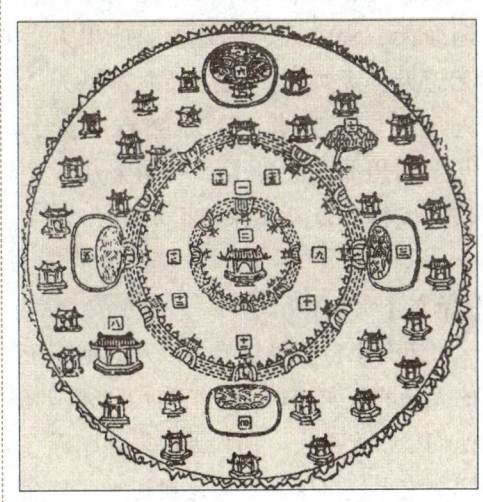

这是忉利天图。忉利天又称三十三天，位于须弥山顶，是帝释天及其眷属天众共三十三天的住处。相传忉利天的土地由真金铺成，以杂宝装饰，城中有庄严的宫殿。根据佛教经典，释迦牟尼佛的母亲摩耶夫人命终后转生在忉利天，所以在《地藏经》中释迦牟尼佛到忉利天为母说法。

智慧音、师子吼音、大师子吼音、云雷音、大云雷音，如是等不可说不可说音已。

【译文】

继而又发出各种微妙的声音，分别是布施波罗蜜音、持戒波罗蜜音、忍辱波罗蜜音、精进波罗蜜音、禅定波罗蜜音、般若波罗蜜音、慈悲音、喜舍音、解脱音、无漏音、智慧音、大智慧音、师子吼音、大师子吼音、云雷音、大云雷音这些不可言说的声音。

娑婆世界，及他方国土，有无量亿天龙鬼神，亦集到忉利天宫。所谓四天王天、忉利天、须焰摩天、兜率陀天、化乐天、他化自在天、梵众天、梵辅天、大梵天、少光天、无量光天、光音天、少净天、无量净天、遍净天、福生天、福爱天、广果天、无想天、无烦天、无热天、善见天、善现天、色究竟天、摩醯首罗天、乃至非想非非想处天，一切天众、龙众、鬼神等众，悉来集会。

【译文】

还有来自娑婆世界，以及其他国土的无量的天龙鬼神，也来到忉利天宫。他们是四天王天、忉利天、须焰摩天、兜率陀天、化乐天、他化自在天、梵众天、梵辅天、大梵天、少光天、无量光天、光音天、少净天、无量净天、遍净天、福生天、福爱天、广果天、无想天、无烦天、无热天、善见天、善现天、色究竟天、摩醯首罗天，直到非想非非想处天，一切天众、龙众、鬼神等众，都来集会。

复有他方国土及娑婆世界海神、江神、河神、树神、山神、地神、川泽神、苗稼神、昼神、夜神、空神、天神、饮食神、草木神，如是等神，皆来集会。

【译文】

另外，还有其他国土及本土世界上的江河日月之神、山川树木神、昼夜神、空神、天神、饮食神、草木神等这样的神仙也都来此集会了。

复有他方国土，及娑婆世界，诸大鬼王。所谓恶目鬼王、啖血鬼王、啖精气鬼王、啖胎卵鬼王、行病鬼王、摄毒鬼王、慈心鬼王、福利鬼王、大爱敬鬼王，如是等鬼王，皆来集会。

【译文】

还有其他国土及本土上的各大鬼王，分别是恶目鬼王、啖血鬼王、啖精气鬼王、啖胎卵鬼王、行病鬼王、摄毒鬼王、慈心鬼王、福利鬼王、大爱敬鬼王这些鬼王也来参加集会。

地藏菩萨的功德

尔时释迦牟尼佛、告文殊师利法王子菩萨摩诃萨："汝观是一切诸佛菩萨及天龙鬼神，此世界、他世界，此国土、他国土，如是今来集会到忉利天者，汝知数不？"

【译文】

　　这时，释迦牟尼佛告诉文殊师利法王子菩萨摩诃萨说："你看看这些佛、菩萨及天龙鬼神，分别来自这个世界、其他世界、这一国土和其他国土，像这些今天都来到忉利天的佛及大菩萨，你知道一共有多少数量吗？"

　　文殊师利白佛言："世尊，若以我神力，千劫测度，不能得知。"

　　佛告文殊师利："吾以佛眼观故，犹不尽数。此皆是地藏菩萨①久远劫来，已度、当度、未度，已成就、当成就、未成就。"

【注释】

　　①地藏菩萨：根据《地藏十轮经》，由于此菩萨"安忍不动如大地，静虑深密如秘藏"，所以称为地藏菩萨。

【译文】

　　文殊师利回答佛说："世尊，如果凭借我的神通威力，用一千劫的时间也测算不出来有多少啊！"

　　佛陀告诉文殊师利菩萨说："我用佛眼也不能知道有多少数目，这都是地藏菩萨自古以来到现在已经超度成佛的、正在超度的即将成佛的、以及将要超度成佛的众生啊。"

这是地藏菩萨图。地藏菩萨又名大愿地藏王菩萨，他像大地一样承担众生的罪恶，并能了知一切生命的法要，从而能使众生成就圆满的佛果。《地藏经》就是释迦牟尼佛赞颂地藏菩萨功德的佛经。

　　文殊师利白佛言："世尊，我已过去久修善根、证无碍智，闻佛所言，即当信受。小果声闻、天龙八部、及未来世诸众生等，虽闻如来诚实之语，必怀疑惑。设使顶受，未免兴谤。唯愿世尊，广说地藏菩萨摩诃萨，因地作何行，立何愿，而能成就不思议事？"

【译文】

　　文殊菩萨又问佛："世尊啊！我从很久之前到现在，一直在修习善根，已

第十二章　慈悲誓愿——《地藏经》

证得无碍智慧。只要听到佛陀的说法，就能当即坚信和受持。但是那些只修得小果位的声闻、天龙八部以及来世的所有众生，即使能听到如来的法义，心里也还是有疑惑的。即使勉强让他们信仰受持，也难免会兴起诽谤，希望世尊能广泛地讲说地藏菩萨是在什么地方修行，立下了什么大愿，才得以成就如此多的不可思议之事呢？"

佛告文殊师利："譬如三千大千世界所有草木丛林、稻麻竹苇、山石微尘，一物一数，作一恒河；一恒河沙，一沙一界；一界之内，一尘一劫，一劫之内，所积尘数，尽充为劫。地藏菩萨证十地果位以来，千倍多于上喻。何况地藏菩萨在声闻、辟支佛地。"

【译文】

佛陀对文殊师利菩萨说："比如把三千大千世界的每一个草、木、丛、林、稻、麻、竹、苇、山、石以及微尘都当做一条恒河，把这些恒河中的每一沙粒当是一个大千世界，把这些大千世界的每一粒微尘当作一个大劫，把这些大劫的微尘数当作一劫。地藏王菩萨自从修行到现在证得十地果位所经过的劫数，比这些的数量还要多上千倍。如果再算上地藏菩萨在声闻、辟支佛地从小乘开示修行起所经过的修行时间了，那样就更无法计算了。"

这是地藏菩萨的塑像。在中国，地藏菩萨被奉为掌管地府的"幽冥教主"，被供奉在许多佛教寺庙中。

"文殊师利,此菩萨威神誓愿,不可思议。若未来世,有善男子、善女人,闻是菩萨名字,或赞叹、或瞻礼、或称名、或供养,乃至彩画刻镂塑漆形像,是人当得百返生于三十三天,永不堕恶道。"

【译文】

"文殊师利,地藏菩萨威力神通广大,誓愿宏大,实在是不可思议的。如果在未来的世界里,有善男子或者善女人,听到地藏菩萨的名字,或者赞叹,或者瞻仰礼拜,或者念诵他的名号,或者供养,以及恭敬绘画、雕刻、塑造菩萨的形象,那么这个人就能因为上述功德,生往忉利天,永不会堕入三恶道中。"

大长者子发愿

"文殊师利!是地藏菩萨,于过去久远不可说不可说劫前,身为大长者子。时世有佛,号曰师子奋迅具足万行如来。时长者子,见佛相好,千福庄严,因问彼佛,作何行愿而得此相?"

【译文】

"文殊师利啊!这位地藏菩萨在过去非常久远的不可说劫之前,是一位大长者的儿子。那时候,世上有位叫师子奋迅具足万行如来的佛。有一次,这位长者的儿子见到师子奋迅具足万行如来,因为感叹如来的千种庄严福相,便询问如来是行什么大愿而得这种面相的?"

"时师子奋迅具足万行如来告长者子:'欲证此身,当须久远度脱一切受苦众生。'"

【译文】

"这时师子奋迅具足万行如来就告诉长者之子说:'要想证得我这样的面相身

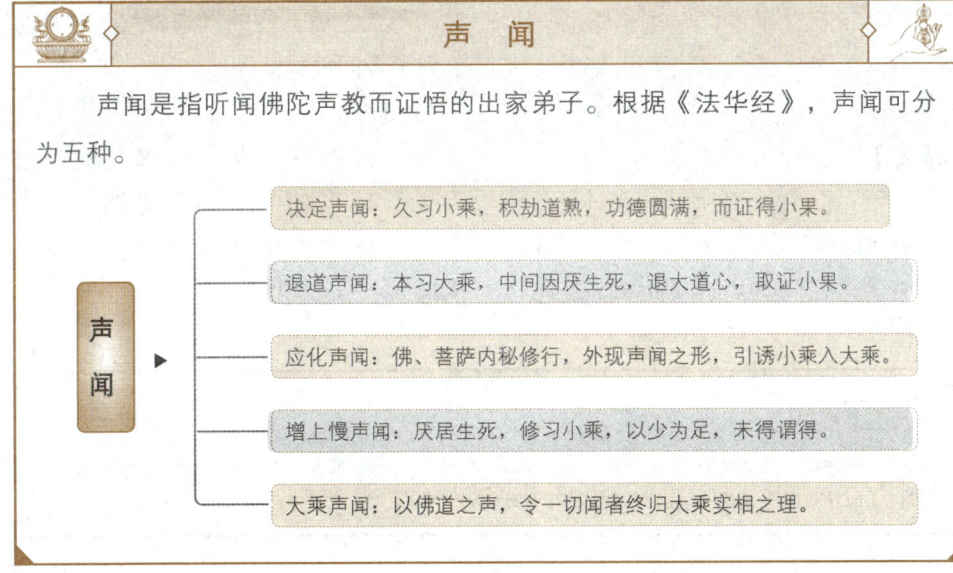

声 闻

声闻是指听闻佛陀声教而证悟的出家弟子。根据《法华经》,声闻可分为五种。

声闻：
- 决定声闻：久习小乘,积劫道熟,功德圆满,而证得小果。
- 退道声闻：本习大乘,中间因厌生死,退大道心,取证小果。
- 应化声闻：佛、菩萨内秘修行,外现声闻之形,引诱小乘入大乘。
- 增上慢声闻：厌居生死,修习小乘,以少为足,未得谓得。
- 大乘声闻：以佛道之声,令一切闻者终归大乘实相之理。

形，就应当长久地以佛法的清净智慧去度脱所有受苦受难的天下众生。'"

"文殊师利！时长者子，因发愿言：'我今尽未来际不可计劫，为是罪苦六道众生，广设方便，尽令解脱，而我自身方成佛道。'"

【译文】

"文殊师利啊！长者之子听了如来的话，当时就立愿说：'我从今天起直到未来无数的年代之中，将用各种方便方法使一切遭受苦难的六道众生得到解脱，然后我才会证得佛果。'"

"以是于彼佛前，立斯大愿，于今百千万亿那由他不可说劫，尚为菩萨。又于过去不可思议阿僧祇①劫，时世有佛，号曰觉华定自在王如来，彼佛寿命四百万亿阿僧祇劫。"

【注释】

①阿僧祇：印度的时间单位之一，是无量数、极大数之意，表示异常久远的时间。

【译文】

"因为长者之子在师子奋迅具足万行如来佛祖前发了这么大的愿，在已经过了百千万亿之久不可说的大劫时间后，还只

是菩萨果位。又在很久之前，当时世上有一位觉华定自在王如来在世，这尊佛的寿命为四百万亿无量数劫。"

婆罗门女为母祈祷

"像法之中，有一婆罗门女，宿福深厚，众所钦敬，行住坐卧，诸天卫护。其母信邪，常轻三宝。是时圣女广设方便，劝诱其母，令生正见，而此女母，未全生信。不久命终，魂神堕在无间地狱。"

【译文】

"在觉华定自在王如来的像法时代，有一位出身婆罗门的女子，由于她在往世结下深厚的福分，被大众所钦佩，所以在行住坐卧任何时候，都有天神护卫。但她的母亲相信邪教邪说，经常轻视佛、法、僧三宝。虽然圣女想尽了各种方法来让她的母亲产生正知正见，但她的母亲并不完全相信她的劝说。不久之后，她的母亲寿终，魂神堕落到了无间地狱。"

"时婆罗门女，知母在世不信因果，计当随业，必生恶趣，遂卖家宅，广求香华，及诸供具，于先佛塔寺，大兴供养。"

· 名词解释 ·

无间地狱：八大地狱中最苦的一个地狱，泛指十八层地狱的最底层。在《地藏经》中，婆罗门女的母亲因为诽谤三宝，死后就堕入无间地狱之中。

【译文】

"那时婆罗门女知道她母亲在世时不相信因果善报,根据生前的因果业报,一定会堕入到三恶趣中,于是她变卖家宅,买了很多香花及各种供奉佛的用具,在觉华定自在王如来的塔寺前,大兴供养。"

"见觉华定自在王如来,其形像在一寺中,塑画威容,端严毕备。时婆罗门女,瞻礼尊容,倍生敬仰。私自念言:'佛名大觉,具一切智。若在世时,我母死后,倘来问佛,必知处所。'"

八大地狱

根据《长阿含经》,金刚山之间有八大地狱,即八种具有热气苦的地狱,又称八热地狱。

等活地狱,凡犯杀生罪、毁正见、诽谤正法者堕生此狱,受血肉竭尽、捆裂自身之苦。

黑绳地狱,凡造杀生、偷盗罪者堕生此狱,受捆缚、斫锯之苦。

众合地狱,凡犯杀生、偷盗、邪淫罪者堕生此狱,受挤压至肉骨碎裂之苦。

叫唤地狱,凡犯杀生、偷盗、邪淫、饮酒者堕生此狱,受煎煮、烧灼之苦。

大叫唤地狱,凡犯五戒者堕生此狱,受煎煮、烧灼之苦。

灼热地狱,凡犯五戒、邪见者堕生此狱,受热棒敲打之苦。

大灼热地狱,凡犯五戒、邪见及污净戒僧尼者堕生此狱,受热棒敲打之苦。

无间地狱,凡犯五逆罪者堕生此狱,此狱罪人所受之苦,无有间歇,为八大地狱最苦的一个。

第十二章 慈悲誓愿——《地藏经》

【译文】

"在一座寺中,她见到觉华定自在王如来的塑像面容威严端庄。当时,婆罗门女在恭敬瞻仰、礼拜佛的尊容时,内心无比敬仰,她默念:'大觉的如来啊,您具备了一切智慧。如果您还在世,我的母亲死后会到那里,您一定知道吧。'"

觉华定自在王如来现身

"时婆罗门女,垂泣良久,瞻恋如来。忽闻空中声曰:泣者圣女,勿至悲哀,我今示汝母之去处。"

【译文】

"这时婆罗门女在佛像前,哭泣了许久,一直瞻望如来。忽然空中传出声音:'正在哭泣的圣女,不要太过悲伤了,我现在就告诉你母亲的去处。'"

"婆罗门女合掌向空,而白空曰:'是何神德,宽我忧虑?我自失母以来,昼夜忆恋,无处可问知母生界。'"

【译文】

"婆罗门女合掌向空中问道:'是哪方神德,来宽容安慰我的忧虑?我自从失去母亲后,日日夜夜回忆眷恋我的母亲,就是不知道我的母亲去了哪个世界。'"

"时空中有声,再报女曰:'我是汝所瞻礼者,过去觉华定自在王如来,见汝忆母,倍于常情众生之分,故来告示。'婆罗门女闻此声已,举身自扑,支节皆损。左右扶持,良久方苏。"

【译文】

"这时空中传出声音,告诉圣女说:'我就是你现在正在瞻仰礼拜的觉

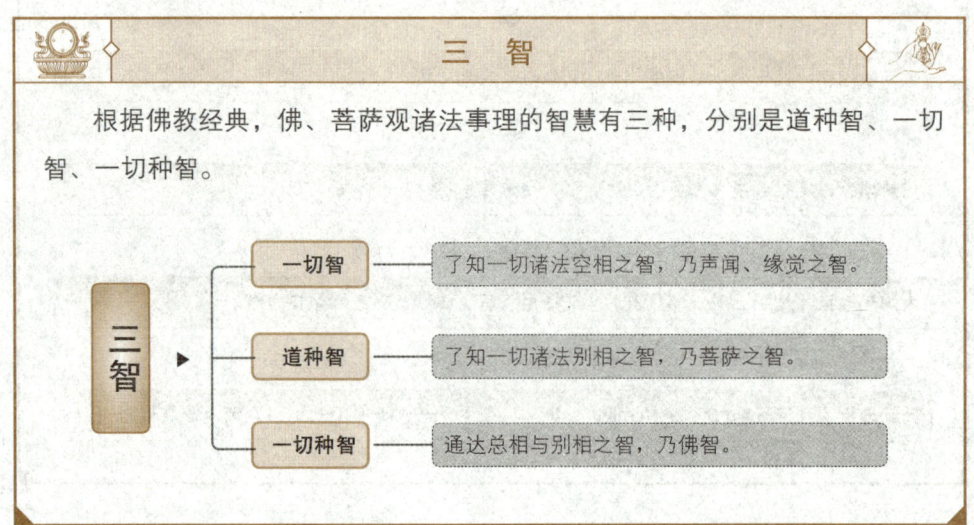

三 智

根据佛教经典,佛、菩萨观诸法事理的智慧有三种,分别是道种智、一切智、一切种智。

- 一切智 —— 了知一切诸法空相之智,乃声闻、缘觉之智。
- 道种智 —— 了知一切诸法别相之智,乃菩萨之智。
- 一切种智 —— 通达总相与别相之智,乃佛智。

华定自在王如来。我见到你思念母亲的心情，比普通众生的思母之情要多出百倍，所以才来告诉你她的去处。'婆罗门女听到这声音后，立刻扑倒在地，以至于摔破了自己的身体。她左右两旁的人们都过来扶持，过了好一会儿才使她清醒过来。"

"而白空曰：'愿佛慈愍，速说我母生界，我今身心，将死不久。'

"时觉华定自在王如来，告圣女曰：'汝供养毕，但早返舍，端坐思惟吾之名号，即当知母所生去处。'"

【译文】

"圣女醒来后对空中说：'愿佛慈悲为怀，快点告诉我母亲所生之处吧！我现在身心憔悴不堪，恐怕不久就要死去。'

"这时，觉华定自在王如来告诉圣女说：'你供养完毕后，早点返回家中。在端正忆念我的名号之后，就能知道你母亲的去处了。'"

地狱情况

"时婆罗门女寻礼佛已，即归其舍。以忆母故，端坐念觉华定自在王如来。经一日一夜，忽见自身到一海边，其水涌沸，多诸恶兽，尽复铁身，飞走海上，东西驰逐。"

【译文】

"当时，婆罗门女礼佛后，立即回到她的家中。为了得知母亲的去处，她端正地坐好，恭敬地念诵觉华定自在王如来的名号。经过一天一夜，她忽然觉得自己到了大海边上，这个大海的水好像锅中烧沸的开水一样沸腾着，还有许多以铁化成的恶兽在海面上飞行，东奔西跑。"

"见诸男子女人百千万数，出没海中，被诸恶兽，争取食啖；又见夜叉，其形各异，或多手多眼，多足多头，口牙外出，利刃如剑，驱诸罪人，使近恶兽。复自搏攫，头足相就。其形万类，不敢久视。时婆罗门女，以念佛力故，自然无惧。"

【译文】

"圣女看见有不计其数的男男女女，出没在海中，被这些恶兽相互争夺

这是夜叉图，夜叉又名药叉，是住在空中或地上的鬼类，是八部众之一。夜叉主要有害人的夜叉和护法的夜叉两种，他们大多形象恐怖，使见者畏惧。《地藏经》中婆罗门女见到的夜叉是地狱执法的鬼怪。

地吞吃。又见到许多不同形状的夜叉，它们或是多手多眼，或是多头多脚，口中的獠牙也都伸到外面，如同刀剑一样锋利。这些夜叉恶鬼们就用这些像刀剑一样的牙齿，追赶驱逐这些罪人，使他们靠近怪兽，让恶兽吞吃他们。那些夜叉们还亲自动手抓这些男女，甚至将它们的头和脚捆在一起。这些夜叉的形状各异，种类繁多，让人不敢久视。这时婆罗门女借助念佛的力量，没有感到一丝恐惧。"

鬼王相迎

"有一鬼王，名曰无毒，稽首来迎，白圣女曰：'善哉，菩萨，何缘来此？'

"时婆罗门女问鬼王曰：'此是何处？'

"无毒答曰：'此是大铁围山西面第一重海。'"

【译文】

"这时，有一位鬼王名叫无毒，恭敬地来迎接婆罗门女，向她问道：'善哉，这位菩萨，你怎么来这里了？'

"这时婆罗门女就问鬼王说：'这儿是什么地方呀？'

"无毒鬼王说：'这里是大铁围山西面的第一重海。'"

"圣女问曰：'我闻铁围之内，地狱在中，是事实否？'

"无毒答曰：'实有地狱。'

"圣女问曰：'我今云何得到狱所？'

"无毒答曰：'若非威神，即须业力，非此二事，终不能到。'"

【译文】

"圣女问：'我听说大铁围山里边有地狱，这是事实吗？'

"无毒鬼王说：'确实有地狱。'

"圣女问：'那我今天怎么会来到地狱呢？'

"无毒回答说：'如果不是借助威神的力量，那就是你本身的业力而来。除了这两种情况，是不能来到这里的！'"

"圣女又问：'此水何缘而乃涌沸？多诸罪人以及恶兽？'

"无毒答曰：'此是阎浮提造恶众生，新死之者，经四十九日后，无人继嗣，为作功德，救拔苦难。'"

·名词解释·

业力：众生的行为会形成一股力量，使我们将来承受各种果报。虽然业因很快消失，但仍有力量存在，在将来形成果报。在《地藏经》中，无毒鬼王指出众生因业力而堕入地狱。

【译文】

"圣女又问:'这里的海水为什么会汹涌沸腾呢?为什么有那么多的罪人以及怪兽呢?'

"无毒回答说:'他们都是阎浮提的造恶众生,都是在去世的四十九天内,没有继承的子嗣,无人为他们作超度功德,使他们脱离苦难,所以他们才会在这里。'"

"生时又无善因,当据本业所感地狱,自然先渡此海。海东十万由旬,又有一海,其苦倍此。彼海之东,又有一海,其苦复倍。三业恶因之所招感,共号业海,其处是也。"

【译文】

"他们生前又没有积下善业,所以死后就按照生前所作的恶业到所感的地狱中了。在来地狱之前,他们必须先渡这一重苦海。由此海往东,过十万由旬远,还有一个苦海,那里比这里痛苦百倍。在那一苦海的东边,还有一个苦海,其中的痛苦更加剧烈。这里所说的三重苦海,完全是三种恶业之因所感召,所以称作业海,也就是这里。"

"圣女又问鬼王无毒曰:'地狱何在?'

"无毒答曰:'三海之内,是大地狱,其数百千各各差别。所谓大者具有十八,次有五百,苦毒无量,次有千百,亦无量苦。'"

【译文】

"圣女又问鬼王无毒说:'那么,地狱在哪里?'

"无毒回答说:'这三海内都是大地狱,总共有无量百千之多。这些地狱

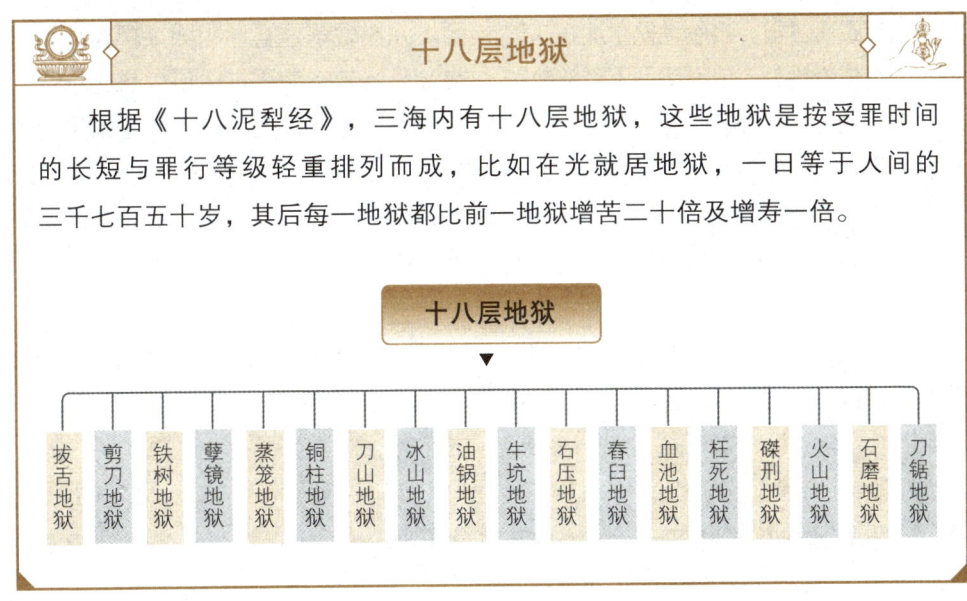

十八层地狱

根据《十八泥犁经》,三海内有十八层地狱,这些地狱是按受罪时间的长短与罪行等级轻重排列而成,比如在光就居地狱,一日等于人间的三千七百五十岁,其后每一地狱都比前一地狱增苦二十倍及增寿一倍。

十八层地狱
▼

拔舌地狱 | 剪刀地狱 | 铁树地狱 | 孽镜地狱 | 蒸笼地狱 | 铜柱地狱 | 刀山地狱 | 冰山地狱 | 油锅地狱 | 牛坑地狱 | 石压地狱 | 舂臼地狱 | 血池地狱 | 枉死地狱 | 磔刑地狱 | 火山地狱 | 石磨地狱 | 刀锯地狱

第十二章 慈悲誓愿——《地藏经》

都各有差异。其中最为广大的就有十八个；其次广大的有五百个，这些地狱的苦难简直难以形容。再次的地狱，那也有百千之数，那中间也有无量的苦难。'"

婆罗门女的功德

"圣女又问大鬼王曰：'我母死来未久，不知神魂当至何趣？'

"鬼王问圣女曰：'菩萨之母在生习何行业？'

"圣女答曰：'我母邪见，讥毁三宝，设或暂信，旋又不敬。死虽日浅，未知生处。'"

【译文】

"圣女又问大鬼王说：'我母亲刚去世不久，不知道她的魂神现在在哪里？'

"鬼王问圣女道：'女菩萨，您的母亲在世时，有什么样的行为呢？'

"圣女回答说：'我母亲执著邪见，常常讥笑毁谤三宝。虽然她偶尔能在短暂的时间里信奉佛教，但很快就不再尊敬三宝了。即使她去世的时间不长，但也不知道现在投生在什么地方。'"

"无毒问曰：'菩萨之母，姓氏何等？'

"圣女答曰：'我父我母，俱婆罗门种，父号尸罗善现，母号悦帝利。'

"无毒合掌启菩萨曰：'愿圣者却返本处，无至忧忆悲恋。'"

【译文】

"无毒问圣女：'菩萨的母亲姓什么，叫什么呀？'

"圣女回答说：'我父母都是婆罗门种姓，父亲叫尸罗善现，母亲叫悦帝利。'

"无毒听过后，于是毕恭毕敬地合掌对圣女说：'圣女啊，您可以放心地回家吧，不必再悲伤忧愁、深切思念您的母亲了。'"

"'悦帝利罪女，生天以来，经今三日。云承孝顺之子，为母设供修福，布施觉华定自在王如来塔寺。非唯菩萨之母，得脱地狱，应是无间罪人，此日悉得受乐，俱同生讫。'鬼王言毕，合掌而退。"

【译文】

"'您的母亲，那位叫做悦帝利的女子，升天已经三天了。因为她有孝顺的女儿在觉华定自在王如来佛为她供养修福，为她布施塔寺，所以您的母亲已经逃离了地狱之灾，连无间地狱里受苦受难的罪人也在同一天脱离了地狱之苦，得到安乐了。'鬼王说完之后，向圣女合掌致礼退下了。"

"婆罗门女，寻如梦归。悟此事已，便于觉华定自在王如来塔像之前，立弘誓愿：'愿我尽未来劫，应有罪苦众生，广设方便，使令解脱。"

"佛告文殊师利:'时鬼王无毒者,当今财首菩萨是。婆罗门女者,即地藏菩萨是。'"

【译文】

"这时婆罗门女就好像做梦醒了一样,又回到了念佛的佛堂里。把这事仔仔细细想过后,便又走到觉华定自在王如来的塔像之前,发下宏大的誓愿说:'愿我能在未来无数的时代里,能用种种的方法和智慧为受苦遭罪的众生超度,使他们得到解脱。'

"佛陀又告诉文殊师利菩萨说:'你知道吗?我所说的无毒鬼王就是现在的财首菩萨!婆罗门女就是地藏王菩萨啊!'"

七 财

在《地藏经》中,佛陀指出鬼王无毒是财首菩萨的化身。所谓财,就是指佛教徒的七种行为规范,由于这些行为规范可以帮助修行者早成佛道,所以被称为七财。

七财		
	信财	坚信如来正法,以为成佛之资,是七财之首,财首菩萨也因此被划归于十信菩萨的价位。
	戒财	严守佛教禁戒,保持善根,以为解脱之资。
	闻财	听闻正法,能有所觉悟,如法修行。
	舍财	不吝啬爱惜,能随众生所求而布施。
	慧财	以智慧了照诸法,成就正见,以为佛道之资。
	惭财	拥有十足惭愧心,不敢造作诸恶业。
	愧财	与惭财相对,或惭天愧人,或惭己愧他。

分身集会
佛陀对地藏菩萨的赞叹

佛陀的嘱咐

尔时百千万亿,不可思、不可议、不可量、不可说无量阿僧祇世界,所有地狱处,分身地藏菩萨,俱来集在忉利天宫。

【译文】

这时候,有千百亿的,不可思量、不可思议、不可计量、不可说尽的,无量阿僧祇数世界,还有各个地狱里的,所有各处的分身地藏王菩萨,都来到了忉利天宫集会。

以如来神力故,各以方面,与诸得解脱从业道出者,亦各有千万亿那由他数。共持香华,来供养佛。彼诸同来等辈,皆因地藏菩萨教化,永不退转于阿耨多罗三藐三菩提。

【译文】

因为如来依仗无上佛力的加持,所以能使各方面的菩萨、还有所有得到解脱的大众以及从业道里解脱出来的悲苦众生全聚集在一处,总共有千百亿那由他的数目。他们手里拿着香和鲜花,前来供养佛祖,这些与地藏王菩萨一起来的众生都是受过地藏王菩萨的教化,从而由种种业道中解脱出来,达到了永不退转的无上正等正觉了。

是诸众等,久远劫来,流浪生死,六道受苦,暂无休息。以地藏菩萨广大慈悲,深誓愿故,各获果证。既至忉利,心怀踊跃,瞻仰如来,目不暂舍。

【译文】

从久远的无量劫难以来,这些众生一直在生死的苦海之中流转,在六道之间轮回,受尽苦难,不能得到一刻的休息。因为地藏菩萨的广大胸襟和深切誓愿的缘故,众生受到感召,均得以证得果道。既然已经到了忉利天宫,他们的心里都是十分地欢喜踊跃,恭敬地来瞻仰如来,目光一刻也舍不得转移。

尔时，世尊舒金色臂，摩百千万亿不可思、不可议、不可量、不可说、无量阿僧祇世界诸分身地藏菩萨摩诃萨顶，而作是言："吾于五浊恶世，教化如是刚强众生，令心调伏，舍邪归正，十有一二，尚恶习在。"

【译文】

这个时候，世尊舒展开金色的手臂，用无上的神力来为百千万亿不可思量、不可思议、不可计量、不可说尽的，无量阿僧祇数世界中所有地藏菩萨的分身摩顶，同时说道："我在五浊的恶世之中教导这样冥顽不灵的众生，把他们的心智调服得柔软，让他们舍弃邪道，皈依正道，但是还是有十分之一二的众生不能改掉他们的各种恶习。"

"吾亦分身千百亿，广设方便。或有利根，闻即信受；或有善果，勤劝成就；或有暗钝，久化方归；或有业重，不生敬仰。"

【译文】

"因为这个缘故，我也曾经分身千百亿，广设方便之门，用各种各样的办法来救度众生。有的众生的根性比较敏利，那么他听了我讲的佛法之后，马上就会信服接受；有的众生已得善果，那么我就时常教化他，最终也会有所成就；有的众生善根较浅，智慧也不够，那么经过长期的、锲而不舍的教化，也能使他们皈依佛道；有的众生业障深厚，丝毫没有敬仰之心，这样是最难以教化的。"

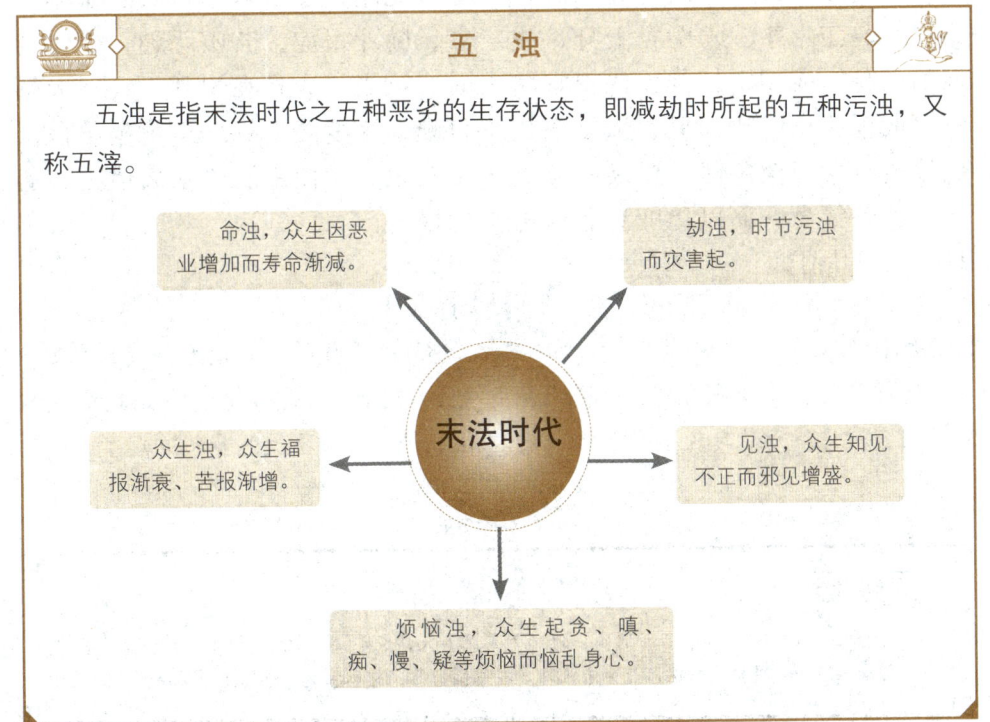

五浊

五浊是指末法时代之五种恶劣的生存状态，即减劫时所起的五种污浊，又称五滓。

命浊，众生因恶业增加而寿命渐减。

劫浊，时节污浊而灾害起。

末法时代

众生浊，众生福报渐衰、苦报渐增。

见浊，众生知见不正而邪见增盛。

烦恼浊，众生起贪、嗔、痴、慢、疑等烦恼而恼乱身心。

"如是等辈众生，各各差别，分身度脱。或现男子身、或现女人身、或现天龙身、或现神鬼身、或现山林川原、河池泉井，利及于人，悉皆度脱。"

【译文】

"像这些很难教化的众生，他们的情况各有不同。在这种情况之下，我就会分身去教化他们。或是现出男人的相状，或是现出女人的相状，或是现出天龙的相状，或是现出神鬼的相状，或是现出大山树林、山川平原、河流小池、泉水深井的相状，总之要利益众生，使他们感受到佛法不可思议的力量，进而得到解脱。"

"或现天帝身、或现梵王身、或现转轮王①身、或现居士身、或现国王身、或现宰辅身、或现官属身，或现比丘、比丘尼、优婆塞、优婆夷身，乃至声闻、罗汉、辟支佛、菩萨等身，而以化度。非但佛身，独现其前。"

【注释】

①转轮王：梵音译为"斫迦罗代棘底曷罗阇"又译为"转轮圣帝"、"转轮圣王"、"轮王"等。他即位之后，感得到轮宝，使用神力转动轮宝便可制伏四方，也可依仗轮宝的力量在天空之中飞行。

【译文】

"我或是化身为帝王的相状，或是化身为梵王的相状，或是化身为转轮王的相状，或是化身为居士的相状，或是化身为国王的相状，或是化身为宰相的相状，或是化身为官吏的相状，或是化身为比丘、比丘尼、优婆塞、优婆夷身的相状，甚至于化身为声闻、罗汉、辟支佛、菩萨等相状，都是为了来教化众生，并非一定要以佛的相状来教化众生。"

"汝观吾累劫勤苦，度脱如是等难化刚强罪苦众生。其有未调伏者，随业报应，若堕恶趣，受大苦时，汝当忆念吾在忉利天宫，殷勤付嘱，令娑婆世界，至弥勒出世已来众生，悉使解脱，永离诸苦，遇佛授记。"

【译文】

"你看我经历了无比久远的诸多劫难，辛勤劳苦地教化这些如此难以教化、甚至冥顽不灵的罪恶的众生，这其

• 名词解释 •

弥勒佛：相传弥勒佛原名阿逸多，他先于佛陀入灭，经4千岁后下生人间，于龙华树下成佛，并继承释迦牟尼佛的佛位，是为未来佛。在中国民间，弥勒佛是非常的重要佛教主尊。

中没有被教化的众生，难免会受到自己所造业障的报应，会受到无穷无尽的苦难，这时你应该想起我在忉利天宫中殷勤嘱托，要在弥勒菩萨出世以前，用你的智慧神力让娑婆世界的众生得到解脱，永远脱离众多的苦难。"

地藏菩萨发心

尔时，诸世界分身地藏菩萨，共复一形，涕泪哀恋，白其佛言："我从久远劫来，蒙佛接引，使获不可思议神力，具大智慧。"

【译文】

这时候，诸世界的无量分身地藏菩萨，听完了佛祖的嘱托，重新变成一个身形，他痛哭流涕地依靠在佛陀的身边，说道："我从久远的大劫以来，一直依靠您的接引，获得了无上的神通法力，具有了无上的般若智慧。"

"我所分身，遍满百千万亿恒河沙世界，每一世界化百千万亿身，每一身度百千万亿人，令归敬三宝，永离生死，至涅槃乐。"

【译文】

"我的分身遍布了百千万亿恒河沙数目一样的世界里，在每一个世界里，我又化出百千万亿的分身，每一个分身又可以度化百千万亿的众生，让他们都来皈依、礼敬三宝，永远脱离生死轮回的痛苦，得到涅槃的快乐。"

这是弥勒菩萨图。弥勒菩萨是佛教八大菩萨之一，他被认为是释迦牟尼佛的继任者，常被尊称为弥勒佛。在《地藏经》中，释迦牟尼佛将涅槃至弥勒菩萨出世前的众生托付给地藏菩萨。

"但于佛法中，所为善事，一毛一滴，一沙一尘，或毫发许，我渐度脱，使获大利。"

"唯愿世尊，不以后世恶业众生为虑。"

【译文】

"如果有人依据佛法修行善事，哪怕他修行的功德像毫毛那么轻，像一滴水一样轻巧，像一粒沙石一样微小，像一粒尘土一样渺小，像一根汗毛一样细微，我都会想尽办法感召他，用尽全力度化他，使他获得超脱生死轮回之苦的大利。"

"希望世尊不要再为后世的恶业众生担心忧虑。"

如是三白佛言:"唯愿世尊,不以后世恶业众生为虑。"

尔时,佛赞地藏菩萨言:"善哉!善哉!吾助汝喜。汝能成就久远劫来,发弘誓愿,广度将毕,即证菩提。"

心忧虑。"

这时候,佛陀就称赞地藏菩萨说:"善哉!善哉!我也要帮助你,使你得佛法之喜,使你能够成就从很久远的大量劫难以来所发的弘誓大愿,使你在超度众生之后,就可以立地成佛了。"

【译文】

地藏菩萨一连说了三次这样的话:"希望世尊不要再为后世的恶业众生担心忧虑。"

菩 提

菩提意为觉悟,是指一种大彻大悟、到达涅槃的境界。根据《大智度论》,佛的菩提可以分为五种。

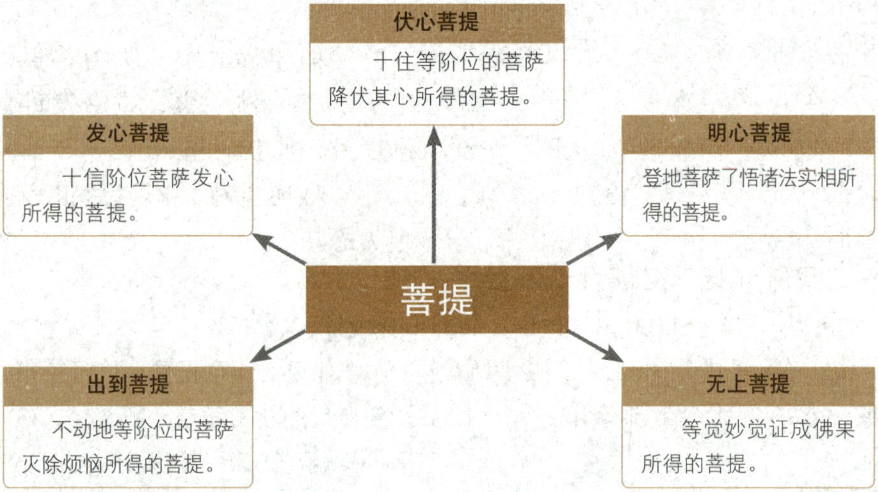

伏心菩提
十住等阶位的菩萨降伏其心所得的菩提。

发心菩提
十信阶位菩萨发心所得的菩提。

明心菩提
登地菩萨了悟诸法实相所得的菩提。

菩提

出到菩提
不动地等阶位的菩萨灭除烦恼所得的菩提。

无上菩提
等觉妙觉证成佛果所得的菩提。

观众生业缘
无间地狱的情况

 摩耶夫人提问

尔时佛母摩耶夫人，恭敬合掌，问地藏菩萨言："圣者，阎浮①众生，造业差别，所受报应，其事云何？"

【注释】

①阎浮："阎浮"又称"阎浮提洲"、"南赡部洲"，阎浮提洲泛指俗世众生生活的世界。

【译文】

这时候，佛的母亲摩耶夫人毕恭毕敬地双手合十，问地藏菩萨："圣者，世间众生造业有很大的差别，所受的报应也有很多的不同，你能详细地说说吗？"

地藏答言："千万世界，乃及国土，或有地狱，或无地狱；或有女人，或无女人；或有佛法，或无佛法，乃至声闻、辟支佛，亦复如是，非但地狱罪报一等。"

【译文】

地藏菩萨回答说："这千千万万的世界，以及世界中的千千万万的国土里，有的有地狱，有的没有地狱；有的有女人，有的没有女人；有的有佛法教化，有的没有佛法教化；甚至于像声闻、辟支佛等也是有的地方有，有的地方无，这其中有各种各样的情况，并不是地狱罪报所能说得尽的！"

 阎浮罪报

摩耶夫人重白菩萨："且愿闻于阎浮罪报所感恶趣。"

地藏答言："圣母，唯愿听受，我粗说之。"

佛母白言："愿圣者说。"

【译文】

摩耶夫人再一次对地藏菩萨说："我希望听您说一下阎浮世界的众生所造恶业及其所遭遇的恶趣。"

地藏菩萨回答道:"圣母,既然您愿意听,那我就粗略地说一下吧!"

佛母就回答说:"请圣者讲一讲吧,我正等着听呢!"

尔时地藏菩萨白圣母言:"南阎浮提,罪报名号如是。若有众生,不孝父母,或至杀害,当堕无间地狱,千万亿劫,求出无期。"

【译文】

这时候,地藏菩萨就对圣母说:"南阎浮提众生所造的恶业和报应的情况是这样的:

"如果有不孝顺父母,甚至杀害父母的众生,那么他就要堕入无间地狱之中,即使历经千万亿次的劫数,也没有脱离苦难的一天。"

"若有众生,出佛身血,毁谤三宝,不敬尊经,亦当堕于无间地狱,千万亿劫,求出无期。"

【译文】

"如果有众生伤害了佛祖,使得佛祖身上流血,或者毁坏或者讥讽三宝,或者不敬重佛教典籍,也会堕入无间地狱之中,即使经千万亿次的劫数,也没有脱离苦难的一天。"

四大部洲

根据佛教经典,须弥山中的咸海之上有四大部洲,分别为东胜神洲、阎浮提洲、西牛货洲、北俱芦洲,其中的阎浮提洲是人类居住之地。

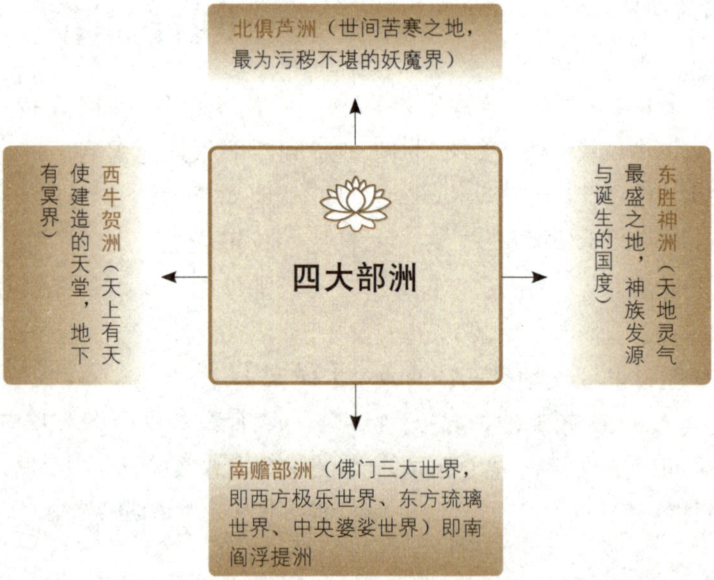

北俱芦洲(世间苦寒之地,最为污秽不堪的妖魔界)

西牛贺洲(天上有天使建造的天堂,地下有冥界)

四大部洲

东胜神洲(天地灵气最盛之地,神族发源与诞生的国度)

南赡部洲(佛门三大世界,即西方极乐世界、东方琉璃世界、中央婆娑世界)即南阎浮提洲

"若有众生，侵损常住，玷污僧尼，或伽蓝内恣行淫欲，或杀或害，如是等辈，当堕无间地狱，千万亿劫，求出无期。"

【译文】

"如果有众生侵占、破坏僧尼居住之所，或者玷污尼众或勾引僧众，或者在寺院之中随意乱行淫欲之事，或者杀伤僧尼，像这样的众生，也是要堕入无间地狱之中，即使历经千万亿次的劫数，也没有脱离苦难的一天。"

"若有众生，伪作沙门，心非沙门，破用常住，欺诳白衣，违背戒律，种种造恶，如是等辈，当堕无间地狱，千万亿劫，求出无期。"

【译文】

"如果有众生假扮沙门的样子，但是内心之中并没有向佛之心，也没有遵守沙门应有的规矩，随意地破坏寺院常住的各种规矩，侵占寺庙财产和供奉之物，欺骗那些不知佛法的白衣，违背沙门应当遵守的各种戒律，还造出种种的恶业，像这样的众生，也是要堕入无间地狱之中，即使历经千万亿次的劫数，也没有脱离苦难的一天。"

"若有众生，偷窃常住财物谷米，饮食衣服，乃至一物不与取者，当堕无间地狱，千万亿劫，求出无期。"

五 逆

五逆罪是指五种极逆于理的罪恶，只要任犯一种，即堕无间地狱，故又名无间业。

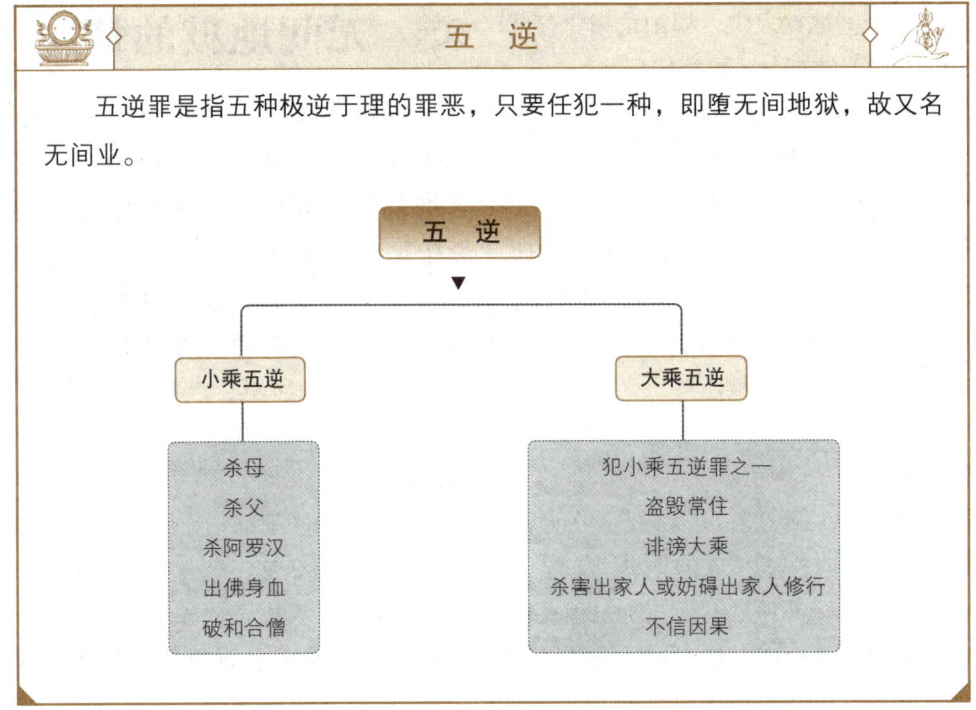

【译文】

"如果有众生盗窃寺庙之中的财物、粮食、饭食,甚至是擅自使用一丁点的东西,像这样的众生,也是要堕入无间地狱之中,即使历经千万亿次的劫数,也没有脱离苦难的一天。"

无间地狱的由来

地藏白言:"圣母,若有众生,作如是罪,当堕五无间地狱,求暂停苦一念不得。"

摩耶夫人重白地藏菩萨言:"云何名为无间地狱?"

【译文】

地藏菩萨说:"圣母,如果有众生犯下了像上面所说的种种罪行,那么就要堕入无间地狱之中,哪怕是想要有一瞬间的休息,都是不可能的!"

摩耶夫人再一次问地藏菩萨:"为什么叫做无间地狱呢?"

地藏白言:"圣母,诸有地狱在大铁围山之内,其大地狱有一十八所,次有五百,名号各别,次有千百,名字亦别。"

【译文】

地藏菩萨回答道:"圣母,在大铁围山里面,存在着所有的地狱。在这么多地狱之中,大地狱有十八所,稍次一点的地狱有五百所,这些地狱的名号是各不相同的。再次一等的地狱有千百所,它们的名字同样也是千差万别。"

"无间狱者,其狱城周匝八万余里,其城纯铁,高一万里,城上火聚,少有空缺。其狱城中,诸狱相连,名号各别。独有一狱,名曰无间。"

【译文】

"我们所说的无间地狱,围绕着它的狱城周长有八万余里,城墙有一万里那么高,都是由纯铁筑成。在城墙之上,大火熊熊燃烧着,没有丝毫空隙。在狱城里面,每个狱所都紧紧相连,它们的名号也是各不相同,其中一个特别的地狱,它的名字叫做无间。"

无间地狱的情况

"其狱周匝万八千里,狱墙高一千里,悉是铁为。上火彻下,下火彻上。铁蛇铁狗,吐火驰逐狱墙之上,东西而走。狱中有床,遍满万里。一人受罪,自见其身,遍卧满床。千万人受罪,亦各自见,身满床上。众业所感,获报如是。"

【译文】

"这个无间地狱,它周围的狱墙有一万八千里那么长,有一千里那么高,全部是由纯铁筑成。狱墙上面的火可以烧至墙下,狱墙下面的火可以烧至墙上。铁狗铁蛇吐着火苗在狱墙上面来回奔跑，时而向东，时而向西。地狱之中，到处都是铁床。一个人受罪，便会看到自己的身体躺满了所有的铁床；一万个人受罪，便会看到自己的身体躺满了所有的铁床。这都是因为众生所造的业障导致这样的报应。"

"又诸罪人，备受众苦。千百夜叉，以及恶鬼，口牙如剑，眼如电光，手复铜爪，拖拽罪人；复有夜叉，执大铁戟，中罪人身；或中口鼻，或中腹背，抛空翻接。"

【译文】

"此外，这些罪人受遍了所有的苦楚。地狱中有千百个夜叉和恶鬼，它们嘴里的牙就像剑一样锋利，眼睛就像电光火炬一样闪耀，双手就像铜一样坚硬，他们拖着罪人的身体在火床上来来去去；有些夜叉手里拿着大铁戟来刺人，或是刺中罪人的口鼻，或是刺中罪人的肚子或脊背，将罪人抛起再刺中。"

"或置床上；复有铁鹰，啖罪人目；复有铁蛇，绞罪人颈；百肢节内，悉下长钉，拔舌耕犁，抽肠剉斩，烊铜灌口，热铁缠身。万死千生，业感如是。"

【译文】

"或者把罪人放到烧红的铁床上，让铁鹰啄食他们的眼睛；或者用铁蛇紧紧缠绕罪人的脖子；或者在罪人的四肢骨节内钉上无数的长钉子；或者把罪人的舌头拔出来，用耕犁在舌头上犁；或者把罪人的肠子抽出来，用刀剁烂；或者用烧熔的铜水灌入罪人的口中；或者把烧熔的铁水泼在罪人的身上。罪人被折磨得死去活来，这就是因其所造的恶业而导致的恶果。"

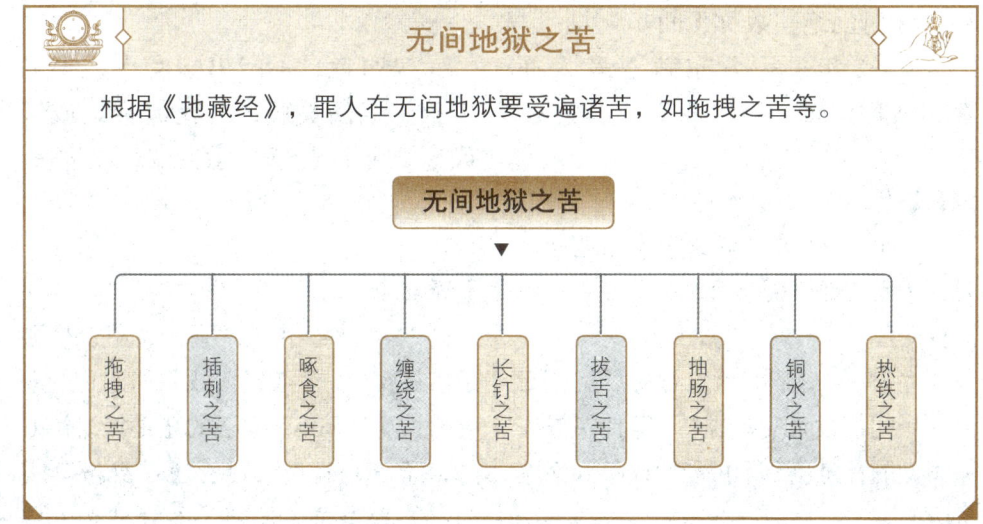

无间地狱之苦

根据《地藏经》，罪人在无间地狱要受遍诸苦，如拖拽之苦等。

无间地狱之苦
├ 拖拽之苦
├ 插刺之苦
├ 啄食之苦
├ 缠绕之苦
├ 长钉之苦
├ 拔舌之苦
├ 抽肠之苦
├ 铜水之苦
└ 热铁之苦

第十二章 慈悲誓愿——《地藏经》

"动经亿劫，求出无期，此界坏时，寄生他界，他界次坏，转寄他方，他方坏时，辗转相寄，此界成后，还复而来，无间罪报，其事如是。"

【译文】

"因为这些罪人所造恶业太多，所以要经受数以亿计的劫难，想逃出这痛苦悲惨的地狱根本是没有可能的。如果这个世界毁坏了，那么罪人应受的劫难就会转到另一个世界的地狱之中；那个世界毁坏了，又会转到另一个世界的地狱之中。总而言之，如果时间不到，即使流转于再多的地狱，也是不可能脱逃的，无间地狱里的报应大致就是如此。"

 无间五事

"又五事所感，故称无间。何等为五？

"一者，日夜受罪，以至劫数，无时间绝，故称无间。

"二者，一人亦满，多人亦满，故称无间。"

【译文】

"此外，之所以称之为无间地狱，是因为有五件事所感召，那么究竟是哪五件呢？

"第一件，日日夜夜饱受折磨，历经无量的劫数而没有结束，即使想得到一瞬间的休息也是不可能的，所以称之为无间。

"第二件，一个人在无间地狱中受难，地狱是满的；很多人在地狱里受难，地狱也是满的，所以称之为无间。"

三者，罪器叉棒，鹰蛇狼犬，碓磨锯凿，剉斫镬汤，铁网铁绳，铁驴铁马，生革络首，热铁浇身，饥吞铁丸，渴饮铁汁，从年竟劫，数那由他，苦楚相连，更无间断，故称无间。

【译文】

"第三件，无间地狱里惩治罪人的刑具无所不包，比如铁叉、铁棒、铁蛇、铁鹰、石碓、石磨、铁锯、铁凿、铁剉、铁斫、铁镬、铁水、铁网、铁绳、铁驴、铁马等，还有生剥人皮，用烧熔的铁水浇到人的身上，喂罪人吃烧红的铁球、喝烧化了的铁水，这样一年又一年，一个劫波又一个劫波过去，直至上亿个大劫，罪人所受的苦难没有一刻间断，所以称之为无间。"

"四者，不问男子女人，羌胡夷狄，老幼贵贱，或龙或神，或天或鬼，罪行业感，悉同受之，故称无间。"

【译文】

"第四件，所有的罪人，不管是男子还是女人，不管是西戎羌胡还是边远夷狄，不管是年纪老迈的还是年纪幼小的，不管是身份高贵的还是身份卑贱的，不管是龙还是神，不管是天还是

鬼，只要是造了恶因，就会堕落到地狱之中，遭受到同样的苦难，没有丝毫的不同，所以称之为无间。"

五者，若堕此狱，从初入时，至百千劫，一日一夜，万死万生，求一念间暂住不得，除非业尽，方得受生，以此连绵，故称无间。

【译文】

"第五件，罪人在地狱中遭受连续不断的苦楚，从堕入地狱开始，直至千百个大劫过去，每天每夜都会被折磨得死去活来一万次，即使是想有一瞬间的暂停都不可以。因为这连绵不绝的死活，所以称之为无间。"

地藏菩萨白圣母言："无间地狱，粗说如是。若广说地狱罪器等名，及诸苦事，一劫之中，求说不尽。"

摩耶夫人闻已，愁忧合掌，顶礼而退。

【译文】

地藏菩萨对圣母说："无间地狱，大致上就是这样。如果要详细地讲解地狱的种种刑具以及诸多造成痛苦的刑罚，即使用上一个大劫的时间，也是说不尽的。"

摩耶夫人听完了地藏菩萨的话，也为众生忧愁，她合掌向地藏菩萨致敬，回到了自己的座位上。

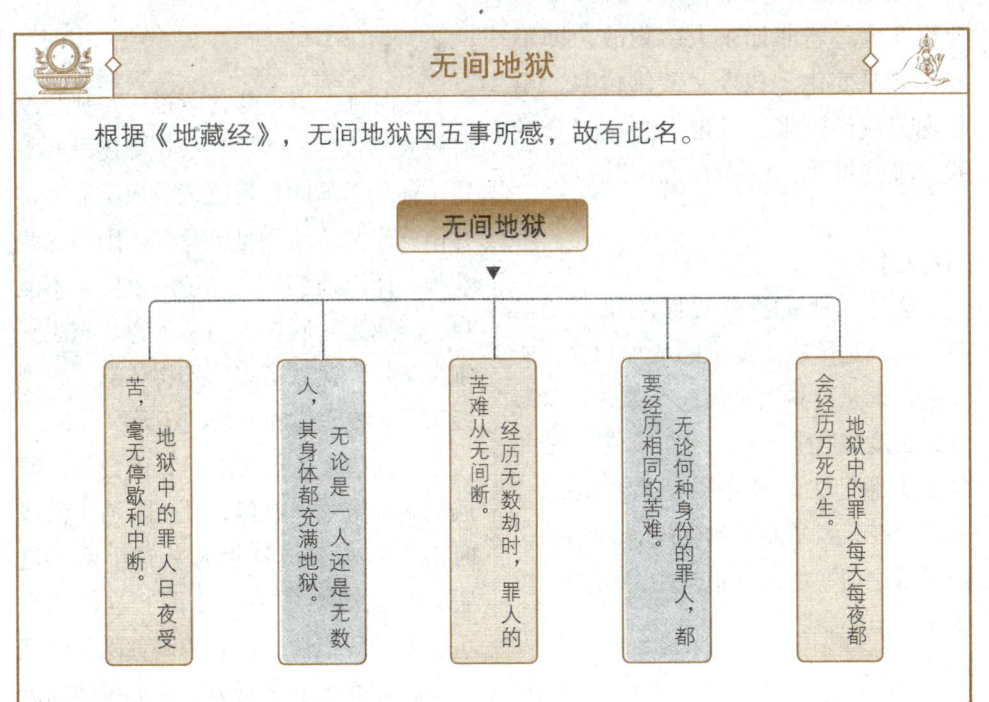

无间地狱

根据《地藏经》，无间地狱因五事所感，故有此名。

- 地狱中的罪人日夜受苦，毫无停歇和中断。
- 无论是一人还是无数人，其身体都充满地狱。
- 经历无数劫时，罪人的苦难从无间断。
- 无论何种身份的罪人，都要经历相同的苦难。
- 地狱中的罪人每天每夜都会经历万死万生。

阎浮众生业感

地藏菩萨的神通

佛陀赞叹地藏菩萨

尔时地藏菩萨摩诃萨白佛言："世尊,我承佛如来威神力故,遍百千万亿世界,分是身形,救拔一切业报众生。若非如来大慈力故,即不能作如是变化。我今又蒙佛付嘱,至阿逸多成佛以来,六道众生,遣令度脱。唯然世尊,愿不有虑。"

【译文】

这时,地藏菩萨对佛陀说："世尊,我正是承蒙了如来的威神力量,所以能在无量世界里,化成无数的分身形象,去度化有业报的众生,如果不是如来的大慈悲力,就不可能有如此的神通。现在,我承蒙佛的嘱托,在弥勒菩萨成佛之前,度化六道众生。希望世尊您不要担心。"

尔时佛告地藏菩萨:"一切众生,未解脱者,性识无定,恶习结业,善习结果,为善为恶,逐境而生,轮转五道,暂无休息,动经尘劫,迷惑障难。如鱼游网,将是长流,脱入暂出,又复遭网。以是等辈,吾当忧念。汝既毕是往愿,累劫重誓,广度罪辈,吾复何虑。"

【译文】

这时佛告诉地藏菩萨说："那些没有解脱的众生的本性和心识都还没有固定,他们以前的恶习已经结成了业障,并由此来判定他们是善是恶。因为这些业障,所以他们又被环境所驱使,不能自主,永远轮回在天道、人道、畜生、饿鬼、地狱这五道里,不得休息,直到经历了无量无边的大劫,还无法出头。

"这些众生因迷起惑,就会在世间遇到魔障苦难,就像鱼儿在江河中游戏时落到网中,或许暂时从这个网里逃脱,却又游入了另一个网。这样的众生,是我所担忧、挂念的。你既然已经立下救度众生的宏誓大愿,如果能圆满这些大愿,就能广泛度化这罪恶的众生,我又有什么可忧虑的呢?"

地藏菩萨的本愿

说是语时，会中有一菩萨摩诃萨，名定自在王，白佛言："世尊，地藏菩萨累劫以来，各发何愿？今蒙世尊殷勤赞叹。唯愿世尊，略而说之。"

【译文】

佛赞叹地藏王菩萨时，会中有一位名字叫定自在王的菩萨摩诃萨，问佛陀道："地藏菩萨从久远的劫数以来，都发了些什么誓愿呢？能在今天承蒙世尊的赞叹呢？希望世尊为我们简要地说说吧！"

尔时世尊告定自在王菩萨："谛听，谛听！善思念之。吾当为汝，分别解说。乃往过去，无量阿僧祇那由他不可说劫，尔时有佛，号一切智成就如来、应供、正遍知、明行足、善逝、世间解、无上士、调御丈夫、天人师、佛、世尊。其佛寿命六万劫。未出家时为小国王，与一邻国王为友，同行十善，饶益众生。"

【译文】

世尊回答定自在王菩萨说："好好听着，好好听着，认真思考，我现在就为你分别解说。

"在无量阿僧祇那不可计说的远劫

佛之十号

根据佛教经典，佛本有一万种名号，后简化为十大名号，这十号如同对老师的称呼，为一切佛的通称。

十号	释义
如来	乘如实之道而成正觉
应供	应受人天之供养
正遍知	遍知一切之法
明行足	具足三明之行
善逝	行八正道而入涅槃
世间解	能解世间之有情非情事
无上士	在一切众生及诸法中至高无上
调御丈夫	调御丈夫使入善道
天人师	人及天之导师
佛世尊	为世人所尊重

以前，世上有一尊佛，他的佛号为如来、应供、正遍知、明行足、善逝、世间解、无上士、调御丈夫、天人师、佛、世尊。这尊佛寿命为六万劫，没出家以前曾经是一个小国家的国王，他与邻国的国王在各自国中推行十善法，给众生带来很多益处。"

"其邻国内所有人民，多造众恶。二王议计，广设方便。一王发愿：'早成佛道，当度是辈，令使无余。'一王发愿：'若不先度罪苦，令是安乐，得至菩提，我终未愿成佛。'"

【译文】

"由于他邻国中的人民经常造恶业，所以这两位国王商量如何救度这些百姓。这一国王发愿说：'愿自己早日成佛，来度脱众生，使他们都得到解脱。'而邻国的国王则发愿说：'如果不能先把这些有罪的众生从恶道中度脱，使他们都得到安乐，成就菩提的话，我就誓不成佛。'"

光目女救母

佛告定自在王菩萨："一王发愿早成佛者，即一切智成就如来是；一王发愿永度罪苦众生，未愿成佛者，即地藏菩萨是。

"复于过去无量阿僧祇劫，有佛出世，名清净莲华目如来，其佛寿命四十劫。像法之中，有一罗汉，福度众生。因次教化，遇一女人，字曰光目，设食供养。罗汉问之：'欲愿何等？'光目答曰：'我以母亡之日，资福救拔，未知我母生处何趣？'"

【译文】

佛告诉定自在王菩萨说："那个发愿早日成佛的国王就是现在的一切智成就如来啊！而那个发愿永远去度脱罪苦众生，不愿马上成佛的，就是现在的地藏王菩萨！

"又在那无量无数劫之前，有一尊佛名为清净莲华目如来。这尊佛的寿命是四十劫。在此佛的像法时代里，有一位罗汉，他用修行的福德来度脱众生，依众生的善根深浅施行教化。在他教化众生的过程中，曾遇到了一位叫做光目的女人，这位女子用食物供养罗汉。罗汉就问她：'你想要些什么呢？'光目回答说：'因为今天是我母亲的忌日，所以我用家资设斋食来作供养，希望能积下福德来救拔，只是不知道我的母亲投生到什么地方去了？'"

"罗汉愍之，为入定观，见光目女母，堕在恶趣，受极大苦。罗汉问光目言：'汝母在生，作何行业？今在恶趣，受极大苦。'"

【译文】

"罗汉怜悯她的一片纯孝之心，为她入定作观，只见光目女的母亲死后堕落到恶道中，遭受着极大的痛苦。罗汉就问光目说：'你母亲在生前都造了什么业？让她在恶道里遭受极大的痛苦。'"

"光目答言：'我母所习，唯好食啖鱼鳖之属。所食鱼鳖，多食其子，或炒或煮，恣情食啖，计其命数，千万复倍。尊者慈愍，如何哀救？'"

【译文】

"光目回答说：'我母亲生前有个坏习气，唯独喜欢吃鱼、鳖这类东西，还喜欢吃鱼子、鳖蛋这类东西。因为她或炒或煮，放纵地大吃大嚼，所以不知道吃了多少个生命啊！尊者啊！您可怜可怜我母亲吧！怎么才能使我的母亲得到解脱？'"

"罗汉愍之，为作方便，劝光目言：'汝可志诚念清净莲华目如来，兼塑画形像，存亡获报。'

"光目闻已，即舍所爱，寻画佛像而供养之，复恭敬心，悲泣瞻礼。"

【译文】

"罗汉非常同情她，考虑到自己的力量不足以帮助她母亲除罪，就劝她说：'你应当诚心恳切地念诵清净莲华目如来的圣号，同时雕塑、彩画这尊佛的形像。这样，无论是死者或生者，都可以获得好报。'

"光目女听了这话之后，马上变卖了自己家中的心爱之物，用这些钱财来塑画清净莲华目如来的形像，又加以供养。她怀着极大的恭敬心，悲泣地礼拜清净莲华目如来。"

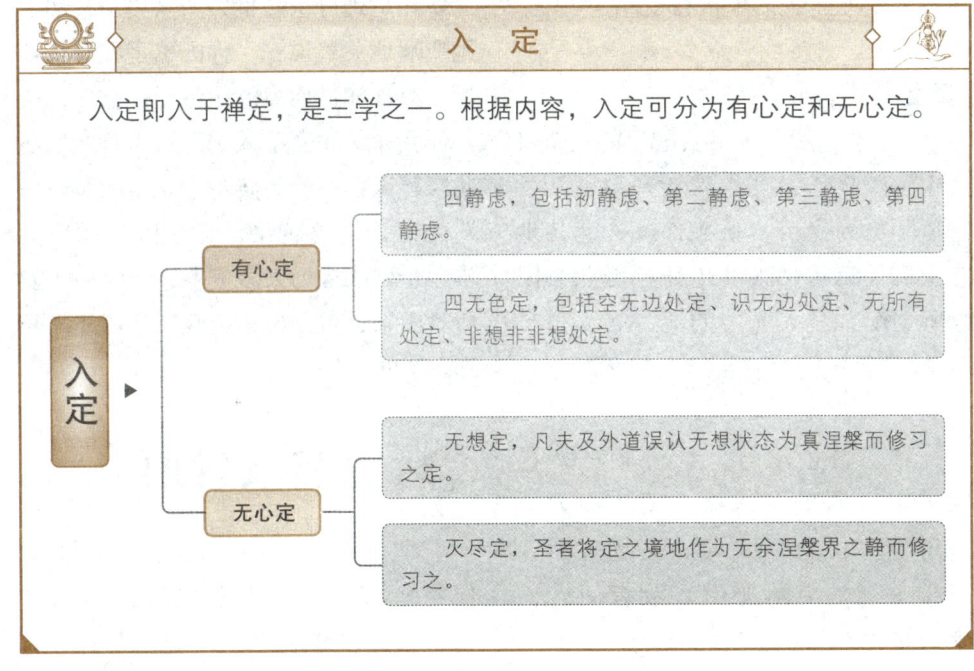

入定

入定即入于禅定，是三学之一。根据内容，入定可分为有心定和无心定。

入定	有心定	四静虑，包括初静虑、第二静虑、第三静虑、第四静虑。
		四无色定，包括空无边处定、识无边处定、无所有处定、非想非非想处定。
	无心定	无想定，凡夫及外道误认无想状态为真涅槃而修习之定。
		灭尽定，圣者将定之境地作为无余涅槃界之静而修习之。

"忽于夜后,梦见佛身,金色晃耀,如须弥山,放大光明。而告光目:'汝母不久,当生汝家,才觉饥寒,即当言说。'"

【译文】

"因为光目女救母亲的纯孝心和礼佛的恭敬心是这样至真至诚,有一天晚上,她梦到清净莲华目如来的金身,那金身就像须弥山那样高大,发出灿烂辉煌的光芒。如来开口跟光目说:'你母亲不久就会转世投生在你家里,刚出世就会开口说出自己的冷饿。'"

光目女与母相认

"其后家内婢生一子,未满三日,而乃言说。稽首悲泣,告于光目:'生死业缘,果报自受。'"

【译文】

"不久之后,光目女家里的一个侍女生了个孩子,三天就会开口说话。这孩子见到光目,低头作礼,悲切地向光目哭诉:'人的生死都受业力因缘所支配,各人所造的业,各人自己承受。'"

"'吾是汝母,久处暗冥,自别汝来,累堕大地狱。蒙汝福力,方得受生,为下贱人。又复短命,寿年十三,更落恶道。汝有何计,令吾脱免?'"

【译文】

"'我前生是你母亲,死了以后,一直在黑暗的恶道里轮转,在各大地狱里受苦。全凭着你供佛念佛的福力,才能在今天投生作一个下贱人,寿命也只有十三年。死了以后还得落入恶道中去。你有什么办法能让我免受这恶道之苦啊?'"

"光目闻说,知母无疑,哽咽悲啼而白婢子:'既是我母,合知本罪,作何行业,堕于恶道?'婢子答言:'以杀害毁骂,二业受报。若非蒙福救拔吾难,以是业故,未合解脱。'"

【译文】

"光目听了婴儿的哭诉之后,确信这婴儿是她母亲转世,所以更加悲切,她哽咽地哭着说:'你既然是我母亲转世,应该知道你自己是犯了什么罪,造了什么业,才会堕入到恶道中呀?'婴儿回答说:'因为我犯了杀生和毁谤恶骂的罪才受这苦果。正是因为你用供佛、念佛的福力来救度我,我现在才能暂时出来,否则的话,我是不可能离开那恶道的。'"

光目女发愿

"光目问言:'地狱罪报云何?'答言:'罪苦之事,不忍称说,百千岁中,卒白难竟。'"

"光目闻已，啼泪号泣而白空界：'愿我之母，永脱地狱。'"

【译文】

"光目又问道：'地狱里的罪报是什么样的情形呢？'婴儿说：'在地狱中遭受的痛苦，实在不想提起，如果要逐一讲述，就是几百年、几千年也说不完啊。'

"光目听了之后，放声恸哭，对着苍天祈祷说：'只希望我的母亲能永远脱离地狱之苦。'

"'毕十三岁，更无重罪，及历恶道。十方诸佛，慈哀愍我，听我为母所发广大誓愿：若得我母永离三途①，及斯下贱，乃至女人之身，永劫不受者。'"

【注释】

① 三途：亦即三恶道或三恶趣。属于佛教中因果轮回的教义。

【译文】

"'希望她在今生的十三年里，能消除一切重罪，永远不再经历恶道。十方的一切佛啊！请您们慈悲怜悯，能听我为我母亲所发的广大誓愿。如果能让我母亲永远摆脱三恶道，不再转生成下贱的人身、甚至是女人之身。'

"'愿我自今日后，对清净莲华目如来像前，却后百千万亿劫中，应有世界，所有地狱及三恶道诸罪苦众生，誓愿救拔，令离地狱恶趣、畜生饿鬼等，如是罪报等人，尽成佛竟，我然后方成正等正觉。'"

【译文】

"'我今天在清净莲华目如来像前发宏誓大愿：从今天起直到以后的百千万亿劫当中，我一定救度所有一切世界、一切地狱以及三恶道中的一切罪苦众生，一定要使他们永远脱离地狱、饿鬼、畜生这三恶道，直到这

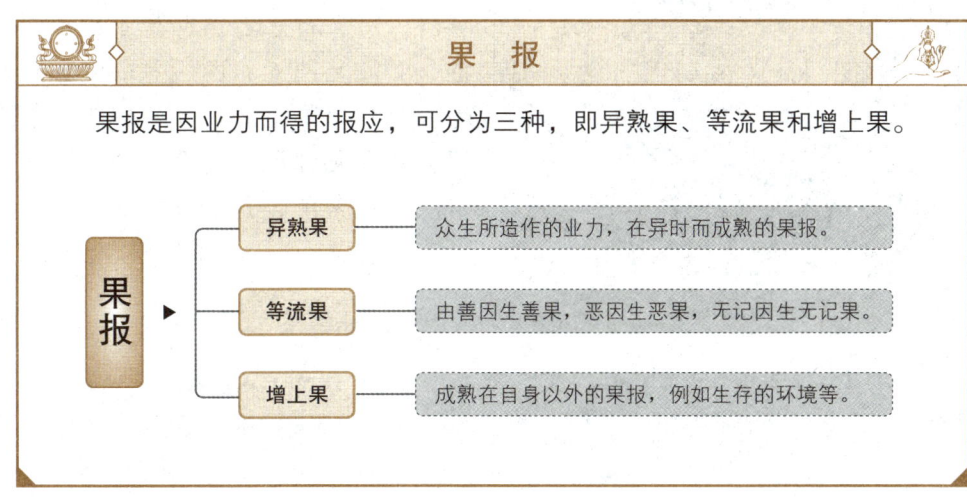

果报

果报是因业力而得的报应，可分为三种，即异熟果、等流果和增上果。

果报	异熟果	众生所造作的业力，在异时而成熟的果报。
	等流果	由善因生善果，恶因生恶果，无记因生无记果。
	增上果	成熟在自身以外的果报，例如生存的环境等。

所有的罪苦众生都成佛，我才最后证得菩提而成佛。'"

"发誓愿已，具闻清净莲华目如来而告之曰：'光目，汝大慈愍，善能为母发如是大愿。吾观汝母十三岁毕，舍此报已，生为梵志，寿年百岁。过是报后，当生无忧国土，寿命不可计劫。后成佛果，广度人天，数如恒河沙。'"

【译文】

"发了这个广大誓愿之后，就听到清净莲华目如来告诉她说：'光目，你能发善心，为你母亲发这么大的心愿。我仿佛已经看到你母亲在十三年生期结束之后，将转世成为修行清净道的梵志，那时她会有一百岁的寿命，在一百年的寿命尽后，她又将转世到没有忧愁的国土上，万寿无疆。然后她将在这漫长的日子里苦修佛道，最后成佛，同时也度化无量无数、就像恒河沙那么多的天界及人界的众生。'"

地藏菩萨的慈悲

佛告定自在王："尔时罗汉福度光目者，即无尽意菩萨是。光目母者，即解脱菩萨是。光目女者，即地藏菩萨是。过去久远劫中，如是慈愍，发恒河沙愿，广度众生。"

【译文】

佛告诉定自在王菩萨："那时用佛力来度化光目女的罗汉，就是现在的无尽意菩萨啊！光目女的母亲，就是现在的解脱菩萨；而光目女呢？就是现在的地藏王菩萨啊！他在过去久远的大劫的年代里，就是如此地慈悲怜悯，发过恒河沙那么多的大愿，普度了一切众生。"

"未来世中，若有男子女人，不行善者、行恶者，乃至不信因果者，邪淫妄语者，两舌恶口者，毁谤大乘者，如是诸业众生，必堕恶趣。若遇善知识，劝令一弹指间，归依地藏菩萨，是诸众生，即得解脱三恶道报。"

【译文】

"在遥远的未来世界，如果有不愿行善、专门作恶的男人或女人，还有不信因果的、邪淫妄语的、挑拔离间的、

这是无尽意菩萨图。无尽意菩萨又名无量意菩萨、无尽慧菩萨，他修行六度、四摄菩萨行，普度众生，如果众生不成菩萨他就不会停止，所以称为无尽意。《地藏经》中度化光目女的罗汉后来成为了无尽意菩萨。

恶言伤人的，甚至是毁谤大乘的，所有这些造作恶业的人，一定会堕落到恶道中去的。但如果他们能有缘遇到善知识，能因为善知识的说服在一念间归依地藏王菩萨的话，那么这些人就都能够摆脱堕落三恶道的报应，不会堕入到三恶道中去。"

"若能志心归敬，及瞻礼赞叹，香华衣服，种种珍宝，或复饮食，如是奉事者。未来百千万亿劫中，常在诸天受胜妙乐；若天福尽，下生人间，犹百千劫，常为帝王，能忆宿命，因果本末。"

【译文】

"倘若这些众生能进一步诚心归依和礼敬地藏菩萨，瞻仰赞叹地藏菩萨，同时还能用种种香、种种鲜花、种种衣服、种种珍宝、或是用清净珍妙的食品、饮料来供养、奉事菩萨的话，那么这些众生在未来的百千万亿劫中，就能常常转生在天界里，享受最最美妙、最最高尚的快乐生活。即使是天福享尽了，下到人间也能在百千劫的长久年代里为王，以宿命通能力回忆起自己过去的生死因果。"

"定自在王！如是地藏菩萨，有如此不可思议大威神力，广利众生。汝等诸菩萨，当记是经，广宣流布。"

定自在王白佛言："世尊，愿不有虑。我等千万亿菩萨摩诃萨，必能承佛威神，广演是经，于阎浮提利益众生。"

【译文】

"定自在王啊！这位地藏王菩萨有如此不同凡响的大威神力，能普遍地利益一切众生。你们这些菩萨们！应当牢记我现在所说的这部佛经，在各个世界中广泛地宣传流通这部佛经。"

定自在王菩萨毕恭毕敬地回答佛说："世尊，请您放下顾虑，我们这千万亿等菩萨摩诃萨，必定能承蒙佛陀的威神之力，在阎浮提世间中广泛地宣传演说、讲解流通这部佛经，使一切众生受益。"

定自在王菩萨白世尊已，合掌恭敬，作礼而退。

尔时四方天王，俱从座起，合掌恭敬白佛言："世尊，地藏菩萨，于久远劫来，发如是大愿，云何至今，

第十二章 慈悲誓愿——《地藏经》

• 名词解释 •

十恶：与十善相对而言，包括杀生、偷盗、邪淫、妄语、绮语、恶口、两舌、悭贪、嗔恚、邪见。在《地藏经》中，佛陀指出凡犯十恶者，死后必堕恶道。

犹度未绝？更发广大誓言。唯愿世尊，为我等说。"

【译文】

定自在王菩萨说完之后，双手合十地向世尊作礼，就退回坐到自己的座位上了。

这时，四大天王一起从座位上站起来，合起双掌，恭敬作礼后同世尊说："世尊！地藏王菩萨从久远的过去劫以来至今，一直发了这么多的宏誓大愿，为什么到现在还没有把众生度尽，还在继续发更为广大的宏誓大愿呢？请世尊为我们说说这其中的道理。"

地藏菩萨的大智慧

佛告四天王："善哉，善哉！吾今为汝，及未来现在天人众等，广利益故，说地藏菩萨，于娑婆世界，阎浮提内，生死道中，慈哀救拔，度脱一切罪苦众生，方便之事。"

四天王言："唯然世尊，愿乐欲闻。"

【译文】

佛陀对四大天王说："善哉！善哉！我现在为你们、为未来的天界和人间的众生的利益，来说说地藏王菩萨在这娑婆世界阎浮提内的六道生死之中，是怎样用他的大智慧、大神通来度脱一切罪苦众生的。"

四大天王说："是的，世尊，我们非常想听到这些事。"

这是张中的《鸳鸯芙蓉图》。鸳鸯是水鸟的一种，因为此鸟雌雄偶居，相偕终老，所以常被用来比喻夫妻恩爱，在佛教经典中则被用于形容常与不常、苦与不苦、空与不空等互不分离的事理二法，在《地藏经》中佛陀用鸳鸯来比喻邪淫者的报应。

佛告四天王："地藏菩萨，久远劫来，迄至于今，度脱众生，犹未毕愿。慈愍此世，罪苦众生。复观未来，无量劫中，因蔓不断，以是之故，又发重愿。如是菩萨，于娑婆世界，阎浮提中，百千万亿方便，而为教化。"

【译文】

佛陀就告诉四大天王说："地藏王菩萨从久远大劫以来，一直在世界的各个角落度脱众生，还没有完成他当初所发的宏誓大愿。他慈悲为怀，看到世间受苦受罪的众生在无限的时间里，由于业障如蔓草一样永不断绝，所以一直轮回于生死道中，得不到解脱，于是他又发下宏大的誓愿，要在娑婆世界阎浮提洲中，通过各种不同的方法和智慧来教化众生。"

"四天王，地藏菩萨若遇杀生者，说宿殃短命报；若遇窃盗者，说贫穷苦楚报；若遇邪淫者，说雀鸽鸳鸯报。"

【译文】

"四天王啊！地藏菩萨如果碰上杀生的人，就会给他们讲说来世会因杀生而短命的报应；如果遇到偷盗的人，就给他们讲说来生将会得到的贫穷痛苦的报应；如果遇到邪淫的人，就给他们讲说将会在来生得到转生为雀、鸽、鸳鸯等鸟类的报应。"

这是郎世宁的《孔雀开屏图》。根据青莲大师的《地藏菩萨本愿经科注》，"说雀鸽"中的雀是指孔雀。由于孔雀性妒忌，没有固定的伴侣，甚至与蛇相交，是很荒淫的动物，所以《地藏经》中说邪淫者会得到转生为孔雀的报应。

"若遇恶口者，说眷属斗诤报；若遇毁谤者，说无舌疮口报；若遇嗔恚者，说丑陋癃残报；若遇悭吝者，说所求违愿报。"

【译文】

"如果遇到口出恶语的人，就给他们讲说来生将会遭到家庭不和，亲属间会相互争斗的报应；如果遇到故意散布谣言毁谤他人的人，就给他们讲说来生会有口舌生疮等疾病缠身的报应；如果遇到脾气暴躁的人，就给他们讲说来生会得到身体残弱、五官不端的报应；如果遇到吝啬的人，就给他们讲说来生常常会遭事与愿违的报应。"

第十二章 慈悲誓愿——《地藏经》

"若遇饮食无度者,说饥渴咽病报;若遇畋猎恣情者,说惊狂丧命报;若遇悖逆父母者,说天地灾杀报。"

【译文】

"如果遇到饮食无度的人,就给他们讲说来生将会饱受饥渴煎熬,却不能下咽食物的疾病报应;如果遇到经常捕猎、长期杀生的人,就给他们讲说来生会遭到惊吓而疯狂丧命的报应;如果遇到不孝顺父母的人,就给他们讲说来生会遭到打雷、地震、掉崖、堕海等的报应。"

"若遇烧山林木者,说狂迷取死报;若遇前后父母恶毒者,说返生鞭挞现受报;若遇网捕生雏者,说骨肉分离报。"

【译文】

"如果遇到焚烧山林树木的人,就给他们讲说来生会突然精神错乱、颠狂痴乱最终导致死亡的报应;如果遇到虐待他人子女的人,就给他们讲说会遭到反被子女打骂的报应;如果遇到用网来捕鱼鸟雏兽的人,就给他们讲说会遭到骨肉分离、亲人离散的报应。"

"若遇毁谤三宝者,说盲聋喑哑报;若遇轻法慢教者,说永处恶道报;若遇破用常住者,说亿劫轮回地狱报;若遇污梵诬僧者,说永在畜生报。"

【译文】

"如果遇到毁谤佛、法、僧三宝的人,就给他们讲说来生将会遭到眼瞎、耳聋、哑巴的报应;如果遇到轻视、怠慢佛法的人,就给他们讲说来生就会在恶道里轮回不得超生的报应;如果遇到毁损寺庙的公产或者私人物品的人,就给他们讲说来生将会永远在地狱里轮回的报应;如果遇到破坏僧尼清净梵行、或是冤枉加害于僧人的人,就给他们讲说来生会永远轮回在畜生道的报应。"

"若遇汤火斩斫伤生者,说轮回递偿报;若遇破戒犯斋者,说禽兽饥饿报;若遇非理毁用者,说所求阙绝报。"

【译文】

"如果遇到用开水、用大火、用刀斧杀伤生命的人,就给他们讲说来生会轮回流转、相互烧杀的报应;如果遇到破戒、破斋的人,就给他们讲说来生将会投生到禽兽道中,忍受种种惊恐、鞭挞、劳苦、饥渴的报应;如果遇到随意浪费不知节约的人,就给他们讲说来生将会求诸事都不如愿的报应。"

"若遇吾我贡高者,说卑使下贱报;若遇两舌斗乱者,说无舌百舌报;若遇邪见者,说边地受生报。"

【译文】

"如果遇到自命清高、仗势欺人的人,就给他们讲说来生就会生作下贱

《地藏经》的因果

在佛教诸多经典中，《地藏经》是具体讲述因果报应的佛经。在《地藏经·阎浮众生业感品》中，释迦牟尼为四大天王详述了众生的二十三种因果报应，是《地藏经》的精华之一。

《地藏经》的因果报应：

- 若遇杀生者，说来生遭遇灾祸、短命而亡的报应。
- 若遇盗窃者，说来生缺少钱财、命运苦楚的报应。
- 若遇邪淫者，说来生转生为雀、鸽、鸳鸯的报应。
- 若遇恶口者，说来生家庭不和、家属争斗的报应。
- 若遇毁谤者，说来生口舌生疮、疾病缠身的报应。
- 若遇嗔恚者，说来生身体丑陋、孱弱不堪的报应。
- 若遇悭吝者，说来生凡有所求，不能如愿的报应。
- 若遇饮食无度者，说来生饥渴不堪，却不能下咽的报应。
- 若遇畋猎恣情者，说来生遭到惊吓，疯狂丧命的报应。
- 若遇悖逆父母者，说来生会遭天谴、不能寿终的报应。
- 若遇烧山林木者，说来生神经错乱、疯癫痴狂的报应。
- 若遇虐待他人子女者，说来生被亲生子女打骂的报应。
- 若遇网捕生雏者，说来生骨肉分离、亲人离散的报应。
- 若遇毁谤三宝者，说来生眼瞎、耳聋、口不能言的报应。
- 若遇轻法慢教者，说来生沦落三恶道，不能超生的报应。
- 若遇破坏僧众者，说来生转生地狱道，不能逃脱的报应。
- 若遇污梵诬僧者，说来生转生畜生道，不能逃脱的报应。
- 若遇汤火斩斫伤生者，说来生遭到大火、刀斧追杀的报应。
- 若遇破戒犯斋者，说来生转生为畜生，饥渴不堪的报应。
- 若遇随意浪费者，说来生凡有所求，皆不如愿的报应。
- 若遇自命清高者，说来生出身下贱、任人辱骂的报应。
- 若遇搬弄是非者，说来生没有舌头，或以舌为生的报应。
- 若遇邪见者，说来生会到野蛮落后的边远地区的报应。

人,给人任意使唤、辱骂的报应;如果遇到挑拨离间使人相互争吵的人,就给他们讲说来生投生到没有舌头或是以舌为生的畜生道中去的报应;如果遇到邪见的众生,就给他们讲说来生会去那种野蛮落后荒凉地区的报应。"

"如是等阎浮提众生,身口意业,恶习结果,百千报应,今粗略说。如是等阎浮提众生业感差别,地藏菩萨百千方便而教化之。"

【译文】

"像以上所说的种种阎浮提众生,由于身口意三业的造业、造恶,而结成了种种恶果,就会形成各不相同的报应,今天就粗略地简单说了一下。由此可见,像这样诸多的阎浮提众生因生前造业不同而死后所遭的报应不同的差别,地藏菩萨总是以大智慧、大慈悲、大神通、大方便力量来教化他们。"

"是诸众生,先受如是等报,后堕地狱,动经劫数,无有出期。是故汝等护人护国,无令是诸众业迷惑众生。"

四天王闻已,涕泪悲叹合掌而退。

【译文】

"这些犯了恶业的众生,先是受到像上面所讲的那各种报应堕入到地狱里去,后经过无数多的劫数,也还是难有逃出地狱的时日。所以你们这四大天王啊,既然担当了护人、护国的职责,就要鼎力协助地藏王菩萨,以慈悲之心来教化众生,使众生不要被种种恶业所迷惑。"

四天王听完佛陀的说法后,流泪赞叹地藏王菩萨的无量功德,向佛陀敬礼后退下了。

第十三章

琉璃世界——《药师经》

作为大乘经典之一,《药师经》是赞叹药师佛行愿的佛经,也是修炼药师佛法的主要依据。在中国佛教史上,作为显教和密宗共同尊奉的一部经典,《药师经》以其简明易行的特点,受到了广大百姓的热烈欢迎。

释《药师经》
《药师经》的经题与翻译

《药师经》全称《药师琉璃光如来本愿功德经》，其中"药师琉璃光如来"是指药师佛，"药师琉璃光如来本愿功德经"就是讲述药师佛在成佛之前的誓愿和功德的佛经。

药师佛，全称为药师琉璃光王如来，又称为大医王佛、医王善逝、十二愿王，与释迦牟尼佛、阿弥陀佛合称为横三世佛。作为东方净琉璃世界的教主，药师佛和西方极乐世界的阿弥陀佛被视为解决众生生死问题之两大并行佛陀。据《药师琉璃光如来本愿功德经》载，药师佛以日光遍照菩萨与月光遍照菩萨为胁侍，以十二神将为护法。

相传药师佛在过去世行菩萨道时，曾发十二大愿，誓愿疗治一切众生的身心疾病，拔除众生的生死之苦、照度三有黑暗。正因为药师佛立下了清净的本愿，所以他的身相显现出透明无碍的琉璃光，他建立的佛国也被称为净琉璃世界。与阿弥陀佛的极乐世界信仰不同，药师佛注重为众生寻求现世的安乐，对现实人类的生活颇多关注，并提出"消灾除难，离苦得乐，所求如意，不相侵陵，互为饶益"的目标，不仅要使众生脱离苦难，还能维护国家的安宁，于国于民都大有饶益。

自《药师经》传入中国以来，共有五种译本，分别是东晋帛尸梨密多罗翻译的《佛说灌顶拔除过罪生死得脱经》、刘宋慧简翻译的《药师琉璃光经》、隋代达摩笈多翻译的《佛说药师如来本愿经》以及唐代玄奘翻译的《药师琉璃光如来本愿功德经》和唐代义净翻译的《药师琉璃光七佛本愿功德经》。在这五种译本中，以玄奘译本最为流行，具有显密结合的特性。

《药师经》翻译后，有许多高僧为之注疏，如窥基的《药师经疏》、靖迈的《药师经疏》、神泰的《药师经疏》、遁伦的《药师经疏》、憬兴的《药师经疏》、灵耀撰的《药师经直解》等。近现代之后，太虚法师、印顺法师、演培法师都曾讲解过《药师经》，各有书籍出版。

《药师经》简介

《药师经》是赞叹药师佛行愿的佛经，因为简单易行，所以在中国很受欢迎。

翻译者	▶	玄奘
翻译时间	▶	唐永徽元年（公元650年）
卷数	▶	1卷
主要内容	▶	赞叹了药师佛的宏大誓愿，并阐述了药师佛的不可思议的神通，是大乘佛教经典之一。另外，此经还介绍了琉璃世界与净土思想，带有一定的密教色彩。

第十三章　琉璃世界——《药师经》

药师法门：
《药师经》的主要内容

作为佛教的基本经典之一，《药师经》主要阐述了药师佛的本愿和功德，此佛曾在电光如来住世之时，发下十二大愿，愿为众生解除疾苦，使他们获得解脱，并往生于药师佛的琉璃净土，离苦得乐。所谓琉璃净土，相传那里的地面都是由琉璃构成，城池、宫殿都是七宝构成，生活在那里的人们不仅没有男女性别上的差异，也没有欲望的困扰，是具足庄严美妙的世界，与西方极乐世界同为殊胜的佛国。

由于药师佛发下了不可思议的宏大誓愿，所以当有人重病之时，只要发心供养礼拜药师佛，诵念《药师经》四十九遍，并依经文点燃四十九盏长命灯，悬挂四十九天五色彩幡，那么此人就会起死回生。即使是国家遭受荒疫或他国入侵等灾难，只要能供养药师佛，就能护持国家，免于战乱之苦。

根据佛教经典，释迦牟尼为了开度末法时代的众生，曾特别开示了两大法门，首先是来世往生西方极乐世界的阿弥陀佛净土法门，再次就是东方药师琉璃光如来的利生之门。在这两大法门中，药师经法是比较特别的一种，它不但注重众生现世的利益和解脱，而且提出了超脱生死的法门，这在古代社会有着非常大的吸引力，因而受到了平民百姓的欢迎，药师佛也以解除病痛和灾害的名号扬名于世，被奉为"消灾延寿药师佛"，对药师佛的信仰也是非常盛行。

在近代，印光法师曾盛赞"药师如来本愿经者，乃我释迦世尊，愍念此界一切罪苦众生，为说药师如来因中果上，利生之事实，为究竟离苦得乐之无上妙法也。众生果能发慈悲喜舍之大菩提心，受持此经此咒及此佛名号，推其功效，尚可以豁破无明，圆成佛道，况其余种种果位，种种福乐乎哉。"指出了《药师经》的功用，即可以使众生离苦得乐，还能助众生消除无明烦恼，证得佛果。

此外，弘一大师曾列举出《药师经》的四大利益："一、维持世法；二、辅助戒律；三、决定生西；四、速得成佛。"并称"药师法门甚为广大"，是惟一迅速成佛的法门。

即使在现代社会，药师法门也是十分适用的利生之门，它重视众生的身体与心灵的健康，对社会大众的养生保健和心灵的安宁都有所见地，更被研究佛教的学者认为是"大乘佛法中最上乘的秘密，是一切佛的秘密之教"，受到世人的关注。

《药师经》的结构

在佛教经典中，《药师经》的篇幅不长，结构也比较简单，一般分为序分、正宗分、流通分三个部分。

《药师经》的结构

- **序 分**：介绍本经缘起，佛陀在广严城乐音树下与诸菩萨、比丘等集会，并为他们说法。
- **正宗分**：
  - 佛陀赞叹文殊菩萨，并介绍药师佛十二大愿。
  - 佛陀介绍东方净琉璃世界，并为众生指出前往琉璃净土的道路。
  - 佛陀宣说供养药师佛、持诵此经的功德，十二药叉大将立誓护持此经。
- **流通分**：佛陀宣说此经后，一切与会大众心生欢喜，愿信受奉行。

3 慈悲誓愿

药师佛的十二大愿

🪷 本经缘起

如是我闻，一时薄伽梵①游化诸国，至广严城②，住乐音树③下。与大苾刍④众八千人俱，菩萨摩诃萨三万六千，及国王、大臣、婆罗门、居士⑤、天龙八部、人非人⑥等、无量大众，恭敬围绕，而为说法。尔时曼殊室利法王子⑦，承佛威神，从座而起，偏袒一肩，右膝著地，向薄伽梵，曲躬合掌。白言："世尊！惟愿演说，如是相类，诸佛名号，及本大愿殊胜功德，令诸闻者，业障消除，为欲利乐像法转⑧时诸有情故。"

【注释】

①薄伽梵：这个词出于《韦陀经》，是对拥有至尊品格的人的尊称，佛经中就以薄伽梵为佛之德号，表示对佛的尊敬。有时亦作婆伽婆。

②广严城：是古代中印度国名，广意为土境之大，严则为风物之美。有记载称在古印度，佛在此说《药师经》和《维摩诘经》。佛陀在此说经时，此地颇为繁荣，人民都信仰佛教。广严城的位置大概在当今印度恒河以北、干达克河东岸。

③乐音树：是一种树的名称，因微风吹时，枝叶会发出动听且奇妙的声音，故称之为乐音树。

④大苾刍：即比丘。苾刍原是一种芳草，表明比丘之戒德芬芳。

⑤居士：梵语中是家长、家主、长者之意。原指印度的富翁或德高望重的有道之士。佛教流传到今天后，居士泛指一切信佛教的在家修行的佛教教徒。佛教对在家信徒尊称为居士的由来出于《维摩诘经》，根据玄奘大师的解释，居士含有尊为大菩萨的内在意味。

⑥人非人：非人就是指天龙八部，如歌神紧那罗。他形状上看和人无两样，而实际上不是普通人。人非人是人与非人的合称，在大乘佛经叙述佛向各个菩萨和比丘说法时，人与天龙八部非人都要参与听法。

⑦曼殊室利王子：是指文殊菩萨，

曼殊是妙之意，室利是吉祥之意，代表妙德、妙吉祥。文殊菩萨是我国佛教四大菩萨之一，文殊菩萨智慧、辩才第一，居众菩萨之首，与普贤菩萨同为释迦牟尼的胁侍。文殊菩萨生于婆罗门家族，从母亲的右胁出生，身体紫金色，刚生下来就能够说话，很早就在世尊座下出家学道。文殊菩萨的形象，通常是手持慧剑，骑乘狮子，比喻以智慧利剑斩断烦恼，以狮吼威风震慑魔怨。

⑧像法转时：像，类似，相向。转是活动之意。这里指佛陀入灭后相法起行之时。

这是紧那罗图。紧那罗，意译为人非人，又称歌神、乐神，他是八部众之一，经常担任法会奏乐的工作。上文佛陀在广严城说法，紧那罗也在大众中听法。

【译文】

我曾亲耳听佛陀这样说过：

一次，佛陀游走各国进行教化宣传，来到广严城的乐音树下说法。有八千位比丘，各路的三万六千菩萨，以及此国的国王、官员、婆罗门、居士、天龙八部、人、非人等众多人都恭敬地围在他周围听他说法。这时，文殊菩萨仰承佛陀的威力，从座位上起来，袒露右肩，右腿跪在地上，向佛陀合掌，鞠躬行礼，并说："世尊！请为我们说法，类似各种佛的名号以及各佛的修行愿行及功德，使得各位听法的人能消除业障，消灾安乐，并为想要像法转时的一切众生带来利益。"

药师佛十二大愿

尔时，世尊赞曼殊室利童子言："善哉！善哉！曼殊室利！汝以大悲，劝请我说诸佛名号，本愿功德，为拔业障所缠有情，利益安乐像法转时诸有情故。汝今谛听，极善思惟，当为汝说。"曼殊室利言："唯然！愿说，我等乐闻。"

佛告曼殊室利："东方去此过十殑伽沙①等佛土，有世界名净琉璃，佛号药师琉璃光如来、应供、正等觉、明行圆满、善逝、世间解、无上士调御丈夫、天人师、佛、薄伽梵。曼殊室利！彼世尊药师琉璃光如来，本行菩萨道时，发十二大愿，令诸有情，所求皆得。"

【注释】

①殑伽沙：即恒河的流沙。佛在说法时多在恒河流域一带。

【译文】

这时，世尊佛陀赞文殊菩萨道："很好很好，文殊师利，你以大悲之心，为拔除受业障束缚的众生，以及利益安乐像法转时的一切众生，恳请我说各佛的名号及本愿功德，你现在可以谛听了，并且好好利用思维，我现在就为你们说法。"文殊菩萨说道："一定，请开始为我们说法吧，我们都乐意恭听。"

佛陀告诉文殊菩萨说："从东方经过恒河流域到婆娑世界的佛土，有一个明净的琉璃世界，那个世界的佛为药师琉璃光如来、应供、正等觉、明行圆满、善逝、世间解、无上士、调御丈夫、天人师、佛、世尊。文殊菩萨，这位药师琉璃光如来在成佛前，行菩萨道时，发十二大愿，令一切众生所求皆能满足。"

"第一大愿：愿我来世，得阿耨多罗三藐三菩提时，自身光明①，炽然照耀无量无数无边世界，以三十二大丈夫相，八十随形，庄严其身，令一切有情，如我无异。

"第二大愿：愿我来世，得菩提时，身如琉璃，内外明彻，净无瑕秽，光明广大，功德巍巍，身善安住，焰网庄严，过于日月；幽冥众生，悉蒙开晓，随意所趣，作诸事业。"

【注释】

① 自身光明：就是要让自身放光明，照遍整个世界。药师佛认为慈光充满着每一个人的心中，修学佛法要精勤进修，才能除去烦恼的尘垢，沐浴佛的慈光。

【译文】

"第一大愿：愿我在来世成佛时，能放大自身光明，普照大千世界，并能有三十二相，八十随形好，使得自己的佛身圆满庄严，而且令一切众生，也像我一样拥有庄严之相。

"第二大愿：愿我在来世成佛时，身体能像琉璃宝石，身体内外都明彻无瑕，功德如山巍巍，善能安住，此琉璃光身安住于庄严灿烂的焰网中。佛光普照胜过日月之光，能使众生受启发，并且能随自己的愿望做好事业。"

"第三大愿：愿我来世，得菩提时，以无量无边智慧方便，令诸有情，皆得无尽所受用物，莫令众生有所乏少①。

"第四大愿：愿我来世，得菩

这是药师佛图。药师佛全名为药师琉璃光如来，因为他能拔除众生生死、苦恼与疾病，所以称为药师佛。他在成佛前曾立下十二大愿，正因为这些清净本愿，药师佛的身相显现出了透明无碍的琉璃光，他的佛国因此被称为净琉璃世界。

提时，若诸有情行邪道者，悉令安住菩提道中；若修行声闻独觉乘者，皆以大乘而安立之②。

"第五大愿：愿我来世，得菩提时，若有无量无边有情，于我法中修行梵行，一切皆令得不缺戒，具三聚戒。设有毁犯，闻我名已，还得清净，不堕恶趣。"

【注释】

① 令诸有情：令所有的有情，"皆得无尽所受用物"就是他们所需要的东西，他们都得到，需要什么就得到什么。"莫令众生有所乏少"：他这个愿力，是不要令众生有贫乏，有缺少什么，什么都满足，遂心满愿，如意吉祥。

② 若诸有情："有情"就是所有一切众生。"行邪道者"：修一些旁门左道，而不求正法；"悉令安住菩提道中"：安住就是舍邪归正了，再不去想旁门左道了，安住在这个觉道里边。觉道就是人的一个智慧。你能有智慧，就会行正法；你没有智慧就要行小道、旁门左道了。所以现在由旁门左道，返回来到真正的佛教里边，这叫安住菩提道场。

【译文】

"第三大愿：愿我在来世能得到无上觉等，豁然开悟，得到真知之时，能借无量的智慧之便，使得众生能受用无穷，生活中物质所需不缺乏。

"第四大愿：愿我在来世成佛时，如果有众生行邪道，就会使他们改邪归正，返迷归觉，离苦得乐，并安住于菩提道里面。并且对于修行声闻的小乘众生，或已修成正果，或未成正果，都可

三聚戒

三聚戒是总括大乘菩萨一切戒律的戒法，因为这些戒法无垢清净，又称为三聚净戒。

摄律仪戒，为七众所受之戒，包括五戒、八戒、十戒、具足戒等戒条，也可总归为别解脱戒、定共戒、道共戒三种。此戒为法身之因，遵守戒律者不作诸恶，功成德现。

摄善法戒，菩萨所修之律仪戒。此戒为修善门，修此戒者以修身、口、意之善回向无上菩提，供养三宝，因其止恶修善，故成报佛之缘。

三聚戒

摄众生戒，又称饶益有情戒。此戒广修一切善法，修此戒者以慈心摄受利益一切众生，如为诸众生说世间法，或以方便令得智慧，是利他之法。

以使他们从小乘搬家，搬到大乘的道路上，回小向大，真正的无上正等正觉成佛的心，不令退堕。

"第五大愿：愿我来世成佛时，一切众生在药师佛法中修清净行，无论谁在佛法里修行，我的愿力都能令修行者得到圆满、不缺戒，并且能具有持摄众生戒、摄善法戒、摄律仪戒清净。如果一时因迷糊而犯了戒律，也能因为听见我药师琉璃光如来的佛名，恢复得到清净，免于堕入恶道中。"

"第六大愿：愿我来世，得菩提时，若诸有情，其身下劣。诸根不具，丑陋，顽愚，盲，聋，瘖，痖，挛，躄，背偻，白癞，颠狂①，种种病苦，闻我名已，一切皆得端正黠慧，诸根完具，无诸疾苦②。

"第七大愿：愿我来世，得菩提时，若诸有情，众病逼切，无救无归，无医无药，无亲无家，贫穷多苦，我之名号，一经其耳，众病悉除，身心安乐，家属资具，悉皆丰足，乃至证得无上菩提③。"

【注释】

①诸根不具……白癞，颠狂：不具就是不全，是残废之人，或一只眼睛，

其身下劣

在《药师经》中，佛陀详述了药师佛的十二大愿，其中的第六愿指出"其身下劣"的症状，并立誓使这些众生得到救治。

其身下劣	
诸根不具：身体有残废，如只有一只眼睛。	瘖：舌头有问题，无法发出声音。
丑陋：相貌不端，使人望之生厌。	挛：两手挛曲，无法伸直手指。
顽愚：意根衰弱，心性鲁钝，冥顽不灵。	躄：两足俱废，无法正常行走。
盲：眼睛有问题，无法看见外界事物。	背偻：即驼背，无法伸直身体。
聋：耳朵有问题，无法听见外界声音。	白癞：即麻风，脸上生有白癣。
痖：喉舌有问题，发出的声音不响亮。	颠狂：即疯癫狂躁，为精神病。

一个鼻孔,半刺嘴,一只耳朵,所以为丑陋。顽愚者,是指意根比较衰,冥顽不灵,盲即没有了眼睛;聋者则耳朵听不见;瘖即发音不亮,痖则声音发不出来,舌根全坏,故喑哑者为舌根不具;挛,就是痉挛,手伸不开,手指头也转在那儿,伸不开拳,总是蜷着的;躄,麻痹,两足没有作用;背偻,即驼背;白癞,即面上生有白癣,是麻风的一种;颠狂,即疯癫狂躁,为精神病。以上种种疾病,使人痛苦终身。

②闻我名已:假若能听见药师琉璃光如来这个名号的。"一切皆得端正",所有残疾病症都能得以端正了。"黠慧",聪明智慧。第六大愿表现出药师如来希望能使一切众生凡有疾病都能得到救治。

③若诸有情:所有的一切有情众生,众病逼切,所有的疾病来逼迫熬煎,痛苦不堪。"无救无归",没有人可以救助他。无归,没有归宿,没有寄托。"无医无药",没医生给他看病,没有药品给他治病。"无亲无家",没有亲戚,没有家眷。

【译文】

"第六大愿:愿我来世成佛时,如果众生身体有残缺,五官不端,丑陋愚笨,眼瞎耳聋,不能说话,两手不能伸直,两脚也不能走路,或者有驼背,患了麻风精神疾病等种种疾病,只要能听到我药师如来的名号,众生就能得到救治,变得五官俱全,聪明智慧,再不会有任何疾病与痛苦。

"第七大愿:愿我来世成佛时,如果有众生受众多疾病逼迫,没有医生救治,也没有亲人服侍照顾,贫穷多苦,那么这些疾病缠身痛苦不堪的人,只要听见我药师如来的名号,就能除去诸病,身心安乐,居家用具和眷属也都能圆满无缺,如能精心修行,还能成佛。"

"第八大愿:愿我来世,得菩提时,若有女人,为女百恶之所逼恼,极生厌离,愿舍女身,闻我名已,一切皆得转女成男,具丈夫相,乃至证得无上菩提。

"第九大愿:愿我来世,得菩提时,令诸有情,出魔罥网,解脱一切外道缠缚;若堕种种恶见稠林,皆当引摄置于正见,渐令修习诸菩萨行,速证无上正等菩提。"

【译文】

"第八大愿:愿我来世成佛时,如果有女人身受种种痛苦,对女身有了厌弃之心,想舍弃女身。那么这个人如果能听到我药师如来的名号,在下世就能摆脱女身,转女成男,具大丈夫之相,如若能精进修行,就能成佛。

"第九大愿:愿我来世成佛时,可以使一切众生都能逃离恶魔的罗网,摆脱外道邪见的缠缚。若有人盲目地误入了邪见之地而不能摆脱,就引导他们摄受于正见的佛法中,使他们渐渐修习各位菩萨的正行,并且快速修成正果。"

"第十大愿:愿我来世,得菩提时,若诸有情,王法所录,绳缚鞭

挞，系闭牢狱，或当刑戮，及余无量灾难凌辱，悲愁煎逼，身心受苦；若闻我名，以我福德威神力故，皆得解脱一切忧苦①。

"第十一大愿：愿我来世，得菩提时，若诸有情，饥渴所恼，为求食故，造诸恶业，得闻我名，专念受持，我当先以上妙饮食，饱足其身；后以法味②，毕竟安乐而建立之③。

"第十二大愿：愿我来世，得菩提时，若诸有情，贫无衣服，蚊虻寒热④，昼夜逼恼；若闻我名，专念受持，如其所好，即得种种上妙衣服，亦得一切宝庄严具，华鬘涂香，鼓乐众伎，随心所玩，皆令满足⑤。"

【注释】

①王法所录：没有做犯法的事情，被人诬告；或者被人冤枉；或者无意中触犯法规，王法加到你的身上了。绳缚鞭挞：缚，用手铐或者脚镣绑上。鞭挞，用鞭子来打，即惩罚你。

②专念受持：专心致志、专一其心而诵念我的名号，受之于身，行之于心，持之于心，受持我这个名号。饱足其身：令他的身体得到饱暖，没有痛苦了。后以法味：然后我再给他讲说佛法，给他吃这无上佛法的妙味。

③毕竟安乐而建立之：毕竟他得到安乐了，而成就这种功德，满足他所求的饮食。

④蚊虻寒热：有蚊虫，或者其他咬人的虫蚁之类。寒热，天冷的时候，没有衣服御寒；天热的时候，没有衣服来遮暑。昼夜逼恼，白天晚间都是这样地煎逼苦恼，不能解决这个没有衣服穿的问题。

⑤专念受持："专"就是专一其心；"念"就是念念不忘，受是受之于心；"持"是持之于身，常常专一其心来用功，持药师琉璃光如来的名号。"如其所好"，就是遂心满愿，遂心如意了，你想什么就得到什么。"上妙衣服"，最好的衣服；"宝庄严具"，用七宝所造成的这种种的玩具，你所欢喜的都得到了。

【译文】

"第十大愿：愿我来世成佛时，如果一切众生有违法受法律制裁，关在监狱里，并且被加以严刑峻法拷问，或者

这是药师佛持药壶图。因为药师佛曾立愿灭除众生身心诸病，所以他常以药壶为持物，象征祛除众生疾病。自古以来，世人也常修习药师法来达到消灾延寿的目的。

要遭到死刑等灾难，以及受到其他无量的灾难凌辱，饱受痛苦和愁绪逼迫煎熬，身心俱苦不堪言。这样的人如果能听到我药师如来的名号，就能感受到佛的威力，便能从一切苦难中得以解脱。

"第十一大愿：愿我来世成佛时，如果众生中有人为饥渴而恼，因为寻找食物而无意中做出了恶事，这人如果能听到我药师如来的名号，专心于佛法中的忆念和奉持，我就会给他上等的美妙的食物，让他吃饱，然后再用我佛法为他解脱，除去烦恼，使他能安立于佛法当中。

"第十二大愿：愿我来世成佛时，如果众生中有人因为贫穷，而买不起用来遮身护体的衣服，频频遭受寒暑气候和蚊、虻虫害的侵袭，昼夜苦恼不堪。那么这个人如能听到我药师如来的名号，专心忆念并且信受奉持，就能完成他得衣的愿望，得到各种上等的衣服，并且也能得到所有庄严贵重之宝物，花环涂香，随音乐众人起舞，自由游戏，令他得以满足自己的所愿。"

 ## 琉璃世界的庄严景象

"曼殊室利！是为彼世尊、药师琉璃光如来、应正等觉，行菩萨道时，所发十二微妙上愿。复次，曼殊室利！彼世尊、药师琉璃光如来，行菩萨道时所发大愿，及彼佛土功德庄严，我若一劫，若一劫余，说不能尽①。然彼佛土，一向清净，无有女人，亦无恶趣，及苦音声②。琉璃为地，金绳界道，城阙、宫阁、轩窗、罗网，皆七宝成③。亦如西方极乐世界，功德庄严，等无差别④。于其国中，有二菩萨摩诃萨：一名日光遍照，二名月光遍照，是彼无量无数菩萨众之上首，次补佛处，悉能持彼世

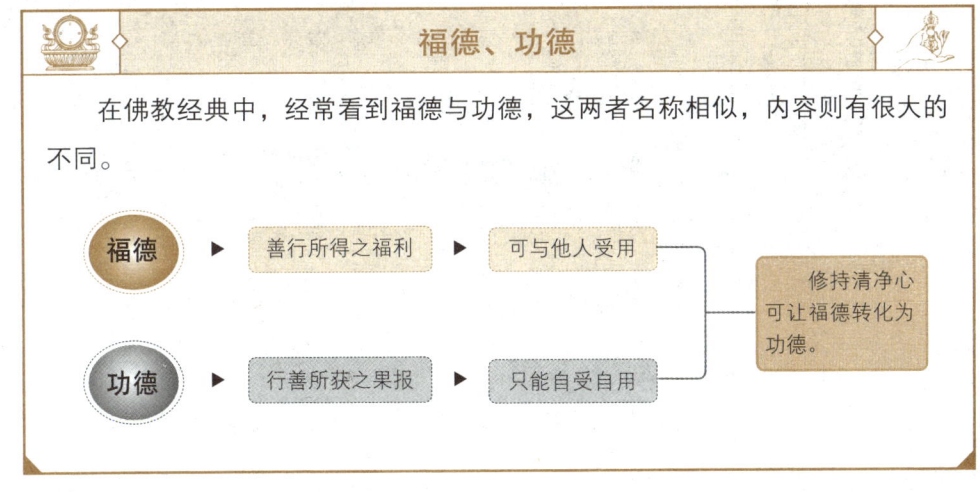

福德、功德

在佛教经典中，经常看到福德与功德，这两者名称相似，内容则有很大的不同。

福德 ▶ 善行所得之福利 ▶ 可与他人受用

功德 ▶ 行善所获之果报 ▶ 只能自受自用

修持清净心可让福德转化为功德。

尊、药师琉璃光如来正法宝藏⑤。是故曼殊室利！诸有信心善男子、善女人等，应当愿生彼佛世界。"

【注释】

①我若一劫：我假设用一劫的时间来讲说。通常年月日不能计算之极长时间。若一劫余：或者再比一个大劫还多，那么长的时间。说不能尽：我没有办法把它说完了。

②亦无恶趣：琉璃世界没有地狱道，没有饿鬼道，没有畜生道，亦无恶趣。及苦音声：不但恶趣没有，痛苦的音声也没有。

③金绳界道：用金子做成的绳来做栏杆，把道路和不是道路的地方分开，叫金绳界道。城阙宫阁：城即城池，阙是城上边的垛口，也叫门楼子；宫殿上

药师佛十二大愿

药师佛在因地修持行菩萨道时，曾发十二大愿，因为这十二大愿，所以药师佛也被称为十二愿王。

十二大愿：
- 第一大愿：令一切众生相貌庄严、身心圆满。
- 第二大愿：令一切众生充满智慧、事业有成。
- 第三大愿：令一切众生生活富足、不愁衣食。
- 第四大愿：令一切众生安住大乘佛法。
- 第五大愿：令一切众生修清净行，不堕恶道。
- 第六大愿：令一切众生得到救治、身体完整。
- 第七大愿：令一切众生众病消除、身心安乐。
- 第八大愿：令女身转为男身。
- 第九大愿：令一切众生不入外道、修菩萨行。
- 第十大愿：令一切众生解脱忧苦、身心安定。
- 第十一大愿：令一切众生丰衣足食、精神充实。
- 第十二大愿：令一切众生自由自在、随心所欲。

边有两重的楼房叫阁；轩就是一间房一间房的。皆七宝成：都是用金、银、琉璃、玻璃、砗磲、赤珠、玛瑙，来庄严所成的。

④亦如西方极乐世界，功德庄严，等无差别：也好像西方极乐世界那样子，一点分别都没有，是一样的，和极乐世界阿弥陀佛那个国土是一样的。琉璃世界和极乐世界的庄严、功德，都是一样的。

⑤日光遍照：即日光菩萨，为药师如来的胁侍之一。其造像身呈红色，左掌安日轮，右手执朱赤花。月光遍照：即月光菩萨，为药师如来胁侍。月光菩萨身呈白色，乘于鹅座，手持月轮。这两位菩萨是帮助药师琉璃光如来，在这个琉璃世界来教化众生。次补佛处：等到药师琉璃光如来退佛位之后，就是日光遍照菩萨递补这个佛位，所以说次补佛处。

【译文】

"文殊师利！这是世尊药师琉璃光如来，在应供正等正觉，修行菩萨六度之行时，所发的十二大愿。药师琉璃光如来在修行菩萨之道时，所发的大愿，等到成佛时，他的净琉璃国土的功德和庄严，都是无量无尽的，我就是用一劫或一劫多的时间，也说不完啊。然而琉璃世界，清净无杂，没有女人，也没有三恶道和痛苦的声音。琉璃之地，以金绳分开道路与非道路，城楼宫殿和房屋窗户，都用金、银、琉璃、珍珠、玛瑙、珊瑚、琥珀等七种宝物装饰而成。

这是日光菩萨图。日光菩萨又名日光遍照、日曜，他依据慈悲本愿，普照三昧，如同日光遍照世间，所以称为日光。日光菩萨与药师佛关系深远，是药师佛的左胁持。

像西方极乐世界一样，功德和庄严，没有任何差别。在这个药师的佛法国度里。有两位胁侍菩萨，一位是日光普照菩萨，另一位是月光普照菩萨，这两位菩萨是药师佛国无数菩萨中的上首，等到药师琉璃光如来退佛位之后，两位就可能递补这个佛位，继承他的正法宝藏，使药师如来的教化能够永世传持。所以，文殊师利！每个有信心向佛的男人和女人都应当发愿修行，以求生在药师琉璃的世界里。"

持诵药师佛号的福报

尔时,世尊复告曼殊室利童子言:"曼殊室利!有诸众生,不识善恶,惟怀贪吝,不知布施及施果报,愚痴无智,阙于信根,多聚财宝,勤加守护;见乞者来,其心不喜,设不获已而行施时,如割身肉,深生痛惜。复有无量悭贪有情,积集资财,于其自身尚不受用,何况能与父母、妻子、奴婢、作使、及来乞者?彼诸有情,从此命终,生饿鬼界,或傍生趣①。由昔人间,曾得暂闻药师琉璃光如来名故,今有恶趣,暂得忆念彼如来名,即于念时从彼处没,还生人中。得宿命念,畏恶趣苦,不乐欲乐,好行惠施,赞叹施者,一切所有悉无贪惜,渐次尚能以头、目、手、足、血肉身分,施来求者,况余财物!

"复次,曼殊室利!若诸有情,虽于如来受诸学处,而破尸罗,有虽不破尸罗,而破轨则;有于尸罗、轨则、虽得不坏,然毁正见;有虽不毁正见,而弃多闻,于佛所说契经深义,不能解了;有虽多闻而增上慢,由增上慢覆蔽心故,自是非他,嫌谤正法,为魔伴党,如是愚人,自行邪见,复令无量俱胝有情,堕大险坑。此诸有情,应于地狱、傍生、鬼趣,流转无穷。若得闻此药师琉璃光如来名号,便舍恶行,修诸善法,不堕恶趣。设有不能舍诸恶行,修行善法,堕恶趣者,以彼如来本愿威力,令其现前暂闻名号,从彼命终还生人趣,得正见精进,善调意乐,便能舍家,趣于非家,如来法中,受持学处,无有毁犯;正见多闻,解甚深义,离增上慢,不谤正法,不为魔伴,渐次修行诸菩萨行,速得圆满。"

【注释】

①彼诸有情,从此命终,生饿鬼界,或傍生趣:一些刻薄、悭贪、孤寒的众生,一旦他没有了性命,死了就做了一个穷鬼,做了一个饿鬼,做了一个守财鬼或者做了畜生。

【译文】

这时,世尊如来佛祖又告诉文殊师利菩萨说:"文殊师利!如有些众生不能分辨善恶,只是一味贪心吝啬,而不

名词解释

破尸罗:尸罗是佛陀制定,令佛弟子受持,作为防过止恶之用的戒律。而破尸罗就是破坏戒律,比犯戒更为严重,其中犯戒是自己行为错误,违反了戒律;破戒则是身口意所行为,有意无意间破坏了戒律,乃至毁谤戒律。

知道布施给他人的意义,以及布施的因果报应。这些人都是愚痴的不聪明的,不尊重事实,不崇信真理。他们只知道不断的积累自己的财富,然后当一个守财奴。这些人在看到乞丐和贫苦人时,心里顿时就很不欢喜,不到万不得已,是不会行布施给这些贫苦之人的。一旦行布施给这些贫苦人,就好像是从他身上割了一块肉一样,疼痛不舍。还有些生性吝啬的众生,在积累了众多的财富之后,自己都不舍得用,还谈什么孝敬父母,分给妻子,更不用说施舍给下人或者其他向他乞讨的人。像这样吝啬的人在死后必定会堕落到一个穷苦、饥饿或者畜生道里。这些堕入恶道的众生,因为以前在人间,偶尔听到药师琉璃光如来的名号,现在在这个三恶道里头,如果能暂时忆念起药师如来的佛名,就能在他这一念时,从那饿鬼道或者畜生道里脱离出来,又回还到人间来。而且常常能知道自己前生之事,得宿命通,很害怕三恶道的苦果,不喜欢三界五欲之乐,而喜好做些施舍给众人,他也会赞叹那些布施的人,于一切财物,也都不那么吝啬了。因此,慢慢地还能勉强布施头、目、手、足或者血肉之身,分施给那些向他来的乞讨者,何况是身外的财物,就更不会舍不得了,这些改变都源于药师如来的本愿功德,以及他的神力广大。

世尊说完又对文殊师利说:"如果众生中有人虽然学习、研究佛法,却破了戒;有的虽然不破戒,也不守规则礼仪;有的虽然没有犯戒,也没有不守规则,却总是有一股邪知邪见而没有正知正见;还有的人虽然没有毁坏佛法的正知正见,可是他并不殷勤地学习佛法,对于佛经的甚深义理,他不愿意去了解。另外,还有的人虽然学了很多佛法,但他有骄慢之心,觉得自己了不得,有了这种思想,就会把真正的智慧都遮盖住了,目中无人,对于他人提倡的正确的地方加以毁谤,这类人最终只能流于邪魔,做魔王的朋友。像这些愚昧无知的人,自己尽做一些歪门邪道的事,并使广大众生堕落到地狱、畜生、饿鬼道里面去。在那里苦苦辗转,没有穷尽。这类十恶不赦之人假设也能听见药师琉璃光如来的名号,就能把这个恶行改正。他就能修一切善法,不会再堕

这是月光菩萨图。月光菩萨又名月净菩萨、月光遍照菩萨,他能庇护受持者远离一切痛苦,成就一切善法。月光菩萨是药师佛的右胁侍,他与日光菩萨同为琉璃世界诸菩萨之上首。

第十三章 琉璃世界——《药师经》

落地狱、饿鬼、畜生等三恶道里了。假设再有这一类的众生，即使不能即刻就舍弃这种恶行，不能修行这个戒律、多闻、正知正见、以及这个规则，守规矩，那么他就会堕落到三恶道里，也能因药师如来所发的大愿威力而使此人听到药师如来的名号，而于命终时，转生为人，得到正知正见，且能调和自己的意乐，能把世俗都看破，舍弃家庭牵累，出家修道，在药师琉璃光如来的佛法里边受持学习佛法，永远不再犯戒，不弃多闻，不再傲慢。而且有正知正见，爱学习佛法，并能明白佛法深妙的道理，放弃贡高我慢的行为，不再毁谤正法，不再做魔王的同党，才能慢慢地修行各位菩萨的法门，很快地修成功德圆满，得正等正觉之位。"

"复次，曼殊室利！若诸有情，悭贪嫉妒①，自赞毁他，当堕三恶趣中，无量千岁受诸剧苦②；受剧苦已，从彼命终，来生人间，作牛、马、驼、驴，恒被鞭挞，饥渴逼恼；又常负重，随路而行。或得为人，生居下贱，作人奴婢，受他驱役，恒不自在。若昔人中，曾闻世尊、药师琉璃光如来名号，由此善因，今复忆念，至心归依。以佛神力，众苦解脱，诸根聪利，智慧多闻，恒求胜法，常遇善友，永断魔罥，破无明壳，竭烦恼河，解脱一切生、老、病、死、忧、愁、苦、恼。"

"复次，曼殊室利！若诸有情，好喜乖离，更相斗讼③，恼乱自他，以身语意④，造作增长种种恶业，展转⑤常为不饶益事，互相谋害。告召山林树冢等神；杀诸众生，取其血肉，祭祀药叉、罗刹婆等；书怨人名，作其形像，以恶咒术而诅之；厌魅蛊道⑥，咒起尸鬼，令断彼命，及坏其身。是诸有情，若得闻此药师琉璃光如来名号，彼诸恶事，悉不能害一切展转皆起慈心，利益安乐，无损恼意及嫌恨心；各各欢悦，于自所受，生于喜足，不相侵陵，互为饶益。"

【注释】

①悭贪嫉妒："悭"就是不舍，很吝啬，做守财奴。"贪"，就是贪得无厌。"嫉妒"，是一种恶心，可以在意念里头，生一种嫉妒的意念；也可以是外表的嫉妒。

②受诸剧苦：忍受各种最厉害的、最大的、最受不了的那种苦，集聚很多的苦在一起。

③好喜乖离："乖"，就是违背一切的真理；"离"，也是违背真理，就是不合理的事情，就是颠倒是非，以黑作白，无理取闹，强词夺理，就叫乖离。更相斗讼：就是不停止地到法院那儿去打官司。

④以身语意：以自己这个身来造杀、盗、淫；以这个意念来犯贪、嗔、痴；以这个口就犯恶口、妄言、绮语、两舌这四恶。

⑤展转：就是互相传递，你传给

我，我传给他。

⑥厌魅蛊道："厌魅"就是通常所说的鬼压身，是一种邪术，可致人死亡。"蛊道"，是用虫子制成的蛊药，药毒性很大，可以使人失去知觉更甚者可以导致死亡。

【译文】

世尊又对文殊师利讲到："世间上若有众生吝啬贪婪，嫉妒他人，称赞自己而诋毁他人，将来定会堕落到三恶道中，历经多年去承受各种难以忍受的苦难。受完这些苦难后，就会死去，等到来生生还人间，或者做牛做马，受人鞭打，忍受饥渴逼迫，并常常负重，顺路而行；又或者生到贫苦家庭为人，给人做奴役，受别人支配，永不得自由。如果这些人中，有人曾听过药师琉璃光如来的名号，就会借此种下善因，今生若能想起，就会以至诚恳切之心礼拜药师琉璃光如来，借药师的神威就能从所有的苦难中得以解脱。六根都变得聪明灵利，智慧超人，博闻强识，总是在努力地向前进，还会经常遇到好的朋友、老师来帮助他。最终会脱离魔王的罗网，突破无明的束缚，所有的烦恼都烟消云散，超脱一切生老病死，和一切忧伤悲苦。

世尊又告诉文殊师利说："若有众生喜欢招惹是非，颠倒黑白，并专门离间别人，更有无休止打斗诉讼，最后双方都很烦恼，两败俱伤，还有用自身的意念和口来制造各种恶业，并在人们中间不断传言一些不饶益众生的恶事，甚至还想办法互相谋害对方，比如祷告山林、树木和坟墓等鬼神，想请鬼神代他报复对方，使对方送命；或者杀牛、羊、鸡等众生，取用其血肉来祭礼药叉、罗刹等鬼，求这些鬼使对方断命；或者将怨恨的人的名字写下，再将他的生辰八字，用草木等作其形象，对着念咒语，祈求对方断命；又或用鬼压身及虫害毒药等方法，加害于他人，甚至还有对死尸念咒，利用死尸去杀仇人，将他的命夺去，并毁坏他的身体。像这一类被恶人所杀的众生，如果能听到药师琉璃光如来名号，也能借药师如来的本愿功行之力，使这些恶鬼、恶事都不发生，使这人逢凶化吉，并且能令那些使用咒语的人心生慈悲之意，互相饶恕，利益双方，彼此都能安乐，彼此不再有怨恨损毁之心，大家都和悦相处，对于自己所受的果报，也能知足，没有了贪心，也不会去残害他人，并且能相互帮助、相互谅解、相互利益，大家都能和

这是罗刹图。罗刹又名罗刹娑，女性的罗刹称为罗刹斯，他们是专吃人肉的恶鬼，属于四大天王的八部众之一。正因为罗刹是吃人恶鬼，所以《药师经》中提到有人为了害人而祭拜罗刹。

平相处了。"

"复次，曼殊室利！若有四众；苾刍、苾刍尼、邬波索迦、邬波斯迦①，及余净信善男子、善女人等，有能受持八分斋戒，或经一年，或复三月，受持学处，以此善根，愿生西方极乐世界无量寿佛所，听闻正法，而未定者。若闻世尊、药师琉璃光如来名号，临命终时，有八大菩萨，其名曰：文殊师利菩萨、观世音菩萨、得大势菩萨、无尽意菩萨、宝檀华菩萨②、药王菩萨、药上菩萨③、弥勒菩萨，是八大菩萨乘空而来，示其道路，

这是得大势菩萨图。得大势菩萨又名大势至菩萨，他以智慧之光普照一切，使人得到无上力量、威势自在。因为他所到之处，大千世界及魔王宫殿，都会震动，因此名为大势至菩萨。在《药师经》中药师佛以得大势菩萨为随侍的八大菩萨之一。

即于彼界种种杂色众宝华中，自然化生。或有因此生于天上，虽生天上，而本善根亦未穷尽，不复更生诸余恶趣。天上寿尽，还生人间，或为轮王，统摄四洲，威德自在，安立无量百千有情于十善道；或生刹帝利、婆罗门、居士、大家，多饶财宝，仓库盈溢，形相端正，眷属具足，聪明智慧，勇健威猛，如大力士。若是女人，得闻世尊、药师琉璃光如来名号，至心受持，于后不复更受女身。"

【注释】

①邬波索迦、邬波斯迦：就是优婆塞和优婆夷。

②宝檀华菩萨：东方净琉璃世界八大菩萨之一。

③药王菩萨、药上菩萨：两位菩萨一起，有时取代文殊、普贤菩萨，被看作佛陀的左右胁侍。本为兄弟，兄名星宿光，弟名电光明，因供养比丘僧众，并施药救人，得众人赞赏，被尊称为"药王"和"药上"，后兄弟施医行善，双双修成菩萨，佛陀曾对弥勒佛预言，他俩将在未来世成佛，号净眼如来和净藏如来。

【译文】

世尊又告诉文殊师利说："如果有佛教的弟子比丘、比丘尼、优婆塞、优婆夷，以及其余的善男和善女等，如果能受持八关斋的，经过一年之久，或者在每年的正月、五月、九月这三个月

内受持八关斋戒的，那么这些人就能以此斋戒与善根结缘，发愿生到西方阿弥陀佛的极乐世界净土上，在那里听闻正法。

"如果这些发愿生到西方阿弥陀佛极乐世界但没有把握的众生，能听到药师琉璃如来的名号，专心受持念佛，等到生命终结时，就会有文殊师利菩萨、观世音菩萨、大势至菩萨、无尽意菩萨、宝檀菩萨、药王菩萨、药上菩萨、弥勒菩萨等八位大菩萨，以神通力从空而来，引导指示这些人前往西方净土的道路方向，来在这个净土当中，在种种不同颜色的众宝莲花，清净化生。也或者有众生因专心受持，功德圆满而生在天上，虽然生于天上，但他原来结下的善根并没有穷尽，所以不会再堕入于地狱、饿鬼、畜生等恶道中，在寿终时，生还人间；或者生为转轮圣王，统辖四州，自身的威信与品德都能感化无量众生，使大家都能修行十善道；或者生在帝王、贵族、居士等大家族里，衣食不缺，财宝无数，仓库盈满，相貌端庄，父母、兄弟、夫妇、儿女等眷属俱全，并且聪明智慧，勇健威猛，如大力士一般。如果是女人，也会因听过世尊药师琉璃光如来的名号，专心至诚受持，便能永远不再生为女人。"

药师经咒

"复次，曼殊室利！彼药师琉璃光如来得菩提时，由本愿力，观诸有情，遇众病苦，瘦疟①、干消②、黄热③等病；或被魇魅、蛊毒所中；或复短命；或时横死；欲令是等病苦

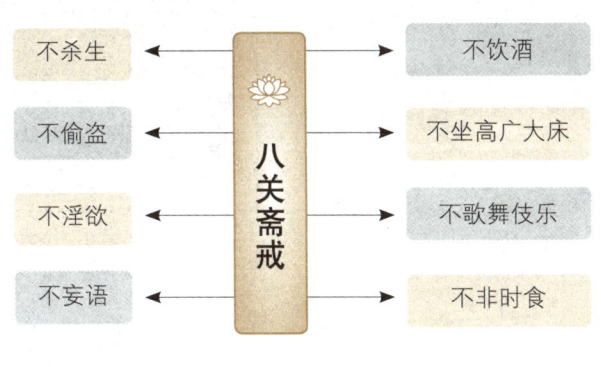

八关斋戒

八关斋戒是佛陀为在家弟子制定的暂时出家修行的戒律和斋法。根据佛教经典，每月八日、十四日、十五日、二十三日、二十九日、三十日为六斋日，在家二众须持守八戒而增长善法，即为八关斋戒。

不杀生 ↔ 不饮酒
不偷盗 ↔ 不坐高广大床
不淫欲 ↔ 不歌舞伎乐
不妄语 ↔ 不非时食

八关斋戒

消除，所求愿满。时彼世尊入三摩地④，名曰除灭一切众生苦恼；既入定已，于肉髻中出大光明，光中演说。大陀罗尼曰：

"'南谟薄伽伐帝，鞞杀社窭噜，薜琉璃，钵喇婆，喝啰阇也，怛陀揭多耶，阿啰喝帝，三藐三勃陀耶，怛侄他。唵！鞞杀逝，鞞杀逝，鞞杀社，三没揭帝，娑诃！⑤'"

尔时，光中说此咒已，大地震动，放大光明，一切众生病苦皆除，受安隐乐⑥。

【译文】

世尊紧接着又告诉文殊师利："药师琉璃光如来成正等正觉时，因为在菩萨因地所发的本愿威力，能观察众生所遇到的种种病苦，如虚弱、干渴、黄疸等病，或者被魔魅、蛊毒等所中，或者短命、或者横死等病苦。要使众生病苦消除，可向药师如来祈求消灾延寿的心愿，就能够完成心愿。

"当药师如来到三摩地时，名为消除一切众生的苦恼。待入定以后，从肉髻中放出大光明，然后在光明中演说大陀罗尼咒：'南谟薄伽伐帝，鞞杀社窭噜，薜琉璃，钵喇婆，喝啰阇也，怛陀揭多耶，阿啰喝帝，三藐三勃陀耶，怛侄他。唵！鞞杀逝，鞞杀逝，鞞杀社，三没揭帝，娑诃！'"

【注释】

①瘦疟：因劳动过度而致的一种虚弱病。得病后身体枯瘦如柴，弱不禁风。

②干消：即糖尿病，表现为口渴肚饿，多尿多饮。中医上称为消渴病。

③黄热：黄热病是一种蚊媒性自然疫源性疾病。

④三摩地：又称三摩提，有安定之意，住心于一境而不散乱的意思。住于三摩地，能断除一切烦恼，证得真理。

⑤南谟薄伽伐帝……娑诃："三藐三勃陀耶"是正等正觉的意思，"怛侄他"译为"所谓"。第一个"鞞杀逝"是消除我们生活之中的一切妄念，一切混乱，转生死轮回、不自在的相为不生不灭的解脱相。第二个"鞞杀逝"是转凡夫心为佛心，显发我们生命之中本具的真如佛性。"鞞杀社"是圆满成就，圆满成佛。

⑥受安隐乐：隐，通假为稳，享受身心的安乐与平稳。

这是药师佛与八大菩萨图。在众生命终时，如果听闻药师佛名号，就会有八大菩萨前来引导，这八大菩萨分别是：文殊师利菩萨、观世音菩萨、大势至菩萨、无尽意菩萨、宝檀菩萨、药王菩萨、药上菩萨、弥勒菩萨。通过这八大菩萨的引导，就可以转生于药师佛的琉璃净土。

当时,药师如来在光中说完此咒之后,大地都震动起来了,普放出大光明,一切众生的病苦全都消除,享受着心安身稳的快乐,过上幸福的生活。

供养药师佛的功德

"曼殊室利!若见男子、女人、有病苦者,应当一心为彼病人,常清净澡漱,或食、或药、或无虫水,咒一百八遍,与彼服食,所有病苦悉皆消灭。若有所求,至心念诵,皆得如是无病延年;命终之后,生彼世界,得不退转,乃至菩提。是故曼殊室利!若有男子、女人,于彼药师琉璃光如来,至心殷重恭敬供养者,常持此咒,勿令废忘。复次,曼殊室利!若有净信男子、女人,得闻药师琉璃光如来、应、正等觉所有名号,闻已诵持。晨嚼齿木,澡漱清净,以诸香花、烧香、涂香①、作众伎乐,供养形象。于此经典,若自书,若教人书,一心受持,听闻其义。于彼法师,应修供养,一切所有资身之具,悉皆施与,勿令乏少;如是便蒙诸佛护念,所求愿满,乃至菩提。"

【注释】

①涂香:就是涂身,沐浴以后涂身用的香粉。

【译文】

"文殊师利,如果看见男子、女人,他们身染重病,应该一心为他虔诚地持诵药师咒,治疗他的病苦。持咒时,要洗澡、漱口,让我们身体洁净,对着病人吃的食物或者药物,或者没有虫子的清净水,念咒一百零八遍以后,给病人吃,就能够让他一切的疾病痛苦消除。如果有所求愿,至心念诵药师咒,都能够所求如愿,不仅能够消除这一生的病灾,延年益寿,还能在命终时,往生到东方净琉璃世界药师佛的净土去,并且永远都不会退转了,修行一直顺利地上进,最终修得功德圆满,成就无上菩提。因此,文殊师利,如果有男子、女人,对于药师琉璃光如来能够至诚一心,殷勤尊重,恭敬供养药师佛,应该要常持药师灌顶真言,自利利他,勿令废忘。如果对于佛法有清净信心的善男子、善女人,能够得听闻药师琉璃光如来、应供、正等觉,听到药师的诵持,早晨起来要嚼齿木漱口,洗澡净身,然后用各种芳香的花、烧香、涂香,以及种种乐器奏乐来供奉药师佛。对于

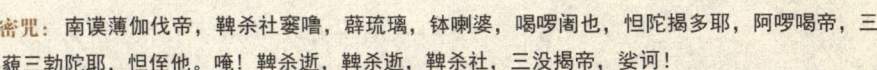

密咒:南谟薄伽伐帝,鞞杀社窭噜,薜琉璃,钵喇婆,喝啰阇也,怛陀揭多耶,阿啰喝帝,三藐三勃陀耶,怛侄他。唵!鞞杀逝,鞞杀逝,鞞杀社,三没揭帝,莎诃!

译文:皈命世尊药师琉璃光王如来、应供、正等正觉,即是三身皈命药、药、药,自度度他,圆满达成。

《药师琉璃光如来本愿功德经》，或者自己书写，或者请他人书写，专心受持，听懂里面所讲的义理，还要使其他所闻此经的人都能了解。对于弘扬此药师法门的法师，应布施供养，凡其所需的衣食物资，要尽力恭敬地供养施与，勿令缺少。这样便能得对诸佛的护念，所求都能圆满，最终修成正等正觉，证得菩提。"

尔时，曼殊室利童子白佛言："世尊！我当誓于像法转时①，以种种方便，令诸净信善男子、善女人等，得闻世尊、药师琉璃光如来名号，乃至睡中亦以佛名觉悟其耳。世尊！若于此经受持读诵，或复为他演说开示；若自书，若教人书；恭敬尊重，以种种花香、涂香、末香、烧香、花鬘、璎珞、幡盖、伎乐，而为供养；以五色彩，作囊盛之；扫洒净处，敷设高座，而用安处。尔时，四大天王与其眷属，及余无量百千天众，皆诣其所，供养守护。世尊！若此经宝流行之处，有能受持，以彼世尊、药师琉璃光如来本愿功德，及闻名号，当知是处无复横死；亦复不为诸恶鬼神，夺其精气；设已夺者，还得如故，身心安乐。"

【注释】

①像法转时：像法时期，众生在他前面是着相修行的，要让他由相而见性，这个是像法转时。

【译文】

文殊菩萨禀白释迦牟尼佛说："世尊，我愿发誓愿使像法有情，以种种的善巧方便令一切众生，尤其是令那些有清净信心的善男子、善女人，都能够有机会、有机缘听闻东方净土的世尊——药师琉璃光如来的万德洪名。甚至于在众生的睡梦之中也以药师佛的名号来使他们听到，让他们有所觉悟。世尊，如果有人受持读诵《药师经》，或者将经中的义理为他人演说开示，或者自己书写，或者教人书写，并且以种种的花香、涂香、末香、烧香、花鬘、璎珞、幡盖、伎乐来如法地供养。以五色彩缎，作囊盛经，以表敬重；扫洒清净，庄严处

这是杨柳图。杨柳又名齿木，在古印度，人们常嚼这种木枝代替漱刷，来使口腔洁净，所以称为齿木。在《药师经》中，佛陀指出用"晨嚼齿木"的方法来念诵《药师经》。

所。那时，四大天王及其亲眷以及其余的无量的天兵天将，都会来这里，护持道场，供养尊重。文殊菩萨又说，世尊，如果《药师经》流通行布的地方，有人能够专心受持世尊药师琉璃光如来本愿功德，药师佛的加持力就能使修行人听闻药师佛名号以后，能够生起信心来，能够忆念受持的心念力，二力结合，就能够使这个地方不会发生非命死，不会为诸恶鬼神夺其精气，假设是以前被鬼神夺其精气，如法地修行药师法门，能够使身体安稳，身心快乐。"

佛告曼殊室利："如是！如是！如汝所说。曼殊室利！若有净信善男子、善女人等，欲供养彼世尊、药师琉璃光如来者，应先造立彼佛形像，敷清净座而安处之；散种种花，烧种种香，以种种幢幡，庄严其处；七日七夜，受八分斋戒，食清净食，澡浴香洁，著清净衣，应生无垢浊心，无怒害心，于一切有情，起利益安乐、慈、悲、喜、舍，平等之心，鼓乐歌赞，右绕佛像。复应念彼如来本愿功德，读诵此经，思惟其义①，演说开示。随所乐求，一切皆遂：求长寿得长寿，求富饶得富饶，求官位得官位，求男女得男女。若复有人，忽得恶梦，见诸恶相，或怪鸟来集，或于住处，百怪出现；此人若以众妙资具，恭敬供养彼世尊、药师琉璃光如来者，恶梦恶相，诸不吉祥，皆悉隐没，不能为患。或有水、火、刀、毒、悬险、恶象、狮子、虎、狼、熊、罴、毒蛇、恶蝎、蜈蚣、蚰蜒、蚊虻等怖；若能至心忆念彼佛，恭敬供养，一切怖畏皆得解脱。若他国侵

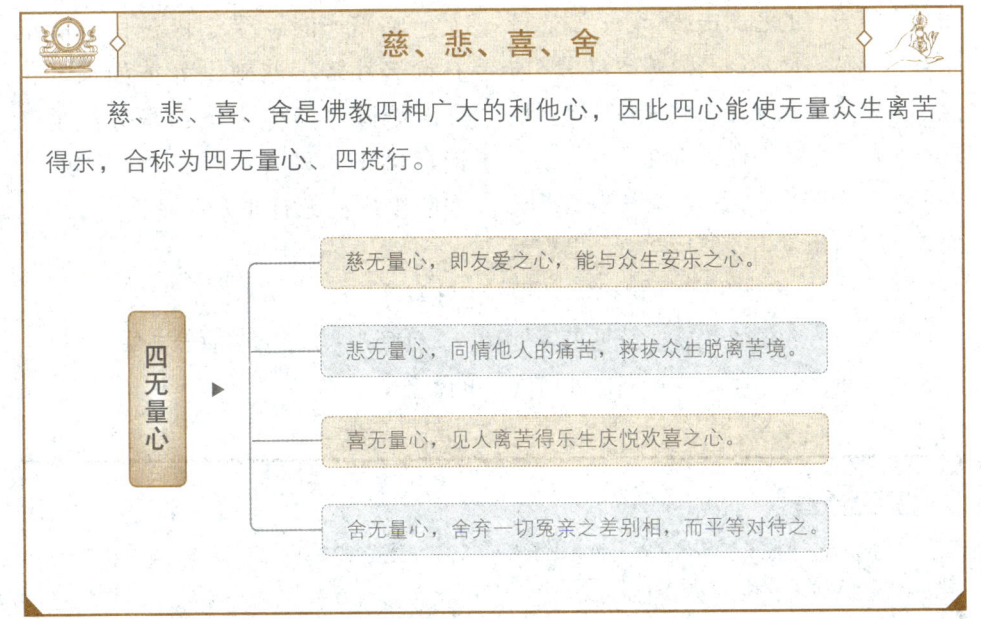

慈、悲、喜、舍

慈、悲、喜、舍是佛教四种广大的利他心，因此四心能使无量众生离苦得乐，合称为四无量心、四梵行。

四无量心
- 慈无量心，即友爱之心，能与众生安乐之心。
- 悲无量心，同情他人的痛苦，救拔众生脱离苦境。
- 喜无量心，见人离苦得乐生庆悦欢喜之心。
- 舍无量心，舍弃一切冤亲之差别相，而平等对待之。

扰，盗贼反乱，忆念恭敬彼如来者，亦皆解脱。"

【注释】

①思惟其义：指的是修闻、思、修，那么由闻而起思，由思而入实修。

【译文】

世尊佛听完后对文殊师利说："是的，是的，如你所说的这样，文殊师利，净信善男子、善女人等人中，如有人想要供奉世尊、药师如来的，应先造作药师佛的形象，安置在清净的高座上。然后供上种种香花，烧种种香，以种种幢幡来庄严供佛的道场。七天七夜，受持八关斋戒，吃清净的食物，洗澡使身体保持清洁，穿干净的衣服。内心没有杂念及垢秽染浊的意念，没有发怒害人之心，对一切众生，都要能够生起利益他们、使他们得安乐的心，要能够发菩提心，要能够修慈、悲、喜、舍四种平等看待的心。击鼓作乐，唱念赞佛歌，并从右而左绕药师佛像转。然后应诵念药师琉璃光如来的本愿功德，诵读药师经，由思而修，讲说开示。让一切所求都能随心如愿：祈祷长寿就能长命百岁，祈求富贵便能得富贵，求官就能得官，想生男就生男，想生女就得女。如果有人，做了噩梦，看见了各种恶相，或是怪鸟来集，或者在住处出现了百怪，这个人如能用多种神妙资具，来恭敬地供养彼世尊药师琉璃光如来者，噩梦恶相，各种不吉祥都能隐没，不会成为祸患。或有水、火、刀、毒、悬险、恶象、狮子、虎、狼、熊、罴、毒蛇、恶蝎、蜈蚣、蚰蜒、蚊虻等恐怖之物，如果能至心忆念药师如来名号，恭敬供养，一切恐怖虫害都能得到解脱。如果遭到他国入侵，有盗贼叛乱，专心忆念并恭敬供养药师如来，也能得到解决。"

"复次，曼殊室利！若有净信善男子、善女人等，乃至尽形不事余天①，唯当一心归佛、法、僧，受持禁戒，若五戒、十戒、菩萨四百戒、苾刍二百五十戒、苾刍尼五百戒，于所受中或有毁犯，怖堕恶趣，若能专念彼佛名号，恭敬供养者，必定不受三恶趣生。或有女人，临当产时，受于极苦；若能至心称名礼赞，恭敬供养彼如来者，众苦皆除。所生之子，身分具足，形色端正，见者欢喜，利根聪明，安隐少病，无有非人夺其精气。"

【注释】

①不事余天：不能供养其他的外道。

【译文】

- 名词解释 -

五百戒：指比丘尼具足戒之大数，比丘戒为256条，简称250条，比丘戒有四重罪，而比丘尼戒则多一倍，因此叫五百戒。

"文殊师利，如果有净信善男善女子，能够尽其一生不供养佛以外的其他魔道，愿意一心皈依佛、法、僧，专心受持，能够禁止五戒、十戒、菩萨四百戒、比丘二百五十戒、比丘尼五百戒。在所受的戒中如有触犯戒律的，就会害怕堕入恶道中，这人如果能专心持念药师如来的名号，并恭敬供养药师如来，那么就不会堕于三恶道中。或者在女人临产时，要忍受巨大的痛苦，如能诵念药师如来名字，并称赞他的庄严色身，恭敬供养如来，痛苦就能消除。并且所生的子女也能身全体健，容貌端庄，人见到都欢喜，聪明智慧，一生安稳少病，没有鬼神等夺走孩子的精气。"

尔时，世尊告阿难言："如我称扬彼世尊、药师琉璃光如来所有功德，此是诸佛甚深行处，难可解了，汝为信不？"阿难白言："大德世尊！我于如来所说契经①，不生疑惑。所以者何？一切如来身语意业，无不清净。世尊！此日月轮，可令堕落；妙高山王，可使倾动；诸佛所言，无有异也。世尊！有诸众生，信根不具，闻说诸佛甚深行处，作是思惟：云何但念药师琉璃光如来一佛名号，便获尔所功德胜利？由此不信，返生诽谤；彼于长夜，失大利乐，堕诸恶趣，流转无穷。"佛告阿难："是诸有情，若闻世尊、药师琉璃光如来名号，至心受持，不生疑惑，堕恶趣者，无有是处。阿难！此是诸佛甚深所行，难可信解。汝今能受，当知皆是如来威力。阿难！一切声闻、独觉，及未登地诸菩萨等，皆悉不能如实信解，惟除一生所系菩萨。阿难！人身难得；于三宝中，信敬尊重，亦难可得；闻世尊、药师琉璃光如来名号，复难于是。阿难！彼药师琉璃光如来，无量菩萨行，无量善巧方便，无量广大愿，我若一劫，若一劫余而广说者，劫可速尽，彼佛行愿，善巧方便，无有尽也！"

【注释】

①契经：契合真理与众生心。

【译文】

这时，世尊告诉阿难说："像我称赞世尊、药师琉璃光如来所有功德，是各佛的最高深境界，各佛尚难以全部了解的，你相信吗？"阿难答道："大德世尊，我对药师如来所说的契经，不产生疑惑，所以如来的一切身语意业都是清净的。世尊，就像这日月二轮，可以使世界破灭。须弥山可使大地摇动，各佛所说都是不变的。世尊，有的众生，净心佛的诸根还不具备，听说佛法的最深境界，有这样的想法：为什么只诵念药师琉璃光如来的名号就能得到他的功德、收到利益。因不相信这个，反而生了诽谤，这些人就将在漫漫长夜里，失去觉悟的大利乐就会堕落到三恶道里，不断地在三恶道里流转。"佛祖告诉阿难说："如果有众生，听说世尊药师琉璃光如来名号，能够专心受持，不对此产生疑惑，还会堕落到三恶趣中，是不可能的事。阿难，这是各佛的最深远境界，很难理解。你现在却能领悟到，应当知道这都是如来佛的威力而使然。阿难，人身难得，在佛教三宝这当中，能净信尊重佛法，实在是很难得。听闻世尊、药师琉璃光如来名号，更是难上加难。阿难，药师琉璃光如来，有着无量无边的菩萨行，有无量无边的善巧方便，以及无量的十二大愿威力，我如果以一劫的时间广泛地为大家讲说，也还是不能说完的。药师佛的修行愿望和善巧方便是无穷无尽的。"

药师经的延命功德

尔时，众中有一菩萨摩诃萨，名曰救脱①，即从座起，偏袒右肩，右膝著地，曲躬合掌，而白佛言："大德世尊！像法转时，有诸众生，为种种患之所困厄，长病羸瘦，不能饮食，喉唇干燥，见诸方暗，死相现前；父母、亲属、朋友、知识、啼泣围绕。然彼自身，卧在本处，见琰魔使引其神识，至于琰魔法王之前；然诸有情，有俱生神，随其所作，若罪若福，皆具书之，尽持授与琰魔法王。尔时，彼王推问其人，计算所作，随其罪福而处断之。时彼病人亲属、知识、若能为彼归依世尊、药师琉璃光如来，请诸众僧，转读此经，然七层之灯，悬五色续命神幡，或有是处，彼识得还。如在梦中，明了自见；或经七日，或二十一日，或三十五日，或四十九日，彼识还时，如从梦觉，皆自忆知善不善业，所得果报。由自证见业果报故，乃至命难②，亦不造作诸恶之业。是故净信善男子、善女人等，皆应受持药师琉璃光如来名号，随力所能，恭敬供养。"尔时，阿难问救脱菩萨曰："善男子！应云何恭敬供养彼世尊、药师琉璃光如来？续命幡灯，复云何造？"救脱菩萨言："大德！若有病人，欲脱病苦，当为其人，七日七夜，受持八分斋戒，应以饮食及余资具，随力所办，供养苾刍僧；昼夜六时，礼拜供养彼世尊、药师琉璃光如来，读诵此经四十九遍，燃四十九灯，造彼如来形像七躯，一一像前各置七灯，一一灯量大如车轮，乃至四十九日光明不绝。造五色彩幡，长四十九搩手③。应放杂类众生至四十九。可得过度危厄之难，不为诸横恶鬼所持。

【注释】

①救脱：即救脱菩萨。因常救人病苦，使人脱离灾难而得名救脱菩萨，是八大菩萨之一。

②命难：生命受到威胁。

③四十九搩手：大拇指与中指张开之距离为一搩手。

【译文】

这时,有一位名叫救脱的菩萨从座位上站起来。祖露着右肩,右边膝盖着地,两手合十恭敬地曲身向佛祖说:"大德世尊,在像法转时,有众生被种种病患缠身,陷入困境,导致身体瘦弱,不能吃饭,喉干唇裂,看不到光明,总觉死神在眼前,父母亲戚朋友都围绕着哭泣,他自身躺卧在床上,看见阎魔王的黑白无常二使来引领他到阎魔王之前,然而众生都具有生神的,生神会根据本人一生的善恶罪福写下来,最后将他呈报给阎魔王,这时,阎魔王就会依据此人期间的所作所为来处置他死后的果报。这时病人的亲属、朋友如果能为他皈依世尊、药师琉璃光如来,请僧众来读《药师琉璃光如来本愿功德经》,点燃七层长明灯,挂上五色延续生命的神幡,或许能因看见亲朋为他所说的功德而使神志清醒过来,如梦初醒,能清楚地知自己所看见的地狱情景;也或者会经过七天、二十一天、三十五天,也或者四十九天才能清醒过来,这时,他就好像从梦中醒来,能自己回忆恶善所得的果报。因为他自己见证了恶善的果报,以后就算生命遇难,他都不会再做恶业。所以净信善男子、善女人等,都应当受持药师琉璃光如来的名号,尽自己的能力,恭敬供养药师如来。"

这时,阿难问救脱菩萨说:"善男子!有病难的众生,应该如何恭敬供养药师琉璃光如来?续命幡和长明灯该怎样制造呢?"

这是琰魔法王图。琰魔为劝善惩恶之判官,故谓为法王。《药师经古迹记》曰:"晓悟罪人,止众恶故。虽鬼界摄,亦名法王。"指出琰魔法王因在鬼界惩恶奖善,故有法王之称。

救脱菩萨回答阿难说:"大德!若有病人想要摆脱疾病痛苦,他的亲朋好友就应当为他受持七日七夜的八关斋戒,应以清净饮食及各种物资用具,依能力所及,供养比丘僧。在昼夜六时,礼拜供养世尊药师琉璃光如来。在心中读诵《药师琉璃光如来本愿功德经》四十九遍,点燃四十九盏灯,并制作七尊药师如来的形象。在每一尊佛像前摆放七盏灯,每盏灯的光量要如车轮一样大,并且能在四十九天内光明昼夜不绝。还要制作五色的彩幡,长为四十九搽手,再放生杂类四十九天,可使得病人度过危险困厄的困难,不被各种横恶鬼所执持。"

"复次,阿难!若刹帝利灌顶王①等,灾难起时,所谓人众疾疫难,他国侵逼难,自界叛逆难,星宿变怪难,日月薄蚀难,非时风雨难,过时不雨难。彼刹帝利、灌顶王,尔时应于一切有情,起慈悲心,赦诸系闭;依前所说供养之法,供养彼世尊、药师琉璃光如来。由此善根,及彼如来本愿力故,令其国界即得安隐:风雨顺时,谷稼成熟;一切有情,无病欢乐;于其国中无有暴恶、药叉等神,恼有情者;一切恶相,皆即隐没。而刹帝利、灌顶王等,寿命色力,无病自在,皆得增益。阿难!若帝后、妃主、储君、王子、大臣、辅相、中宫②、采女③、百官、黎庶④、为病所苦,及余厄难,亦应造立五色神幡,然灯续明,放诸生命,散杂色花,烧众名香,病得除愈,众难解脱。"

【注释】

①刹帝利灌顶王:刹帝利是印度的一个种姓,是贵王种姓。灌顶王,是在印度的风俗习惯里,每一个王要登基的时候、或者太子授位的时候,都要把四大海水取过来,然后从顶上灌下,做一个仪式,叫灌顶仪式。

②中宫:即太监。

③采女:即宫中的侍女。

④黎庶:即百姓。

【译文】

"阿难!如果即将登王位的太子,遇到国家发生灾难,如人们流行疫病,受别国侵略,国内发生叛乱,星宿出落变怪,日月吞噬之难,风雨不调或者久旱不雨。国家元首这时都应对人民生慈悲之心,大赦被关在牢狱的众生,依照前面所说的种种供养佛方法,供养世尊药师琉璃光如来。这样就会结下善根,再加上药师琉璃光如来本愿威力,就会使他的国家得到安稳,风调雨顺,庄稼成熟,全国人民,健康欢乐;国中没有恶暴事件,没有药叉等鬼神烦恼人民,所有凶相都得以隐没消失。而国家元首等也能长命百岁,健康安乐,安祥自在。阿难,如果王后嫔妃、太子王子、大臣宰相、宦官宫女、官员及百姓,被疾病痛苦缠身,或是有其他的困难厄运所逼迫,也应该照前面所说的方法,悬立五色神幡,点燃长明灯,多做些放生,散落各种鲜花,烧多种名香,就能使得所有疾病都得到治愈,众人从众多苦难之中得以解脱。"

尔时,阿难问救脱菩萨言:"善男子!云何已尽之命而可增益?"救脱菩萨言:"大德!汝岂不闻如来说有九横死耶?是故劝造续命幡灯,修诸福德;以修福故,尽其寿命,不经苦患。"阿难问言:"九横云何?"救脱菩萨言:"若诸有情,得病虽轻,然无医药及看病者,设复遇医,授以非药,实不应死而便横死。又信世间邪魔、外道、妖孽之师,妄说祸福,便生恐动,心不自正,卜问觅祸,杀种种众生，解奏神明，呼诸魍魉①，请乞福佑，欲冀延年，终不能得；愚痴迷惑，信邪倒见，遂令横死，入于地狱，无有出期，是名初横。二者，横被王法之所诛戮。三者，畋猎嬉戏，耽淫嗜酒，放逸无度，横为非人夺其精气。四者，横为火焚。五者，横为水溺。六者，横为种种恶兽所啖。七者，横堕山崖。八者，横为毒药、祷、咒诅、起尸鬼等之所中害。九者，饥渴所困，不得饮食而便横死。是为如来略说横死，有九种。其余复有无量诸横，难可具说。"

【注释】

①魍魉：迷信中的妖魔鬼怪，传说山川中的精怪。

【译文】

这时，阿难问救脱菩萨："善男子！为什么已尽的生命能得以延续呢？"救脱菩萨答道："大德！你难道不曾听说药师如来所说的九横死吗？之所以奉劝众生制作长明灯和五色幡旗，是要修行各种福德。而因修行了各种福德才能使他的寿命延长，不经历苦患。"阿难又问："九横死都是什么？"救脱菩萨答道："一切众生，虽

九横死

九横死是佛教经典对众生之横死状况的分类。所谓"横死"是寿命未尽就去世，因为有九种分类，所以称为九横死。在佛教经典中，九横死有不同的说法。

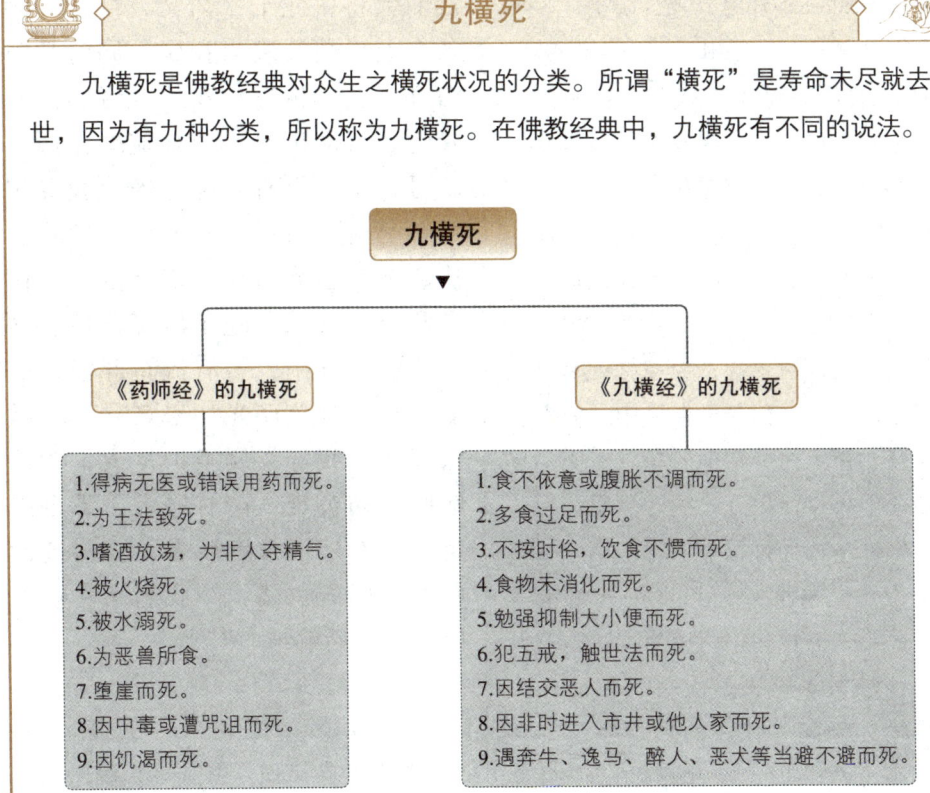

九横死

《药师经》的九横死
1. 得病无医或错误用药而死。
2. 为王法致死。
3. 嗜酒放荡，为非人夺精气。
4. 被火烧死。
5. 被水溺死。
6. 为恶兽所食。
7. 堕崖而死。
8. 因中毒或遭咒诅而死。
9. 因饥渴而死。

《九横经》的九横死
1. 食不依意或腹胀不调而死。
2. 多食过足而死。
3. 不按时俗，饮食不惯而死。
4. 食物未消化而死。
5. 勉强抑制大小便而死。
6. 犯五戒，触世法而死。
7. 因结交恶人而死。
8. 因非时进入市井或他人家而死。
9. 遇奔牛、逸马、醉人、恶犬等当避不避而死。

这是伐折罗、宫毗罗图。伐折罗和宫毗罗都是药师佛的护法金刚，他们护持佛法，誓愿弘深，被列入药师佛十二夜叉大将之中。

然生的病不是很严重，但是没有药和医生可以救他，假设能遇上医生，给了他一些假药或者是下错了药而造成了横死；又信仰一些邪魔外道，听信了一些妖师的蛊惑之语，心里有恐惧感，不能自在，于是就到处卜算哪里招来的祸患，屠杀各种生命来供养神灵，呼唤各种鬼魅之神，请求保佑祈福，想要延年益寿却终不能得，这样被鬼神愚痴迷惑，偏信邪术，于是让他横死入地狱，永无出期，这是第一横死。第二横死就是违反王法而被杀掉；第三横死是打猎嬉戏，沉溺于五欲与酒色之中，骄傲安逸无度，被鬼神夺走他的精气；第四横死是死于火焚；第五横死即溺水而死；第六横死是被种种恶兽所吃；第七横死是从山上坠落而死；第八横死是被毒药、厌祷、诅咒和起尸鬼等害死；第九横死是被饥渴所困，没有饮食而死。这就是如来简单叙述的九横死，其余的还有无数横死，在此难以一一具体说明。"

十二药叉发愿

"复次，阿难！彼琰魔王主领世间名籍之记，若诸有情，不孝五逆，破辱三宝，坏君臣法，毁于性戒，琰魔法王，随罪轻重，考而罚之。是故我今劝诸有情，燃灯造福，放生修福，令度苦厄，不遭众难。"

尔时，众中有十二药叉大将，俱在会坐，所谓：宫毗罗大将、伐折罗大将、迷企罗大将、安底罗大将、额你罗大将、珊底罗大将、因达罗大将、波夷罗大将、摩虎罗大将、真达罗大将、招杜罗大将、毗羯罗大将，此十二药叉大将，一一各有七千药叉以为眷属，同时举声白佛言："世尊！我等今者，蒙佛威力，得闻世尊、药师琉璃光如来名号，不复更有恶趣之怖。我等相率，皆同一心，乃至尽形归佛、法、僧，誓当荷负一切有情，为作义利饶益安乐。随于何等村城、国邑、空闲林中，若有流布此经，或复受持药师琉璃光如来名号，恭敬供养者，我等眷属卫护是人，皆使解脱一切苦难，诸有愿求，悉令满足。或有疾厄求度脱者，亦应读诵此经，以五色缕，结我名字，得如愿已，然后解结。"

【译文】

救脱菩萨又说："阿难！阎魔王主管世间众生的善恶、罪福的名籍簿，如有众生不孝，犯五逆之罪；破坏侮辱三宝，不遵守臣法，犯了佛戒，阎魔王就会根据所犯罪行的轻重，考核后进行惩罚。所以我现在奉劝众生，点燃长明灯造福，放生修福，可使众生度过苦难，免遭各种横难。"

这时，大众中有十二位药叉大将，都在听药师法会，他们是：宫毗罗大将、伐折罗大将、迷企罗大将、安底罗大将、頞你罗大将、珊底罗大将、因达罗大将、波夷罗大将、摩虎罗大将、真达罗大将、招杜罗大将、毗羯罗大将。这十二位药叉大将，各自都有七千药叉，站立起来大声说道："世尊，我们这些人，承蒙佛祖的威力，听到世尊、药师琉璃光如来的名号，不再有堕入三恶道的恐怖。我们都将同心协力，从今以后都皈依佛法僧三宝，并且发誓护卫一切众生，为他们做利生之事，使生活安乐。无论是在乡村、都市或空旷的树林中，如果有人流传《药师经》，并且持念药师琉璃光如来的名号，恭敬供养药师如来像，我们及所有的眷属，一定会护卫他们，使他们从一切苦难中得以解脱，如果有心愿，就会满足他们。如有疾病困厄愿求度脱的，也应读诵此经，以五色彩缕，结出我们的名字，等到病苦灾难消除后，感觉自己的愿望得到满足，然后解开缕结。"

尔时，世尊赞诸药叉大将言："善哉善哉！大药叉将！汝等念报世尊、药师琉璃光如来恩德者，常应如是利益安乐一切有情。"

尔时，阿难白佛言："世尊！当何名此法门？我等云何奉持？"佛告阿难："此法门名说药师琉璃光如来本愿功德；亦名说十二神将饶益有情结愿神咒；亦名拔除一切业障。应如是持。"时薄伽梵说是语已，诸菩萨摩诃萨，及大声闻、国王、大臣、婆罗门、居士、天、龙、药叉、健达缚①、阿素洛、揭路荼、紧捺洛、莫呼洛伽、人、非人等，一切大众，闻佛所说，皆大欢喜，信受奉行。

【注释】

①健达缚：音译为"乾闼婆"，意译为"巡香"，是天上的一种乐神。

【译文】

这时，世尊称赞各位药叉大将说："太好了，太好了。药叉大将！你们知恩报世尊药师琉璃光如来的恩德，就常应这样使一切众生受益安乐。"

这时，阿难向佛说："世尊！应当怎样命名这一法门？我们应该怎样信奉受持？"佛告诉阿难说："此法门名叫《药师琉璃光如来本愿功德》；也可以叫《十二神将饶益有情结愿神咒》；或者叫《拔除一切业障》。应当牢记法门的名称，恭敬受持。"这时，佛已经说完经，各大菩萨，及声闻大众，还有国王、大臣、婆罗门、居士等人众，天人、龙众、药叉、健达缚、阿素洛、揭路荼、紧捺洛、莫呼洛伽等天龙八部众、人、非人等，所有大众，听佛所说的微妙法门，无比喜悦，受持奉行。